本书由教育部省属高校人文社会科学重点研究基地河北大学宋史研究中心与河北大学历史学强势特色学科学术出版基金资助出版。

新中国

历史学发展路径研究

张剑平等 著

XINZHONGGUO

LISHIXUE FAZHAN LUJING YANJIU

人民出版社

本书为国家哲学社会科学基金资助项目

项目主持人：张剑平

项目批准号：06BZS002

本书作者及承担的撰著任务

张剑平：历史学博士，河北省高校百名创新人才，河北大学历史学院教授，
　　　　中国近现代史方向博士生导师，史学理论及史学史方向硕士生导师
　　　　绪论：第一节第一、二目，第二、三节；第一章；
　　　　第二章：第一、三节；第三章：第一、二节；
　　　　第四、五章；第六、七、八、十二章；附录

邹兆辰：首都师范大学历史学院教授
　　　　北京师范大学历史学院985工程特聘教授
　　　　第二章：第二节；第三章：第三节；第十一章

贾俊民：河北农业大学商学院教授
　　　　绪论：第一节第三目；第三章：第五节；第十章

郭妍利：考古学博士，陕西师范大学历史文化学院副教授
　　　　绪论：第一节第四目；第三章：第四节第一目；
　　　　第九章：第一、二、三节

杨效俊：考古学博士，陕西历史博物馆副研究馆员
　　　　绪论：第一节第五目；第三章：第四节第二目；
　　　　第九章：第四节

《河北大学历史学丛书》 出版缘起

河北大学的前身，是成立于 1921 年的天津工商大学，后改称天津工商学院、津沽大学、天津师范学院、天津师范大学。1960 年定名为河北大学，1970 年从天津迁至古城保定。河北大学的历史学科，创建于 1945 年天津工商学院的史地系，侯仁之院士出任首届系主任。聘请齐思和教授讲授中国通史，1946 年 9 月至 1948 年先后由方豪、王华隆任系主任。1949 年 1 月天津解放，钱君晔任系主任。1952 年王仁忱出任系主任。1953 年史地系分为历史系和地理系。在 20 世纪 50-60 年代，河北大学历史学科以拥有漆侠、李光璧、钱君晔、傅尚文、周庆基、乔明顺、葛鼎华等史学专家，与北京大学、南开大学等创办《历史教学》杂志而著称于世。改革开放以来，河北大学历史学科再创佳绩，获得全国第二批、河北省第一个博士点，建成河北省唯一的教育部人文社会科学重点研究基地。中国宋史研究会秘书处挂靠于此，并负责编辑出版《宋史研究通讯》。2005 年以来，又获得中国近现代史博士点，建成历史学博士后科研流动站，河北大学历史学科被评定为河北省强势特色学科，获得空前大的支持力度，迎来更新更好的发展机遇。在继续编印《宋史研究论丛》（CSSCI 来源集刊）和《宋史研究丛书》的同时，我们决定隆重推出《河北大学历史学丛书》。该丛书编委会成员除河北大学历史学强势特色学科建设领导小组外，主要有：郭东旭、刘敬忠、郑志廷、汪圣铎、张家唐、闫孟祥、刘秋根、刘金柱、吕变庭、杨学新、雷戈、肖爱民、肖红松等先生。

研究历史，教书育人，奉献社会，是我们的天职。

不吝赐教，日新月进，臻于完善，是我们的期待。

最后，衷心感谢各级领导和各位专家对本学科的长期厚爱和支持。特别鸣谢人民出版社对《河北大学历史学丛书》的鼎力襄助。

教育部省属高校人文社会科学重点研究基地
河 北 大 学 宋 史 研 究 中 心
河 北 大 学 历 史 学 院
河北大学历史学强势特色学科建设领导小组
组长：姜锡东 成员：王菱菱、范铁权、丁建军

序

　　《新中国历史学发展路径研究》是国家哲学社会科学基金项目的最终成果。在该著作正式出版之前，本人参与了该项目的鉴定，有幸先睹为快，在有诸多收获的同时，也自然有不少感触。

　　有这样一种说法：新中国的史学，以20世纪80年代为限，在此之前的史学是"教条主义的政治说教"，因而不是科学意义上的史学；而在此之后才有史学，其重要标志是开始用西方史学的理论与方法改造中国史学。这种认识是完全错误的，因为它与事实不符。那么，事实是什么呢，又应该如何认识这些事实呢？本书的编写者们则在严格考实的基础上，旗帜鲜明地回答了这个问题。能回答这个问题，不仅靠学识，同时也是当代中国历史学家的责任和使命使然，无疑这是一件十分艰难又十分有意义的事情。

　　新中国成立后，中国的政治、经济、文化和社会发展，实现了中国历史上最深刻最伟大的社会变革，是今后一切进步和发展的基础；同时无可讳言的是，党的工作在指导方针上有过严重失误，中国的社会主义建设经历了曲折的发展过程。新中国历史学的发展也如是。因此，作者强调："不能简单地把'十七年'的史学称之为'教条史学'"，应充分肯定"新中国十七年的历史学研究及学科建设"，要"正确认识和评价苏联史学对中国史学的影响"，同时也要看到极左思潮和社会政治运动，如反右扩大化等对中国史学的消极影响。1966年5月至1976年10月的"文化大革命"，是一场严重灾难的内乱，使党、国家和人民遭到新中国成立以来最严重的挫折和损失。"文革"是中国马克思主义史学的一场浩劫，"影射史学"盛行，"马克思主义史学家遭受残酷迫害"。改革开放，中国社会发展揭开了崭新一页，历史学研究也进入了新的历史时期。作者对新时期中国史学的迅速发展，给予了高度关注，对其重大理论成就、学科建设、史学理论与历史进程中的重大理论问题的探讨等，进行了认真梳理和分析。

　　只有科学分析新中国历史学发展以往的路径，才能清醒地认识到中国历史学发展的现实和未来。研究新中国历史学发展路径的目的，是尽可能地发掘、整理和研究翔实的相关史料，并在此基础上探究新中国史学发展的某些规律性内容，以推动当代中国历史学的发展，而非为历史而历史。进行这项工作，并非只有本书这一家，但本书却表现出突出的特点，即研究新中国的史学时，没有割裂与近代以来中国史学与外国史学的联系，没有割裂史学与社会的联系。新中国历史学的特点，是时代的产物，其形成是不能脱离历史的，既不能脱离社会政治经济发展的历史，也不能脱离史学自身发展的学术的历史。就事论事，仅仅在"中国史学"的范畴内探讨中国史学发展的规律，是很难做到的。

没有理论就没有历史科学。"文革"结束后新时期史学复兴的重要标志，是深入开展一系列重大理论问题的研究。或拨乱反正，恢复历史的真实面目；或旧论重提，在原有基础上不断深化，使其研究表现出新的时代精神；或自觉回答现实生活中提出的重大理论问题，从理论与实践、历史与现实的结合上，做出科学的阐释。所有这些，在本著作中都有鲜明的体现，特别是新时期对外国史学理论的研究，也有较全面的介绍和分析，如"对西方史学的特殊关注"、"西方新史学模式与新时期中国史学"、"向跨学科研究迈进"、"'全球史观'与新的世界史体系"、"后现代主义史学的兴起及对中国史学的影响"等。改革开放的中国的历史研究要有世界眼光，我以为"世界眼光"不是一个抽象的概念，总是要在这方面表现出来。本著作的编写者具有这方面的意识，并进行了积极的努力，确实让人感到欣慰。

本书主编张剑平教授1964年生于陕西咸阳，是中国史学年轻一代的优秀学子。他早年在北京师范大学史学所攻读博士时，我与他有些交往，虽然联系不多，但他刻苦自励，持之以恒，对学术的追求、执著与好学深思等，都给我留下了深刻的印象。愿《新中国历史学发展路径研究》的问世，成为剑平教授学术生涯的一个新起点，相信他和他的朋友们，今后会有更多更优秀的成果问世。

于沛

2012 年 5 月 7 日

目　　录

绪　论

　　19 世纪末 20 世纪初，西方近代史学观念的传入，进一步促进了鸦片战争以来正在逐步变革中的中国传统史学的发展，推动了中国近代历史学的产生。在中国近代"新史学"发展过程中，马克思主义历史学逐渐成为新史学的一个重要流派，显示出了强大的生命力。西方考古学、民族学和文化人类学的传入，催生了中国相应学科的产生，也极大地促进了中国近代新史学的发展。

　　中华人民共和国的成立，开辟了中国历史发展的新纪元。新中国成立初，党和政府为推动中国历史学的发展做了许多有益的工作，马克思主义史学主导地位的确立，极大地推动了中国历史学的发展和进步。但是，受社会政治运动的影响，新中国历史学的发展与其他人文社会科学一样，也经历了曲折的历程，"文化大革命"使得正在蓬勃发展的马克思主义历史学遭受了重大打击。改革开放三十多年来，中国历史学的发展取得了长足的进展。

　　对新中国成立六十年来历史学的发展进行系统深入地总结和研究，具有重要的学术价值和现实意义。

第一节　新思潮影响之下的中国近代新史学

　　中国悠久的历史和传统史学丰富的遗产，奠定了新中国历史学发展的广阔的学术基础。西方近代史学观念影响之下的中国近代历史学的初步发展，马克思主义史学的兴起，西方近代考古学和民族学的传入，都为新中国历史学的发展奠定了基础。以马克思主义理论为指导的新中国历史学，虽然与 1949 年以前的历史学有很大的区别，新中国的历史学家在 20 世纪 50 年代也曾对非马克思主义史学给予简单的否定和批判，但这两个历史时期的历史学并不是绝对无缘和对立的，新时期史学界高度重视民国时期历史研究的学术成果，重视对这一时期史学理论和方法的继承和吸收，充分体现了新中国成立前学术成就对新中国历史学发展的巨大影响。关于新中国历史学发展的学术基础，正如学者所言："新中国史学的发展，有一个比较好的前提。这个前提，就是 20 世纪前期中国史学的积累。第一，自 20 世纪初梁启超提出'新史学'的理论以后，中国史学在理论上加快了步伐。第二，20 世纪二三十年代，随着西方史学的输入，中国史学界异常活跃，思潮、学派应运而生，各陈其说，至三四十年代，形成齐流并进之势。其中，以历史考证学派成就尤为突出，如王国维、胡适、陈垣、陈寅恪、顾颉刚等史家，都有丰富的成果问世。第三，五四运动前后，马克思主义传入中国，以李大钊、郭沫若为代表，创立了中国马克思主义史学；三四十年代，郭沫若、范文澜、吕振羽、翦伯赞、侯外庐等史家，以唯物史观为指导，撰写了一大批面貌一新的历史著作，使马克思主义史学有了重大的发展，在齐流并进中显示出强大的生命力。"① 社会经济史研究的兴起，展示出中国历史学发展的新面貌，西方近代考古学、民族学的传入以及在中国的初步发展，极大地推动了历史学的发展和进步。本节将对新思潮影响之下的中国新史学的发展予以概括论述。

一、西方近代史学观念的传入及其影响

中华大地是人类起源和发祥地之一，中华民族具有悠久的历史和灿烂的文明。中国史书汗牛充栋，成为辉煌灿烂的中华文化的一个极其重要的组成部分。编年体、纪传体和纪事本末体是中国传统历史著作撰述的基本形式。以司马迁的《史记》和班固的《汉书》为代表，由《史记》到《明史》多达 3213 卷、共计 4000 万字的"二十四史"，成为中国历史学发达的重要标志，众多帝王将相的文治武功、丰富多彩的中华历史文化由此得以展现和传承。以中唐杜佑的《通典》、宋代郑樵的《通志》和元代马端临的《文献通考》为代表的"典制体"著作的问世，以及此后出现的"续三通"和"清三通"，使中国封建时代的典章制度得到较为系统地记述。与西方近现代史学理论的发展相比，中国传统史学虽然表现出自身的弱点，但中唐刘知几的《史通》、清代章学诚的《文史通义》的出现，也使当代学者对中国传统史学的理论成就不敢忽视，所有这些，显示出中国历史学具有深厚的发展基础和广阔的发展前景。

鸦片战争之后，面对西方列强的入侵和清政府在战争中的失败，以魏源、龚自珍为代表的知识分子，以春秋公羊学"变"的思想为武器，对埋头考据的学风提出了尖锐批评，重倡经世致用，中国知识分子开始面向世界和当代。徐继畬、梁廷枏、张穆、何秋涛等知识分子，推动了对边疆和世界历史地理的研究。随着洋务运动的开展，西方近代自然科学和历史地理学著作也逐渐引起了中国知识阶层的关注，王韬、黄遵宪等以他们的所见所闻，将正在急剧变革中的世界展现在

---

① 瞿林东：《中国史学的理论成就》第 180—181 页，北京师范大学出版社 2005 年版。

中国知识分子面前。19世纪末20世纪初，以进化论为代表的西方近代史学观念传入中国，在梁启超等一批学者倡导和努力之下，20世纪前半期，中国历史学在科学化和近代化的道路上迈出了艰难的一步。梁启超、李大钊、何炳松等著名学者为此做出了开拓性的重大贡献。

（一）以科学眼光审视中国传统史学

梁启超（1873—1929），中国近代杰出的政治家和学者，对于中国历史学走上科学化和近代化的道路做出了突出的贡献。受欧洲和日本近代史学发展新趋向的影响，从挽救民族危机和建立中国新史学的目的出发，1902年，梁启超发表了《新史学》一文，对中国传统史学提出了尖锐的批判。在这篇文章中，梁启超将中国历史学类著作简略做了梳理，划分为10种22类，指出中国传统史学具有"四弊"和"二病"。所谓"四弊"，即：一曰知有朝廷而不知有国家；二曰知有个人而不知有群体；三曰知有陈迹而不知有今务；四曰知有事实而不知有理想。所谓"二病"：其一，能铺叙而不能别裁；其二，能因袭而不能创作。由"六弊"又产生了三项恶果：一曰难读，二曰难别择，三曰无感触①。今天看来，梁启超对中国传统史学的批评不无偏激之处，但在某种程度上也切中了中国传统史学的一些弊端，由此催生了对中国传统史学进行自觉反思的学术思潮。梁启超的《中国历史研究法》及《中国历史研究法补编》，是中国学者在20世纪20年代对中国历史学自觉进行理论反思和总结的重要著述，对中国现代史学理论及史学史学科的创立具有重要的奠基作用。《中国历史研究法》共六章，包括：史的意义及范围，过去之中国史学界，史的改造，说史料，史料之搜集与鉴别，史迹之论次。《中国历史研究法补编》分为"总论"和"分论"两大部分，"总论"包括：史的目的，史家的四长，五种专史概论；"分论"包括：人的专史、事的专史、文物的专史、地方的专史和断代的专史五个部分。梁启超明确提出历史研究法，阐述了历史研究的意义和目的，史学家的素养，研究历史的方法及撰著历史著作的方法，这些奠定了20世纪中国史学理论学科内容的基本框架和结构。在《中国历史研究法补编》中，梁启超专门谈到了"史学史的做法"，明确提出创立"中国史学史"学科的问题，他说："在中国，史学的发达比其他学问更厉害，有如附庸蔚为大国，很有独立做史的资格。中国史学史，最简单也要有一二十万字才能说明个大概，所以很可以独立著作了。"关于中国史学史的做法，梁

---

① 梁启超：《中国之旧史》，《饮冰室合集·文集》（九），中华书局1989年版。

启超提出："中国史学史最少应对于下列各部分特别注意：一、史官，二、史家，三、史学之成立及发展，四、最近史学的趋势。"他进而结合这四个方面的内容，对中国的史学发展作了概括地论述。①

梁启超创立中国史学史学科的思想，极大地推动了 20 世纪史学史学科的发展。1925 年在清华研究院听了梁启超的演讲之后，姚名达就萌发了从事中国史学史研究的愿望，之后致力于史学史的研究，发表了《刘宗周年谱》、《邵念鲁年谱》、《朱筠年谱》、《章实斋年谱》等论著。在 20 世纪 30 到 40 年代，史学史课程逐渐走进了中国大学的讲堂，如陆懋德在北平师范大学、蒙文通在四川大学、卫聚贤在上海持志学院、姚从吾在西南联大、白寿彝在云南大学先后讲授中国史学史课程，并编写出了教学讲义；周谷城在复旦大学的讲义以《中国史学之进化》为题发表在 1944 年的《复旦学报》第 1 期上。抗战时期，商务印书馆先后出版了魏应麒、王玉璋、金毓黻的《中国史学史》。这些著作受梁启超的影响非常明显，如金毓黻的《中国史学史》，第一、二章，即为古代之史官、古代之史家与史籍，最后一章为"最近史学之趋势"。白寿彝先生曾对金著深受梁启超的影响情况作过论述，他说："金毓黻的书，是在梁启超设计的蓝图上写出来的。这书在分期问题上，大致是接着梁启超所说的办法。梁启超对于分期说得不清楚，金的书在分期的概念上也不鲜明。梁启超主张史学史要写史官、史家、史学，金的书也就按照这三个部分去写。梁启超推重司马迁和班固，金氏书把司马迁和班固列为专章。梁启超在说史学发展的时候，举出刘知几、郑樵、章学诚，金的书没有把郑樵看得那么重，但还是把刘知几和章学诚列为专章。从全书的结构上看，金毓黻就是在梁启超的蓝图上填写了史书的目录，有时对这些书作了简单介绍和评论。这部书带有浓厚的史部目录学的气味。我说这话并无意贬低金毓黻所做的工作，他所选的书目和解说，是经过认真考虑的。他把书目写得那么详细，解说得那么有根据，体现了他治学的功力。"② 从白先生上述论述中，我们可以体会到梁启超对于中国史学史学科发展的巨大影响。

（二）西方近代史学观念的传入及其回响

20 世纪 20 至 30 年代，在中国崛起的实证主义思潮极大地促进了实证史学理论以及中国历史学科学化的历史进程。乾嘉考据学深深地影响了近代的中国知识分子，20 世纪初，甲骨文、敦煌经卷以及明清内阁大库档案的相继发现，美国

---

① 梁启超：《中国历史研究法》第 295—314 页，上海古籍出版社 1987 年版。

② 白寿彝：《中国史学史》（第一卷）第 106—107 页，上海人民出版社 2006 年版。

杜威的实用主义哲学和德国兰克的实证研究方法在中国的传播，极大地推动了实证史学在中国的发展，王国维、胡适、傅斯年、陈寅恪、陈垣、顾颉刚等为此做出了突出的贡献。

自 1911 年移居日本后，王国维潜心致力于金文、甲骨文、汉晋简牍、汉魏石经、敦煌经卷的研究，在商周史和蒙元史研究方面取得了显著的成效。1925年，王国维受聘为清华大学国学研究院导师，给学生开设了"古史新证"课程，他称自己的研究方法为"二重证据法"。王国维指出："吾辈生于今日，幸于纸上的材料外，更得地下之新材料。由此种材料，我辈固得据以补正纸上之材料，亦得证古书之某部分全为实录，即百家不雅训之言，亦不无表示一面之事实。此'二重证据法'，惟在今日始得为之。"① 陈寅恪将王国维的治学方法总结为：一曰取地下之实物与纸上之遗文互相释证；二曰取异族之古书与吾国之旧籍互相补正；三曰取外来之观念与固有之材料互相参证。②

留美博士胡适（1891—1962），接受了美国哲学家杜威的实用主义哲学，主张"大胆的假设，小心的求证。"在马克思主义在中国迅速传播时，胡适主张以历史的眼光整理国故，以抵御马克思主义的传播。他说："整理国故，必须以汉还汉，以魏晋还魏晋，以唐还唐，以宋还宋，以明还明，以清还清；以古文还古文家，以金文还金文家；以程朱还程朱，以陆王还陆王……各还他一个本来面目，然后评判各代各家各人的义理的是非。"③ 关于"证据"的审核，胡适提出了五个方面：（1）这种证据是在什么地方寻出来的？（2）什么时候寻出来的？（3）什么人寻出来的？（4）从地点和时间看，这个人有作证人的资格吗？（5）这个人虽有证人资格，而他在说这句话时有无作伪的可能？关于整理史实，胡适提出了四个步骤：（1）把每件史事的种种传说，以先后出现的次序排列起来；（2）研究这件史事在每一时代有什么样子的传说；（3）研究这件史事的渐渐演进；（4）如有可能解释每一次演变的原因④。胡适 1924 年关于考证方法的上述论述，对于以"古史辨"派为代表的实证史学的出现具有重要的意义，极大地推动了实证史学的发展。

毕业于北京大学的傅斯年（1896—1950），在 1920 年代早期曾留学英国、德

---

① 姚淦铭、王燕编：《王国维文集》（四）第 2 页，中国文史出版社 1997 年版。
② 《王静安先生遗书序》，见陈寅恪：《金明馆丛稿二编》第 219 页，上海古籍出版社 1980 年版。
③ 《〈国学季刊〉发刊宣言》，《国学季刊》1 卷 1 号，1923 年 1 月出版。
④ 胡适：《古史讨论的读后感》，见顾颉刚：《古史辨》第 1 册，第 193—198 页，上海古籍出版社，1982 年版。

国，学习心理学和哲学，深受德国兰克史学的影响。1927 年回国后，傅斯年受聘于中山大学，之后，又任职于中央研究院。傅斯年竭力倡导实证研究，他指出："近代的历史学只是史料学，利用自然科学供给我们的一切工具，整理一切可逢着的史料，所以近代史学所达到的范域，自地质学以至目下新闻纸，而史学外的达尔文论，正是历史方法之大成。"他进而提出：凡能直接研究材料，便进步；凡一种学问能扩张他研究的材料便进步，不能的便退步；凡一种学问能扩充他做研究时应用的工具的，则进步，不能的，则退步。"现代的历史学研究，已经成了一个各种科学的方法之汇集。地质，地理，考古，生物，气象，天文学，无一不供给研究历史问题者之工具。"① 傅斯年、顾颉刚等成立了文籍考订、史料征集、考古、人类及民物研究小组，并把这些方面作为历史研究的重要工作。从中山大学来到北京大学任教后，傅斯年给学生开设了"史学方法导论"课程，内容包括：历史学概述，中国及欧洲史学观的演变，统计方法与史学，史料论略，古代史与近代史，史学的逻辑，所谓的"史观"。傅斯年强调说：史学的工作是整理史料，整理史料的方法就是比较不同的史料，史料学便是比较方法之应用②。我们从傅斯年当年的讲稿仅存的第四讲"史料论略"第一章"史料之相对价值"中，可以看出傅斯年对史料的高度重视的情况，本章包括八节内容：直接史料对间接史料，官家的记载对民间的记载，本国的记载对外国的记载，近人的记载对远人的记载，不经意的记载对经意的记载，本事对旁设，直说与隐喻，口说的史料对著文的史料。其中第一节"直接史料对间接史料"论述最为详尽，所举的例证包括：王国维"殷卜辞中所见先公先王考"，陈寅恪"吐蕃彝泰赞普名号年代考"，集古录与潜研堂金石文字跋尾，流沙坠简，可以说，本章站在了当时学术发展的最前沿，反映了史料学研究的新水平。傅斯年在上述理念指引下，借助国民政府中央研究院这一平台，在 20 世纪30—40 年代，研究并推出了一批学术成果，这对中国历史学的科学化发挥了重要的推动作用。

实证派史学思潮对于中国近代历史学的发展发挥了重要的推动作用。在中国近代实证史学发展过程中，陈垣、陈寅恪、顾颉刚发挥了极为重要的作用，他们出版的一批著作、倡导的理念、创立的"古史辨"学派，极大地推动了中国近代实证派史学的发展。受胡适的直接影响，顾颉刚、罗尔纲、吴晗、邓广铭等在

---

① 《国立中山大学语言历史研究所周刊·发刊词》，转引自傅斯年：《史料论略及其他》第 40—49页，辽宁教育出版社 1997 年版。

② 傅斯年：《史料论略及其他》第 2—3 页，辽宁教育出版社 1997 年版。

历史考证方面做出了突出贡献。作为民国时代占主导地位的"实证派史学"，在北京大学、燕京大学等大学和中央研究院受到了推崇，也培养了一批接受过科学训练的实证派历史学专门人才。

何炳松（1890—1946），中国近代著名史学家和教育家，中国史学理论学科的创始人之一，在西方近代史学输入中国的过程中做出了重要贡献。何炳松在1912年就读于美国威斯康辛大学，学习历史和政治学，1915年，何炳松入普林斯顿大学研读国际政治和世界现代史，1916年硕士毕业后任教于北京大学，1920年在历史系讲授《历史研究法》课程。在系主任朱希祖的支持下，经过一年的努力，何炳松将他采用的教本即美国史学家鲁滨孙的《新史学》翻译为中文，该书于1924年由商务印书馆出版。詹姆斯·哈威·鲁滨孙（1863—1936），美国新史学派代表人，1929年曾担任美国历史学会主席。1911年，鲁滨孙出版了自己的代表作《新史学》，该书包括八章，其中前五章：新史学、史学史、史学的新同盟、思想史的回顾、普通人应该具有的历史知识，集中反映了鲁滨孙新史学的基本思想，有学者将其概括为五个方面："一、把历史的范围扩大到包括人类既往的全部活动。二、用综合的观点来解释和分析历史事实。三、用进化的眼光考察历史变化，把人类历史看成为一个'继续不断的'成长过程。四、研究历史的功用在于帮助人们了解现状和推测未来。五、利用历史知识来为社会造福。鲁滨孙的这些观点，风行一时，对美国史学界的影响很大。"[①] 何炳松直接介绍西方的历史学理论和方法，对于中国历史学的发展具有重要的意义，正如朱希祖所言："我国现在的史学界，实在是陈腐极了，没有一番破坏，断然不能建设。何先生译了 Robinson 这部书，是很适合我国史学界的程度，先把消极的方面多说些，把史学界陈腐不堪的地方摧陷廓清了，然后慢慢的想到积极的建设方面去。所以何先生译了这部书，是很有功于我国史学界的。……何先生译了这部书，为我国史学界的首唱者，我很希望留学各国回来的学者，多译这种书，指导吾国史学界，庶几不负何先生的苦心呵！"[②] 1928年8月，何炳松在上海尚公学校向图书馆讲习所学生作"关于历史研究法"的学术报告，该讲演后来刊载于1929年《民铎》杂志上。在从事翻译工作之后，何炳松又综合了西方学者的著作并结合中国的历史学，开始用中国人的语言阐述历史学的研究方法，先后出版了《历史研究方法》、《通史新义》两部史学理论著作。《历史研究方法》于

①　鲁滨孙著、齐思和等译：《新史学·出版说明》第2页，商务印书馆1964年版。
②　鲁滨孙著，何炳松译：《新史学·序》第3页，广西师范大学出版社2005年版。

1927 年由商务印书馆出版，全书依据德国的朋汉姆、法国的朗格诺瓦和塞诺博司的著作，结合中国史家的相关论述，共分十章，包括：绪论、博采、辨伪、知人、考证与著作、名义、断事、编比、著作、结论，在绪论中，何炳松阐述了历史学的对象，历史学与自然科学和其他学科的区别，历史学研究方法的特点，历史学的重要性等问题，实际上是对历史学的一个总的论述，后面各章讲述的皆为历史学研究和著作的方法。《通史新义》撰于抗战烽火之中，由商务印书馆 1940 年出版，该书的撰著，是为了纠正国人食洋不化的弊端。正如何炳松所言："吾国近来史学界颇受欧化潮流之激荡，是以努力于通史编纂者颇不乏人。其对于西洋史学原理之接受，正与一般政治学家、经济学家、新文学家同，一时顿呈饥不择食活剥生吞之现象。偏而不全、似而非是之通史义例因遂充斥于吾国现代之史著中。"①《通史新义》主要根据法国史学家塞诺博司的《应用于社会科学上之历史研究法》，名为谈通史，实际上还是论述史学研究方法。除"《导言》历史研究法与社会科学"之外，全书分为上下两编，共计二十一章。上编：社会史料研究法，包括：史料之理论、考订之原理、史料来历之考订、诠释之考订、诚伪及正确之考订、事实之利用、事实之编比、社会科学事实之编比、并时事实之编比法、连续事实之编比法，共计十章内容。下编：社会史研究法，包括：历史之种类、社会史之现状、社会事实之编比、社会史之特殊困难、社会团体之决定、演化之研究、各类历史联合之必要、社会史之系统、社会史与其他历史之连锁、单独事实及于社会生活之影响、集合事实及于社会之影响，共十一章。

在鲁滨孙新史学思想影响下，在朱希祖等倡导支持下，何炳松等学者开始致力于中国历史学的理论研究和建设工作。何炳松任职商务印书馆总编期间，推动翻译出版了大量西方近代有关历史学理论和历史研究方法方面的论著。1926 年，李思纯翻译的法国学者朗格诺瓦、塞诺博司的《史学原论》由商务印书馆出版，该书主要阐述了史料的搜集、鉴别以及撰著历史著作的方法。黎东方翻译的法国史学家施亨利的《历史之科学与哲学》也于 1930 年由商务印书馆出版；美国历史学家弗领的《历史方法概论》，由薛澄清和李树峻分别翻译，于 1933 年 7 月和 10 月，先后由商务印书馆和立达出版社出版；由陈韬翻译的德国学者伯伦汉的《史学方法论》，由商务印书馆在 1937 年出版；周谦冲翻译的意大利史学家沙尔费米尼的《史学家与科学家》，也于 1945 年由重庆商务印书馆刊行。

受西方史学理论及其研究方法论著的影响，或者受实证派史学方法的启示，

---

① 何炳松：《通史新义·自序》第 7 页，广西师范大学出版社 2005 年版。

以及马克思主义史学理论和方法的影响，在 20 世纪 20 至 40 年代，中国学者个人的史学理论著作也不断出版。朱谦之致力于历史哲学的研究工作，先后出版了《历史哲学》（泰东书局，1926 年）和《历史哲学史大纲》（民智书局，1933 年）。1930 年商务印书馆出版了卢绍稷的《史学概要》，刘剑横以马克思主义理论和方法撰著的《历史学 ABC》于 1930 年由上海世界书局刊行，罗元鲲的《史学概要》由武昌亚新地学社在 1931 年刊行，刘静白的《何炳松历史学批判》由上海新垦书店于 1933 年出版。商务印书馆于 1934 年、1935 年又出版了卫聚贤的《历史统计学》、李则纲的《史学通论》。抗战时期，史学理论的研究仍然受到了学者的高度重视，长沙商务印书馆 1939 年出版了杨鸿烈的《历史研究法》，中华书局 1940 年出版了蔡尚思的《中国历史新研究法》，吴泽编著的《中国历史研究法》由重庆峨嵋出版社于 1942 年刊行，蒋祖怡的《史学纂要》由正中书局于 1944 年刊行，常乃德的《历史哲学论丛》由商务印书馆在 1944 年出版，吕思勉的《历史研究法》于 1945 年由永祥印书馆刊印，陆懋德的《史学方法大纲》由独立出版社于 1945 年出版。刘节在抗战中期所作的《历史论》于 1947 年由正中书局出版，柳诒徵的《国史要义》于 1948 年由上海中华书局出版。此外，还有一些其他形式的史学理论著述，如未刊行的讲义和附属于历史著作的史学理论专论，前者如齐思和，早在 1930 年就在《燕大月刊》上发表了史学理论文章"论史学之价值"，1935 年从美国哈佛大学留学回国后，齐思和先后在北平师范大学和北京大学讲授《史学概论》课程，他的《史学概论讲义》直到 2007 年才由天津古籍出版社公开出版。再如朱谦之，"五四"前后求学于北京大学，1929 年留学日本，两年后任教于暨南大学、中山大学，1935 年 1 月在《现代史学》第 2 卷第 3 期发表了《历史科学论》。后者如周谷城的《历史完形论》，是作为他的《中国通史》的《导言》，由上海开明书店在 1939 年出版。所有这些著作、论文的出现，标志着以历史研究法为核心的史学理论研究已经受到了学者的普遍重视，史学理论学科开始在中国史学界崭露头角，这标志着中国历史学在科学化的历史进程中迈出了极为关键的一步。

二、中国马克思主义史学的产生和初步发展

在西方近代史学在中国传入和发展的同时，马克思主义传入中国，并与中国的历史研究相结合，催生了中国马克思主义史学的产生。李大钊为马克思主义史学的产生做出了杰出的贡献，在 20 世纪 30 至 40 年代，中国马克思主义史学有了新的发展，逐渐成为中国史学的一个重要流派。

　　（一）李大钊对马克思主义史学的理论贡献

　　"十月革命"的胜利，加速了马克思主义在中国传播的历史进程，李大钊正是在这一社会思潮的影响下，开始关注马克思主义及其学说。1918年1月，李大钊受聘担任北京大学图书馆主任，他参与《新青年》的编辑工作，与陈独秀等创办了《每周评论》，主编《晨报副刊》，他利用这些阵地，积极介绍和宣传马克思主义，为马克思主义在中国的传播做出了开创性的贡献。1920年7月，李大钊被正式聘为北京大学教授，他在北京大学、女子师范大学、中国大学、北京师范大学、朝阳大学开设了"唯物史观研究"、"史学思想史"等课程，开始了系统的马克思主义理论研究和马克思主义史学的创建工作。如果说《唯物史观在现代史学上的价值》主要论述唯物史观对历史学研究的指导意义，那么，《中国古代经济思想的特点》和《原人社会于文字书契上之唯物的反映》两篇，则是李大钊力图用唯物史观的理论解释中国历史的尝试。《史学思想史》是李大钊在1923年9月至1925年6月在北京大学史学系开设的一门重要课程，该课讲义包括十个部分：史观、今与古，以及鲍丹、孟德斯鸠、韦柯、孔道西、桑西门的历史思想，最后几部分为：马克思的历史哲学与理恺尔的历史哲学、唯物史观在现代史学上的价值、唯物史观在现代社会学上的价值。今天看来，李大钊的"史学思想史"课程讲授的内容更像一门"近代西方历史哲学"或者"近代西方史学思想史"，内容丰富，涉及面广，其核心是在西方历史哲学发展的宏观背景下论述马克思主义的历史地位。

　　《史学要论》是1924年由商务印书馆公开出版的李大钊的史学理论著作，在中国史学理论发展史上具有重要的开拓性贡献。正如白寿彝先生所言："1924年，他出版了《史学要论》，这是我国第一部系统地阐述历史唯物主义并把它跟一些具体的史学工作相结合的书。""《史学要论》是一本不到四万字的小册子，但这是为马克思主义史学开辟道路的重要著作。这本小册子凝结着一个革命家、一个无产阶级理论家对人类前途的真挚的希望。对于在中国传播马克思主义史学理论来说，李大钊不愧是第一个开辟道路的人。"① 本书共分为六大部分：什么是历史；什么是历史学；历史学的系统；史学在科学中的位置；史学与其相关学问的关系；现代史学的研究及于人生态度的影响。本书的理论价值可以概括为以下几个方面：

――――――――――――

① 白寿彝：《白寿彝史学论集》（下）第640页，北京师范大学出版社1994年版。

其一，对史料、历史和历史事实的区分，具有重要的历史认识论价值。李大钊对历史资料与历史作了明确的区分，他说："我们若想研究中国的历史，像那《史记》咧，《二十四史》咧，《紫阳纲目》咧，《资治通鉴》咧，乃至其他种种历史的纪录，都是很丰富，很重要的材料，必须要广搜，要精选，要确考，要整理。但是他们无论怎样重要，只能说是历史的纪录，是研究历史必要的材料；不能说他们就是历史。这些卷帙，册案，图表，典籍，全是这活的历史一部分的缩影，而不是这活的历史的本体。"那么，什么是活的历史呢？根据马克思主义的观点，李大钊说："什么是活的历史，真的历史呢？简明一句话，历史就是人类的生活并为其产物的文化。"① 这里，李大钊将历史资料与活的历史相区别，纠正了长期以来人们把历史资料误认为历史实际这一认识上的局限性，具有重要的认识论价值；李大钊强调社会的历史，强调历史的发展和进步，显示出马克思主义史学的显著特征。李大钊又进一步提出了"历史事实"和"实在事实"两对概念，并对它们的特征做了较为深入的论述；李大钊强调历史观对于历史的解喻发展的重要作用，他说："吾人对于史实的知识和解喻，日在发展中，日在进化中。进化论的历史观，修正了退落说的历史观；社会的历史观，修正了英雄的历史观；科学的历史观，修正了神学的历史观。"②

其二，对历史学性质的论述，对构建科学历史学的设想，具有重要的理论价值和实践意义。关于历史学及其要义，李大钊指出："历史学就是研究社会的变革的学问，即是研究在不断的变革中的人生及为其产物的文化的学问。"③ "史学的要义有三：（1）社会随时代的经过发达进化，人事的变化推移，健行不息。（2）就实际发生的事件，一一寻究其证据，以明人事发展进化的真相，是历史研究的特色。（3）今日的历史研究，不仅以考证确定零零碎碎的事实为毕乃能事；必须进一步，不把人事看作片片断断的东西；要把人事看作一个整个的，互为因果，互有连锁的东西去考察他。"④ 李大钊对于历史学的性质以及历史学是否为科学问题作了较为深入的阐发，高度肯定了马克思唯物史观理论在历史学走上科学化的历史进程中的伟大贡献，对于将历史学的科学性与艺术性对立起来，借以否定历史学的科学性的观点，给予了有力的批驳，说明从事历史学理论研究

---

① 《李大钊全集》（第四卷）第 356—357 页，河北教育出版社 1999 年版。

② 《李大钊全集》（第四卷）第 359—361 页。

③ 《李大钊全集》（第四卷）第 365 页。

④ 《李大钊全集》（第四卷）第 369 页。

的重要性，这对于中国马克思主义历史学的发展具有重要的理论价值和实践的启迪意义。李大钊强调历史理论的研究仍应重视事实的研究，强调将历史学与其他科学相结合，这些看法也具有重要的方法论的价值。

其三，在宏观的近代学科视野下，李大钊提出了自己的历史学的系统，这对于建设科学的历史学具有重要的参考价值。李大钊指出，最广义的历史学包括：历史哲学、特殊的历史学、普通的历史学，其中，历史哲学归入哲学，特殊的历史学的理论部分别归入相应的教育学、政治学、经济学等学科，李大钊称之为"人文学"、"文化学"，记述的部分包括政治史、经济史、法律史等等，李大钊称之为人文史亦曰文化史，实际上就是我们今天所说的各种专门史①。李大钊提出的历史学系统以及相关分类，与我们今天的分类尽管尚有不小的差异，但他提出的广义的历史学，以及将历史分为"记述的"和"理论的"两个方面，仍然具有重要的价值。正如学者所言："李大钊所构建的'历史学系统'，以恢宏的视野来观察历史学的内涵与外延，是一个创举。"② 李大钊对历史理论与历史研究法的区别也有重要的理论价值，他说："历史理论与历史研究法决非同物，但此二者常易相混。有谓历史研究法上的议论为历史理论者，又有称历史研究法为史学原理者，此皆非是。""历史研究法是教人应依如何的次第、方法去作史学研究的阶梯学问，是史学的辅助的学问。历史理论则非别的学问的辅助与预备，实为构成广义的史学的最要部分。"③ 诚然，李大钊将历史理论等同于历史科学，这一认识具有局限性，他对历史理论内涵的认识与我们今天也有很大的差别，但在 20 世纪 20 年代，他强调历史理论与历史研究方法的区别，联想到中国历史学家对这一问题的真正重视和明确区分却是在 20 世纪 80 年代这一事实，我们就会感受到李大钊在这一问题上的卓识。

其四，李大钊对史学在科学中的位置，以及历史学与其他学科的关系的论述，进一步深化了人们对历史学的科学地位的认识。李大钊宏观地阐述了历史学走向科学化的历史进程，他指出与史学有较近关系的学问大致有六个类别，着重论述了史学与文学、史学与哲学、史学与社会学的关系。关于历史哲学与历史科学的关系问题，李大钊说："历史哲学，有时要借重历史科学研究的结果，利用其所供给的材料；历史科学，研究到根本问题的时候，亦要依据历史哲学所阐明

① 《李大钊全集》（第四卷）第 384 页。
② 瞿林东：《中国史学的理论遗产》第 296 页，北京师范大学出版社 2005 年版。
③ 《李大钊全集》（第四卷）第 385—386 页。

的深奥高远的原理，以求其启发与指导。"① 关于历史学与社会学的区别及联系，李大钊说："简明的说，历史学是把人类社会的生活纵起来研究的学问，社会学是把人类社会的生活横起来研究的学问。吾人欲把人事现象充分的施行科学的研究，二者悉所必要。自其学问的性质上说，二者有相资相依的关系，自不待言。"②

最后，李大钊还阐述了"现代史学的研究及于人生态度的影响"这一重要问题，深刻地揭示出了历史学的价值。李大钊明确指出："现代史学的研究，及于人生态度的影响很大。第一，史学能陶炼吾人于科学的态度，有二要点：一为尊疑，一为重据。史学家即以此二者为可宝贵的信条。""一切过去，都是供我们利用的材料。我们的将来，是我们凭借过去的材料、现在的劳作创造出来的。这是现代史学给我们的科学的态度。这种科学的态度，造成我们脚踏实地的人生观。"关于现代史学对于正确的人生观形成的作用，李大钊充满信心，他说："我们既认定世界是进步的，历史是进步的，我们在此进步的世界中、历史中，即不应该悲观，不应该拜古，只应该欢天喜地的在这只容一趟过的大路上向前行走，前途有我们的光明，将来有我们的黄金世界。这是现代史学给我们的乐天努进的人生观。"③

李大钊关于历史学理论的诸多卓识，具有重要的价值，代表了中国史学家在20世纪20年代对于历史学理论思考的最高水平，在中国史学理论学科的发展上具有重要的地位，对于中国马克思主义史学的创立具有先导性的作用和影响。

（二）中国马克思主义史学的初步发展

20世纪30至40年代，中国马克思主义史学有了新的发展，逐渐成为中国近代历史学的一个重要流派。在李大钊的启发下，郭沫若开始了中国马克思主义史学的创建工作，出版了《中国古代社会研究》，开辟了中国马克思主义历史学发展的先河。④

20世纪30年代开展的社会史大论战，催生了中国经济史的研究和学科的产生，极大地促进了中国马克思主义历史学的发展。这场论战主要围绕中国古代社会性质、亚细亚生产方式问题和中国农村的社会性质而展开。以王学文为代表的

---

① 《李大钊全集》（第四卷）第402页。
② 《李大钊全集》（第四卷）第405—406页。
③ 《李大钊全集》（第四卷）第406—408页。
④ 参见张剑平：《郭沫若古史分期的方法及其对中国古代社会的认识》，《郭沫若学刊》2003年第1期。

"新思潮"派同严灵峰为代表的"动力"派和陶希圣为代表的"食货"派，就中国近代的社会性质、封建势力在农村中的地位、帝国主义和中国近代社会经济的关系等问题，展开了广泛的论战。由对现实问题的探讨，进一步发展到对中国历史的认识，吕振羽、翦伯赞、邓拓等一批马克思主义历史学家也参与了论战，他们以马克思主义的社会经济形态理论探讨中国古代社会的性质，捍卫了唯物史观的理论，认为中国社会的发展也同样经历了原始社会、奴隶社会、封建社会，这场论战极大地推动了对于中国商代以来中国历史的研究。吕振羽首先倡导"西周封建论"，得到了不少马克思主义学者的支持。何干之对社会史论战及时给予总结，出版了《中国社会史问题论战》、《中国社会性质问题论战》（上海生活书店，1937年），并在《中国的过去、现在和未来》一书中，明确提出"中国近代是半殖民地半封建社会"的重要论断。社会史大论战，促进了马克思主义在中国的进一步传播，推动了马克思主义中国化的历史进程，推动了马克思主义哲学和社会科学在中国的发展。在论战过程中，一批马克思主义哲学和社会科学家在这场论战中成长起来，以郭沫若、李达、张闻天、吕振羽、翦伯赞、何干之、邓拓等为代表的中国马克思主义历史学家阵营逐步形成。

抗战时期，马克思主义史学理论得以广泛传播，极大地促进了中国马克思主义历史学的发展。这一时期，先后出版了翦伯赞的《历史哲学》（长沙新知书店，1938年）、吴黎平、艾思奇的《唯物史观》（延安解放出版社，1939年）、吴玉章《研究中国历史的意义》（《解放》第52期，）侯外庐的《社会史导论》（《中苏文化》第4卷第2期，1939年）、潘梓年的《社会历史怎样变成科学》（《读书月报》第2卷第1期，1940年）、吕振羽的《关于中国社会史的诸问题)（《理论与现实》第2卷第1期，1940年）、华岗的《中国历史的翻案》（上海作家书屋，1946年）等论著。1938年之后，斯大林主编的《联共党史》在延安等革命根据地广泛传播，毛泽东的《中国革命与中国共产党》（1939年）、《新民主主义论》（1940年）、《怎样研究中共党史》（1942年）等著作，也极大地促进了中国马克思主义史学理论特别是历史理论的发展，推动了中国马克思主义历史学和中共党史学科的产生和发展。

抗日战争时期，中国共产党人对于马克思主义历史学的发展，发挥了重要的推动作用。中国共产党人于1939年在延安马列学院设立了历史教研室，1941年在中央研究院建立了中国历史研究室，范文澜在马克思主义历史观和毛泽东关于中国历史的重要论述影响下，撰著了《中国通史简编》、《中国近代史》等重要论著；在延安整风运动中，毛泽东率领党的高级干部研究中国共产党的历史，编著了《六大以来》、《六大以前》等大型历史文献，形成了《关于若干历史问题的决议》，为科学的中共党史学的产生奠定了坚实的基础①。在重庆，皖南事变之后，周恩来鼓励郭沫若、翦伯赞、侯外庐等马克思主义史学家，从事历史研究工作，郭沫若写出了《十批判书》、《青铜时代》、《甲申三百年祭》等重要历史研究著作以及具有深远教育意义的《屈原》、《虎符》等历史剧；翦伯赞出版了《中国史纲》第一、二卷；侯外庐在中国思想史和社会史研究方面也取得了巨大的成就，吕振羽的《简明中国通史》也在戎马倥偬中问世。

解放战争时期，中国共产党人在华北大学、北方大学建立了历史学教学和科研机构，培养了一些历史学教学和科研人才，吴玉章、吕振羽、何干之、范文澜、刘大年、胡华、胡绳、黎澍等马克思主义史学家的论著也不断问世。这些成果的涌现，标志着中国马克思主义史学在中国近代历史学齐流并进中，开始崭露头角，成为中国历史学发展的一支重要力量和学术流派。抗日战争和解放战争时期，通过马克思主义史学论著和一批具有教育意义的历史剧，中国马克思主义史学也逐渐走向了工农兵大众，这进一步扩大了马克思主义史学的影响。

三、社会经济史研究的初步开展

中国传统史学留下了丰富的经济史资料，20 世纪 20 至 30 年代，随着西方近代经济学的传入，受唯物史观和中国社会及革命形势的影响，在社会史大论战的推动下，中国近代社会经济史研究受到学者的广泛重视，中国经济史研究逐步开展起来，社会经济史学科逐渐诞生。

（一）丰富的中国古代社会经济史资料

中国传统史学是以政治史为中心的，但一些卓越的史学家却相当重视经济和社会因素对历史发展的作用及其记述，因而在卷帙浩繁的古代历史典籍中，蕴含着丰富的社会经济史资料和较为系统的社会经济史记述。社会经济史资料分散于经、史、子、集各部中，历代政治家和思想家有关社会经济问题的论述，分别载于先秦、秦汉诸子和历代文集中。子部中有大量讲述农业技术和农业经营的著作，还有为数不少的有关水利、工业和商业方面的著作。汉、唐、宋、元、明、清学者也撰写了大量的农政、盐政、茶政、马政、船政、漕政、荒政等经济史著作，不但清晰地反映出上述各个领域的历史发展状况，而且形成关注社会历史与

---

① 参见张剑平：《中国马克思主义史学研究》第 227—247 页，人民出版社 2009 年版。

国计民生的传统。在大量地方志和一些记述各地风土人情的著作中亦有社会经济的内容。

在这些著作中，最值得重视的是历代正史中的《食货志》和《十通》中的"食货门（考）"。司马迁撰写的中国第一部纪传体史书《史记》中，就有关于经济史的专篇——《平准书》和《货殖列传》。前者记述了从汉朝建立至汉武帝以前的财政演变，后者记述了春秋战国以来商品生产和商品流通的发展、工商业家的活动和各个经济区域的特点及其相互的联系等等。班固的《汉书》在《史记·平准书》的基础上创立了《食货志》。其中的"食"，当然包含农业在内，同时它也泛指以食物生产为中心的社会生产活动。其中的"货"，包含家庭手工业，同时它也泛指交换和流通。就是说，中国古代，虽然还没有形成近代"经济"的概念，但"食"与"货"则分别反映社会的生产和流通的内涵，即相当于近代"经济"的概念。有学者认为，从《汉书·食货志》开始，"二十五史"中列有《食货志》计12种，加上《史记》的《平准书》、《货殖列传》和《新元史》、《清史稿》中的《食货志》，则有17种。这些史书中的《食货志》基本上是相互衔接的，"不但是研究中国经济史最基本的材料，而且本身就是传统史学中首尾相续的完整的经济史系列。"①

《十通》，包括《通典》、《通志》、《文献通考》、《续通典》、《续通志》、《续文献通考》、《清通典》、《清通志》、《清文献通考》、《清续文献通考》，是记述历代政治、经济、文化、军事等典章制度的著作。《十通》中都设有"食货门"，但"食货门"与正史中的《食货志》有所不同。一是主要引述史籍中的有关资料，间有编者的评述，带有材料汇编的性质；二是收集的资料比《食货志》更细致、更广泛。在《通典》、《通志》、《通考》中，后者的社会经济的资料最为丰富。如《文献通考》不但把食货门列于书首，而且关于田赋、钱币、户口、职役、征榷、市籴、土贡、国用等方面的内容共8考27卷，占24门的1/3。《清续文献通考》，除增至83卷的食货门8考外，又新增"邮传"、"实业"两门33卷。《通考》"食货门"不但积累了大量的经济史文献，而且比较完整地反映了从上古到清末有关典章制度的沿革和财政经济方面的重大事件，可以说在一定程度上完整地反映了我国古代社会经济演变的历史轨迹。

如此丰富、系统的经济史文献和记述，是古代世界罕见的历史文化现象。它

---

① 李根蟠：《中国经济史学形成和发展三题》，载侯建新主编：《经济—社会史：历史研究的新方向》，商务印书馆2002年版。

给后来经济史研究提供了丰富的历史典籍和浩繁的史料基础，培育了"经世致用"和重视史料的优良史学传统。当然，从现代经济史学发展的角度来看，这些记述仍有不少的缺陷。在视角上，主要是关照国家管理经济的典章制度和有关的经济主张，注重"公经济"或"官经济"，而对于整个社会和下层民众经济生活的"私经济"的反映，从广度和深度上都远远不够；在记述方法上，偏重描述，以占有史料为第一要义，尚缺乏科学理论作为指导，还谈不上真正的科学研究。因此，它不是现代意义上的中国经济史学，只能称为传统社会经济史学，或称"食货之学"。① 尽管如此，中国历史典籍留下的丰富经济学术遗产，仍然孕育了中国经济史学的胚胎，为中国经济史学的创立奠定了坚实的基础。

（二）中国社会经济史研究的兴起

中国社会经济史在近代逐步演化发展为一门独立学科。按照李伯重教授的看法，新中国成立前，中国社会经济史研究经历了萌芽（1904—1931）和形成（1932—1949）两个阶段。其中后者包括1932—1937年的繁荣时期和1938—1949年的萧条时期。②

1840年后，外国资本主义列强用坚船利炮打开了中国的国门，侵犯中国主权，并进一步对中国进行经济掠夺，中国传统社会陷入前所未有的危机，中国传统史学也发生了严重的危机。一些先进的中国人在提出向西方学习以挽救中国的同时，也试图用西方近代社会科学改造中国的传统史学，喊出了"史学革命"的口号。这次"史学革命"的旗手梁启超，提出史学的任务是"探察人间全体之运动进步，即国民全部之经历，及其相互之间的关系。"③ 整体的社会经济，作为历史研究的主要对象，开始进入史学家的视野；梁启超运用西方经济学理论，写了《〈史记·货殖列传〉今义》、《管子新解》等论文；第一次运用统计学的方法撰写了《中国史上之人口统计》，表明他虽然运用的是西方进化论思想，但在研究对象、理论基础和方法上，开始突破传统经济史的局限，成为"现代中国经济史学的滥觞"④。但是，在当时的"史学革命"中，人们的着眼点还停留在通史体例和内容的革新层面，现代经济学理论与方法只是初步运用于某些零星问题的研究，尚未形成独立的经济史学科，因而只是现代社会经济史学科的萌芽

---

① 李伯重：《回顾与展望：中国社会经济史学百年沧桑》，《文史哲》2008年第1期。
② 李伯重：《回顾与展望：中国社会经济史学百年沧桑》，《文史哲》2008年第1期。
③ 梁启超：《饮冰室文集》之九《新史学》。
④ 李根蟠：《二十世纪的中国古代经济史研究》，《历史研究》1999年第3期。

时期。

现代中国社会经济史学形成于 20 世纪二三十年代的中国社会性质和社会史大论战。这次论战的发生固然与当时共产国际的有关争论相联系，但归根结底是由中国社会内部原因所决定的。一是马克思主义的传入，使许多学者接受了马克思主义。马克思主义唯物史观关于生产力决定生产关系、经济基础决定上层建筑的理论，引导人们关注社会经济状况及其发展的历史，重视经济史的研究，同时，唯物史观又给这种研究提供了锐利的思想武器。二是大革命的发展与失败。大革命的发展证明了马克思主义对推动中国革命的巨大作用，使人们运用它来关注和思考社会经济问题；1927 年大革命失败又使这种关注具有了空前的迫切性。因为只有弄清了中国社会性质，才能正确确定革命的性质及其战略策略，找出中国革命的出路。由此，在 1928 年至 1936 年，以《新思潮》杂志为中心的共产党组织下的革命学者和以《动力》杂志为中心的中国托派学者，展开了持续九年之久的中国社会性质大论战。

这次论战大致分为三个阶段：第一阶段（1928—1930）争论的重点围绕鸦片战争后中国的社会性质是什么？是商业资本主义社会，还是封建社会，抑或别的什么社会？第二阶段（1931—1933）争论的重点是中国社会史。主要涉及"亚细亚生产方式"性质问题，中国历史上到底是否存在过这种方式？中国历史上是否存在奴隶社会？中国封建社会的特征问题。这些问题都是社会经济形态问题或与之紧密相关的问题。第三阶段（1935—1936）争论的重点是中国农村社会性质问题。

这次论战与此前传统社会经济史比较，具有鲜明的特点，也对现代中国经济史学的发展产生了深远的影响，出现了中国经济史研究的第一次热闹。

第一，形成了可观的经济史研究学术阵容。主要有三股力量：一是以郭沫若、吕振羽为代表，另有李达、刘梦云（张闻天）、翦伯赞、王学文、吴黎平、何干之、邓拓、钱俊瑞、薛暮桥等一大批接受马克思主义的学者；二是当时中央研究院社会科学研究所以及和他们有密切联系的一批学者。其中，1933 年陈翰笙发起成立的"中国农村经济研究会"会员就有 500 多名；三是陶希圣主编的《食货》半月刊及其联系的 100 多位学者。此外，还有中国经济史学界其他年轻学者，如后来被称为经济史界的南北二傅（傅衣凌和傅筑夫）从事经济史研究也与这场论战有直接的关系。从总体来看，这时从事经济史研究的学者不再是传统经济史时代的史官或单个学者，而是主要以研究为职业的学者，并形成不同的学派。从事经济史研究学者之多、阵容之强大是前所未有的。

　　第二，研究者运用近代社会科学的理论方法开展研究工作。当时论战的各方虽有不同政治背景和倾向，但基本上都是使用马克思主义唯物史观的理论范畴和术语。即使非马克思主义者，甚至反对马克思主义指导的陶希圣，也企图把唯物史观从马克思主义的有机整体中抽取出来，有条件有限度地运用到社会经济史研究中。参加论战的王礼锡，比较了人生观论战与社会史论战的异同之后，认为："前者是科学与玄学之争，后者科学已经成为人们的常识；前者是唯物和唯心之争，后者是唯物的内部斗争，都以唯物辩证法作武器。"[①] 研究方法上都借鉴其他学科理论方法。研究视角上，不仅关注社会上层和各党派，也开始关注下层群众的生活。在范畴和术语上，都运用"经济史"、"社会史"、"社会经济史"等专业术语。今天看来，这些概念"从严格意义上来说，经济史、社会史和社会经济史三个概念是有差别的"[②]，但在当时这几个名词的含义是相同的或相近的，以至可以相互替换使用。这些都说明在经济史研究的理论指导、方法和规范上，初步实现了由传统到现代的转换。

　　第三，研究的内容涵盖了生产力和生产关系，生产、分配和交换的各个环节，涉及社会生活的广泛领域，具有空前的广泛性、系统性和深刻性，其研究的广度和深度是过去的"食货志"类型的记述难以比拟的。

　　第四，由社会史论战展开了对中国社会经济史的全面研究，建立了专门的经济史研究机构和刊物。20 世纪 30 年代初，中央研究院社会科学研究所以经济史作为主要的研究内容。北京大学法学院建立了中国经济史研究室，中山大学法学院也成立了中国经济史研究室。1934 年 5 月，汤象龙、吴晗等倡议成立了"史学研究会"，该研究会周围聚集了夏鼐、罗尔纲、张荫麟等十余位后来著名的历史学家，包括梁方仲、孙毓棠、谷霁光等多位后来著名的经济史研究专家。在中国社会性质争论中，共产党组织的进步学者以《新思潮》杂志为阵地，中国托派学者以《动力》杂志为阵地；在农村社会性质论战中，中国托派学者以《中国经济》为阵地，马克思主义学者以《中国农村》为阵地；1932 年中央研究院社会科学研究所创办了中国第一份以经济史命名的学术刊物——《中国近代经济史研究集刊》（后改称《中国社会经济史研究集刊》）。1934 年 12 月，陶希圣创办了社会经济史的专业性期刊《食货》半月刊。争论各方在刊物上发表了大量论文，也出版了不少著作。其中，仅《食货》就发表了 345 篇经济史论文。

---

　　① 王礼锡：《中国社会史论战序幕》，载《中国社会史论战》第一辑，神州国光社 1931 年出版。
　　② 李伯重：《回顾与展望：中国社会经济史学百年沧桑》，《文史哲》2008 年第 1 期。

由此可见，中国社会性质和社会史争论及《中国近代经济史研究集刊》创刊，经济史研究的第一次热潮及研究队伍、学术机构的出现，标志着近代中国社会经济史研究的兴起和中国社会经济史学科的初步形成。

中国社会经济史学科在其形成时期的不同阶段，都取得了许多重要成就。

在萌芽时期，西方现代社会科学理论和方法被引进中国社会经济史研究领域，产生了一系列成果。西方近代社会科学传入中国之后，梁启超于 1903 年发表了著名的长文《新史学》，号召创立新史学，认为"新史学"要获得"诸学之公理、公例"，即援用社会科学的理论方法研究历史。而当时日本学者运用西方经济学理论研究中国经济史的成果，引起了梁启超等学者的关注，并开始以西方有关理论与方法研究中国经济历史。于是，梁启超于 1904 年写成《中国国债史》一书。受此影响，用新的体裁编写的财政史、田赋史、田制史、盐务史、商业史等方面的论著和经济资料的汇编陆续问世。如张效敏于 1916 年发表了《中国租税制度论》，陈向原 1926 年著《中国关税史》，沈同芳在 1906 年出版《中国渔业历史》，陈家焜在 1908 年出版了《中国商业史》等部门经济史论著。

在形成阶段的繁荣时期，关于中国社会性质的大论战促进了中国现代社会经济史学科的形成，产生了大量成果和重要成就。1930 年郭沫若在出版了自称是恩格斯《家庭、私有制和国家的起源》续编的《中国古代社会研究》。1933 年吕振羽编迄《中国上古及中世纪经济史》讲义、1934 年出版《史前期中国社会研究》、1936 年出版《殷周时代的中国社会》等著作，发表了《中国经济的史的发展阶段》（《文史》1934）、《史前期中国社会研究》（1934）等论文。何干之撰著了《中国经济读本》（上海现实出版社，1934 年）、《中国的过去与未来》（上海当代青年出版社，1936 年）、《中国社会性质问题论战》（上海生活书店，1937 年）、《中国社会史问题论战》（上海生活书店，1937 年）等论著。此外，何干之还发表了《中国封建社会长期停滞的历史根源》（《时代论坛》第 1 卷第 5 号，1936 年）、《地租手工业反映封建社会的停滞性》（《时代论坛》第 1 卷第 6 号，1936 年）、《中国历史上农村公社的再评价》（《自修大学》第 1 卷第 2 辑第 14 号，1937 年）等社会经济史研究论文。陶希圣先后组织编著了《西汉经济史》、《唐代经济史》、《魏晋南北朝经济史》和《唐代经济史料丛编》等著作。在该时期的学术成就中，最突出的是明确了近代中国和中国农村的社会性质是半殖民地半封建社会；明确了"亚细亚生产方式"是东方社会的特殊奴隶制，而奴隶制在中国如其他民族一样，是一个必经的历史阶段。即使日本发动全面侵华战争后，中国经济史学虽然进入萧条阶段，学者们仍然在战争时期极其困难的条件下坚持研究，取得了不少成果。

据统计，在旧中国的近50年中，共出版各种中国经济史有关著作和资料约524种①。这些成果既有对经济史学科性质、研究方法等有关学科自身发展理论问题的探讨，如社会经济史学的基本概念、研究对象和任务等，又有对整个国家和地区、行业、部门的专题研究。研究领域涉及帝国主义经济侵华史、中国工商行会团体史、生产合作史、度量衡史、森林史、农村经济史、人口经济史、工人生活状况史、社会经济结构史、革命根据地经济史、经济思想史等领域，以及国民所得问题、战时沦陷区经济问题、官僚资本等问题。无论研究成果的数量还是质量，都反映出中国社会经济史学研究已经达到了相当水平②，为新中国社会经济史学科的发展奠定了初步基础。

（三）社会经济史学科形成时期的发展路径

近代中国社会经济史学科的萌芽和形成，既遵循了学术演化的必然逻辑，又沿着中国独特的路径而发展。

第一，西学东渐和西学中化。作为一门独立学科的社会经济史的产生，中国和西方走着不同的发展道路，它不是如西方国家那样，随着资本主义经济关系的发展，社会经济学发展为系统的理论，而是随着19世纪末20世纪初的西方历史学、经济学、社会学等社会科学的东渐而出现的。这种"西学东渐"，不是直接从西方输入，而是主要通过日本和十月革命之后的苏俄这两个中介转输而来。

中国社会经济史学科萌芽主要受日本学者的影响。甲午战争后，不少日本人在考察中国社会经济状况的同时，开始研究中国经济史，著书立说，并被介绍到中国，对中国学者产生了直接的影响。③ 如梁启超在1897年看到日本人绪方南溟写的《中国工艺商业考》一书，感叹："以吾国境内之情形，而吾之士大夫，竟无一书能道之，是可耻矣。吾所不能道者，而他人能道之，是可惧矣。"④ 由此激发他进行中国经济史研究。在当时介绍、引进的西方经济学著作中，以译自日本的为多。⑤ 由此也影响了中国学者的研究路径。如日本学者对中国经济史研究的重点是经济制度史和财政制度史，梁启超也认为经济史分财政、经济两大部，

---

　　① 曾业英：《五十年来的中国近代史研究》第82—83页，上海书店2000年版。

　　② 赵德馨：《二十世纪上半期中国经济史学发展的回顾与启示》，《中南经济史论坛》，http：//jyw.znufe.edu.cn/znjjslt/xxyd/sxglyjjsxs/t20051223_1384.htm。

　　③ 李伯重：《回顾与展望：中国社会经济史学百年沧桑》《文史哲》2008年第1期。

　　④ 梁启超：《〈中国工艺商业考〉提要》，《饮冰室合集》文集之二，第51页。

　　⑤ 林毅夫、胡书东：《中国经济学的百年回顾》，《经济学季刊》第1卷第1期，2001年。

财政中又分租税、关税等细目。因此，梁启超著《中国国债史》、魏声和著《中国实业界进化史》与沈同芳著《中国渔业史》等书于 1904 年后的相继出版，标志着近代意义的中国经济史学科的萌发。①

中国社会经济史的形成主要受苏俄的影响。如前所述，20 世纪二三十年代中国社会性质的论战促进了中国社会经济史学科的形成，而这次争论是受苏俄直接或间接影响发生的。首先，这次争论发生的主要原因在于大革命失败后对中国社会性质的不同认识。而大革命的发生与苏俄和受"十月革命"影响而产生的中国共产党息息相关。其次，中国社会性质问题的提出源于共产国际和联共党内的两种不同观点。共产国际认为大革命失败后中国社会性质是半殖民地半封建社会，中国革命是反对帝国主义和反对封建主义的资产阶级民主革命。而以托洛茨基、季诺维也夫为代表的少数派认为中国已经是资本主义社会，因而中国革命是反对资产阶级的革命。共产国际内部的争论必然地转移到中国，引发了中国的社会性质争论。再次，这次争论的主要思想武器——唯物史观直接来自苏俄。正如毛泽东所说："十月革命一声炮响，给我们送来了马克思列宁主义。"②

中国知识分子深受古代"经世致用"思想的影响，他们学习西方社会科学研究中国社会经济史的目的不是出于纯粹的学术追求，而首先为中国摆脱苦难命运寻求答案。因而，他们接受来自日本和苏俄的西方社会科学及其方法后，就运用新的学说研究中国现状和历史，试图找出或论证中国的出路，由此也开始了"西学中化"的过程。在这一点上，马克思主义学者表现尤为突出。在中国社会性质论战中，信仰马克思主义（绝大多数是共产党员）且受过良好现代社会学训练的历史学家、社会学家对中国历史和现状，特别是对农村社会作了深入细致的社会调查和研究，以现代社会经济史学的"科学"语言和方法，以丰富的历史和现实实际及详细的调查数据，公开论证了中国社会和农村的"半殖民地、半封建"性质。这些，不但成为中国共产党新民主主义理论的重要内容和基础，是马克思主义中国化的重要表现，也标志着西方社会科学及其方法在社会经济史领域中国化的开端。在当时，即使一些非马克思主义经济史学者也开始注意到中国经济史自身的特色。如陶希圣强调说："也许中国社会的发达与欧洲有同样的过程，也许两者截然不似。但是，要断定中国社会的发达过程，当从中国社会历史

---

① 赵德馨：《发扬面向现实、反思传统的优良传统》，载《赵德馨经济史学论文选》第 784 页，中国财政经济出版社 2002 年版。

② 《毛泽东著作选读》下册，第 677 页，人民出版社 1986 年版。

的及现存的各种材料下手。如果把史料抛开，即使把欧洲人的史学争一个流水落花，于中国史毫没用处。"因此学者们应当"不独把欧洲的史学当作中国史的自身"，"宁可用十倍的劳力在中国史料里找出一点一滴的木材，不愿用半分的工夫去翻译欧洲史学家的半句来，在沙上建立堂皇的楼阁"。"唯物史观固然和经验一元论不同，但决不抹杀历史的事实。我希望论中国社会史的人不要为公式而牺牲材料。"①

　　第二，从进化论到唯物史观。在近代中国社会经济史研究占主导地位的史学思想，经历了从进化论到马克思主义历史唯物论的演变。1898 年严复翻译并出版赫胥黎《天演进化论》后，不少欧美和日本学者的社会进化论著作，陆续被译成中文出版，如斯宾塞《社会学原理》和日本岸本能武太的《社会学》（1902年）、麦仲华译有贺长雄的《社会进化论》等，进化论日益深入人心，不仅成为广大爱国知识分子思想解放、变法图强的新的思想武器，也成为当时知识分子研究历史的理论武器。梁启超以进化论倡导"新史学"，认为："数千年之历史，进化之历史，数万里之世界，进化之世界也。"② 五四运动后马克思主义得到广泛的传播，马克思主义唯物史观逐渐成为多数学者社会经济史研究的理论指导。特别是在 20 世纪二三十年代社会史大论战时期，无论是郭沫若、翦伯赞、吕振羽等马克思主义史学家，还是食货派学者，都使用唯物史观的话语系统，都自命为"历史唯物论者"。王礼锡甚至认为："在中国社会史的论战里，都是唯物的内部的争斗"，"论战各方都是以唯物的辩证法做武器。"③ 当然，这里的唯物史观与马克思主义历史唯物证还不是同义语，它更侧重于一种学理范畴，一种社会科学研究方法论，从而具有巨大的包容性和适用性，不同学者可以在不同政治立场和信念前提下运用这一理论。可见，打破传统"一治一乱"等封建循环史观，经过近代历史进化论，转变到历史唯物论，是近代中国经济史学理论基础演变的鲜明走向。

　　第三，研究范式科学化趋向。所谓研究范式是某些学科领域中学者们所遵循的共识性研究基础与准则，包括概念、理论与方法，也包括评价标准与价值取

---

① 陶希圣："中国社会史丛书"《刊行缘起》及《中国社会形式发达过程的新估定》，转引自李伯重二《回顾与展望：中国社会经济史学百年沧桑》，《文史哲》2008年第1期。

② 梁启超：《论学术之势力左右世界》，《饮冰室合集·文集之六十》；《自由书·成败》，《饮冰室合集·专集之二》。

③ 王礼锡：《中国社会史论战序幕》，《读书杂志》第 1 卷第 4、5 期合刊，《中国社会史的论战》第 1 辑，神州国光社，1935 年。

向、操作规程与解决问题的路径，是指导研究活动的学术平台。在近代，我国经济社会史研究开始运用经济学、社会学理论与方法整理中国的经济史料，并对中国经济运行状况乃至规律做出描述。特别是马克思主义经济史学家初步形成了马克思主义的经济史范式，主要用社会结构、生产方式、意识形态等话语来研究和描述历史变迁，是一种宏观的、长时段的、高度抽象的理论范式。梁方仲、傅衣凌因都受到过经济学和社会学的训练，注重相关学科理论与方法的移植和整合。梁方仲的研究特色，是把典章制度和社会经济发展变化联系起来考察，并注意名物术语、史料考订，又做到本末兼备、源流兼探，既继承了传统制度史的成果，又具有社会经济史的特色，并依此路径展开了对"一条鞭法"个案的研究，发表了《一条鞭法》等多篇相关论文，被学界公认为"一条鞭法"研究最具权威性的经典之作。傅衣凌善于吸收传统学术和西方社会学、经济学、民俗学的长处，提出具有中国特色的社会经济史学方法：在搜集史料时，除正史、官书之外，注重于民间记录搜集，以民间文献证史；广泛地利用其他人文社会科学学科的理论、知识和研究方法，进行社会调查，把活材料与死文字结合起来，以民俗乡例证史，以实物证史；注重对地域性的细部研究和比较研究，注意从特殊的社会经济生活现象中寻找经济发展的共同规律。沿着这种研究路径，他在1944年完成了《福建佃农经济史论丛》一书，这是中国学者引用民间契约文书研究中国社会经济史的第一部著作，也是中国社会经济史学派的奠基之作。[①]

第四，对"问题"的依赖。近代中国社会经济史学科的形成，并没有遵循一般的学科发展按时段界限，如古代史、近代史等划分框架，也不是按"事件史"分类归纳历史主题的原则，而是按"问题"讨论展开，走了一条"提出问题——学科发展——提出新问题——学科再发展"的"问题"依赖路径。每一次重大突破，都是由"问题"作为整个学科研究的切入点。[②] 在中国经济史学萌芽时期，胡适、胡汉民、廖仲恺关于"井田制有无"问题的讨论，客观上对中国经济史学科的萌芽产生了积极的影响。在社会性质问题的论战中，涉及中国几千年的历史和当时整个中国社会和农村，问题十分广泛、复杂，许多总体性理论和现实问题需要论证与回答的问题，也需要回答很多具体的历史和现实问题，因而既催生了整体的、宏观的中国经济史的出现，如论战后不久就有马乘风撰写的

---

① 陈支平：《傅衣凌治史五十年文编·前言》，载《傅衣凌治史五十年》，中华书局2007年版。
② 赵德馨：《二十世纪上半期中国经济史学发展的回顾与启示》，《中南经济史论坛》，http：//202.114.224.27/znjjslt/xxyd/sxglyjjsxs/t20051223_1384.htm。

《中国经济史》的出版，又促进了对具体历史问题的研究，这直接促进了中国经济史学科的形成和对中国社会历史研究的深化。

第五，学术视野由专注上层统治集团开始转变为研究下层民众社会。不少学者不再像过去那样只是在城市关注上层人物，而是走向农村研究下层民众。如晏阳初、梁漱溟办的乡村建设试验区，社会学家李景汉的定县调查，陈翰笙领导的保定、无锡农村重点调查和全国性抽查，傅衣凌、梁方仲的民间调查，费孝通对广西瑶山和开弦弓（江村）调查等，这些调查都产生了丰硕的学术成果。此外，还有毛泽东进行的湖南湘潭等五县调查和后来的寻乌、兴国、东塘、水口、长冈等调查。抗战时期，在毛泽东倡导下，中国共产党人大兴调查研究之风。1942年张闻天率调查团，在陕北神府、米脂、绥德以及晋西北县开展以生产力和生产关系为中心的社会经济调查工作；于光远等写出了《绥德、米脂土地问题初步研究》调查报告。在冀察晋边区，何干之、李凡夫等进行统一累进税实行情况的社会调查；解放战争时期，何干之、苏惺等又对河北正定等地社会经济情况进行调查，写出多篇调查报告。国民政府以国家机关名义对农村经济普查与定期统计，南京金陵大学美国人卜凯组织了大规模的农村调查；日本为侵占中国而进行的"满铁"华北农村调查。这些农村调查的目的不一、深浅有别，但客观上都为日后的中国农村社会经济研究留下了颇有价值的资料。这种学术事业的转换，是与20世纪初我国学术环境和方法的变化直接相联系。首先，人民群众的强大力量引起了学术界的重视。以广大民众为主体的苏俄的"十月革命"和中国的"五四运动"，以及共产党领导的工人、农民运动和武装斗争的崛起，都极大地引起学术界的关注。其次，马克思主义和西方的社会学、经济学、人类学的调查方法传入中国，导致一些学者研究视角的转换。再次，当时受世界经济危机影响使中国农村经济凋敝的情况，更直接地推动部分学者"走向历史现场"。①

近代中国社会经济史的上述发展路径，既与"经世致用"的中国传统史学思想有关，也与我国所处的地理条件相联系，更是当时中国严重的民族危机形势下救亡图存的历史责任的迫切要求。它既促进了中国近代社会经济史学科的较快形成，并且使之一开始就表现出强烈的服务现实社会的功能，对推动中国革命起到了重要作用，又不可避免地带来一些局限性。如马克思主义经济史学派以唯物史观为指导思想，但此外的多数学者仍受着西方史学理论的影响；一些学者对科学理论进行了探讨，但更多学者只注重史料的搜集与整理；对专门史研究比较重

---

① 陈春声：《走向历史现场》，《读书》2006 年第 9 期。

视，而整体性研究比较欠缺；在分析社会历史形态发展问题上存在着把中国历史硬塞到"五种社会形态"框架的教条主义倾向等等。

四、近代考古学在中国的诞生和初步发展

西方近代考古学的传入，促进了中国考古学的产生和发展，以安阳殷墟为代表的重大考古发掘工作，为中国科学的历史学的建立，开辟了新的途径。

（一）西方近代考古学的传入

考古学是与历史学密切相连的一门科学，20世纪中国考古学的诞生和发展对于推动中国古代历史的研究发挥了极其重要的作用。

19世纪中叶，近代科学意义上的考古学（主要指史前考古学）在欧洲得以确立，从此，人们对上古历史的认识发生了根本性改变[1]。1866年，在瑞士召开了第一次"人类学和史前考古学国际会议"，考古学作为一门学科，得到国际学术界的普遍认可。鸦片战争、中日甲午战争等一系列战争的失败，使得一批先进的中国人从迷梦中惊醒，开始"睁眼"看世界。一些留学海外的先进知识分子开始介绍西方近代的哲学、政治经济学说等，西方近代考古学思想亦随着新史学思想开始输入中国。1900年，章太炎在《中国通史略例》中说："今日治史，不专赖域中典籍，凡皇古异闻，种界实迹，见于洪积石层，足以补旧史所不逮者。"1902年，章氏又指出："上世草昧，中古帝王之行事，存于传记者已寡，惟文字语言留其痕迹，此与地中僵石为无形之二种大史。"[2] 这是中国近代史上首次介绍西方考古学思想，并明确提出地下考古发现与历史研究的关系的文字[3]。1901年，梁启超在《中国史叙论》[4] 中有"史以前之时代"一节，专门介绍到西方学者"所谓史前三期"的学说，并认为这是"物质上公例，无论何地，皆不可逃"。"以此学说为比例，以考中国史前之史，决不为过"。梁氏用史前三期说来说明中国史前史的考古学思想，对中国新史学的发展具有重要的影响。1902年，

---

① 丹尼尔著，黄其煦译：《考古学一百五十年》第46—102页，文物出版社1987年版。
② 汤志钧编：《致吴君遂书》，载《章太炎政论选集》第172页，中华书局1977年版。
③ 俞旦初：《二十世纪初年西方近代考古学思想在中国的介绍和影响》，《考古与文物》1983年第4期。
④ 梁启超：《中国史叙论》，原刊《清议报》，1901年，第91册，"本馆论说"。后见《饮冰室合集》，文集第三册。

梁启超在《新史学》①　中阐明了对新史学的系统认识。指出：历史是"叙述人群进化之现象，而求得其公理公例"的学问。而"欲求人群进化之真相，必当合人类全体而比较之，通古今文野之界而观察之。内自乡邑之法团，外至五洲之全局，上自穹古之石史，下至昨今之新闻，何一而非客观所当取材者。"其中提到"穹古之石史"（即今考古学上作为人类历史最初阶段的石器时代），表明近代考古学在新史学研究中的重要地位。同年，留日学生衮父在《史学概论》②　中指出："研究史学者，必先以采集史料为其初步"。而"历史之材料，不必限于典册。虽败鼓敝履，苟为古代之遗物，即亦材料也。若实际地理、若古建筑、若画象、若骨董，乃至歌谣、口说、遗址、逸谚，凡足以代表古来人间之情状者，无不为史学之证据物"。《史学概论》在第五节"关于史学之（辅助）学科"中，认为考古学是史学的辅助学科，"与史学有肺腑之戚，而相与维系，相与会通。"这种观点在中国近代史学史上还是第一次提到，后被沿用至今。

　　19 世纪中叶到 20 世纪初，欧美诸国的学者纷纷以考古调查的名义组成探险队或考察队，在中国西北的新疆、甘肃、内蒙古以及东北等地进行所谓的各种考察活动，中国许多文物随之流失国外。这些考察活动大多出于掠夺文物的目的，但是他们的调查和发掘从客观上刺激了中国考古学的诞生。对中国考古学诞生起巨大作用的是"五四运动"。"五四运动"高举民主、科学的旗帜，倡导学术界用西方的现代科学方法和科学精神治学。在历史学领域，掀起了轰轰烈烈的"古史辨"运动。以顾颉刚为首的古史辨派，继承了清代疑古辨伪的学术传统，运用西方近代史籍考证的方法检讨了中国的上古史。在古代史料的辨伪中，他们提出"层累地造成中国古史"的学说，否定了传说中的三皇五帝时代，对史籍记载的早期朝代也提出质疑。古史辨派推翻了传统的上古史体系，这对当时的中国学术界和思想界都是极大的打击，传统学人迅即与古史辨派展开了大论战。论战的结果是：在旧的古史体系被破坏后，就应当有新的古史，拿出一部"上古的信史"③。建立新的上古史，无论是传统学派还是古史辨派都是无能为力的，顾颉刚坦言："我知道要建设真正的古史，只有从实物上着手的一条路是大路，我的现在的研究仅仅在破坏伪古史的系统上而致力罢了。""考古学上的中国上古史，

　　①　梁启超：《新史学》，原刊《新民丛报》，1903 年，第 3 号，"历史"。后见《饮冰室合集·文集》，第四册。

　　②　衮父是汪荣宝在此文中的署名：《史学概论》，《译书汇编》，1902 年 12 月 10 日，第 9 期，"历史"。

　　③　刘起釪：《顾颉刚先生学述》第 131—141 页，中华书局 1986 年版。

现在才刚刚开头，还不能得出一个简单的结论。"① 胡适也说："我的古史观是：现在先把古史缩短二三千年，从《诗》三百篇做起。将来等到金石学、考古学发达上了轨道以后，然后用地底下掘出的史料，慢慢地拉长东周以前的古史。"② 李玄伯则明确指出："要解决古史，唯一的方法就是考古学。我们若想解决这些问题，还努力向发掘方面走。"③ 辩论的双方都需要拿出"上古的信史"来，迫切需要有科学的无争议的地下材料方具说服力。中国历史研究的内在要求与中国当时的国家命运联系在一起，"五四运动"倡导的爱国精神促使了古史辨派疑古辨伪，也要求学术界拿出有力的证据。可见，中国考古学从诞生之前，就富有极强的使命。

（二）中国考古学的诞生和初步发展

19 世纪末 20 世纪初的一些意外发现，在客观上激发了人们从实物遗存探索古代历史的热情。1899 年河南安阳小屯村发现了有字甲骨，引起王懿荣和刘鹗等金石学家的注意，从而导致了后来殷墟的发掘。1900 年，敦煌石窟发现了储存大量古代写本文书和其他文物的藏经洞，它导致了敦煌学的发轫。"近代学术史上的这两项惊人发现，成了中国考古学诞生的前兆。"④

随着外国探险家在中国的盗掘和一些珍贵文物的面世，从 1920 年起，北洋政府开始聘请外国学者和国外学术团体进行联合考古。1921 年，瑞典地质学家安特生在河南省渑池县仰韶村发现并发掘了这处史前遗存，此次发掘标志着中国近代田野考古学的开始。安特生将之命名为仰韶文化，仰韶文化的发现使得中国无石器时代的观点不攻自破，对于中国历史的研究提供了重要的资料。安特生本人在彩陶文化西来说的影响下，在设想的文化通道——甘青地区寻找史前的文化遗存。1921 年，安特生找到北京人遗址，之后先后由奥地利古生物学家师丹斯基、翁文灏、魏敦瑞、裴文中主持周口店遗址的发掘。

与此同时，1920 年代留学归来的一批中国青年学者在中国开始了考古学的实践。1926 年，曾在美国学习人类学的李济和袁复礼发掘山西省夏县西阴村遗址，这是中国学者首次主持的田野考古发掘，在发掘中李济运用了科学的发掘方法，在中国考古学史上占有重要地位，为中国古史的研究提供了更科学的史前资

① 顾颉刚：《古史辨》第一册《自序》，第 50—51 页，上海古籍出版社 1982 年版。
② 引自顾颉刚：《古史辨》第一册《自序》，第 22 页，上海古籍出版社 1982 年。
③ 李玄伯：《古史问题的惟一解决方法》，《现代评论》第 1 卷第 3 期，1924 年。
④ 王世民：《中国考古学简史》，载《中国大百科全书·考古学》第 690 页，中国大百科全书出版社 1986 年版。

料。但这次发掘是中美间的国际性合作发掘。在这之后，中日、中瑞也开始了一些联合发掘和考察活动，如开始于 1927 年的中瑞西北科学考察团的活动一直持续到 1933 年。

一些金石学家在接触到考古资料后，开始了自觉不自觉向考古学的转变。最为著名的是王国维，他将近代考古学的思想融入到传统的考据学中，首创了"二重证据法"[1]，强调要将地下的新材料与古代文献并重，古文字与古器物学要与经史之学互为表里。王氏利用"二重证据法"治史之杰作是对殷商史的考辨方面，他根据地下出土的甲骨文验证了《史记·殷本纪》所载的商王庙号，并纠正了书中所载世系的部分错误。"二重证据法"对日后的考古学、历史学研究产生了很大的影响，并被沿用至今。

中国最早的考古学学术团体也开始建立。1922 年，北京大学研究所国学门成立了考古学研究室，马衡被聘为室主任兼导师。1924 年，北京大学考古学研究室设立考古学会。这些团体的成立，加速了中国考古学的萌芽过程。1928 年，中央研究院历史语言所成立，内设考古学组。同年 10 月，历史语言研究所派董作宾到安阳殷墟进行考古调查和发掘，这是中国学术机构独立进行的首次科学发掘，被认为是中国考古学诞生的重要标志之一。1929 年，李济作为当时中国惟一具有近代考古学知识和发掘经验的学者，被聘为史语所考古组主任。同年，中国地质调查所新生代研究室和北平研究院史学研究会分别成立了考古组。从此以后，中国有了专门从事考古研究的若干权威学术机构，这是中国考古学诞生的又一个重要标志。[2]

中国考古学相关研究机构成立之后，随即开始了有计划的较为系统的田野调查工作，并获得了相当多的重要发现。1928 年，吴金鼎前往山东历城龙山镇调查，于城子崖发现史前遗存；次年，吴金鼎再次调查、试掘该遗址时发现磨光石器和黑陶共生现象。1929 年，由裴文中主持的周口店遗址发掘中，发现了第一具北京人头骨化石，引起了全世界的重视；随后，发现大批石制品和用火遗迹，使北京人的遗存得以确认，进而使直立人的存在得到肯定，证明了从猿到人进化的伟大学说。历史语言研究所考古组从 1928 到 1935 年在殷墟进行了 15 次发掘，

①　王国维：《古史新证》第一、二章（清华学校研究院讲义），载顾颉刚主编：《古史辨》（一），上海古籍出版社 1982 年版。

②　王仁湘：《20 世纪的中国考古》，载中国文物报社编：《大考古——考古·文明·思想》，济南出版社 2004 年版。

发现商代的宫殿、王陵、祭祀坑等重要遗存，以及青铜器、陶器、玉器、石器、骨角器、牙器、兽骨等遗物，证明这里是商代后期的都城遗址。安阳殷墟的发掘，甲骨文的大量发现使史学家对《史记》中资料的高度可靠性有了重新认识，学术界并进而推测黄河流域殷墟商文化之前仰韶文化之后一定有一种青铜文化，其相当于传统史学中的夏及商代前期①。1930 年，北平研究院考古组和北京大学考古学会合作调查发掘位于河北易县的燕下都遗址。1930 年，历史语言研究所考古组李济率队发掘城子崖，并将之命名为龙山文化，认为这是不同于仰韶文化的另一类史前文化。1931 年，梁思永带队第二次正式发掘城子崖遗址，后来著成《城子崖》，这是中国出版的第一部大型田野发掘报告。1933 年，徐炳昶率史语所在陕西渭水流域展开大规模调查，发现不少新石器时代遗址；次年，发掘了宝鸡斗鸡台遗址。1936 年，卫聚贤等发掘了杭州古荡遗址，获得了许多石器。1936 至 1937 年，施昕更发掘、试掘浙江良渚镇的一些遗址，发现黑陶、石器和玉器，施昕更认为良渚的发现和龙山相当。1935 年，林惠祥调查台湾圆山新石器时代遗址；1937 年又发掘福建武平的新石器时代遗址。1930 年代发现的诸多遗址开阔了人们的视野，认识到各地的古老文化。1937 年抗日战争爆发，大多数考古发掘工作被迫停止。但在艰苦的环境下，中央研究院在西南和西北也有个别的考古活动，1937 至 1949 年期间，也有一些重要的收获，发掘了云南大理附近的史前遗址、南诏遗址、四川彭山汉代崖墓、成都附近前蜀王建墓。

随着中国田野考古工作的陆续开展，相关的考古发掘报告和论著也相继问世。从 1929 至 1933 年，李济主编的《安阳考古发掘报告》出版了 4 期。1930 年谢英伯出版了《中国玉器时代文化史纲》。1934 年李济主编的《城子崖》由中央研究院历史语言研究所出版。1935 年曾松友的《中国原始社会之探究》由上海商务印书馆出版，本书内容包括北京猿人是否为汉族之祖先，以及中国的旧石器、新石器、铜器时代和中国的原始艺术等内容。1936 年斯坦因著、向达译《斯坦因西域考古记》由中华书局出版，1937 年何天行著有《杭县良渚之石器与黑陶》，1944 年劳榦的《居延汉简考释》出版。1948 年，裴文中著《中国史前时期之研究》，黄文弼的《罗布淖尔考古记》，苏秉琦的《斗鸡台沟东区墓葬》相继问世。1948 至 1949 年，董作宾编著的《殷墟文字甲编》、《殷墟文字乙编》陆续出版。

---

① 李济：《殷墟铜器五种及其相关之问题》，载《庆祝蔡元培先生六十五岁论文集》，历史语言研究所 1935 年编。

在中国考古学获得初步发展的同时，以郭沫若为首的一批马克思主义史学家用唯物史观分析中国古代史和考古材料，取得了显著的成绩。1928 年，郭沫若写成《中国社会历史的发展阶段》，根据马克思主义理论，他论述了中国早期的历史，并根据当时的考古发现，将中国的史前时期定在商代以前，认为商代及其之前都是原始公社社会，商代还没有脱离母系中心社会，还遗留着"普纳路亚家族（即群婚）"。1930 年，郭氏的《中国古代社会研究》出版，该书是第一次严肃地以马克思主义的社会发展模式解释中国古代历史的尝试。之后，郭沫若又撰成了《甲骨文字研究》、《殷周青铜器铭文研究》、《卜辞通纂》、《两周金文辞大系》、《金文丛考》等专门的考古学著作。尹达从 1931 年参加了中央研究院在河南的多处考古发掘工作，1937 年写成了《龙山文化与仰韶文化的分析》，批评了安特生在中国新石器时代分期问题上的错误；1940 年在延安出版的《中国文化》上发表了《中华民族及其文化的起源》，从考古学的角度对安特生及日本帝国主义分子对中华民族及其文化起源的谬论予以驳斥。1943 年，尹达在延安出版了他的考古学论著《中国原始社会》（作者出版社）。"《中国原始社会》是尹达自觉走上用马克思主义来指导历史和考古研究的道路的标志。它的问世，在中国考古学的发展史上具有重要意义。"① 与此同时，吕振羽、范文澜、翦伯赞的史学论著中也大量运用考古资料说明中国古代的历史与社会的情况。②

总之，中国考古学作为历史学的一个分支学科，在新中国成立前已渐具规模。田野工作主要限于周口店、殷墟以及黄河流域和长江下游的史前遗址，还未形成比较完整的体系；但是已摸索出一套适合中国特点的田野工作方法，积累了一批通过正规发掘获得的科学资料。这一时期也提出了一些重要的研究课题，如中国文明的起源、中国史前文化的发展过程等，有的问题至今还是研究的重点。较多的考古发现补充了中国古代史研究资料的不足，史前文化遗存的发现对中国上古史的研究起到了重要的补证作用。

五、民族学和文化人类学的传入及其影响

民族学和文化人类学对于历史学的发展也发挥了重要的作用，新中国成立之

---

① 林甘泉、叶桂生：《尹达评传》，载《尹达史学论著选集》第 457 页，人民出版社 1989 年版。

② 吕振羽：《殷周时代的中国社会》，不二书店，1936 年；中国历史研究会主编：《中国通史简编》，1941 年延安新华书店出版；翦伯赞：《中国史纲》第 1、2 卷，重庆五十年代出版社 1944 年，重庆大乎出版公司 1946 年。

前传入的主要有进化论、马克思主义和功能主义流派。民族学和文化人类学的传入，是通过翻译著作、以中国人的留学和外国学者来访为主的人员交流，以及在中国本土设立研究机构、开展研究活动来实现的。

（一）进化论学派的传入及其影响

人类学兴起时期，学者们多持进化观点，被称为进化学派。他们继承了 18 世纪启蒙思想家和社会哲学家由比较研究得出的"进步"概念，从史前考古资料特别是民族志资料的比较研究和历史残存的研究得出他们的基本学术理念，即人类文化是进步的，各种文化有发展顺序，在进化阶段上各有自己的位置，可以被排列在一条连续的线上。该学派的代表人物有 E. B. 泰勒、A. 巴斯蒂安等。美国人类学者 L. H. 摩尔根基于对北美印第安民族部落的实地调查资料，提出了社会进化理论，并试图探讨社会发展的结构变化和动力机制，提出氏族组织、公有制、婚姻家庭发展形式等理论观点，这对马克思、恩格斯民族学理论的形成具有重大意义。之后，俄国民族学家科瓦列夫斯基提出父系家庭公社在母系氏族公社向一夫一妻制家庭中的过渡意义，英国人类学家弗雷泽在《金枝》中提出人类智力发展经过巫术、宗教、科学三个阶段。英国人类学家马瑞特、哈登、布里福特，芬兰人类学家韦斯特马可也从不同角度丰富和完善了进化学派。总之，进化学派开创了人类学的研究：首先确立了人类学的文化概念；其次，形成了田野调查、直接观察、比较研究、残存法等基本的研究方法；三是运用进化论的方法研究人类社会及其文化，认为全人类同源，有共同的心理并经历相同的发展历史，并从不同角度探索其规律和机制。这些理论和方法对马克思主义民族学都有影响，具有重要意义。

从 19 世纪末期开始，进化论著作相继被翻译、引入中国。1892 年，随着英国学者 John Fryer 的一篇文章被一个不知名的译者翻译成中文，古典进化论被首次介绍到中国，其关键思想是"人分五类说"。接着从日本传来人类学的新著作，1902 年上海广智书局出版了萨端翻译的日本学者贺长雄的原著《族制进化论》；1903 年马君武把斯宾塞的《社会学原理》第二编《社会学引论》的日文译本转译成中文；另外还有林楷青译的鸟居龙藏著的《人种志》、高种译太原祈一著的《社会问题》等等。1903 年京师大学堂出版了留学英国的魏易与林纾合译的《民种学》一书，该书将民族学（Ethnology）翻译为"民种学"（Raceology），"民种"一词具有种族思想和种族分类。1902 至 1903 年间，1885 年出版的威尔逊的《人类学》被翻译为中文。1916 年，孙学悟首次将"Anthropology"翻译为"人类学"。

在这些进化论学派思想的传播和影响下，1906 年章太炎著有《俱分进化论》；1918 年陈映璜著《人类学》，是第一部真正的中国人自己书写的人类学著作，书中记述了中国历史上诸民族的分布、兴衰以及同化，其中即以"物竞天择"的进化论观点来分析问题，强调中华民族必须自强。1924 年上海商务印书馆出版顾寿白著的《人类学大意》等等。20 世纪 20 年代，北京大学率先开展人类学研究。

（二）马克思主义民族学理论的传入及其影响

20 世纪初，随着马克思主义在中国的传播，有关马克思主义的民族学著作也通过翻译被介绍到中国。其中两部代表作，恩格斯所著《家庭、私有制和国家的起源》、《劳动在从猿到人转变过程中的作用》分别有多种译本。

马克思主义民族学理论有如下特点：首先，马克思和恩格斯继承摩尔根的《古代社会》等著作中关于人类从蒙昧时代、野蛮时代进化到文明社会的社会进化的观点。其次，马克思采纳了摩尔根关于氏族组织、公有制、婚姻家庭发展形式等理论观点。但是，在关于社会进化动力的论述中，马克思主义经典作家用彻底的唯物主义观点修正了摩尔根的理论。摩尔根认为社会进化从人类发明发现的智力发展到政治观念、家庭观念和财产观念的发展，而马克思主义者认为从技术的发展和家庭形式的变化到私有制、阶级和国家的产生，表明了物质生活资料的生产和人类自身生产是历史发展的决定因素，提出生产力决定生产关系、经济基础决定上层建筑等历史唯物主义的基本观点。在恩格斯所著《家庭、私有制和国家的起源》中明确阐述了两种生产的观点：即历史中的决定性因素是直接生活的生产和再生产，生产分为生活资料和为此所需工具的生产以及人类自身的生产，即种的繁衍。一定历史时期和一定地区内的人们生活于其下的社会制度，受两种生产的制约：一方面受劳动的发展阶段的制约，一方面受家庭的发展阶段的制约。[①]

马克思主义民族学理论对中国历史研究产生了根本性的影响，尤其是在运用唯物史观研究中国古代社会方面取得了重大成果。1920 年李大钊写了关于原始社会的文章。1924 年，瞿秋白在《社会科学概论》中以马克思主义的观点论述了民族学问题。同年，蔡和森发表《社会进化史》，阐释真正的马克思主义民族

---

① 恩格斯：《家庭、私有制和国家的起源·1884 年第一版序言》，《马克思恩格斯选集》第 4 卷，第 2 页，人民出版社 1995 年版。

观。1929 年，恩格斯的《家庭、私有制和国家的起源》的中译本发行。郭沫若将其理论运用于中国社会，完成《中国古代社会研究》。在该书中，郭沫若运用历史唯物主义观点，将中国历史划分为原始公社制、奴隶制、封建制和资本制四个阶段。特别是将"先史民族进化阶段"分为"原始"和"蒙昧"两个阶段，探讨了原始社会的母系氏族，这是中国原始社会研究的重大突破。郭沫若的这本著作所列举的中国古代社会的例证是对恩格斯和摩尔根从美国土著社会和希腊、罗马等欧洲古代文明中提炼出来的社会发展规律范式的补充，丰富了马克思主义人类学的范围。此外，郭沫若还主张中国的学者应该对原始社会和文化发展方面的知识作更多的补充。

　　此外，吕振羽、翦伯赞、范文澜等史学家也相继运用马克思主义探讨中国历史上的民族问题。如 1934 年北平人文书店出版了吕振羽的著作《史前期中国社会研究》和 1948 年光华出版社出版的《中国民族简史》就是其中的优秀成果。

　　（三）功能主义学派的传入及其影响

　　20 世纪 20 年代，人类学家从功能观点出发，主张人类学研究应集中对现存文化或社会的研究，认为任何一种社会文化对其社会都是有功能的，并创立了社会人类学。该派的代表人物为马林诺夫斯基和拉德克利夫—布朗。虽然二人都坚持功能主义的观点，但在具体的学术思想上有所区别，进而形成两个主要流派。马林诺夫斯基派主张功能主义，认为应该通过有机地、整体地把握文化诸要素的功能、把文化作为一个诸多因素相互作用的整体来研究，认为文化与人的需要有着不可分的关系。提倡整体性的田野工作法，也称"参与观察法"。在《文化论》中将文化分为物质设备、精神文化、语言和社会组织四个方面，并运用文化功能的理论对原始社会的日常生产和信仰以及各种社团组织承担的功能角色作了详细的分析。《文化表格》提出文化的三因子代表文化结构、八个方面代表文化功能。马林诺夫斯基去世后出版的《科学的文化理论》一书系统地概括了他的功能主义理论和方法。

　　拉德克利夫—布朗派更进一步将社会结构的研究溶入功能主义，提出结构—功能主义，即社会整体—结构—功能的联系。在其代表作《社会人类学方法》中指出了社会人类学与民族学的区别，提出社会组织、社会形式的概念。从 1931 年以后用"社会结构"和"社会体系"替代"文化"，并提出应从社会形态的比较、社会生理学、社会结构的变化发展三个方面来研究社会结构。在其著作《安达曼岛的居民》中用功能主义分析民族志著作，取得了巨大成就。

　　该学派所倡导的应用人类学对欧洲殖民主义者对殖民地人民的统治有着直接影响，同时对结构主义人类学的产生和中国人类学的发展也具有重要意义。

　　1935 年，功能学派的代表学者布朗访华，在燕京大学社会学系担任了几个月的访问学者，通过举办社会人类学理论和方法的讲座，布朗将功能主义思想直接传入中国，产生了很大的影响；布朗同时探讨了这些理论在中国社会研究中应用的可能性。人类学者吴文藻认为功能主义是人类学领域最先进的理论，他认为只有运用功能主义，中国的社会科学工作者才能解决中国的社会问题。接着，吴文藻在系刊《社会学界》上系统介绍功能学派。在方法论上，功能主义的"社区研究法"被认为十分适合中国的研究。1936 年开始，吴文藻积极倡导"社区研究"，使之成为功能主义在中国应用的途径。受此影响，产生了一批优秀的青年学者，其中有代表性的学者是林耀华和费孝通。他们一边翻译功能学派的理论著作，一边进行社区调查。林耀华主要调查了福州地区的宗族结构。费孝通不仅翻译了功能学派代表人物马林诺夫斯基的著作《文化论》（On Cultures）和弗思（R. Firth）的《人文类型》（Human Types），而且开展了对广西省瑶族和江苏省一个汉族村庄的调查，并以此为基础完成《江村经济》，该书的英文版于 1939 年在英国出版。

　　其他学派也广泛地被引入中国。法国的民族学派随着涂尔干的著作被译为中文而传入中国。德奥传播学派也被介绍入中国。传播论的创始人施密特来到中国，在燕京大学和清华大学讲学，以辅仁大学为基地推行传播论。俄国人类学家史禄国于 1912—1913 年间率"沙皇东北考察团"在中国考察，1917 年之后定居中国，先后在东北多次进行体质和文化人类学调查。最初在中山大学任教，后来就职于中央研究院，1929 年在清华大学协助成立社会学系。史禄国通过实地调查斯古通和满族积累了大量的民族学资料，1924 年出版了《满族之社会组织——满族氏族组织的研究》，1925 年出版了《华东及广东省的人类学》，1929年出版《北方斯古通的社会组织》。此外，史禄国还将语言学与体质人类学融入民族学，给中国民族学发展带来新的启示。

　　（四）中国的民族学和人类学组织机构

　　新中国成立前，在中华大地上逐步建立了一些最初的民族学和人类学组织机构。1926 年，蔡元培在上海《一般》12 月号发表《说民族学》一文，这是中国人首次用自己的语言探讨自己的民族学问题，包括"文化人类学"的基本原理和"民族学"名词。1928 年，蔡元培在南京创立中央研究院，并担任院长。在社会科学院研究所里设民族学组,并亲自担任组长,参加者有凌纯声、芮逸夫。该民族学组在 1928 至 1932 年间在云南、台湾、东北、湘西进行调查。一些民族学物品陈列在"民族学陈列室",类似于最早的民族学博物馆。1934 年,在中央研究院增设体质人类学,成立人类学组,专门进行人类学和民族学的研究,改属历史语言研究所。

同时,在燕京大学、清华大学、云南大学等学校相继设立人类学系,公开教授人类学课程,培养学生。燕京大学 1917 年在国学门通科(一、二年级)就开设了人类学课程,吴文藻任教于该校,致力于引进国外理论,并培养了很多优秀学生。厦门大学 1922 年开设了社会学课程,不久设立了历史社会学系,到 20 年代末先后有美国哥伦比亚大学的社会学博士徐声宝、俄国人类学家史禄国等教授任教,并有相当丰富的人类学研究成果出版;李济 1923 年应聘为南开大学的人类学教授,后转聘于清华大学国学研究院,担任人类学讲师。1934 年冬,由何联奎、黄文山、孙本文等发起,中国民族学会在南京中央大学成立。1944 年底,出版了《中国民族学会十周年纪念论文集》。

抗战爆发后,中国人类学的研究从中心城市和东部沿海开始向较为安全的西部移动。吴文藻于 1938 年迁往西部,在云南大学成立社会学系;之后,燕京大学和云南大学联合成立一个社会学实地调查工作站,隶属云南大学。抗战期间,吴文藻曾协助成立云南人类学会,但因人员分散而没有活动。同时,李维汉、刘春、牙含章等学者在延安进行研究,他们对当地的蒙古族和回族进行了系统的比较研究,其中的代表作是《回回民族问题研究》。[①]林耀华认为这些调查研究运用了马克思主义的观点来分析少数民族的社会状况。尽管战争对人类学和民族学的研究造成了一定的影响,但学者们仍然坚持研究和实地调查,在当时主要的民族学刊物《民族学研究集刊》上相继发表研究成果。同时,抗战期间一部分中国学生出国留学,学习人类学和民族学,中国和国外的学术交流仍然在继续。

(五)民族学与文化人类学的本土化命题

民族学和文化人类学作为诞生于西方的学科,从最早传入中国到之后的发展,一直密切地与中国社会的发展进程相联系。在此过程中自然地面临着本土化的命题。

首先,面临着学科的普遍性与中国化之间的辩正关系。所谓学科的普遍性,

---

① 参见张剑平:《抗战时期延安的回回民族研究》,《延安大学学报》1997 年第 1 期。

是中国对西方民族学和文化人类学的理论和方法的接受，如上文所述，从 19 世纪末期至 20 世纪 30—40 年代，主要的理论流派相继被介绍到中国，在此基础上中国的人类学组织体系基本完善。中国化表现在三个方面：一是通过翻译接受西方理论时产生了一个相对独立的汉语民族学和文化人类学词语和表述系统；二是运用中国的例证丰富和扩展了西方的理论系统。如郭沫若在《中国古代社会》中以古代中国的例证丰富了摩尔根、恩格斯关于家庭、私有制和国家起源的学说。三是制定符合中国国情的研究路线。与西方民族学和人类学以殖民地的民族作为调查研究对象不同的是，中国的民族学和人类学者以中国内部较边远地区的少数民族和汉族乡村作为调查研究对象，旨在探索国家政治和民族文化的关系，现代化的城市和乡土中国的关系，从而制定出中华民族国家文化整合和新生的策略。

其次，与西方民族学不同的是，中国的民族学和文化人类学与历史学有着密切的关系。首先，基于中国悠久的史学传统，中国的人类学者普遍认为中华文明是连续发展的。在民族学和人类学研究中不仅应尊重这些历史，而且应以重建古代社会的形态来完善历史。以中央研究院民族学组为代表的学者注重历史研究，力图以人类学的理论方法重建中华民族的文化史，并给国内各民族以系统的分类。在具体研究中，中国的民族学和人类学学者也非常注重民族史料。

再次，中国的民族学和文化人类学与中国近现代的政治和国家建设有着直接的关系。民族与国家之间的关系，是 20 世纪人类学研究的主要课题之一。在国内人类学学界，对于这一关系的论述在 20 世纪 30 年代"边政学"提出以后，到 20 世纪 50 年代少数民族社会调查这一复杂的历程中，得到了集中发展。① 最早对这一命题进行论述的是人类学者吴文藻，1926 年 4 月他发表《民族与国家》② 一文，针对当时政治思想界民族国家主义的理论混淆问题进行人类学的澄清。他区分了种族、民族、政邦、国家四个概念，提供了一个民族区分于国家的方案，主张将文化的民族与政治的国家相区别，以多元的民族来创建一个强大的现代国家。1988 年，费孝通在香港中文大学丹纳讲座中提出"中华民族多元一体格局"的理论，继承和最终完成了吴文藻关于民族和国家的思想。

西方民族学传入中国之后，中国学者也开展了多方面的民族研究工作，出版了一些相关的著作。早在 1918 年，陈映璜著《人类学》刊行，郑浩的《中国民

---

① 王铭铭：《西学"中国化"历史困境》第 72—73 页，广西师范大学出版社 2005 年版。
② 吴文藻：《民族与国家》，刊于《留美学生季报》，1926 年第 11 卷第 3 号。

族西来辨》问世。1928 年王桐龄的《中国民族史》由北京文化学社出版，1930
年，林惠祥的《台湾藩族之原始文化》由中央研究院出版，1933 年凌纯声出版
了民族学田野调查的论著《松花江下游的赫哲族》，1934 年吕思勉出版了《中国
民族史》，1936 年民族学家林惠祥的《中国民族史》问世，1937 年竺可桢等编
著了中国民族学研究论文集《科学的民族复兴》一书，1938 年历史学家蒙文通
出版了《周秦民族史》。1943 年，徐炳旭的《中国古史的传说时代》和尹达的
《中国原始社会》，分别从历史文献和考古学的角度探讨了中华民族的起源问题。
1947 年凌纯声和芮逸夫的民族调查论著《湘西苗族调查报告》出版。所有这些
成果的出现，标志着民族学在中国的兴起。

第二节　新中国成立前中国历史学研究的成就

新中国成立前，中国历史学家在中国古代史、近现代史和世界史研究方面，
都取得了初步的成就，出版了一批史学论著，发表了不少的学术论文，这些重要
著述也奠定了新中国历史学发展的学术基础。

一、中国古代史研究的成就

20 世纪前半期，在中国历史学走向近代化和科学化的历史进程中，在梁启
超、章太炎等著名学者推动下，在《中国通史》的撰著热潮中，经过一些史学
家的努力，中国古代史无论在通史、专史和断代史的研究方面，都取得了初步的
成就。[①]

以新观点和新体裁撰著《中国通史》是 20 世纪中国众多历史学家梦寐以求
的愿望。1904—1906 年，作为梁启超、严复挚友的夏曾佑（1863—1924），按照
西方的进化论史观，相继出版了三卷本的《最新中学中国历史教科书》，这是我
国第一部章节体的历史著作，1933 年，商务印书馆将该书列为大学丛书，改称
《中国古代史》。夏曾佑将中国历史划分为上古之世（自草昧至周末）、中古之世
（自秦至唐）和近古之世（自宋至今）三个阶段，较为详细地论述了从远古传说

---

① 这方面的总结工作，学术界出版了不少的成果，如刘新成主编的《历史学百年》，罗志田主编的
《20 世纪的中国学术与文化·史学卷》，陈高华、张彤主编的《20 世纪中国社会科学·历史学卷》，于沛
的《世界史研究》等等。这里主要根据罗志田的《20 世纪的中国学术与文化·史学卷》，陈力先生的《20
世纪中国史学学术编年》并参照其他方面的资料予以综述。

到隋代的历史。该书的进化史观和章节体裁，对 20 世纪的《中国通史》著述产生了重要影响。民国时代，通史撰著受到了更多学者的青睐，出版了许多著作。顾颉刚指出："所有的通史，多属千篇一律，彼此抄袭。其中较近理想的，有吕思勉《白话本国史》、《中国通史》，张荫麟《中国史纲》，钱穆《国史大纲》等。"① 1923 年，吕思勉出版了中国第一部白话本中国历史著作——《白话本国史》，作者用 60 万字的篇幅，概括地讲述了从远古到民国十一年华盛顿会议的中国历史。该书以丰富的史实和流畅的文笔赢得了广大读者的喜爱，成为当时发行量最大的一部通史著作，并被用作大学历史学的教本。吕思勉还出版了以专题形式撰著的新的通史著作——《吕氏中国通史》。李泰棻（1896—1972）的《中国史纲》第一、二、三卷，也先后于 1923 年、1932 年、1933 年出版，这部书较为系统地论述了秦至清的中国历史。抗日战争时期，《中国通史》的撰著工作有了新的发展。1934 年，邓之诚的《中华两千年史》上、中册出版，该书融纪传、编年、纪事本末和章节体为一书，资料丰富，文笔生动，多方面记述了秦汉到宋元的中国历史，也被列为《大学丛书》之一种。1939 年，由周谷城撰著的两卷本《中国通史》由上海开明出版社出版，本书以其史料丰富、史识卓绝受到了读者的欢迎。周谷城将远古到北伐战争的中国历史分为五编：游牧部族定居时代、私有田制生成时代、封建势力结晶时代、封建势力持续时代、资本主义萌芽时代。虽然由于该书具有"马克思主义"的嫌疑而遭到国民党政府的查禁，但仍是当时广泛流行的一部通史著作，到 1948 年已重印 12 次。1940 年，钱穆的《国史大纲》由商务印书馆出版，该书受到国民党政府的推崇，被列为大学历史教科书。此外，范文澜和吕振羽也先后出版了他们的以马克思主义唯物史观理论为指导的通史著作，即《中国通史简编》和《简明中国通史》，这两部通史著作为中国马克思主义史学的发展和进一步传播做出了重大贡献。除了上述重要的《中国通史》著作之外，还有不少《中国通史》著作的出现。20 世纪前半期，《中国通史》著作的相继问世，标志着以新观点、新形式研究和阐述中国历史新风气的出现，也为推动中国历史学的发展做出了重要贡献。

　　新中国成立前，在中国古代史研究方面，断代史和专史的研究也出版了一些著作。王国维在 20 世纪中国历史学发展中具有开拓之功，1917 年，他发表的《殷卜辞中所见先公先王考》、《殷卜辞中所见先公先王续考》以及《殷周制度论》，奠定了殷商历史研究的基础，开创了中国近代新史学"二重证据法"研究

---

　　① 　顾颉刚：《当代中国史学》第 85 页，上海世纪出版集团 2006 年版。

之先河。此外，王国维还致力于西北地理与蒙元史的研究，出版了相关的考证成果。陈寅恪在魏晋南北朝和隋唐史研究方面做出了重要贡献，出版了《唐代政治史述论稿》（1943 年）、《隋唐制度渊源略论稿》（1944 年）等重要著作。陈垣在古籍整理、蒙元史以及宗教文化等方面的研究，作出了开创性的贡献，先后出版了《元也里可温考》（1917 年）、《二十史朔闰表》（1926 年）、《史讳举例》（1928 年）、《〈元典章〉校补》（1932—1934 年）等，以及《元西域人华化考》（1935 年）、《南宋初河北新道教考》、《明季滇黔佛教考》（1940 年）、《通鉴胡注表微》（1945 年）等重要论著。吕思勉在断代史研究方面也取得了显著的成就，先后出版了《先秦史》（1941 年）、《秦汉史》（1947 年）、《两晋南北朝史》（1948 年）。1923 年至 1925 年，萧一山（1902—1978）的《清代通史》上、中卷问世，下卷也有讲义发给学生，他又出版了《清史大纲》（重庆商务出版社，1945 年）。谢国桢编辑出版的《清开国史料》六卷（1930 年）、《晚明史籍考》二十卷（1933 年），为明清史研究做出了巨大贡献。此外，童书业的《春秋史》（1946 年）、李源澄的《秦汉史》（1947 年）、严耕望的《两汉太守刺史表》（1948 年）、蓝文征的《隋唐五代史》（上编）（1946 年）、金毓黻的《宋辽金史》（1946 年）、陈述的《契丹史论稿》（1948 年）、孟森的《清史讲义》（1947 年）、郑天挺的《清史探微》（1947 年）等，在断代史研究中也具有重要的地位。邓广铭、韩儒林、吴晗等在宋、元、明史研究方面，也崭露头角，出版了他们的成名作。在历史典籍的整理方面，张元济做出了突出贡献。1930—1936 年主持了商务印书馆百衲本"二十四史"的出版工作，1934—1935 年主持选印《影印四库全书珍本初集》出版工程，选书 231 种；1935 年，张元济又主持了商务印书馆《丛书集成初编》大型工程，出版古籍 3467 种。1936—1937 年，开明书店"二十五史刊行委员会"编辑出版了《二十五史补编》，收录和订补各史表志共 244 种。顾颉刚为首的"古史辨派"，从 20 世纪 20—40 年代编著的《古史辨》共出七集，这些都是新中国成立前中国历史典籍整理研究的重要成果。

用近代新的方法对中国历史的专题研究，极大地推动了中国历史学专门史的研究和发展。1919 年胡适出版的《中国哲学史大纲》对于中国学术史的研究具有重要的开山之功。1924 年，梁启超的《中国近三百年学术史》在《东方杂志》连载，1929 年由上海民智书局出单行本。之后，冯友兰的《中国哲学史》（上册，1931 年上海神州国光社，下册于 1935 年由上海商务出版社出版），蒋维乔的《中国近三百年哲学史》（1932 年中华书局），陶希圣的《中国政治思想史》（上海新生命书局，1932 年），顾颉刚的《汉代学术史略》（1934 年），钱穆的

《先秦诸子系年》（1935 年）、《中国近三百年学术史》（1937 年），范寿康的《中国哲学史通论》（1938 年），容肇祖的《明代思想史》（1941 年），萧公权的《中国政治思想史》（1946 年）等等相继问世。1926 年，柳诒徵的《中国文化史》在《学衡》连载并出合订本，1932 年正式出版，极大地推动了文化史的研究。随后，杨冬莼的《本国文化史大纲》（上海北新书局，1931 年），卫聚贤的《吴越文化论丛》（1937 年），罗香林的《唐代文化史研究》（1944 年），蒋星煜的《中国饮食与中国文化》（1948 年），等相继出版。社会经济史也逐渐成为学者关注的热点，1929 年熊得山出版了《中国社会史研究》。在 1930 年初的"社会史大论战"推动下，陶希圣致力于社会经济史的研究，1929 年出版了《中国封建社会史》、《中国社会之史的分析》、《中国社会与中国革命》，之后又相继出版了《西汉经济史》（1931 年）、《唐代经济史》（1936 年）、《南北朝经济史》（与武仙清合著，1937 年）、《中国社会史》（1944 年）。1932 年，陈登元的《中国土地史》和谢无量的《中国古田制考》由上海商务印书馆出版。次年，万国鼎的《中国田制史》问世。随后，瞿同祖的《中国封建社会》（1937 年），马乘风的《中国经济史》（1937 年）也相继出版。传统的政治史和政治制度研究也有新的发展，出版了蒙思明的《元代阶级社会》（1938 年），周谷城的《中国政治史》（1940 年），曾资生的《中国政治制度史》（1943 年），《中国宗法制度》（1946 年），佘贻泽的《中国土司制度》（1944 年），等著作。陈顾远在专史研究方面取得了显著成就，1925 年《中国古代婚姻史》由上海商务印书馆出版，1934 年又出版了《中国法制史》。吕思勉在专史研究方面，于 1933 年和 1934 年，相继出版了《先秦学术概论》、《中国民族史》（上海世界书局）。中西交通史的研究也受到了学者的重视，1930 年张星烺编辑出版了《中西交通史料汇编》（1—6 册），向达的《中西交通史》（1930 年中华书局）、《唐代长安与西域文明》（哈佛燕京学社，1933 年）出版，冯承钧编译了《西域南海史地考证译丛》、撰写了《中国南洋交通史》，方豪于 1943 年和 1944 年相继出版了《中外文化交通史》、《中外文化交通史论丛》第一辑（1937 年）。边疆史地以及沿革地理的研究也受到了学者的重视，1920—1921 年，连横出版了《台湾通史》上、中、下三册；1932 年傅斯年等著的《东北史纲》第一卷出版；1941 年金毓黻的《东北通史》上编问世。1938 年，王庸著《中国地理学史》，顾颉刚、史念海出版《中国疆域沿革史》。此外，1915 年张亮采的《中国风俗史》出版，1919 年郭绍虞的《中国体育史》出版，1927 年蔡元培出版了《中国伦理学史》，1929 年郑觐文出版了《中国音乐史》，1931 年李俨的《中国数学大纲》上册，以及傅勤家的《中国道教史》（1937 年）、王治心的《基督教史纲》（1940 年）、汤用彤的《汉魏两晋南北朝佛教史》、《印度哲学史》（1930 年）等论著，这些也可作为广义的专史著作去看待。1936 年，商务印书馆开始编印"中国文化史丛书"，极大地推动了广义文化史的研究工作，之后出版了 40 种相关著作。

马克思主义史学家在中国古代史，特别是先秦史研究方面，也取得了突出的成就。1929 年，郭沫若的《中国古代社会研究》出版，开创了以马克思主义研究中国商周历史之先河。随后，吕振羽先后于 1934 年、1936 年出版了《史前期中国社会研究》、《殷周时代的中国社会》，进一步奠定了马克思主义先秦史研究的基础。1943 年，侯外庐出版了《中国古典社会史论》，尹达出版了《中国原始社会》。翦伯赞在从事马克思主义新史学建设中，也先后于 1943 年、1947 年出版了《中国史纲》第一、二卷，按照马克思主义的社会经济形态理论，结合考古新发现的资料，以优美的文笔，较为详细地记述了先秦到秦汉的中国历史。在吕振羽影响下，吴泽在 1949 年 2 月出版了《中国奴隶制社会史》（《中国历史大系·古代史》）。马克思主义史学家在思想史研究方面，取得了突出的成就，这方面的代表性著作有吕振羽的《中国政治思想史》（1937 年）、侯外庐的《中国古代思想学说史》（1944 年）、《中国近代思想学说史》（1947 年）、《中国古代思想通史》第一卷（与杜守素、纪玄冰合著），以及嵇文甫的《晚明思想史论》（1944 年）、郭沫若的《十批判书》和《青铜时代》（1945 年）等论著。

二、中国近现代史研究的起步

随着 1912 年大清帝国的灭亡，清史研究和中国近代史的研究逐渐受到学者的普遍关注。1913 年 4 月，汪荣宝、许国英撰著的《清史讲义》由上海商务印书馆出版。1914 年 3 月，北洋政府设清史馆，开始编修《清史》，1927 年《清史稿》编修完成，1928 年《清史列传》由中华书局出版，这两部著作虽然质量比不上"二十四史"，但毕竟是清代历史的系统著述，对于晚清史的研究也具有重要的奠基作用。

据学者统计，全国主要图书馆目前现存的 1949 年以前的中国近代史的各种版本的著作共约 79 种，其中具有代表性的论著有 44 种[①]。20 世纪 20—30 年代，中国近代史研究出现了第一次热潮，出版了一批著作。1924 年李泰棻的《新著

---

① 参见张海鹏主编：《中国近代通史》第一卷，第 3—6 页，凤凰出版集团、江苏人民出版社 2006 年版。

中国近百年史》出版，1925—1926 年，孟世杰的《中国最近世史》第 1—4 册相继出版。1926 年陆光宇的《中国近世史》问世，同年，阎人俊编写了《中国近代历史讲义》，印水心编写了《评注近代史读本》。1927 年高博彦的《中国近百年史纲要》出版，1928 年夏德仪编写了《中国近百年史》。1928 年，沈昧之的《近百年本国史》、阎昌峣的《中国最近百年史》出版。1934 年陈恭禄的《中国近代史》出版；1938—1939 年，蒋廷黻相继出版了《中国近代史》、《中国近代史大纲》，1940 年郭廷以的《近代中国史》由长沙商务印书馆出版。"这些著作在史料的收集、考订和某些具体问题的论述诸方面，多有建树；某些论著对于近代历史的思考，也不乏真知灼见。"① 中国近代史的专题研究及资料整理工作也取得了一些成果。冯自由的《中华民国开国前革命史》上、下编及续编于 1928、1930、1946 年相继出版。1926 年左舜生编的《中国近百年史资料》（上、下册）由上海中华书局出版，1934 年左舜生又出版了《辛亥革命史》。1929 年邹鲁的《中国国民党史稿》由上海民智书局出版。1930 年李剑农出版了《最近三十年中国政治史》，1946 年李剑农又出版了《中国近百年政治史》。1935 年萧一山编著了《近代秘密社会史料》，1943—1944 年郑鹤声出版了《中华民国建国史》、《中国近世史》。太平天国史的研究受到了不少学者的重视，1923 年李法章的《太平天国志》由常州华新书社出版，1929 年王钟麟的《太平天国革命》出版，1932 年张霄鸣的《太平天国革命史》由上海神州国光社出版，1935 年谢兴尧的《太平天国的社会政治思想》、《太平天国史事论丛》等由上海商务印书馆出版。简又文的《太平天国杂记》第 1 集于 1935 年出版，随后，他又出版了《太平军广西首义史》（1944 年）。罗尔纲在太平天国史研究方面做出了重大贡献，1937 年出版了《太平天国史纲》，1943 年《太平天国史丛考》出版。1944 年郭廷以的《太平天国史事日志》问世。

中国共产党人和马克思主义者为中国近现代史学科的发展做出了突出贡献。1930 年革命家魏野畴的《中国近世史》由上海开明书店出版。1933 年李鼎声（李平心）出版的《中国近代史》，是较早用马克思主义观点研究中国近代史的代表作之一，1940 年李平心又出版了《中国现代史初编》。1937 年底，张闻天在延安编著的《中国现代革命运动史》以"现代史研究会"的名义在延安出版，该书系统地论述了鸦片战争到"大革命"时期的中国革命的历史。抗日战争时

---

① 白寿彝总主编、龚书铎主编：《中国通史》第十一卷（上册），第 75 页，上海人民出版社 2004 年版。

期，毛泽东的一系列论著，特别是他的《中国革命与中国共产党》、《新民主主义论》、《怎样研究中共党史》等论著，直接指导了中国近现代史和中共党史的研究工作，奠定了马克思主义中国近现代史研究的理论基础。在延安"整风运动"期间，毛泽东主持编辑《六大以来》、《六大以前》大型中共党史文献，在整风后期，毛泽东率领党的高级干部研究历史，在六届七中全会上形成了《关于若干历史问题的决议》这部在中国革命历史和中共党史上具有里程碑意义的历史文献，奠定了中共党史研究的基础。在毛泽东的革命理论指导下，1947 年，范文澜《中国近代史》上编在延安出版，奠定了马克思主义中国近代史发展的基础。华岗在中国革命史和中国近代史研究方面也做出了突出的贡献，1931 年出版了《1925—1927 年中国大革命史》，20 世纪 40 年代又相继出版了《中国民族解放运动史》（1940）、《太平天国革命战争史》（1948）、《五四运动》（1948）。著名党史专家何干之为中国近现代史学的创立也做出了突出贡献，他的《中国经济读本》、《中国的过去与现在》、《近代中国启蒙运动史》、《三民主义研究》等，都在中国近现代史学发展史上具有重要的地位。此外，胡绳的《帝国主义与中国政治》、刘大年的《美国侵华史》、黎澍的《辛亥革命与袁世凯》等马克思主义中国近代史论著也相继问世。

三、世界历史著述的译介和中国的世界史著作

两次鸦片战争清政府的战败，极大地刺激了一批知识分子，激发了他们强烈的救亡图存的爱国热情。继林则徐开眼看世界编著《四洲志》之后，魏源撰成了《海国图志》，该书不仅介绍了欧美各国的地理，也简要地涉及西方国家的历史和国情。之后，随着边疆史地学研究的兴起，姚莹的《康輶纪行》记载了英国、法国、俄国、印度等国的历史和地理，以及天主教、佛教、回教的源流；徐继畬在其《瀛寰志略》中对世界上的 18 个国家的地理、历史沿革、风土人情作了简要地介绍，除涉及到南美洲、非洲和大洋洲之外，对亚洲、欧洲和北美的介绍尤为详细；梁廷枏的《海国四说》对英国、美国的概况以及早期西方一些国家与大清帝国的贸易作了介绍。"洋务运动"兴起之后，同文馆为八旗子弟开设了世界历史、地理等课程，一些外国传教士和教官翻译了一些世界历史地理的著作，如《世界史纲》、《俄国史》等教材。19 世纪末，西学著作翻译愈来愈多，其中西方历史著作约有 30 余种，如慕维廉的《大英国志》、裨治文的《联邦志略》、阙斐迪的《俄史辑佚》、冈千仞的《米利坚志》和《法兰西志》，其中流传较为广泛的是：日本学者冈本监辅编著的《万国史记》，蔡尔康及英国传教士李

提摩太翻译的英国学者马恳西（Mackenzine）的《泰西新史揽要》。一些知识分子开始走向世界，撰著了一些世界历史著作，王韬的《法国志略》、《普法战记》，黄遵宪的《日本国志》，是中国人以自己的所见所闻撰著的第一批外国历史著作，在近代中国世界史学科的发展过程中具有重要的启蒙意义，此外，王韬还根据有关资料，撰著了《西古史》、《俄罗斯志》、《米利坚志》，但均未刊行。[①] 戊戌维新的失败和清王朝的灭亡进一步促进了西方文化科学在中国的传播，随着科举制度的废除，西学逐渐走进了中国的大中学堂，西洋史成为学生的重要课程，严复除翻译《天演论》外，还为《泰晤士〈万国通史〉》作序，对西方古代史学作了简要的评述；梁启超撰著了《斯巴达小志》和《雅典小史》，简要论述了斯巴达和雅典的建国历程。

　　20 世纪 20 年代以后，世界史的研究和撰述进一步受到了中国学人的重视，鲁迅、周作人、陈训慈、裴复恒、张乃燕、何鲁之等学者都对西方上古史作过一定的评述和研究。"五四运动"前后，一些有影响的大学都先后开设了"世界史"课程，如在北京大学讲授西洋史和世界中世纪史的有何炳松、陈衡哲、陈翰笙等知名学者，辅仁大学在一到四年级都开设西洋史课程，由狄姓教授讲授。这一时期世界史学科的初步发展主要表现在以下几个方面：首先，出现了中国学者撰著的有一定学术水准的论著和论文。1924 年何炳松的《中古欧洲史》由商务印书馆出版，这是中国学者撰著的第一本欧洲中世纪史著作，也是当时世界中古史的代表作，此外，何炳松还编著了《西洋近百年史》。余协中的《西洋通史》1933 年由世界书局出版，何鲁之的《欧洲中古史》1937 年也由商务印书馆出版。此外，有影响的学术论文也零星出现，如张慰慈的《中世纪的民治主义和选举制度》由《国立北京大学社会科学季刊》1922 年第 1 卷第 2 期刊出；蒋梦引的《欧洲封建制度概观》刊发在《国立中央大学半月刊》第 2 卷；梅汝璈的论文《盎格鲁沙克逊法制之研究》由《国立武汉大学社会科学季刊》1931 年第 2 期刊出；留学瑞士的阎宗临博士的《李维史学研究》论文由《国立桂林师范学院丛刊》1946 年 9 月刊出。其次，适应大中学世界史教学的需要，学者编著了一批教科书。如李泰棻的《西洋大历史》（中华书局，1916 年）、《新著世界史》（商务印书馆，1922 年）、《新著西洋近百年史》（1922 年），陈衡哲《西洋史》（商务印书馆，1924 年），周傅儒《新撰初级中学教科书：世界史》（上册）（商务印书馆，1925 年），傅彦长《西洋史 ABC》（上海世界书局，1928 年），李季谷

---

　　① 胡逢祥、张文建：《中国近代史学思潮与流派》第 115 页，华东师范大学出版社 1991 年版。

《李氏初中外国史》（上下册）（世界书局，1934 年）、《高中外国史》（世界书局，1932 年），耿淡如、王宗武《高级中学外国史》（上下册）（正中书局，1936 年），傅运森《教育部审定共和国教科书：西洋史》（上下册）（商务印书馆，1940 年）等。王纯一编译的《西洋史要》（上海南强书局，1929 年），是目前所见的唯一一部中国学人编写的唯物史观西洋史。1949 年问世的周谷城的《世界通史》，突破了"欧洲中心论"的束缚，强调世界各地区的相互联系，强调把世界作为一个整体来研究，在中国世界史学科的建立过程中具有重要的开创意义。第三，外国历史的编译工作有了新的发展，出版了一些有一定学术水准的著作。如 1928 年梁思成、向达翻译了英国学者韦尔斯的《世界史纲》，钱端升翻译的英国学者屈勒味林的《英国史》（商务印书馆 1933 年），1934 年姚莘农翻译了美国卡尔登·海士和汤姆·蒙的《近代世界史》，陈受颐、梁茂修合译 J. Thompson 的《西洋中古史》（商务印书馆，1940 年），徐天一翻译的日本学者泷本诚一的《中世欧洲经济史》（上海民智书局，1929 年），庆泽彭翻译的比利时学者胡尔夫《中古哲学与文明》（商务印书馆，1934 年），1948 年刘启戈翻译了美国学者海斯的《世界通史》等，都是分量较重具有较高学术水平的著作。此外，学者们还翻译了一些以唯物史观撰著的世界史著作，如熊得山翻译的《唯物史观经济史》（上海昆仑书店，1933 年），许仑音等译《世界史教程——封建社会史》（骆驼丛书出版部，1934 年），方天白翻译的《唯物史观世界史》（神州国光社，1934 年），王易今翻译的《中世世界史》（开明书店，1947 年）等。第四，文化史的翻译和著述工作成效显著。美国学者桑戴克的《世界文化史》，英国学者威尔斯的《世界文化史》，法国学者塞诺博的《中古及近代文化史》，翻译为中文后，受到当时知识界广泛的喜爱。中国学者也陆续编写了一些世界文化史论著，如蒋方震的《欧洲文艺复兴史》（商务印书馆，1921 年），陈衡哲的《文艺复兴小史》（商务印书馆，1926 年），刘炳荣的《西洋文化史》（上海太平洋书店），杭苏的《欧洲文化变迁小史》（上海中华书局，1930 年），张国仁的《世界文化史大纲》（上海民智书局，1941 年）等。①

　　相比世界古代史和中世纪史，世界近现代史更受中国人的关注。清朝末年，中国知识分子关注的是殖民地国家的亡国史、各国的改革史和革命史。据统计，1900—1911 年出版的亡国史有 50 余种，影响较大的有《近代亡国史》、《波兰衰亡史》、《埃及近世史》。其中，亚洲遭受殖民的悲惨历史尤其受到了中国知识分

---

　　① 刘新成主编：《历史学百年》第 231 页、第 265—278 页，北京出版社 1999 年版。

子的关注，出版了《印度灭亡战史》4 种、《朝鲜近世史》4 种、《越南亡国惨话》3 种、《缅甸灭亡小史》3 种。早在戊戌维新时期，康有为就为光绪皇帝编写了《俄彼得变政记》、《日本变政记》等著作。进入 20 世纪之后，西方近代政治制度和日本的明治维新受到了中国知识分子的格外重视，于是编译了《欧美各国立宪史论》、《英国制度沿革史》、《英国宪法史》、《普国变法中兴论》、《俄国立宪史谭》等著作。有关日本明治维新的有：《日本变法记》、《日本变法次第类考》、《日本国会记原》，以及汪有龄编译的《日本议会史》、《日本立宪史略论》、《明治维新四十年政党史》等。有关欧美近代资产阶级革命的论著也大量出现，如《美国独立史》、《美利坚自立记》、《法国革命史》、《法兰西史》等等，此外，还有多种关于意大利、菲律宾、苏格兰、荷兰、希腊、葡萄牙和俄国的革命史论著①。1936 年王绳祖出版的《欧洲近代史》作为大学教材的使用，改变了中国高等教育由外国教材垄断的局面。在延安干部教育过程中，适应开设世界革命史课程的需要，陈昌浩撰著出版了《近代世界革命史》，《联共（布）党史简明教程》也成为中国共产党人干部教育的重要教材，在革命根据地和国统区大量发行。20 世纪二三十年代，世界近现代史学科有了新的发展，这主要表现在以下几个方面：第一，法国革命史成为中国学者关注的焦点，出现了这方面的中国专家。杨人楩毕业于英国牛津大学，跟随著名法国革命史专家汤普森专攻法国革命史，他先后翻译了克鲁泡特金的《法国革命史》（1930 年）、哥特沙尔金的《法国革命时代史》（1943 年）、马蒂埃的《法国革命史》（1947 年），并著有学位论文《圣菊斯特》。毕业于法国里昂大学的沈炼之，1941 年出版的《法国大革命史讲话》是中国学者撰著的第一部系统完整的法国大革命史专著。第二，中国学者在中外关系史研究方面崭露头角，出版了一些很有学术价值的论文和论著。1935年邵循正在清华大学完成了学位论文《中法越南关系始末》，1938 年束世澂出版了《中法外交史》。曾留学于英国的蒋梦引和王绳祖，先后于 1939、1940 年完成和出版了博士论文：《中英关系：1856—1860》、《马嘉里案和烟台条约》。此外，1932 年王芸生出版的《六十年来中国与日本》，1947 年陈复光的《有清一代中俄关系史》，都是相关领域的重要著作。第三，西方列强的对外政策成为中国学者关注的热点，出版了一些著作。如周鲠生的《近代欧洲外交史》（上海商务印书馆，1932 年），张忠绂的《英日同盟》（新月书店，1931 年）、《欧洲外交史》（世界书局，1934 年），柳克进的《近百年世界外交史》（上海商务印书馆，1934

---

① 刘新成主编：《历史学百年》第 305—306 页，北京出版社 1999 年版。

年），袁通丰的《战后各国外交政策》（商务印书馆，1934 年），王绳祖的《近代欧洲外交史》（重庆商务印书馆，1945 年）。特别值得一提的是，刘大年在范文澜帮助下，写成了第一本马克思主义外交关系史著作《美帝国主义侵华简史》，也于 1949 年由华北大学出版，以后多次再版。

第三节　　新中国历史学发展路径概论

新中国历史学的发展可以划分为三个阶段，从中华人民共和国成立到 1966 年 5 月 "文化大革命" 的爆发，为第一阶段，这一时期是中国马克思主义史学主导地位的确立，以及中国历史学在曲折中发展的时期。第二阶段，十年 "文化大革命时期"，这是马克思主义史学备受摧残、中国历史学发展出现了严重曲折的历史时期。"文革" 前期，正常的历史学教学和科研工作被中断，"文革" 中后期历史研究工作在曲折中逐步恢复，但在 "左倾" 政治路线影响下，"影射史学" 猖獗，历史学的科学性遭到了严重的践踏，马克思主义史学理论被严重歪曲。1979 年十一届三中全会以来，新中国历史学的发展进入改革开放和全面进取的新时代，历史学界拨乱反正工作取得了显著的成效，历史研究领域得以大大扩展，史学成果丰硕，中外史学交流频繁，历史研究在理论和方法方面有了很大的进步。

一、新中国历史学发展的道路和成就概说

1949 年中华人民共和国成立，中国历史掀开了新的一页。马克思主义史学在旧中国长期处于被压制地位的情况完全得到改变。新中国成立之初 "十七年" 是中国历史学发展的一个非常重要的时期，取得了辉煌的成就。这主要表现在：第一，新中国的成立，为中国历史学的大发展提供了良好的学术环境。马克思列宁主义和毛泽东思想成为党和国家的指导思想，也成为中国历史学发展的指导原则，这极大地促进了中国马克思主义史学的发展。史学界的知识分子思想改造运动和对胡适为代表的资产阶级学术思想的批判，今天看来有其历史的和认识的局限性，但其积极作用是主要的。马克思主义的社会经济形态学说、阶级分析的方法、毛泽东关于中国历史和中国近代社会的矛盾的学说，对于促进中国史学家深入系统研究中国的历史，发挥了重要的作用。党的 "百家争鸣" 的政策，在 1954—1957 年初以及 1961—1963 年，在良好的学术研究气氛的形成方面发挥了极其重要的作用，这两个时期正是中国历史学发展的黄金时代。随着国家大规模

社会主义建设的开始，大批考古遗址得以发现和发掘，这极大地推动了新中国考古学和历史学的发展。1956 年到 1961 年开展的大规模的民族调查工作，为我们留下了数亿字的民族学、历史学资料。这些成就的取得与党和政府的大力支持是密不可分的。第二，马克思主义史学主导地位的确立，中国历史学学科体系基本形成。新中国成立后不久，就创立了中国科学院，设立了近代史研究所、考古研究所等机构，随后又相继创办了历史研究所、世界史研究所。1952 年全国院系调整之后，根据苏联的历史专业教学计划，新中国也设立了自己的高等学校历史教学计划，1956 年又重新审定了高等院校的历史学各科教学大纲，编写了新的中学历史教材，颁布了新的中学教学计划。同年，开始制定了"历史学十二年发展规划"。1961 年在中宣部和教育部的支持下，以翦伯赞、郑天挺为组长的历史教材编写组，组织全国许多著名史学家为高等院校师生提供了一批高水平的历史学教材及参考书。20 世纪 50—60 年代，新中国实行的研究生招生培养制度和派往苏联的留学生，也为国家培养了一些高素质的历史学教学科研人才。于是，历史学从业人数有了很大发展，由 1953 年历史教师、研究生不到 500 人，发展到 1962 年的一万余人。吴玉章、郭沫若、范文澜、翦伯赞、侯外庐、胡绳等杰出的马克思主义史学家为推动中国历史学的发展做出了突出贡献。他们创立的中国新史学研究会和后来的中国史学会，组织了全国的历史学家，开始了关于中国奴隶社会与封建社会的分期、中国封建社会内部的分期、中国近代史分期以及中国封建土地所有制形式、中国汉民族形成、中国资本主义萌芽问题、历史人物评价问题、历史主义与阶级分析等重要问题的争鸣，这极大地推动了中国马克思主义史学的发展。第三，这一时期发表了数量众多具有较高学术水准的史学论文，出版了一大批高水平的历史学论著。新中国成立后不久，在党和政府的大力支持下，《历史研究》、《历史教学》、《文史哲》、《史学月刊》（原称《新史学通讯》）等专业杂志相继创刊，《光明日报》、《人民日报》、《新建设》等有巨大影响的报刊都成为史学工作者发表论文的重要阵地。范文澜修订的《中国通史简编》五代十国以前部分问世，翦伯赞的《中国史纲要》基本编著完成，侯外庐的《中国思想通史》编写工作完成，郭沫若主持编写了《中国史稿》。中国史学会编著的大型历史资料《中国近代史资料丛刊》，一千多万字的篇幅和丰富的资料更是给新中国历史学增添了靓丽的色彩。中国近代经济史研究成果显著，严中平的《中国近代经济史资料选辑》，孙毓棠、汪敬虞以及陈真、姚洛的《中国近代工业史资料》，彭泽益的《中国近代手工业资料》，姚贤镐的《中国对外贸易史资料》，宓汝成的《中国近代铁路史资料》，聂宝璋的《中国近代航运史资料》等纷纷问世。在断代史研究方面，徐仲舒、杨宽、杨翼骧、何兹全、王仲荦、韩国磐、岑仲勉、吴枫、邓广铭、韩儒林、傅衣凌、郑天挺等皆取得了巨大的成就。中国近现代史、中共党史、世界历史的教学和研究以及学科建设方面都有了新的进展。第四，新中国成立十七年的史学也有其不足，如过分集中于重大问题和农民战争史的研究和讨论，研究面尚较为狭窄等等，其中最大的缺陷是现实政治对历史学教学和科研工作的过分干预，特别是"左倾"和极左思潮对史学的危害更大。从对电影《武训传》的批判开始，历史与现实之间的矛盾就突出的显露出来。1957 年的"反右"斗争的严重扩大化，对所谓的"右倾"思想和"修正主义"展开批判，大跃进中的"厚今薄古"以及"拔白旗、插红旗"的所谓"史学革命"，严重挫伤了一些史学家的感情，对中国马克思主义历史学的发展造成严重的危害。对于"史学革命"中出现的偏向，吴玉章、范文澜、郭沫若、翦伯赞、吴晗等著名史学家都曾竭尽全力予以纠正，对打破王朝体系、忽视历史资料，以及片面地强调劳动人民的作用，否定杰出历史人物的贡献等极左做法，他们提出了严正的批评。在 1961 年的良好社会氛围中，中国历史学又步入健康的发展轨道①。但在毛泽东主席强调抓阶级斗争的现实政治影响下，1964 年以后，对刘节、周谷城、罗尔纲等著名史学家的批判，特别是姚文元、戚本禹等极左派对吴晗、翦伯赞的粗暴的政治批判，搞乱了人们的思想，给新中国历史学的发展造成了灾难性的后果。

十年"文革"时期，是中国马克思主义史学遭到严重摧残的时代。这时，范文澜、郭沫若处境维艰，翦伯赞、吴晗、何干之、邓拓、华岗、李平心等一批对中国历史学发展做出突出贡献的史学家被迫害致死，吕振羽、侯外庐、周谷城、尚钺等许多著名史学家也遭受残酷的迫害。《历史研究》等杂志停办，大学停止招生，中国科学院和各高校的历史学家大部分被戴上各种各样的帽子，接受批斗和劳动改造。1972 年和 1975 年，在周恩来和邓小平领导的整顿工作，使经济社会各方面情况有了一些改观。顾颉刚、白寿彝等一些史学家被重新召集起来，继续"二十四史"的点校工作，谭其骧的《中国历史地图集》编著工作也在艰难之中重新起步。中央有关单位召集部分史学工作者，从事中俄关系史的研究。随着河北满城汉墓的发掘，《考古》杂志复刊，考古事业在这一特定历史时期有了新的发现和进展，长沙马王堆汉墓、陕西秦始皇兵马俑、山东银雀山汉墓等重大考古发现，为这一时期苍白的中国学术增加了色彩。1975 年之后，一些

---

①　参见张剑平：《新中国史学五十年》第 115—125 页，学苑出版社 2003 年版。

学者在私下开始了学术研究工作，如侯外庐的中国近代哲学史、白寿彝的中国通史、胡绳的中国近代史、邱汉生的宋明理学研究等，都已开始了工作。河北大学著名农民战争史研究专家漆侠则致力于浩瀚的宋代历史文献的研究。出于篡党夺权的政治需要，以江青为代表的"四人帮"集团，聚集了一些学者，打着批林批孔的招牌，搞起了"影射史学"，他们以"儒法斗争"通贯中国历史甚至世界历史研究，以达到打倒周恩来和邓小平为代表的党和国家的重要领导人的罪恶政治目的，后来，一些影射史学"专家"又为江青的"女皇"梦摇旗呐喊，大肆吹捧历史上的吕后和武则天。"影射史学"是极左的政治，与科学的历史学是不可同日而语的，对这种歪曲历史的做法，郭沫若、侯外庐、吕振羽、白寿彝等学者都曾采取过迂回的抵制态度。"文化大革命"对中国学术的最大的危害，是搞乱了马克思主义，搞乱了人们的思想，将马克思主义的阶级斗争学说推向了极端，将 20 世纪 50—60 年代史学界的"左倾"思潮推向了极端，以阶级斗争、路线斗争统领中国历史和中共党史，只讲历史上的劳动人民和农民战争，否定杰出人物的历史作用，将中国历史学引向灾难的深渊。

粉碎"四人帮"之后，特别是党的十一届三中全会召开之后，中国历史学开始进入到拨乱反正、开拓进取的新时代。新时期史学界取得了突出的成就，这主要表现在以下几个方面。

第一，史学界的拨乱反正工作取得了巨大的成效，历史学研究全面展开，实事求是的学风得以恢复。中国社会科学院及研究生院的成立，全国哲学社会科学研究的全面起步，胡乔木、周扬、邓力群等在这些方面作出了突出贡献。① 随着全国高校历史专业和研究生招生制度的恢复，中国史学会的重建，中国历史学学科规划会议的召开，历史学教学和研究工作全面复苏。随着吴晗、翦伯赞、吕振羽、何干之等一大批史学家的平反和他们有关论著的再版和研究文章、论著的不断问世，对中国马克思主义史学家研究也陆续展开，20 世纪 50—60 年代探讨的"五朵金花"、历史人物的评价问题、中国封建社会长期延续问题等，再次掀起讨论的热潮，以历史理论为核心的史学理论研究也逐渐展开，认识进一步深化。经过拨乱反正，在马克思主义的运用方面，广大史学工作者克服了过去那种简单化、公式化的毛病，不再热衷于摘引马恩列斯毛的个别词句，力图运用他们的观点和方法去探讨中国及世界历史的实际。研究者很重视正确地处理历史学与现实

---

① 参见《胡乔木传》编写组：《胡乔木与中国社会科学院》，人民出版社 2007 年版。

政治的关系，历史学不再从属于某种临时的、局部的甚至错误的政治需要。① 理论联系实际的马克思主义学风得到了进一步的发扬。对政治性很强的中共党史和中国革命史，更加注重科学性，对陈独秀、瞿秋白、张国焘、王明等复杂的党史人物作出了客观的评价，对"福建事变"、"西路军"等过去的研究禁区，作了进一步的探讨。出版了高水平的多卷本中共党史，胡华主编了五十余卷的《中共党史人物传》，胡绳主编了高水平的《中共党史七十年》，李新主编了十二卷本的《中国新民主主义革命时期通史》，沙健孙主编了五卷本的《中国共产党通史》，逄先知、金冲及等编著了很有学术分量的《毛泽东传》、《周恩来传》等重要论著。在坚持马克思主义理论指导的同时，历史学家注重对历史学自身的理论和方法的探讨，在对中国传统史学及近代史学和西方史学理论和方法借鉴的基础上，大大推进了有中国特色的马克思主义史学理论和方法论的建设。

　　第二，历史学学科建设取得了巨大的成效，新的学科领域不断开辟和发展，历史学下辖的史学理论及史学史、中国古代史、中国近现代史、专门史、历史地理学、历史文献学、考古学与博物馆学、世界历史等八个二级学科在新时期都取得了巨大的成就。对此，陈高华、张彤主编的《20 世纪中国社会科学》（历史学卷），以及张海鹏、于沛、周荣耀主编的《中国历史学 30 年》、《中国世界历史学 30 年》，陈其泰主编的《中国马克思主义史学的理论成就》等论著已有系统的总结和论述。中国近现代史研究领域的开拓是新时期该学科发展的重要成就，中华民国史、抗日战争史、中华人民共和国史成为中国近现代史研究的重要领域，取得了显著的成就。中国共产党思想史、中国国民党史、中共党史学史等研究领域，受到了学者的重视，出版了一些很有分量的学术论著。除了历史学传统的学科有了新的发展之外，新时期中国历史学最突出的成就是史学理论及史学史学科的发展，思想文化史的研究和社会史研究热潮的出现。史学理论与史学史的学科的主要成就，在于形成了史学理论、中国古代史学史、中国近现代史学史、西方史学史的基本学科格局，出现了一大批对学科发展具有重要影响的论著。如在史学理论方面，在众多的《史学概论》教材的基础上，姜义华等学者编著的《史学导论》、庞卓恒等的《史学概论》等作为国家"十五规划"教材被广大史学工作者所接受；马克思主义理论研究和建设工程《史学概论》教材问世，陈启能、蒋大椿组织学者编著了《史学理论大辞典》。在中国史学史研究方面，白寿彝先生作出了突出贡献，进入新世纪，他主编的《中国史学史教本》、六卷本

---

① 　参见林甘泉：《二十世纪的中国历史学》，《历史研究》1996 年第 2 期。

《中国史学史》最终问世，奠定了这一学科发展的坚实基础。何兆武、陈启能、张广智、于沛等学者，对推动西方近现代史学史的研究做出了重大贡献，相继出版了《当代西方史学理论》、《历史理论与史学理论》、《二战后欧美史学的新发展》、《现代西方史学》等重要论著。中国传统文化的研究，在新时期受到了历史学家、哲学家和文学家的青睐，中西文化比较、传统文化与现代化成为研究的热点，思想史与文化史研究逐渐融为一体，社会思想史和社会风俗的研究成为热门。新时期思想文化研究学术论著成果丰硕，目前，除了传统的儒佛道思想文化的研究之外，齐鲁文化、荆楚文化、三秦文化、巴蜀文化等地域文化，以及中国近代思想文化等方面的研究取得了显著成绩，任继愈等主编的卷帙浩繁的《中华大典》正在陆续出版，多家出版社重印了民国时期的多种文化史著作。由上海人民出版书社 1998 年出版的《中华文化通志》，共分十典百志，101 卷，4000 余万字，由 200 多位专家、数十位编辑历经八年而完成，江泽民题词，萧克担任编辑主任，成为 20 世纪中国文化发展史上的壮举，这也是中华炎黄文化研究会给 21 世纪的献礼工程。在思想文化史研究方面，除冯友兰、张岱年等著名哲学家的论著之外，张岂之主编了《中国思想史》，李学勤、徐吉军主编了《长江文化史》，赵吉惠等主编了《中国儒学史》、《中国儒学词典》，冯天瑜主编了《中华文化史》、《中华文化辞典》，郑师渠主编了 10 卷本《中国文化通史》，此外，还有其他大批思想文化史论著的出版。

社会史研究在 1987 年之后异军突起，在陈旭麓、冯尔康、张静如等著名学者的推动下，社会史研究无论是在理论方法研究，还是各领域各历史时期的实证研究方面，都取得了显著的成果，社会史研究呈现出蓬勃发展的势头。据学者统计，仅 2001 年，见诸报刊的中国社会史论文有 767 篇①。周积明、宋德金主编的《中国社会史论》（湖北教育出版社，2000 年），在很大程度上展示了新时期社会史研究的成就。中国社会科学院历史研究所为推动社会史研究做出了重大贡献，他们承担的国家社科基金重点课题“中国古代社会生活史”多卷本在 20 世纪 90年代陆续问世，先后出版了宋镇豪的《夏商社会生活史》、李斌城等著《隋唐五代社会生活史》、朱瑞熙等的《辽宋西夏金社会生活史》、史卫民的《元代社会生活史》等论著。此外，冯尔康、常建华的《清人社会生活》，陈旭麓的《近代中国社会的新陈代谢》，乔志强的《中国近代社会史》，蔡少卿的《中国近代会党史研究》，张静如、刘志强主编的《北洋军阀统治时期中国社会之变迁》，魏

① 参见郭玉峰：《2001 年中国社会史论文索引》，《中国社会史研究通讯》第 5 期。

宏运主编的《二十世纪三四十年代冀东农村社会调查与研究》，钟文典主编的《近代广西社会研究》，郑振满的《明清福建家族组织与社会变迁》，陈支平的《近五百年福建的家族社会与文化》等论著，都是社会史研究的力作。李文海为推动中国近代灾荒史研究做出了重大贡献，他与同仁合作，先后出版了多种近代灾荒研究著作，如《近代中国灾荒纪年》、《灾荒与饥馑：1840—1919》、《近代中国灾荒纪年续编》、《中国荒政全书》等论著。社会史在通史和专史研究方面也取得了显著成效，如由龚书铎任总主编，曹文柱、朱汉国主编的 8 卷本《中国社会通史》，1996 年由山西教育出版社出版；蔡少卿主编、多位学者撰著的 7 卷本 200 万字的《中国秘密社会》，由福建人民出版社出版；冯尔康主编的《中国社会结构的演变》（河南人民出版社，1994 年），等等。所有这些，都在很大程度上丰富和推进了中国历史学及马克思主义史学的发展。

第三，在国家大力支持下，新时期出版了一批在学术上具有很高水平、很有分量的学术论著。除了实现了范文澜、郭沫若的愿望，由中国社科院组织专家学者完成了他们的《中国通史》之外，20 世纪 80 年代，经过众多史学家的通力合作，推出了《中国历史大百科》，编著了《历史学大辞典》。此后，白寿彝先生主持的 12 卷本《中国通史》，人民出版社组织陆续出版的由沈长云等学者撰著的十四卷《中国历史》，张海鹏组织近代史所学者编著了 10 卷本的《中国近代通史》，林甘泉、漆侠、宁可、方行等多位学者合著了 9 卷本的《中国经济通史》，许涤新等主编了《中国资本主义发展史》，林甘泉主编了《中国土地制度史》，白钢主编了 10 卷本的《中国政治制度通史》，吴于廑、齐世荣主编了 6 卷本的《世界史》，马克垚主编了《世界文明史》，武寅主编了 8 卷本的《世界历史》，葛剑雄等合著了 6 卷本的《中国移民史》等等，这些大部头有影响的论著纷纷问世，使得新中国历史学研究面貌大大改观。另外，从 20 世纪 90 年代以来，国家启动了投资数亿元的夏商周断代工程、中华文明的起源研究、大型清史的编纂等重大工程，除了国家社科基金每年资助的力度在不断加大之外，教育部也设置了一些历史学大型研究课题和重大攻关课题，各省市和高等院校、科研院所等也加大了对历史学发展的支持力度。

总而言之，在党和政府的大力支持下，在广大史学工作者的辛勤努力下，新时期中国历史学取得的成就是多方面的，无论是在中国通史、专门史以及世界史、历史地理、文物考古等方面，还是专题研究以及方法的进步方面，都取得了显著的成效。新时期中国历史学之所以有了很大的发展，得益于改革开放政策，得益于和平的建设环境和较为宽松的学术气氛，得益于广大史学工作者的开拓和进取。

　　20世纪90年代以来，马克思主义史学在中国由一股涓涓细流发展为规模宏大的主流，取得了举世瞩目的成就。但是，我们也应该清醒地认识到，当前中国马克思主义史学的主流地位的确遇到了严峻的挑战。这种情况的出现是多方面因素造成的：一是我们国家政治生活和思想理论战线在很长一个时期受"左"倾错误指导思想的干扰所造成的消极后果，过分强调阶级斗争，忽视了历史发展的多样性和复杂性，使一些中青年史学工作者和一些大学生研究生误认马克思主义史学，就是"阶级斗争史学"，讲的是些已经过时的"农民战争史"或"殖民地民族解放运动史"，从而产生了一种厌倦心理；二是苏联解体东欧剧变，马克思主义在全球范围内受到挑战，苏联式马克思主义史学处境维艰，西方马克思主义史学也出现了式微的发展态势；三是20世纪以来，特别是第二次世界大战以后，西方历史学的新进展，西方非马克思主义的史学理论的发展和影响的日益扩大，这些新的史学思潮和理论方法传入中国，一些学人对此盲目崇拜的结果；四是20世纪80年代有的史学理论者的研究，忽视了与中国历史研究实际的有机结合，缺乏实证的基础，出现了空谈理论的偏向，不少人失去了理论探讨的兴趣，这也使人对唯物史观指导下的理论探讨产生了厌倦的情绪；五是20世纪90年代实证主义史学思潮和文化保守主义思潮的重新崛起，也使部分史学工作者过分推崇考据和考证，对马克思主义及其史学产生了偏见。在这些冲击声浪中，有的为了迎合港台地区一些学者的观点，有人甚至受到西方某些理论家别有用心的观点的影响，从而对马克思主义产生了怀疑，对马克思主义史学及其成就，有意无意地加以贬低或抹煞。在上述情况下，未来中国马克思主义史学的命运，实际上也成为受到人们关注的重大问题。

二、新中国历史学研究的历史回顾

　　对新中国历史学的研究，伴随着新中国史学的发展随即应运而生。综观其发展历程，大致可以划分为三个阶段：第一阶段为20世纪50—60年代，第二阶段从1978年至1989年，第三阶段是1990年至今。

　　早在1953年，著名马克思主义史学家华岗就在《光明日报》发表了《两年来中国历史科学的转变和趋势》一文，回顾了新中国马克思主义史学的主要成就；随后，刘大年也将对苏联学者所作的《中国历史科学现状》的报告在《光明日报》（1953年7月22日）和《科学通报》（1953年7月8日）发表；历史学家方回（即向达）在1953年10月3日《光明日报》发表了《解放四年来历史科学的发展》，1955 年 10 月吕振羽在德国莱比锡召开的"东方学会"上做了《六年来新中国的历史科学》的报告，1955 年 12 月翦伯赞在日本发表了题为《新中国的历史研究与历史教学》的讲演，这些揭开了总结新中国历史学的序幕。在新中国成立十周年之际，史学界开始对十年来新中国历史学的发展成就进行总结，这方面的代表性成果有：马汝珩等发表的《十年来我国历史科学战线上的巨大胜利》（《教学与研究》1959 年第 10 期）、李之勤的《十年来中国古代史研究的光辉成就》（《西北大学学报》1959 年第 2 期）、刘尧庭等《从思想斗争看十年来历史科学的发展》（《史学月刊》1959 年第 10—11 期）、邓广铭等《十年来的中国史研究概述》（《光明日报》1959 年 10 月 29 日）、关履权《十年来有关历史人物评价研究的发展》（《华南师范学报》1959 年第 3 期）。在新中国史学的总结和回顾中，刘大年由于担任中国科学院近代史研究所副所长，1962 年 2 月曾在巴基斯坦历史学会第十二届年会上作了《新中国的历史科学》学术报告，1964 年北京科学讨论会期间向中外学者介绍了新中国历史研究的情况，发表了《十五年来中国的历史研究工作》讲话，"文革"开始前，历史研究所副所长尹达发表了《将史学革命进行到底》一文，对十七年中国历史学的发展在当时的政治环境下予以总结。所有这些工作，为研究新中国成立之初历史学的发展，提供了重要的线索。当然，更为直接的第一手资料仍是新中国十七年来史学家撰写的大量论著和研究论文，这些是研究新中国成立十七年历史学发展路径的主要依据。

十年"文革"使中国马克思主义史学遭到了严重打击，极左思潮猖獗，吴晗、翦伯赞等马克思主义史学家横遭批判，"影射史学"甚嚣尘上。粉碎"四人帮"之后，特别是十一届三中全会之后，史学界及时拨乱反正。1978 年 11 月 15 日《光明日报》发表了苏双碧的《评姚文元的〈评新编历史剧《海瑞罢官》〉》，该文揭开了清算极左思潮的序幕。1979 年 8 月，陈智超等撰著的《历史的审判——"四人帮"影射史学剖析》，由中国社会科学出版社出版。在反思和批判极左思潮对中国历史学发展的严重危害这一重要问题上，黎澍做出了巨大的贡献，他以《历史研究》为阵地，有力地推动了这方面研究的全面展开，他自己也发表文章，1985 年出版的《再思集》收录了他这方面的有关重要著述。白寿彝先生较早开始了对中国马克思主义史学的全面反思和总结的工作，1981 年，他就在《中国史研究》发表了《回顾与前瞻》一文，对六十年来的中国马克思主义史学的发展做了初步的总结，在此文的基础上，结合随后在北京历史学会的报告，白先生在《史学月刊》1982 年发表了《六十年来中国史学的发展》。1983

年出版的白寿彝教授主编的《史学概论》，设专章《中国马克思主义史学在中国的传播和发展》，对中国马克思主义史学的发展以及毛泽东对马克思主义史学理论的贡献，做了全面深入的论述。20 世纪 80 年代末和 20 世纪 90 年代初，关于新中国史学全面总结的代表性论著，主要有：周朝民等著的《中国史学四十年》（广西人民出版社，1989 年 6 月），肖黎主编的《中国历史学四十年》（书目文献出版社，1989 年 9 月），陈启能主编的《建国以来世界史研究概述》（社会科学文献出版社，1991 年 5 月），姜义华主编的《社会科学争鸣大系·历史学》等。

随着 21 世纪的日益临近，20 世纪史学研究的总结成为热门话题，这有力地推动了对新中国历史学的进一步反思和总结。这方面有影响的论文有：林甘泉的《二十世纪的中国历史学》及《新的起点：世纪之交的中国历史学》，戴逸的《世纪之交中国历史学的回顾和展望》，卢钟锋的《回顾与总结：新中国历史学五十年》，李根蟠的《二十世纪的中国古代经济史研究》，瞿林东的《新中国史学五十年的理论建设》，陈其泰的《对中国马克思主义史学历史地位的思考》，陈启能的《近二十年中国历史学的发展》，蒋大椿的《改革开放以来史学领域理论研究》，吴怀祺的《新中国史学五十年》，等等。与此同时，一些总结性和专题研究性论著也应运而生，如桂遵义的《马克思主义史学在中国》（山东人民出版社，1992 年），蒋大椿的《历史主义与阶级观点研究》（巴蜀书社，1992 年），王学典的《二十世纪后半期中国史学主潮》（山东大学出版社，1996 年），陈启能等著《马克思主义史学新探》（社会科学文献出版社，1999 年），庞卓恒的《唯物史观与历史科学》（高等教育出版社，1999 年），张注洪、王晓秋主编《国外中国近现代史研究述评》（中国文史出版社，1999 年），刘新成主编《历史学百年》（北京出版社，1999 年），曾业英主编《五十年来的中国近代史研究》（上海辞书出版社，2000 年），中国社会科学院科研局编的《新中国社会科学五十年》（中国社会科学出版社，2000 年），罗志田主编《20 世纪的中国：学术与社会》（史学卷）（山东人民出版社，2000 年），曹家齐著的《顿挫中嬗变——20 世纪的中国历史学》（西苑出版社，2000 年），等等。此外，以中共党史学发展史为核心的专门史发展史的总结性著作也不断问世，主要有：张静如等著的《中共党史学史》，唐曼珍的《毛泽东与中共党史学》，周一平的《中共党史研究七十年》、《中共党史学史》，侯且岸的《当代中国的"显学"——中国现代史学理论与思想新论》。

进入新世纪以来，新中国历史学的总结和研究随着对 20 世纪中国历史学的进一步总结继续受到学者的重视，出版了一批新的研究成果。河北教育出版社推出了"二十世纪中国史学名著",重印了33位中国近现代著名历史学家的代表性论著。北京师范大学出版社推出了"20世纪中国史学研究系列",已经出版的著作,包括:瞿林东的《20世纪中国史学发展分析》,陈其泰的《20世纪中国历史考证学研究》,张广智的《20世纪中外史学交流》,侯云灏的《20世纪中国史学思潮与变革》,肖黎主编的《20世纪中国史学重大问题论争》,马宝珠主编的《20世纪史学名著提要》,汪受宽、赵梅春主编的《20世纪中国史学论著要目》等论著。此外,邹兆辰等著有《新时期中国史学思潮》(当代中国出版社,2001年),常金仓著有《二十世纪古史研究反思录》(中国社会科学出版社,2005年),王学典出版了《20世纪中国史学评论》(山东人民出版社,2002年)、《二十世纪中国历史学》(北京大学出版社,2009年),黄敏兰出版了《二十世纪百年学案》(历史学卷)(陕西教育出版社,2002年),周文玖出版了《中国史学史学科的产生和发展》(北京师范大学出版社,2002年)、《史学史导论》(学苑出版社,2006年),张剑平出版了《新中国史学五十年》(学苑出版社,2003年)、《中国马克思主义史学研究》(人民出版社,2009年),田旭东出版了《二十世纪中国古史研究主要思潮概论》(中华书局,2003年),已故青年学者沈颂金的《二十世纪简帛学研究》、《考古学与二十世纪中国学术》也由学苑出版社在2003年出版。吴少珉、赵金昭主持的国家社科基金成果《二十世纪疑古思潮》由学苑出版社2003年出版,由陈其泰主持的教育部重大项目《中国马克思主义史学的理论成就》由国家图书馆出版社在2008年出版,由盛邦和主持的"211工程项目"《现代化进程中的中国人文学科》(史学卷)由上海人民出版社2005年出版。除这些个人论著之外,关于20世纪中国历史学予以系统总结的代表性的论著,有陈高华、张彤主编的《20世纪中国社会科学》(历史学卷)(广东教育出版社,2006年),姜义华、武克全主编的《二十世纪中国社会科学》(历史学卷)(上海人民出版社,2005年),陈祖武、杨泓主编的"二十世纪中国人文学科学术研究史丛书"(史学专辑),由福建人民出版社出版;龚书铎、李文海主编了《二十世纪中国学术论辩书系》(历史卷),由江西文艺出版社出版;由杨伟光总主编的"中国哲学社会科学30年丛书",也同时推出了张海鹏主编的《中国历史学三十年》,于沛、周荣耀主编的《中国世界历史学30年》(中国社会科学出版社,2008年)等论著。

　　陈高华等主编的《20世纪中国社会科学》(历史学卷),以中国社会科学院的学者为主撰著了相关的章节,该书达一百万字的篇幅,分门别类对20世纪中国历史学各领域的成就予以总结论述。由著名史学家林甘泉对20世纪的中国历史学予以全方位的深入论述，作为总论；以下为各方面的专家学者对史学理论、中国古代史、中国近代史、世界史研究的概括性总结。其中，中国古代史部分，包括十一个断代历史时期以及四个方面的重大问题和十二个方面的专门史领域的研究概况。中国近代史部分，包括从鸦片战争到中华民国四个历史时期的研究，以及近代经济史、社会史、文化史和台湾史、香港史的研究。世界史部分，包括世界古代中世纪史、西欧近现代史、美国史、俄国、苏联史和亚洲史的研究。第二部分，按照史学理论、中国古代史、中国近代史和世界史四个大的门类，选录了从梁启超、李大钊到吴于廑、罗荣渠等著名历史学家对 20 世纪历史研究具有重要影响的史学专论 35 篇，最后，为 20 世纪学术发展大事记。姜义华主编的《二十世纪中国社会科学》（历史学卷），主要邀请了上海的史学家撰著了相关的篇章。该书包括四编，第一编：二十世纪中国现代史学的形成与发展，概括地论述了 20 世纪包括港台在内的中国历史学发展的历史进程。第二编：二十世纪中国史学各学科的发展及其主要成就，从十一个方面，分门别类地论述了史学理论、史学史、考古学、历史文献学、中国古代通史、中国古代断代史、中国古代专门史、中国近现代通史与专门史、地方史与地方志、世界史、历史地理学的发展情况。第三编：二十世纪史学领域重大争论，论述了东西方文化之争、疑古信古论争、中国社会史和社会性质问题的论争、资本主义萌芽问题的论争、中国封建社会长期延续问题的论争、历史主义与阶级观点的论争、社会形态演进法则的论争、历史发展动力问题的论争，共九个方面的论争情况。第四编：二十世纪历史教育与研究机构、史学社团、中外史学交流，是同类著作中颇具特色的一个专题，论述了中小学历史教育与教科书的沿革、高等学校的历史教育、史学研究机构的建立与发展、史学社团的建立和演变、史学报刊的创办和历史沿革、二十世纪的中外史学交流，共六个部分的内容。附录："二十世纪中国历史学发展大事记"。"二十世纪中国史学研究丛书"，出版了相关方面专家撰著的论著，包括：朱乃诚的《中国文明起源研究》，赵超的《简牍帛书发现与研究》，宋镇豪、刘源的《甲骨学殷商史研究》，李锦绣的《敦煌文书与唐史研究》，朱瑞熙的《宋史研究》，李锡厚、白滨、周峰的《辽西夏金史研究》，杨泓的《元史研究》，钞晓鸿的《明清史研究》，张海鹏、龚云的《中国近代史研究》，林颎的《中国历史地理学研究》，吴怀祺的《史学理论与史学史研究》，于沛的《世界史研究》，余太山主编的《内陆欧亚古代史研究》，董新林的《中国古代陵墓考古研究》，该丛书共计 14 种，约 200 余万字，全面论述了历史学及相关学科在 20 世纪的发展和取得的辉煌的成就，以及未来研究和发展的基本趋势。由龚书铎、李文海主编的《二十世纪中国学术论辩书系》（历史卷），先后出版了牛润珍的《关于历史学理论的学术论辩》，张越的《五四时期中国史坛的学术论辩》，郭双林的《八十年以来的文化论争》，方敏、宋卫忠、邓京力的《中国历史人物研究论辩》，宋小庆、梁丽萍的《关于中国本位文化研究的讨论》，梁景和的《中国近代史基本线索的论辩》，王东平的《中华文明起源和民族问题的论辩》，温乐群、黄冬娅的《二三十年代中国社会性质和社会史论战》，赵晓华的《中国资本主义萌芽的学术研究与论争》，岑大利、刘悦斌的《中国农民战争史论辩》，罗新慧的《二十世纪中国古史分期问题论辩》，共计 11 个分册，约 300 万字，这些著作围绕二十世纪中国史学界上述重要问题予以系统总结，具有重要学术价值。

《中国历史学三十年》、《中国世界历史学三十年》，是对新时期中国历史学发展成就的最新的总结，主要由各方面学有成就的中老年学者撰稿，反映出新时期中国历史学在多方面取得的新成就，以及目前研究的不足、未来学科发展的趋势，具有很高的学术价值。《中国历史学三十年》，主要内容有：张海鹏的《综述：当代中国历史科学鸟瞰》；陈星灿的《新中国考古发现及其对认识中国历史的贡献》；卜宪群的《当代中国古代史研究的几个特点》；汪朝光的《新世纪以来中国的民国史研究概况》；张星星的《中华人民共和国史研究述论》；陈启能的《近年来中国的世界史研究的进展》；徐蓝的《中国第二次世界大战史研究》；徐蓝、牛大勇的《中国的战后国际关系史研究》；郝时远的《中国地方史、区域史、民族史研究》；厉声的《30 年来中国边疆史地研究学科的繁荣与发展》；葛剑雄、华林甫的《近 30 年中国历史地理学研究》；李伯重的《中国社会经济史学百年沧桑》；王先明的《中国近代社会史研究的异军突起》；左玉河的《30 年来的中国近代思想文化史研究》；瞿林东的《近 30 年来的中国史学史与史学理论研究》；熊月之、张生的《中国城市史研究综述（1986—2006）》；姜生、韩吉绍的《改革开放以来中国宗教史研究概述》；郭书春的《中国科学技术史研究概况》；王立诚的《30 年来的中国历史文献整理与研究》；马大正的《夏商周断代工程和清史纂修工程简述》；金以林、杨宏的《中国的史学研究机构及其研究状况》；郑师渠、卢毅的《中国历史学与历史教育》。关于宗教、科技史、史学界重大工程等方面的论述，都是学界阐述较少的领域；对经济史、社会史、城市史、史学理论及史学史、近代思想文化等领域的总结，凸显出新领域研究的情况。《中国世界历史学三十年》，共分六章，57 万字，37 位学者参与了撰稿，分别论述了新时期世界古代中世纪史、亚非拉美近现代史、俄罗斯东欧史、西欧北美史、外国史学理论、专门史研究的新进展。正如该书《内容提要》所言："本书总结了改革开放30年来，中国世界史学者解放思想，辛勤耕耘，在世界通史、地区史、国别史、专门史、外国史学理论和方法论研究中所取得的成就，论述了中国世界史研究从译介转变到研究，并发展成为一门形态完备的现代科学学科的过程。本书是中国社会科学院世界历史研究所的重点项目成果，旨在通过科学总结30年来世界史研究的成就，明确我国世界史学科今后发展的方向，进一步提高世界史研究的科学水平，是从事世界历史研究和教学的必读参考书。"①

　　20世纪的中国史学，是港台学者感兴趣的课题。代表性的论著主要有许冠三的《新史学九十年》，逯耀东的《中共史学的发展与演变》、《史学危机的呼声》，吴安家的《中共史学批判论集》、《中共史学新探》。许冠三的论著对郭沫若、范文澜、翦伯赞等马克思主义史学家皆有评述，逯耀东和吴安家的论著是对新中国史学，特别是对"文革"时期的史学及其后至20世纪80年代中期的中国历史学较早的研究的论著，尽管其论点仍值得商榷，但也为我们进一步探讨提供了新的思路。如吴安家的《中共史学新探》，1983年由台湾幼狮文化事业公司出版，1988年发行了第3版。该书包括正文和附录两个部分，正文主要内容包括大陆对"二十四史"的评价，史学研究理论的修正，古史分期问题的再讨论，清官问题的争论，对中国传统文化的态度，编纂"中华民国史"的理论和经过，对辛亥革命的评价，对孙中山的评价，对陈独秀的重新评价，重庆会谈和政协会议研究；附录包括三篇："研究大陆问题的方法"，"论毛泽东思想"，"论中共政权的本质"。该书作者带有明显的政治色彩，但他所论述的有关内容及其看法，对我们的研究仍具有一定的参考价值。逯耀东的《史学危机的呼声》，1987年由台湾联经出版事业公司出版。该书包括：《自序》，批孔，革命史学的样板戏；"儒法斗争"解释体系的形成与批判；史学危机的呼声；历史发展的基本线索问题；《历史研究》的沧桑；把胡适当成个箭垛；郭沫若古史研究的心路历程；"辛亥革命七十年"。逯耀东较早关注和从事"文革"史学和20世纪80年代初的中国史学的发展和演变的研究工作，他的著作对相关领域的研究也有一定的参考价值。关于新中国史学研究代表性的论文有邓元忠的《近半世纪来中国大陆的史学》（"国立"台湾师范大学《历史学报》第25期），文章包括：50年代初期的史学改变，"厚今薄古"的"史学革命"，马克思主义历史主义的再起再落，文革与史学，1978年后的史学发展。从中可见台湾学者对新中国史学的重视及

---

　　① 于沛、周荣耀主编：《中国世界历史学30年（1978—2008）》《内容提要》，中国社会科学出版社2008年版。

其研究的方法。

欧美许多国家对新中国史学的发展也极为关注。早在1961—1962年，就编著了4卷本的《亚洲各民族历史著作》，该书第三卷《中国和日本的历史学家》，由 W. G 比斯利和 E. G 普里布兰克编著；随后，还出版了 J. P 哈里逊的《共产主义者和中国农民起义》（剑桥，1969年版）、A. 费伊尔维克和陈沙利合著的《中国共产主义者的中国近代史研究》（坎布里奇，1961年版）、A. 费伊尔维克《共产党中国的历史学》等论著和一些研究论文①。新时期出版翻译有关的论著有：刘广京的《世界观和农民反抗：后毛时代史学反思》、魏斐德的《粉碎"四人帮"以后的中国历史学》等。英国历史协会主席巴勒克拉夫的《当代史学主要趋势》（上海译文出版社，1987年），在该书第四章第四节"亚洲历史学的当代趋势"中，对新中国成立之初"十七年"历史学发展的新动向作了概括性的总结和论述。美国学者阿力夫·德里克在《后革命氛围》（中国社会科学出版社，1999年）中，设专章"马克思主义与中国历史"，对马克思主义史学和新中国史学的研究作了简要的评论；美国学者列文森在《儒教中国及其现代命运》（中国社会科学出版社，2001年）中，也设专章"中国共产主义者与历史研究"，对"文革"前的中国历史研究予以论述。

通过对新中国历史学研究成就的回顾，我们可以明显地看出：对新中国历史学的研究已经取得了显著的成果。但当前不容忽视的现实：一是研究尚主要集中于历史学各领域研究现状的述评和历史主义等史学思潮的分析方面；二是有的学者对马克思主义史学家的学术成就有意无意贬低的倾向，淡化马克思主义理论对历史学的指导的倾向等非常明显；三是一些学者对新中国史学审视的角度和方法，以及对新中国史学的评价的基本观点也值得推敲。这就需要立足新中国成立六十年来历史学家的学术成果，结合新中国社会历史条件，以马克思主义的立场、观点和方法，站在当代世界历史科学发展的前沿，认真审视和进一步深入研究新中国成立以来的历史学。

三、"新中国历史学发展路径研究"课题的意义及基本研究思路

"新中国史学发展路径研究"课题，具有重要的学术价值和现实意义。概括而言，主要表现在以下几个方面：其一，从基本路径方面研究新中国史学，探索

---

① 参见巴勒克拉夫著、杨豫译：《当代史学主要趋势》，第193、218—219页下注，上海译文出版社1987年版。

新中国史学发展道路产生的学术渊源、政治因素以及国内国际学术背景和发展趋势，有助于在已有研究的基础上进一步深入地开展研究工作，开辟新的研究领域。其二，有助于正确地认识和评价新中国成立之后"十七年"的历史学的成就、"文革"时期历史学的曲折以及新时期的发展和变化；有助于正确地认识和评价新中国社会政治对历史学发展的作用；有助于正确地认识和评价马克思主义、教条主义，以及苏联和西方史学思潮对中国历史学发展的影响。其三，正确地认识和评价新中国历史学发展道路、当前的发展趋势、重要学科和领域的研究进展，分析其成就和不足，对于中国历史学在新世纪的发展也具有重要的借鉴作用和指导意义。由此可见，该课题具有重要的学术价值和现实意义。

本课题的研究，主要围绕新中国历史学发展的基本路径而展开，将学术的发展及其成果与社会政治环境、学术思潮、社会思潮等相结合，力图以客观公正的态度对新中国历史学的相关方面进一步展开深入的研究，对史学家的学术成就和重要方面的开拓性的贡献进行客观的恰如其分的评价。研究的主要内容和重点难点包括以下几个方面：

1. 新中国史学发展的学术渊源分析。主要包括以下重要方面：新中国成立前中国历史学的发展所奠定的学术基础，马克思主义理论与新中国史学的发展，苏联史学对中国历史学发展的影响，新时期西方史学理论和方法及学术成果对中国历史学发展的影响，考古学的成就、民族学、文化人类学等学科理论和方法对历史学的促进等。

2. 新中国社会政治对中国历史学发展的影响。主要包括：20世纪50年代初期的倡导学习和运用马克思主义理论研究历史，提倡"百家争鸣"的学术方针；六七十年代过分强调阶级斗争，"文革"时期的极左政治，新时期的解放思想和苏联、东欧剧变之后的新的政治形势等政治因素对中国历史学发展的影响。

3. 新中国成立之初"十七年"历史学成果的当代审视。主要有：新中国十七年的历史学成就，重大历史问题的探讨及其价值评析，十七年历史学的总体评价等。

4. 新时期中国历史学新领域的开拓。主要围绕史学理论和史学史、社会经济史、中西史学的交流等领域，以及"现代化"等新的研究课题的进展等而展开论述。

5. 新时期社会思潮与中国历史学的发展。主要围绕新时期拨乱反正、20世纪80—90年代商品经济下的"史学危机"，以及淡化马克思主义对历史学的指导的各种思潮展开分析。

6. 当代中国历史学发展的基本趋势。站在当代国际史学的广阔视野之下，结合中国历史学的现状，分析中国历史学的发展趋势，回答中国马克思主义史学的历史命运问题。

在《新中国历史学发展路径研究》著作中，我们主要采用如下的研究思路和方法。第一，围绕新中国史学发展路径，将新中国史学发展放在国际国内的社会背景之下，融社会政治与历史学的发展于一体，分析新中国历史学发展的社会因素和学术渊源。第二，结合历史学的发展、历史学家的学术著述来评价和分析新中国历史学，史学理论的探讨建立在史学史的基础上，对新中国史学的评价建立在学术发展道路和成果的基础之上。第三，采用多学科相互交叉、多领域相互融合的方法，将新中国历史学放在六十年来共和国的历史大背景之下去认识，将共和国历史、中共党史与中国历史学诸多领域的发展相互交叉，注重考古学、民族学以及文化人类学对中国历史学发展的影响，课题论述的主要内容围绕中国马克思主义史学这条主线而展开。

本课题的创新在于突破传统的学科和领域发展综述的研究方法，采用重大核心问题的专题研究和一些史学领域的宏观论述相互结合来探讨新中国历史学的发展路径，论述的问题都是有关新中国史学的重大问题，或是史学界语焉不详，或是尚未深入探讨，或是尚有争议而必须做出正面回答的问题。

四、本书的基本架构和主要学术观点

《新中国历史学发展路径研究》著作包括两个大的部分，共十二章。第一部分"新中国十七年历史学发展路径"共五章，包括如下内容：史学家跟随新时代不断进步，新中国史学发展的指导原则和主要的组织机构，新中国十七年的历史学研究及学科建设，社会政治影响之下的史学批判运动，新中国成立"十七年"历史学的评价问题。

第一章，主要阐述新中国成立初的知识分子思想改造运动对历史学家的深远影响。包括如下内容：思想改造运动的开展，实证史学家思想的进步，对胡适历史观和方法论的批判，思想改造运动和资产阶级思想批判的局限性。第二章共三大节内容，主要阐述马克思主义理论如何指导和推动新中国历史学的发展，新中国的历史学教学和科研机构的建立。包括如下内容：马克思主义理论与新中国历史学的发展，新中国对苏联史学的学习与借鉴，新中国的史学队伍和主要的组织机构。第三章共五大节内容，主要阐述新中国成立初十七年历史学发展的进步和成就。包括如下内容：对中国历史若干重大问题的探讨，史学理论与史学史学科的艰难起步，苏联史学对中国世界史学科发展的影响，考古学、民族学对历史研究的推进，社会经济史的成就和研究路径的转换。第四章共五大节内容，以史学界开展的多次思想批判为中心，主要阐述新中国成立"十七年"政治运动对历史学发展的影响。包括以下内容：史学界的反右斗争的扩大化及其影响，大跃进影响之下的"史学革命"及其危害，对"修正主义"史学思想的批判，以及1964年到1966年"文化大革命"爆发时期的"史学批判"运动。第五章是对新中国成立初"十七年"历史学的评价，包括：应正确评价和认识以往史学家所关注的问题，不能简单地把"十七年"的史学称之为"教条史学"，十七年史学并非仅仅是一部"中国农民战争史"，十七年中国马克思主义史学发展的教训。

本书的第二个部分"新时期中国历史学的开拓进取"，共七章，包括如下内容：新中国历史学发展的严重曲折和新生，重大历史问题的探讨和新认识的提出，史学理论及史学史的研究及其学科建设的成就，考古学、人类学对历史学发展的促进，新时期的经济史社会史的研究，西方史学与中国历史学的新发展，新时期历史学发展路径研究的探讨。

第六章三节，主要阐述十年"文化大革命"历史学发展遭受的严重破坏，以及粉碎"四人帮"政治集团后中国历史学研究的全面恢复的曲折历程。包括："文革时期"历史学遭受的严重摧残，史学界的拨乱反正，历史教学和科研的全面恢复和历史学发展规划的制定。第七章共四节，主要阐述若干重大历史问题的探讨以及认识的推进。主要有：历史发展动力问题的探讨，社会经济形态理论的探讨，关于中国古代社会形态的新探讨，中国近代史理论问题的探讨。第八章共四节，主要阐述新时期史学理论及史学史学科的发展和成就。包括：史学理论的研究及其学科建设，中国古代史学史的研究及其学科建设，中国近现代史学史的研究及其学科建设，西方史学史的研究及其学科建设。第九章共三节，包括：中华文明起源问题的探讨，秦汉简帛与社会经济及思想文化认识的深化，敦煌吐鲁番文书的发现对社会经济史研究的推动，人类学对历史研究的推动。第十章共三节，包括：新时期经济史再度繁荣道路的探索，新时期社会史复兴的道路，经济史社会史研究路径的反思。第十一章共五节，包括：对西方史学的特殊关注，西方新史学模式与中国史学研究，向跨学科研究迈进，全球史观与新的世界史体系，后现代史学的兴起及对中国史学的影响。第十二章共三节，包括：社会思潮激荡之下的新时期中国历史学，马克思主义史学的价值论说，以马克思主义理论指导中国历史学的新发展。

通过对新中国六十年来历史学发展道路、成就和出现的问题的研究，我们提出如下主要的学术观点。

1. 新中国历史学是中国历史学发展的一个极其重要的阶段，成就巨大，发展道路曲折。2. 运用马克思主义理论分析和研究历史，使中国历史学在科学化和现代化的道路上迈出了关键的一步，对新中国成立之初的历史学以所谓的"假问题"和"完成了教条化"的进程来概括是武断的、不准确的。3. 历史学与政治既不能混为一谈，也不能认为与政治无缘。"左"倾政治对中国历史学的发展产生了严重的危害，正确的政治路线有助于历史学的发展。历史学既需要历史学家个人不断的探索，党和政府正确的推进文化事业的方针和政策以及人力、物力、财力的大力支持也有利于历史学科的发展。4. 马克思主义与教条主义绝不可等同，极左政治之下所谓的"马克思主义"及其史学，既是对马克思主义的根本背离，也严重背离了历史学的科学品质；苏联马克思主义和苏联史学对中国史学家学会运用马克思主义分析历史，既有不可磨灭的功绩，也有教条化的地方，对此应客观地分析和研究。5. 西方史学以及当代欧美的学术思潮既促进了中国历史学的发展，也不可简单的推崇，要结合近三十年来的经验和教训给予客观的认识和评价。6. 对中国历史和传统的非历史主义态度，"回到乾嘉去"和"告别革命"的思潮，无助于历史研究的发展，文化保守主义学术观点以及"复兴国学"的提法也需认真地分析，不可简单盲从。7. 在新世纪，真正有生命力的史学，是既坚持唯物史观的理论指导，又认真汲取古今中外学术的优秀史学成果，立足于中国历史研究的实际，并能站在当代国际史学前沿的历史学。

第一章　史学家跟随新时代步伐不断进步

中华人民共和国的成立，标志着中国历史开始了一个新的时代。在社会主义革命和社会主义建设的新征程中，中国共产党人对旧社会过来的知识分子也展开了广泛深入持久的思想改造运动。广义上的知识分子思想改造运动，从 1951 年持续到 1956 年 1 月，包括从 1951 年下半年到 1952 年底的思想改造学习运动，以及对《武训传》和胡适等的思想批判运动。这次知识分子的思想改造和教育运动的下限可以划到 1955 年底，1956 年 1 月，周恩来《关于知识分子问题的报告》，标志着新中国成立初党对知识分子大规模的改造运动告一段落。在这场遍及全国的轰轰烈烈的知识分子思想改造活动开展过程中，既有马克思列宁主义理论和毛泽东思想的教育，也有旧知识分子个人历史的坦白和对自己"封建思想和资产阶级思想"的反思和批判，其中还贯穿着 1951 年对于电影《武训传》的批判和 1954—1955 年的对胡适、俞平伯、胡风思想的批判运动，以及"三反""五反"运动和"肃反"运动。新中国成立初的知识分子思想改造运动，从客观效果来看，不仅使原来的马克思主义史学家有了新的进步，而且使得一大批从旧社会过来的知识分子也认真学习马列理论，积极改造思想，并开始运用马克思主义的理论和方法从事历史研究，这对新中国历史学的繁荣产生了重要的影响，进一步推动了新中国历史学的发展。

第一节　思想改造运动的开展

一、生动活泼的历史唯物主义教育

早在 1951 年思想改造学习运动开展之前，党和政府就组织知识分子参加"土地改革"及其他政治活动，让他们进一步了解现实社会生活，了解中国共产党的政策。不少历史学家也积极参加了这些活动，政治思想觉悟进一步提高。如著名历史学家陈垣不顾年事已高，积极要求参加土改工作，于 1951 年 5 月率领京津教育工作者赴西南参加土改。1951 年 9 月，周予同率领复旦大学师生前往安徽参加土改。1951 年 10 月，郑天挺率领北京大学文学院师生组成的第十二工作团赴中南区参加土改工作等。实际参加土改工作，对长期受中国传统封建思想文化和西方近代资产阶级思想文化熏陶和影响的知识分子思想的转变产生了积极的影响。时任清华大学历史学教授的周一良，"参加西南土地改革工作团，被分配到川西。先到大邑县参观了唐镇、安仁两乡土地改革实验区，从访问翻身农民，认识到半封建半殖民地中国的典型地主各种最凶恶、最残酷的剥削方式，看见了土地改革以后农村中经济、政治、文化各方面的巨大变化。然后到眉山县太和乡，参加了打倒地主阶级，消灭封建制度的具有历史意义的斗争。"他说："在这次土地改革工作中，我照了一次镜子，更清醒地认识了自己——小资产阶级知识分子——的阶级特性，并且加强了改造自己的决心和自信。"[1] 时任清华大学历史学教授的雷海宗，通过参加陕西长安县的土改，特别是参观了西安市生产教养院，思想豁然开朗，对自己的思想作了深刻的反思，他深有感触地说："自二十二三岁迷路之后，在过去二十六七年的岁月中，与人民的距离愈来愈远，今日恢复了对于善的信念，得到了小学生与小卒的归宿，才又返回到人民队伍所走的正确大路。"[2] 燕京大学历史学教授聂崇岐说："约有一年的时光，我对中国共产党由不了解而渐渐了解了，对共产主义由不清楚而渐渐清楚了，因而我的态度也渐渐变了，不再怀疑了，也不再观望了，我决心要跟着共产党走了。于是关于一些政治学习，我的参加不是被动而是主动了。""由于这种转变，我不断的思索，深深感觉到以往的'超然'态度的不对，深深感觉到不问政治的错误，深深感觉到封建思想给我毒害的剧烈，干脆一句话，我深深感觉到有提高政治水平的必要。"[3] 时任燕京大学教授的历史地理学家侯仁之说："在党的领导下，我从心里认识了我自己是必须彻底改造的——不但是我的思想必须彻底改造，就是我一向认为自己'第二生命'的学术研究工作，也必须彻底改造。这是我一年半以前做梦也想不到的事，现在却对我成了最真实、最具体、最基本的事。对我自己这真是一个大'革命'，是党直接、间接耐心启发教育的结果。"[4]

新中国成立之初的马克思主义思想教育运动，与过去在国民党白色恐怖下马克思主义思想传播的艰难局面相比，发生了天翻地覆的变化，知识分子的思想改造与马克思主义理论的普及和教育相互配合，使马克思主义理论逐步为广大知识

① 周一良：《我在土地改革工作中照了镜子》，《光明日报》1951年10月17日。
② 雷海宗：《参观西北土地改革中额外的一大收获》，《光明日报》1951年6月2日。
③ 聂崇岐：《我为什么热望参加政治学习》，《光明日报》1951年10月28日。
④ 侯仁之：《中国共产党和我》，《人民日报》1951年7月8日。

分子所了解和掌握。遵照毛泽东的指示，即对知识分子"要让他们学社会发展史、历史唯物主义等几门课程"，从 1950 年开始，在全国掀起一场学习社会发展史、学习历史唯物主义的热潮，中共中央宣传部主办的《学习》杂志成为指导学习运动的核心学习刊物，于光远的《从猿到人》，艾思奇的《历史唯物论、社会发展史讲义》等成为广大干部和群众学习的重要读物，艾思奇的著作，在中央人民广播电台播讲后，到 1955 年共出了 10 版，到 1958 年印行 13 次，发行达百万册①。范文澜、翦伯赞和叶蠖生等马克思主义史学家，通过对毛泽东的《中国革命和中国共产党》一文的解说，进一步宣传了中国共产党人对中国历史的基本认识。1951—1953 年出版了新版《毛泽东选集》1—3 卷，马恩列斯的著作除重新编印《列宁文集》、《列宁文选》之外，其他各种单行本大量出版发行，《马克思恩格斯全集》、《列宁全集》和《斯大林全集》也陆续翻译出版；李达、艾思奇等马克思主义哲学家也对毛泽东的著作给予进一步通俗化的解说，各类《历史唯物主义和辩证唯物主义》、《社会发展史》等著作也不断面世。1953 年 10 月，一场以中国革命史、辩证唯物主义和历史唯物主义、政治经济学为主要内容的系统的政治理论学习制度又在全国知识分子中普遍展开，1955 年初，中共中央又发出号召，为了在六万万人口的伟大国家中建成社会主义社会，"必须在知识分子中和广大人民中宣传辩证唯物主义和历史唯物主义思想，批判资产阶级唯心主义思想"，指出"没有这个思想战线上的胜利，社会主义建设和社会主义改造的任务就将受到严重阻碍。"② 根据中央这一指示，全国各地、各部门的知识分子又掀起一场深入学习马克思主义理论的热潮。马克思主义理论的学习在 1955 年掀起了一个新的高潮，历史唯物主义的学习深入到机关、工厂和学校，在 1955 年 5 月底，北京、天津、上海、武汉、广州、重庆、西安、沈阳等八个城市，有 679000 名机关干部和知识分子听了宣传历史唯物主义的讲演，北京设立了 232 个讲坛，约有近 20 万的干部听讲，"什么是历史唯物主义，什么是历史唯心主义讲演 100 多次。上海设立 39 个演讲站，举行了 90 多次演讲，复旦大学、华东师范大学通过座谈、专题讨论会等方式，结合教学批判唯心主义思想。上海、武汉、西安等地的广播电台还举办了唯物主义讲座，陕西省和西安市有 50 多个单位组织了 2000 多人收听陕西和西安人民广播电台播送的杨献珍、胡绳等作的有关宣

①　邢贲思主编：《中国哲学五十年》第 34 页，辽海出版社 1999 年版。
②　《中共中央关于宣传唯物主义思想批判资产阶级唯心思想的指示》，《建国以来重要文献选编》(6) 第 63 页，中央文献出版社 1993 年版。

传唯物主义的讲演。重庆市人民委员会直属机关、中学教师和较大的工厂还自行举办了唯物主义报告会。"①所有这些措施，都为马克思主义理论的学习和进一步传播，营造了良好的学习氛围。

二、知识分子思想改造运动的全面开展

从 1951 年 9 月开始的知识分子思想改造学习运动，是一场在全国范围内开展的知识分子自我教育、自我改造运动，受到了党和政府的高度重视。9 月 29 日，周恩来总理为京津两千多高等学校教师作了五个小时语重心长的动员报告。10 月 23 日，在政协一届三次会议上，毛泽东主席也就知识分子的改造问题作了重要讲话。毛泽东说："在全国委员会第二次会议闭幕的时候，我曾提出了以批评和自我批评方法进行自我教育和自我改造的建议。现在，这个建议已经逐步的变为现实。思想改造，首先是各种知识分子的思想改造，是我国在各方面彻底实现民主改革和逐步实行工业化的重要条件之一。"② 11 月 30 日，中共中央发出了《关于在学校中进行思想改造和组织清理工作的指示》，指出知识分子的思想改造是一个长期的工作，是一个极其复杂、细腻和艰苦的工作过程，运动的目的主要是"分清革命与反革命，建立为人民服务的观点，运用批评和自我批评的方式，进行自我教育和自我改造，抛弃原来反动的或错误的阶级立场。"随着运动的进一步展开，1952 年 5 月，中共中央又发出了《关于在高等学校批判资产阶级思想运动和准备进行清理中层工作的指示》，将政治思想教育工作与组织的清理工作结合起来，号召广大知识分子开展一个忠诚老实运动，强调清理工作要坚持不追不逼、启发自觉的原则。京津高校的思想改造运动，由教育部钱俊瑞副部长直接领导，周恩来亲自作动员报告。此外，陈毅领导了华东区、邓小平领导了西南区、习仲勋领导了西北区、潘梓年领导了中南区的知识分子思想改造运动，他们都亲自作动员报告。1951 年底，中国科学院系统也开展了思想改造运动，郭沫若和范文澜分别领导了中国科学院全院和东南区近代史研究所、考古和语言研究所的思想改造运动，并做了重要的动员报告。

知识分子的思想改造学习运动从京津高等学校开始，逐步在全国文化教育界和科学工作者中有秩序有组织的全面展开，全国广大史学工作者广泛参与了这次

---

① 《北京、天津、上海等八个城市近七十万人听了宣传唯物主义的讲演》，《人民日报》1955 年 6 月 4 日。

② 中共中央文献研究室编：《毛泽东文集》（第六卷），第 183—184 页，人民出版社 1999 年版。

思想改造运动。关于改造的目的，正如范文澜所言："现在我们国家正在准备大建设，不久的将来，文化高潮必然跟着经济高潮而到来。社会科学工作者要适应这个高潮，首先要把个人主义的思想改造为集体主义的思想，也就是要把自己的头脑换成马克思列宁主义和毛泽东思想的头脑。"① 关于改造的必要性和重要性，正如陈垣所言："如果教师的思想不改造，则学校制度、教学方法的改造、课程的改革等等，就很难推动。如果教师的思想改造得不够彻底，就很难帮助同学进步，不能培养教育建设新中国的青年，学校就不能符合整个国家的建设计划，因此对我国逐步实行工业化就有很大的损失。"② 这次思想改造学习运动，具有统一的组织和领导，各地各单位都成立了学习委员会，制定了统一的计划，分步骤分阶段进行。各单位还根据实际情况，制定了自己的工作方案。为了使思想改造运动有效地展开，厦门大学在王亚南校长的领导下，进一步明确了资产阶级思想本质的四种形式，以及在高校教师中的十二种具体表现，让教师在学习的基础上对照检查，经过检查，发现了在厦门大学的六种资产阶级思想典型的人和事。③

　　新中国一成立，中央就加强了对于在校的广大青年学生的马克思主义常识的教育，教育部副部长钱俊瑞与艾思奇、何干之等著名专家领导了课程的总部署工作，在政治理论课中讲授《辩证唯物主义和历史唯物主义》，讲授《社会发展史》和《新民主主义革命史》。明确提出："学习《辩证唯物主义与历史唯物主义》的目的在于使同学掌握马列主义的立场、观点、方法去改造非无产阶级的思想。……在这个基础上，学习中国革命的基本规律、马克思主义与中国革命实际结合的典范——新民主主义论，藉以提高同学对新民主主义革命的总路线总政策的认识，改造背离总路线总政策的错误思想，以确立为新民主主义的建设服务的信念。"④ 在思想改造运动中，广大青年学生一方面检查自己，同时帮助教师检查和改造。这次知识分子的自我改造学习运动取得了明显的成效。如上海高等学校，"通过反贪污、反浪费的群众性运动，师生员工都有了很大的提高，每一个人都在这一伟大的运动中照了镜子，洗了澡，深刻地认识到旧知识分子必须改造，大家都联系了自己的思想作了检讨。经过三个月的'三反'和思想改造运

---

① 范文澜：《科学工作者应该怎样展开新我对旧我的斗争》，《光明日报》1952 年 1 月 6 日。
② 《辅仁大学校长陈垣发言》，《人民日报》1951 年 11 月 1 日，《光明日报》1951 年 11 月 2 日。
③ 王亚南：《我们怎样对资产阶级思想作着坚决斗争》，《光明日报》1952 年 6 月 23 日。
④ 《京津两地各专科以上院校一年来政治课工作报告》，《光明日报》1950 年 6 月 2 日。

动，学校里已普遍呈现一片新气象。"① 除了高等学校的史学工作者在思想改造和马克思主义学习过程中有了明显的进步和提高之外，广大中小学历史教员也在当地政府和学校领导的组织下，通过学习班的形式，集中学习马克思列宁主义理论，积极检查和改造自己。山东大学的马克思主义思想教育和知识分子的思想改造运动，颇具典型意义。在著名马克思主义史学家华岗的领导下，山东大学掀起了轰轰烈烈的马克思主义理论学习和知识分子思想改造运动，校长华岗亲自讲授《社会发展史》和《辩证唯物论与历史唯物论》，并时常做各种政治学习报告。山东大学历史系在系主任杨向奎和童书业带领下，新老学者认真学习和钻研马克思主义经典著作，并结合理论学习，积极参与"亚细亚生产方式问题"和"中国古代史分期问题"的争鸣。童书业和杨向奎带头检查和批判了他们过去参与的"古史辨"派的活动和所采用的治学方法，杨向奎发表了《学习毛泽东思想与自我改造》及《"古史辨派"的学术思想批判》理论文章，童书业发表了《"古史辨"派的阶级本质》；张维华也作了深刻的检查，发表了《清除我的封建、买办思想》。此外，较早接受马列理论的青年史学家赵俪生也在学习运动中作了自我批评，发表了《我的初步检讨》一文。历史系副主任童书业，除多次在学习讨论会和报纸上批判自己过去的错误思想，深刻检查自己的历史问题外，还在《文史哲》杂志上发表了多篇学习马列和毛泽东著作的体会。在新中国，童书业很快掌握了马列理论，并以之指导历史研究，学术研究达到一个新的境界。②

　　无可否认，新中国成立初的知识分子思想改造运动，对广大知识分子思想的改造发挥了极其重要的作用，宣传了马克思主义思想，在一定程度上肃清了旧知识分子的封建的、买办的思想的残余，为大批知识分子马克思主义世界观和人生观的确立发挥了积极的作用。全国广大史学工作者，在思想改造运动中，思想境界和理论水平也有了明显的提高。正如有的史学家所说："通过抗美援朝、土地改革、镇压反革命和三反五反运动与思想改造运动以后，我们不仅批判了旧我，划清了思想界限；而同时，在另一方面，又有了《毛泽东选集》一、二集的出版，我们从这一伟著的研读与学习中，特别是其中的《实践论》与《矛盾论》，这不只是提高了我们对于社会事物的认识，增强了我们对于问题的分析，并且最主要的，是改进了我们工作的方法。""就我们历史工作者来说，……通过这一

① 《上海高等学校思想改造运动正走向高潮，各校教师深入批判资产阶级思想》，《光明日报》1952年6月26日。

② 参见张剑平：《童书业史学研究的新境界》，《史学史研究》2008年第2期。

系列的运动与学习，大家都有极大的进步，立场、观点和方法都初步的改变过来，初步的以工人阶级的立场、唯物的观点和辩证的方法来讲授和撰著历史了。"① 这场轰轰烈烈的思想改造运动，对于原来从事实证研究的史学家思想认识的提高尤为明显。

三、实证派史学家的思想改造

"实证派"史学是新中国成立前占主导地位的历史学流派，这些史学家思想的改造，是历史学界知识分子思想改造的重要组成部分。这派史学家思想的进步，反映出新中国史学家思想的巨大变化以及中国历史学界马克思主义思想教育的成效。在新时代的感召下，许多实证派史学家出于自觉自愿，积极学习马克思列宁主义、毛泽东思想，自觉改造思想，极大地推动了新中国历史学的进步和发展。

德高望重的著名史学家陈垣，早在抗日战争时期，就通过《通鉴胡注表微》一书抒发强烈的爱国之情和亡国之恨，在北平解放前夕，三次拒绝了蒋介石要求他去台湾的邀请，毅然留在大陆，坚持与人民站在一起。1949 年 5 月，陈垣在《人民日报》发表了《致胡适之一封公开信》，说："我读了《中国革命与中国共产党》和《新民主主义论》，认清了现在中国革命的性质，认清了现在的时代，……读了《毛泽东选集》内的其他文章，我更深切地了解了毛泽东思想的正确，从而了解到许多重要的东西，像土地改革的必要性，和我们知识分子的旧的错误的道路。"在新社会和先进思想的启迪下，陈垣反思了过去惯用的实证主义的治史方法，认为"在立场上有着他基本的错误"，只是完成了认识社会的一部分任务，他劝告胡适立即觉醒，不要再做反人民的统治阶级的帮闲②。随后，陈垣又积极参加了西南的土改，领导了辅仁大学的"三反运动"，并在 1951—1952 年先后在《光明日报》和《新建设》上发表了《辅仁大学反帝斗争胜利一周年》、《我的检讨》、《思想改造在辅仁大学》等文章。他说："最近我赴四川参加土地改革工作，看见很多天主堂都是大地主，……帝国主义就是这样利用天主教把势力布满全中国，和原有的封建势力相结合，在大城市麻醉青年，在农村压迫农民。其危害中国人民真是无孔不入。不把帝国主义势力彻底驱除出去，不把帝国主义彻底打倒，中国有什么办法独立自由民主富强呢？全世界和平有什么保

---

① 杨荣国：《史学工作者的进步》，《历史教学》1952 年第 10 期。
② 陈垣：《致胡适之的一封公开信》，《人民日报》1949 年 5 月 11 日。

障呢?"① "我这次到四川参加土地改革以后，思想起了很大变化，深感从前书本上得来的知识，都要从新估定。又听了周总理的报告，有好些话正中我的毛病，真是骚着痒处，我更觉得要彻底清理自己的思想，老老实实，从头学起。"② "在这运动里，我才认清了资产阶级思想在本质上是如何反动、腐朽和丑恶，它并没有什么进步性和积极性，它绝不能成为推动人民革命事业向前发展的力量"，表示"今后要在毛主席、共产党的正确领导之下，在觉悟了的群众督促之下，进一步批判一切非工人阶级思想，改造自己。"③ 任北京师范大学校长后，陈垣更是一如既往，不断追随着时代步伐前进，为新中国教育事业和历史科学的发展做出了突出贡献，并在 1959 年光荣加入了中国共产党。尽管已届 78 岁高龄，陈垣仍表示："我不愿作旧史学界的旗帜，我愿作马克思主义历史科学队伍的老兵；我不愿作旧史学界的大师，我甘心作新史学界的小学生。"④ 这种学习马克思主义和毛泽东思想的自觉行动，表现出新中国广大旧知识分子积极要求进步的可贵精神。

著名明史专家吴晗，早年虽在一定程度上接受了经济史观的影响，但其治学方法主要是胡适所倡导的考据的实证研究法，在现实革命运动的感召之下，在抗日战争和解放战争中，吴晗积极参加进步的革命活动，反对国民党的独裁统治。1948 年底到晋察冀边区，通过与毛泽东在西柏坡的交谈，吴晗接受了毛泽东进一步学习和掌握唯物史观的建议。为加强历史唯物论的修养，在解放区，吴晗在原来学习《联共党史》的基础上，又认真阅读《国家与革命》和《毛泽东选集》，进一步学习历史唯物主义的基本理论，思想认识有了很大的提高。之后，于 1949 年 5 月和 1950 年 2 月在《中国青年》发表了《我的治学与思想是怎样进步的》和《我克服了"超阶级"观点》两篇文章，他说："我从毛主席的著作中初步懂得了辩证法的运用，也从解放区一切部门工作中和生活中了解了辩证法的意义"⑤ 以后，又通过土地改革、抗美援朝、镇压反革命、三反五反、思想改造一系列运动和总路线的教育，进一步改造了思想，明确了阶级立场，经过批判胡适、胡风的运动，检查了自己过去历史研究存在的问题，表示"今后必须遵照毛

① 陈垣：《辅仁大学反帝斗争胜利一周年》，《光明日报》1951 年 10 月 15 日。
② 陈垣：《祝教师学习成功》，《人民日报》1951 年 10 月 27 日。
③ 陈垣：《思想改造在辅仁大学》，《新建设》1952 年 4 月号。
④ 陈垣：《历史科学工作者必须着重思想改造》，《人民日报》1957 年 11 月 20 日。
⑤ 吴晗：《我克服了"超阶级"观点》，参见苏双碧主编：《吴晗自传书信文集》第 27—28 页，中国人事出版社 1993 年版。

主席的指示，努力学习马克思主义理论和毛主席著作，彻底清除胡适思想的残余，努力使自己成为无产阶级的历史工作者和机关干部。"① 著名史学家吕思勉，积极参加"三反运动"，写出了长达1.8万字的《自述——三反及思想改造总结》，既检查了自己的思想，又回顾了在四十七岁时就接触到马列主义的情况，"但愧未深求"，在学习运动中，"近与附中李永圻君谈及，李君云：学马列主义当分三部分：（一）哲学，（二）经济，（三）社会主义。今人多侈谈其三，而于一二根底太浅。此言适中予病，当努力补修。"② 从这段话中，可以看出吕思勉对待学习马克思主义理论的积极态度。

著名学者顾颉刚，深深感受到党和政府对知识分子的帮助和关怀，思想也在不断进步。他说："解放五年来，经过一系列轰轰烈烈的各项运动，看到志愿军在朝鲜战场上的辉煌战果，工业和农业的突飞猛进，水利和交通事业的大规模建设，社会风气的焕然一新和我国国际地位的提高，这都充分地证明了中国共产党和毛主席领导的完全正确。尤其是我亲切体会而衷心感动的，便是展开了思想改造运动，使得广大的知识分子树立了正确的思想意识，提高了理论水平和政治水平。我自己虽然一向抱着超阶级的纯学术观点和个人英雄主义的偏见，但在这些伟大运动的教育下，使我彻底认识到自己过去的错误思想。在党的加强团结、发掘潜力的英明政策下，本年中国科学院把我安置在研究史学的岗位上，这是我久已向往的理想境界而是在北洋军阀和国民党政府时代永远不能实现的，……我这次被邀参加中国人民政治协商会议第二届全国委员会，使我得到实际的政治学习，并同全国人民发生联系，我唯有加紧学习马克思列宁主义来武装自己，完成这项光荣的任务，来报答党、毛主席和全国人民对我的愿望。"③ 尽管顾颉刚在很长时间对知识分子的改造持怀疑的态度，对于当时的政治学习的方式和方法也较为反感，但是，经过后来"反右"和"整风运动"的教育，特别是多次随政协委员到全国许多地方的参观考察，对中国共产党和社会主义新中国有了进一步的认识，表示："只要加强改造自己，否定我过去的人生观，端正我的治学方法，并争取参加社会主义学院的学习，提高我的理论水平，通过劳动实践，转变立场，我就能适应新社会的需要，全心全意为社会主义服务。这样，我就真的返老

---

① 吴晗：《吴晗自传》，参见苏双碧主编：《吴晗自传书信文集》第17—18页，中国人事出版社1993年版。

② 吕思勉：《自述——三反思想改造学习总结》，《史学理论研究》1996年第4期。

③ 《顾颉刚委员的发言》，《人民日报》1954年12月25日。

还童了。固然改造是长期的、艰巨的、复杂的，但是我有决心接受，也有信心实现。"① 正是在新中国，顾颉刚参加了《资治通鉴》的标点和杨守敬地图的改绘、主持了"二十四史"的点校、从事了《尚书》的考证等重要的学术工作。

著名太平天国史研究专家罗尔纲，新中国成立后，在学习和思想改造运动中，认真学习马列理论，不断反思自己，批判了过去追求个人功名的思想，认为自己的主要问题是"客观主义"问题、"自由"问题和对党的领导的态度问题。关于知识分子思想改造的重要性和必要性，罗尔纲说："我们过了五十岁的知识分子，生长在半封建半殖民地的中国，深受了封建主义的思想道德与资本主义思想道德的教育，如解放后不经过思想改造，或对改造没有诚心诚意地接受，那就肯定地到了社会主义社会的新社会来是格格不相入，处处感到矛盾重重的。但是，如果在思想改造当中，认识前非，转变到人民立场来，那却肯定地会逐渐地接受新思想、新道德，从而对新社会的一切得到融洽无间。"② 在思想改造运动中，罗尔纲首先对自己的学术研究进行深刻反思，从而认识到自己过去崇拜的考据方法具有三个方面的缺点：为考据而考据，没有人民立场，片面地、静止地看问题。他说："我深切地认识到作为一个历史科学工作者，如果没有马克思、列宁主义的立场、观点、方法，虽然他自己以为是忠于历史的，但其实他是忠于他所属的反动的统治阶级。……我感谢共产党的伟大教育，解放了我，使我在学术上得到新生。我从今之后，要加紧学习马克思列宁主义的立场、观点、思想方法，彻底改变我过去为个人打算的丑恶的人生观，建立为人民服务的新人生观，竭尽我的能力，为人民的历史事业全心全意去服务。"③ 之后，他把范文澜的《中国近代史》作为学习马列研究历史的典范著作，逐步掌握了马克思主义的理论精髓，并将其与实证方法进一步结合，在新中国几十年的岁月中，一直从事太平天国史的研究，在他的晚年，终于推出了120万字的四卷本《太平天国史》巨著，取得了比原来更大的成就。④

从上述陈垣、吴晗、吕思勉、顾颉刚、罗尔纲这些典型人物的事例可以看出，思想改造运动对广大实证派史学家产生了积极的作用和影响，他们积极自觉自愿参加了这一运动，类似他们这种情况的例子还很多，如贺昌群、唐长孺、李

---

① 顾颉刚：《从一个迷梦里醒过来了》，《人民日报》1959年5月4日。
② 罗尔纲：《从整风回忆思想改造》，《人民日报》1957年6月13日。
③ 罗尔纲：《初步批判我在太平天国史研究中的错误观点》，《光明日报》1952年9月11日。
④ 参见张剑平：《马克思主义理论对罗尔纲史学研究的影响》，《学海》2002年第4期。

挺、徐仲舒、白寿彝、谭其骧等著名史学家，都在新中国积极追求进步，努力学习马克思主义，并自觉地以之指导自己的学术研究。可以明确地说，通过思想改造和学习，他们跟上了新时代的步伐，思想政治理论水平不同程度上都有了很大提高。总而言之，新中国成立后，广大知识分子积极响应党的号召，积极参加思想改造学习运动，深入反思，不断追求进步，努力学习马克思列宁主义和毛泽东思想，树立起了人民的立场，初步了解了马克思主义的立场、观点和方法，这对于史学家来说，不仅使他们被初步改造成为社会主义时代的新史学家，而且对他们后来的学术研究也发挥了积极的作用。正如陈其泰先生所言：唯物史观的指导推进新考证学达到新的境界，主要表现为：第一，唯物史观成效显著地启发考证学者对于研究对象达到本质性的认识，探求历史发展中的规律性问题。第二，推动考据学者提出新的研究课题，探索以往未知的领域。第三，在坚持学术研究科学性的前提下，发挥史学服务于社会的作用[1]。"1949 年以后，新考证学仍然是影响巨大、成就卓著的学派。学者们一方面直接继承了 20 世纪前半期考史名家的优良传统，一方面又根据新的时代特点，利用新提供的史料，运用新的学术观点和方法，在各自熟悉的领域中继续贡献出具有高度价值的考证成果，把 20 世纪中国历史考证学再向前推进。"[2]

第二节　对胡适历史观和方法论的批判

对胡适的批判，早在 1951 年知识分子改造思想运动时已经开始。1954 年底，由对俞平伯的《红楼梦》研究的评价引发了一场对胡适唯心论思想的清算运动，在毛泽东为首的中共中央推动下，中国学术界掀起了一场轰轰烈烈的胡适思想批判运动。

一、胡适历史观和史学研究方法的局限性

不可否认，胡适对中国近代学术的发展曾作出过积极的贡献，但其思想和学术仍然具有很大的局限性，当时史学家认识到的胡适的史学思想局限性主要表现在以下几个方面。

其一，对胡适尊崇的实用主义思想局限性的认识。李达将胡适的实用主义的

---

① 陈其泰主编：《中国马克思主义史学的理论成就》第 372—380 页，国家图书馆出版社 2008 年版。
② 陈其泰主编：《20 世纪中国历史考证学研究》第 298 页，北京师范大学出版社 2005 年版。

局限性归纳为四个方面：一是实用主义在"经验"的名词下贩卖主观唯心论；二是实用主义否认真理的客观性，主张"科学法则是人造的"，"真理是人造的"；三是实用主义的方法是凭着主观经验提出一个主观的假设，挑出自己有用的即为求证；四是实用主义从庸俗进化论取来进化这个观念导入实用主义之中，胡适的改良主义的政治主张是以他的实用主义为基础的①。周谷城认为实用主义有以下几个方面的特点和认识的局限性：第一，就世界观而言，实用主义以主观愿望代替客观存在；第二，就真理论而言，实用主义以主观愿望的实现过程代替客观存在的发展规律；第三，就逻辑观而言，实用主义以实现主观愿望的行动代替推论真理的逻辑学②。关于实验主义，嵇文甫指出：实验主义的核心是经验主义，而极端的经验主义就是一种不可知论。"实验主义实际上是马哈主义的一个变种，是'爬行的经验主义'。它口口声声讲事实讲证据，但讲来讲去只是些片面的、表面的偶然现象，全不见事物的本质和事物彼此间的内在联系。它口口声声讲科学方法，却根本否认科学规律的客观性，而认为客观实在不可知。它口口声声讲为学问而学问，为考证而考证，而实际上是在进行一种欺骗青年的政治阴谋。"③李达、周谷城和嵇文甫的上述认识，使我们明确感受到实用主义认识论的基本缺陷：即主观唯心主义哲学、否认真理、漠视事物的本质和规律，进化论的思想，以及它和马克思主义理论和方法的明显差别。这也是胡适历史观的哲学基础的缺陷，马克思主义哲学家、史学家和文学家正是以此作为对胡适政治思想、学术思想批判的理论基础。

其二，对胡适的多元历史观、民族虚无主义、西欧中心论的批判。关于胡适的"多元"历史观，齐思和指出："胡适硬说经济、宗教、思想、政治、道德、文化、教育都是决定历史的因素，都是同样重要的。因而他把自己的看法称为'历史多元论'。""多元论者，将许多因素平列起来，纷然杂陈，究竟哪是'元'呢？使人莫名其妙，无理可寻。结果还是随着历史家的主观想法，任意解释，这还不是堕入唯心论的泥沼里吗？"④嵇文甫说："我反复推究胡适这个多元历史观，觉得他始终只是在唯心论、偶然性、个人主义里面转圈子。他所看到的'人'，不是社会历史的范畴，而是生物学上的范畴；也就是说，不是属于在一

---

① 李达：《胡适的政治思想批判》，《人民日报》1954 年 12 月 31 日。
② 周谷城：《实用主义批判》，《新建设》1955 年 3 月号。
③ 嵇文甫：《胡适唯心论观点在史学中的流毒》，《新史学通讯》1955 年元月号。
④ 齐思和：《批判胡适派对于世界史的反动唯心观点》，《历史研究》1956 年第 6 期。

定社会历史发展阶段上的一定阶级的人，而只是各具生物学上各种生理和心理特征的自然的人。他所看到的社会历史，不是在一定物质基础上、合规律地、不随人的意志为转移的一个有机联系的整体，而只是许许多多孤立的个人，一个一个的自然人的偶然聚集。"① 郑天挺指出："胡适的所谓历史观正是十足的主观唯心论，与科学的、马克思列宁主义的历史唯物主义无丝毫共同之点。"他常常所谈到的历史的态度，"是把生物的进化观念强套在人类社会的发展上，只注意事物发展的量的方面，而忽略质的变革的一面。""胡适的所谓历史观和方法论，是从资产阶级世界观出发的，是以主观唯心主义为基础的，是以杜威的帝国主义哲学实用主义为标榜的，是与半殖民地半资产阶级的利益相一致的，是和我们根本对立的。"② 关于胡适派的"西欧中心论"思想，齐思和指出："和胡适派所宣传的民族虚无主义相密切联系着的是他们所鼓吹的西欧中心论。这一种荒谬学说的特点在于它认为在上古时期，世界文化中心只是埃及、巴比伦、希腊和罗马。日耳曼人继承了西洋古代文化的遗产，又给它加上了新的智慧与生命力，从此以后，西欧和后起的美国遂成了世界文化的中心。因此，西欧和美国的文化是全世界最进步的文化，西欧人和美国人是全世界最优秀的人种。""帝国主义的代言人猖狂地宣传种族主义的目的是为殖民主义辩护，将他们对于殖民地人民的血腥统治、残酷掠夺说成是对于殖民地人民有益的事情，他们硬说：这是对于殖民地人民的教育，这是白种人的'负担'。""胡适派又将这种荒谬的、狭窄的种族主义的历史观搬运到中国来，企图使中国人民丧失民族自尊心，盲目地崇拜英美资本主义文化。"③

其三，对胡适的历史研究方法局限性的分析。关于胡适的进化论思想，有学者总结为：歪曲本质联系的"祖孙方法"；否认质变的"一点一滴进化论"；抹煞矛盾斗争的发展动力说。"胡适高唱'进化论'的'科学方法'，原是利用科学进化论之名，来反对马克思主义的"④ 关于胡适的思想方法论的实质，有学者说："明明是用实验主义的唯心论来反对马克思列宁主义这一客观真理的指导和影响，却偏偏打出一面自由主义的招牌，说自己并没有什么一定的世界观；明明是不尊重科学论证中的充足理由，而是随时随地企图拿琐节根据来偷换基本论

---

① 嵇文甫：《批判胡适的多元历史观》，《历史研究》1955 年第 3 期。

② 郑天挺：《批判胡适的主观唯心主义历史方法论》，《历史教学》1955 年 9 月号。

③ 齐思和：《批判胡适派对于世界史的反动唯心观点》，《历史研究》1956 年第 6 期。

④ 葛懋春、庞朴：《批判胡适的庸俗进化论》，《文史哲》1955 年第 5 期。

据，却偏偏打出一面'法家'的招牌，说自己如'老吏断狱'，是'有几分证据说几分话'。"① 对于胡适的考证，也有学者指出："胡适派在唯'证据'的旗帜下提倡考据，运用到历史研究中来，其实质就是要使历史学家把他们的研究精力，放在史料的整理与考订上，阻止史学家们去探求社会历史发展的规律。企图以考证学来代替史学，企图以史料学来代替史学。"②

二、对胡适学术思想的批判

关于运动开展的必要性，正如郭沫若所言："胡适的资产阶级唯心论学术观点在中国学术界是根深蒂固的，在不少的一部分高等知识分子当中还有着很大的潜活力。""在某些人的心目中胡适还是学术界的'孔子'。这个孔子我们还没有把他打倒，甚至可以说我们还很少去碰过他。"③ 对此，侯外庐也有论述，他说："我们批判胡适在史学上的奴才思想，对于批判胡适的实用主义唯心史观是有密切联系的。胡适的奴才思想使他看不见、也不愿看见历史发展的规律，人民群众创造历史的力量，……我们批判胡适奴才思想，是为的要提高我们思想上的觉悟，要以爱国主义消灭民族虚无主义的影响，以国际主义消灭世界主义、种族主义的影响，以坚决反对封建主义、消灭封建主义的影响，是为的要更好地总结我们的文化遗产，总结中国人民的斗争经验，完成中国人民反帝国主义的思想解放，用中国人民对于自身伟大力量和光明前途的信心，来消灭帝国主义侵略者及其走狗买办资产阶级所制造、散布、藉以瓦解中国人民革命斗争的殖民地人民的自卑心。"④

为了有组织的开展这场运动，1954 年 12 月 12 日，中国科学院和中国作协召开联席会议，组成了九人委员会，决定从九个方面对胡适展开全面的批判。从1954 年 12 月到 1955 年 3 月，中国科学院和中国作协联合召开了 21 次胡适思想讨论会⑤。中国科学院和全国高等院校的绝大多数史学家都参加了这场胡适思想批判运动，郭沫若、范文澜、侯外庐、胡绳、嵇文甫、周谷城等著名史学家直接领导和参加了这场反对胡适的斗争，实证派史学家也积极参与了这场斗争。

天津市史学界批判胡适思想座谈会于 1955 年 2 月 13 日举行，南开大学、河

---

① 赵俪生：《批判胡适反动的考据方法和校勘方法》，《文史哲》1955 年第 5 期。
② 路遥：《批判胡适派资产阶级唯心论历史观》，《文史哲》1955 年第 6 期。
③ 郭沫若：《三点建议》，《人民日报》1954 年 12 月 9 日。
④ 侯外庐：《揭露美帝国主义奴才胡适的反动面貌》，《新建设》1955 年 2 月号。
⑤ 邢贲思主编：《中国哲学五十年》第 90 页，辽海出版社 1999 年版。

北师范学院和天津师范学院及部分中学教师共计 84 人参加了座谈会。傅尚文在发言中将胡适史学思想的特征总结为以下几个方面：否认历史的客观性和规律；反对现实的反帝反封建运动；鼓吹英雄史观；抹煞阶级对立；鼓吹民族虚无主义①。这在一定程度上较为全面地揭示出了胡适历史观的局限性。也有学者全面揭示了胡适的唯心主义历史观具体表现，指出："胡适企图把说明社会历史的学说——历史观，说成是'自然主义的人生观'的一部分，并从属于'自然主义的人生观'。其结果便是：一方面抹煞并否认了社会历史的发展有其客观规律性，夸大了历史偶然性的作用；另一方面在腐朽的资产阶级唯心论人生观支配下，夸大了个人意志的作用。""胡适所提倡的多元的历史观，还是一种骗人的幌幕，他的思想本质乃是唯心的一元论。""胡适派以庸俗进化论去认识中国历史，表现了生存竞争论、抹煞阶级斗争论、历史循环论、简单因果论等这些腐朽的历史唯心观点。""胡适一方面否定祖国历史的光荣传统，另一方面便宣扬亲美、崇美的论调。""胡适派的唯心论历史观，除了表现庸俗进化论的特点外，同时还表现着另一特点，即在唯'证据'旗帜下，隐蔽地宣传历史唯心论。"②

　　原来从事实证研究的史学家也积极参与了这场斗争，如山东大学童书业，在《文史哲》杂志先后发表了《批判胡适的"实验主义"学术思想》、《批判胡适实验主义"史学"方法》和《从中国开始用铁的时间问题评胡适派的史学方法》，又在《光明日报》发表了《批判胡适的实验主义考据学》；郑天挺撰写了《批判胡适的主观唯心主义历史方法论》，李光璧发表了《批判胡适反动实验主义的历史考据学》，郑鹤声撰写了《胡适四十年来反动政治思想的批判》，周一良发表了《西洋"汉学"与胡适》，田余庆发表了《清除胡适思想在历史考据中的恶劣影响》。在天津市史学界举行的"胡适反动思想观点与方法论座谈会"上，王玉哲、王树民、李光璧、郑天挺、杨志玖等史学家，结合自己多年从事考据的亲身感受，都对胡适的考据的史学研究方法予以批判。③ 曾崇尚考据的童书业指出："胡适的'考据'方法，就是根据少数的事例，便'大胆的假设'，建立'假设'之后，只'寻求证据'来证实，而不愿修正和推翻；这样就形成一种主观唯心论的'考据'方法。""胡适的'考据'方法的致命弱点，这就是：（一）所谓

---

① 《彻底清除胡适反动思想对历史学的影响》，《历史教学》1955 年 3 月号。
② 路遥：《批判胡适派资产阶级唯心论历史观》，《文史哲》1955 年第 6 期。
③ 参见《彻底清除胡适反动思想对历史学的影响——天津市史学界批判胡适反动史学观点与方法论座谈会纪录摘要》，《历史教学》1955 年 3 月号。

'大胆的假设'，就是根据极少数的事例武断地树立一种主观成见。（二）运用逻辑上的'丐辞'，作为论证的根据。（三）所谓'小心的求证'，只是片面地寻求有利于自己结论的'证据'，而不顾反证，甚至抹煞反证，或者曲解反证。（四）不信科学规律，把个别事例脱离了通则来研究。"①

　　今天看来，对胡适的批判本身就是一场有组织有目的的政治批判运动，由于胡适的反共行径和立场，决定了这场"缺席审判"必然是一边倒的一言堂，决定了它难以避免的极大片面性。对此，毛泽东主席实际上也有感觉，正如他在1957年2月的一次谈话中所说："我们开始批判胡适的时候很好，但后来就有点片面性了，把胡适的一切全部抹杀了，以后要写一两篇文章补救一下。"② 尽管对胡适的批判有其历史的局限性，但不能因此就全面否定这场运动的积极意义和影响，实际上，通过对胡适的唯心史观和考证方法局限性的批判，广大史学家对胡适的历史学研究的局限性有了进一步的认识，这有助于唯物史观理论的深入学习，有助于中国马克思主义历史学主导地位的确立。此外，上述著名史学家关于胡适的历史观和历史研究方法局限性的论述，虽然主要讲胡适思想的局限性，学术问题政治化的倾向也非常突出，对胡适基本上采取了全面否定的态度，但他们关于胡适学术局限性的论述也并非全是空穴来风，一无是处；史学家特别是一些实证派史学家对胡适开展的批判，也并非完全是出于政治义愤，也有许多是发自学者内心的真诚的自觉反省，他们关于胡适历史观和方法论局限性的论说，在某种程度上标志着广大史学家马克思主义史学理论水平的提高，有些看法直到今天仍然具有一定的学术价值，不可简单否定。

　　新中国成立之初的马克思主义思想教育和知识分子思想改造运动，由于中国共产党有组织的领导，由于广大知识分子的积极参加和自觉自愿的改造思想和努力学习理论，毫无疑义取得了巨大的成就。这一轰轰烈烈的思想改造学习运动，对新中国教育基础的建立和社会主义文化事业的发展都发挥了极为重要的作用，也有力地推动了新中国历史学的发展。当然，这一运动也具有明显的局限性，但成绩是主要的，是应该充分肯定的。

---

① 童书业：《批判胡适的实验主义"史学"方法》，《文史哲》1955年第5期。
② 中共中央文献研究室编：《毛泽东传》第298—299页，中央文献出版社2003年版。

第三节　对知识分子思想改造运动的评价

一、思想改造和思想批判的局限性

关于知识分子思想改造运动，正如学者所言："党总结京津高校教师学习的经验，向全国高等学校和中等学校教师推广，并且逐步扩展到各界知识分子中去，成为全国规模的知识分子的思想改造运动。这一运动，到 1952 年秋基本结束。全国高等学校教职员的 91%，大学生的 80%，中学教师的 75%，参加了学习。这次学习运动，尽管存在一些缺点，主要是思想批评有些问题是非界限不清，做法有些粗糙，有的单位采用群众斗争的办法，感情上伤了一些人，但是总的来说，效果是积极的。在运动的进程中党对发生的缺点比较及时地作了纠正，并且通报各单位要求注意防止。大多数知识分子都感到有收获，通过学习，克服旧思想，接受新思想，树立为人民服务的观点，使自己获得了前进的方向和力量。"[1] 时任中共中央书记处书记的周恩来在 1956 年 1 月所作的《关于知识分子问题的报告》中说道："关于知识分子的改造，我们已经有了丰富的经验和巨大的成绩。因此，关于知识分子能否改造的问题，已经不需要详细的讨论了。我们现在的任务，是总结过去的经验，克服过去工作中的某些缺点，使今后的工作能够进行得更有计划。""马克思列宁主义的学习，对于确立知识分子的革命的人生观和科学的世界观，具有决定的意义。但是现在有些地方这种学习组织得不好，或者是指导的人水平太低，或者是学习的计划和方法不适合于高级知识分子的需要。"[2] 具体而言，知识分子改造和学习过程中存在的问题，主要可以概括为以下几个方面。

首先，思想教育在发展过程中出现了违背既定的自觉自愿的原则，在职干部的理论学习制度和方式也有不少缺点。正如许立群所言："组织广大干部学习马克思主义是一项生动活泼的政治工作，决不应该简单的依靠生硬的行政命令来进行。如果以为马克思主义既然已经被公认为全国的指导思想，因而我们就可以依

---

① 中共中央党史研究室著、胡绳主编：《中国共产党的七十年》第 312 页，中共党史出版社 1991 年版。

② 《周恩来选集》（下卷），第 176—177 页，人民出版社 1984 年版。

靠行政力量把它当作教条灌输给干部和群众了，这种想法是完全不对的。"① 为了进一步改进知识分子的马克思主义理论学习方式，1957 年 5 月 24 日，《学习》杂志邀请首都 50 位学者，座谈在职干部的理论学习问题，史学家陈梦家、杨人楩、杨向奎、孙毓棠都参加了这次座谈会，这次讨论会反映出在职干部学习的不少问题，如理论教员水平低，集体阅读文件单调，有些报告过长并缺少趣味性，有些课程进度慢并不断重复，考试制度给年长的知识分子造成了心理的压力等等②。这些意见在一定程度上反映出在职干部学习制度还有不完善之处，需要进一步改进，但遗憾的是在这次座谈会上讲真话的许多知识分子后来被打成"右派"，遭受了粗暴的批判。

　　其次，对知识分子思想改造的艰巨性和长期性认识不足，有些领导和单位在思想改造运动中有简单粗暴的做法，这在一定程度上挫伤了知识分子的学习积极性和自尊心。正如有的知识分子所言："思想改造，有些地方做得很好，和风细雨；有的地方搞得很是粗暴，带来很多问题。……听说冯乃超先生在中山大学做得很好，有口皆碑，他的经验就可以总结一下。"③ 在上海，顾颉刚参加了光华大学的思想改造运动，但他对 1952 年上海的高校在暑假酷热的气候条件下组织教师长时间的学习的做法，以及"三反"时领导简单的粗暴的态度提出不赞同的意见。来到北京后，顾颉刚对科学院开展的胡适的批判中出现的简单化倾向也有意见④。《顾颉刚日记》及有关研究著作指出的这些偏向，在一定程度上也反映出当时学习及知识分子改造运动的不足。尽管如此，顾颉刚还是不断的改造自己，追随着时代的步伐不断前进，由原来的"思想而能改造，在我的旧脑筋里简直是一件不能想象的奇事"，经过不断的学习和参加整风反右，于 1958 年在《光明日报》发表了《从抗拒改造到接受改造》，1959 年又在政协三届第一次会议上对自己两年来的思想转变作了长篇的发言⑤。又如，有些知识分子解放前历史较为复杂，在学习之后的"过关"运动中，需对自己历史做出检查，结果出现了像童书业等类似的知识分子产生了很大的心理压力和恐惧症⑥。这些都与当时一

---

① 许立群：《关于党的干部理论教育工作》，《人民日报》1956 年 9 月 26 日。
② 参见《关于在职干部理论学习的座谈》，《学习》1957 年第 12 期。
③ 《武汉知识界谈党群关系》，《光明日报》1957 年 5 月 17 日。
④ 参见顾潮：《历劫终教志不灰——我的父亲顾颉刚》第 248—249 页、第 264—267 页，华东师范大学出版社 1997 年版。
⑤ 参见顾颉刚：《从抗拒改造到接受改造》，《光明日报》1958 年 12 月 18 日；《从一个大迷梦里醒过来了——顾颉刚委员谈两年中思想的转变》，《人民日报》1959 年 5 月 4 日。
⑥ 参见王学典、孙延杰：《顾颉刚和他的弟子们》第 256—282 页，山东画报出版社 2000 年版。

些领导干部的工作方式的不当有关，但并不能以此否认这场知识分子思想改造的积极意义，更不能把思想改造中出现的这些问题与"整风反右"以后对知识分子粗暴的批判混为一谈，前者属于工作的方式方法问题，而后者则是党的路线方针的整体失误。

最后，从现实政治需要出发，过分强调了政治斗争，从而也出现了一些失误。如"三反五反"时在学校中开展的"打老虎"运动，也有扩大化的倾向，从而误伤了一些同志，也给一些旧知识分子在思想上造成了很大的压力。正如顾颉刚在日记中所说："三反之时，不贪污不如贪污。思想改造时，则不反动不如反动，以贪污反动者有言可讲，有事可举，而不贪污不反动者人且以为不真诚也。"于是出现了像顾颉刚那样的知识分子，将解放前在燕京、齐鲁大学不用交房租，在上海大学兼课都说成了"贪污"的笑料①。对电影《武训传》开展的批判，史学界广泛参与讨论，有利于广大知识分子树立革命的人生观，但对历史上的武训的歪曲和非历史主义的要求，今天看来确实是不恰当的。又如对胡适的批判是非常重要和必要的，史学界与哲学界、文学界一样，发表了大量的批判文章，这有助于在知识分子中确立马克思主义的世界观，但对胡适采取了全盘的否定的态度，将其政治态度与治学方法混为一谈，并错误地连带上俞平伯，以后又扩大到对胡风和梁漱溟先生的猛烈批判，甚至上升到政治上的"专政"，结果牵连了不少无辜的知识分子，所有这些皆受现实政治的影响，实际上不仅不利于知识分子的改造，而且严重地伤害了一些正在追求进步的知识分子。1953 年的"肃反"，也在知识分子中造成了一定的恐慌，误伤了一些同志。如在中国科学院近代史研究所，由于　些具体的事情，研究员荣孟源被认为进行反党宗派活动，范文澜的助手、青年学者漆侠也因为别人的房子问题打抱不平，被打成反党小集团的成员，被迫离开中国科学院到天津师范学院工作。在山东大学，校长华岗被打成胡风分子，被投进了监狱。关于对电影《武训传》和胡适思想的批判，以及对胡风的批判和运动的扩大化的危害，正如学者所言："这两次批判，对学习和宣传历史唯物主义和辩证唯物主义起了好的作用，有其积极的方面。但是，思想问题和学术问题是属于精神世界的很复杂的问题，采取批判运动的办法来解决，容易流于简单和片面，学术上的不同意见难以展开争论。这两次批判已经有把学术文化问题当作政治斗争并加以尖锐化的倾向，因而有其消极的方面。""针对胡风向党中央提出的关于文艺运动的三十万言意见书，批判猛烈展开，并

---

① 　参见顾潮：《历劫终教志不灰——我的父亲顾颉刚》第 249 页，华东师范大学出版社 1997 年版。

且迅速变为对'胡风反革命集团'的揭露和镇压。这种把文艺思想争论当作政治斗争来进行的做法，特别是并没有经过核实的根据就把胡风和同他有联系的一批文艺工作者（其中有共产党员和党外进步作家）当作'反革命集团'来斗争的做法，完全混淆了敌我、敌友的界限，混淆了两类不同性质的矛盾，造成了建国以后思想文化领域的一大冤案。"①

二、对知识分子思想改造运动的评价

关于知识分子思想改造的必要性以及改造中出现的问题，毛泽东为首的中共中央在 1957 年也有总结。毛泽东说："不论是知识分子，还是青年学生，都应该努力学习。除学习专业之外，在思想上要有所进步，政治上也要有所进步，这就需要学习马克思主义，学习时事政治。没有正确的政治观点，就等于没有灵魂。过去的思想改造是必要的，收到了积极的效果。但是在做法上有些粗糙，伤了一些人，这是不好的。这个缺点，今后必须避免。"② "不能强迫人接受马克思主义，只能说服人接受。" "知识分子也要改造，不仅那些基本立场还没有转变过来的人要改造，而且所有的人都应该学习，应该改造。"③ 从总体上看，思想改造运动和由此开展的各种资产阶级思想批判运动，是十分必要的，总体上来看是健康的、富有成效的，对广大知识分子清除过去旧思想的影响，树立正确的世界观和人生观产生了积极的作用。关于知识分子在新中国成立初发生的重大变化和显著进步，正如毛泽东主席所言："我国知识分子的大多数，在过去七年中已经有了显著的进步。他们表示赞成社会主义制度。他们中间有许多人正在用功学习马克思主义，有一部分人已经成为共产主义者。"④ "这五百万左右的知识分子中，绝大多数人都是爱国的，爱我们的中华人民共和国，愿意为人民服务，为社会主义的国家服务。"⑤

总而言之，新中国成立初的马克思主义思想教育和知识分子思想改造运动，以及同时开展的一系列思想批判运动，尽管有其历史和时代的局限性，也暴露出了不少"左"的苗头，但与"反右"以后党在知识分子问题上的"左倾"路线错误是不可同日而语的。我们不能因为学习中出现了粗暴的做法就否认这一运动

① 中共中央党史研究室著，胡绳主编：《中国共产党的七十年》第 313 页，中共党史出版社 1991 年版。
② 中共中央文献研究室编：《毛泽东文集》（第七卷），第 226 页，人民出版社 1999 年版。
③ 中共中央文献研究室编：《毛泽东文集》（第七卷），第 270—271 页，人民出版社 1999 年版。
④ 中共中央文献研究室编：《毛泽东文集》（第七卷），第 224—225 页，人民出版社 1999 年版。
⑤ 中共中央文献研究室编：《毛泽东文集》（第七卷），第 268 页，人民出版社 1999 年版。

的必要性和积极意义，也不能因为误伤了一些人就对这一运动持否定的态度。对历史学界而言，在思想改造学习运动和同时开展的批判运动中，一批非马克思主义史学家在这些运动中，逐步掌握了马克思主义的理论和研究历史的方法，这使得他们的史学研究进入了一个新的境界，取得了更大的成就。对广大历史工作者来说，在学习和思想批判运动中，不断的提高自己，追求进步。所有这些成就的取得，也极大地促进和推动了新中国历史学的发展和进步。正如《关于建国以来党的若干历史问题的决议》所言："一九五六年一月党中央召开的知识分子问题会议和随后提出的'百花齐放、百家争鸣'方针，规定了对知识分子和教育科学文化工作的正确改革，促进了这方面事业的繁荣。由于党的正确政策、优良作风和崇高威信深入人心，广大干部、群众、青年和知识分子自觉学习马克思列宁主义、毛泽东思想，在党的领导下积极参加各项革命和建设工作，在全国形成了革命的、健康的、朝气蓬勃的社会道德风尚。"①

　　关于这场轰轰烈烈的知识分子思想改造运动的评价问题，正如学者所言："历史地看，新中国成立初期的知识分子思想改造运动，总的是符合从旧社会过来的知识分子希望重新学习、转变思想以适应新社会的要求的，实践的结果也说明，通过这种改造思想、提高认识的活动，有利于促进方大知识分子以新的精神面貌积极投入新中国的建设中去。""通过思想改造，大多数知识分子抛弃过去不同程度存在的轻视劳动人民的旧思想，进一步站到人民的立场，开始学习掌握唯唯物史观和唯物辩证法、初步接受马克思主义的世界观。这是新中国成立初期党对知识分子思想改造工作的主流"。在党的团结、教育、改造方针的指引下，广大知识分子经受了实际斗争的锻炼，努力适应社会的变化，跟上时代的要求，为发展新中国的教育，科学、文化事业贡献了自己的知识和才智。②

---

　　①　中共中央文献研究室：《关于建国以来党的若干历史问题的决议》（注释本）第19页，人民出版社1983年版。

　　②　中共党史研究室著：《中国共产党历史》第二卷（1949—1978）上册第158页，中共党史出版社2011年版。

第二章　新中国史学发展的指导原则和组织机构

新中国成立后，马克思列宁主义和毛泽东思想作为党和国家的指导思想，在一批马克思主义史学家的倡导下，马克思主义也成为中国历史学发展的指导思想。在开展中国历史分期、汉民族形成、中国资本主义萌芽问题等重大历史问题讨论和纠正史学界出现的教条主义的错误中，马克思主义史学逐步成为中国历史学的主流。20世纪60年代初，郭沫若、吴玉章、范文澜、翦伯赞等著名马克思主义史学家，对于如何运用马克思主义从事历史研究，从理论的高度作了进一步的阐发，为纠正史学界出现的"左倾"思潮、促进中国历史学的健康发展做出了重大贡献。新中国历史学的发展受到了苏联史学的深刻影响，学习苏联，一方面促进了中国马克思主义史学的发展，同时也带来一些消极影响。新中国历史学家建立起自己的历史教学和科研机构体系，中国史学会及其分会成为推动新中国历史学发展的重要学术机构。

第一节　马克思主义理论的指导与新中国
历史学的发展

马克思主义的社会经济形态学说和阶级斗争观点，深深地影响了新中国历史学。中国史学家运用马克思主义的立场、观点和方法从事历史学的研究，根据斯大林和毛泽东的相关论述改造中国的旧史学，极大地推动了中国历史学的发展。在"史学革命"的极左思想泛滥之时，吴玉章、郭沫若、范文澜、翦伯赞等杰出的马克思主义史学家，挺身而出，强调历史学的科学性，这对于新中国历史科学的健康发展发挥了重要的作用。

一、马克思主义理论对中国历史学的理论指导

恩格斯曾经指出：马克思一生有两个重大发现，即我们后来概括的唯物史观和剩余价值学说。关于前者，恩格斯做出了极为精辟的论述。他说："正像达尔文发现有机界的发展规律一样，马克思发现了人类历史的发展规律，即历来为繁

芜丛杂的意识形态所掩盖着的一个简单事实：人们首先必须吃、喝、住、穿，然后才能从事政治、科学、艺术、宗教等等；所以，直接的物质的生活资料的生产，从而一个民族或一个时代的一定的经济发展阶段，便构成基础，人们的国家设施，法的观点，艺术以至宗教观念，就是从这个基础上发展起来的，因而，也必须由这个基础来解释，而不是像过去那样做得相反。"① 达尔文的进化论学说，是 19 世纪中期震动整个欧洲的重大发现，揭开了人类科学发展的新篇章，恩格斯在这里将马克思的唯物史观与之相提并论，可见唯物史观发现的重大意义。在马克思之后，恩格斯进一步研究了早期人类社会的发展，写成了《家庭、私有制和国家的起源》、《自然辩证法》等重要理论著作，在强调物质的决定作用的同时，强调唯物史观并不否定社会意识在历史发展中的重要作用，强调历史发展的特殊性问题。1895 年秋写成、次年发表的《弗里德里希·恩格斯》，是列宁借悼念恩格斯去世，对马克思主义学说以及马克思、恩格斯的革命活动进行简要介绍的一篇重要著作。关于马克思的唯物史观，列宁指出："与黑格尔和其他黑格尔主义者相反，马克思和恩格斯是唯物主义者。他们用唯物主义观点观察世界和人类，看出一切自然现象都有物质原因作基础，同样，人类社会的发展也是受物质力量即生产力的发展所制约的。生产力的发展决定人们在生产人类必需的产品时彼此所发生的关系。用这种关系才能解释社会生活中的一切现象，人的意向、观念和法律。"② 恩格斯和列宁这里所说的唯物史观发现的意义和价值，总体都是谈唯物史观的物质基础的决定作用以及意识形态的从属性问题，这是唯物史观理论的根本特性和理论特征。列宁作于 1914 年，在第二年发表的《卡尔·马克思》一文，是他对马克思的生平和马克思主义理论体系进行系统阐发的一篇重要著作，在"马克思的学说"中，列宁主要阐述了哲学唯物主义、辩证法、唯物主义历史观、阶级斗争几个方面的内容，他指出这是马克思的整个世界观。同时，列宁又指出：马克思的经济学说是马克思主义的主要内容，是马克思理论最深刻、最全面、最详细的证明和运用。除了对马克思主义理论归纳和解说之外，列宁还进一步继承和发展了马克思有关国家与革命的理论，把马克思的社会历史发展阶段的学说明确地加以表述，这些对于后来的马克思主义者产生了重要影响。

在 20 世纪 50—60 年代的中国，史学家所强调的马克思列宁主义的理论和方

---

① 恩格斯：《在马克思墓前的讲话》，《马克思恩格斯选集》第 3 卷，第 776 页，人民出版社 1995 年第 2 版。

② 列宁：《弗里德里希·恩格斯》，《列宁选集》第 1 卷，第 91 页，人民出版社 1995 年第 3 版。

法，主要是斯大林和毛泽东关于历史研究的指示和对中国历史的理论性认识。在20世纪50年代初全面学习苏联政治形势影响下，新中国史学家对苏联史学的成就高度重视，将斯大林对苏联历史科学的指示作为推动新中国历史科学发展的指导性原则和纲领性文件，并对其内涵予以阐发。在1953年斯大林去世后，《历史教学》刊发社论《悼念劳动人民的领袖和导师，学习斯大林关于历史科学的理论》，该社论过分拔高了斯大林对马克思主义理论和对科学和文化发展的贡献，指出："由于斯大林把马克思列宁主义的学说发展到它的最高峰，以这样的理论来指导全世界的人民，就成为不可战胜的力量。……斯大林代表了我们整个的新时代，代表了这个时代的全部真理，他倡导了科学和文化底各方面的进步运动，在历史科学上更多光辉的贡献。"社论还论述了斯大林在《列宁主义问题》、《辩证唯物主义和历史唯物主义》等论著中提出的历史研究的一些重要原则，如"历史科学的首要任务是要研究和揭示生产底规律，生产力与生产关系发展底规律，社会经济发展底规律。""历史科学要想成为真正的科学，便不能再把社会发展史归结为帝王将相底行动，归结为国家'侵略者'和'征服者'的行动，而是首先应当研究物质生产者底历史，劳动群众底历史，各国人民底历史。"社论同时指出，《联共党史》是斯大林对历史科学的最伟大的贡献，对于历史科学工作者是不可缺少的理论指导①。《历史教学》社论提出的这些原则，后来成为新中国马克思主义史学发展的基本原则，在新中国成立初全面学习苏联的社会政治形势影响下，经过1953—1954年的全国新一轮的《联共党史》的学习，斯大林的上述言论逐步深入人心，成为推动新中国历史学发展的纲领。斯大林强调社会经济特别是生产力与生产关系的研究，强调历史发展的规律性，强调劳动人民在历史发展中的地位和作用，这些无疑都是马克思主义唯物史观的基本理论品格，用这些理论推动历史学发展无疑是非常重要的，但无论是苏联还是中国的史学家，都曾经将斯大林这些认识绝对化，于是在历史研究中又出现了一些认识的新偏差，如造成了忽视历史发展的多样性，忽视杰出人物在历史发展中的作用，忽视社会经济史之外的其他领域的研究等等弊端。

在20世纪50年代的史学家思想改造和20世纪60年代的学习毛泽东著作的热潮中，毛泽东思想也成为中国史学家的指导思想。关于毛泽东思想的方法论价值及其对历史研究的指导意义，当时有不少学者给予理论方面的阐发。有学者指出："我们应该把《实践论》看作历史工作的方法论。《实践论》告诉我们怎样

---

① 《悼念劳动人民的领袖和导师，学习斯大林关于历史科学的理论》，《历史教学》1953年4月号。

认识历史上的事件，告诉我们怎样认识历史上的人物，告诉我们怎样认识历史上
的著作。……告诉我们根据感性认识做推理时，材料要'十分丰富'和'实
际'。告诉我们教学任务是关结于'实践'。告诉我们历史的教学要有党派性。"
"《实践论》发展了马克思主义的普遍真理，所以它是指导中国革命的光辉的理
论，同时也是开展中国学术的最高原则。"① 也有学者总结为以下五个方面：一
是从客观实际情况出发，而以马克思列宁主义为依据；二是系统的周密的调查研
究是了解情况的基本方法；三是认识客观存在着的矛盾，必须从具体分析矛盾着
手；四是反对两种主观主义的思潮——教条主义和经验主义；五是实践高于理论
的认识，理论对于实践的严重意义②。关于毛泽东思想所蕴含的历史研究方法，
有学者总结为：一是无产阶级和人民大众的立场；二是详细占有材料；三是阶级
分析的方法；四是建立中国的历史科学③。关于毛泽东思想对历史研究的理论价
值，邓拓指出："毛泽东同志的许多著作都是马克思列宁主义的理论武库中的重
要武器，同时也是中国历史科学的无价之宝，是对于中国历史科学的伟大贡献。
我们的历史科学工作者应当从毛泽东同志的著作中学习到研究历史的理论和方
法，找到解决中国问题的锁钥。""毛泽东同志对中国历史科学的发展做出了伟
大的贡献。他根据中国革命的需要，指出必须研究中国历史的特点，把握中国历
史发展的特殊规律，这就给我们打开了中国历史科学之门的一把钥匙。"④ 也有
学者指出："毛泽东同志在他的著作中，对我国民族关系史上的很多问题作过许
多重要的马克思主义的分析和论断；在毛泽东同志的著作中蕴含着关于如何正确
研究我国民族史和民族关系史的丰富的指导思想。"具体表现为：第一，我国是
个多民族国家，必须从多民族存在的客观实际出发，从各民族长期的相互影响出
发，来研究民族史和民族关系史；第二，以毛泽东同志关于我国的社会性质和社
会矛盾的论断作指导，对正确了解我国历史上的民族关系问题有着极重要的意
义；第三，毛泽东同志指出：我国各族人民对各民族的相互关系是："他们赞成
平等的联合，而不赞成互相压迫"。这是处理我国民族关系史上的是非问题的重
要标准；第四，认真学习毛泽东同志所一贯坚持的我国各民族的团结和统一的思

---

① 李则纲：《〈实践论〉对历史教学的启示》，《光明日报》1951 年 6 月 27 日。
② 马特：《学习毛泽东思想方法》，《新建设》1952 年 2 月号。
③ 荣孟源：《毛泽东思想与历史科学》，《新建设》第 5 卷第 3 期。
④ 邓拓：《毛泽东思想开辟了中国历史科学发展的道路》，《历史研究》1961 年第 1 期。

想，从各民族团结和统一的愿望出发，是研究我国民族关系史的最基本的态度①。从中可以看出，毛泽东思想对中国历史学家的理论指导是多方面的。

综观新中国成立初十七年历史学的发展具体情况，毛泽东思想对中国历史学家的影响，最重要的是毛泽东在抗日战争时期写成的《中国革命与中国共产党》以及《新民主主义论》中有关中国历史和中国革命的一些具体论断，特别是他对中国农民战争的高度评价，对人民群众推动历史的作用的高度评价，以及将阶级斗争和阶级分析作为衡量历史唯物主义和历史唯心主义的重要标准，这些对于中国马克思主义史学的发展起到了重要的促进作用，极大地促成了中国古代史和近现代史以及农民战争和革命史、中共党史为中心的中国历史学"革命史"范式的形成，促进了相关学科的发展。但是，在片面强调阶级斗争的 20 世纪 50—70 年代的社会现实政治影响下，在对劳动人民推动历史和社会发展的一片颂扬声中，也有些人将毛泽东在特定历史条件下强调"革命"和"人民"作用的认识教条化和绝对化，过分强调阶级斗争对历史的推动作用，过分拔高农民战争的作用，将历史上的"革命"与"改良"对立起来，一味肯定"革命"，否定"改良"的作用和意义，这种情况从新中国成立不久掀起的对电影《武训传》的批判就已开始，在 1958 年的"史学革命"中表现已经非常突出，1964 年之后又在学术大批判的浪潮中重新抬头，结果导致了后来的"文化大革命"的极左思潮的泛滥，给中国马克思主义历史学的发展造成了严重的危害。

二、唯物史观理论与新中国历史学的发展

新中国成立后，结合历史学研究的实际，著名马克思主义史学家吴玉章、徐特立、郭沫若、范文澜、翦伯赞、胡绳等发表了一系列讲话和论文，强调用唯物史观为指导开展历史学的研究，并对如何运用马克思主义理论从事历史研究作了较为深刻的论述，这些直接推动了中国马克思主义历史学的发展。

1949 年 7 月 1 日，中国新史学研究会成立，大会通过了《中国新史学研究会暂行简章》，包括名称、宗旨、会员及其权利义务等八条，研究会的宗旨规定："学习并运用历史唯物主义的观点和方法，批判各种旧历史观，并养成史学工作者实事求是的作风，以从事新史学的建设工作。"② 第一届政治协商会议，在

---

① 史筹：《从毛泽东同志的著作中学习研究我国民族关系史的指导思想》，《文史哲》1962 年第 5 期。

② 《中国新史学研究会筹备会昨在平成立》，《人民日报》1949 年 7 月 2 日。

1949 年 9 月 29 日通过了在新中国成立之初具有宪法作用的《共同纲领》。《共同纲领》第 5 章第 44 条明确规定："提倡用科学的历史观点，研究和解释历史、经济、政治、文化和国际事务，奖励优秀的人文社会科学著作。"[1] 所谓"科学的历史观"，指的是唯物史观，实际上也就是马克思列宁主义和毛泽东思想，这为新中国历史学的发展奠定了思想基础。同时，《共同纲领》"首次将发展马克思主义指导的人文社会科学以法律的形式确定下来。"[2] 1951 年 7 月 28 日，中国史学会举行成立大会，著名革命家、教育家、中国马克思主义史学开创人吴玉章，发表了《中国历史研究工作的方向》的重要讲话，吴玉章在讲话中对广大史学工作者提出四个方面的要求：第一，要认识劳动人民是历史的主人，研究历史就是研究劳动生产者自己发展的历史；第二，要注重现实，注重近代史的研究，特别是要注重近三十年史的研究；第三，要把爱国主义和国际主义结合起来；第四，我们研究历史的人应当根据实事求是的精神，对历史材料作科学的研究，要把今天的历史，清清楚楚地写出来，然后以所学得的正确方法，应用到近代史的研究上去。我们今后的工作就是认真学习，认真研究，一点不能虚伪轻浮。[3] 吴玉章的讲话明确了新中国历史学应该着重研究的内容，应该坚持的马克思主义史学观点和方法，这是对几十年来中国马克思主义史学发展经验的高度总结和精辟论述，为新中国历史学的进一步发展指明了前进的方向。郭沫若在发言中提出，中国史学界自新史学会筹备会成立以来，主要有了六种转向：一、从唯心史观转向唯物史观；二、从个人研究变到集体研究；三、从名山事业转变到群众事业；四、从贵古贱今转变到注重现代史的研究；五、从大汉族主义转变到注重少数民族历史的研究；六、从欧美中心主义转变到注重亚洲史以及其他各洲历史的研究。[4] 郭沫若的总结，既是对两年来中国历史学界巨大变化的高度肯定，但正如范文澜所说的，更重要的是为今后史学工作者提出了努力的目标[5]。中国史学会的研究宗旨，吴玉章、郭沫若关于历史研究的指示，集中体现了中国马克思主义历史学发展的目标和方向，对于马克思主义史学理论的发展也具有重要的指导意义。新史学研究会和中国史学会，在贯彻马克思主义史学纲领和团结广大史学工作者方面，发挥了极其重要的作用。吴玉章、郭沫若、范文澜等杰出的马克思主

---

① 中共中央文献研究室编：《建国以来重要文献选编》（一）第 11 页，中央文献出版社 1992 年版。
② 中国社会科学院科研局编：《新中国社会科学五十年》第 3 页，中国社会科学出版社 2000 年版。
③ 吴玉章：《历史研究工作的方向》，《进步日报》1951 年 9 月 29 日。
④ 郭沫若：《中国历史学上的新纪元》，《进步日报》1951 年 9 月 29 日。
⑤ 范文澜：《史学会已有的成绩与今后的努力》，《进步日报》1951 年 9 月 29 日。

义史学家，根据党的指示和中国历史学发展的新形势，适时提出了新中国史学发展的纲领，为广大史学工作者指明了努力的方向，有力地推动了新中国马克思主义史学的发展。

1950 年，徐特立在《新建设》发表的《关于研究历史的几个问题》、《关于学习及写社会发展史的几个重要问题》、《历史学在社会科学中的地位》三篇文章，是当时难得的史学理论文章，在中国马克思主义史学理论发展史上具有重要的地位。在这些文章中，徐特立先后论述了历史科学的意义及其研究的目的，史料的整理与搜集，历史的体裁，为什么要学历史，学历史从哪里着手，怎样写社会发展史，关于唯物史观和社会发展史的补充等问题。在第一篇文章中，徐特立强调认真贯彻《共同纲领》中提出的"用科学的历史观点去研究和解释历史、经济、政治、文化及国际事务"的基本精神，认真学习社会发展史；结合中国古代的婚姻制度以及恩格斯的《家庭、私有制和国家的起源》，徐特立提出了整理史料的三条标准：一是拿社会发展的不同阶段做标尺，即按照历史发展的必然性和时代性去认识和整理史料；二是现今还存在的典型的历史形态和残存的社会形式及地下发掘的资料，即以民族学和考古学的资料作为参考的对象；三是根据实在的事实加以类推。他称这三种方法为"圣量"、"现量"和"比量"。关于材料的搜集，徐特立也提出了三个方面：一是神话的可用性；二是过去民间的传说及后人假托的伪书；三是要注意民间的野史。关于历史著述的原则，徐特立强调注意社会发展史，写中国史要注意写多民族的历史，写世界史要放在国际关系的广阔视野之下；过去中国的编年体、纪事本末体、纪传体好多可以采用，上层建筑和下层基础都要全面注意到，在文字方面借鉴《联共党史》的大标题、小标题以及导论、简单的结语和结束语的著作格式①。可以说，徐特立这篇文章，是一篇阐述马克思主义史学研究方法的重要论著。在第二篇文章中，徐特立较为深入地论述了历史发展的规律性和特殊性的问题，在强调注意社会发展五种形态及其过渡形态这些共同性的同时，徐特立也强调社会形态的典型例证、历史发展的跳跃性、历史发展的曲线规律，强调写社会发展史要注意民族性与共同性的结合，他说："如每一个国家当要写自己的国别史时，必须了解人类一般的发展，才能得到历史共同的规律，这个共同的规律就是历史的科学性。每一个国家国别史的性质是不会离开共同规律的。但这个发展不平衡性由于个别国家、个别民族都有它自己的特点，这就是所谓民族性。研究历史是要把民族性和科学性结合起来。

①　徐特立：《关于历史研究的几个重要问题》，《新建设》第 1 卷第 10 期（1950 年 1 月）。

社会发展史必须和国别史联系起来。社会发展史如果使它民族化，就要根据它来整理民族的史料，这同时也就是社会发展史，如果不着重采取自己民族的史料，这种社会发展史就不能够看出民族的特点，民族的血肉关系。""写社会发展史，离开具体国家，具体的民族，不独是不能写出特点，反而会写成一个非科学的（因为科学都是具体的）非辩证的无生气的历史。"①

范文澜在史学研究中自觉坚持马列理论的指导，注重探讨中国历史的实际，在中国马克思主义史学理论上建树颇多。新中国成立后，范文澜进一步运用马列主义理论分析中国历史问题，从事《中国通史简编》及《中国近代史》的修订工作，对中国古代近代史的分期、汉民族形成、历史上的民族关系、历史上的爱国主义等重大问题都提出了新的认识，推动了学术界对相关领域的进一步讨论和研究，为推动马克思主义历史理论的发展作出了卓越贡献。在社会分期问题上，相比同时代史学家，范文澜注重社会生产力和生产关系的变化，重视阶级斗争和阶级矛盾在社会发展中的作用。坚持了马克思主义的基本立场和观点，但他不拘泥于"生产力的决定作用"和"生产关系中生产资料所有制形式的主导作用"的论断，而是根据中国历史发展的实际，提出了原始社会向奴隶社会过渡的关键在于"金属工具的使用"，封建社会的主要标志不在于是否用"铁"，而在于生产者身份地位的变化，在于封建的土地所有制和新的剥削形式的出现。关于中国近代史阶段的划分，范文澜注意阶级斗争在每一时期主要矛盾的变化，摆脱了欧洲模式的影响，他认为由于中国资本主义不发达，因而不能以中国资本主义的发展去划分近代史的发展阶段，而只能根据中国近代主要矛盾的发展变化去划分历史发展阶段，这一认识同样立足于中国历史的实际，也推动了中国近代史分期问题讨论的展开。在民族形成问题上，范文澜同意斯大林提出判定民族的四条标准，但他并不拘泥于斯大林根据欧洲民族形成的具体情况去判定中国历史的实际，而是以其理论为指导，力图探究中国民族形成的实际。②

结合自己学习马克思主义理论及研究中国历史的体会，范文澜从史学方法论的高度阐述了如何坚持马列主义，如何运用马列主义从事中国历史研究，如何正确理解和恰当地运用阶级观点和历史主义原则具体分析历史等重大问题。③ 对"生产关系一定要适合生产力的性质"这一唯物史观的基本原理，范文澜进行了

① 徐特立：《关于学习及写社会发展史的几个重要问题》，《新建设》第 2 卷第 5 期（1950 年 4 月）。

② 参见张剑平：《论范文澜对马克思主义理论的运用》，《淮阴师范学院学报》2001 年第 1 期。

③ 参见张剑平：《范文澜关于历史研究方法的论述及其启示》，《史学月刊》2002 年第 5 期。

深入思考，他认为理解这一经济规律必须注意三个方面的问题：第一，各个民族都有自己的特殊条件（差别性），因之这个共有的经济规律，在表现形式上必然是复杂的、曲折的，绝不可当作一个简单的公式；第二，政治是经济的集中表现，要判定某一社会为某种基本生产关系的社会，不是看这个社会有什么阶级，也不是看这些阶级的人数有多少，而是要看某个阶级是否已经建立起本阶级的政权，统治着这个社会；第三，任何一个旧的生产关系——旧统治阶级，一定由于它本身已经腐朽不堪，无法再统治下去，才会被新的生产关系所代替。这里范文澜强调历史发展的多样性，提出了划分社会形态的标准，触及了新旧社会发展的一些理论问题，这些也是以马克思主义理论研究历史必须很好解决的问题。范文澜早在20世纪50年代初就提出对阶级斗争应做全面的具体的分析，直到1964年《中国通史简编》第4次修订出版时仍坚持这一观点，并将之贯穿到自己的史学研究中。如关于中国封建社会的阶级斗争，他指出："农民与地主阶级之间的阶级斗争，是封建社会历史的一条基本线索。这条线索的一个方面，即地主阶级方面，为了争夺统治权，不断地进行着内部的斗争。这种内部斗争往往成为某一历史时期里的主要特征，严重地影响到社会的各个方面，阶级斗争（渗透着各族间斗争）因而愈益复杂化。"[1] 在这一认识的基础上，范文澜进一步阐发了其问统治阶级内部斗争的基本特点及其对中国历史发展的巨大影响。这不仅显示了真正的马克思主义者运用阶级分析的立场、观点和方法，而且与20世纪50—60年代将阶级斗争简单化、教条化的作风和学风形成了明显的对照。在阶级分析问题上，范文澜坚持了辩证的历史观。如指出阶级斗争既是普遍的，又是特殊的看法，他说："阶级斗争是普遍规律，在阶级社会里，各民族都没有例外，可是从整个社会发展过程来看，原始社会和共产主义社会内部，就没有阶级斗争，阶级社会的普遍规律，对整个社会发展过程说来，却成为特殊规律了。"[2] 这是范文澜1957年在北京大学的讲演，这些看似马克思主义阶级斗争理论的常识，与当时正在人为地将阶级斗争日益激化和绝对化的中国现实政治是不合拍的。

三、反对教条主义和极左思潮，促进中国历史学的健康发展

　　针对20世纪50—60年代中国史学发展中出现的"教条主义"和"史学革

---

① 范文澜：《中国通史简编》（修订本）第二册，第161页，人民出版社1958年版。
② 中国社会科学院近代史研究所编：《范文澜历史论文选集》第211页，中国社会科学出版社1979年版。

命"中出现的极左思潮，吴玉章、郭沫若、范文澜、翦伯赞、吴晗等杰出的历史学家倾尽全力，予以纠正，他们成为反对教条主义和极左思潮的中流砥柱。①

范文澜从理论高度进一步阐发了如何坚持马列主义，怎样运用马列主义从事历史研究等重大问题。这具体表现在以下几个方面：首先，范文澜明确提出学习马列主义要求"神似"，最要不得的是"貌似"，学习理论是要学习马克思主义处理问题的立场、观点和方法。"学习经典著作，就一定要区别哪些是普遍规律，哪些是特殊的规律。把它们的特殊规律放在一边，用来作参考。把普遍规律结合自己的特殊规律，来解决自己所要解决的那个具体问题。""我们学习马克思列宁主义，是要从它那里找立场、观点和方法"②。其次，范文澜指明了史学工作者坚持马克思主义的具体方法。一是要理论联系实际，学习马克思列宁主义来做史学工作；二是要有批判精神，能独立思考的谦虚和谨慎。"我们应该把'我'大大恢复起来，对经典著作也好，对所谓权威说的话也好，用'我'来批判它们，以客观存在为准绳，合理的接受，不合理的放弃。"③第三，范文澜明确指出只有反对教条主义，才能学会马克思主义。相比同时代的郭沫若、翦伯赞、吴晗、吕振羽等老一辈史学家，范文澜对教条主义的反对更为坚决，他立场坚定、旗帜鲜明、毫不妥协，既检查自己的教条主义，也反对别人的教条主义，其根本原因就在于他认为"只有反对教条主义，才能学会马克思列宁主义。"④在强调学习和使用马列主义的同时，范文澜并没有忽视史料在史学研究中的重要性。他强调史学工作者必须掌握大量的材料，"理论联系实际是马克思主义的定理，理论与材料二者缺一不可。"⑤注重历史资料的搜集、整理和考订，注重实地调查研究，强调史料与理论的结合，史与论的统一，面对日益泛滥的"左倾"思潮，范文澜呼吁史学界重新提倡严肃的学风，提倡刻苦钻研，这些既是范文澜一贯坚持的马克思主义的学风，也是他对中国史学界同仁的要求与期望。范文澜对翦伯赞等史学家在近代史资料整理工作中所做的贡献给予高度赞扬，衷心希望有更多资料书、工具书出版，认为这是一件功德无量的工作。他指出：史学工作者必须掌握大量的历史资料，"理论联系实际是马克思主义的定理，理论与材料二者缺一不可。做史学工作必须掌握大量的历史资料，没有大量资料，理论怎样来联系

① 参见张剑平：《新中国史学五十年》第101—125页，学苑出版社2003年版。
② 《范文澜历史论文选集》第212页。
③ 《范文澜历史论文选集》第219—220页。
④ 《范文澜历史论文选集》第213页。
⑤ 《范文澜历史论文选集》第213页。

实际呢?"① 新中国成立后，范文澜成为新中国史坛"历史主义"学派的精神领袖。他提示翦伯赞：中国历史上的"让步政策"是客观存在的，是符合马克思主义的；针对史学界的非历史主义倾向，20 世纪 50 年代初，范文澜让漆侠撰写了《正确认识历史上的封建统治阶级和封建王朝》一文，旗帜鲜明地肯定了帝王将相和封建王朝在历史上的不可抹煞的地位。面对 1958 年"史学革命"中逐渐泛滥的"打破王朝体系论"和"打倒帝王将相"的极左思潮，在 1961 年中国共产党人重新提倡大兴调查之风的良好政治环境下，范文澜以革命家的胆识，马克思主义史学家深刻的洞察力，在 1961 年首都纪念太平天国革命 110 周年学术讨论会上挺身而出，他严正指出："这种论调好像是很革命的，实际上是主观主义的。阶级社会是由互相对立着的统治阶级和被统治阶级构成的。打破王朝体系，抹杀帝王将相，只讲人民群众的活动，结果一部中国历史就只剩下农民战争，整个历史被取消了。"② 范文澜 20 世纪 60 年代重新呼吁和强调历史主义原则，对进一步推动中国马克思主义史学的科学化，端正学风，扭转"左倾"思潮给中国史学界带来的严重危害，都发挥了中流砥柱的作用。

翦伯赞发表的许多文章，对于推动新中国历史学的健康发展发挥了重要作用，是中国马克思主义史学理论的宝贵财富。《怎样研究中国历史》和《再论中国历史研究》，是翦伯赞对如何用马克思主义立场、观点和方法进行理论阐述的重要文章，具有重要的理论价值和实践意义。关于马克思主义的立场，翦伯赞说："我们研究中国历史，应该站在劳动人民的立场，批判那种以帝王为中心的正统主义的历史观点，建立以劳动人民为中心的新的历史观点。我们要从中国历史上去发现劳动人民的历史创造，他们的发明与发现，他们反对封建剥削和压迫的革命斗争的历史。""我们应该批判那种站在大汉族立场上所写的历史，要重新写著包括中国境内各族人民的历史在内的真正的中国历史。"关于马克思主义的观点，翦伯赞提出："我们研究历史，就必须研究历史上各时期的社会经济和它的变化，必须分析由这种变化产生的历史过程和具体事件，而决不应该用偶然的因素、个人的作用乃至神的启示来代替生产力和生产关系的变化而引起的历史过程的客观规律。总而言之，我们应该把历史的动力归结于物质生活的生产，归结于生产这些物质生活资料的生产方式，归结于社会经济基础。"关于马克思主义的研究方法，翦伯赞指出："首先表现在它不把历史的研究停止在史料的搜集

---

① 《范文澜历史论文选集》第 213 页。
② 新华社：《纪念太平天国 110 周年》，《人民日报》1961 年 5 月 31 日。

分类与排比，而是要分析史料，要从史料的分析中总结出历史发展的规律，把历史发展的规律再投入现实的历史，作为无产阶级革命斗争的指导原则。"可贵的是，翦伯赞对这些马克思主义的历史学研究的原则能抱着辩证的态度，一方面强调这些立场、原则和方法，另一方面提出要全面地、准确地掌握这些重要的原则，如一方面强调要研究劳动人民的历史，同时又说："这不是说，我们就可以不研究封建统治阶级代表人物的历史，相反的，我们应该细心地去研究他们的历史。"又如，翦伯赞一方面强调坚持唯物史观的经济基础的决定作用的原则，同时又强调说："我们研究中国历史，不仅要根据物质的实践去说明观念的形态，也要从观念形态中去寻找它们对社会经济所起的反作用。"对辩证唯物主义的研究方法，也不是将其与传统的研究方法相对立，而是指出这种方法与传统的历史研究方法的区别："辩证唯物主义者也知道要做好历史研究，首先就是要掌握丰富的史料。因而搜集史料的工作是历史研究的基本工作。但不论如何，搜集史料只是替历史研究准备材料，并不是历史学的终极目的。""辩证唯物主义者并不反对把个别问题从历史的大联系中抽出来作精细而深入的研究，……但是我们以为这种被选出来作为研究题目的个别问题，必须是重要的或者比较重要的问题，……而且我们以为即使是研究这一类的个别问题，也不应该割断这类问题与历史总体的联系。"① 翦伯赞这篇文章，系统地阐发了马克思主义的立场、观点和方法，对广大史学工作者进一步领会马克思主义史学理论起到了很好的作用，纠正了当时一些学者不恰当的认识，对于促进马克思主义唯物史观历史的学习具有重要的意义。

　　20 世纪 60 年代初，为了进一步纠正史学界存在的"左倾"错误倾向，翦伯赞先后发表了《对处理若干历史问题的初步意见》、《目前史学研究中存在的几个问题》等重要理论文章。站在理论的高度，翦伯赞进一步阐发了在历史研究中如何处理历史上的阶级关系，如何处理历史上的民族关系，如何处理历史上的国际关系，怎样对待发展观点，怎样对待全面观点，人民群众和个别历史人物，政治经济与文化的关系，理论史料与文章的关系，史与论的关系，政策与理论的关系，阶级观点与历史主义的问题，客观规律性与主观能动性等重大理论问题，这些对于促进中国马克思主义史学的健康发展发挥了极其重要的作用。在《目前史学研究中存在的几个问题》一文中，翦伯赞结合当时历史学界出现的片面性、抽

---

① 翦伯赞：《怎样研究中国历史》，《翦伯赞史学论文选集》（三）第 137—149 页，人民出版社 1980 年版。

象性、简单化、绝对化和将历史现代化的偏向，重点阐述了如何运用唯物史观的理论进一步推进中国历史学的健康发展这一重大问题。在"史与论的问题"一节中，翦伯赞主要论述了如何将马克思主义理论与中国历史研究相结合的问题。他指出了学术界流行的"以论带史"、"以论代史"和"打破王朝体系"口号的片面性，明确提出："从马克思到毛泽东的思想，都只能是研究的指导思想，不是研究的出发点。研究的出发点不是原则而是特定的具体事实。""马克思列宁主义是应该学习的，但我们要学习的，不只是它的文句，更重要的是它的精神实质，它的思想方法。文句也是应该记得，也可以引用，但不是把文句作为花边，作为标签。公式更应该记得，但不能把公式当作铁范来改铸历史。"翦伯赞还讲到了史与论的统一问题："要做到观点与材料的统一，应该是把史料溶解在理论之中，或者说把理论体现在史料之中，而不是在其外。""在对待史料问题上，我们和资产阶级的区别，不是谁要史料，谁不要史料，即不是史料占有问题，而是站在什么立场，用什么观点、方法来分析史料的问题。资产阶级的史学家站在资产阶级的立场，用唯心论的观点和形而上学的方法对待史料；我们则是站在无产阶级的立场，用唯物论的观点和辩证唯物主义与历史唯物主义的方法来对待史料。这就是我们和资产阶级对待史料问题上的区别。""我们研究历史，不是把原则输入历史，而是从具体的历史引出原则来。要做到这一点，就必须详细占有材料，把握事实的总和。"①

"历史主义"原则是翦伯赞在新中国成立之后一直强调的历史研究的一个基本原则。在 20 世纪 50 年代论述的基础上，结合当时史学界出现的偏向，翦伯赞在《目前史学研究中存在的几个问题》中专门论述了阶级观点与历史主义的问题。他着重强调坚持历史主义原则的必要性和重要性。他说："用阶级观点分析历史问题，这是一个历史学家的阶级性或党性在历史学上的表现。公开地站在无产阶级的立场，用无产阶级的观点来对待任何历史问题，这是对于一个马克思主义历史学家的基本要求。但是除了阶级观点以外，还要有历史主义。""必须把阶级观点与历史主义结合起来。如果只有阶级观点而忘记了历史主义，就容易片面地否定一切；只有历史主义而忘记了阶级观点，就容易片面地肯定一切。只有把二者结合起来，才能对历史事实作出全面的公平的论断。"翦伯赞引用了经典作家的有关论述，说明历史主义的原则是马克思主义理论的基本原则，马克思和恩格斯都强调辩证地、历史地考察问题的方法。其次，翦伯赞指出史学界存在着

① 翦伯赞：《目前史学研究中存在的几个问题》，《翦伯赞史学论文选集》（三）第 83—89 页。

大量违背历史主义原则的现象。如"见封建就反，见地主就骂"，"为了站稳阶级立场，有一个时期，有些同志把全部中国古代史说成是漆黑一团，说成是一堆垃圾，说成是罪恶堆积。"翦伯赞说："其所以如此，不是因为别的什么原因，只是因为古代史都是阶级社会的历史。用这样的态度对待古代史，也是非历史主义的。"在强调坚持历史主义原则的重要性和必要性的同时，翦伯赞也对历史主义原则和客观主义作了区分，根据列宁的有关论断，他说："历史主义必须具有阶级观点的内容，否则就不是唯物主义，而是客观主义了。"① 翦伯赞有关历史主义与阶级关系的论述，引发了后来中国史学界一场大论战，在极左政治路线的影响下，这场学术论战发展成为一场政治大批判，翦伯赞为此遭受了严厉的批判。站在今天史学研究的新水平来看，翦伯赞有关历史主义与阶级观点的论述，也是可以站得住脚的，历史主义原则是史学家必须遵守的基本原则，翦伯赞强调这一原则，对于纠正 20 世纪 50 年代后期史学研究中日渐泛滥的"左倾"错误，具有极其重要的现实意义。

《关于处理中国历史上的民族关系问题》是翦伯赞又一篇重要的马克思主义史学理论著作。结合历史研究中出现的偏向，翦伯赞主要论述了以下重要问题：民族平等与汉族在历史上起主导作用问题，民族同化与民族融合的问题，民族之间的战争与和平的问题，历史上各族劳动人民的友好往来问题，民族英雄问题。翦伯赞认为马列主义的民族平等的原则，适应于处理当前的民族问题，也适应于处理历史上的民族问题，这一原则在历史上的应用，"是揭露历史上的不平等的民族关系，用历史唯物主义的观点，批判的态度，指出那些不平等的民族关系的历史根源和历史实质。""民族平等是指各民族享有的权利，不是指的各民族在历史上所起的作用，权力应该是平等的，作用是不可能平等的。"关于汉族的主导地位，翦伯赞说："无论在经济开发和文化艺术创造中，或者在反对国外敌人的斗争中，汉族人民都起着卓越的主导作用，这是历史事实。承认这种事实，对少数民族没有丝毫影响。"关于民族矛盾和阶级矛盾之间的关系，翦伯赞说："我以为民族矛盾虽然在本质上是阶级矛盾在民族关系中的表现形式，但民族矛盾不等于阶级矛盾。""在封建社会中，有种族矛盾或民族矛盾的存在，而且在种族征服或民族征服战争中，这种矛盾往往上升到主要的地位。"同时，翦伯赞指出了阶级社会劳动人民的民族偏见和隔阂，民族英雄的偏狭的种族主义思想的问题，他说："在阶级社会的历史条件下，民族英雄要受到阶级性和时代性的限

---

① 翦伯赞：《目前史学研究中存在的几个问题》，《翦伯赞史学论文选集》（三），第 93—99 页。

制，他们不可能没有偏狭的种族主义或民族主义的思想。""至于各民族共同承认的英雄，那要在社会主义社会的历史条件下才能出现。"① 翦伯赞关于民族关系问题的理论阐发，在上海史学界的学术报告和《文汇报》的刊发，一方面在很大程度上纠正了当时民族历史研究中出现的各种偏向，另一方面，对于如何运用马克思主义的民族理论研究中国历史提供了理论依据，丰富和发展了马克思主义唯物史观的民族历史理论。

第二节　新中国对苏联史学的学习与借鉴

中国史学界大规模的学习苏联固然是在新中国成立以后，但是早在 20 世纪 40 年代一些马克思主义史学家就已经开始受到苏联史学的影响。1938 年，《联共（布）党史简明教程》出版后，很快就有了中文版。毛泽东在 1941 年 5 月的《改造我们的学习》的报告中就号召全党干部以这个教程为"中心的材料"，进行理论和实际结合的学习。在延安和其它革命根据地的知识分子已经开始了这个学习。那时的史学家，如范文澜在研究中国历史时，有关中国历史发展阶段的划分，主要的理论依据就来自《联共（布）党史简明教程》。新中国成立后不久，在当时的"一边倒"社会思潮影响下，史学界也掀起了学习苏联史学的热潮。

一、中国史学界学习苏联热潮的形成

新中国成立之初，毛泽东主席发出了"学习苏联"的号召。他提出："要学习苏联。我们要进行伟大的国家建设，我们面前的工作是艰苦的，我们的经验是不够的，因此，要认真学习苏联的先进经验。"他说："我们不仅要学习马克思、恩格斯、列宁、斯大林的理论，而且要学习苏联先进的科学技术。我们要在全国范围内掀起学习苏联的高潮，来建设我们的国家。"②

新中国的历史学家们在思考新中国的历史学建设的问题时，也必然要考虑到学习苏联。历史学家赵俪生在 1949 年 11 月出版的《新建设》上谈中国新史学的建设问题时说：新史学的建设历程，"便是新的通史、新的断代史和新的专史之

---

① 翦伯赞：《关于处理中国历史上的民族关系问题》，《翦伯赞史学论文选集》（三），第 110—132 页。

② 见《人民日报》1953 年 2 月 8 日。《建国以来毛泽东文稿》第 4 册，第 45 页，中央文献出版社 1990 年版。

写定。"这里，他特别强调："新时代的人有理由首先向我们的史学工作者要求一部像著名的《联共党史》一样精研的新的通史，而且也如《联共党史》之有简明教程一样，新的通史也会因读者接受程度的高下而有其深浅详略各种不同的版本。"① 这表明在新中国史学工作者的眼中，苏联的《联共党史》就是他们理想的新史学的样本。

1952 年全国高等学校进行了院系调整，曾任北京大学历史系主任的郑天挺先生调到了南开大学，他在《历史教学》上发表文章谈学习苏联高等学校的历史教学问题，讲了很多苏联高等学校教育制度的优点，如教研组是高等学校的基本教学组织，也是改进教学质量的动力。它直接进行一个或几个有密切联系的学科的教学，是政治与业务相结合，系统学识与思想改造相结合的新制度。他说，苏联的每一个专业全有一种统一的教学计划，全国相同的专业必须按照规定的教学计划进行教学，每一个课程的内容和时间全都有明确的规定。如莫斯科大学历史系的教学计划，共 21 门，3186 课时；其中 4 门，680 课时是理论课程。1952年我国教育部规定的历史专业教育计划，大体也是按照这个模式来执行的。此后，我国各高等学校也仿照苏联的模式，建立教研室的制度，并且在具体工作中要向苏联学习。②

把苏联的历史教材的精神贯彻到中国的历史教学之中，也是中国大中学校比较关注的问题。如《光明日报》在 1952 年 8 月 16 日刊发了《苏联中等学校世界古代史的说明》，苏联学者 B. A. 克拉森的《论历史课上封建制的概念形成问题》；8 月 30 日刊出《苏联中等学校中世纪史教学提纲》；12 月 14 日发表了乌廷玉的《我怎样运用苏联教学法进行历史教学》，12 月 28 日刊发了苏联学者 M. A.西多洛娃《学生对历史课的自学》的文章。1953 年 3 月《历史教学》发表文章强调，"应该更进一步地学习苏联先进的经验，把苏联历史科学的精神和实质，贯彻到中国历史教学中，提高教学的质量。"苏联历史科学"已成为世界最进步的最完整的也是最科学的。具有明确的目的性、高度的思想性、清晰的系统性、紧密的联系性和革命的实践性"，"我们应该不遗余力的努力学习"。文章指出："《联共党史简明教程》实在是处理中国历史教材的一把钥匙，是可资效法的范本和理论研讨的根据。"文章还认为，斯大林给《无产阶级革命》杂志编辑部的信，"对于整理中国历史教材，批判过去中国历史所受资产阶级影响方面，有十

---

① 赵俪生：《论中国新史学的建设问题》，《新建设》第 1 卷第 6 期。
② 郑天挺：《加强学习马克思主义历史科学》，《历史教学》1953 年第 5 期。

分重要的意义。"① 当时，许多大学历史系都把学习苏联的问题落实到教学工作的实处，如建立教研室，借鉴苏联大学历史系的各科教学大纲的精神，编写新的教学大纲。更重要的是按照苏联的历史理论，指导历史学的教学与研究工作。《联共（布）党史简明教程》的观点，成为每个史学工作者的工作指南。

为了配合史学界学习苏联活动的开展，学术刊物上也不断发表文章，介绍苏联史学的成果。1951 年的《新建设》上就发表了全面介绍苏联史学巨大成就的文章，阐述了列宁、斯大林对苏联历史科学发展的贡献，特别提到斯大林的《马克思主义与民族问题》、《马克思主义与语言学问题》等文章对于苏联历史科学的重要指导意义；文章还分阶段阐述了苏联历史科学的发展，阐述了苏联史学取得重大成就的课题；透露了苏联科学院和各大学历史系正在合作编纂大部头的《苏联历史》和《世界史》。文章说："渴望这两部巨著能够早日出版，并能早日流传到中国，藉以帮助我国目前大学中世界史的贫乏现象。"②

中国人民大学从 1952 年到 1954 年出版了《历史问题译丛》，作为内部发行的刊物向中国读者介绍国外的史学成果，其中大部分是介绍苏联史学的成果。1955 年后，中国科学院历史研究所的《史学译丛》正式出版发行，其中所刊登的文章也大部分是介绍苏联史学成果的。例如，1953 年的《历史问题译丛》中就译介了在苏联史学领域很有影响力的文章，如第 3 期发表的《为争取苏联历史科学的进一步高涨而斗争》一文，就是苏联《历史问题》1952 年第 9 号的社论。这篇社论主要涉及苏联历史科学如何贯彻苏联共产党第十九次党代表大会和斯大林关于《苏联社会主义经济问题》等著作的精神，批评苏联科学院历史研究所以及《历史问题》杂志存在的错误。《历史问题译丛》1953 年第 5 期译介了苏联历史学家 A·潘克拉托娃在苏联《共产党人》杂志上发表的长篇文章《苏联历史科学的迫切问题》，此文也是贯彻苏联共产党第十九次代表大会的精神，对以苏联科学院历史研究所为代表的苏联史学界的工作现状提出了尖锐的批评。

《史学译丛》则刊登了大量的苏联著名史学家的文章、苏联《历史问题》社论等重要文章，帮助中国学者了解苏联史学的基本理论和各种观点。如《列宁论历史科学的党性》、И.С.孔恩的《论贝奈戴托·柯罗齐的"历史主义"》、E.A.科斯明斯基的《苏联历史科学中有关西欧封建主义的某些主要问题》、E.A.科

① 楚白：《在中国历史教学中有关贯彻苏联教材精神和实质的一些问题》，《历史教学》1953 年第 3 期。
② 朱庆永：《三十四年来苏联历史科学的发展》，《新建设》第 5 卷，第 2 期。

斯明斯基的《阿尔诺德·汤因比的历史理论》、Ю. 3. 波列伏依《论普列汉诺夫的历史观点》、《论社会发展的规律性问题》、《论历史科学史的研究》、И. Н. 涅马诺夫《卡莱尔的社会史观点的主观唯心主义本质》等。《史学译丛》还大力报导苏联史学发展的动态、信息。如，1955 年就报导了苏联史学对封建主义基本经济规律问题的讨论、关于苏维埃社会史分期问题的讨论，对于《中世纪史》教科书的评论等等。1956 年的《史学译丛》还刊登苏联《历史问题》等杂志对苏联十卷本《世界通史》出版情况的报导和评论，使中国读者了解苏联史学发展的这一重要信息。《史学译丛》还曾经以很大的篇幅介绍苏联历史科学取得的成果。例如，1958 年第 2 期的《史学译丛》是"四十年的苏联历史科学专号"，分专题介绍了苏联史学在各个领域的成果，其中包括了 B. И. 阿甫基耶夫教授《苏联对古代东方史的研究（1917—1957 年)》、E. A. 科斯明斯基院士等《40 年来的苏维埃中世纪学》、T. B. 叶菲莫夫通讯院士的《40 年来（1917—1957 年）苏联对世界近代史的研究》等文章。此外，该专号还包括了苏联史学对古代希腊的研究、古代罗马的研究以及苏联史料的公布情况。

新中国成立初期，在学习苏联历史科学的过程中也会遇到一些不同的声音。有人认为：关于世界史的著作用英文写的多于用俄文写的；还有人说，苏联编著的世界史仍然是以西方为中心的体系。为了进一步坚定史学工作者学习苏联的信心，郑天挺在 1957 年十月革命四十周年前夕，在《历史教学》上发表文章，强调"一定坚决地诚恳地向苏联历史科学学习。"他认为："四十年来，苏联历史学家一步步地、成功地研究了他们所应研究的历史上的重要问题，解决了他们所面临的科学任务，贡献是伟大的，成就是杰出的。这一切都是我们应当努力学习的典范。""英文的世界史绝大部分是用资产阶级观点所写的，这是我们绝对不需要的。所谓西方中心体系的世界史，完全是资产阶级所捏造。……这和苏联的、马克思主义的、国际主义的世界史体系是绝不相同的。"[①]

二、新中国成立初苏联史学对中国史学的影响

20 世纪 50 年代初，中苏关系处于友好状态，中苏之间的史学交流十分密切；1956 年，苏共 20 大以后中苏之间的关系虽然发生了变化，但中苏史学之间的交流也还仍然维系着。除了上面谈到的《史学译丛》等刊物着重译介苏联史学的

---

① 郑天挺：《坚决地诚恳地向苏联历史科学学习——纪念伟大的十月社会主义革命四十周年》，《历史教学》1957 年 11 月号。

文章外，包括《历史研究》、《历史教学》在内的 50 年代的史学刊物上，经常能够看到苏联学者关于历史问题的文章，文章的内容不限于介绍苏联史学，也涉及俄国史、世界史等较广泛的领域，甚至也涉及他们对中国历史的研究。

《历史研究》是 1954 年创刊的中国历史学界的权威刊物，在此刊物上刊登文章的作者，都是有影响的中国学者，但是我们也可以看到苏联学者在这个刊物上发表的文章。例如，《历史研究》1954 年第 6 期就刊登了安·米·潘克拉托娃院士的文章《一九〇五年至一九〇七年第一次俄国革命的国际意义》，文章认为这次革命是资产阶级民主革命，但在帝国主义时期发生，它是由无产阶级领导的，而且从斗争手段看来它是无产阶级的革命。以后的《历史研究》没有再发表苏联学者的长篇论文，但是可以看到大量有关苏联史学动态的报导。例如，1959年第 4 期发表了根据苏联《历史问题》杂志刊载的苏联科学院历史科学学部1959 年的科学研究计划。1959 年第 5 期发表《苏联的中国学的发展和任务》，对苏联的中国学研究状况做了概述。《历史研究》1959 年第 6 期发表了介绍苏联和德意志民主共和国史学家对第二次世界大战历史的研究。《历史研究》1960 年第6 期，介绍了苏联历史百科全书的出版情况；1960 年第 1 至 2 期介绍了苏联科学院东方学研究所的七年研究计划；1960 年第 3 期介绍苏联莫斯科大学历史系1959—1965 年的科学工作计划；1959 年的《历史研究》还介绍了苏联史学界加强对世界近现代史的研究及《1941—1945 年苏联伟大卫国战争史》6 卷本的出版情况等。

20 世纪 50 年代的《历史教学》杂志则更多地反映了苏联学者对世界历史、中国历史、历史理论、历史教学方面的研究状况，有的文章是学术研究，有的是教学参考，有的是新书评介，中国读者可以从多方面了解苏联史学的情况。涉及中国的文章有 Л. В. 西蒙诺夫斯卡娅的《中世纪中国历史之基本特征》（1953 年3、4 期）、Ковалев 的《斯大林著作中的中国革命问题》（1953 年 4、5、6 期）、尼基霍罗夫的《列宁论中国和中国革命》（1955 年第 7 期）、А. Н. 布洛依娜《中苏关系史上的新文献》（1957 年第 12 期）、Т. В. 叶菲莫夫的《义和团起义前夜清朝政府的对内对外政策》（1958 年第 2 期）、Т. 阿斯塔弗耶夫的《1945—1949年美国对蒋介石的援助》（1958 年第 7 期）、А. Н. 赫菲茨的《1918—1926 年中东铁路中俄两国工人反对外国干涉者和白卫军的共同斗争》（1959 年第 10 期）等文章；也有一些文章是论说世界史的问题的，如齐斯托兹伏诺夫的《尼德兰革命》（1955 年第 4、5 期）、А. П. 卡日丹的《拜占廷的生活与文化》（1956 年第10 期）、М. В. 列甫钦柯的《1433 年土耳其人攻占君士坦丁堡以及这一事件的历史后果》（1956 年第 11 期）。还有许多关于历史理论和历史教学法方面的文章，这里就不再列举了，从这些文章中可以看到当时中苏史学交流的情况。由于有苏联学者参与历史教学的指导工作，对于中国的历史教师来说确实提供了一些便利。

从当时的综合类学术刊物上也可以看到中苏两国的历史学者相互探讨学术问题的情况。如《文史哲》1954 年第 5 期发表罗尔纲的文章《与叶菲莫夫教授谈太平天国问题》。叶菲莫夫是列宁格勒大学教授、《中国近代史》的作者，1952年作为苏联文化工作者代表团的成员，来到南京与罗尔纲讨论了太平天国的问题，涉及太平天国革命的性质、太平天国人物的批判、太平天国与天地会、太平天国年代等问题。两位学者都共同研究太平天国，对这段历史中的一些重大问题有相同的看法，比如都认为太平天国是反封建、反侵略的农民革命，而不像一些西方学者认为的那样是"宗教运动"；对于洪秀全、杨秀清、石达开等重要人物的评价也比较相似；但对于太平天国与天地会的关系及太平天国革命实际存在的时间上，由于叶菲莫夫掌握的史料不够，在罗尔纲阐明自己意见后，也能得到对方认同。这是在新中国成立初中外学者学术交流中的一件很有代表性的事情。

尚钺认为，苏联的历史科学，在近三十年来"获得了照耀世界的辉煌成绩"，1955 年，他以中国人民大学中国历史教研室的名义将《历史问题译丛》中苏联学者关于封建社会的一些文章选辑出版，定名为《封建社会历史译文集》。尚钺认为，我国史学界行将开展古代史分期问题的讨论，而这个集子的文章对于我们关于中国历史问题的研究和讨论，能够提供出不少的启示，使我们能够正确的运用马克思列宁主义的方法论，"避免许多浪费精力和时间的烦琐争论"。①

《文史哲》1957 年第 3 期发表了山东大学历史系童书业教授与苏联专家乌·安·约瑟夫维奇讨论中国古代史分期等问题的长篇通信，从这两封通信中可以看出中苏两国学者在 20 世纪 50 年代学术交流的水平。1956 年 11 月，苏联学者谢苗诺夫提出，古代东方各国的奴隶制始终没有占统治地位，这些国家的社会制度表现为两种社会经济结构——封建制和奴隶制同时有机的并存着。苏联学者约瑟夫维奇写信给山东大学童书业，表示童的看法很多地方和谢苗诺夫的假设是一样的，想"以共同交谈的方式，希望能听到友好的批评并探讨一些新的东西"。为此，童书业写了 2 万多字的长信阐述了自己的观点，涉及亚细亚生产方式问题、关于古代东方"公社"的性质问题、古代东方封建制早熟的问题、中国古代史

---

① 《封建社会历史译文集·编者的话》，生活·读书·新知三联书店 1955 年出版。

的特殊性问题、农业上应用奴隶的问题等等。可以看出，当时的中苏两国的史学家，都很重视学术交流，希望自己所提出的见解能够得到对方的认同。

三、苏联史学理论对中国史学的影响

苏联史学对中国史学的影响最主要的在于史学理论方面。历史唯物论是苏联史学的理论基础，而在 20 世纪 50 年代，大部分中国史学工作者了解唯物史观、接受唯物史观是通过苏联的哲学和史学工作者的介绍。斯大林的著作被认为是阐述历史唯物论的经典教材，新中国的广大史学工作者通过学习《联共（布）党史简明教程》来学习历史唯物论。可以说，大部分中国史学家关于历史唯物论的基本知识，是通过这样的学习过程得来的。中国学者所接受的唯物史观，就是深深地打着斯大林烙印的唯物史观。

（一）史学家结合思想改造学习唯物史观

新中国成立之初，一些历史学家在思想改造运动中，积极学习苏联、学习斯大林著作、树立唯物史观，批判自己头脑中的错误历史观点。

童书业在 1952 年发表在《文史哲》第 5 期上的文章《学习〈论马克思主义在语言学中的问题〉批判"经济史观"》就是一例。童书业在思想改造运动中，写过一篇《批判我的资产阶级学术思想》的文章，这篇文章就是结合对自己学术思想的批判来学习斯大林的著作，提高自己对于唯物主义历史观的认识。

在这篇文章中，童书业反思自己过去对唯物史观的认识、理解和运用存在的一些问题。在抗战前和抗战初期，他自认为是"真正的唯物论者"，而把大多数新史学家看成是"公式主义者"。他反思自己是主张一种"经济史观"，后来演化为"三合史观"（以地理、经济、民族性三者为历史重心）。"经济"就是历史的重心，它决定"社会组织"；"经济"和"社会组织"产生或影响"政治制度"及"学术文化"；而整个历史（主要指政治史）又是"经济"、"社会"、"政治"、"文化"交错产生的东西。童书业认为，他的这种"经济史观"主要表现在他的《春秋史》中。在这部书中他认为在自给自足的幼稚农业经济的条件下所产生的社会组织，"便是历史上有名的封建社会。"他说，由于不了解战国以来的地主制的封建社会本质，认为这样的封建社会在春秋时得到了"动摇"或"崩溃"。并且认为中国封建社会崩溃的真正原因，是受了地理环境的限制，发达到佃农制的社会就暂时的终止了；欧洲却因地理环境的适宜，而很早就发达成资本主义的社会。童书业反思说：我在这里搬出"地理环境"来解释中国社会的特殊性，这是最反动的理论，反动派最喜欢这种论调，因为可以拿来抵抗革命。他总结自己的历史观认为有三个问题：一是把历史完全看成是经济的产物，抹煞阶级斗争的作用和人类能动性的作用；二是太强调经济或物质的力量，就会把拥有"物质"最多的势力看成是不可抗的，政治上就会依靠帝国主义；三是"经济史观"最容易发展成地理史观。所以，他认为学习斯大林的著作，能克服一切错误的史观和一切错误的哲学，才能清算伪"唯物史观"。童书业对斯大林著作的精神理解如何姑且不论，但是由此可以看出新中国成立初期的历史学家在学习斯大林著作、学习历史唯物论中的认真的精神和自我反思的态度。①

（二）学习苏联史学，用历史唯物论指导中国史学发展

20 世纪 50 年代初对斯大林著作的学习，不仅促进了史学家以唯物史观为指导改造个人的历史思想，同时斯大林的著作也成为指导中国史学发展的指针。

历史学家荣孟源在《新建设》1953 年 8 月号上，发表一篇题为《学习斯大林的〈辩证唯物主义与历史唯物主义〉》的文章，是力图引导学术界学习斯大林著作，学习历史唯物主义，克服史学领域中的不良倾向的文章。文章认为：斯大林对于历史科学工作的指示，是我们历史科学工作者所必须认真学习、切实遵循的。他从四个方面论述了如何学习斯大林著作的精神实质。

第一，把辩证法的原理推广去研究社会历史。他批评我国的学者在工作中，往往是孤立地、静止不动地去观察问题；他强调要牢记斯大林的观点：一切都以条件、地方和时间为转移。

第二，把哲学唯物主义的原理推广去研究社会历史。他批评有些史学工作者处理起实际问题来"夹杂上一些唯心主义的东西"。例如，分析历史人物，时常只注意其阶级出身，而不去仔细分析他在当时阶级斗争中的作用，像对待刘邦、李密等人，就否定他们在农民战争中的地位。还有的学者在处理历史材料时，常以个人的爱憎为取舍标准，只选取对自己合用的材料"来填主观制定的表格"。

第三，以历史唯物主义来研究社会历史。他批评有的学者不能全面理解历史唯物主义，如把生产方式简单地理解为生产力，把生产力简单地理解为生产工具，而又把生产工具简化为某种原料。

第四，以辩证法、哲学唯物主义和历史唯物主义研究历史。荣孟源提出，应该以斯大林的《辩证唯物主义与历史唯物主义》一书的基本精神来提高我们的

---

① 童书业：《学习〈论马克思主义在语言学中的问题〉，批判"经济史观"》，《文史哲》1952 年第 5 期。

历史科学工作水平。他批评了当时出版的书存在的种种错误，这些书都是对人民不负责任的，是不能允许的。①

　　通过 50 年代初期的学习与宣传，中国的史学工作者纷纷认同了苏联历史学的理论基础，也就是认同了斯大林关于历史唯物主义问题的基本观点。这一时期，除了历史唯物主义理论之外，已经不存在历史学的基本理论。学者们普遍认为，掌握了历史唯物主义，就掌握了历史科学的基本理论，而这个历史唯物主义主要就是斯大林所做的经典表述。在这一点上，中国学者和苏联的历史学家们取得了共识。

　　（三）对当代西方史学思想的共同立场

　　20 世纪 50 至 60 年代，中苏历史学家在基本理论上的一致，不仅表现在指导思想的一致上，还表现在对"西方资产阶级反动史学观点"的基本认同上。我们从中苏两国的史学家在对待英国史学家汤因比的史学理论的态度上，可以明显地看出这一点。

　　苏联《历史问题》杂志 1957 年第 1 期刊登了著名历史学家 E. A. 科斯明斯基的文章《阿诺尔德·汤因比的历史理论》，此文可以看作是当时苏联史学对这位享誉西方的著名历史学家的历史思想的基本评价。

　　科斯明斯基说：汤因比在英国学术界享有"巨大的威望"，被认为是"精通古代世界的专家"，他的崇拜者把他宣传为"当代最伟大的历史家"，把他的发现同哥白尼、伽利略、牛顿和达尔文的发现相提并论。但汤因比的"发现"究竟是什么？他说："汤因比得出了一种可悲的、但是并不很新的思想，就是人类历史不是循着进步的直线发展的，而是表现在一系列的'文明'形式中，其中每一种文明都经过发生、发展，然后趋于衰落，最后归于灭亡。"他认为这些文明存在的时间总共不过六千年，同人在地球上存在的时间（30 万年）比较起来，是一段微不足道的期限，所以从哲学上看把所有这些"文明"当作同时发生而不用按年代顺序加以划分是正确的。

　　科斯明斯基认为，汤因比的著作不是完全没有合理的因素，他试图发现世界历史中的规律性。但是，他的整个理论体系的基础是"文明"或者是"社会"的概念。而这种"文明"或"社会"的统一特征不是民族的、不是政治的，也不是种族的共同性，而是文化的共同性，而文化的最深刻的实质是宗教。他把他

　　　① 荣孟源：《学习斯大林的〈辩证唯物主义与历史唯物主义〉》，《新建设》1953 年 8 月号。

的"文明"观的重点，建立在希腊罗马文明和西方基督教文明的例子上。尽管他说一切文明在哲学意义上是半斤八两的，但实际上在他的体系中西方文明占着十分特殊的地位。他认为西方文明保持着"创造力量的神圣闪光"，但也认为"西方文明以及与它相连的整个世界历史正遭遇着决定性的危机"，这一危机给西方文明和整个世界历史敲过了"十一点钟"。

科斯明斯基认为：汤因比的作品不是历史，不是科学，而是关于地球上人类命运问题的神学和形而上学的幻想，是由不计其数的姓名、名称、年月、引文、附录、注释、离题话、未经考证的事实、毫无根据的假设、历史上的奇谈逸事、神秘的幻象、时髦的字眼等等堆砌起来的幻想。科斯明斯基认为：汤因比的历史观念旨在反对历史唯物主义。他用唯心主义的、神话的、神学的迷雾来掩盖阶级关系。他拒绝承认像生产力和生产关系的发展这种因素的决定意义，混淆各个发展阶段的社会。他没有一个客观标准来比较这些社会的相同点和不同点，给各种偶然性的和表面的对比打开了最广阔的余地。因此，他的理论体系是树立在沙滩上，甚至是树立在比沙滩更加不稳的基础上。①

20 世纪五六十年代，中国学者也开始以"批判"为目的接触了西方史学，有一些西方史学名著已经被翻译成中文，如美国学者鲁滨孙的《新史学》、德国学者斯宾格勒的《西方的没落》、英国史学家汤因比的《历史研究》等等。我们仍然以对汤因比的《历史研究》为例来说明这个问题。

汤因比这部巨著的索麦维尔节录本的 1—3 卷，1959 年由上海人民出版社翻译出版，译者是曹未风。我们从译者所写的《代序》中，很容易看出译者本人对此书和汤因比的看法。

译者首先对汤因比和他的著作进行了"定性"的分析："汤因比是资产阶级的一个代言人，他的著作是为资产阶级服务的。因此他的一切理论都是从资产阶级的观点立场出发，转过来为资本主义和帝国主义社会制度服务的。""汤因比的历史研究，处处都在说明资产阶级的历史科学做为社会科学的一部分是反动阶级的工具，处处都反映了作者的阶级观点和立场。"译者认为，汤因比的历史学说并不是他自己独创的，他是在一定程度上相当广泛地总结了资产阶级的历史学说的全部理论，并且提出了和马克思主义完全相反的说法。由于当时中国大陆刚刚进行了反右派斗争，而有些"右派分子"正是赞同所谓"历史形态学"的，所以揭露和批判汤因比学说的反动实质，对于"消灭资产阶级的思想影响，捍卫

---

① E. A. 科斯明斯基：《阿诺尔德·汤因比的历史理论》，《史学译丛》1957 年第 4 期。

和发扬马克思主义"是非常必要的。

对于汤因比的评价,译者说:汤因比是一位自称为"纯粹为学术而学术的'专家'",但是我们知道并不是这回事;他也是一位自以为"总结了全人类的历史经验,并从中找出历史的科学规律的人"自许的,但不管他的野心多么大,花了多少劳动力,他的企图却是惨败了,因为他从根本上就走错了路。他的历史形态学只能使他看到浮浅的表面,看不到事物的本质,他的唯心论也必然要使他走向神学,最后一切还是推到上帝身上了事。①

1962 年,生活·读书·新知三联书店出版了主要由苏联学者撰写的论文集《穷途末路的资产阶级历史哲学》,从文章的选择上看,主题仍然是对西方"资产阶级史学"的批判,批判的重点是西方史学中的相对主义历史哲学。从而说明,这些文章的基本立场和观点是得到中国学术界认同的。这一时期,中苏史学家之间可能会在一些问题上有不同观点,但是在批判"西方资产阶级"史学的基本态度上还是一致的。

四、中国史学界对苏联史学态度的逐步转变

1956 年苏共二十大以后,苏联对于斯大林、斯大林的理论以及斯大林时期的历史科学进行了批判,随后中苏之间在意识形态领域内产生了一系列分歧,以至形成论战的局面。中国史学界对待苏联史学的态度也发生了微妙的变化。学术刊物上再也见不到学习苏联历史科学的文章或提法,也不再刊登介绍苏联史学成果的文章。1959 年以后《史学译丛》停止出版,改为"中国科学院历史研究所史学译丛"的著作形式来反映包括苏联史学在内的国外史学动态。为了便于中国学术界了解苏联史学界所发生的新变化,齐世荣、余绳武等一些学者于 1963 年编选了《苏联历史论文选辑》,选译了从 1956 年至 1963 年 8 月苏联报刊所发表的一些比较有代表性的历史论文,按内容分为三辑:第一辑是苏共中央关于几个重要历史杂志的决议、苏共领导人对苏联历史学家的指示以及重要历史杂志的社论;第二辑是反映苏联史学宣传和平共处、和平过渡、民族解放运动和平发展的论文;第三辑是宣传"反对个人迷信"的论文。编辑者的说明中,虽没有明显的对苏联史学的批判性的语言,但从其"内部发行"的出版形式已经可以看出当时对苏联史学的态度,应该说当时对于苏联学者的这些文章基本上是作为批判材料来对待的。

---

① 汤因比著,曹未风译:《历史研究·代序》第 26 页,上海人民出版社 1959 年版。

　　1964 年，世界知识出版社的《苏联报刊反华言论》第一集出版，该集摘录
1963 年苏联报刊文章 119 篇，这些文章中包括了一些"反华"的言论，有一些
就来自于史学刊物。这也说明，当时的学术刊物也卷入了意识形态方面的论战。

　　值得注意的是：1964 年 6 月，商务印书馆出版"内部读物"《西方资产阶级
学者论苏联历史学》。在当时，作为中国学人要了解苏联史学完全可以从俄文的
论著中直接了解，况且在此之前《史学译丛》等刊物已经做了很多工作，为什
么要借"西方资产阶级学者"的口来谈论苏联史学呢？这些西方学者的文章也
是发表在 1958—1963 年这个转折的时期，显然这表明当时的中国学术界虽然不
像 50 年代初期那样正面宣传学习苏联史学，但是也反对像西方学者那样全面否
定斯大林时期的苏联历史科学，所以也把这些西方学者论及苏联史学的文章作为
一种批判材料来对待。编者旗帜鲜明地指出：这些文章的作者"都是西方的资产
阶级学者，他们站在捍卫资本主义文化的立场，企图通过对苏联历史学的批判，
达到否定整个马克思主义历史科学的目的。"指出，这些文章重点攻击列宁、斯
大林时期的苏联史学，而对苏共二十大后泛滥起来的修正主义历史学则表示欢
迎。由此可见，这些西方学者的观点是"十分反动的"，判断"非常乖谬"，只
是其中提供的某些材料和线索，"有值得注意的地方"。[①]

　　尽管苏共二十大以后苏联历史学发生了一系列的变化，中国学者对苏联历史
学的新变化保持着高度的关注和警惕；但即使到 60 年代初，中国史学家在对待
历史问题的基本历史观上仍然是认同斯大林时代苏联学者的观点，对西方"资产
阶级历史哲学"都是持批判态度的。

　　此外，这一时期还有一些重要史学著作在中国仍然影响很大，如潘克拉托娃
的《苏联史》，直到"文革"时期还再版。苏共二十大后，根据新的非斯大林化
精神，由波诺马廖夫等人编的《苏联共产党历史》，也是学习苏联新史学的样板。

　　总之，从新中国成立到 60 年代中期是苏联史学直接影响中国史学的重要时
期，中苏史学之间的交流达到了非常密切的程度，无论是在史学理论及方法论方
面还是在各个分支学科领域，苏联史学都对新中国的马克思主义史学产生了巨大
的影响，在很大程度上促进了中国史学的发展。

---

　　① 吕浦、黄巨兴等译，齐世荣编校：《西方资产阶级学者论苏联历史学·出版说明》，商务印书馆
1964 年版。

第三节　新中国的史学家队伍和组织机构

新中国成立后不久，中国共产党人就在中国科学院设立了历史学研究的相应机构，并对旧中国大学进行改造，设立了在马克思主义理论指导下的新的课程体系，大学历史学专业本专科和研究生招生工作随之开始。在马克思主义史学发展过程中，中国历史学会发挥了组织和领导全国史学家的重要作用。

一、新中国主要的史学机构和人才培养机制

"文革"前的中国史学家队伍主要由三部分组成：一部分是新中国成立前从事马克思主义史学或经济史研究的史学家，如吴玉章、郭沫若、范文澜、翦伯赞、吕振羽、侯外庐、嵇文甫、邓拓、何干之、邓初民、杜国庠、李平心、陈翰笙、李亚农、华岗、周谷城、尹达、尚钺等著名的第一代马克思主义史学家，他们当时年龄大多在五十岁左右，在 20 世纪 30 至 40 年代就出版了相应的史学论著或撰写了有影响的史学论文；也有刘大年、胡绳、黎澍、吴泽、胡华、严中平、傅筑夫、傅衣凌、赵俪生等第二代马克思主义史学家和经济史专家，他们是推动新中国马克思主义史学发展的核心和领导力量。第二部分是与他们同时代的在新中国成立前主要从事实证研究或思想文化及考古学、民族学、世界史等方面研究的史学家，如陈垣、陈寅恪、吴晗、顾颉刚、吕思勉、徐仲舒、白寿彝、郑天挺、谢国桢、贺昌群、夏鼐、梁思成、裴文中、贾兰坡、向达、姜亮夫、胡厚宣、周予同、罗尔纲、童书业、杨宽、陈述、蒙思明、翁独健、王玉哲、杨志玖、唐长孺、王仲荦、韩儒林、邓广铭、梁方仲、岑仲勉、金毓黼、刘节、金景芳、杨翼骧、杨向奎、谭其骧、史念海、斯维至、何兹全、吴枫、韩国磐、齐思和、吴于廑、雷海宗、林举岱、吴廷璆、周一良、朱本源等两代史学家。第三部分是新中国成立后逐渐成长起来的一批青年史学家，如戴逸、彭明、蔡美彪、林甘泉、宁可、田昌五、漆侠、胡如雷、陈旭麓、日知、朱寰、李学勤、张岂之、王思治、张传玺、金冲及、李文海、龚书铎、刘家和、马克垚、罗荣渠、齐世荣、彭树智、陈启能等史学家，他们求学于 40 年代末到 50 年代中后期，大多在五六十年代开始在史学界崭露头角，发表了有影响论文，有的出版了著作，参与了重大问题的讨论，在新时期他们中的大多数对于中国历史学的发展，在各个领域发挥了学术领军的作用。关于新中国成立初的史学家队伍，刘大年在 1953 年曾说过："现在全国高等学校中，共有历史系教师 260 余人，研究生约 200 人，

中国科学院有近代史研究所和考古研究所，共有研究人员 30 余人，其他宣传教育机构中还有一部分非专业的历史研究者。"①

在 20 世纪 50 至 60 年代，中国共产党人对于历史学科的发展也非常重视，党和政府也实行了一些促进学术发展的制度和政策。新中国历史学研究组织和机构主要有三个大的类别：一是史学家自己组织的中国史学会及各省区的分支机构；二是中国科学院的历史研究机构，到 1954 年，中国科学院设立了三个历史研究所和考古研究所；三是高等院校和中小学的史学工作者。到 1955 年，全国有 14 所综合大学、43 所师范学院设立了历史系。

高等院校是培养历史学专业人才的重要机构，高校教学科研工作的开展也极大地推动了新中国历史学科的发展。新中国成立前后，根据中央的部署，一些著名史学家担任了大学要职或历史系的主任，如北平刚一解放，吴晗出任清华大学校务委员会副主任、文学院长、历史系主任；1949 年 7 月，周谷城任华东军政委员会教育委员会委员兼复旦大学教务长。中华人民共和国刚成立，翦伯赞就担任中央人民政府政务院文化教育委员会委员、民族事务委员会委员，1951 年 10 月，翦伯赞出任北京大学历史系主任，并长期担任这一职务，以后又任北京大学副校长。著名马克思主义哲学家、史学家李达担任武汉大学校长；1949 年 10 月，吕振羽先后担任大连大学、东北人民大学校长兼党委书记；1949 年 4 月，侯外庐出任北京师范大学历史系主任，1951 年改任西北大学校长，为北京师范大学和西北大学历史学科的建设和发展做出了重要贡献。1950 年，中国人民大学成立时，吴玉章出任校长，何干之担任了中国革命史教研室主任、研究部副部长、历史系主任、校党委委员；尹达于 1950 年 1 月任中国人民大学研究部副部长，1953 年改任北京大学副教务长。华岗担任山东大学校长期间，对于山东大学历史系的发展也做出了突出的贡献。正是由于有这些著名史学家执掌大学要职，因而，高等院校成为新中国历史学发展的一个重要组成部分。上述著名马克思主义史学家，在团结广大史学工作者方面，在高校历史学教学科研和专业发展中，都发挥了极其重要的作用。如侯外庐在北师大历史系工作期间，为促进教师和学生思想的转变、推动教学改革等做了大量具有开创性的工作，正如有的同志所言："他除了亲自给我们讲《社会发展史》、《辩证唯物论和历史唯物论》这两门课以外，还邀请在北京的一些进步的专家学者如楚图南、王亚南、翦伯赞、邓初民等同志来校给我们开讲座。这种以专题报告、大课讲授的方法，很受同学们的欢迎。许多

① 刘大年：《中国历史科学现状》，《科学通报》1953 年 7 月号。

外系同学闻讯后也纷纷赶来听讲,课堂内外坐满了人。经过三个月的讲习,同学们获得了新的知识,也提高了思想觉悟。""外庐同志在师大历史系所做的这些工作,是在新思想、新理论与旧理论、新方法与旧方法、新制度与旧制度的斗争中进行的。这是一场深刻的、细致的、特殊的战斗。许多工作都带有探索的性质、开拓的性质。在这个特殊的战斗中能不能有所建树,需要的是才华、魄力和依靠党的政策。外庐同志很好地把这三者结合起来,在党的领导下,在广大进步师生的支持下,为改造旧师大历史系、创办新师大历史系,迈出了坚实的一步。正因为如此,师大历史系在教学领域的一系列改革受到了教育部和新闻界热切关注和积极支持。教育部向全国高等学校推荐了师大历史系教学改革的经验,并组织北京的兄弟院校的同志到历史系参观、学习。《光明日报》在一九五〇年一年中,连续发表了五篇报道和文章,介绍师大历史系的教学改革情况。"① 又如翦伯赞在 1951 年全国院系调整后执掌北京大学历史系,"翦伯赞和北大历史系的教师,不论对老、中、青哪一代人,基本上都能和平共处。对于老年的,他向他们交谈时总是说:你们掌握的史料多,好比积攒了许多钱,只是零散的堆在那里,缺乏一个钱串子(理论)把它们贯穿起来;我是搞理论的,却没有掌握你们那么多的史料,正像只有钱串子而没有钱。咱们互相取长补短,正可以相辅相成。对于青年教师,他既引导他们认真学习马列主义,也鼓励他们去广泛的搜集资料。在他的这种态度和作风带动之下,到 1957 年的反右运动开始之时,历史系已经培养出不少的青年优秀人才,也已刊布了大量的科学研究的成果。"② 为了推动史学界的"百家争鸣",翦伯赞在 1957 年 3 至 5 月在北京大学开办了"历史问题系列讲座",先后邀请范文澜、侯外庐等国内著名史学家,以及苏联著名汉学家杜曼、日本考古学家原田淑人、埃及考古学家埃米尔等做学术报告,按照翦伯赞的计划,还将邀请陈垣、顾颉刚、裴文中、郭沫若、尚钺等史学家前来作报告,后来由于整风反右运动的干扰,计划未能完全实现。前来北大听讲座的,不限于北大师生,包括北京市 150 多个单位的工作人员,每次讲座都受到听众的热烈欢迎,并在《光明日报》连续发表讲座报道,这些学术讲座,不仅引起了北京广大史学工作者的兴趣,而且在全国产生了重大影响。③

中国科学院成立于 1949 年 11 月,科学院成立之初就设立了考古研究所和近

---

① 刘淑娟:《侯外庐同志在北京师范大学历史系》,《史学史研究》1982 年第 3 期。
② 邓广铭:《邓广铭全集》(第 10 卷)第 371—372 页,河北教育出版社 2005 年版。
③ 翦伯赞:《从北大"历史问题讲座"说到百花齐放、百家争鸣》,《光明日报》1957 年 4 月 24 日。

代史研究所。近代史所是 1950 年 5 月成立的科学院下辖的一个历史研究的专门机构，是在华北大学历史研究室的基础上组建的，著名马克思主义史学家范文澜担任所长。1950 年 10 月，中国科学院又聘请了何干之等著名史学家担任中国科学院专门委员。中共中央于 1953 年成立的"中国历史问题研究委员会"，成为贯彻和执行党中央重要指示的一个重要机构。1953 年 9 月 21 日召开了第一次委员会议，中共中央宣传部副部长陈伯达在这次会议上提出了几点应该注意的问题：一、学习马、恩、列、斯关于历史唯物主义的基本著作；二、熟悉苏联三十年来关于历史科学的经验和一些重要的结论；三、对于二十几年来从郭老的《中国古代社会研究》发表以来中国史学界的一些作品，也要加以研究①。这次会议根据毛泽东主席的提议，决定成立中国科学院三个历史研究所，创办了《历史研究》杂志。科学院院长郭沫若兼任一所的所长，北京师范大学陈垣校长兼任二所所长，尹达、侯外庐和向达任一、二所副所长，原近代史研究所改为第三所。新组建的这两个研究所聚集了顾颉刚、杨向奎、胡厚宣、张政烺、贺昌群、王毓铨、谢国桢、孙毓棠等著名学者，之后，又聘请了蒙文通、唐长孺、谭其骧、白寿彝、翁独健、韩国磐、李埏、邱汉生等著名学者担任兼职研究员和副研究员。1959 年，一、二所合并成历史研究所，郭沫若兼所长，尹达、侯外庐、熊德基任副所长，白寿彝、翁独健一度担任研究室主任②。历史研究第三所在 1959 年又称近代史研究所，范文澜一直任所长，刘大年担任副所长。1964 年 5 月，科学院在原来世界史组的基础上创立了世界史研究所。

　　高等院校历史系和科学院及其下辖的历史研究机构，对于培养历史学专门人才和推动新中国历史学的发展做出了巨大贡献。历史所在文革前主要开展了《中国史稿》、《中国思想史》第四卷、《中国农民战争史》、《中国历史图谱》、曲阜孔府档案整理、乾隆刑科题本整理等重大项目，极大地推动了新中国历史学特别是中国古代史的研究工作。到 1955 年底，除科学院的历史研究机构之外，全国有 14 所综合大学设有历史系，43 所师范学院也设有历史系。综合大学中，北京大学、南开大学、中山大学、复旦大学、武汉大学、山东大学、厦门大学、西北大学、南京大学、四川大学等，都有较强的历史学教学和科研实力，翦伯赞担任系主任的北京大学开办了考古训练班和考古系，北京大学和武汉大学还创立了世

---

　　①　参见刘潞、崔永华编：《刘大年存当代学人手札》第 43—46 页，中国社会科学院近代史研究所印。

　　②　林甘泉：《五十年的回忆与思考》，《林甘泉文集》第 459—460 页，上海辞书出版社 2005 年版。

界史专业。北京师范大学、华东师范大学、东北师范大学等师范院校，也有较强的力量，聚集了一些著名学者。高等学校成为历史学人才培养的重要基地，也培养了一些高素质的历史学教学和科研人才。如王敦书1951—1955年就学于清华大学和北京大学历史学系，跟随众多的名师学习，他晚年回忆说："清华和北大四年期间，在众多名师教导下，我系统学习了中国通史、世界通史和亚洲通史以及马克思列宁主义理论，对古今中外历史的基本知识、基本理论和基本技能打下了广阔、深厚、扎实的功底，这使我终身受用不尽。"① 经过翦伯赞精心打造的北京大学历史系，在1957年初已初具规模，"这一时期，北大历史系下分中国史、世界史和考古学三个专业，六个教研室，教师超过百人，阵容比较强大；本科生五百余人，质量比较好；研究生和外国留学生每年都保持有数十人；还有一、二十位进修教师及外籍教师。这一状况与本校其他文科系和兄弟院校的文科各系相比，被认为是'泱泱大国'，教学和学术研究的状况，亦被认为走在国内兄弟系科的前面；在国际上，亦为同行系科或专家学者所瞩目。至于学风问题，应当说，翦先生与各位老年教师配合一致的努力，在四、五年间，获得了巨大的成功，所树立起来的学风基本上是好的。"②

新中国成立初，党和政府也十分重视对哲学和社会科学发展的规划和领导工作。1955年6月，报经国务院批准，中国科学院实行学部和学部委员制度，哲学社会科学学部是当时的四大学部之一。尹达、王亚南、向达、吴玉章、吴晗、吕振羽、李亚农、李达、杜国庠、侯外庐、胡乔木、胡绳、范文澜、夏鼐、陈伯达、郭沫若、陈垣、陈寅恪、陈翰笙、冯友兰、刘大年、翦伯赞、邓拓、郑振铎、嵇文甫等著名史学家、考古学家、经济史专家、哲学史专家任哲学社会科学部学部委员，著名历史学家郭沫若、范文澜、翦伯赞、尹达、向达被推举为哲学社会科学部常务委员会委员③。历史学各研究所也实行学术委员制度，翦伯赞、吴晗、何干之、胡绳、黎澍、田家英等一些著名史学家被聘为各研究所的学术委员。1956年，成立了国务院科学规划委员会，刘大年担任中国科学院哲学社会科学规划办公室主任，出席了全国科学规划工作会议，郭沫若、范文澜、翦伯赞等许多著名史学家参与了"十二年哲学社会科学远景规划"的制定工作。同年，

---

① 王敦书：《贻书堂史集》第3页，中华书局2003年版。
② 张传玺：《翦伯赞传》第265页，北京大学出版社1998年版。
③ 参见《人民日报》1955年6月4日，1955年6月11日；嵇文甫为1957年增聘学部委员，参见《光明日报》1957年5月31日。

中国科学院组成了以郭沫若为首的《中国历史》教科书编辑委员会，由郭沫若、陈寅恪、陈垣、范文澜、翦伯赞、尹达、刘大年七人组成了《中国历史》教科书编审小组①。1958 年 2 月，国务院科学规划委员会又聘请了何干之等著名史学家担任历史学科规划组成员。国务院科学规划委员会除了制定了"十二年哲学社会科学规划"之外，经常就哲学社会科学发展的重大问题展开讨论，对推动学科的发展也做出了重要贡献。如 1956 年 6 月，科学规划委员会召集了全国 600 多位哲学社会科学工作者，就如何贯彻"百家争鸣"的方针展开了深入讨论。"在讨论中首先接触到的是在学术研究中，要不要马克思列宁主义为指导思想的问题，历史学家范文澜等认为马克思列宁主义应该成为'百家争鸣'的指导思想，不能作为一家之言看待。中国科学院历史研究所第三所研究员金毓黻说，在这个指导思想下争鸣，就能收到殊途同归的效果，最后归结到一个客观真理。"这次讨论会还就形成和建立学派问题以及古代史分期各派的相互尊重问题发表了重要意见。②

　　为了培养高质量的社会主义国家的史学人才，国家非常重视历史学教学计划和大纲的制定以及教材的编写工作。1952 年全国院系调整后，教育部颁发了综合院校、师范院校和师专历史系、科的《教学计划》，规定了历史专业学生的政治理论课、专业基础课和选修课以及毕业考试的基本课程及其教学时数。1954年新的教学方案公布。1956 年 7 月 5 日至 15 日，高等教育部召开高等学校文史科教学大纲审定会，160 多位专家学者根据"百家争鸣"的方针展开讨论，这次会议对高等学校的中国古代史、中国近代史、亚洲史、世界史教学计划和教学大纲展开讨论，特别是对中国古代史和近代史的分期问题如何处理进行了深入研讨，确定了综合大学历史学教学大纲③。1956 年 4 月 9 日至 12 日，教育部召开师范院校历史系（科）"中国古代史"及"中世纪史"教学大纲座谈会，会议就如何处理中国历史上奴隶社会与封建社会的分期和封建社会的内部分期问题，以及民族问题、大纲编写体例问题等交换了意见，形成了一些基本共识④。同年 8月 6 日到 18 日，教育部委托北京师范大学主持高等师范学校教学大纲讨论会，审定了文史系科 20 种科目的教学大纲。这次会议对中国古代及中世纪的分期问

　　①　中国社会科学院科研局组织编：《刘大年集》第 466 页，中国社会科学出版社，2000 年版。
　　②　《科学规划委员会组织六百多位科学家讨论百家争鸣问题》，《人民日报》1956 年 7 月 2 日。
　　③　《全国综合大学一百多位文学史学专家根据百家争鸣的方针审定教学大纲》，《人民日报》1956 年7 月 24 日。
　　④　《教育部召开师范院校中国古代史及中世纪史教学大纲讨论会》，《历史研究》1956 年第 7 期。

题、中国近代史的阶段划分问题展开了深入讨论，会后制定了"高等师范院校历史学教学大纲"①。经过 1961 年史学界的进一步纠正"史学革命"以来历史教学中出现的"左倾"错误，1963 年教育部又颁布了新的教学方案。为满足高等学校教学的需要，新中国成立后不久，高校历史教材的编写任务就提上了日程，1954 年高教部委托著名史学家何干之主编的《中国现代革命史》由高等教育出版社出版，作为全国高校中国革命史的统编教材。关于该书的编写情况，刘炼先生回忆说："编写组由北师大、清华、农大、钢铁学院以及外语学院等高校的革命史教研室主任组成，分章起草，由干之主持修改定稿，我作为农大代表也承担了一部分教材的编写任务。写作工作一共用了两年时间，每一章的初稿都经过集体讨论后才交给他，有些部分几易其稿，改得几乎面目全非。……这本书于 1954 年 12 月出版发行。这项工作受到高教部高度重视，认为干之在创立中国现代革命史课程的教学体系，培养大批首开这门课的教师队伍以及确定第一本高校革命史教材等方面做出了突出贡献，并准备直接评定他为一级教授。"② 此后，胡华主编的《中国革命史讲义》也由中国人民大学出版社出版。这两本教材，不仅满足了高校革命史教学的需要，而且极大地推动了"中国革命史"及"中国现代史"的研究工作。1956 年，高教部又委托中国人民大学、北京师范大学等单位编写历史专业的《中国现代史》教材，在高教部和科学院近代史所的大力支持下，李新、孙思白、彭明、王真等学者开始了现代史教材的编写工作。1958 年 11 月 20 日至 12 月 2 日，教育部与中国科学院历史第三所联席召开"中国现代史"工作会议，就《中国现代史讲义》的编写、现代历史资料的调查、收集和整理问题展开讨论。这次会议对中国现代史与现代革命史的关系问题、中国现代史的红线问题、现代史如何为政治服务问题，以及对陈独秀、鲁迅、蔡元培等历史人物如何处理等问题展开了讨论，这进一步促进了中国现代史学科体系的形成③。李新、孙思白、蔡尚思、陈旭麓、彭明等专家学者，克服种种干扰，到 1961 年最终完成并出版了四卷本的《中国新民主主义革命时期通史》④，这不仅满足了历史专业"中国现代史"教学的需要，而且极大地推动了"中国现代史"学科的发展。

① 《高等师范学校文史教学大纲讨论会审定二十种文史教学大纲》，《人民日报》1956 年 8 月 22 日。
② 刘炼：《风雨伴君行》第 72 页，广西教育出版社 1998 年版。
③ 参见孙思白：《孙思白史论集》第 44—50 页，山东大学出版社 2001 年版。
④ 李新：《回望流年——李新回忆录续篇》第 86—108 页，北京图书馆出版社 1998 年版。

　　为了全面提高中学历史教学的水平，根据教育部的指示，人民教育出版社历史编辑室组织了一些史学家和中学历史教师开始编写新教材，在经过大量的调研、座谈和听课之后，经过专家们的通力合作和努力，1956 年下半年，全国开始使用新教材。新教材无论从思想性、科学性还是结合中学生的学习程度等方面，比起原来的教材都有很大的提高，得到了陈垣、侯外庐、邓广铭等著名史学家的好评，《历史教学》在 1956 年第 7、8 两期专门编辑了《介绍中学历史新教科书特辑》。与此同时，颁发了《中学历史教学大纲》（草案），进一步明确了中学历史教学的任务，教材的内容和范围、教材的深度和广度，并对各年级的教学进度做出明确的规定，对教学原则也作了适当提示。[1]

表 2 - 1　历史系必修科目学程表（1952）

顺序	科目	一 年 级（第 1 学期 18 周，第 2 学期 16 周）		二 年 级（第 3 学期 18 周，第 4 学期 16 周）		三 年 级（第 5 学期 18 周，第 6 学期 10 周）		四 年 级（第 7 学期 12 周，第 8 学期 10 周）		总 计（小时数）	讲授	课堂作业	考试	考查
1	马克思列宁主义基础	3	3	3	3	2	2	3	3	320	214	106	2，4，6，8	1，3，5，7
2	新民主主义论	3	3							102	68	34	2	1
3	政治经济学					3	3	2	2	124	84	40	6，8	5，7
4	心理学	2	3							84	68	16	2	1
5	教育学			3	4					118	84	34	4	3
6	教育史					3	4			94	66	28	6	5
7	学校卫生					2	2			56	42	14		5，6
8	体育	2	2	2	2					136		136		1，2，3，4
9	外国语（俄语或英语）	3	3	3	3					204		204	4	1，2，3
10	逻辑学			2	2					68	56	12	3	4
11	世界古代史	5	4							154	120	34	1	2
12	世界中世纪史			4	5					152	118	34	3	4
13	世界近代及现代史					7	7	6	6	328	228	100	5，7	6，8
14	亚洲各国史							6	4	112	78	34	7	8
15	中国古代及中世纪史	6	6	7	7					442	306	136	1，3	2，4
16	中国近代史					6	6	6	6	300	200	100	5，7	6，8

———————————

[1]　《迎接中学历史教学大纲（草案）的颁行》，《历史教学》1956 年 10 月号。

续表

顺序	科目	一年级（第1学期18周，第2学期16周）		二年级（第3学期18周，第4学期16周）		三年级（第5学期18周，第6学期10周）		四年级（第7学期12周，第8学期10周）		总计（小时数）	讲授	课堂作业	考试	考查
17	中国历史文选	4	4	2						172	120	52	1	2, 3
18	世界文学与中国文学	2	2	2	2					136	102	34	4	2
19	中国国家及法律基础					3	3			84	56	28	5	6
20	历史及政治课教学法					4	3			102	56	46	5, 6	
21	历史专题课堂讨论							3	3	66		66		7, 8
22	教育见习			2	2					68		68		
	总学时	30	30	30	30	30	30	26	24	3422	2066	1356		
	考试次数	3	3	3	4	4	4	3	2	26				
	考查次数	5	6	5	4	4	3	3	4	34				

表2-2　历史系必修科目学程表（1954）

顺序	科目	一年级（第1学期18周，第2学期16周）		二年级（第3学期18周，第4学期16周）		三年级（第5学期18周，第6学期10周）		四年级（第7学期12周，第8学期10周）		总计（小时数）	讲授	实验	课堂实习及讨论等
1	中国革命史	3	3							102	76		26
2	马列主义基础			6	6					204	154		50
3	政治经济学					5	5			140	112		28
4	辩证唯物主义与历史唯物主义							5	5	120	96		24
5	心理学	2	3							84	68		16
6	教育学			3	4					118	88		30
7	教育史					3	3			84	64		20
8	学校卫生					3				36	24		12
9	体育	2	2	2	2					136			136
10	俄语	3	3	3	3					204			204

续表

顺序	科目	一年级（第1学期18周，第2学期16周）		二年级（第3学期18周，第4学期16周）		三年级（第5学期18周，第6学期10周）		四年级（第7学期12周，第8学期10周）		总计（小时数）	讲授	实验	课堂实习及讨论等
11	世界古代史	5	4							154	130		24
12	世界中世纪史			5	4					154	130		24
13	世界近代史					8	6			204	148		56
14	世界现代史							6	6	144	96		48
15	亚洲各国史							4	6	120	96		24
16	中国古代及中世纪史	6	6	6	6					408	340		68
17	中国近代及现代史					6	8	8	8	380	328		52
18	中国文学	3	3							136	102		
19	世界文学	3	3										
20	中国历史要籍介绍及选读	3	3	3	3					204	168		36
21	历史教学法					3	3			102	56		
22	教育见习			2	2					68			
	总学时	30	30	30	30	25	25	26	25	3352	2326		1026

表2－3　历史专业课程设置和教学时间计划表（1963）

顺序	课程	共计（学时数）	讲授	课堂讨论练习等	见习	一年学（第1学期16周，第2学期16周）		二学年（第3学期16周，第4学期16周）		三学年（第5学期16周，第6学期15周）		四学年（第7学期12周，第8学期13周）	
1	政治学	96	76			3	3						
2	政治经济学	96						3	3				
3	哲学	108								3	4		
4	思想政治教育报告	100				1	1	1	1	1	1	1	1
5	心理学	32						2					
6	教育学	64								4			

续表

顺序	课程	共计（学时数）	讲授	课堂讨论练习等	见习	一年学（第1学期16周，第2学期16周）		二学年（第3学期16周，第4学期16周）		三学年（第5学期16周，第6学期15周）		四学年（第7学期12周，第8学期13周）	
7	中学历史教学法	45	30	15									
8	外国语	192				3	3	3	3				
9	习作	64				2	2						
10	体育	128				2	2	2	2				
11	历史科学概论	32	26			2							
12	中国古代史	272	248	24				5	4	4	4		
13	中国近代史	109	97	12						4	3		
14	中国现代史	125	109	16								5	5
15	世界古代史	192	174	18			4	4	4				
16	世界近代史	155	143	12						5	5		
17	世界现代史	125	109	16								5	5
18	中国历史文选	160	128	32		3	2	3	2				
19	马克思主义历史科学经典著作选读	62	50	12						2	2		
20	中国史学史	36	32	4								3	
21	外国史学史	26	24	2									2
22	选修课	75						2		2			
	总学时数	2294											
	周学时数					21	21	20	21	19	18	17	16

注：表1、2、3转自刘英杰主编：《中国教育大事典》（1949—1990），浙江教育出版社，1993年版。

上面三张表格标志着新中国历史学教学体系的初步确立、仿照苏联以及最终形成了自己特色的历史学教学方案的基本情况。首先，与新中国成立前大学教学方案相比，这三套教学方案突出了政治理论课特别是马克思主义理论的教学。1952年方案的政治理论课有马克思列宁主义基础、新民主主义论、政治经济学和中国国家及法律基础，总学时为630小时，占大学四年总学时的18.4%；1954年方案的政治理论课有中国革命史、马列主义基础、政治经济学和辩证唯物主义与历史唯物主义，总学时为566小时，约占四年总数的16.9%，其中的马克思主义基础与其他课程的重复也非常明显。1963年方案比起前两个方案有了很大的改进，历史专业学生不再单独开设中国革命史，可以避免与中国近现代史的重复，讲"政治学"，有助于增进学生的政治理论素养，政治理论课总学时为400小时（其中有100课时的思想政治教育报告），占四年总课时的17.4%。其次，历史专业课教学方案逐步完善。1952年教学方案中，世界史课程开设了世界古代史、世界中世纪史、世界近代及现代史和亚洲各国史共4门课程746课时，中国古代及中世纪史、中国近代史共2门课742课时，世界史的分量比中国史稍重。1954年方案将世界近代史与现代史分为两门课程，总学时为776课时，中国历史仍为两门课总学时为788学时，相比而言，中国历史的分量稍重一些。这两套方案的共同点，就是世界史的分量稍重课时偏多。1963年的方案，形成了中国历史和世界历史的六大块模式，即古代史、近代史、现代史各专门设立一门课程。其中，中国历史三门课程总课时为506个，世界史为472个，其中中国通史占51.7%。此外，加强了史学理论及史学史的教学分量，设置了历史科学概论、马克思主义历史科学经典著作选读、中国史学史和外国史学史课程，尽管史学史课程的分量很小，受师资力量限制，也为历史专业的选修课程，但这毕竟是新中国历史学教学体系进一步完善的重要象征。再次，三套教学方案的公共课和非专业课程也有一些变化。如前两套方案开设教育史、中国文学和外国文学、学校卫生等课程，1963年方案取消了这些课程，在非专业课程中仅设选修课，这使得学生在历史学专业的提高方面有了更大的空间。

　　除了上述必修课目之外，三套教学方案皆有选修课的基本科目。1952年11月的方案的选修科目有：国别史（例如苏联史，56学时）、专门史（例如中国史学史、中国文化史，40学时）、专籍研究（例如中国史学史专籍研究，40学时）、考古学（40学时）、世界地理与中国地理（40学时）、历史地理（40学时）、外国语（俄语或英语，120学时）。1954年4月教育部颁布的师范学院历史专业的选修科目有：史料学（36学时）、古文字学（30学时）、中国文化史（56学时）、考古学、地图作法（24学时）、历史地理（48学时）、博物馆学（36学时）、俄语（104学时）。教育部1963年8月颁布的师范院校历史系教学计划提出的选修课程和加选课程有：外国语、专门史（例如中国社会经济史、中国少数民族史、中国思想史、中国文化史、国际共产主义运动史、民族解放运动史等）、专题研究（包括重大历史事件、重要历史人物和各种制度的研究）、考古学、历史地理。①

在史学研究人才的培养方面，除了大力培养历史专业本专科学生之外，在 20 世纪 50 至 60 年代，国家也实行了研究生招生制度，培养了一些历史学的专门研究人才。新中国成立初的研究生教育，继续了原来的研究生学习制度，如漆侠在北京大学文科研究所史学部的研究生学习从 1948 年直到 1951 年 3 月研究生肄业，张岂之在 1950 年考入清华大学哲学系读研究生。1951 年 6 月，国家开始了新的研究生招生工作，中国科学院、中国人民大学等高等院校招收研究生，其中就包括一些历史类的研究生，如中国人民大学招收了历史教师研究班。1956 年，国家仿照苏联实行了副博士研究生制度，中国科学院和一些师资力量雄厚的高校都招收了副博士研究生。如中国科学院历史研究所第二所，贺昌群、唐长孺、邓广铭、陈乐素分别招收隋唐史、宋史方向的研究生；冯家升、傅乐焕指导辽金史及维吾尔族、满族方向的研究生；陈垣、翁独健、韩儒林、吴晗、郑天挺分别招收元、明、清方向的研究生；侯外庐、向达分别招收中国社会思想史、中西交通史方向的研究生；此外，侯外庐和白寿彝共同招收中国社会经济史方向的副博士研究生②。高校也有不少的招生方向，如复旦大学招收中国古代史学、商代史甲骨文、元明清史、中国思想史、历史地理、世界上古史、世界中古史、亚洲史方向的副博士研究生③；四川大学招收先秦史、魏晋南北朝史、宋史、考古学的副博士研究生④。后来所谓的"史学革命"打乱了研究生的招生，1962 年国家又恢复了研究生招生制度，科学院和一些高等院校著名史学家招收了一批历史学的研究生及相关方面的进修教师。

20 世纪 50 至 60 年代，国家培养的历史学副博士生、研究生，为新时期中国历史学的进一步发展培养了一些各领域的学术领军人才。成长于这一时期的研究生，对于导师当年对自己的精心培养大都有切身的感受。如卢钟锋在 60 年代中期跟随著名马克思主义思想史专家侯外庐读"中国思想史"方向研究生，他回忆说："我的亲身经历表明，侯老对培养研究生的工作是极端认真、负责的，大至研究生的理论方向、专业训练、学习方法和学风，小至研究生的读书笔记，他都给予了精心指导，充分体现了老一辈马克思主义学者对年轻的后学的关怀和爱

---

① 参见刘英杰主编：《中国教育大事典》（1949—1990），卷三《师范教育·高等师范本科历史专业的课程设置》条，浙江教育出版社 1993 年版。

② 参见《光明日报》1956 年 8 月 25 日第 4 版广告。

③ 参见《光明日报》1956 年 8 月 6 日第 2 版广告。

④ 参见《光明日报》1956 年 8 月 26 日第 4 版广告。

护。……我庆幸自己在青年时期能有机会作为侯老的研究生亲身聆听他的教诲，虽为时不长，却终生受用。"① 邓经元在 1961 年北京大学历史系毕业后跟随翦伯赞读"秦汉史"方向研究生，他回忆说："我们第一次见翦老，他要求我们通读没有断句的'四史'和《资治通鉴》的前半部（到隋以前），这一要求也就成了我们第一学年的基本功课。翦老重视考古发掘的新材料，他不止一次的对我们说，如果把考古发掘的新材料集中整理出来，完全可以写一部新'汉书'。到我们学业的后期，他更多地向我们谈到研究方法上的一些问题。""翦老向我们强调学习理论的重要，他形象地把学习与运用马克思主义的理论比喻作一把医生用的解剖刀去解剖历史，解剖社会。一句简单而生动的比喻，包含着世界观与方法论的内容。翦老常说，历史学要成为科学，就是要还历史以本来面目，因此他强调要熟悉史料，掌握史料，要'论从史出'，而不是'以论代史'。""亲自聆听他的教诲，他的一些具有相当思想深度而又朴实无华的真知灼见，使我终身难忘，至今仍给人以有益的启示。"② 蒋大椿 1964 年跟随历史学家黎澍读"史学理论"方向的研究生，他在怀念导师的文章中说："黎澍先生当年对我们的要求，便十分严格。先生所教，是全面的，包括了治学，做人，以至如何写文章。……黎澍先生布置我们学习的内容，主要有四个方面：一是马克思主义基本理论，二是基本的历史知识，三是外语，四是语文（包括古文和白话文）。开初学习的安排是，每天学习十到十二小时。四小时理论，四小时外语，二小时历史著作或古文，二小时自由阅读。先生并对每部分学习内容，都作了明确的规定，提出了具体的要求。理论学习。黎澍先生为研究生开了一份马克思主义基础理论学习书目，内容包括了马克思、恩格斯、列宁、普列汉诺夫和毛泽东的主要著作。""我们按照先生提出的办法认真学习，也就一年多一点时间。规定的马克思主义理论著作读完了。前'四史'只读了《史记》和《汉书》。第一外语俄语通过考试以后，先生建议我们第二外语选学法语，并亲自为我们找张雁深先生教法文。"③ 邱树森 1959 年跟随著名元史专家韩儒林读研究生，"入学后，在韩师指导下开始读书，跟着施一揆、陈得芝、丁国范诸学长做一些研究工作，渐渐产生了兴趣。从此，这一辈子就与元史结下了不解之缘。""我在当研究生的三、四年间，韩师除担任历史系主任外，还兼任不少社会工作，常去外地和苏联、蒙古

---

① 卢钟锋：《回忆我当侯老研究生的时候》，《史学史研究》1988 年第 3 期。

② 邓经元：《怀念翦老》，载《翦伯赞纪念文集》第 110 页，人民教育出版社 1998 年版。

③ 蒋大椿：《怀念黎澍导师》，《史学理论》1989 年第 1 期。

参加学术活动。他在百忙中为我开列了读书书目，指导我点读《元史》，得暇便讲授一些西北民族语言的勘同与审音知识，学一点藏文及其他民族语言，还专门指导我搜集、整理蒙古色目人碑传。""'文革'前，元史研究室接受了《中国通史参考资料》元史分册、《中国历史地图集》北方部分和《元史纲要》（即后来的《元朝史》，当时列入教育部文科教材规划）等任务，使我有机会跟着韩师和诸学长边学习边工作，得到了锻炼和提高。"① 类似侯外庐、翦伯赞、黎澍、韩儒林等研究生导师对学生精心指导的例子多不胜数，正是这批史学家的不懈努力和无私奉献，为新中国历史学的进一步发展培育了一批高质量的教学科研人才。

此外，在 50 年代中期，中国还派出了一些赴苏联学习的留学生，他们中的一些人后来对于中国世界史学科的发展发挥了重要作用，如陈启能的苏联史和史学理论的研究，廖学盛的古希腊罗马的研究，张椿年的中世纪史的研究，张友伦的美国史的研究，陈之骅的苏俄史的研究，郭华榕与金重远的法国史的研究，皆得益于当年的留苏学习打下的史学基础和语言学的功底。②

新中国成立之初，在党和政府大力支持下，史学界也创办了一些史学刊物，作为学术研究和交流的阵地。如 1951 年 1 月，在天津创办了《历史教学》，主要依托南开大学的史学家，发表有关历史教学方面的文章。同年，由著名史学家嵇文甫主编依托河南大学创办了《新史学通讯》，该刊在 1957 年改名为《史学月刊》。为了译介苏联的史学最新研究成果，1953 年 1 月，中国人民大学创办了《历史问题译丛》，1954 年改由《历史研究》编辑部主持，改为《史学译丛》，主要编译苏联学者有关民族问题、奴隶社会、封建社会研究的成果。此外，中国科学院历史研究第三所也创办了自己的研究集刊，《光明日报》创办了《史学》双周刊，《近代史资料》、《中华文史论丛》等也相继问世。党报党刊如《人民日报》、《学习》、《新建设》等也大量刊发史学论文。综合类文史和社科刊物如《文史哲》、《学术月刊》、《学术研究》等也大量发表史学类研究论文。人民出版社、科学出版社、三联书店、中华书局、高教出版社等都出版了大量的史学论著。

此外，在党和政府大力支持下，历史学家制定了"中国历史学十二年发展规划"。正如有的学者所言："1955 年，在党的领导下，许多历史学者参加了对

① 邱树森：《我和元史研究》，见张世林主编：《学林春秋》三编下册，第 628—629 页，朝华出版社，1999 年版。

② 参见张广智、李勇主编：《20 世纪中外史学交流》第 93—94 页，北京师范大学出版社 2007 年版。

1956—1967 年哲学社会科学规划的拟定。其中历史学的十二年发展规划上，包括了从中国原始社会一直到中华人民共和国成立以来的各方面历史发展重要问题的研究；中国各民族历史；中国经济史、文化史以及世界各国的国别史等十多个方面的许多重要问题的研究。规划提出了十二年内要完成的若干项重要历史著作和工具书；编印中国历代重要的学术著作和世界古典的和现代的学术著作；整理收集、编纂历史档案、图书和历史资料。规划为历史工作者指出了辉煌的远景和巨大的当前工作，成为历史工作者向历史科学进军的誓师词。"① 1954 年，在毛泽东主席提议下，由吴晗、顾颉刚、谭其骧等学者，开始着手《资治通鉴》的标点和《中国历史地图集》的编著工作。

二、中国史学会与新中国历史学的发展

中国新史学研究会及随后成立的中国史学会，是在中国共产党支持下成立的全国性的史学家学术研究组织。在新中国成立初，这一社科联合会组织机构对于团结全国史学家和推动中国马克思主义历史学的发展方面发挥了重要作用。

1949 年 7 月 1 日，中国新史学研究会成立。研究会由郭沫若、范文澜、邓初民等五十人发起，包括马克思主义史学家、实证派史学家、考古学家及著名文史专家，大会选出郭沫若、吴玉章、范文澜、邓初民、陈垣、侯外庐、翦伯赞、向达、吴晗、杨绍萱、吕振羽等十一人为筹备常务委员会委员，筹委会推选郭沫若任主席，吴玉章、范文澜任副主席，侯外庐、杨绍萱任秘书，负责全国历史工作者代表会议的筹备事宜。大会通过了《中国新史学研究会暂行简章》，包括名称、宗旨、会员及其权利义务等八条，研究会的宗旨规定："学习并运用历史唯物主义的观点和方法，批判各种旧历史观，并养成史学工作者实事求是的作风，以从事新史学的建设工作。""凡拥护新民主主义革命，赞成本会宗旨，并愿遵守本会会章者，由本会会员二人以上之介绍，经本会理事会通过，均得为本会会员。"② 随后，根据省或中心城市成立分会的《中国新史学研究会暂行简章》，全国一些省市也很快成立了相应的分支机构，如河南新史学研究会，著名马克思主义史学家嵇文甫担任负责人。山西由邓初民担任负责人，广东由杜国庠担任负责人。各地新史学会成立后，也开展了一些组织建设和学术活动。如 1949 年 12 月 11 日，中国新史学研究会上海分会筹备会成立，随后成立了以周谷城、李平心、

---

① 陈庆华、袁良义：《解放以来我国历史科学的巨大成就》，《光明日报》1957 年 8 月 29 日。
② 《中国新史学研究会筹备会昨在平成立》，《人民日报》1949 年 7 月 2 日。

顾颉刚、李亚农等组成的理事会，开始了学术讨论和组织建构工作①。经过两年的筹备，中国新史学研究会总会会员已有 289 人，各地分会和分会筹备会 15 个，全国各地会员已达 606 人，加上总会会员共有 900 余人②，"新史学研究会"起到了领导和组织全国进步史学家的重要作用，组成了新中国史学的中坚力量，这里既聚集了一批德高望重的马克思主义史学家，也有一大批积极要求进步、学有成就的非马克思主义史学家，新中国历史学队伍从此组织起来了。在这种新的形势下，1951 年 7 月 28 日，中国史学会举行成立大会，全国 133 名代表参加了会议。范文澜主持会议，郭沫若致开幕词，郑振铎报告了两年来研究会筹备的情况，吴玉章发表了重要讲话。会议推举郭沫若为主席，吴玉章和范文澜为副主席，向达和郑振铎任正副秘书长，学会由主席和理事 52 人组成，白寿彝、邵循正、陈垣、吴晗、翁独健、尹达、翦伯赞担任常务理事③。这届理事会一直持续到"文革"时期史学会停止了活动，中国史学会在全国 23 个省、市、自治区建立了分会。正如学者所言："中国史学会建立以来，在推动历史学界学习和运用唯物主义的观点和方法，提倡实事求是的学风，加强史学界的联系，促进历史科学的研究和历史资料的整理、编辑、出版等方面，都作了不少工作。"④

具体而言，中国史学会主要从事了如下几个方面的重要工作：第一，与有关单位联合举办了一些有影响的学术讨论会。如 1951 年 8 月 26 日，中国史学会举行纪念抗日战争胜利学术座谈会，除邀请沈钧儒等著名人士之外，吴玉章、郭沫若、范文澜等在京的 76 位学者出席了会议，除了多位学者大会发言之外，翦伯赞、郑振铎、雷海宗等学者也提交了书面发言⑤。又如 1958 年 9 月 28 日，中国史学会与中国科学院历史研究第三所在北京召开了"纪念戊戌政变六十周年学术讨论会"，范文澜对戊戌政变在中国近代史上的思想启蒙作用作了高度评价，吴玉章、章士钊、陈叔通、侯外庐等就政变的意义以及康有为的评价问题作大会发言，会后出版了《戊戌变法六十周年纪念论文集》，这对于正确认识和评价戊戌变法运动起到了很好的作用⑥。1961 年是中国史学会活动非常活跃的一年，4 月 7 日，中国史学会与北京历史学会联合召开纪念巴黎公社九十周年学术讨论会，

① 参见姜义华主编：《史魂——上海十大史学家》第 390—393 页，上海辞书出版社 2002 年版。
② 郭沫若：《中国历史学上的新纪元》，《进步日报》1951 年 9 月 29 日。
③ 参见中国史学会秘书处编：《中国史学会五十年》第 17 页，海燕出版社 2004 年版。
④ 阮方纪：《中国史学会重新建立》，载《中国史学会五十年》，第 27—28 页。
⑤ 《纪念抗日战争胜利日座谈会记录》，《光明日报》1951 年 9 月 3 日。
⑥ 《史学界集会纪念戊戌政变六十周年》，《人民日报》1958 年 9 月 29 日。

5 月 30 日又联合召开了纪念太平天国 110 周年学术讨论会，除了会议讨论之外，范文澜、吴晗等为恢复优良的学风大声疾呼。1961 年 10 月在武汉召开的辛亥革命五十周年讨论会，是由中国史学会与湖北省社科联合会共同举办的历史学界的一次盛会，会期五天，吴玉章、范文澜、吕振羽、吴晗、何干之、白寿彝等著名史学家莅临会议并作了学术报告，吴玉章、范文澜再次强调实事求是的优良学风。会议论文质量高，对辛亥革命时期资产阶级与农民的关系、会党的成分和性质等新问题予以探讨，46 篇论文涉及辛亥革命时期中国社会的主要矛盾和帝国主义的对华政策，群众的斗争，孙中山、章炳麟、宋教仁、张謇等资产阶级及其代表人物等多方面的内容，讨论体现了百家争鸣的精神。会议期间，还召开了古代史和历史教学工作者座谈会①。第二，中国史学会的著名史学家关心和指导各分会的工作，开展了多方面的富有成效的工作。1952 年 1 月，中国史学会上海分会成立，吕振羽前往祝贺并讲话；1953 年 9 月，翦伯赞莅临上海史学分会，介绍了北京史学会、科学院近代史所、考古所和院系调整后的北京大学的历史研究情况。1963 年 3 月，广西史学会筹委会召开成立大会，郭沫若、翦伯赞专程前往祝贺，并对学会的工作给予指导②。第三，史学会主持了《中国近代史资料丛刊》等大型的历史资料的出版工作。新史学研究会一成立，就决定整理出版大型史料集《中国近代史资料丛刊》。为此，专门成立了由徐特立、范文澜、翦伯赞、华岗、吕振羽、胡绳、郑振铎、陈垣、向达、白寿彝和邵循正组成的总编辑委员会。研究会原决定出书十二种，约千万言，专题编辑、分期出版鸦片战争、太平天国、东捻西捻、回变、中日战争、中法战争、洋务运动、戊戌变法、义和团、辛亥革命、北洋军阀、五四运动③。1950 年在纪念义和团运动 50 周年时，由翦伯赞、荣孟源、杨济安、王其榘、金家瑞、林树惠编辑的四大册共 160 余万言的《义和团》由上海神州国光社出版；1952 年由向达任主编的《太平天国》和白寿彝先生主编的《回民起义》问世；1953 年翦伯赞主编的《戊戌变法》出版；1954 年齐思和主编的《鸦片战争》问世；1955、1956 年由邵循正主编的《中法战争》和《中日战争》相继问世；1957 年由柴德赓主编的《辛亥革命》和翦伯赞主编的《捻军》出版；1959 年聂崇岐主编的《洋务运动》出版。十年编辑

---

① 《辛亥革命五十周年学术讨论会在武汉举行》，《光明日报》1961 年 10 月 23 日。
② 参见张传玺：《翦伯赞传》第 436—438 页，北京大学出版社 1998 年版。
③ 参见《大公报》1951 年 2 月 22 日第 4 版《广告》，后华岗因胡风事件在"肃反"时遭逮捕，向达被错划为右派，编辑委员会成为 9 人。

《丛刊》10 种，共 62 册，2000 余万字①。《中国近代史资料丛刊》是中国马克思主义史学在新中国成立之初的极为重要的学术成就，奠定了中国近代史研究的坚实基础，影响深远，直到今天仍是广大近代史工作者最重要的参考书。该丛刊在国外也享有盛誉，仅 20 世纪 80 年代以前，在美国利用这部文献的研究就出了100 余名博士。《中国近代史资料丛刊》是新中国史学建设的重大工程，是新中国成立之初马克思主义史学的重要成就。陈其泰先生称赞这套丛刊说："它是在马克思主义观点指导下对近代史资料的一次大规模的科学整理，涵盖了近代史各个重要时期，提供了最基本和最有价值的研究资料。这一浩巨工程的完成是新中国历史科学的盛举，它毫无疑义地为 20 世纪中国史学增添了亮丽的光彩！"②

　　1961 至 1963 年，是中国史学界拨乱反正，纠正"史学革命"左倾思潮的危害，大力开展学术研究的三年黄金时期。1961 年 1 月召开的中国哲学社会科学学部第三次扩大会议，为进一步推动史学界的"百家争鸣"发挥了重要的作用。"这次会议在总结几年来我国哲学社会科学工作的成绩和经验的基础上，讨论了当前我国哲学社会科学工作的任务和进一步贯彻百花齐放、百家争鸣方针的问题。"会议着重提出资料工作对研究的重要性以及注意划分学术问题同政治问题的界限，会议就哲学社会科学学部各研究所 1961—1962 年重点著作和重点资料计划，以及整理古籍的重点计划和翻译外国哲学社会科学重要著作规划进行了讨论③。在中国史学会的领导下，各地史学会为贯彻这次会议的基本精神，开展了卓有成效的学术研究组织工作，召开了许多次规模较大影响深远的学术年会，大大地活跃了学术气氛，有力地推动了历史学研究工作的发展。如上海史学会在1962 年 1 月 13—14 日及 20—21 日举行 1961 年年会和报告会，参加会员达一千人次，南京、杭州、苏州等地也派代表出席会议。本年度上海史学会先后邀请了齐思和、郑天挺、黎澍、翦伯赞、王仲荦、傅衣凌、陈序经 7 位著名学者莅临上海作专题报告。此外，上海史学会在本年度还开展了多方面的学术研讨和交流的工作。④ 1960 年 12 月 24 日至 28 日，广东历史学会举行第一次年会，参加大会的

　　① 由齐思和主编的《第二次鸦片战争》，20 世纪 60 年代基本编成，1978 年由上海人民出版社出版；《北洋军阀》后来由来新夏主编，20 世纪 90 年代出版。
　　② 陈其泰：《新中国历史科学的盛举——论中国史学会主编〈中国近代史资料丛刊〉的重大成就》，《当代中国史研究》，2002 年第 2 期。
　　③《进一步贯彻百花齐放百家争鸣方针，着重现实问题，加强古今中外学术研究》，《光明日报》1961 年 1 月 12 日。
　　④ 参见姜义华主编：《史魂——上海十大史学家》第 431—437 页，上海辞书出版社 2002 年版。

共有 21 个单位的 160 余位代表，会议就中国封建土地所有制问题、中国历史上的农民战争的性质和作用问题、鸦片战争时期"社学"的性质和作用等问题展开深入地讨论，并选出了杨荣国、金应熙、商承祚为正、副会长的新一届理事会。① 之后，广东历史学会开展了一系列卓有成效的学术活动。如 1961 年 5 月 7 日至 13 日，与中国科学院广东哲学社会科学研究所联合召开了中南地区史学界学术讨论会，唐长孺、梁方仲、方壮猷、刘节等著名学者出席会议，80 余位学者就中国奴隶制的类型和特点、奴隶制向封建制的过渡、封建社会内部分期、孔墨思想的评价等问题展开热烈讨论。② 1961 年年会，邀请了著名学者何干之、姚薇元出席，讨论了中国封建社会上升时期农民战争的性质与作用、鸦片战争时期广州地区的社学的性质与作用、孔子的思想、梁启超后期的思想、世界现代史的分期问题、从封建制向资本主义过渡的原因与上层建筑在这一过渡中的作用、新旧殖民侵略的方式及其政策的特点，曙石器问题争论的时代背景和中国猿人及其文化的性质等问题③。广东历史学会还举办系列学术讲座，先后邀请了胡厚宣、刘节等著名学者作了关于甲骨学研究、"中国思想史上的天人合一问题"学术讲座。北京历史学会凭借处于首都的学术优势，在会长吴晗的有力领导下，1961 年各方面工作取得了突出的成绩，会员发展到一千余人，多次召开学术研讨会，就中国封建土地所有制形式问题、农民战争问题、太平天国和辛亥革命进行了深入讨论；就世界古代史的分期、近代史的开端以及阶段的划分问题，破除西欧中心论的问题，正确估计中国在世界史中的地位等问题作了深入探讨。此外，北京历史学会组织高校教师编写教材和论著 17 种，组织了一百多个中学历史教研组和历史教师参加了吴晗组织的《中国历史小丛书》、《外国历史小丛书》的编写④。江西史学会对古代史分期问题进行深入研究，在 1961 年先后四次组织相关单位的专家讨论古史分期问题，并出版了讨论集。南京史学会经过三年多的筹备，1962 年 5 月召开成立大会，对成吉思汗的评价、元朝前期的农业生产、元末社会矛盾的特点，以及中国古代史、近现代史和世界史的重要问题开展讨论。⑤ 中国史学会及各地分会开展的一系列活动，极大地推动了中国历史学的研究工作，引领了新中国历史学发展的方向。

---

① 叶遇霖：《检阅研究成果，探讨学术问题》，《光明日报》1961 年 1 月 6 日。
② 《中南地区史学界在广州举行学术讨论会》，《光明日报》1961 年 5 月 19 日。
③ 《广东哲学社会科学各学会年会闭幕》，《光明日报》1962 年 1 月 28 日。
④ 《北京历史学会举行年会》，《光明日报》1961 年 12 月 24 日。
⑤ 《南京史学界讨论元史中的一些问题》，《光明日报》1962 年 6 月 8 日。

第三章　新中国十七年的历史学研究及学科建设

新中国成立之初的十七年，是中国历史学发展的一个重要时期，马克思主义史学家通过若干重大问题的探讨，推动了中国历史学在马克思主义发展道路上有了长足的发展和进步，确立了马克思主义历史学的主导地位。从史学理论及史学史、世界历史的学科发展和建设，以及考古学、民族学对历史研究的推动、社会经济史学科的发展几个方面，可以看出新中国历史学学科建设和发展的基本情况。

第一节　对中国历史若干重大问题的探讨

新中国成立之初，中国历史学家对马克思的亚细亚生产方式和社会经济形态理论等若干重大历史问题展开了初步的讨论，围绕中国历史的若干重大问题展开了热烈争鸣，极大地深化了对马克思主义历史理论以及中国历史发展规律和特点的认识，推动了马克思主义史学理论及历史学学科的整体上的发展和进步。

一、对马克思主义社会经济形态理论的初步探讨

亚细亚生产方式问题，是马克思主义历史理论研究的一个重要问题。早在20世纪20至30年代，苏联、日本史学家就曾对该问题展开了热烈的争鸣和探讨，先后提出了东方社会说、原始社会说、东方奴隶社会说、封建社会说以及原始向奴隶制过渡形态说、奴隶制和农奴制混合说、"贡纳制"说、马恩放弃说等看法。在20世纪30年代的中国社会史大论战中，郭沫若和王亚南主张亚细亚生产方式为原始社会说，杜畏之认为亚细亚生产方式指氏族制瓦解之后的一种社会，李季认为它是与奴隶社会并行先于封建社会的经济形态，胡秋原、王宜昌则主张亚细亚生产方式为东方的专制社会。何干之同意日本学者的看法，认为不存在作为一种社会形态的亚细亚生产方式，它不过是东方的一种"贡纳制"。关于这一阶段亚细亚生产方式问题的讨论，何干之在1937年出版的《中国社会史问题论战》（上海新知书店）中作过系统总结。进入抗日战争之后，一些马克思主义史学家在从事历史研究的过程中，对亚细亚生产方式问题也不断提出自己的看

法，如吕振羽、翦伯赞赞同奴隶社会变种说，侯外庐对亚细亚生产方式问题作了深入的研究，他认为马、恩所说的亚细亚生产方式，指的是不同于希腊、罗马的古典形态的东方文明发展路径，指的是："土地氏族国有的生产资料和家族奴隶的劳动力二者间的结合关系，这个关系支配着东方古代社会的构成，它和'古典的古代'是同一个历史阶段的两种不同的路径。"[①] 新中国成立后，亚细亚生产方式问题的讨论始于童书业的《论亚细亚生产方式》一文。童书业否定了过去提出的东方封建说、东方奴隶制说，以及公社制向奴隶制过渡说、进贡制说，赞同郭沫若等主张的原始共产制说。童书业指出：马克思、恩格斯所讲的亚细亚社会或东方社会有两种意义，"过去许多史学家所讲'亚细亚生产方法'的特征，如所谓'人工灌溉'，'土地国有'，'农村公社'，'中央政府担任公共事业'等等都有了，但这只是东方某些国家的特征，并不是作为生产方法之一的'亚细亚生产方法'的特征。""马克思所说作为生产方法之一的'亚细亚生产方法'，就是原始共产社会，因为这种社会的模型，是借亚洲地区近世社会中所残存的上古制度来说明的，所以称为'亚细亚生产方法'。"[②] 童书业文章发表后，日知很快发表了《与童书业先生论亚细亚生产方法问题》，日知根据《资本主义生产以前的各种形态》以及苏联学者的主张，认为马、恩所说的古代东方社会也就是亚细亚生产方式，亚细亚生产方式是古代东方国家奴隶社会的低级阶段，它不是与古典奴隶制并列，而是前后相承的[③]。童书业在同期的《文史哲》上对日知的文章也作了答复，仍然坚持自己的看法，并指出：把一种奴隶社会说成有"两前后相承的"两种生产方法是违背经典作家的指示的[④]。童书业和日知关于亚细亚生产方式问题的争论，揭开了新中国史学家关于该问题讨论的序幕。之后，吴大琨发表《论前资本主义地租的三种形态》（《文史哲》1953 年第 1 期），主张亚细亚生产方式为原始公社末期向阶级社会的过渡期；王亚南在《中国地主阶级封建制度论纲》（华东人民出版社，1954 年）一书中，主张亚细亚的古代代表了奴隶社会未发达未成熟的状态。杨向奎发表《中国历史分期问题》（《文史哲》1953 年第 1 期），提出：亚细亚生产方式并不是独立的经济形态，它实际上是指残留在奴隶社会或封建社会里的原始公社制度，这种观点得到了刘毓璜的支持。此外，

---

① 中国社会科学院中国思想史研究室编：《侯外庐史学论文选集》（上）第 56 页，人民出版社 1987 年版。

② 童书业：《论亚细亚生产方法》，《文史哲》1951 年第 1 卷第 4 期。

③ 日知：《与童书业先生论亚细亚生产方法问题》，《文史哲》1952 年 3 月号。

④ 童书业：《答日知先生论亚细亚生产方法问题》，《文史哲》1952 年 3 月号。

雷海宗认为亚细亚生产方式就是铜器时代。吴泽对亚细亚生产方式作了系统深入的探讨，先后发表了《亚细亚生产方式问题》（《华东师范大学学报》1955 年第 1 期）、《古代东方社会的基本特点问题》（《华东师范大学学报》1956 年第 4 期）、《关于奴隶制形成的年代、始点、途径及标志问题）（《历史教学问题》1958 年第 9 期），坚持认为亚细亚的古代或古代东方应指古代希腊罗马而外的亚细亚诸国的奴隶社会。20 世纪 50 年代后期，受社会政治形势的影响，大多数学者赞同亚细亚生产方式为东方奴隶制说。20 世纪 60 年代初，史学家又重提亚细亚生产方式问题，金兆梓提出亚细亚生产方式是原始的大家长家庭公社及家庭奴隶制阶段。田昌五在 1963 年发表的《马克思恩格斯论亚洲古代社会》一文中，广泛引证马、恩的有关论述，较为系统地探讨了亚细亚生产方式问题，认为：马克思和恩格斯所说的亚细亚社会形态，无论在逻辑中或在历史中，都是指的原始共产主义，意味着完全成熟而具有典范形式的原始社会形态①。亚细亚生产方式问题是马克思主义历史理论研究的一个难点问题，新中国成立后关于亚细亚生产方式问题的讨论，推动和深化了史学家对马克思主义经典著作的学习和理解，也有助于对马克思主义社会形态学说和中国历史特殊性的认识。对此，林甘泉、田人隆、李祖德撰著的《中国古代社会分期讨论五十年》（上海人民出版社，1982 年），瞿林东、肖黎主编的《20 世纪中国史学重大问题论争》（北京师范大学出版社，2007 年）等均有较为详尽的论述，这里不再赘述。

　　20 世纪 50 至 60 年代，五种社会经济形态的依次演进被当作社会发展的基本规律，被中国社会的主流和广大史学工作者所广泛认可和接受。但是，当时一些杰出的马克思主义史学家对五种生产方式的理解并不像 1957 年整风"反右"之后那样教条和僵化。如关于历史发展的不平衡性和复杂性，徐特立曾说："野蛮民族和文明民族同时存在于资本主义社会的原因是由于各国各民族发展的不平衡，有后来居上，和有时代落伍。如中国的封建约三千年，还没有成为资本主义，做了时代落伍者。但现在就已经向社会主义迈进，典型的新民主主义，已经是社会主义的预备阶段。但充分发展了的英美资本主义不能进到社会主义，中国是后来居上。由于历史发展的不平衡性，在近代资本主义时代，就同时存在着澳洲的野蛮民族，美洲的半开化的印第安族以及旧大陆的封建的和资本主义的文明民族。"徐特立强调五种社会形态，但同时又强调每个社会形态的典型形态，要求注意每个民族国家的特殊的民族性，他说："人类社会发展从古至今只有原始

---

①　中国科学院历史研究所编：《历史论丛》（一），中华书局 1964 年版。

共产社会、奴隶社会、封建社会、资本主义社会和社会主义社会五种社会形式，及其过渡形式，如新民主主义社会，这是人类历史的共同性。……写社会发展史，它的内容仍然是民族史、国别史。例如：写氏族社会，离开了美洲、澳洲的土著民族，就不能有典型的氏族社会。又如奴隶社会，在巴比伦、埃及、希腊、罗马等都曾经过这样的社会发展阶段。但典型的还是古罗马，因为古罗马经过三个发展阶段，最初是奴隶王国，其次是奴隶共和国，最后是奴隶帝国。至于封建社会，欧洲中世纪的封建，只有一个黑暗时代的发展，不及中国有一千年以上的贵族式的地方分权的封建，同时还有二千余年的中央集权无贵族式的封建。"徐特立还强调历史发展遵循着曲线的发展规律，他说："任何民族在历史发展过程中都不是直线的进行，一方面常受外来民族的影响，而起跳跃作用，如中国还没有成为资本主义，现在就已经向社会主义迈进，因为它受十月革命的影响。这是一个。另外，发展时间的长短问题，并不是任何国家任何民族都是一致的。有后来居上，有时代落伍，这也是一个历史曲线发展的规律。"① 范文澜也强调要注意历史发展的特殊性，1957 年他在北京大学的报告中明确指出：马克思、列宁主义的经典著作，都是解决具体问题的记录，恩格斯的《家庭、私有制和国家的起源》所说的普遍规律是同印第安人的原始社会，希腊、罗马的奴隶社会，西欧的封建社会的特殊规律结合着的，它们有各自的特殊规律，和中国相比有很大不同，因而"学习经典著作，就一定要区别哪些是普遍规律，哪些是特殊的规律。把它们的特殊规律放在一边，用来作参考。把普遍规律结合自己的特殊规律，来解决自己所要解决的那个具体问题。""我们学习马克思列宁主义，是要从它那里找立场、观点和方法。"② 同时，范文澜明确了历史科学研究的具体任务："从大量矛盾的普遍性方面总结出一般的规律。……从大量矛盾的特殊性方面总结出局部的规律，局部的规律就是特殊的规律。……这一国不同于别一国，这一民族不同于别一民族，这一社会不同于别一社会，这一历史阶段不同于别一历史阶段。……研究矛盾的特殊性就是具体分析具体情况，而这正是马克思主义的活的灵魂。"③

    1956 年党的"双百"方针的提出和 1957 年初"整风运动"的开展，使史学

---

① 徐特立：《关于学习及写社会发展史的几个问题》，《新建设》第 2 卷第 5 期，1950 年 4 月。

② 中国社会科学院近代史研究所编：《范文澜历史论文选集》第 212 页，中国社会科学出版社 1979 年版。

③ 《范文澜历史论文选集》第 210—211 页。

界的思想进一步解放，在这种背景下，雷海宗、李鸿哲等学者对五种社会形态说提出了质疑。1957 年 6 月 2 日，南开大学著名世界史专家雷海宗在天津各社会科学学会学术会议上发表演讲，这篇演讲稿后来以《世界史分期与上古中古史中的一些问题》为题，刊登在 1957 年 7 月号的《历史教学》上。在这篇文章中，雷海宗论述了生产工具发展史、铜器时代、铁器时代、铜器与铁器社会性质问题，雷海宗提出按生产工具的发展来划分人类历史可以解决按五种社会形态认识人类历史的许多问题，他否认奴隶社会形态存在的普遍性，雷海宗指出："在历史上真正的奴隶主国家只能是例外的，不可能形成通例。所谓希腊奴隶社会的说法，完全出于错觉，希腊绝大部分根本没有奴隶。雅典和其他一些工商业的城邦是特例。""罗马式的土地奴隶制度，不只在亚非大陆没有，在希腊向来也没有见到。没有罗马的特殊条件，是不可能出现罗马的土地奴隶制的。""原始社会以后，资本主义社会以前，以生产工具而论，有铜器和铁器两大时代，以社会性质这两大时代可分为两个或三个阶段：部民社会、古典社会、封建社会。后两者就是铁器时代，实际都是封建社会而稍有不同。"① 当时在苏北师专任教的李鸿哲也反对奴隶社会说，他指出："奴隶社会"说于经典著作中无根据，奴隶社会说在理论上难以讲得通，也不符合历史事实。关于奴隶社会在理论上的困难，李鸿哲总结为以下几个方面：一是奴隶社会说与历史唯物主义的基本原则存有矛盾；二是奴隶社会说在奴隶社会形成和维持的必要条件方面，理论上存有很大的困难；三是奴隶社会说对古典社会和封建社会文化发展的程度方面无法加以解释；四是奴隶社会说的历史发展顺序是谬误的、不合历史事实的。最后，李鸿哲指出："奴隶社会说在理论上是站不住的，不符合历史事实，违背历史唯物主义；多年来为人所信从，实在是一种教条主义的偏向。但这一教条却不是从马克思的经典著作中得出来的，它是由郭沫若先生、斯特鲁威院士等提倡起来的。……我希望国内外史学家仔细检查一下奴隶社会说理论的本身，不要把它当作一个放之四海皆准的真理。同时我们如果从事实出发，心目中不先存在一个先予肯定的原则，也许更容易接近真理。"②

　　雷海宗、李鸿哲等的大胆看法，与中国正统的马克思主义截然不同，加之他们的其他"过激"的言论，在随后轰轰烈烈的反右斗争中，他们的上述观点被当作反党、反马克思主义的右派观点，遭到了猛烈的批判，他们本人也成为史学

---

① 雷海宗：《世界史分期与上古中古史中的一些问题》，《历史教学》1957 年 7 月号。
② 李鸿哲：《"奴隶社会"是否社会发展毕经阶段》，《文史哲》1957 年第 10 期。

界著名的右派分子。今天看来，当年对雷海宗的批判文章，大多充满了阶级的义愤，缺少深刻的说理，但还是论述了理论方面一些重要的问题。如对于雷海宗以生产工具划分人类社会发展的局限性的论辩，对雷海宗否认马克思和恩格斯的奴隶社会及其普遍性的论辩，还是很有说服力的，在争辩过程中，也进一步阐发了中国学者对马克思主义的历史理论的基本认识。如关于奴隶制，有学者说："世界各族人民的历史上都有过某种规模的奴隶制，有像希腊罗马那样高度发展的、典型的奴隶制，也有像古代东方各国那样带有父权制性质的、家长式奴隶制，奴隶制生产方式是人类历史上最野蛮、最残暴的剥削形式，在现代的条件上看来是十分荒诞的事情，然而它的发生和发展是完全合乎规律的必然现象，是不以人们的意志为转移的。"[①] "恩格斯的《家庭、私有制和国家的起源》所分析的阶级社会产生的情况，奴隶社会发展的情况，不仅在古希腊、古罗马、古雅典得到证明，而且在几千年前的古中国也没有例外；特别是在二十世纪还存在于大凉山的奴隶制，也有力地证明了恩格斯的科学分析是完全正确的。"[②] 再如，关于以生产力划分历史阶段的局限性，有学者指出："社会的劳动生产力当然和生产工具密切有关，但是生产工具并不能决定社会的性质。在不同的社会形态里，使用同样的生产工具，可以有不同的劳动生产率和生产效果。""雷海宗并不是否定了生产力中的劳动经验以至直接生产者这一劳动力因素，实际上他企图简单地从生产力＝工具的概念，否定社会的发展规律，从而否定社会生活中的各个生产关系的阶段，否定处在这样或那样的生产关系阶段里的阶级关系。"[③] 这里，批判者的上纲上线固然不对，但对以生产力划分历史阶段的局限性的看法是很有见地的。关于李鸿哲的观点，有学者说："根据历史事实和经典作家的指示，我们承认在特定的历史条件下，斯拉夫人和日耳曼人曾未经过奴隶社会，而由原始公社跃进到封建社会。但我们认为：人类社会由原始社会跃进到封建社会并不是社会发展的一般规律，而人类社会由原始公社到奴隶社会才是社会一般发展规律。""从上面所引的马克思、恩格斯、列宁的话中，我们看到五种生产方式学说，由原始公社制到奴隶制，再到封建制等是一般社会发展规律的说法，确有马克思主义经典著作的根据，是符合历史唯物主义的。"关于李鸿哲提出的奴隶社会说所面临的问题，有学者说："历史唯物主义从来不认为生产力发展是直线上升，社

---

① 《批判雷海宗反动的历史观》，《历史研究》1958 年第 11 期。

② 《揭穿雷海宗反马克思主义的种种恶毒手法》，《历史研究》1957 年第 11 期。

③ 《从雷海宗的历史分期论和工具论来看他的反动政治目的》，《历史教学》1957 年第 11 期。

会发展的历史表明，生产力的发展是曲折的、螺旋式不断上升的过程。"① 上述这些认识，实际上是当时中国马克思主义史学家关于奴隶社会的基本观点。但是，对于雷海宗所说的古代世界缺乏奴隶社会以及对希腊、罗马的奴隶制的认识，在所有的批判文章中，即使像齐思和那样著名的中世纪史专家，也未能提出有力的反驳证据，对于李鸿哲所列举的奴隶社会说解释历史问题时所存在的困难，当时的学术界也未能给予更充分的解答。

二、围绕中国历史若干重大问题的争鸣

新中国史学家不仅对马克思主义历史理论作了初步的探讨，更重要的是将马克思主义的理论与中国历史研究相结合，对中国历史相关的重大问题展开了全面深入的研究，这不仅有助于认识中国历史发展的规律，而且进一步丰富了马克思主义的历史理论。在郭沫若和范文澜等著名马克思主义史学家推动下，历史学家围绕中国古史分期问题、中国封建土地所有制形式问题、资本主义萌芽问题、中国封建社会农民战争问题、汉民族形成问题等许多重大理论问题，相继展开了争鸣，这极大地活跃了学术气氛，有力地推动了中国马克思主义史学的发展。

古史分期问题，是郭沫若、范文澜等马克思主义史学家以马克思主义社会发展理论探讨中国历史的重要问题。早在 20 世纪 30—40 年代，马克思主义史学家内部就出现了郭沫若的"西周奴隶社会说"和以吕振羽、翦伯赞及范文澜为代表的"西周封建论"的分歧。新中国古史分期问题的重新争论，开始于郭沫若1950 年发表的《记殷周殉人之史实》，在与范文澜等"西周封建论"学派的论辩过程中，1952 年郭沫若出版了《奴隶制时代》，形成了系统完整的战国封建说。范文澜也进一步阐述了自己的观点，1954 年发表了《关于中国历史上的一些问题》，翦伯赞发表了《关于两汉的官私奴婢问题》，系统地阐发了西汉并非奴隶社会的观点。"西周封建论"和"战国封建论"各有一批支持者，他们相互争辩，各自阐发自己的主张。几乎就在"西周封建论"与"战国封建论"争论的同时，周谷城提出了东汉封建说，李亚农等提出了春秋封建说，侯外庐主张西汉封建说。而影响较大的是"魏晋封建论"的重新崛起，1955 年尚钺在《中国历史纲要》中已展露出"魏晋封建说"的苗头，"百家争鸣"方针的提出，进一步鼓舞了持"魏晋封建说"学者的勇气。1956 年，王仲荦、何兹全、尚钺先后发表文章，系统地阐发了"魏晋封建说"学派对中国古代社会发展阶段的基本认

---

① 《批判李鸿哲反对五种生产方式学说的谬论》，《文史哲》1957 年第 12 期。

识，之后，王思治、日知等青年学者也发表文章支持这种看法。关于封建社会的分期问题在全国展开了热烈的争鸣，马克思主义史学家和一些实证派史学家，都参与了讨论，虽然受"厚今薄古"思想的影响，1958 年以后讨论被中断，但 60年代初又重新展开了讨论，因而，古史分期问题成为新中国成立初历史学界讨论的核心问题。据统计发表学术论文 350 余篇，先后出版了《中国奴隶制与封建制分期问题论文选集》(《历史研究》编辑部编，三联书店，1956 年)、《中国古史分期问题论丛》(《文史哲》杂志编辑委员会，中华书局，1957 年)、《中国古代史分期问题讨论集》(《历史研究》编辑部编，三联书店，1957 年)、《中国古代史分期问题讨论集》(江西省历史学会编，江西人民出版社，1962 年) 等几本论文集。此外，还有郭沫若、李亚农、岑仲勉、王仲荦、束世澂、金景芳等史学家的个人专著。

　　封建土地所有制问题是探讨中国封建社会生产关系的核心问题，在这个问题上，当初马克思主义史学家内部并没有太大的分歧意见，"西周封建论"虽提出西周为领主制，但也认为战国以后进入地主土地私人所有制。封建土地所有制形式问题的讨论始于 1954 年，当年，著名马克思主义史学家侯外庐在《历史研究》发表了《中国封建土地所有制形式问题》一文，认为中国封建社会的土地所有制占主导地位的是封建的土地国有制，即"皇族土地所有制"，这一观点得到了郑天挺的支持。这在学术界引起了巨大的反响，随之，史学界对封建土地所有制问题展开了热烈的讨论。束世澂、胡如雷等大多数史学家主张在整个封建社会中，封建地主土地私有制占主导地位，贺昌群、韩国磐、华山、高敏等虽也主张封建土地国有制在魏晋和隋唐时代处于主导地位，但认为其后封建土地私有制占主导地位。李埏等则主张多种土地所有制并存说。据学者不完全统计，有关封建土地所有制形式的讨论，截至 1960 年，各地报刊发表有关论文 150 篇[1]。封建土地所有制形式的讨论，是中国封建社会探讨深入的表现，有助于对中国封建社会经济结构的深入研究，是马克思主义史学研究深入发展的重要表现。

　　农民战争史的研究是新中国成立之初的一个极其重要的课题，这是史学家运用马克思主义阶级斗争学说探讨中国历史，显示劳动人民推动历史发展的一个重要方面。从 1949 年到 1957 年，中国农民战争史的研究处于健康平和的发展状态，这一时期出版了具有重要学术价值的《中国近代史丛刊》的《义和团》、《回民起义》、《太平天国起义》、《捻军》等大型资料集，就义和团、太平天国等

---

① 周朝民等：《中国史学四十年》第 29 页，广西人民出版社 1989 年版。

发表了数百篇具有重要学术价值的论文，并出版了论文集；理论方面主要是对毛泽东关于农民战争在中国历史上的地位、作用等的阐发，关于农民阶级对历史发展所起的重要作用及其历史局限性也有比较正确的评价。1958 年以后，由于"左"的思想抬头，将农民起义一味拔高，以农民起义代替丰富的中国历史的极左做法抬头，60 年代初，翦伯赞、蔡美彪、孙祚民对当时的"左"的看法予以纠正，由于受毛泽东重提"阶级斗争"的政治形势的影响，围绕李秀成评价及"让步政策"等问题展开了热烈的讨论，农民战争研究日趋政治化。新中国成立初"十七年"围绕农民战争的讨论发表论文 2300 余篇①。20 世纪 50—60 年代学术界讨论的问题主要有：农民战争的性质及其历史作用的评价问题，农民政权的性质以及农民是否有皇权主义思想的问题，此外，还涉及农民战争与宗教的关系等问题。

资本主义萌芽问题的重新研究，始于对胡适及俞平伯《红楼梦》研究的批判。1955 年，邓拓在《人民日报》发表《论〈红楼梦〉的社会背景和历史意义》，提出了"《红楼梦》应该被认为是代表 18 世纪上半期的中国未成熟的资本主义关系的市民文学的作品"的观点，这引起了史学工作者的极大兴趣。翦伯赞、吴晗、尚钺也纷纷撰文，吴晗在北京大学讲演指出："中国资本主义的萌芽的确是一个十分重要和值得研究的问题。这个问题弄清楚了，历史上的许多问题都可以得到解决。"② 资本主义萌芽问题的讨论，引起了许多学者的兴趣，从 20 世纪 50 年代中期至 60 年代中期，发表学术论文 200 余篇，出版了《中国资本主义萌芽问题讨论集》及其《续编》两本论文集，学者们就何谓资本主义萌芽，中国资本主义萌芽产生于何时，发展程度若何，在农业、手工业中的表现怎样等问题，展开了热烈的讨论。这一讨论极大地促进了学术界对研究较为薄弱的手工业、商业等经济问题的探讨，极大地推动了经济史的研究。

中华民族是一个多民族的国家，早在延安时期，中国共产党人就对回族和蒙古族进行了深入的研究，出版了李维汉等编著的《回回民族问题研究》等论著，制定了正确的民族政策③。新中国成立后，民族问题更是摆在中国共产党面前的一个重大问题。汉民族形成问题的讨论，始于范文澜 1954 年在《历史研究》第 3 期发表的《试论中国自秦汉时成为统一国家的原因》。范文澜的观点一反当时

① 周朝民等：《中国史学四十年》第 38 页。
② 北京市历史学会主编：《吴晗史学论著选集》（三）第 35 页，人民出版社 1988 年版。
③ 参见张剑平：《抗战时期延安的回回民族研究》，《延安大学学报》1997 年第 1 期。

苏联学者叶菲莫夫认为的"中国民族出现于近代"的看法，也与斯大林的"民族产生于近代"的论断相抵触，于是在学术界引起了巨大的反响。章冠英发表文章赞同范老的观点，同时指出秦汉以后的民族只能是一种低级的民族，当时也有不少学者不赞同范文澜的观点①。由汉民族形成问题的讨论，后来发展到中国资产阶级和社会主义民族的争鸣，再进一步探讨了历史上的民族关系，如怎样理解历史上的中国及其疆域，如何理解历史上民族关系的主流，历史上民族战争的性质，民族融合与民族同化，历史上的"和亲"的评价等等。汉民族形成问题的讨论，既有助于史学家正确地运用马克思主义的民族理论去探讨中国历史的实际，也促进了民族问题的研究，为党的民族政策的进一步完善，起到了积极的作用。

新中国史学家围绕中国历史的诸多重大问题展开的讨论，极大地推动了新中国历史学特别是马克思主义史学的发展，使中国历史学在科学化的轨道上又向前迈进了一步，中国马克思主义史学理论的研究也由此逐步走向深入。正如有的学者所说："所有这些讨论，是发生在 50 年代的一次马克思主义大学习，是一次不可多得的百家争鸣，它推动了史学界形成学习理论特别是学习唯物史观的浓厚风气，使一大批来自旧中国的学者以及刚刚成长起来的进入史学战线的青年受到了马克思主义的教育，学习运用马克思主义的基本观点、运用唯物史观观察和研究中国历史，特别是对中国近代史的观察和研究，推动了中国近代史学科的建设，推进了中国近代史领域若干重大理论问题和历史实际问题的研究。"②

三、对历史主义和阶级分析方法的运用和理论探讨

新中国史学家在马克思主义史学建设过程中，非常注重以马克思主义的理论和方法从事历史学的研究，因而，在史学方法论方面也颇有成就，学者们探讨了史与论的关系，历史与现实的关系等等理论问题，对此，蒋大椿、王和等学者已有论述③。这里，我们主要围绕关于历史人物评价方法的理论探讨，以及关于历史主义与阶级分析方法的争论，展示中国史学家对马克思主义史学方法的理解和运用的情况。

---

① 参见张剑平：《论范文澜对马克思主义理论的运用》，《淮阴师范学院学报》2001 年第 1 期。

② 张海鹏：《中国近代史研究的理论和方法》，载曾业英主编：《五十年来的中国近代史研究》第 5 页，上海书店出版社 2000 年版。

③ 参见罗志田主编：《20 世纪的中国：学术与社会·史学卷》（上）第 216—229 页，山东人民出版社 2001 年版；《中国历史学年鉴》（1987 年）第 595—597 页，人民出版社 1988 年版。

（一）关于历史人物评价的理论探讨

结合历史人物评价中出现的问题，范文澜、嵇文甫、翦伯赞、郭沫若等杰出的马克思主义史学家，先后发表文章，论述了历史人物评价必须坚持历史主义原则，必须正确地运用马克思主义的阶级分析的方法，并对如何评价封建统治阶级各个类型的人物，提出了许多具有重要理论价值和指导意义的认识，这进一步丰富了马克思主义史学关于历史人物评价的理论宝库。

为了进一步推动中国马克思主义历史学在科学化的道路上继续前进，范文澜结合自己过去的论著，阐发了如何正确评价历史和历史人物的问题。结合毛泽东在《论新阶段》中关于历史主义原则的论述，范文澜强调指出："对于整个封建时代的历史应该采取这种马列主义的历史分析的态度，对于个别的历史人物，个别的历史事件也同样应该采取这种历史的分析态度。如果无分析一律抹煞或一律颂扬，都是主观主义的，非历史主义的表现。"封建统治阶级的帝王将相，"他们中的某一些人，在一定的历史条件下，确实也起到了推动历史进步的作用，如果一律否认或缩小他们对历史的贡献，那是不对的。"关于历史人物的评价，范文澜列举了秦始皇、汉武帝、唐太宗李世民、宋太祖、明太祖朱元璋对中国历史的发展应该肯定的贡献，同时又检讨了当年为了"借古说今"而采取了简单的类比的缺点。范文澜还指出《中国通史简编》对岳飞的抗金、隋炀帝的开凿运河的功绩没有予以深入地分析和肯定，对人物的评价显得不惬当和全面的缺点[①]。范文澜的上述论述，强调历史主义的原则，强调对统治阶级的代表人物的功绩和过失给予恰当的全面的评价，阐发了马克思主义史学家关于历史评价的基本原则，为新中国历史学界正确评价历史人物开了一个好头。

著名史学家嵇文甫，也注重从理论方面探讨历史人物的评价问题。关于历史人物的评价，他提出如下重要观点：一是历史人物评价要反对"左"和"右"两种偏向。二是提出了历史人物评价的三个标准：第一，对人民有贡献的，有利的；第二，在一定历史阶段起进步作用的；第三，可以表现我们民族高贵品质的。三是关于历史人物评价的方法，嵇文甫提出了"四个要点"：第一，根据一定具体的历史条件；第二，要认识历史人物的多面性与复杂性；第三，站稳阶级立场，反对客观主义；第四，要配合当前的政治任务。[②] 嵇文甫又将封建人物划

---

① 范文澜：《关于〈中国通史简编〉》，《新建设》1951年第4卷第2期。
② 嵇文甫：《历史人物的评价问题》，《新史学通讯》1951年第1卷第2期。

分为九个等级①。关于历史人物的评价，嵇文甫提出的反对两种错误偏向、"三个标准"和"四个要点"，是马克思主义史学家在新中国最早对历史人物评价的理论认识，他对封建人物作九等划分，有助于对封建人物进行具体的分析和研究，这标志着中国马克思主义史学家力图用唯物史观理论对历史人物进行科学的评价。这些重要原则的提出，不仅对于正确开展历史人物的评价具有重要的现实指导意义，而且具有不可忽视的理论价值。

历史主义原则，是历史学研究的基本原则，也是新中国成立之初史学界普遍强调的一个重要原则。针对历史人物评价中出现的问题，中共中央《学习》编辑部专门发表文章，明确提出反对历史人物评价中出现的各种非历史主义观点。文章指出："马克思主义是科学的历史主义。按照历史主义的观点，我们在评判历史人物时，应该从这些人物所处的具体历史条件出发，看他们在当时的条件下究竟是起了推动社会前进的作用还是起了阻碍进步的作用，因此既不能以今天的尺度去衡量他们，也不能脱离开一定的历史条件来谈论他们的进步性。"关于非历史主义观点出现的原因，文章说："造成非历史主义的错误，主要是由于缺少科学地分析。……正因为人们不是从具体的分析历史情况，具体地分析某一个历史人物在当时所处的地位和所起的作用出发，而是从抽象的爱国主义的观念出发，从抽象的进步或倒退的观点出发，人们自然会陷入非历史主义的泥坑。"②

除了强调历史评价必须坚持历史主义原则之外，史学家也非常重视正确运用阶级分析方法。正如《学习》编辑部文章所言："最深刻地分析是阶级分析。进行阶级分析当然不是简单的要求在每一个历史人物的身上贴上阶级的标签。当我们按照确凿的材料，具体的研究历史人物时，就是从本质上把握了这些人物在历史中的地位与作用。脱离了阶级分析，人们就会做出各种肤浅的、无意义的说明和分析。"③　如何运用阶级分析方法研究历史人物，是史学家关注的一个重要问题。除上述嵇文甫的论述之外，陈旭麓也对此作了专门探讨。他强调指出："从阶级出身评价历史人物，当然不是简单地将每个历史人物的身上贴上阶级的标志"，"历史人物的出身与社会地位，不能作为绝对的标志；更重要的，是要就其思想行动、社会影响以及发展过程，进行具体分析。"结合中国历史，他进一

---

① 嵇文甫：《封建人物九等论》，《新史学通讯》1951 年第 1 卷第 5 期。

② 《学习》编辑部：《关于历史人物的评价问题——反对非历史主义的观点》，《学习》第 4 卷第 22 期。

③ 《学习》编辑部：《关于历史人物的评价问题——反对非历史主义的观点》，《学习》第 4 卷第 22 期。

步分析了阶级地位转换的历史人物，代表各阶级共同利益伟大行动的历史人物，以及阶级分化中的阶层斗争情况①。陈旭麓的认识，可贵之处在于强调对剥削阶级的人物不可简单的否定，要根据具体情况进行具体分析，这实际上是当时不少史学家强调的一个重要原则。但问题的关键是如何贯彻和处理历史主义原则和阶级立场的关系问题，既能做到站在劳动人民的立场上，以劳动人民的阶级感情来对待历史人物，又要对剥削阶级的代表人物做出客观的评价。

在强调历史评价中必须坚持历史主义原则和阶级分析方法的同时，也有一些史学工作者对历史人物评价的其他若干重要问题，从理论的高度作了较为系统地论述。关于批判历史人物的原则，紫翔提出了以下几个方面：首先应该揭发史书的伪装和曲解，归还原来的真面目；其次应根据当时的历史条件去分析，而不是以今天的尺度去衡量历史上的人物；第三，应当不夸大也不缩小历史人物的评价，应该从其具体的史实中，具体分析一个人物在当时所处的地位和所起的作用；第四，应该以推动或阻碍社会的发展、增进或破坏社会的生产为主，应该注意其在历史发展中以及在革命斗争中所起的作用；第五，应该全面地或分阶段的进行分析批判，不能就一时一事以代表一生；第六，应该注意不要毫无区别的学习古人，也不要毫无原则的将今比古②。在《略论历史人物评价的几个问题》一文中，张研彬也从理论的高度阐发了如下重要问题：历史人物的作用和意义；评价历史人物的标准；评价历史人物的方法；判明正面或反面人物的环节。关于评价历史人物的标准，作者强调：首先，历史人物对社会发展所起的客观作用，是评价的基本尺度；其次，必须反对几种错误的评价人物的标准：一是把人物的主观动机作为评价的基本尺度；二是把人物是否自觉地进行活动，是否自觉地意识到自己活动的作用和意义作为评价的准则。关于评价历史人物的方法，他指出："历史唯物主义的立场观点和方法是分析人物的锐利武器"，"历史主义的观点和方法那是历史科学的基础"，强调必须坚持历史主义的原则和阶级分析的方法③。漆侠发表文章强调指出：不能一笔抹杀三千年来的封建统治阶级，要正确认识封建统治阶级及其杰出的代表人物在历史上的作用，要正确认识封建社会里主要王朝的历史地位。④

① 陈旭麓：《论历史人物及其阶级》，《历史教学》1954年10月号。
② 紫翔：《历史教学中有关历史人物评价一些问题》，《历史教学》1953年第1期。
③ 张研彬：《略论历史人物评价的几个问题》，《历史教学》1954年8月号。
④ 漆侠：《正确认识历史上的封建统治阶级和封建王朝》，《新建设》1953年7月号。

　　针对各种非历史主义倾向，郭沫若和翦伯赞提出了尖锐批评，这对于推动中国马克思主义史学在科学化道路上健康发展发挥了极其重要的作用。在1959年答《新建设》编辑问中，针对当时历史研究存在的一些错误倾向，郭沫若阐发了历史研究的若干重大问题。关于历史人物评价问题，强调要坚持历史主义原则，他说："历史是发展的，我们评定一个历史人物，应该以他对历史发展所起的作用为标准，来加以全面的分析。这样就比较易于正确地看清他们在历史上所应处的地位。"并提出对殷纣王、秦始皇和曹操，都应该翻案，"评定历史人物的作用，我们一定要实事求是，不夸大、也不缩小。"① 关于历史人物功过是非的评价标准，郭沫若提出："我们评价一位历史人物，应该从全面来看问题，应该从他的大节上来权其轻重，特别要看他对于当时的人民有无贡献，对于我们整个民族的发展、文化的发展有无贡献。"②

　　翦伯赞强调指出："从历史唯物主义的观点出发，评论一个历史人物，当然不是要求我们用今天的标准去要求一个历史人物；而是要严格地联系到这个历史人物所处的历史时代和历史条件，进行具体的分析。""把历史上的现实和今天的现实等同起来，那不是把历史上的现实现代化使之符合于今天的现实，就是把今天的现实古典化去迁就历史上的现实，两者都是非历史主义的，因而都是错误的。"关于与民族战争相关的历史人物评价问题，翦伯赞强调说："我们处理历史上部族或种族间的战争，以及处理与战争有关的历史人物时就不能用一条简单的原则来贯穿一切历史时代，而是要根据各个时代各个部族或种族间的具体历史条件来进行分析。只有这样，我们才能正确地解决历史上与各族战争有关的历史人物问题。"③ 翦伯赞的文章，明确地指出了当时历史人物评价中的错误倾向，进一步阐发了历史唯物主义的基本的历史主义的原则，文章在《新建设》杂志的发表，产生的巨大震动作用是不言而喻的。针对"史学革命"中出现的新偏向，翦伯赞强调指出："阶级社会的历史总有敌对的两个方面，一方面是统治阶级的活动，另一方面是人民群众的活动，阶级社会就由这敌对的两个阶级构成了阶级斗争的两个方面，去掉了任何一方面，都不能全面地说明阶级斗争的内容。④ 翦伯赞指出："在对待历史人物的问题上，也有非历史主义的倾向。有些

---

① 郭沫若：《关于目前历史研究中的几个问题》，《文史论集》第1—10页，人民出版社1961年版。
② 郭沫若：《替曹操翻案》，《人民日报》1959年3月23日。
③ 翦伯赞：《关于历史人物评价中的若干问题》，《新建设》1952年9月号。
④ 翦伯赞：《目前历史教学中的几个问题》，《红旗》1959年第10期。

同志简直用阶级成分作为评价历史人物的标准。很多历史人物之所以被否定，不是因为别的什么原因，就是因为他们出身于地主阶级。"① 著名马克思主义史学家翦伯赞对历史研究中出现的严重偏向的尖锐批评，对于促进马克思主义历史学的健康发展发挥了极其重要的作用，同时，他阐发了马克思主义的一系列重要原则，进一步深化了唯物史观关于历史人物评价的理论。

著名史学家吴晗也非常重视历史人物评价问题，先后发表了《关于评价历史人物的一些初步意见》、《关于历史人物评价问题》、《论历史人物评价》等重要理论文章。对于阶级观点，他强调指出：评价历史人物要从生产斗争和阶级斗争出发，归结为阶级的活动。要注意阶级关系，运用阶级分析的方法来研究历史人物，但是不可以绝对化，把阶级成分作为评价历史人物的唯一尺度。他说："长期被统治的农民，在精神生活方面，一般地说是受统治阶级支配的。以此，研究分析历史人物，而不去研究分析这个历史时期的统治思想，就不可能得到有效的结果，以致许多问题都会弄不清楚，不知其所以然。"② 今天看来，关于历史人物的评价，吴晗的主要立足点还是反对以现代标准评价历史人物，强调坚持历史主义原则和实事求是的基本态度，他提出的许多标准，在评价历史人物方面也具有很大的可操作性，这些观点的提出标志着中国马克思主义历史科学在历史人物的评价方面，在理论方面进一步走向成熟阶段。当然，为了强调历史主义的原则，吴晗提出了历史人物评价的当时当地的标准，今天看来，在用语方面是不大准确的，因而，当时学术界对此也展开了讨论。

范文澜、嵇文甫、翦伯赞、郭沫若、吴晗的文章，共同之点都强调历史评价必须坚持历史主义原则，对历史人物和历史事件做出全面的客观的评价。这为新中国历史评价奠定了思想和理论基础，极大地推动了历史人物评价问题的讨论。

（二）关于历史主义与阶级分析方法的讨论

历史主义和阶级分析是马克思主义最基本的史学研究原则和方法。20 世纪50 年代后期，中国史学界掀起的轰轰烈烈的所谓"史学革命"，助长了"左"倾思潮的泛滥，其主要表现就是片面强调阶级斗争，力图以农民起义和农民战争史来替代丰富多彩的中国历史。为了纠正片面强调阶级斗争的"左"倾错误，范文澜、翦伯赞、吴晗等史学家做出了不懈的努力，翦伯赞多次强调要坚持历史主义原则，并从理论的高度作了进一步的阐述，这对于历史科学的健康发展发挥了

---

① 翦伯赞：《目前史学研究中存在的几个问题》，《江海学刊》1962 年 5 月号。
② 吴晗：《论历史人物评价》，《人民日报》1962 年 3 月 23 日。

重要的作用，但在当时强调阶级斗争政治形势下，先是引发了历史主义和阶级观点的论战，最终历史主义的倡导者遭受了粗暴的批判和残酷的政治迫害。

　　20 世纪 60 年代中国史坛掀起的历史主义与阶级观点的大论战，是由当时两位青年史学家林甘泉和宁可的争论而逐步展开的。从马恩列斯和毛泽东强调阶级斗争和阶级分析的理论出发，受当时阶级斗争的现实政治影响，出于促进历史学在马克思主义道路上健康发展的良好愿望，1963 年，林甘泉在《新建设》第 5 期发表了《历史主义与阶级观点》一文。文章一开篇就说："有些同志在批评非历史主义倾向的时候，并没有能够站在正确的立场上来进行这种批评。结果是，这一时期以来，历史研究中又出现了另一种不健康的倾向：某些同志把历史主义与阶级观点对立起来，在讲'历史主义'的时候，离开了阶级观点，从而模糊了马克思主义原则。"①历史主义和阶级分析是马克思主义史学理论的重要问题，林甘泉的文章涉及翦伯赞和吴晗这两位著名的史学家的有关观点，本着百家争鸣的精神，《历史研究》1963 年第 4 期发表了主编黎澍约请宁可撰写的《论历史主义和阶级观点》。文章发表之后，林甘泉很快做出了回应，在《新建设》第 10 期发表了《再论历史主义与阶级观点》一文。对林甘泉先生这篇文章，宁可也不满意，于是他又在《历史研究》1964 年第 3 期发表了《论马克思主义的历史主义》。双方的意见分歧在于林甘泉强调阶级分析方法，而宁可认为除此而外，还应注意历史主义原则。林甘泉说："马克思主义的阶级观点的一个重要特点，就是它彻底摆脱了以往旧的历史理论的形而上学的观点，深深地浸透了历史主义的精神。在马克思主义的理论中，阶级观点和历史主义是完全一致的，统一的。"② 关于历史主义与阶级分析的关系，宁可则认为："彻底的历史主义必然是和阶级观点统一的。……阶级观点是唯物主义历史观的核心，历史主义是辩证法对历史过程的理解。历史主义和阶级观点的统一，也就是辩证法和唯物主义历史观的统一的内容之一。"③ 关于这场争论的是是非非，史学界已有不少的评论。④

　　林甘泉和宁可就历史主义和阶级分析的讨论，在一定程度上深化了对马克思主义史学理论和方法的认识，尽管他们的文章中包含了不少的教条和今天看来"左"的成分，但毕竟他们是在认真地探讨这一马克思主义史学理论的重要问

---

　　① 　林甘泉：《历史主义与阶级观点》，《新建设》1963 年第 5 期。

　　② 　林甘泉：《历史主义与阶级观点》，《新建设》1963 年第 5 期。

　　③ 　宁可：《论历史主义和阶级观点》，《历史研究》1963 年第 4 期。

　　④ 　参见蒋大椿：《历史主义与阶级观点研究》，巴蜀书社 1992 年版；王学典：《历史主义思潮的历史命运》，天津人民出版社 1994 年版；张剑平：《新中国史学五十年》，学苑出版社 2003 年版。

题。在他们的影响下，讨论逐渐在全国范围内展开。据学者统计，当时直接讨论历史主义的文章就有 50 余篇，《人民日报》、《光明日报》、《文汇报》，以及《新建设》、《教学与研究》、《学术月刊》等报刊对这场争论都予以报道，以至于有学者说："这是一场撼动整个理论界、触及我们这个社会灵魂——阶级观点——的大讨论。在讨论中，既有批评者的声色俱厉，又有抵制者的义正词严，既有政治因素的介入，又有纯学术的辩难，既有庸俗的人事纠纷，又有神圣的使命意识。"① 当时也发表了一些较好的文章，如李文海的《论阶级观点和历史主义的统一》，何芳川的《试论阶级观点和历史主义的统一》等，强调历史研究中阶级分析必须与历史主义相结合与统一。1963 年 7 月 5 日和 30 日，北京历史学会也曾就历史研究中的阶级观点、历史主义和史论结合等问题展开了专门讨论②。总体看来，讨论对历史主义的内涵尽管认识不一，但历史主义作为一个独立的概念，仍为大多数学者所赞同。正如有的学者所说："关于马克思主义的历史主义与阶级分析的内容及其相互关系，已经取得比较一致的意见。大多数论者认为，马克思主义的历史主义与阶级分析，虽然是两个不同的概念术语，但两者具有不可分割的关系，它们是马克思主义历史科学的统一的观点和方法。正如人们指出，当马克思主义者谈到必须以无产阶级的观点来分析一切社会历史现象的时候，必然是从具体的历史实际出发，尊重历史本身的发展；当马克思主义者谈到必须对历史现象作历史主义的估计的时候，同样必然是站在无产阶级的立场上，用阶级分析的方法来找出历史的发展规律性。对马克思主义说来，没有脱离历史主义的阶级观点，也没有脱离阶级观点的历史主义。马克思主义的阶级观点，决不会引向片面地否定一切；马克思主义的历史主义，也决不会引向片面地肯定一切。"③

第二节　史学理论与史学史学科的艰难起步

从某种意义上说，史学理论与史学史学科的产生和发展在很大程度上显示出 20 世纪中国历史学逐步走向科学化的历史进程。史学理论与史学史研究受到中国学者的重视，始于 20 世纪 20 年代，梁启超、李大钊、胡适、傅斯年、何炳松

---

① 王学典：《历史主义思潮的历史命运》第 161—162 页，天津人民出版社 1994 年版。
② 苏双碧：《北京历史学会讨论阶级观点、历史主义和史论结合问题》，《新建设》1963 年第 8 期。
③ 高烈文：《关于历史主义与阶级分析的讨论》，《学术月刊》1964 年第 1 期。

等为该学科在中国的兴起起到了极其重要的推动作用。新中国成立后，在马克思主义理论指导下，中国史学家围绕古史分期问题、中国封建土地所有制形态问题、资本主义萌芽问题、汉民族形成问题、中国农民战争等重大历史问题，展开了广泛的讨论，促进了马克思主义历史理论的发展；20世纪60年代初，在纠正1957年以来的"左"倾错误的过程中，高等院校的历史学科建设提上日程，史学理论与史学史研究受到了重视，研究工作有了新的起色，但不久即为政治运动和所谓的"文化大革命"所中断。新时期以来，随着史学界的拨乱反正以及对西方史学理论的吸收，史学理论与史学史研究受到了广泛的重视，学科地位得以确立，研究工作取得了巨大的成效，逐渐成为推动中国历史学发展的一股重要力量，在20世纪末，史学理论及史学史由80年代的历史学两个二级学科最终整合为史学理论与史学史二级学科。

新中国成立十七年，史学理论与史学史学科一直处于艰难的起步阶段，尽管在20世纪60年代该学科的发展已经正式提上日程，但作为独立意义上的历史学研究理论和方法论一直被历史唯物主义所替代，已经开始的史学史研究最终也被政治大批判所中断。

一、史料学的发展及对考据方法的新认识

在民国时期的大学历史系教学计划中，"史学方法"已经列为必修课程。1952年全国高等院校院系调整，按照苏联的教学计划，新组建的北京大学历史系将自己的培养规格定为："坚定马克思列宁主义的立场，了解并能运用马克思列宁主义的观点、方法，具有科学的、系统的、巩固的历史知识，并在这一基础上，使学生具有一定的专门业务知识及一定的研究方向和研究能力，作为独立进行科学研究工作和高等学校或中等学校教学工作的准备。"历史专业学生的政治理论课包括：马列主义基础，政治经济学、辩证唯物主义与历史唯物主义，在选修课中设立了"史料学"与"史学史"课程[①]。这次教学计划的重大变动在于取消了"史学方法"课程，代之以马列政治理论课。

郑天挺在20世纪50年代两次在南开大学讲授"史料学"，学生陈生玺对当年听课笔记所做的整理，使我们了解到郑先生当年授课的基本内容。1954年9月至1955年6月的《史料学》，包括以下内容："叙说"，"史料的分类与鉴别"，"中国历史上大批史料的发现和利用"，"《明史》的纂修与明史的史料"，"《明

---

① 转引自人民出版社编辑部编：《历史科学中两条道路的斗争》第1—2页，人民出版社1958年版。

史》史料研究"，"清史的修纂与清史的史料"，"清史史料的研究"，"史料的辑录工作"，共计八个专题。既有对中国史料学发展的全面概括性的论述，又有对明清史料的重点分析，内容极为广阔。"史料的分类与鉴别"一讲，颇见功力。如在"作为历史资料的文艺文献"一节中，论述了"当时人的记载"，包括：当事人当时的记载、当事人的事后追记、当事人对第三者的记载（记载人的立场、记载的来源、记载人的出身、记载人的能力），对当时人记载史料的选用（立场、观点、方法）。在"间接史料"一节中，论述了"口头传说"，包含极为丰富的内容：甲、歌谣：史诗、民谣；乙、故事：历史故事、乡土故事、神话故事、游行故事、英雄故事、民族故事；丙、逸闻遗事；丁、逸闻轶事；戊、流行口头语：历史性流行语、习惯用的流行语、文艺的流行语——典故。"中国历史上大批史料的发现与利用"一讲，论述的问题包括：孔子旧宅的古文经，汲冢竹书，殷墟的甲骨、敦煌的卷子、居延的木简、内阁大库的档案、寿县楚器的发现，以及解放后的出土文物，包括了中国古今的重大考古资料①。1957 年 9 月到1958 年 1 月的《史料学》课程，包括：史料学的概念与任务，历史学的辅助学科，历史资料的来源，史料的搜集，史料的批判，史料的利用。如果说，郑天挺1954 年的《史料学》课程着重于讲授中国的史料学及其发展的情况，那么，这次的史料学则着重讲史料的搜集和运用的情况，而且表现出力图运用马列主义观点和方法阐述史料学的相关问题。与当时简单地将史料学等同于资产阶级的科学不同，郑天挺明确地说："史料学是阐述史料的研究方法和利用方法的科学，是历史科学的辅助学科之一。研究方法就是对史料的批判，利用方法就是对史料的整理、考订和编纂。史料只有整理后才能利用，史料学也是一种科学。""史料学是阐明史料的研究方法和利用方法的科学，真正科学的历史是建筑在唯物主义一般原则的基础之上的。"郑天挺也指出了史料的阶级性问题，他说："一些学者对史料采取形式主义的观点，不研究其阶级性，不问本质来源与当时的用途。他们不大分析，即使分析也只是就史料本身方面而言，采取客观主义态度，脱离社会经济与阶级关系。在解释方面，完全从主观唯心主义出发，不承认社会发展的客观规律；在史料选择上，也是片面的，有偏见甚至别有用心，在史料群中任意选择，有的甚至公开捏造史料。""史料是有阶级性的，西方史学不这样认为，他们提倡客观主义。……我们则要进一步分析其社会条件、背景，所以我们反对这种客观主义，比他们更客观，但不是客观主义，因为客观主义自己没有立场，

---

① 郑天挺：《及时学人谈丛》第 326—406 页，中华书局 2002 年版。

对客观事物失去其立场，所以对历史事实便弄不清楚。没有立场去看问题，就会被史料所占有。"力图以马克思主义的观点解释和研究史料学，在此得到了突出的反映。郑天挺对历史学的研究对象也做出了马克思主义的论述，他说："历史的对象是对不同时代不同国家社会生活现象的总和，社会生活现象主要是生产力与生产关系的发展规律，社会经济发展的规律。历史科学与别的科学不同，其特点是具体的、多方面的。"① 关于历史学的辅助学科，在考古学、地质学、地理学、人类学、民族学之外，郑天挺着重论述了古文字学、中国目录学、中国版本学、中国校勘学、题铭学、印章学、纹章学或曰徽章学、钱币学、历代度量学、年代学、中国史讳学、古文书学、古文献学、中国谱系学、中国古器物学，共计十五种。郑天挺对少人问津的"年代学"做了详细的讲述，包括：世界历法的系统，中国年代学的研究，中国年代学的特点，中国年代上的问题（年代考证、年代解释问题、年代的交叉、年号重复、正统、正朔问题、年代的计算问题、年代换算问题、干支检查、年代的名词问题），中国年代学的书籍。今天看来，郑天挺的史料学，包含了学生应该掌握的历史研究的基本理论知识和方法，这实际上是当时马列主义辩证唯物主义和历史唯物主义之外的高水准的"史学理论"课程。但遗憾的是，在1958年的"史学革命"中，郑天挺、杨志玖、杨翼骧等重视史料的学者，被幼稚的学生称为"唯史料论"的典型代表，被粗暴批判。

1958年"史学革命"之前，尽管史料和考证的方法曾受到了批判，但高校历史专业还是很重视学生的专业基础训练的。虽然取消了"史学方法"课程，但政治课的系统学习，使学生对马克思主义理论和方法有了一定的基础和常识，"史料学"课程的开设，从培养学生的基本历史研究知识和能力方面来看，还是非常必要和重要的。如北京大学为学生开设了《中国古代史史料学》、《中国近代史史料学》、《印度史史料选读》课程，《中国古代史史料学》上篇讲授目录学史，系统地介绍了从刘向《别录》到清朝的《四库全书总目提要》。中篇讲授史学史与史籍举要，简要介绍了史学史以及历代正史②。史学家邓广铭告诫学生治史要掌握四把钥匙，即年代、地理、职官、目录。今天看来，这些都是从事中国古代历史研究的基本知识和方法，但在1958年的"史学革命"中，却被作为资产阶级的学术和思想，遭到了严厉的批判。60年代，在纠正"史学革命"错误的过程中，一些高校又开设了"史料学"课程。如北京大学历史系主任翦伯赞

---

① 郑天挺：《及时学人谈丛》第407—412页，中华书局2002年版。
② 参见人民出版社编辑部编：《历史科学中两条道路的斗争》第86—87页，人民出版社1958年版。

为纠正教学混乱的局面，进一步加强了对学生的历史学基础知识的训练工作。为了强化史料学课程，翦伯赞邀请著名史学家向达主持了"六十年来新发现的史料"讲座，聘请胡厚宣讲"甲骨文的发现与研究"，贺昌群讲"居延汉简的发现与研究"，向达讲"敦煌文书的发现与研究"，单士魁、单士元讲"明清内阁大库档案的整理与利用"。"史学名著"选修课，邀请顾颉刚讲"《尚书》研究"，宋云彬讲"《史记》研究"，陈直讲"《汉书》研究"，此外，还请陈垣高足、江苏师范学院的柴德赓讲授"史料与史学"课程①。上述专家都是国内相关领域的一流学者，向达、宋云彬等学者在前不久的政治运动中还曾遭到粗暴的批判。"史料学"的开设，对于增强学生的知识和研究能力起到了很好的作用。

　　20 世纪 50 年代初，在学习马克思主义理论的过程中，罗尔纲、童书业等在旧中国从事考据研究的史学家对考据方法有了新的认识。罗尔纲早年治学方法深受胡适考证学风的影响。1955 年《科学通报》第 1 期发表的《试说考据在历史学研究工作中的地位和作用》一文，是罗尔纲对考据方法重新进行反思的重要论作。在"考据在历史学中的地位"这一重大问题上，罗尔纲的突出贡献在于：一是，论述了考据在历史研究过程中的重要性和必要性。他将考据在历史研究中的作用归结为史料辨伪需要考据、史料的诠释需要考据、史料和史迹的鉴定需要考据、史事需要考据四个方面；二是，正确地区分了新考据学与史学及史料学三者之间的区别和联系。他说："史学、史料学和新考据学是三个不同的范畴，绝不能混淆的。但是，史学须有事实作根据，没有事实，就成为空谈；史料必须考订，不考订，就会以伪乱真。而事实须依赖于新考据，史料的考订也须依赖于新考据，所以史学、史料学和新考据又是不可分割的一个整体。"② 三是，对乾嘉考据学以应有的历史地位。与过分拔高乾嘉考据学派的考据方法的学者不同，根据马克思主义者对历史科学工作者提出的史学研究的根本任务是在于探讨历史发展的规律的基本原则，罗尔纲充分地认识到考据的局限性，但与文化虚无论者相反，他对乾嘉考据并未全盘地否认。他说："其实，乾嘉学派的考据方法，在它所使用的形式逻辑所能为力的小范围内，是会得到一些正确的结果的。如王念孙的《读书杂志》、《广雅疏证》，王引之的《经义述闻》等书，不出名物训古校勘等的范围，大都是形式逻辑的思维方法所能解决的问题，他们严谨地运用这一个方法，因此就能够做得比较严谨、比较正确的结果。但一超出这个界限，这种旧

---

① 张传玺：《翦伯赞传》第 329—330 页，北京大学出版社 1998 年版。
② 罗尔纲：《太平天国史迹调查记》第 392 页，生活·读书·新知三联书店 1958 年版。

考据方法就无能解决。"① 四是，对考据方法及其在历史研究中的地位予以恰当的定位。一反当时学术界风行的简单地否定考据的做法，罗尔纲明确地指出："考证用的方法是形式逻辑的归纳法，形式逻辑是人类共同的低级思想方法，它不是主观唯心论，而是一种科学。"② 新中国成立后，罗尔纲致力于以马克思主义理论为指导的新考据学的建立工作。他对新旧考据的方法作了明确的区分。他说："旧考据用的只是形式逻辑，在形而上学思维方法指导之下进行考据；而今天新考据除了仍继续使用形式逻辑之外，并且使用了辩证逻辑，在马克思主义的立场、观点、方法指导之下进行考据。二者所用方法的不同，指导思想的不同，是不同的世界观人生观所决定了的。说得明白些，是阶级立场所决定了的。"③ 根据自己多年从事太平天国史研究的切身体会，结合对辩证唯物主义和历史唯物主义的理解，罗尔纲找出了旧考据方法的局限性，归纳和总结了新旧考据方法的主要差别。他认为：旧考据方法是片面地、孤立地看问题，只有新考据方法才能够全面地、联系地看问题；旧考据方法是从现象看问题，只有新考据方法才能够从本质看问题；旧考据方法是"是则是，否则否"地看问题，只有新考据方法才能够从矛盾对立之中去看问题；旧考据方法是静止地看问题，只有新考据方法才能够发展地看问题；旧考据方法是无视或掩盖阶级斗争，只有新考据方法才能够正视和揭露阶级斗争；旧考据方法是无视或蔑视群众，只有新考据方法才会有群众观点和走群众路线。与此同时，他论述了新考据方法优越于旧考据的原因，他说："新考据方法，所以得具有这样的正确性和优越性，是由于它所用的是高级的辩证逻辑，同时不仅不排斥有局限性的初等的形式逻辑，并且把旧考据方法所用的形式逻辑的技术，作为宝贵的遗产而予以批判的接受。"④

20 世纪 60 年代初，在较为宽松的社会环境中，童书业重操旧业，重新开始了考据著述的整理工作，但这一时期他的考据方法发生了明显的变化，这在《春秋左传研究》一书中表现尤为突出，这就是摆脱了繁琐的考据，如在《春秋左传札记·说明》中说："史料只举典型者若干条，其他史料只注明书名、篇、卷等。……本札记以简明为主，不取繁琐考据，所据史料均为必要者，晚出或非必要者一概从略。……有数处引用史料较多，乃必须列举，始能证明所说者。一般

① 罗尔纲：《忠王自传原稿与论考据》第 1 页，科学出版社 1958 年版。
② 罗尔纲：《试说考据在历史学研究工作中的地位和作用》，《科学通报》1955 年第 4 期。
③ 罗尔纲：《太平天国史迹调查记》第 350—351 页，生活·读书·新知三联书店 1958 年版。
④ 罗尔纲：《忠王自传原稿与论考据》第 10 页，科学出版社 1958 年版。

引用史料均简。"在《例言》中，童书业又说："余既为《春秋左传考证》，觉尚伤于繁富，本无烦考证者。因为此札记，简略考证《春秋左传》中太古传说、西周史事及春秋史事，只取本人心得，其属常识范围者，盖从简略。"①《札记》考证只取典型材料，固然与客观环境有关，但实际上也显示了童书业接受马克思主义理论的熏陶后，已走出了过去繁琐的考据学风。童书业一生大半时间专注于考据，1967年4月5日他写就的短文《考据学的科学规律》说明了他对考据学的作用及其局限性的看法，他说："考证学是史学中的一门工具性的科学，它有一定的用处，通过它可以弄清历史上的许多事实，作为历史研究的基础。""我们现在也还需要考证，在必要的时候，一件历史事实弄不清楚，会妨碍我们对这时期某些历史事实的认识。考证学主要是鉴别史料、弄清史实的功夫。"② 我们认为这正是一位终生从事考证，新中国成立后接受马克思主义理论系统教育的史学家，对于考证在历史学中的作用及其局限性的正确认识。

二、史学史研究工作的初步开展

新中国成立之初，虽然史学史研究不像通史和断代史那样受人重视，但是，还是有不少的学者做了一些研究工作。白寿彝先生曾对十七年的史学史研究做过回顾："在这十七年里，独立的系统的史学史著作没有完成，但研究史学史的风气有很大的开展。范老的《通史简编》有不少论述史学的内容。侯外老的《中国思想通史》，有讲史学史的专章。翦老和其他的史学家写有关于史书和史家的专论。纪念司马迁那一年，关于司马迁的文章大量发表。当时，翦老提出来，可先编一部史学史参考资料，应教学上的急需。但在史学史线索还没有理出来的时候，这个想法也没有能实现。"③ 新中国成立初十七年，除了对史学史学科的相关问题集中讨论外，在中国古代史学方面，对孔子及其《春秋》、《左传》，司马迁及《史记》，班固与《汉书》，范晔及《后汉书》，陈寿、裴松之与《三国志》、《三国志注》，郦道元与《水经注》，刘知几与《史通》，以及杜佑、欧阳修、郑樵、司马光、马端临、顾炎武、王船山、谈迁、章学诚的史学等等，都有

---

①　童书业：《春秋左传研究》第290—291页，上海人民出版社1980年版。

②　童教英：《童书业》，载梁自洁主编：《山东现代著名社会科学家》第243—244页，山东教育出版社，1991年版。

③　白寿彝：《史学史工作四十年》，载白寿彝著：《中国史学史论集》第341页，中华书局1999年版。

不少研究专论①。另外，对中国近现代史学及外国史学也作了一些研究工作。中国近现代史学主要集中在魏源及《海国图志》、徐鼐的史学思想、康有为的公羊三世说、梁启超、李大钊的史学，对胡适等中国近现代史学家的批判方面也发表了数十篇论文。

　　司马迁的研究受到了史学家的重视，据统计，在20世纪50—60年代，新中国文史学家撰写的关于司马迁和《史记》研究的论文共有50余篇。早在1951年，对司马迁和刘知几史学有深入研究的著名史学家翦伯赞，就在《中国青年》发表了《中国历史学的开创者司马迁》一文，对司马迁的《史记》及其影响作了高度的评价。他说："司马迁的名字和中国历史学是分不开的，因为由于他的天才的创造，中国的历史学才第一次成为一种独立的学问。""《史记》是中国历史学出发点上的一座不朽的纪念碑，……司马迁的不朽，不仅因为他写成了一本史记，特别是因为他开创了前所未有的新的历史学方法，即纪传体的历史学方法。""司马迁不朽，不仅由于他开创了这种历史学的方法，而且在于他具有远大的历史见识。"② 1955年司马迁的诞辰纪念日，促进了对这位伟大的历史学家的研究，在1955年和1956年，郭沫若先后在《历史研究》发表了《〈太史公行年考〉有问题》、《关于司马迁之死》，对司马迁的生卒年代和死因予以考证，提出司马迁的生年是汉武帝建元六年丙午，即公元前135年，而不是王国维所说的公元前145年；司马迁并不是因受宫刑忧郁而死，而是再次被下狱致死③。侯外庐、任继愈等史学家和哲学家提出并论述了司马迁及其《史记》的人民性和思想性问题，如侯外庐在1955年12月《人民日报》发表《司马迁著作中的思想性和人民性》的文章，提出："司马迁的著作充满了人民性和思想性"，"司马迁是中国古代朴素的唯物主义思想家之一"，"他的历史观包含着朴素的唯物主义和辩证法的因素。"④ 在1957年出版的《中国思想通史》第二卷中，侯外庐又进一步从思想史的角度阐述了上述观点。齐思和在《光明日报》发表文章，指出："司马迁的伟大历史著作《史记》，不但是中国人民的宝贵文化遗产，而且是具有世界意义的历史学上的伟大成就。""和希腊史学名著比起来，《史记》的特点在于他的全面性，尤其是对于生产活动、学术思想和普通人在历史上的地位的重

---

① 参见吴泽、袁英光编：《中国史学史论集》（一、二），上海人民出版社1980年版。

② 翦伯赞：《中国历史学的开创者司马迁》，《中国青年》1951年总第57期。

③ 参见《郭沫若全集》（历史编3）第445—453页，人民出版社1984年版。

④ 侯外庐：《司马迁著作中的思想性和人民性》，《人民日报》1955年12月31日。

视。"① 此外，郑鹤声发表了《司马迁生平及其在历史学上的伟大贡献》(《山东大学学报》1955 年 2 卷 2 期)；卢南乔发表了《论司马迁及其历史编纂学》(《文史哲》1955 年第 11 期)；陈直发表了《汉晋人对〈史记〉的传播及其评价》(《四川大学学报》1957 年第 3 期)。《史记》是白寿彝中国史学史研究的一个极其重要的领域，60 年代，围绕《史记》研究，他先后发表和刊印了《司马迁寓论断于序事》，《司马迁与班固》，《司马迁两题》和《中国史学史教本初稿》第二篇第一章。《司马迁与班固》一文，表现出作者对《史记》的系统深入研究，表现出极为开阔的学术视野，本文主要论述了十个方面的问题：司马迁著《史记》，《史记》编写上的特点，《史记》的人民性，"究天人之际"，"通古今之变"，两汉之际的史学，刘向、歆，班固改《史记》，《汉书》的博洽，《汉纪》的继出。② 在分析《史记》的人民性这一问题的时候，根据中国历史实际，白寿彝已经自觉地运用了马列主义的历史主义原则、阶级分析方法来分析和解决问题，比起随后那些单纯从司马迁的所谓的"地主阶级出身"出发，抽象肯定、实则全面否定的一些在极左思潮影响下的史学作品，如《文史哲》杂志 1965 年第 3、4 期先后发表的论文：《应该全面正确评价司马迁的思想》、《如何评价司马迁的道德观》，及《论司马迁和〈史记〉研究中的非马克思主义倾向》，白寿彝的论述显然要高明很多。正如有的学者所说："运用唯物史观与丰富史料相结合的方法，平允、准确地全面评价司马迁的思想，并且取得了显著成绩的，是前辈学者白寿彝先生。他的《司马迁与班固》和《史记新论》两篇宏论可以代表三十年来《史记》研究的新水平。"③

　　刘知几的《史通》，在中国史学史上具有重要的地位，对《史通》的研究，在某种程度上显示出中国史学史研究的水平。新中国成立前，何炳松、傅振伦、金毓黻等史学家都对《史通》进行过研究，著名马克思主义史学家翦伯赞在 1945 年《中山文化季刊》第 2 卷第 2 期发表了《刘知几的史学》专论，对刘知几的《史通》作了全面论述。新中国成立后，刘知几与《史通》的研究继续受到史学家的重视。白寿彝对刘知几的史学作了全面论述，包括：刘知几史学的批判精神和对优良传统的发扬，刘知几史论的历史价值及其理性主义，刘知几的无

---

① 齐思和：《〈史记〉产生的历史条件和它在世界史学上的地位》，《光明日报》1956 年 1 月 19 日。
② 白寿彝：《司马迁与班固》，《北京师范大学学报》1963 年第 4 期。
③ 张大可：《史记研究》第 478 页，甘肃人民出版社 1985 年版。

神论和进步的历史观，刘知几在"史法"上的贡献，刘知几的学派①。1961 年是刘知几诞辰 1300 周年，侯外庐发表了《论刘知几的学术思想》（《历史研究》第 2 期），卢南乔发表了《刘知几的史学思想和他对于传统史学的斗争》（《文史哲》第 1 期），王玉哲发表了《试论刘知几是有神论者》（《文史哲》1962 年第 4 期），傅振伦发表了《〈史通〉版本源流考》（《图书馆》1962 年第 2 期），杨翼骧发表了《刘知几与〈史通〉》（《历史教学》1963 年第 7、8 期），哲学史专家任继愈也在 1964 年《文史哲》第 1 期发表了《刘知几的进步的历史观》。关于《史通》的内容，杨翼骧做了如下概括：叙述历代史书的著作情况并分析其源流、体例、类别；叙述历代史官的建置的沿革、史官的才具及人选、官修史的弊病；评论纪传史与编年史的体例、内容及编纂方法；论史料的搜集与选择；评论叙述方法和写作技巧；论对于历史人物的记载和品评；论历史家的品质及其著作态度；论史书的注文；论评论史书应注意的问题；专论某些著作的优劣并杂评某些具体记载的得失；删改某些史书中的烦文；自述学习和研究历史的经过及撰著《史通》的动机、意志和感想，共计 12 个方面的丰富内容。关于《史通》撰著的特点，他总结为以下几个方面：一是评论有据，二是兼指得失，三是批评尖锐，四是主张明确。刘知几对史学的贡献包括：第一次为中国史学作了比较全面而详细的总结；提倡"直书"、"实录"，揭发并斥责了历史的歪曲者和捏造者；批判了盲目崇拜古代、迷信"圣人"的观念；对历史编纂学提出了许多重要的建议；指出了历史家必须具备的条件。最后，作者指出："综上所述，我们肯定了刘知几是古代杰出的史学家，《史通》是一部不可多得的有价值的著作。然而，还必须指出，刘知几毕竟是封建主义史学家，是以地主阶级的立场和观点研究历史、评论史学的。"② 杨翼骧的上述认识，在一定程度上反映出一位多年从事史学史研究的历史学家，在新中国成立后接受马克思主义理论后，对《史通》这部史学名著的基本看法，这是当时《史通》和刘知几研究的力作之一。

为了推动中国马克思主义史学的进一步发展，史学家也对中国近代各种非马克思主义的史学观展开了全面地分析和批判。1956 年，胡绳在《历史研究》第 11 期发表的《社会历史的研究怎样成为科学》一文，是一篇对近代中外史学理论全面评述的理论文章。文章的第一部分对梁启超、何炳松否认社会历史的客观规律性予以分析批判，指出由于他们主张历史由于人的心力、民族的意力所决

① 白寿彝：《刘知几的史学》，《北京师范大学学报》1959 年第 5 期。
② 杨翼骧：《刘知几与〈史通〉》，《历史教学》1963 年第 7、第 8 期。

定，从而否认历史发展的客观规律，否认历史研究能够成为科学，成为历史唯心主义史学在中国近代的代表；第二部分是对傅斯年为代表的以史料学代替历史学的实证主义史学观的分析批判，胡绳一方面强调史料考证在历史研究中的重要性和必要性，同时指出："用史料学代替历史学，既破坏了历史科学，也会把史料学工作引导到错误的路上去。"结合顾颉刚为代表的古史辨派的"层累的造成古史说"及其学术成就，胡绳指出：古史辨实为古书辨，"层累地造成古史说"只能是史料学范畴的一个命题。"虽然整理文献的结果会有助于了解古代历史，但是当然不能把上述命题当作古代历史本身的规律。""这只是研究古史的初步工作"。文章的第三部分是对梁启超、何炳松、胡适为代表的主观主义史学观念的分析批判，指出由于这些史学家过分强调历史学家的价值观、想象力在历史研究中的作用，突出历史学的特殊性，结果虽然承认历史现象的"互缘"和"因果关系"，实际上否认历史的因果规律，将对历史的解释变成了历史学家个人随意的认识，这实际上将历史学的科学性局限在史料考订的范围，否认了历史学的科学性；文章的第四部分是对常乃德、朱谦之、潘光旦为代表的"生机史观"、"人文史观"的分析批判，指出："他们其实跳不出梁启超所说的历史由人的自由意志所创造，或者民族意力决定着历史发展这一类的说法。……这不过是在字面上用'生机力'来代替了'自由意志'，用'国民性'来代替了'民族意力'而已，这不过是用生物学的术语来给陈腐的唯心主义观点加上了新的招贴而已。"文章的最后一部分是对各种怀疑马克思主义历史科学的科学性的分析批判，一方面对中国近代资产阶级历史学相比封建史学的进步性作了充分的肯定，同时明确指出："马克思主义的历史学吸收了资产阶级的历史学以及封建时代的历史学的一切积极因素，并且克服了以往历史学中的唯心主义的反科学的性质。马克思主义历史学代表历史上最进步的阶级无产阶级的利益，以辩证唯物主义的科学的世界观为基础，所以能够彻底地揭露历史发展过程的本质及其发展的规律。……只有在马克思主义的指导下，才能全面地建立关于社会发展的科学的理论，制定科学的研究社会历史的完整的方法。"在这里，胡绳强调马克思主义历史学革命性与科学性的统一问题，他说："马克思主义者如果不认真地收集材料，进行科学的研究，不是通过具体的全面的分析来使人心服地表明我们对历史的判断，而是使歌颂和反对都成为空话，那是一点好处也没有的。如果为了表现立场的鲜明，甚至走到了曲解事实的地步，使歌颂和反对都达到夸大的程度，那就更是彻底违反马克思主义的实事求是的精神了。这样做，不但没有马克思主义所要求的科学性,同时也就丧失了马克思主义所要求的革命性。"① 胡绳的这篇文章,着重于对中国近代资产阶级各种唯心主义史学思想认识局限性的批判,因而,对于他们在史学理论方面的可贵之处注意得不够,具有一定的时代和认识的局限性,但从总体看来,本文对中国近代史学家的评价还是公允的,这与后来"左"倾思想影响下的政治批判是不可同日而语的,特别是对各种唯心主义史学思想的缺陷的分析是深刻的。此外,在探讨中国近代资产阶级史学理论的来源时,胡绳对西方史学家的史学理论和论著也作了较为客观的评论,表现出极为开阔的学术视野。总而言之,胡绳的《社会历史的研究怎样成为科学》一文,是新中国成立十七年对中国近代史学和西方史学理论进行系统的较为客观公允评述的一篇难得的重要的理论著述,对各种唯心史观的分析是深刻的,直到今天对于我们建设马克思主义史学理论学科仍然具有重要的学术价值。

新中国成立后,中国历史学家对国外史学也给予一定程度的关注。20 世纪50 年代,中国史学家关注的主要是苏联的历史学,按照苏联的教学模式制定了自己的教学计划,翻译和出版了一批苏联史学著作。《历史研究》也注意对国外史学动态的报道,对苏联和东欧等社会主义国家的历史学作了一些介绍。比如,1959 年第 11 期刊译了《苏联关于历史科学史的研究》一文,介绍了《苏联历史科学史纲》的编著情况,以及对历史编纂学的认识和对列宁的史学研究的重视情况。第 8 期刊载了波兰学者然娜拉·科尔曼诺娃的《波兰人民共和国十五年来历史科学的成就》译文,第 9 期发表了罗马尼亚驻华大使馆的《罗马尼亚人民共和国历史科学的发展》一文。第 3 期发表了《介绍西冈虎之助和服部之总监修的日本历史地图》,第 4 期刊载了《社会主义国家历史学界的科学联系近况》、《匈牙利苏维埃共和国四十周年纪念学术报告会情况》。1962 年的《历史研究》又对捷克、朝鲜、越南、英国、德意志、法国等国家的历史学研究情况予以介绍。关于国外的史学理论,出版了苏联学者诺维格拉多夫著《近代现代英国史学概论》(何清新译,三联书店,1961 年)、德门齐也夫等著《近代现代美国史学概论》(郝振华等译,三联书店,1962 年)、康恩的《哲学唯心主义与资产阶级历史思想的危机》(乔工、叶文雄等译,三联书店 1962 年),康恩等著《穷途末路的资产阶级历史哲学》(张书生等译,三联书店,1962 年)等著作。对外国史学史,学者也开始了一些研究工作。王廷科在《文史哲》1964 年第 3 期发表了《试论研究外国史学史的意义》,耿淡如发表了《资产阶级史学流派与批判问题》(《文

---

① 胡绳:《社会历史的研究怎样成为科学》,《历史研究》1956 年第 11 期。

汇报》1962 年 2 月 11 日)、《西方资产阶级史家的传统作风》(《文汇报》1962 年 6 月 14 日),齐思和在《文史哲》1962 年第 3 期发表了《欧洲历史学的发展过程》,吴于廑在《江汉学刊》1963 年第 3 期发表了《论西方古今的"客观"史学家》,蒋相泽在《学术研究》1963 年第 6 期发表了《基佐的历史观批判》等。关于 60 年代的西方史学史研究,正如学者所言:"1961 年在大陆史学界曾发生了一场关于史学史问题的讨论,在讨论中涉及到了西方史学史及其诸多的理论问题。是年底,编写外国史学史教材的会议在上海召开,会议决定由耿淡如主编《外国史学史》,由田汝康负责编译《西方史学流派文选》。与此同时,为了适应高校历史系有关课程教学的需要,吴于廑主编的《外国史学名著选》亦分批出版,当时出版的有从西方古典史家到近代史家的代表作,如希罗多德的《历史》、修昔底德的《伯罗奔尼撒战争史》、李维的《罗马史》、普鲁塔克的《传记集》、塔西陀的《编年史》、吉本的《罗马帝国衰亡史》、格罗特的《希腊》、兰克的《教皇史》等名著的节选本,介绍西方'文化形态史观'理论的斯宾格勒的《西方的没落》与汤因比的《历史研究》(3 卷,索麦维尔节本)亦问世或出齐。此外,还有若干西方史学原著(包括历史的理论的)都已组译或付梓。"[①]

三、史学理论与史学史学科的初步发展

1961 年,中共中央开始纠正反右和大跃进以来的"左"倾错误,实施各方面的调整政策。时任中共中央书记处书记的邓小平,决心纠正 1958 年"教育革命"以来高等教育的混乱局面,在中宣部常务副部长周扬领导下,组织各学科专家编写一批高水平的文科教材。3 月,由中宣部发起的文科教材编写会议预备会在北京举行,翦伯赞、周一良、齐思和、邓广铭、杨向奎、黎澍、陈翰笙、白寿彝、邓天挺、杨生茂、田珏等参加了历史组的会议,历史组确定以翦伯赞为组长,尹达、郑天挺、周一良为副组长。4 月 12 日,文科教材组编写会议在北京正式召开,周扬从总结"教育革命"以来三年的经验着手,率先揭露 1958 年"教育革命"存在的问题,深刻而精辟地回答了三年来辩论不休的有关文科教学的几个问题,即红与专、政治与业务、书本知识与活的知识、论与史、古与今、中与外、文与道的关系等问题。最后,周扬响亮地提出:"要建设自己的教材,不是照搬苏联的,也不是搬资本主义国家的,首先就要用马克思主义观点总结自己的经验","整理自己的民族文化遗产,同时要有选择有批判地吸收外国的东

---

① 张广智:《西方史学史》第 359—360 页,复旦大学出版社 2000 年版。

西，吸收对我们有用的好东西。只有这样，才能编出好的教材，才能编出具有科学水平的教材。"① 除上述预备组成员外，著名史学家唐长孺、方国瑜、蒙思明、金应熙、何兹全、傅衣凌、黄云眉、韩儒林、尹达、马长寿、冉昭德等也参加了这次会议。在下午的历史分组讨论会上，翦伯赞对1958年批判白专道路以来学生不敢读书深表忧虑，并对当时的从理论到理论、从原则到原则的空疏学风提出了批评。在翦老带领下，历史组会议生动活泼，党员与民主人士、老年专家与青年学者，各抒己见，争先发言，大家称这次会议为"神仙会"。这次会议拟定了历史专业教学方案，对历史专业的培养目标、课程设置、时间安排及学生阅读书目，都仔细予以推敲，充分听取代表意见，经过充分讨论，最后下发全国。会议确定的历史教材编选计划有：《马克思主义经典作家论历史科学》、《史学概论》（黎澍主编），《中国史稿》（郭沫若主编），《中国通史简编》（范文澜主编），《中国史纲要》（翦伯赞主编），《世界通史》（周一良、吴于廑主编），《中国历史文选》（周予同主编），《中国史学名著选》（郑天挺主编），《外国史学名著选》（吴于廑主编），《中国史学史》（白寿彝、吴泽主编），《外国史学史》等。为了增强学生古文献阅读的能力，决定编写《中国通史参考资料》（翦伯赞、郑天挺主编，共八册）、《世界通史参考资料》（周一良、吴于廑主编）以及《中国史学名著选读》六册（《左传选》、《史记选》、《汉书选》、《后汉书选》、《三国志选》、《资治通鉴选》）。②

　　史学概论、中外史学史以及历史名著选读和中国通史及外国通史参考资料的编写，都被纳入规划的项目当中，确定了各方面学有专长的著名学者担任负责人，这样，在1950年代史学理论与史学史研究的基础上，新中国史学家终于将"史学理论与史学史"学科的发展正式提上了日程。

　　"历史科学概论"课程，是在1958年"史学革命"过程中在一些高校逐渐开设起来的新课程。由翦伯赞确定的北京大学的"历史科学概论"，共分六讲：第一讲："马克思主义的历史科学"；第二讲："历史唯物主义是历史科学的理论基础"；第三讲："关于历史科学研究的基本方法"；第四讲："马克思主义历史科学在中国的诞生与发展"；第五讲："苏联对马克思主义历史科学的伟大贡献"；第六讲："历史科学的辅助科目"（包括史料学、年代学、目录学、地理学、

　　① 田珏：《翦老活在我心中》，载《翦伯赞纪念文集》第119页，人民教育出版社1998年版。

　　② 田珏：《翦老活在我心中》；傅同钦、克晟：《记1961年文科教材会——兼议翦老和郑老》，参见《翦伯赞纪念文集》第120页、第101页，人民教育出版社1998年版。

考古学等）。翦伯赞带头讲了其中的主要部分①。为了进一步加强该课程的建设，提高教学水平，历史教材编委会决定委托著名近代史专家黎澍承担该项任务。在史学理论学科的建设方面，首先值得一提的是由周扬提议、由中央政治研究室黎澍主编、丁守和等编辑的《马克思主义经典作家论历史科学》，该书由人民出版社 1961 年 10 月出版，1963 年修订再版，之后，在 70—80 年代先后改为《马克思、恩格斯、列宁、斯大林论历史科学》、《马克思恩格斯论历史科学》再修订出版。本书是为研究历史的学者能够集中地了解马克思主义经典作家关于历史科学的最基本观点而编辑的，60 年代第一次印刷 23 万册，可以说高校历史系师生几乎人手一册。全书共分四章。第一章为"历史和历史科学"，包括历史分为自然史和人类史，有文字可考的历史都是阶级斗争史，历史研究之成为科学，历史研究的任务在于消除旧意识形态对历史的歪曲，并发现历史发展的规律，阐述历史发展的过程，以及关于古代史和现代史等内容。第二章是"唯物主义历史观"，包括唯物史观的基本原理，唯物史观是唯一科学的历史观，物质生产是社会生活的基础，经济基础的决定作用和上层建筑的反作用，阶级斗争是历史发展的动力，人民群众与个人的历史作用等内容。第三章是"历史发展的辩证法"，包括一切事物都是发展变化的，人类社会由低级到高级的发展，历史发展充满矛盾，历史发展的曲折性和迂回性等内容。第四章是"历史研究的方法"，包括阶级分析的方法；从事实出发详细占有材料、从大量事实中形成观点的方法；用历史的态度考察问题；具体问题具体分析；坚持科学性，科学上没有平坦的大道可走等内容。正文之前附有毛泽东《改造我们的学习》，书后附有关于苏联历史教科书的材料。本书对于加强和普及马克思主义史学理论的学习，发挥了很好的作用，在中国马克思主义史学理论发展史上具有一定的地位。在编写完《马克思主义经典作家论历史科学》之后，按照历史教材规划会议的基本精神，1962 年夏，当时担任科学院近代史研究所副所长的黎澍又调集北京师范学院的宁可、吉林大学的李时岳、复旦大学的胡绳武，共同编写《历史科学概论》教材，并拟出编写提纲，而且做了分工：第一部分：历史研究之成为科学，由胡绳武担任；第二部分：历史和历史科学，由宁可执笔；第三部分：历史研究方法，由李时岳执笔；第四部分：总论性质，由黎澍执笔②。但由于 1964 年之后的政治运动和随后的"四清"运动，该书最终没有编成。此外，1964 年初，黎澍还约请云南大学

---

① 张传玺：《翦伯赞传》第 329 页，北京大学出版社 1998 年版。

② 宁可：《史学理论研讨讲义·自序》第 2—3 页，鹭江出版社 2005 年版。

的谢本书，一同编写一本《马恩列斯论历史科学文选》，由于同样的原因，最终也没有结果。①

　　20世纪50年代，高教部已将"史学史"课程列为历史专业学生的选修课程。1961年文科教材编选会上，在周扬直接提议和推动下，中国和外国史学史教材的编写工作提上日程，教育部委托白寿彝和吴泽从事《中国史学史》的编写，耿淡如负责《西方史学史》的编写。1961年6月召开了史学史座谈会，范文澜、翦伯赞、侯外庐、郑天挺、金灿然、尹达、黎澍、刘大年、白寿彝、吴泽、周一良等著名史学家参加了会议，翦伯赞、范文澜和黎澍都先后发言，这次会议为新中国史学史学科的发展奠定了思想基础，并确定了专门的单位、具体的人负责去做。白寿彝指出："这是史学史工作上的一件大事。"② 随后，白寿彝先生招收了研究生，创办了《中国史学史资料》刊物，于1963年写成了《中国史学史教本》上册的讲义油印稿。1961年底，上海召开了《外国史学史》教材的编写会议，会议决定由耿淡如主编《外国史学史》，由田汝康负责编译《西方史学流派文选》，适应教学和科研工作的需要，由吴于廑主编的《外国史学名著选》也相继出版。

　　新中国成立后，史学史学科发展的最重要表现，在对于该学科的研究对象、内容和方法等问题开始了探讨，这些问题探讨的直接起因是1961年"史学史"教材的编写。北京师范大学历史系先后三次召开座谈会，就中国古代史学史的内容和分期、中国史学的发展规律等问题进行讨论，前后参加座谈会的有尹达、白寿彝、刘盼遂、刘节、陈垣、何兹全、郑天挺、胡厚宣、侯外庐、柴德赓、贺昌群、熊德基、韩儒林等五十多人。关于中国史学发展的规律，有人提出有三种规律：一是社会发展在史学上的反映，史学发展在社会发展中的作用；二是一定时期的史学和当代学术文化的关系；三是史学本身的发展规律。关于中国古代史学史的基本内容，白寿彝认为应该包括四个方面：第一是历史观、史学思想；第二是史料范围的不断扩大和分析史料的进步；第三是史书形式的不断发展，也可以说是史书体裁的不断发展；第四是有关编写的制度，如史官、史馆、实录的编写，以及地方志的编写等。他的看法得到了许多人的赞同。关于中国古代史学史的分期，白寿彝提出三个分期的标志，一是可以考虑以司马迁为划期的标志，二

①　谢本书：《再忆黎澍》，载《黎澍十年祭》第278页，中国社会科学出版社1998年版。
②　白寿彝：《史学史工作四十年》，载白寿彝：《中国史学史论集》第340—341页，中华书局1999年版。

可以考虑以刘知几、杜佑作第二个划期的标志，三是可以以明清之际的王夫之、黄宗羲、顾炎武为第三个划期的标志。贺昌群则提出划为四段：一是司马迁开创的纪传体，之前为一时期；二是从司马迁到杜佑，是第二时期；三是从郑樵、马端临到明末，注重史论是其显著的特点；四是清代考据学时期。北师大历史系座谈会还就中国历史学的特点，中国古代史学史的代表人物和作品等问题发表了意见。① 1961 年底，上海史学会就史学史的对象与任务、编写原则、史学史同历史哲学的区别与联系等问题两次召开座谈会，参加会议的学者有周谷城、耿淡如、周予同、吴泽、金兆梓、李平心、林举岱、王国秀、田汝康、郭圣铭等。关于史学史研究的对象和任务，一种观点认为是研究历史学派的斗争，阐明史学的阶级地位及世界观，说明历史著作产生的时代背景及其指导思想，阐明史料存在的状况，历史科学本身发展的源流，尤其是马克思主义历史科学的产生等等；第二种观点认为，史学史是属于意识形态领域内的一门学科，史学史不仅仅是历史编纂与史料考订，应重视思想领域中的问题，当代著名哲学家和哲学著作，对史学思想和著作发生很大的影响，史学史也应当研究。第三种观点认为，史学史的首要任务在于阐明史学和史著本身发展的规律，其次在于总结过去的史学成就，再次是对资产阶级史学进行批判。也有人提出史学史应当阐明史学观点、史学方法，它的内容包括史学的辅助学科——史料学、文献学、目录学等。讨论会还对史学史与历史哲学的区别和联系，世界史学史和中国史学史的关系，中国近代史学史的编纂等问题作了探讨。②

在 1962 年 1 月召开的上海历史学会年会上，中国古代史组和世界史组分别对《中国史学史》和《外国史学史》编纂中的若干问题作了进一步的探讨，华东师大的李平心、束世澂、吴泽以及复旦大学的耿淡如、郭圣铭、曹增寿等宣读论文。这次会议对史学史的研究对象进一步明确，形成了一下四种意见：一种意见认为，史学史是研究历史学科本身发展的历史，它主要研究历史学说思想史，历史编纂学史，历史文献的制作、发现和积累及其对史学发展的影响，史学的传播与交流，修史制度等；第二种意见认为，史学史的对象是史学思想、方法、思潮和流派等，历史编纂方法包括在内；第三种意见认为，史学史就是史学的历史，即史料、历史认识和史学方法三者结合的历史；第四种意见认为，史学史的

---

① 《关于中国史学史（古代部分）的讨论》，《历史研究》1962 年第 2 期；参见《光明日报》1962 年 3 月 14 日；《人民日报》1962 年 3 月 23 日。

② 参见《文汇报》1961 年 11 月 28 日；《解放日报》1961 年 11 月 28 日。

对象有史学思想，历史编纂学，史学评论，历史科学的辅助科目（如史料学、目录学等），史学思想（特别是历史观）是贯穿史学史的红线①。在 1962 年广东省历史学会年会期间，中国古代史组讨论了中国史学史的范围、内容与分期问题，刘节、陈千钧、曾庆鉴先后发言。刘节认为，史学史应以历史编纂学为主，历史哲学为辅。史学史的任务在于把历史编纂学的发展史写出来，把历史学家的历史哲学介绍出来，把历史学在发展途中和其他科学的关系写出来。史学史主要是阐述历史学的发展过程。陈千钧认为，史学史的内容和研究对象，就是清理古代文化发展过程中的史学部分，从纷繁的历史现象中找出其发展规律来，史学史必须阐明一定社会历史条件必然会产生某一类型的史学著作，史学家写出的史学著作脱离不开当时的政治以及史学本身发展的特点，史学史与哲学史、思想史、考证学、史料学、目录学有关，但又不能与之等同，它是史学发展的历史。曾庆鉴认为，史学史应以史学思想为主导，历史编纂学为基本内容，涉及考据学、目录学、史料学。因为史学是为政治服务的，史家做史首先决定于他的立场、观点，然后才是写作方法，所以史学史的范围、内容必须有个主次。关于史学史的分期标准，刘节主张主要着重于历史编纂学的发展，陈千钧则主张以社会分期为标准，史体为标志。曾庆鉴则提出应考虑史学发展的三个要素：一是社会发展和阶级斗争的反映；二是意识形态的斗争；三是史学本身的发展。史学史的分期应以它的对象、内容为根据，以它的特征为标志。刘节根据自己的标准将中国史学史划分为五个时期：萌芽期——先秦殷周两代，创建期——从两汉到隋唐五代，充实期——两宋、元明，发展期——清代，更新期——从清代晚期开始直到现在。陈千钧则划分为四个时期：奴隶社会时期（殷周到春秋末），封建社会前期（春秋末至隋），封建社会中期（唐到明中期），封建社会后期（明中叶至鸦片战争前）。曾庆鉴则划分为：史学的起源与草创期——《史记》出现以前，建立期——从司马迁到唐刘知几以前，发展和充实期——从唐到明，畸形发展期——明清之际至鸦片战争前后，改良期——鸦片战争前后到马克思主义史学出现前②。上述讨论会以及史学家提出的关于史学史的内容、研究对象、分期等问题的认识，标志着新中国史学家力图以马克思主义理论为指导，创建"史学史"学科的努力。

---

① 《上海历史学会 1961 年年会讨论的几个问题综述》，《历史研究》1962 年第 2 期。
② 《广东省历史学会关于中国史学史的范围、内容与分期问题的讨论》，《学术研究》1963 年第 1期。

　　此外，1961 年 10 月，在武汉召开的纪念辛亥革命五十周年的学术会议上，也将史学史列为讨论的一项重要内容。为了开好"中国史学史"和"外国史学史"课程，西北大学历史系也就"史学史的对象和任务"展开讨论。福建历史学会和厦门大学都先后就郑樵的史学展开讨论。山东大学邀请著名史学家北京大学教授齐思和作了"关于中国史学思想史"的专题报告，山东师范学院则邀请著名史学家华东师范大学周予同教授作了"经与史的关系"的报告。北京师范大学、复旦大学等学校开始招收"中国史学史"和"外国史学史"方向的研究生，并接受这两个方向的进修教师。北京师范大学历史系创办了《中国史学史资料》内刊。这些情况表明，在 20 世纪 60 年代，"史学史"学科在新中国开始了新的起步。

　　除了召开专题会议研究和讨论史学史学科的相关问题之外，也有学者发表专门的文章予以论述。如白寿彝在《新建设》1961 年第 4 期发表了《谈史学遗产》，耿淡如在《学术月刊》1961 年第 10 期发表了《什么是史学史》，汪伯岩在《文史哲》1963 年第 4 期发表了《中国史学史的研究对象问题》，师宁在《文史哲》1963 年第 6 期、1964 年第 1 期先后发表了《有关史学史研究的一些问题》、《简论为什么要研究史学史》，林讯在《文史哲》1965 年第 1 期发表了《研究中国史学史的根本目的何在?》，与师宁展开商榷。关于史学遗产，白寿彝提出了开展"六个花圃"的研究：第一个花圃：史学基本观点遗产。包括历史观的研究，历史观点在史学上的地位的研究，对史学工作作用的研究；第二、三个花圃：史料学遗产和历史编纂学遗产的研究；第四个花圃：历史文学遗产的研究；第五个花圃：关于各个历史问题的前人已有成果的研究；第六个花圃：对于史学家和史学著作的研究①。白寿彝先生关于中国史学遗产六个花圃的提出，对于进一步推动中国史学史研究具有重要的指导意义。师宁提出了推动史学史研究的六条建议：一是开展中国史学史有关基本理论问题的研究和讨论；二是在编写中国史学史教科书的过程中逐步加强专题的研究；三是开展中国史学史资料的编辑工作。关于资料的编辑，作者又提出了以下六个方面：一是中国史学史著作目录、篇目索引；二是中国史学史论文索引；三是前人和今人对历史上重要历史家、历史著作的评论汇编；四是近代中国史学刊物目录索引、介绍汇编；五是编辑出版解放后中国史学史研究的论文集；六是编辑出版外国（主要是日本）关于中国史学

---

① 白寿彝：《学步集》第 140—147 页，生活·读书·新知三联书店 1962 年版。

史研究的著作和论文目录索引，篇目索引①。这些都是全面推进"中国史学史"研究很好的建议。

第三节 苏联史学对中国世界史学科发展的影响

20 世纪 50 年代，苏联史学被系统地介绍到中国，这极大地推动了中国世界历史学科的发展。与此同时，苏联史学也给中国历史学的发展带来了一些弊端。

一、苏联史学在世界史方面的成就

在"十月革命"以后，苏联的马克思主义史学开始初创。当时，马克思主义历史学家寥寥无几，史学研究领域中还是资产阶级的史学理论和方法占优势。20 世纪 20—30 年代，苏联开始了社会主义建设时期，文化建设的条件还是比较困难，马克思主义的论著还不多。30—40 年代，苏联史学家为满足现实生活的迫切需要，为高等和中等学校编写了历史教科书，同时，在理论建设方面建立了马克思主义的史学方法论。卫国战争以后，苏联史学的发展开始了一个新的纪元。到 1957 年，苏联史学已经有了 40 年的发展，在对世界史的各个领域的研究中都取得了显著成绩。1957 年，苏联《历史问题》等杂志连续发表文章，总结40 年来苏联史学取得的成绩。

（一）苏联的世界古代史研究

为总结苏联史学在世界古代史研究方面的成果，苏联《历史问题》等杂志先后发表了《苏联对古代东方的研究（1917—1957 年)》、《40 年来苏联对古代希腊的研究（1917—1957 年)》、《苏联古代罗马史学 40 年》等文章。这里我们选择发表在苏联《古史通报》1957 年第 3 期上的 В. И. 阿甫基耶夫教授的文章《苏联对古代东方史的研究（1917—1957 年)》，来概括地介绍一下苏联对世界古代史的研究情况。

阿甫基耶夫指出，古代东方史的研究要依靠考古学的成果，为古代东方史的学者打开眼界，并且提供具体的材料。苏联学者在苏联境内的考古发掘，主要是在外高加索和中亚细亚地区的发掘取得了重大的成果，为研究中亚细亚的历史和物质文化提供了资料。中亚细亚曾经形成过从氏族制度过渡到奴隶占有制的有特

---

① 师宁：《有关中国史学史研究的一些问题》，《文史哲》1963 年第 6 期。

别重要意义的本地文化，而中亚细亚与古代伊朗、印度和中国又有紧密的关系，所以研究中亚细亚，对于研究早期奴隶占有制时期古代东方社会的历史和文化具有重要意义。此外，出版和研究苏联各博物馆里收藏的古代东方的宝贵文献和文物，对于古代东方史的研究也有重要意义。这些材料，为苏联学者研究古代东方史的重要问题创造了条件。

在古代东方史的研究中，对于社会经济关系和阶级斗争的问题给予了格外的关注。斯特鲁威早在 30 年代的一系列论著中，就论述了南美索布达米亚和其他古代东方国家存在着奴隶占有制的问题。阿甫基耶夫也在 30 年代出版的《古代东方的农村公社和人工灌溉》一书里，指出古代东方在保留古代农村公社和家庭公社大量残余的情况下，存在着最古的、原始的、父权制的家庭奴隶制形式。H. M. 尼柯尔斯基研究古代两河流域的租税、农村公社、土地占有制，指出古代美索布达米亚存在着公社土地占有制。A. И. 久梅涅夫 1956 年的新著《古代苏美尔的国有经济》一书，是研究苏美尔社会经济史的大作，提出了古代东方各国的国有经济比私有经济占优势的论点。许多苏联学者都认同这样一个观点：古代东方社会的特点是在个别情况下带有古代农村公社残余的原始奴隶占有制。

此外，有关古代东方国家的其他问题也得到了苏联学者的关注，如军事史的问题、东方文化和文化遗产的问题、古代宗教的问题等等。古代波斯的历史问题也得到了苏联史学家的关注。

由于对大量原始材料的研究和重要历史问题的研究上取得了重要成果，所以苏联史学家也编写了古代东方史的概括性著作，如斯特鲁威的《古代东方史》（1941 年版）、阿甫基耶夫的《古代东方史》（1948 年第 1 版、1953 年第 2 版），为高等学校提供了教材。①

（二）　苏联的世界中世纪史研究

苏联《历史问题》杂志 1957 年第 11 期发表了 E. A. 科斯明斯基等学者的文章《40 年来的苏维埃中世纪学》，对苏联史学在世界中世纪史方面的成就进行了总结，文章重点总结西欧的中世纪史研究。苏联学者使用了"中世纪"的概念，但是他们给这个旧术语增添了新的社会经济内容。确定"中世纪"是封建主义的发生、发展和衰落的时期。年限确定为：西欧最先进的国家由奴隶占有制的瓦解（5 世纪末）到封建制度的崩溃（17 世纪中叶）。与西方学者把封建主义只看

---

① 见 B. И. 阿甫基耶夫：《苏联对古代东方史的研究（1917—1957 年)》，《史学译丛》1958 年第 2 期。

成是政治或法律的体系不同，苏联的中世纪学者把封建主义看作是特殊的社会经济形态，是人类进步发展中的一定阶段。苏联学者把全部的中世纪史分为三个时期：早期封建主义时期（5—11世纪）、发达的封建主义时期（11—15世纪末）、封建社会形态瓦解和资本主义关系的萌芽时期（15世纪末—17世纪上半叶）。

　　文章列举了苏联学者在研究中世纪史方面的成就，如：А. И. 涅乌塞亨1956年出版的《6—8世纪依附农民作为早期封建社会的一个阶级的产生过程》一书，综合研究了和日耳曼人封建化问题有关的全部问题。格拉齐安斯基1953年出版了《10—12世纪的勃艮第的农村》研究了封建化较晚阶段的勃艮第土地制度。Л. Т. 米尔斯卡娅根据德国南部和西南部的材料研究早期中世纪土地制度史和社会史，于1957年出版《8—9世纪德国世俗世袭领地及其在农民农奴化过程中的作用》一书。Ф. Я. 波梁斯基1952年出版了《13—15世纪西欧城市中行会的社会经济政策概要》一书，研究了较晚时期中世纪城市的行会制度。В. И. 鲁顿堡的专著《意大利早期资本主义史纲要——佛罗伦萨的公司》提出了关于14世纪意大利中世纪城市经济中资本主义关系的萌芽问题。科斯明斯基根据英国的材料对英国农村土地关系进行了研究，在1947年出版了《13世纪英国土地制度史研究》的巨著。М. А. 巴尔格的《关于11—13世纪英国土地制度史》的专著则与科斯明斯基的著作相衔接。1949年，谢缅诺夫在《16世纪英国的圈地制度和农民运动》一书中，对英国实行原始积累和对农民进行土地剥夺的历史进行了研究。斯米林1955年再版的《托马斯·闵采尔的人民的宗教改革和伟大的德国农民战争》一书，是研究宗教改革和农民战争史的力作。

　　在研究中世纪的社会经济史的同时，苏联学者们也很重视对封建时代的上层建筑的研究。比如，有研究德国早期国家史的著作，英国封建国家史的著作，君主专制问题的著作等等。同时，对于中世纪社会的文化史和思想史的关注也在增加。此外，中世纪的国际关系问题也得到一定重视。①

（三）苏联的世界近代史研究

　　1957年第10期的苏联《历史问题》发表苏联科学院通讯院士 А. В. 叶菲莫夫的文章《40年来（1917—1957年）苏联对世界近代史的研究》，全面总结了苏联史学在世界近代史研究方面的成就。

　　文章认为，在国别史的研究中，法国史研究受到苏联史学家的格外重视。苏

---

① 见 Е. А. 科斯明斯基等：《40年来的苏维埃中世纪学》，《史学译丛》1958年第2期。

联史学家塔尔列起了重要作用，他在法国经济和社会运动方面做了很多研究，先后出版了《法国机器生产初期的工人阶级》、《九月和七月》以及《18 世纪的法国资产阶级革命》（合著）。沃尔金院士出版了说明革命前法国思想斗争的巨著《法国的社会政治思想（1748—1789 年）》。关于 18 世纪法国资产阶级革命的研究，苏联学者已经写过不少著作，1940 年代，В. Д. 马尔科娃的《里昂的人民运动》一书，研究了 1792—1793 年里昂人民运动中很少探讨过的问题。纳洛奇尼茨基专门研究雅各宾派的对外政策，写出了一系列论文。曼弗列德则在 50 年代出版了一部研究法国革命的新的综合论著《伟大的 18 世纪法国资产阶级革命（1789 至 1794 年）》。К. Р. 多布罗留布斯基 1949 年出版的《资产阶级的反革命政变——1794—1795 年法国阶级斗争史纲》一书是专写巴黎各地区的阶级斗争问题的。М. М. 施特朗革在 1956 年出版的《俄国社会和法国革命（1789—1794年）》一书论证了俄国社会的各个阶层对于法国革命抱有的不同态度。

对于典型的资本主义国家、典型的殖民强国英国的研究，也必然引起苏联史学家的兴趣。研究的重点问题有资本主义萌芽和早期资产阶级革命、产业革命和宪章运动、英国的对外政策等。В. Ф. 谢缅诺夫在 1934 年就出版了《17 世纪英国资产阶级革命史纲》，С. И. 阿尔汉盖莱斯基一直研究英国的农业史问题，写出了《伟大英国革命的土地立法》第 1、2 卷等著作。科斯明斯基院士领导了一部分史学家编写了两卷本的《17 世纪英国资产阶级革命史》于 1954 年出版。有的史家致力于英国工人运动史方面的研究，如罗特施坦的专著《英国工人运动史纲》，出版于 1920 年代，但仍是一部有价值的英国工人运动史著作。克里任采夫的《革命的爱尔兰》，是研究爱尔兰问题的专著，已经出了几版。1957 年出版的 Л. Б. 克尔特曼的《英国的工人运动和工党内部两种倾向的斗争（1900—1914 年）》，则是研究 20 世纪初期英国工人运动的著作。1951 年出版的 Б. Л. 施坦别尔格的《英国侵略中东的历史（从法国资产阶级革命到第二次世界大战）》一书，揭露了英国在伊朗以及中东其他国家推行的侵略政策。

对殖民政策的研究，也是苏联学者在近代史领域中特别关注的问题。当时，还没有一部 19 世纪后半期资本主义国家在远东的殖民政策的综合论著，纳洛奇尼茨基 1956 年的新著《资本主义列强在远东的殖民政策（1860—1895）》填补了这一空白。

文章作者也指出，苏联史学家在对美国、德国、拉美等国家和地区以及近代国际关系方面也有许多的研究成果问世。当然，在近代史的许多领域和许多地区苏联的史学研究还比较薄弱，甚至还是一个空白。①

二、苏联史学在建立世界通史新体系方面的成就

苏联史学家以马克思主义理论为指导，注重历史学新体系的建立工作，在这方面取得了一定的成效。苏联史学家的世界历史研究的成果，对中国历史学家产生了重要的影响。

（一）苏联史学家对西方世界通史的批判

苏联史学家有着自己的"世界史"观念，他们一方面在探索运用马克思主义来建立自己的世界史的体系，同时也对西方资产阶级学者所推出的各种"世界史"著作进行着批判。苏联史学家 B. M. 达林等学者共同撰写的文章《"正在经受着变化的世界"的历史——关于资产阶级最新的"世界史"的一些概念》②，便是一篇代表性的文章。

该文首先论及两次世界大战之间德、法两国出版的一些世界史著作，如格洛兹（G. . Glots）编的《通史》，斯特拉斯堡的教授卡芬雅克（E. Cavaignac）所编的《世界史》，阿尔方（Louis Halphen）与萨尼雅克（Ph. Sagnac）所编写的二十卷的丛书《各族人民与文明》，希特勒执政前夕瓦列特尔·盖茨（von W. Geatz）所编成的十卷本《世界史指南》等。文章认为，这些书的编者都是 20 世纪最著名的历史学家，他们的特点是首先保存着旧有的实质上是纯"欧洲中心"的世界史结构，这个原则是兰克的《论近代史的诸时期》中规定的"实质上一切都基于欧洲"的原则。文章批评这些著作给予俄国史的地位是极小的，同时它们对于"十月革命"都表现了尖锐的敌视态度。它们的特点是以研究政治史为主，经济史和社会史只在个别部分被谈到。

二战结束以后，西方出现了一批新的"世界史"。如法国毛里斯·克鲁泽（M. Crouzet）主编的七卷本《文明通史》，古鲁赛（R. Grousset）主编的三卷本《世界通史》，比利时人皮伦出版了七卷本的《世界史》，西德史学家为主的"欧洲史研究所"出版了十卷本的《世界史》，兰达（A. Randa）主编了两卷本的《世界史手册》。1954 年，汤因比在英国完成了自己的十卷本《历史研究》以后，

---

① A. B. 叶菲莫夫：《40 年来（1917—1957 年）苏联对世界近代史的研究》，《史学译丛》1958 年第 2 期。

② 原载《反对历史的伪造》，苏联社会经济书籍出版社 1959 年版，见《穷途末路的资产阶级历史哲学》，生活·读书·新知三联书店 1962 年版。

英国学者的新版《剑桥近代史》也开始出版。美国的麦克斯·萨维里（Max Savelle）主持的《世界文明史》也开始出版。文章指出，这些"世界史"对于"欧洲中心论"采取了新的态度，但只是从形式上扩大了范围。西方文明从欧洲文明变成了大西洋文明。他们以为编写的是"世界的"历史，但书中占主要地位的还是欧洲。

文章指出，苏联历史学家"以极大的兴趣祝贺以诚实地阐述人类世界历史发展中某一个个别事件为目的的每一项研究"，但在这些西方学者的"世界史"著作中，还存在着相对主义的历史观，存在着"现在主义"的影响。很多西方历史学家极力避免承认在人类历史中发生的根本变化，并且"力图模糊、逃避、掩盖和伪造在世界上发生的那些变化的意义"。因此，编写苏联学者自己的"世界通史"是他们自己的神圣义务。①

（二）苏联史家编写《世界通史》的努力

20世纪上半叶，西方各国的史学家均已写出自己的《世界通史》著作。他们也有条件通过国际会议、出版物和各国间的学术交流，使他们对世界通史的研究成果得到交流。但是到"二战"结束时，马克思主义的世界史研究几乎仅仅在苏联一个国家得到发展，苏联史学家不能指望外来的帮助，只能靠自己的努力来建立自己的《世界通史》编写体系和组织自己的写作队伍。到50年代，苏联学者编写《世界通史》的努力已经有了十年之久，已经形成了一大批的研究力量，有几十位专家出版过有关世界上大多数国家历史研究的著作，同时他们形成了自己的马克思列宁主义的史学方法论，拟定了《世界通史》的分期原则和编撰体例。在苏联科学院通讯院士茹可夫为首的著名苏联学者主持下，老一代专家和青年学者相结合，各卷、各章均由有名望的专家执笔，苏联科学院终于推出了十卷本的《世界通史》，被认为是用马克思列宁主义阐述世界历史的"第一次尝试"。

在《世界通史》第1、2卷出版的时候，苏联《历史问题》杂志1958年第5期，发表了苏联学者莫·格里泽尔等人撰写的对《世界通史》第1、2卷的评论。文章指出："苏联学者出版的世界史，和资产阶级史学的同类著作是根本不同的"。西方学者的世界史，使用唯心主义的概念，利用新的史料，继续宣扬"西方精神"的"创造"使命，宣扬各个种族和各国人民在经济、政治和文化上发

①　[苏] B. M. 达林等《"正在经受着变化的世界"的历史——关于资产阶级最新的"世界史"的一些概念》，见《穷途末路的资产阶级历史哲学》，生活·读书·新知三联书店1962年版。

展不平衡的"永恒性",宣扬劳动群众的"消极性",对社会生活进行革命改造的"危害性",以及私有制的"不可动摇性"等陈旧的反动思想。而苏联学者的十卷本《世界通史》的主要特点在于:第一,马克思主义的"世界通史",不可能是个别时期和个别大陆的"历史"的简单总和。因此,从马克思主义关于社会经济形态的理论出发,同时考虑到各个国家发展中的特点,而形成一种通用的世界史分期法就十分必要了。第二,《世界通史》决不能采用欧洲中心主义的观点。因此,在综合关于资产阶级"所忘记的"国家、人民和时期的资料方面,必须进行巨大的工作。把《世界通史》写成人民群众的历史,指出人民群众的革命运动是推动历史前进的决定因素。第三,苏联的《世界通史》决不是一部冷冰冰的编年史。它要确定历史事件和现象的阶级含义,站在各个时期的进步阶级这一边,并揭露一切反动的东西。在头两卷里,叙述奴隶占有制时代各个国家人民的历史,研究古代各国奴隶占有关系产生和发展的情况具有重大意义。作者们运用各种事实材料,揭露了根据反动的循环论而使古典世界的社会关系现代化、或者坚持古代东方社会停止论的资产阶级观点。

在《世界通史》第4卷出版以后,苏联《历史问题》杂志1959年第8期发表一篇保加利亚学者赫·冈捷夫的评论文章。文章指出:这部多卷本的《世界史》除了将在苏联传播以外,还将在各人民民主国家得到传播。在人民民主国家里,这部《世界史》将代替由于缺少马克思主义的综合性论著而直到今天还在采用的、法德英等国资产阶级作者编写的通史教程。这件事本身就是马克思主义思想的胜利。《世界通史》将弥补社会主义国家历史书籍中早已感到的一大缺陷。文章指出,第4卷的出版将有助于编写高等学校的讲义。它肯定是一部有价值的参考书,可以根据各种不同的要求来使用,好学的读者用来扩大知识领域,大学生用作读本,教师和宣传员用来补充讲演材料,从事科学研究的历史学家则用来剖析各种问题。

三、苏联的世界史研究对中国史学的影响

20世纪50年代,在中苏友好同盟时代,苏联为中国培养了一些世界史教学和科研人才,苏联世界史著作的翻译也推动了中国世界历史研究的开展,苏联版《世界通史》也直接启迪了中国四卷本《世界通史》的编撰工作。对苏联史学对中国历史学的影响,应当给予客观的评价和认识。

（一）苏联史学与中国的世界史人才培养

20世纪50年代初期,中国的世界古代史教学与研究队伍相当薄弱,苏联史

学家在帮助我国世界史人才培养上起到了重要作用。当时，有的高校聘请苏联学者来中国讲学、办培训班，培养了一批中国的世界古代史教学与研究的人才。

今天，北京师范大学的世界古代史专家刘家和教授，当年就在东北师大受到过苏联史学家的培养。刘家和早年研究世界古代史是从古希腊开始的。因为他认为希腊的思想文化非常丰富，还可以和中国古代思想如先秦诸子比较。那时候他正在读侯外庐先生的书，看到侯先生搞思想史先从社会经济史入手；由此得到启示，自己也就从社会经济史开始。当时中国古史分期问题讨论正热，有的文章涉及了与斯巴达的黑劳士（Helot）制度的比较。于是，他就开始准备作黑劳士制度的研究。读了柏里（J. B. Bury）的希腊史、格罗特（G. Grote）希腊史中涉及斯巴达历史的部分，积累了部分材料。

这时东北师大来了几位教世界古代史的苏联专家，要开青年教师进修班。关于这个教师进修班，朱寰先生晚年回忆说："1955年国家教育部从苏联聘来三位世界史专家，给我国青年教师办进修班。其中，世界古代史专家格拉德舍夫斯基和亚洲史专家科切托甫所主持的两个进修班设在东北师范大学历史系。全国各大学青年教师80多人来我校，分别在两个班跟专家进修。我校领导指派世界古代史进修班由林志纯教授做辅导教师；亚洲史进修班由邹友恒教授做辅导教师。当时，我是系主任万九河教授的科研助理，协助系主任管理专家进修班的工作，并参加世界古代史班的学习，全程听专家讲课，协助解决进修教师遇到的问题。专家进修班学习两年，到1957年7月结束。"① 刘家和考上了那个班，从1955年深秋到1957年夏，在那里学了两年世界古代史。这两年里，除专家讲的本专业课外，还有俄文及理论课，其余时间就是作论文。他就选定了《论黑劳士制度》为题，一面尽可能地阅读凡是能够找到的有关英文和俄文专著，包括两本1952年新出版的英文的论斯巴达史的专书及新出的俄文论文；另一面就从洛埃布（Loeb）古典丛书的英译文阅读并查核史料。结果写出一篇约八万字的论文，其中涉及了与中国史对比的问题。论文在一个规模不小的答辩会上答辩通过，并得到了当时认为的最好的评价。在这篇文章里他谈到了黑劳士制度的发生、黑劳士制度的形成、形成黑劳士制度的原因、黑劳士的地位和性质以及黑劳士制度的演变和衰落。他说：我根据对斯巴达历史的具体分析，认为黑劳士制度是一种与城邦土地所有制相对应、与斯巴达城邦命运共始终的奴隶制度。黑劳士制度是城邦所有的奴隶制度，是城邦形成时期由于征服的作用而形成的制度。我觉得在当时

---

① 王晋新：《朱寰教授访谈录》，《史学史研究》2008年第2期。

的条件下，这篇文章是对黑劳士制度所作的最深入的分析和探讨，达到了相当的水平的，对于中国学者认识这种制度是很有帮助的①。刘家和先生只是当年 80 位受过苏联专家培养后成为中国的世界古代史专家中的一位。林志纯、朱寰等终生从事世界古代史的研究，并成为我国这一学科的重要开拓者，也与这个进修班有直接的关系。20 世纪 60 年代和改革开放以后，他们参与了中国学者自己编写世界史教材的工作，为中国的世界史学科的发展做出了杰出的贡献。

20 世纪 50 年代，为了培养中国的世界史研究人才，国家还选派一批青年学生到苏联的大学学习历史专业。他们在苏联受到了严格的语言和专业训练，并且有了自己的专业特长。这批留苏学生在 60 年代回国，正逢国内政治运动高潮，正常的科研活动被迫停止，耽误了青春岁月，但是在 70 年代末以后，他们中的不少人便成为中国世界史领域的活跃力量，为中国的世界史学科的建设发挥了积极的作用。

张椿年，1959 年毕业于苏联列宁格勒大学历史系，60 年代回国，后到中国社科院世界史所工作，历任副所长、所长、研究员，专长西欧政治思想史及文艺复兴史的研究。著有《从信仰到理性——意大利人文主义研究》，合著《世界通史·中古部分》、《第二次世界大战史》、《20 世纪的历史巨变》等。

陈之骅，1959 年毕业于苏联列宁格勒大学历史系，80 年代后在中国社科院世界史所做研究工作，任研究员、博士生导师；曾任苏联东欧史研究室第一主任、世界史所副所长、《世界历史》主编、中国苏联东欧史研究会会长。专长俄罗斯（苏联）历史、国际社会主义运动史、当代国际问题等，主要著作有《克鲁泡特金传》、《苏联史纲（1917—1937）》、《苏联史纲（1953—1964）》、《苏联演变的历史思考》、《俄国沙皇列传》等。

陈启能，1959 年毕业于苏联列宁格勒大学历史系，毕业后也在中国社科院世界史所工作，曾任《世界历史》杂志副主编，《史学理论》和《史学理论研究》杂志主编，世界史所副所长等职务。主编《西方历史学名著提要》、合编《史学理论大辞典》、合著《苏联史学理论》、《西方史学的东方回响》、《马克思主义史学新探》、《西方近代社会思潮史》，主编《当代西方史学理论》、《二战后欧美史学的新发展》等。

徐天新，1959 年毕业于苏联列宁格勒大学历史系，回国后到北京大学历史系工作，任北京大学历史系教授，世界地区史、国别史专业博士生导师，专长苏

① 邹兆辰：《在中外历史文化长河中徜徉——访刘家和教授》，《史学月刊》2007 年第 1 期。

联史、俄国农民问题、欧洲国际关系史等问题的研究。著有《世界现代史（1917—1945）》、《当代世界史（1945—1992）》、《世界通史·当代卷》、《平等强国的理想与苏联的实践》等。

郑异凡，1959 年毕业于苏联列宁格勒大学历史系，毕业后到中央编译局工作，任中央编译局研究员，著有《布哈林论》、《史海探索》，翻译布哈林《过渡时期经济学》、季诺维也夫《列宁主义》，《苏联历史档案选编》副主编，主持了9 卷本《苏联史》的编著工作。

廖学盛，1960 年毕业于苏联列宁格勒大学历史系，专业为古希腊史。回国后在中国社科院世界史所工作，任副所长、所长、研究员，主要研究古代世界特别是古希腊罗马的社会经济和政治制度，以及欧美国家的政治制度和政治思想。著有《试论城邦的历史地位和结构》、《关于奴隶占有制社会的一些思考》、《奴隶占有制与国家》，《早期奴隶制社会比较研究》（副主编），《20 世纪的历史巨变》（主编之一）等。

此外，从事苏联经济史研究的学者陆南泉，1960 年毕业于苏联莫斯科财政学院，获经济学博士学位，回国后先后在中国人民大学、中共中央对外联络部工作，1991 年后在中国社科院苏联东欧所工作，任研究员、博士生导师，主要研究领域为俄罗斯经济，著有《苏联国民经济发展七十年》、《苏联兴亡史论》（合著）、《苏联经济体制改革史论（从列宁到普京）》等。

这些留苏的学生在苏联的高等学校受到了苏联历史学家的热心关怀和严格的专业训练。廖学盛曾这样回忆在苏联的学习生活：

> 我于 1955 年 9 月 8 日到苏联列宁格勒大学报到，1961 年 1 月 13 日回到北京。在苏联学习的时间实际上是五年零四个月。我在苏联留学，最初是学俄国古代史。到了二年级，一位高我一级学古希腊史的中国留学生病逝，组织上就安排我改学古希腊史。
>
> 我刚到苏联时，学习压力非常大。这有语言方面的原因，还有就是苏联的教学内容比国内多得多。历史系的学生要学四年通史课，还有很多专业课和专业基础课，如古希腊语、拉丁语、考古学概论、原始社会史、古代东方史、古希腊史、罗马史等等。按苏联的教学大纲，苏联学生一周要学习 60 小时。我们中国学生，一般每周的学习时间则在 80 小时左右。大家除了吃饭、睡觉，几乎就是学习。
>
> 从专业方面来看，我觉得苏联的历史教学有几个特点。一是重视拓

宽学生的知识面，选修课很多。我选修的古希腊罗马艺术史课，是在冬宫博物馆上的。虽然这是一门选修课，但老师讲得非常认真，一个一个馆地讲解。学古代史，不能仅局限于了解古代史，对近现代史也应有一定的了解，与历史相关的考古学等学科的知识也要有一些，这样学术视野才能开阔。二是重视培养学生对史料的研治能力。对古希腊罗马史专业的学生来说，古希腊语和拉丁语是非常重要的。你不懂古典语言，仅看译著是不行的。有些译著质量不是太好，有的译著水平很高。但是，任何译著都有译者自己对文本的理解。我看过不少西方古典名著的译本，有的译得相当不错。但若将某部古典名著的不同译本对照来看，译文中会有不少不同之处，这就表现了译者对原文理解的差异。出现这种情况，你就应有自己的理解和判断。对第一手史料缺乏研治能力，怎么能做好研究工作？这点，我的苏联老师是反复强调的。我做研究，中文译著看得很少，有时看一点，也要对照原著看，或者参考好的外文译本。除了古典语言外，现代语言也要多学几种。古典学在西方很受重视，研究已达到相当深入的程度。你若仅懂英语，怎么能较全面地了解西方学者的研究情况？我自己就先后学了英语、俄语、法语、德语、西班牙语和意大利语等多种语言。我不敢说我的外语水平有多高，而且有的语言以后用得少，水平退步了，但看点专业书还是可以的。在苏联留学几年，我在语言学习上花了很多时间，这为我以后的研究工作打下了扎实的基础。

列宁格勒大学的西方古典学，可以说是世界一流的，如科瓦略夫、卡利斯托夫、弗罗洛夫等教授，都是非常著名的历史学家。这里主要谈谈我的导师科洛鲍娃。科洛鲍娃教授主要研究古希腊史，也是一位很有名的历史学家，还是一位老布尔什维克。在学习方面，这位老太太对我要求很严格。我学古希腊文，要将古希腊文译成俄文，有时还要练习将俄文译成古希腊文。这样翻译，确实很难。有时意思懂了，但用词不准确，老太太是不会放过的。她要我从工具书中找出更恰当的词。实在找不出，她会很耐心地为我讲解。我的俄文学得还算是不错的，但在写作上要像俄国人那样表述，还是相当困难。有的句子、文法没有错误，但写得就是不地道，老太太都会认真地改，并提醒我注意。我的毕业论文，专家们给了较高的评价。答辩会后，老太太把我叫到一边，说："教授们的夸奖，是鼓励你。你的论文并没有那么好。要知道，做学问你还刚入门，要不断努力啊!"她的话，我记了一辈子。我深深懂得：学问是没止境的。在做学问上，不能有半点的自满，要老老实实，切不可张扬。从列宁格勒大学毕业至今已有四十余年了，我常常会想起在苏联留学的事情，非常怀念科洛鲍娃教授和其他的苏联老师。①

除了 20 世纪 50 年代去苏联留学的一批学者以外，80—90 年代，也有一批年轻学者到苏联、俄罗斯去学习，攻读硕士学位、博士学位，他们已经成为今天中国的世界史研究的新生力量。

（二）苏联的世界史研究对中国世界史学科发展的影响

新中国成立以后，在全面学习苏联史学的大环境下，为了满足世界史教学的急需，从苏联大量地引进了世界史各个学科的教材和著作。在这方面，东北师范大学走在全国各院校的前面。1952 年 10 月，著名革命家、教育家成仿吾出任东北师大校长，明确提出学校建设的三项方针：一是结合中国实际，积极学习苏联先进的教育理论和实践经验；二是培养新生力量，提高现有教师和行政干部的业务水平；三是加强马克思列宁主义理论教育和时事政策教育。并对世界史教师明确指出："使用苏联教材，要做到创造性的学习和使用……应在使用苏联教材的基础上，吸收各先进国家的最新科学成就及祖国科学遗产，编写全中国实际的教材。"按照这一指示精神，东北师大的世界史教师决定主要做三项工作：一是合作翻译苏联大学世界历史教学大纲、各种教材和参考资料，后来都由高教出版社出版发行；二是收集和研究欧美诸国大学教科书和其他历史专著；三是着手编写我们自己的世界史教材。1955 年世界史教研室完成一部四卷本的《世界通史》函授教材，1958 年又完成一部本科生的《世界历史》教材。同时，陆续翻译了数部苏联教材、众多历史文献资料和历史地图，在一定程度上满足了当时教学和科研的需要。②

在世界古代史方面：翻译了著名的科瓦略夫的《古代罗马史》、塞尔格耶夫的《古代希腊史》、阿甫基耶夫的《古代东方史》等。这些著作的翻译和出版为中国学者尽快地从事世界古代史的研究打下了基础。

在世界中世纪史方面：以翻译科斯敏斯基和谢苗诺夫的著作最为突出。1951 年 6 月开明书店再版了柯斯铭斯基主编、王易今译的《中世世界史》；1955 年中

---

① 易宁、刘建民：《廖学盛先生访谈录》，《史学史研究》2006 年第 3 期。
② 王晋新：《朱寰教授访谈录》，《史学史研究》2008 年第 2 期。

国青年出版社出版王易今译《中世世界史》；1956年9月人民教育出版社又出版了何东辉译的科斯敏斯基的《中世世界史》；1957年，三联书店又出版了科斯敏斯基、斯卡斯金主编，朱庆永等译的《中世纪史》（第一卷）。谢苗诺夫的世界中世纪史1954年已经由东北师范大学历史系世界史教研室翻译，东北师范大学出版；1956年，三联书店又正式出版了叶文雄译的《中世纪史》。

世界近代史方面：1950年苏联科学院历史研究所编写的5卷本《近代史教程》由人民出版社分册出版。这部教程实际是由塔尔列主持编写的苏联第一部近代史教材。1952年，中华书局出版了叶菲莫夫著的《世界近代史》上、下册。1955年，波尔什涅夫等人编著的《新编近代史》（第一卷）出版。由于它是苏联高等学校的教材，它的译本成为国内大学世界近代史教学的主要参考书。

除上述著作之外，我国也翻译出版了一些苏联学者编著的国别史，内部出版了一些苏联史方面的专著。

在学习苏联的基础上，我国学者也开始编写自己的世界史教材。世界古代史方面，如郭圣铭的《世界古代史新编》，童书业的《古代东方史纲要》，吴于廑的《古代的希腊和罗马》，周一良的《亚洲各国古代史》等，都是这方面的成果。世界中世纪史方面，自1956年起中国学者也开始以苏联教材的框架为基础，制定我国学者自己的世界中世纪史的教学大纲并编写世界中世纪史教材。如，戚佑烈等编写的《世界中世纪史》1957年在东北师范大学出版；1957年12月，齐思和编著的《世界中世纪史讲义》由高等教育出版社出版；刘启戈编的《世界中世纪史》，也在1957年由北京师范大学印刷。这些教材是内部交流，主要内容还是对苏联教材的模仿。在指导思想、具体史料、具体观点上都受苏联模式的局限。但是，我国学者也在摸索建立自己的特色。例如，齐思和的《世界中世纪史讲义》在材料的选择、安排上就有自己的特点，比如，他十分注意反映当时中国与亚欧各国的关系，有的章节还有专节的叙述。他的讲义除了引用大量原始材料以外，还参阅了西方史学名著如《剑桥中世纪史》、《剑桥近代史》、《罗马帝国衰亡史》、《英国经济史》等书。20世纪60年代，在特殊的中苏关系背景下，中国世界史学者也想力图摆脱苏联史学的影响，这方面的积极探索是对长期以来在欧美包括苏联有着重要影响的"欧洲中心论"的批判。如周谷城发表文章指出："世界史，顾名思义，应该是关于世界整体的历史，应该具有世界性。事实不然，所有的世界史教科书，截至今日为止，无论进步的或不进步的，几乎都以欧洲为中心，俨然欧洲史一样。"具体表现在：借亚非古国为开端；以欧洲史为世界史的中心；地理大发现后仍以欧洲为中心；至于侵略各地使各地变为欧洲的势力范围和殖民地，反曰是"白种人的负担"。关于世界历史不应以欧洲为中心的理由，他指出：希腊、罗马，并非驾于其他各地之上的世界文化最古摇篮；中世的封建社会，并非最早出现于欧洲；海外活动，并不限于欧洲人；我们讲世界史，不能只讲侵略，不讲反侵略，……要反扩张和侵略，就不能不从亚、非、拉丁美洲诸国本身的历史，作正面的叙述。最后，他指出："欧洲中心，自地理大发现以后，就是一个以经济利益为目的的侵略中心。这个中心，一入帝国主义时代，便进入了绝境；今则摇摇欲坠，并进一步自取灭亡。""今日各大学开设亚、非、拉丁美洲史，是具有斗争意义的。世界史书中如果也从正面叙述亚、非、拉丁美洲史，那便是新体系之一端。客观的历史正在改变之中，主观的历史亦必力求改变，以加速客观历史的大改变。否定以欧洲为中心的世界史，建立具有新观点新体系的世界史的时候已经到了。"①

（三）苏版《世界通史》对中国的《世界通史》编纂的影响

苏版《世界通史》自20世纪50年代末最初问世以来，对我国历史学，尤其是中国的世界史学术研究与教学工作产生了重要而又深远的影响，这种影响迄今还不能说已经消失。张广智曾对此专门做过分析，他指出：

> 苏版《世界通史》的影响明显地表现在历史观念上，尤其是它的世界史观对我国的世界史学者所给予的影响。例如，关于世界历史发展的规律性的问题，亦即社会经济形态前后相承的五阶段更替说；关于世界历史发展的动力，亦即人民群众是历史创造者和在历史发展中起决定性力量的观点；关于世界历史发展阶段的划分，其中最牵连的是欧洲中心论的观念等等，都因苏联版《世界通史》在中国的流传而在我国史学工作者那里得到了深化。可以这样说，这些历史观念在相当大的程度上或在很长的时间内左右着我国的世界史研究者对世界历史的看法。
>
> 它的影响还集中地表现在中国学者的世界通史的编纂工作中。1962年，由周一良、吴于廑主编的《世界通史》（四卷本）出版（学界通称周吴本），这是新中国成立以来由中国学者编写的第一部综合性的世界通史之作，叙述了从人类起源至第一次世界大战结束时的世界历史，充分显示了当时中国学者对世界历史的认识和研究水平，不过，它的优点

---

① 周谷城：《评没有世界性的世界史》，《文汇报》1961年2月7日。

与缺陷，既带有那个时代的特色，也从中观照了苏联版《世界通史》对它的影响，周吴本的优点也确是继承了苏联版《世界通史》的某些长处，而周吴本的不足又恰恰源于苏联版《世界通史》的缺陷，问题的症结就是如吴于廑所说，我们是"按此模式"① 而操觚的，有学者认为我们的周吴本"在很大程度上是前者（苏版《世界通史》）的一个缩写本"，此论并不为过。②

四卷本《世界通史》，尽管打上了浓厚的苏联史学影响的痕迹，但也有中国学者自己的创造性的贡献。正如周一良先生所言："这部通史框架仍不脱苏联教材窠臼，但材料较为丰富，论点较为平实，加强了亚非拉部分，增加了中国与外国文化交流章节，比苏联教材多少有所改进。全书论点之商榷，资料之核实，文字之打磨，以于廑同志出力为多。1962 年出版后，受到各校历史系师生的欢迎。仅仅因为我是历史副组长，故而署名在前，此乃所谓'周编四卷本'之由来也。1979 年在于廑同志支持下，此书又作了大幅度修订，臻于完备，获 1988 年教材一等奖。"③

四、正确认识和评价苏联史学

正确认识和评价苏联史学对中国历史学的影响，是一个极为重要的问题。我们既要看到苏联史学教条主义的历史局限性，也要认识到它对中国马克思主义史学的发展、对中国世界史学科发展的重要的推动作用。

（一）对苏联史学理论的反思

改革开放以来，史学界对长期以来曾影响中国学术发展的苏联史学理论，特别是斯大林主持编写的《联共（布）党史简明教程》和他亲自撰写的《辩证唯物主义和历史唯物主义》一节进行了反思。

改革开放初期，有的学者对于斯大林的理论观点持基本肯定的态度，认为斯大林这部著作对马克思主义哲学的贡献是不能抹煞的。其主要贡献是：在许多方面继承和捍卫了马克思主义哲学的基本观点，在一些方面发挥和发展了马克思主义哲学基本观点。它以简练、通俗的语言，系统地阐述了马克思主义哲学的基本

---

① 见《吴于廑学术论著自选集》第 60 页，首都师范大学出版社 1995 年版。

② 张广智：《苏联史学输入中国及其现代回响》，《社会科学》2003 年第 12 期。

③ 周一良：《平生读史叹无边——纪念老友吴于廑》，《光明日报》1993 年 8 月 30 日。

内容，对于马克思主义哲学的传播和普及起了重要作用；它阐述了马克思主义哲学同黑格尔哲学和费尔巴哈哲学的关系，继承、捍卫了马克思主义哲学唯物主义和辩证法的基本观点；说明了历史唯物主义关于社会存在和社会意识的关系等等，因此今天仍然具有重大的理论和实践的意义。它的不足之处是：在对辩证唯物主义的解释中割裂了理论和方法的统一；没有全面地阐述对立统一规律的基本内容和明确提出对立统一规律是辩证法的核心；摒弃了辩证法的否定之否定规律；没有阐述实践在认识中的作用和认识的辩证发展过程；没有阐述经济基础和上层建筑的矛盾运动，提出了社会主义生产关系和生产力"完全适合"的不正确意见，等等。持这种意见的学者认为，这部著作的贡献方面和问题方面，都是宝贵的历史遗产，认真学习、研究这个历史遗产，总结理论思维的经验教训，对于推动马克思主义哲学的发展是有积极意义的。①

随着改革开放的深入，认识也在逐渐深入。学者们对于斯大林的理论对于我国史学的正面和负面的影响，都进行了深刻的反思。

20世纪50年代就曾留学苏联，受到苏联史学深刻影响的北京大学徐天新教授就深切地谈到过自己的体会。他说：我一生都在学习、研究苏联历史，经历了一个艰辛而又曲折的过程。在国内和苏联的大学学习期间，我先后三次学习《联共（布）党史简明教程》，思想完全被禁锢在这本斯大林主义百科全书之中。不想，在寒冷的列宁格勒遇到苏联五六十年代的"解冻"，开始知道了一些新东西，但茅塞并未真正打开。1959年大学毕业回国，正遇上庐山会议批判右倾，第二年又碰到批判苏联现代修正主义。学习历史二十多年后，总算开始对历史有所领悟。"四人帮"倒台后，专心攻读历史特别是苏联史，渴望了解历史真象，如实阐述历史事实。但每走一步都很艰难，都要同头脑中的《联共（布）党史简明教程》争论较量。

最初遇到的问题是斯大林的地位作用问题。……《联共（布）党史简明教程》为什么能把苏联历史篡改成对斯大林个人崇拜的历史？科学的苏联历史应该如何阐述？还能像《联共（布）党史简明教程》那样把苏联历史的中心红线甚至全部内容归结为共产党战胜其他一切政党的历史吗？斯大林还能称作革命导师和领袖吗？我陷入困惑，不知如何用阶级斗争学说来解释苏联历史，不知如何理解阶级斗争学说。由此，开始对《联共（布）党史简明教程》所依据的"阶级

---

① 参见薛文华、李树申：《全面评价斯大林的〈论辩证唯物主义和历史唯物主义〉》，《东北师范大学学报》1980年第1期。

斗争学说"、所使用的"阶级分析方法"产生怀疑，进而发现问题，发现了大问题。

徐天新的困惑，也代表着与他有同样经历的学者们的困惑。他们在反思的过程中发现了问题。

首先，《联共（布）党史简明教程》把阶级斗争绝对化，似乎世界上的一切事物都是阶级斗争，历史就是阶级斗争史，再没有其他什么东西了。

其次，《联共（布）党史简明教程》把阶级和阶级斗争简单化，似乎它就是好与坏、对与错的斗争。一方是绝对的正确；另一方是绝对的错误，永远的错误。《联共（布）党史简明教程》对斯大林的重大原则错误更是讳莫如深，甚至把他的错误说成正确，把失败说成胜利。

再次，在把阶级斗争绝对化、简单化的基础上，《联共（布）党史简明教程》又进一步把阶级斗争的分析方法庸俗化，似乎只要确定人物事件的阶级属性就可以判断是非好坏；反过来说也行，只要确定人物事件的好坏对错就可以判断它的阶级属性。斯大林的一切做法都是绝对正确、唯一正确的，就把所有反对斯大林的、同斯大林意见不一样的甚至不积极支持斯大林的人都被认为是错误的、反动的。托洛茨基、季诺维也夫、布哈林、李可夫都被认定为资产阶级代表，而且还是外国资产阶级的代理人，因此，他们的所作所为从一开始就都是错误的、反动的。

总之，《联共（布）党史简明教程》把阶级斗争学说绝对化、简单化、庸俗化，把分析历史的有力武器变成歪曲伪造历史、欺骗人民的工具。它打着阶级斗争的旗帜，随心所欲地编造历史，把虽有贡献但犯有严重错误和罪行的斯大林描绘成值得崇拜也必须崇拜的救世主。[1]

另一位苏联史研究者柳植也对该书进行了反思。他说：斯大林逝世后，《教程》在它的故乡——苏联受到了批判，早已弃置不用。而在我国，因为种种原因，却没有对这部书及其影响进行认真的清理，以致一些人至今还停留在《教程》的理论水平上，还常常用《教程》的观点看问题。《教程》一书从理论观点到具体事实的叙述都存在着许多问题，而其中最严重之处就在于，它曲解了马克思主义，把马克思主义变成一种僵化的教条，变成一种简单化、模式化、绝对化和凝固与封闭的体系。

例如，斯大林在讲到历史唯物主义时，把影响人类社会发展的其他诸多因

---

[1]　参见徐天新：《平等、强国的理想与苏联的实践·前言》，安徽大学出版社2005年版。

素，如他自己提到的地理环境、人口密度，还有他未提到的文化传统和民族心理特征等等，都不被看作有决定性意义，只认为物质资料的生产方式才是唯一的决定因素。从物质资料的生产方式上去说明社会历史发展的最终动因，这是马克思的一项伟大的理论变革。但是，如果把这一原理绝对化，也就违背了马克思的本意。人类社会历史的发展不是单因素决定的，而是多因素，是一种合力，是一种交互作用。在一定条件下，地理环境、人口密度、文化传统等等因素也会起相当大的作用，甚至也决定历史发展的方向。……他竭力宣扬生产力、生产关系的自发性，又把马克思在《〈政治经济学批判〉序言》一文中"大体"确定的人类历史依次演进的那个图式变成五种生产方式变更的社会学固定模式，所有这一切都说明，斯大林把马克思的历史唯物主义理论在一定程度上引向机械决定论和宿命论。这样把《教程》树立为"唯一正确"的模本，它本身又仅仅为胜利者进行辩护，这就不仅禁锢了马克思主义，也禁锢了历史科学。

柳植认为，《教程》算不上用历史唯物主义观点写成的一部好的历史书。歪曲事实、简单化、绝对化、片面化的分析，可以说处处皆是。《教程》没有对联共（布）党的历史作出科学的、实事求是的马克思列宁主义论述，贯串《教程》的中心思想、它的主旨仅仅是为胜利者进行辩护。①

历史学家姜义华，不仅对《联共（布）党史简明教程》所宣传的基本理论进行了批判，还对该书在历史研究的方法论上的反科学倾向进行了批判。他认为：

> 历史事变的复杂性与多层次性，决定了人们不可能从一个侧面、一个层次就比较完整而准确地了解它。无视这一切，对历史问题通过由联共（布）中央审定实际即由某一个或某几个中央领导人审定的办法，来树立某一种认识或某一种解释的绝对权威，这本身就是对历史科学研究方法的亵渎。《教程》从头到尾武断的、盛气凌人的口吻，充斥全书的不容分辩的论断式的语气，不讲道理、以势压人、粗鲁横暴的文风，处处体现了同科学态度不相容的权力意志。这一切，不仅在历史学界，而且在整个理论界，都造成了非常恶劣的影响。②

---

① 柳植：《〈联共（布）党史简明教程〉把马克思主义变成一个封闭的体系》，原载《书林》1988年第2期，收入《世纪性的实践》，安徽大学出版社2005年版。

② 姜义华：《理性缺位的启蒙》第四章第二节，上海三联书店2000年版。

（二）对苏联的世界通史体系的反思

苏联学者所编写的《世界通史》，长期以来被我国学者当作编写新的世界通史的样板，并且按照苏联《世界通史》的模式，编写出自己的《世界通史》。这样，在借鉴苏联史学成果的同时，把苏联《世界通史》的弊端也引进了过来。新时期我国学者在讨论编写有中国特色的《世界通史》的过程中，对曾经影响中国很深的苏联科学院编写的《世界通史》也进行了反思，着重分析其特点和存在的问题。

学者们认为：一般地说，苏联体系以社会经济形态作为划分历史阶段的标准，承认社会发展的规律性，重视人民群众对历史发展的决定作用。这是苏联体系不同于西方体系的主要地方。他们认为：五六十年代出版的十卷本《世界通史》和80年代后又陆续翻译出版的第11卷和第12卷，具有一定代表性，它是一种系统、完整的通史体系。它以社会经济形态作为划分历史阶段的标准，根据人类历史上存在的原始社会、奴隶社会、封建社会、资本主义社会和社会主义社会五种形态，把世界通史划分为五个阶段，同时与旧有的古代、中世纪、近代、现代的分期方法相结合，使古代史包括原始社会与奴隶社会两个阶段，中世纪史为封建社会阶段，近代史为资本主义社会阶段，现代史为社会主义社会阶段。这符合人类历史发展的过程和趋势。

不可否认，苏联体系在中国盛行几十年，曾经对我国的世界史学科的形成和发展做出过重大贡献。没有这个体系，新中国的世界史学科不可能成为独立的学科，它的存在及重要性也得不到学界及社会其他方面的承认。没有这个体系，以及对这个体系的社会认同，我们就不可能形成一支专业的世界史学科队伍，世界史和中国史之间也难以明确地分工。没有这个体系，新中国世界史学科的学术成就是不可能这么大的，新中国成立后数以万计的论文、专著，尤其是改革开放以后涌现的大批学术成果就都没有存在的基础。

但是，这种体系也存在着不少的问题。学者们指出：苏联学者把每种社会形态固定为自己设想的模式，硬要把丰富多彩的世界历史削足适履，适应他们的模式，使具体生动的历史过程变成僵化、呆板，缺乏个性、生气，以至出现错误的东西。例如，原始社会瓦解之后出现的奴隶社会，从生产资料的所有制形式和阶级对立关系的实质等方面看，世界各国的奴隶制是一致的，但在其具体形态、演变过程与方向以及发展程度上，由于自然环境与历史的原因，却又各具特色。希腊罗马的奴隶制不同于印度的奴隶制，印度的又不同于中国的。就是在希腊，雅典的也不同于斯巴达的，等等。这本来是客观存在的历史事实，历史学家应该在充分研究的基础上寻找它们的共性和个性。但苏联学者却不是这样，他们以希腊罗马的奴隶制作为标本，把全世界的奴隶制国家划分为发达的"典型"的奴隶制与早期的"宗法"奴隶制两种形态，并以此作为模式，把凡是与希腊罗马奴隶制形态不合的国家，统统归入早期"宗法"奴隶制的行列，不承认其"典型"性。《世界通史》又把西欧的封建制度作为封建社会的标本，说西欧的采邑是封建土地所有制的最成熟的、发达的、最完备的形式。以采邑形式的土地所有制为基础的社会制度，就被称为封建制度；把"晚期古罗马帝国的事变"作为"奴隶制度向封建制度革命过渡的典型"，为适应这种需要，就把中国历史上由奴隶制向封建制的过渡放到公元3—7世纪，把中国封建制度高度发达的时期定在8—12世纪。为了适应17世纪英国革命作为近代史开端这个模式，苏联学者也把中国近代史的开端拉回到17世纪40年代的清兵入关时期。这是一种把五彩缤纷的世界历史过程模式化、简单化、概念化的做法。

其次，在苏联体系中仍然存在着欧洲中心论的影响。在苏联的《世界通史》中，虽然欧洲以外的国家和地区的历史内容增加不少，在一定程度上扩大了世界历史的广度和范围，并比西方体系更多地重视亚非拉地区民族和人民的革命斗争。但是，在这部分中也只有欧洲的希腊罗马达到了高度发达的"典型"奴隶制阶段；也只有西欧的封建制才是全世界封建制的标本；欧洲是全世界资本主义的摇篮，只有欧洲国家的科学技术和文化才是世界的最高水平；只有欧洲的革命，不管是资产阶级的，还是无产阶级的，才具有世界的影响，只有欧洲发生的事件才具有国际的意义。在这方面只有后来的美国，才算有些例外。至于亚非拉地区和国家，在近代史上则总是依附于欧洲，从属于欧洲，受惠于欧洲，而很少反过来支持欧洲、影响欧洲。

再次，帝俄和苏联，作为一个世界性的大国，在世界史上应有其地位，起过应有的作用，包括积极和消极两个方面，应该给予恰如其分的评价。但是，苏联的《世界通史》中，对帝俄政府的对外干涉和领土扩张极力掩饰和辩护，在国际关系中的作用却是极力抬高，特别是在苏联历史阶段较为突出。有的学者还写文章对苏联多卷本《世界通史》为沙皇俄国的殖民扩张和侵略政策的辩护进行批判。①

在改革开放的新形势下，不仅应该对于苏联史学本身进行反思，也应该对于我们自己所受到的苏联史学的影响进行反思。在讨论如何编写新的"世界通史"的时候，学者们也把反思的目光引向了中国学者的世界通史著作。1962 年周一良、吴于廑主编的新中国第一部多卷本《世界通史》出版。该书以五种社会形态递进论为纲，以阶级斗争为基调，以人民群众为主角，分时期按国别勾划了世界历史的进程，可谓当时认识水平上的马克思主义社会发展理论的世界史注释本。学者们指出：周吴本以苏联 10 卷本《世界通史》为样板，而 10 卷本本身绝非完善。该书主编茹科夫曾说过，10 卷本只是"一次尝试"，仅"以科学通俗读物问世"，不敢有使它成为创造性科学研究的奢望"。茹科夫还说："马克思主义的历史观和社会学的公式主义……全无共同之处"，每个国家每个民族的发展道路都有独特之处，"世界历史过程也不是一条直线"，编纂者们意识到，以五种社会形态为框架，将各国各段历史一一对位镶嵌进去的做法具有"局限性和缺陷"。周吴本把 10 卷本的这种局限性和缺陷原封不动地接受下来。在作为高校教材使用的几年时间里，在愈演愈烈的"左"倾思想和教条主义支配下，这部书的简单化公式化的缺点不仅没有能够得到纠正和修改，相反在继起的"文革"当中，它还因不够"左"而大受批判。②

（三）历史地对待苏联史学

新时期以来，我国学者发表了很多反思苏联史学的文章，特别是对苏联史学的理论和方法论进行了激烈的批判。但是，苏联史学是前苏联时期，在七十多年的发展过程中，通过广大的历史科学工作者的辛勤劳动所创建的一门重要的学科，它的学术内容非常丰富，学术的价值也是瑕瑜互见，不能以哪一本书或哪一个人的著作或观点来概括整个的苏联史学。一些史学工作者以冷静的、科学的态度，认真地研究了苏联史学这一巨大的历史遗产，把它作为一个科学研究的对象来进行研究和分析。刘家和认为：从学术意义上说，苏联史学作为第一个社会主义国家的马克思主义史学，在七十多年的发展历程中既有成就，又有失误，很值得认真总结。不论是正面的还是负面的经验教训，都是一笔宝贵的极有价值的理

---

　　① 参见李显荣：《马克思主义，还是大俄罗斯沙文主义？——评苏联多卷本〈世界通史〉》，《世界历史》1978 年第 1 期（试刊）。

　　② 刘新成：《我国〈世界通史〉编纂工作的回顾与思考》，《中国历史学年鉴》（1995 年），三联书店版。

论遗产。苏联史学理论本身也是如此,同样值得认真的探讨和总结。我们不能像国外(包括前苏联)不少人所采取的轻率的虚无主义态度,对苏联的一切(包括其史学和史学理论)都认为毫无价值,根本不值得去研究,这种不科学的态度显然不可取,从现实意义上说,中国史学曾深受苏联史学的影响,不能说这种影响至今已不存在。何兆武也认为:苏联史学的发展有过七十多年的历史,富有它自身的特点,曾对世界史学界、尤其对我国史学界有过很深的影响。苏联这个国家虽已解体,但苏联史学和史学理论的传统和影响并不随之而消灭。它不仅表现在今天的俄国史学中,而且对世界史学发展的影响也并没有完全消失。因而对苏联史学作出科学的总结,对苏联史学理论作出认真的探讨和系统的评论,应该是目前史学界一桩具有重大学术意义和现实意义的工作。[①]

陈启能、于沛、黄立茀合著的《苏联史学理论》[②] 就是这种研究的一项重要成果。作者们认为:在50年代时,苏联历史科学对我国历史学的发展曾经有过重要的影响,在这之前和之后也不能说就没有影响。对这种影响需要具体分析,既不宜估计过高,也不能漠然视之;既不宜全盘否定,也不能过多肯定。有一点是清楚的:加强对苏联历史科学和史学理论的研究,有助于我们更客观地分析这种影响。同时,对苏联史学成败得失的总结,对其经验教训的思考,显然对我国马克思主义史学的顺利发展是不无裨益的。

陈启能指出:平心而论,在苏联,不论在任何时候,在斯大林时期的高压下,在"历史热"的汹涌浪潮中,在苏联解体后的一片否定声中,都不乏有头脑清醒、并不随波逐流的历史学家。更应看到的是,不论在任何时候,广大严肃、认真的历史学家,忠于自己的职业,总是默默地在史学的田地中耕耘,作出自己的贡献。尽管他们受到时代的局限、条件的限制,会存在这样那样的缺点和错误,然而他们的成绩是不能抹杀的,尤其是在各种各样的具体历史领域和历史课题方面。唯其如此,苏联历史科学才不应该简单地一笔抹杀。正确的做法应该是,既看到它存在的严重问题,又承认它取得的巨大的成绩。而且,不论是问题,还是成绩,对后人来说都是一笔宝贵的财富。关键是要以正确的科学态度,从今天的新的历史高度,对苏联历史科学的发展全过程,重新进行审视,进行总结,进行反思。[③]

---

① 陈启能、于沛、黄立茀:《苏联史学理论》,专家推荐意见书。
② 陈启能、于沛、黄立茀:《苏联史学理论》,经济管理出版社1996年版。
③ 陈启能:《苏联史学理论·前言》第4页。

　　张广智近些年对苏联史学对中国的影响进行了多方面的研究，还对一些重要问题进行了重点分析。他发表了一系列文章，如《苏联马克思主义史学的沉浮（俄国十月革命至 20 世纪 90 年代初）》、《苏联史学输入中国及其现代回响》、《苏版〈世界通史〉的中国回应》等。他认为，我们应该以历史主义的态度来总结、批判地继承这笔遗产。他说，在马克思主义史学发展史上，苏联史学作为第一个社会主义国家的马克思主义史学，在七十余年的发展过程中，成就与失误交织，经验与教训杂糅，曾在 20 世纪国际史坛上扮演过重要的角色，产生过重大的影响。如今，苏联这个国家虽已解体，但苏联的马克思主义史学作为一份遗产，并不随之而消失。对于马克思主义史学史的研究而言，认真回顾与总结马克思主义史学发展史上的第一个社会主义国家的史学，从中吸取经验教训，都是颇具学科价值与现实意义的。他深刻地指出：珠辉散去归平淡。当我们拨去了附在苏联马克思主义史学上的种种神圣光环之后，还其作为众多的马克思主义史学中的一个学派的原貌，我们发觉，它与世界史学园地中的许多派别一样，也互有轩轾，各有特色。总之，我们应当运用马克思主义的历史主义态度，认真总结，批判地继承这笔史学遗产。①

　　曾经在《苏联史学理论》中对苏联史学理论特别是历史认识论和方法论方面进行了深入研究的于沛也认为：50 年代初到 60 年代初，介绍和学习苏联史学理论和方法，有其历史的必然性和合理性。它对中国历史学家和广大史学工作者自觉地掌握和运用唯物史观研究或学习中外历史，有着积极的意义，为培养新一代马克思主义史学家和促进中国马克思主义史学的发展奠定了基础。但是，毋庸讳言，在学习苏联史学积极的、合理的内容的过程中，苏联史学理论中对马克思主义的曲解，以及运用唯物史观所存在的教条主义僵化模式和公式化、概念化倾向，也不可避免地对中国史学发展产生了消极的影响。这一切妨碍了广大史学工作者对唯物史观的深入理解和研究。尽管有些学者在当时公开指出了苏联史学存在的上述弊病，但这种呼声毕竟太微弱了，在当时不可能产生什么实际的影响。加之自 50 年代中期起，我国社会主义建设和革命出现了主要表现为"左倾"的失误和曲折，更使那些负面的影响长期不能得到克服。这一切使广大史学工作者不能科学地运用唯物史观指导自己的学习、教学或研究。②

　　① 张广智：《苏联马克思主义史学的沉浮（俄国十月革命至 20 世纪 90 年代初）》，《历史教学问题》2006 年第 3 期。

　　② 于沛：《世界史研究》第 99—100 页，福建人民出版社 2006 年版。

第四节　考古学和民族学对历史研究的推动

新中国成立初，随着国家大规模的建设的开始，大批考古遗址得以发现，这极大地推动了中国考古学的发展和进步，出土的大量文物古迹，也为中国历史研究提供了丰富的实物资料。新中国成立初开展的大规模的民族调查活动，也极大地促进了民族史的研究。

一、新的考古发现及其对历史研究的意义

与新中国成立前相比，1949 年到 1979 年之前这一阶段，中国的考古学进入到它的"黄金时期"，在全国各地都有从史前到各个历史时期的众多的新发现。"1949 年以前，全国掌握田野考古技术的专门人才只有十几个人。新中国建立之后，学科队伍迅速发展，至 70 年代末，考古专业人员发展至七八百人。"[1]"随着国家大规模经济建设工程的进行，田野调查发掘工作遍及全国。在旧石器时代方面，1949 年北京解放后，立即恢复了已经中断十二年的周口店发掘工作。后来通过广泛调查，在黄河流域、华南和青藏高原一带新发现二百处以上的旧石器时代遗址，并在其中的许多地点进行了发掘。""新石器时代的遗址发现很多，据不完全统计总数在三千处以上，其中经过发掘的有一百多处。"[2] 许多新材料极大地丰富了中国历史的方方面面，使中国历史学发生了质变。[3]

（一）石器时代的考古发现和研究

北京周口店遗址发掘和研究得以恢复，并成为该时期考古的一个重点。在整理资料和分析的基础上，学术界对北京猿人文化性质及其体质形态讨论激烈，并对后者提出新的解释：北京猿人体质形态证明了劳动创造人类的理论。[4] 各地也不断发现新的古人化石地点和文化遗存，丁村遗址、蓝田人、资阳人、柳江人、元谋人、马坝人以及峙峪、下川、虎头梁等重要文化遗存的发现，使得学术界认识到在中国的华北地区、华南地区都有古代人类生存，尤其是元谋猿人的发现使

---

[1] 刘庆柱、朱乃诚：《新中国考古学 50 年》，载中国社会科学院科研局编：《新中国社会科学五十年》第 370—371 页，中国社会科学出版社 2000 年版。

[2] 《我国考古工作收获丰富》，《光明日报》1962 年 1 月 7 日。

[3] Chang, Kwang – chih. Chinese archaeology since 1949. Journal of Asian Studies. 36：623 – 646, 1977.

[4] 吴汝康：《中国猿人体质发展的不平衡性及其对"劳动创造人类"理论的意义》，《古脊椎动物与古人类》1960 年 2 卷 1 期。

得中华民族的历史可以上溯到距今 170 万年前。

新石器时代的考古工作在黄河流域、长江流域均有展开，以黄河流域的诸遗址为探讨热点。西安半坡遗址的发掘是为了探索原始社会晚期的氏族制度而进行的，陕西宝鸡北首岭遗址、华县元君庙遗址的发掘，也提供了当时人类生活和氏族社会形态及其组织结构的生动具体物证。河南陕县庙底沟遗址和三里桥遗址的发掘，提出了仰韶文化向龙山文化的过渡以及两个文化可以再分期的研究课题。相关的研究工作集中讨论了仰韶文化的分期、社会性质及其与中原地区龙山文化的关系等课题。

（二）殷墟遗址发掘研究工作的恢复和夏商周城址、墓葬的发现

1950 年，殷墟恢复发掘，新的发现为研究商代社会历史和社会性质提供了极为丰富的实物例证。1950 年 3 月 19 日，郭宝钧在《光明日报》发表了《记殷周殉人之史实》一文，披露了殷代有大量人殉的史实，这批资料迅即引发了史学界关于商代人殉人祭的讨论。郭沫若发表了《读了〈记殷周殉人之史实〉》，提出"殷周都是奴隶社会"，这篇文章拉开了新中国关于中国古史分期问题讨论的序幕。

在考古发掘新资料的基础上，利用甲骨文、金文进行商周史研究取得很大收获。陈梦家利用已发布的甲骨卜辞资料，分析了卜辞所见商代的亲属制度、宗教制度、继承制度、祭祀制度、方国地理、政治区划、年代与历法天象、农业与社会生活、宗教乃至居民的身份等有关问题[1]。丁山、张政烺、李学勤考证了殷卜辞所见之氏族方国、氏族组织、亲族制度及有关地理地名[2]。胡厚宣讨论了商代的宗教[3]，王玉哲讨论了商代的继承制度和社会性质[4]，利用甲骨卜辞探讨商代农业的文章也较多。[5]

---

[1]　陈梦家：《殷墟卜辞综述》，科学出版社 1956 年。

[2]　丁山：《甲骨文所见氏族及制度》，科学出版社 1956 年。张政烺：《古代中国的十进制氏族组织》，《历史教学》1951 年第 3、4、6 期。李学勤：《论殷代亲族制度》，《文史哲》1957 年第 11 期；《殷代地理简论》，科学出版社 1959 年。

[3]　胡厚宣：《殷卜辞中的上帝和王帝》（上、下），《历史研究》1959 年第 9、10 期；《甲骨文商族鸟图腾的遗迹》，《历史论丛》第 1 辑，中华书局 1964 年。

[4]　王玉哲：《试论商代兄终弟及的继统法与殷商前期的社会性质》，《南开大学学报》1956 年第 1 期。

[5]　胡厚宣：《殷代农作施肥说》，《历史研究》1955 年第 1 期；于省吾：《商代的谷类作物》，《东北人民大学学报》1957 年第 1 期；于省吾：《从甲骨文看商代的农田垦殖》，《考古》1972 年第 4 期；张政烺：《卜辞裒田及相关诸问题》，《考古学报》1973 年第 1 期。

　　学者们对殷墟之前的历史也开始了探索。20 世纪 50 年代初，在河南省郑州市二里冈发现了具有明显特色的考古遗存，邹衡以之为基础，系统研究了早商文化的分期。1956 年，发现了郑州商城，在该遗址内发现了周长约 7100 米左右的城墙，以及冶铜、制陶、制骨手工业作坊和大量房基、地窖、水井、墓葬等遗迹，和铜、石、骨、蚌、陶、玉、瓷器等遗物，并有一些骨刻文字与陶文。学术界据此认为郑州商城遗址所反映的时代，奴隶制国家也早已形成了。由于二里冈商文化和郑州商城的年代早于安阳殷墟，故其发现为研究商代前期的历史和文化创造了条件。之后，在河北邢台、藁城台西、湖北黄陂盘龙城等地发掘的商代遗址及在山东、山西、安徽、湖南、江西等地出土的商代铜器等资料，亦向人们展示了商代各地众多方国的图景，由此引起了学者对商代疆域及地方文化的重视。

　　1959 年，在仔细梳理了有关夏代历史的史料后，考古学家兵分两路，分赴河南中部洛阳平原及附近颍水上游登封、禹县地带和山西西南部汾水下游地区。徐旭生在豫西地区经过艰苦的步行调查后，发现了著名的二里头遗址，揭开了从考古学角度夏文化探索之序幕。

　　20 世纪五六十年代，考古学工作者在陕西长安沣河两岸也进行了三次大规模的调查和发掘，认定该地是文献记载中的丰京和镐京所在。1976 年，在陕西岐山凤雏和扶风召陈发现了西周时期的大型夯土基址，在凤雏基址中还发现了1.7 万余片卜骨、卜甲。学者们根据这些甲骨与山西洪桐县坊堆、张家坡遗址、北京昌平西周墓等遗址发现的西周甲骨，探讨了西周甲骨的文字释读、特征、族属、史实内容、方国、封划等方面，如"周公东征"、"营建洛邑"等周初重大事件和一些重要的官名、人名、方国、地名、水名以及周人月相等。利用青铜器铭文研究周代有关制度及史事的探讨也多了起来。著名的传世铜器继续受到关注，学者利用它们考察周代的分封制度（大盂鼎）、土地关系（克鼎）、宗法关系（琱生簋）、政治状况（毛公鼎）、经济制度（曶鼎、佣生簋）、等级身份（令簋、曶鼎）、军事及军制（班簋、禹鼎）、民族关系（虢季盘、兮甲盘）、礼制与思想（天亡簋）、人物事件（令彝、令簋）等等；新出金文也吸引了众多学者积极发掘其史料价值，例如江苏丹徒发现的宜侯夨簋铭文记有周初改封虞侯至宜地等重要史实，旋即有郭沫若、陈梦家、唐兰等数家为之做注、考释。其后陕西眉县发现的盠彝及盠驹尊，上面分别记有与西周军制有关的一些史实及当时实行的一种"执驹"的礼仪，更是引起学者的重视，由此引发于省吾、杨宽等人关于周代"六师"、"八师"军队设置性质问题的讨论。陕西蓝田出土的询簋铭文内容丰富，记载有"虎臣"与"庸"的身份的诸多信息，先后有郭沫若、王祥

（即陈梦家）、黄盛璋、陈世辉等人著文对之进行考察。"文革"结束前，陕西岐山董家村出土的裘卫诸器载有西周贵族土田交易之情形，倗匜上收录了西周刑法制度的一些具体执行情况，由是引起学者对西周土地制度及刑罚制度探讨的热潮，有关讨论一直进行到"文革"结束以后。20 世纪六七十年代发掘、整理的"侯马盟书"记载了春秋末期晋卿赵简子与其政敌斗争之史实，学者不仅利用它们来考察当时激烈的社会变动情况，也据以探讨当时贵族间经常举行的这类盟誓的仪节、内容和程序。

　　这一阶段，对东周列国城址进行了全面勘查和重点发掘，主要的诸侯国都城大部分被发现。经过发掘的列国都城有洛阳东周王城（1954 年始，下同）、侯马晋都（1956）、易县燕下都（1958）、咸阳秦都（1959）、凤翔秦雍城（1959）、临潼秦栎阳城（1964）、新郑郑韩故城（1964）、齐临淄故城（1964）、赵邯郸故城（1972）、平山中山灵寿城（1974）、荆州楚纪南城（1975）、曲阜鲁城（1977—1978）。这些东周列国都城的勘探与发掘，皆具有重要的历史研究价值，直到今天仍为学者研究东周文明经常引用。

　　众多两周墓葬中，洛阳中州路发掘的 260 座墓葬为探索东周王城的位置及布局情况提供了重要的资料。三门峡虢国墓地，甘肃灵台白草坡潶伯墓地、陕西宝鸡强国墓地，辉县琉璃阁、赵固和固围村魏国贵族墓葬，山西侯马上马晋国墓地，山东临淄崖头春秋齐国大墓及殉马坑，河北平山战国中山王墓，山东曲阜鲁国故城墓葬，安徽寿县蔡侯墓，以及河南信阳长台关 1 号、2 号楚墓、湖北江陵望山、沙冢战国楚墓、江陵雨台山楚国墓地的发掘，提供了各诸侯国的重要墓葬材料，有助于探讨东周时期各国葬俗的研究。在资料积累的基础上，学者们基本建立起了墓葬的分期年代，如《洛阳中州路（西工段）》报告为东周墓葬的分期断代建立了重要标尺，并对埋葬习俗与规律等作了一定探索。学术界还从墓地布局、墓葬形制和随葬品组合等方面综合探讨当时的丧葬习俗和礼制，如陈公柔将墓葬材料和文献记载结合，研究了战国时期丧葬制度的礼仪和名物制度[1]。俞伟超和高明详细系统分析了周代用鼎制度及其变化，进而探讨了以列鼎制度为核心的周代礼乐制度所反映当时的等级制度及其变化过程。[2]

　　（三）汉唐考古

　　20 世纪 50 年代末至 60 年代，两汉时期考古的工作集中在西汉长安城、东汉

---

① 陈公柔：《士丧礼、既夕礼中所记载的丧葬制度》，《考古学报》1956 年第 4 期。
② 俞伟超、高明：《周代用鼎制度研究》，《北京大学学报》1978 年第 1、2 期，1979 年第 1 期。

洛阳城城址勘探和调查，大体确定了城址的平面形状、城门和街道遗迹部分重要遗迹的位置。

50 年代前半叶开始的洛阳烧沟地区汉代墓葬取得了较大成绩，《洛阳烧沟汉墓》报告建立了洛阳地区汉墓分期的标尺，奠定了汉墓考古学研究的基本方法和理论。50—70 年代发掘了数十座汉代诸侯王和列侯墓葬，展示了黄肠题凑葬制度并出土了金缕玉衣，最著名的是满城汉墓和马王堆汉墓，两处出土的精美的金器、铜器、玉器、漆木器以及薄如蝉翼的纺织品，是"文革"期间考古工作停滞中的点缀，帛书和竹简的出土也提供了重要的研究材料。

这时期的唐代考古工作，主要是参照文献记录调查和实测，对其布局和里坊进行探讨，并归纳隋洛阳城与大兴城设计的异同。50—60 年代重点勘察了乾陵、建陵、桥陵、杨氏顺陵，并初步总结了关中的唐陵制度。

（四）元大都遗址、西夏王陵和明定陵的发现

这一阶段，宋元明考古受到重视的程度较低。重点调查了东北、内蒙古和西北地区一些早年废弃的城址。对沿用至今的古城开展考古工作着力稍多，如元大都、金中都和辽南京做了全面的勘测和研究。元大都的考古工作为历史时期城市考古树立了样板，其做法是根据城市从古到今一直沿用的特点，从现有布局出发，根据现存最早的城市地图，参考古代文献记载和前人研究成果，通过针对性大量钻探和发掘，成功地探明了元大都大城、皇城和宫城的位置、走向。

考古工作中发现的宋元明墓葬和遗迹往往被忽视。西夏王陵的发现则纯属偶然，抢救性挖掘和调查共获得有陵墓 15 座，发掘的 6 号陵、7 号陵碑亭、5 号陵碑亭以及 M77、M78、M182、M177 等陪葬墓，为西夏历史提供了珍贵的历史资料。

出于研究的目的，学者们主动发掘了明定陵。1955 年 10 月，吴晗、郭沫若、沈雁冰、邓拓、范文澜等人联名上书国务院，请求发掘永乐帝的长陵。认为出土器物是最可靠的历史资料，可利用明成祖的随葬器物进一步开展对明朝政治、经济、军事、文化等史实的研究，同时就地成立博物馆，对首都人民进行历史唯物主义教育，增加首都人民的文化生活内容。鉴于长陵勘探毫无线索，改为"试掘"定陵，发掘历时两年多，出土 4648 件文物，这些明代陵寝制度、社会发展的重要实证 1958 年向群众展出。定陵博物馆筹建工作与此同时进行。

（五）考古学研究和理论建设

与田野考古的广泛展开相应，考古学著作数量大增。重要的遗址一般都及时

地编写考古简报和考古报告，成为日后该问题研究的基础资料。1961 年，中国科学院考古研究所在夏鼐先生主持下编写的《新中国的考古收获》对此时的发现与研究进行了初步总结；中国考古学体系的框架初步建立，一些主要地区的考古学文化发展脉络大体摸清。梁思永、夏鼐分别出版了自己的研究文集。

　　这一时期，考古学界的学术气氛比较活跃。考古工作以马克思列宁主义为指导，在 20 世纪 50 年代形成了具有自己特色的苏联考古学派，在 1958—1959 年，学界提出建立一个马克思主义的中国考古学体系，原本希望考古工作者通过马克思主义的学习，能自觉运用马克思主义的理论、观点和立场指导考古工作。但由于当时国内外政治形势的影响，考古学界很快出现把马克思主义理论简单化和绝对化的倾向，基本无条件地搬用马克思主义历史发展理论，以考古资料论证和说明之。在田野资料和基础研究还比较薄弱的情况下，学者们以极大的热情探讨重大的社会历史问题，几乎所有的考古发现都成了五种社会形态说的有力证据，但凡重要的遗址几乎都讨论其文化性质、社会形态。史前时期的遗址或墓葬被称为氏族或部落的遗存，仰韶文化"母系"说流行①黄河流域各地龙山文化和齐家文化是中国父系氏族公社时期的社会经济形态②，二里头宫殿遗址被认为是奴隶制国家的政治、军事中心③，殷墟的发现说明其已经进入奴隶制阶段④。再如，古代社会组织和亲属制度是马克思主义的社会进化理论的关键，但是中国考古学家却甘愿奉摩尔根和恩格斯的理论为教条，不加批评地随意引用。还如，尽管历史学家对亚细亚生产方式进行了许多讨论，掌握着大量与此密切相关材料的考古学家，却一直没能加入讨论。因此，考古学家失去了一些很好利用中国丰富或者也许是独特的材料的机会，为建构更完善的一般社会科学理论做出积极的贡献⑤。尽管如此，马列主义并没有在根本上影响考古学的研究，即使在政治运动的高潮中，相关考古文章的主体内容与马列主义并非有一定的关联，文章基本采用以黑体印刷马克思列宁主义文献中引用的语录，正文则是专门的考古学研究。如关于大汶口文化性质的讨论，唐兰认为大汶口文化是少昊文化，已建立起奴隶制国

---

① 李衍垣：《关于"仰韶文化"的讨论综述》，《历史教学》1964 年第 4 期 。

② 石兴邦：《中国奴隶制国家形成前夕的社会经济形态》，《历史教学》1964 年第 5 期。

③ 李民、文兵：《从偃师二里头文化遗址看中国古代国家的形成和发展》，《郑州大学学报》1975 年第 4 期。

④ 王玉哲：《试述殷代的奴隶制度和国家的形成》，《历史教学》1958 年 第 9 期。

⑤ 张光直著，陈星灿译：《考古学和中国历史学》，《考古与文物》1995 年第 3 期。

家，中国奴隶制社会长达 3000 余年①；也有学者持相反意见，由此引发了关于奴隶和奴隶制社会的讨论，认为不能把奴隶的出现和奴隶社会混为一谈②。此外，考古学界利用不断发现的考古资料有力地驳斥着中国文化"外来说"。由于考古遗物的感性具体特点"考古学一度被定义为一种民族地位的象征，使得中国能屹立于世界文化古国之中且与其他文明并驾齐驱。"③

这一时期考古学的学术研究在一定程度上也被纳入为政治服务的轨道。例如利用类似商代人殉这样的资料来证明所谓奴隶社会的存在，用信阳长台关出土的竹书说明奴隶主思想④，用侯马出土的战国奴隶墓葬控诉奴隶制度⑤，用考古发现的文物来说明中国古代劳动人民的创造力以进行爱国主义教育等等。与此同时，政治化的倾向也导致一些不恰当、不切实际的口号和研究方法，尤其是过分强调用阶级斗争理论去探讨历史上不同形态社会变革的原因，干扰了研究工作的正常开展。如用考古材料分析阶级的分化⑥、用侯马盟书研究奴隶主专政向地主阶级专政转变过程的阶级斗争⑦。由于毛主席说过"人民是推动历史发展的动力"，于是考古学便开始把精力倾注到穷人、被压迫者（比如囚犯）以及富人和统治者的遗存上。由于毛主席主张"古为今用"，于是考古学家便试图以当前的需要调整他们的工作⑧。"文化大革命"时期，"影射史学"大行其道，考古学也部分侧身于对中国历史上的所谓"儒法斗争"的批判⑨，曾提出考古学必须为无产阶级专政服务的号召⑩。如将郑州商城、茹家庄西周墓葬所出的考古遗存与

————————

① 唐兰：《从大汶口文化的陶器文字看中国最早文化的年代》，《光明日报》1977 年 7 月 14 日；《再论大汶口文化的社会性质和大汶口陶器文字》，《光明日报》1978 年 2 月 23 日；《中国有六千多年的文明史——论大汶口文化是少昊文化》，《〈大公报〉在港复刊三十周年纪念文集》，1978 年。

② 《考古》编辑部：《大汶口文化的社会性质及有关问题的讨论综述》，《考古》1979 年第 1 期。

③ （美）洛沙·冯·福尔肯霍森著，陈淳译：《论中国考古学的编史倾向》，《文物季刊》1995 年第 2 期。

④ 中山大学古文字研究室楚简整理小组：《一篇浸透着奴隶主思想的反面教材——谈信阳长台关出土的竹书》，《文物》1976 年第 6 期。

⑤ 山西省文物工作委员会写作小组：《侯马战国奴隶殉葬墓的发掘——奴隶制度的罪证》，《文物》1972 年第 1 期。

⑥ 卫今：《试论中国最早的阶级分化——原始社会文物考古资料的一些分析》，《文物》1976 年第 8 期；《从大甸子等地出土文物看历史上的阶级分化》，《文物》1976 年第 1 期。

⑦ 卫今、晋文：《"侯马盟书"和春秋后期晋国的阶级斗争》，《文物》1975 年 第 5 期 。

⑧ 《古为今用，花开满园——记批林批孔以来文物工作的重大收获》，《文物》1975 年 第 1 期。

⑨ 仪真：《从考古发现谈儒法斗争的几个问题》，《文物》，1974 年第 6 期。

⑩ 《考古学必须为无产阶级专政服务——几次座谈会发言纪略》，《文物》1975 年第 4 期。

"孔丘克己复礼"相联系①，根据马王堆汉墓出土的帛书讨论法家路线和黄老思想②。不过，大概因忠实于传统史学的独立性，中国考古学还没有受到政治化极端的影响。资料的收集、对资料的分析和政治术语共存于大多数考古报告和论文中，但是，在很多情况下，两者泾渭分明，互相之间的影响不大也不深。③

二、民族调查及其推动下的民族史研究

新中国成立后不久取消了文化人类学，通过 1952 年的院系调整，吴文藻、费孝通等民族学者集中于中央民族学院研究部，成为民族学研究的中心。"四年来研究部的同志对一部分少数民族的史料进行了初步的整理和研究，对少数民族地区的社会情况作了初步的调查，并协助民族工作机关作了些民族问题的研究。同时，在翻译苏联关于民族问题的理论，编写某些少数民族历史和民族情况的教材以及搜集、展览少数民族文物等工作中，都进行了一些研究工作。"④ 1956 年，中央民族学院在历史系建立了民族学专业，民族学被作为一门独立的学科正式列入《1956—1967 哲学社会科学规划纲要》和《中国科学院规划任务书》。在党的"向科学进军"号召和"百家争鸣"方针鼓舞下，民族学研究也呈现出活跃的趋势。作为中国民族学的重镇，中央民族学院在 1956 年 7 月召开科学讨论会，会议第一天，研究部主任翁独健报告论文《关于中国民族历史研究的情况和问题》，副院长费孝通和林耀华教授报告《中国民族学上的几个问题》论文，林耀华作了《苏联民族学的成就》学术报告，140 余名专家学者参加了讨论会⑤。云南大学利用处于民族地区的优势，加强了民族学人才的培养工作。历史系教授方国瑜、杨堃、江应樑等分别编写了傣族史、白族史、马克思列宁主义关于民族问题及中国民族政策的讲义，增设了"云南民族史概述"、"傣族史"、"云南民族史史料学"等课程。⑥

① 李民：《从郑州的商代城市遗址看孔丘"克己复礼"的罪恶实质》，《郑州大学学报（哲学社会科学版）》1975 年第 1 期；陈如：《从茹家庄西周墓看孔丘"复礼"的反动本质》，《文物》1976 第 4 期。

② 康立、卫今：《法家路线和黄老思想——读帛书〈经法〉》，《文物》1975 年 第 7 期。

③ 张光直著，陈星灿译：《考古学和中国历史学》，《考古与文物》1995 年第 3 期；李济著，万家保译：《中国文明的开始》，商务印书馆 1970 年初版，原英文版 The Beginning of Chinese Civilization. 1957 年由美国西雅图华盛顿大学出版。

④ 苏克勤：《中央民族学院研究部的工作》，《人民日报》1956 年 8 月 25 日。

⑤ 《中央民族学院举行科学讨论会》，《人民日报》1956 年 7 月 4 日。

⑥ 《培养少数民族历史科学研究人才，云南大学增设少数民族专门课程》，《人民日报》1956 年 9 月 14 日。

适应中国社会主义改造和建设的需要，20 世纪 50 年代民族学界的主要工作有两项：一是民族识别调查；二是少数民族社会历史调查。60 年代初，在大规模的民族调查的基础上，进行了较为深入的民族问题研究，编撰了诸多民族简史、简志和民族自治地区概况的论著，开展了中国近现代少数民族起义和革命斗争历史资料的调查和研究工作。但从总体看来，新中国成立初，对于民族学的认识尚不明确，民族学的独立地位尚未得到明确肯定，有的说是历史学科的一部分或作为历史学的注脚；或者认为是研究民族的学科，通过实地调查提供资料供党政部门参考①。

新中国成立后民族学初步发展的时期，中国民族学继续保持了明显的中国本土化特征，这主要表现在以下几个方面。

首先，这一时期的民族学完全以调查和识别中国各少数民族、研究各少数民族的社会形态为研究的目的和任务，具有强烈的社会意义和现实意义。这影响深远的浩大工程，增进了人们对少数民族社会、历史和文化的认识，少数民族调查的理论方法主要以马克思主义民族学为指导，同时受到了苏联民族学的强烈影响。通过对少数民族中原始社会形态的调查，丰富了马克思主义的古代社会理论。

其次，受苏联民族学的影响，民族学被纳入历史学科，作为历史学的一个分支，民族学向少数民族历史研究的方向靠近。马克思主义史学家参与到民族史编撰和研究的队伍中来，同时民族学的研究丰富了对中国古代社会的认识。

再次，该时期的民族学调查和研究直接服务于新中国社会主义建设。通过对各少数民族社会历史大规模的调查研究，提供了多民族的国家进行社会主义改造的依据，即如何尊重各少数民族的历史、传统、文化，又能实现民族平等，共同走向社会主义国家的道路，实现多元一体的格局。民族学在社会主义国家的建设中发挥了极其重要的作用。

（一）民族识别的依据、成果及意义

新中国成立初，进行了大规模的人口普查工作。1953 年，汇总登记下来的民族名称达到 400 多个，其中云南一省上报的族体就达到 260 个②。为了保障实现民族平等、施行民族区域自治、发展政治、经济、文化事业，促进各民族共同发展繁荣，必须判定一个待识别的人们共同体是汉族还是少数民族，是单一少数

---

① 黄淑娉、龚佩华著：《文化人类学理论方法研究》第 441 页，广东高等教育出版社 2004 年版。

② 林耀华：《中国西南地区的民族识别》，《云南社会科学》1984 年第 2 期。

民族还是某一少数民族的一部分。在具体的识别中，坚持的指导思想是：注意运用马克思主义关于民族问题的理论，密切结合中国的实际情况，坚持历史唯物主义观点，尊重本民族群众意愿，慎重、稳妥地逐一进行识别，以明确民族成分，确定民族名称。作为识别标准的科学依据或原则有以下三点：一是结合我国实际，灵活地运用斯大林关于民族的四个特征（或称四个要素）的著名理论；二是从民族集团的现状出发，分析研究历史；三是尊重本民族集团中大多数人的意愿。[1]

民族识别工作从 1953 年至 1979 年底，经过识别后的法定民族已达 55 个[2]。民族识别的工作是伴随着几次全国人口普查进行的，主要对上报的存在争议和问题的民族进行调查、识别和定名。在 1953 年第一次全国人口普查后，上报的民族多达四百个，迁移、历史变迁和语言等问题，给识别工作带来诸多困难。为了解决这些问题，中国民族学者运用马克思主义的民族识别理论与原则，经过大量艰苦细致的调查研究，进行了深入的比较、分析、识别、归并，认定了包括原来的公认的蒙古、回、藏、满等在内的 38 个少数民族。伴随着 1954 到 1964 年的第二次全国人口普查，从上报的 183 个民族集团中任定了土家族等 15 个民族；同时将普查中的 74 种自报族体归并于已经识别出的 53 个民族中。伴随着 1964 年至 1982 年的第三次全国人口普查，1965 年识别出珞巴族，1979 年 3 月识别出基诺族。至 1982 年人口普查时，我国的法定少数民族共为 55 个[3]。

民族识别工作具有重要的现实意义和学术价值。通过三次全国规模的民族识别，判定出 55 个民族，彻底解决了新中国成立之初混乱复杂的民族状况。通过对这些民族的认定，使得这些民族的成员得到国家以法律形式确认的自己的族称和民族成分，能够享受民族平等和区域自治的权利，并充分享受党和国家所制定的一系列民族政策。通过贯彻这些法律和政策，真正实现中国的统一和各民族的团结，促进国家全面的进步和发展。在学术方面，新中国的民族识别工作是首次将马克思主义的民族学理论在中国现实民族问题中的具体运用。尤其是灵活运用斯大林关于民族的四个特征（或称四个要素）的理论，在这次实践中民族学者认识到共同文化特点是构成民族的最基本特征，或者说，文化是民族的根本尺

---

① 林耀华：《民族学通论》第 186—187 页，中央民族大学出版社，1997 年版。

② 林耀华：《民族学通论》第 192 页，中央民族大学出版社 1997 年版。

③ 林耀华：《民族学通论》第 194 页，中央民族大学出版社 1997 年版。

度①。在这个意义上证明了吴文藻早年关于文化的民族与政治的国家相区别，以多元的民族来创建一个强大的现代国家的理论设想；同时为费孝通后来提出的"中华民族多元一体格局"的理论提供了坚实的证据。因此，这次民族识别活动有着承前启后的重要意义。在这次识别工作之后，民族学界发表了一系列的研究著作，从理论的高度总结民族识别的经验并研究了相关的民族问题。如费孝通、林耀华合著的《关于少数民族识别问题的研究》②等。这些著作对民族概念的定义、民族的形成与发展、中国民族识别的理论依据等学术命题进行了深入的探讨。

（二）少数民族社会历史调查的方法和主要成果

20世纪50年代前期，中华人民共和国面临着繁重的社会主义改造的任务，为了正确引导处于不同社会发展阶段的中国少数民族走上社会主义道路，必须在了解了他们的社会性质和历史面貌之后才能制定切合实际的方针政策。此外，在经历了民主改革之后，各少数民族面临消逝的一些物质、文化遗产需要通过记录而保存。在这样的社会现实面前，1956年3月，中共中央主席毛泽东在一次会议上指示要在全国范围内开展少数民族社会历史调查工作，委托全国人民代表大会常务委员会彭真副委员长主持这项工作。根据这一指示，全国人大常务委员会于1956年4月制定出《关于在少数民族地区进行各民族社会历史情况的调查研究工作的初步规划》，该规划规定社会历史调查的方针为："首先调查各民族的社会生产力、社会所有制和阶级状况、尽可能收集历史发展资料和特殊的风俗习惯、进而对各民族历史作系统的研究。"③这次调查的目的有两个：一是为了了解解放前各少数民族社会的性质；二是为每个少数民族编写简史、简志。这次少数民族社会调查的最终目的仍然是为国家政治服务。

这次大规模的民族调查工作，由全国人大民族事务委员会统一部署和领导，工作人员包括中央所属单位和首都高等院校，主要有中央民族学院、中国人民大学、北京大学、中共中央党校、中国科学院历史研究所和经济研究所、历史博物馆、文化部艺术局等单位的专业人员约五十人以及各省区抽调的专业干部，至

① 黄淑娉：《民族识别及其理论意义》，《中国社会科学》1989年第1期。
② 载《人民日报》1956年8月10日。
③ 《中共中央批转刘格平、谢扶民同志的报告和关于在少数民族地区进行各民族社会历史调查研究工作的初步规划》的附件：《关于在少数民族地区进行各民族社会历史情况的调查研究工作的初步规划》（国家民委机要室存）。转引自宋蜀华、满都尔图：《中国民族学五十年》第110—111页，人民出版社2004年版。

1956 年 8 月，组成了 167 人的调查工作队伍①。这些调查人员分为内蒙古、东北、新疆、西藏、云南、贵州、广西、广东等八个调查组。这次调查的规范和宗旨是由中央民族学院为首编写的《社会性质调查参考提纲》，该提纲分为一般情况调查提纲、原始社会调查提纲、封建社会调查提纲和附录（关于人们共同体的说明）等五部分。在 1958 年 6 月举行的民族研究工作科学研讨会对前一阶段的调查工作了总结，并提出了在之后的一年内完成少数民族社会历史初步调查和编写民族自治地方概况、各民族简史、简志等三种"民族问题丛书"的跃进计划。为了适应这一计划，在原定的八个调查组外又增加了八个调查组。"早在 50 年代末至 60 年代末，我国进行了大规模的民族识别、社会历史和少数民族语言三大调查工作，参加人数最多时近 2000 人，获得大量原始调查资料，写出大批调研报告。仅中国社科院民族所语言研究室，积累和保存的 50 年代调查材料，就达101 种语言，包括 1649 个点面上亿字的材料，取得很大收获。"②

在中央统一领导和地方政府大力支持下，广大民族工作者、史学工作者深入少数民族地区，开展了大规模的民族调查工作，取得了丰硕的成果。内蒙古、东北调查组分为四个小组，从 1956 年 10 月中旬起，先后分别到巴彦浩特、莫力达瓦旗、鄂伦春自治旗和阿荣旗等地进行调查工作。在巴彦浩特对延福寺进行调查，搜集到同治年间以来的账册和文书底稿，达呼尔调查组搜集到历史书籍 10本，其中满文书籍 9 本，另有地图 8 张。鄂伦春和索伦族调查组，深入到群众中进行个别访问和座谈，鄂伦春组整理出了以经济和风俗习惯为主要内容的资料十万余字③。新疆民族社会历史调查组在和阗一带搜集到 300 多件民族历史文物。其中有 16 世纪 80 年代至 20 世纪 30 年代的维吾尔文、印度文、波斯文、土耳其文等的书籍、契约和法令等。"调查组在和阗专区所属各县，除搜集民族历史文物外，还着重调查了近百年来当地农村的阶级关系和农业、手工业、文化、宗教、商业等方面的发展状况，并且绘制了从前一些农具和手工业工具的图。这次的调查和搜集的文物，对研究新疆的历史和解放前维吾尔族的社会性质，都有很大的参考价值。"④ 1958 年，中央民族事务委员会和中共云南省委分别决定在云

---

①　宋蜀华、满都尔图：《中国民族学五十年》第 112 页，人民出版社 2004 年版。

②　杜荣坤等：《新中国民族学研究五十年》，载中国社会科学院科研局编：《新中国社会科学五十年》，第 410 页，中国社会科学出版社，2000 年版。

③　赵复兴：《内蒙古、东北少数民族调查组搜集到蒙古族、达呼尔族的清代文献》，《人民日报》1957 年 1 月 18 日。

④　《三百多件民族历史文物》，《人民日报》1957 年 2 月 13 日。

南开展少数民族社会历史和文学艺术的调查研究工作。"在少数民族社会历史调查方面，以云南民族研究所为主，由中央民族学院师生、云南大学历史系师生、云南民族学院师生、昆明师范学院文史系师生以及中央民委、中国科学院民族研究所、历史研究所、经济研究所等有关单位，组成了云南少数民族社会历史调查组。调查组于1958、1959、1960年三次深入全省各个专区和自治州对21个民族进行了普遍调查工作。在普遍调查的基础上，又重点调查了彝、白、傣、景颇、佤佤等五个民族。两年来先后搜集资料达4000万字（摘自历史文献的资料尚未计算在内），编写出三种民族丛书初稿26本。"① 云南少数民族社会历史调查注重各民族的社会生产力、生产关系、阶级状况及风俗习惯的资料。又将调查资料与《明实录》和《清实录》等历史文献相结合，还拍摄了佤佤族、苦聪人、独龙族、景颇族科学纪录片。编写出了彝族等十四个民族的简史、简志，及一些自治州的概况，在丛书编写过程中注意提高思想性和科学性②。此外，云南史学界对杜文秀起义进行了深入细致的调查工作，昆明师范学院历史系吴乾就教授担任回族社会历史调查组组长，从1958年9月到1959年1月，回族调查组在寻甸、昭通、楚雄、大理、剑川、保山、腾冲、永平等地进行调查。"经过四个多月的调查访问，他们收集到不少珍贵的资料，包括千百个口授家传的材料和访问对象提供的一些手稿。"同时，白族调查组、彝族调查组也发现了一些回族的资料，傣族组提供了杜文秀、田四浪部队进入西双版纳作战的资料。1961年秋季，民族调查组又派人前往大理和丽江作补充调查③。中国科学院民族研究所内蒙古少数民族调查组，经过几年的深入调查，获得了自治区内蒙古、达斡尔、鄂温克、鄂伦春、回、满、朝鲜七个民族的社会历史的大量材料。拍摄了几百张照片，搜集了一些文物，还帮助摄制了《额尔古纳河畔的鄂温克》、《阳光普照鄂伦春》纪录片。"调查组根据历史唯物主义观点，着重调查各少数民族的经济基础，特别是处在不同发展阶段的少数民族的生产力和生产关系的发展状况，同时对于它们社会上层建筑方面的情况也进行了调查。"④

从1956年8月至1958年6月，以上各组以《社会性质调查参考提纲》为宗旨，在全国进行了少数民族社会历史调查，取得了丰硕的成果。谢扶民总结这次

---

① 《云南少数民族调查研究成绩显著》，《光明日报》1961年3月8日。
② 赵宗才：《全面调查研究云南少数民族社会历史》，《光明日报》1961年7月7日。
③ 《云南史学界深入调查访问获得有关杜文秀起义新材料》，《光明日报》1961年12月19日。
④ 《内蒙古七个民族社会历史调查或成就》，《光明日报》1962年1月31日。

调查了二十个民族的社会基本情况，调查的资料共有一千五百万字，已付印的资料在四百万字以上①。在中国科学院民族研究所编辑出版的《民族研究工作的跃进》"少数民族社会历史调查报告编辑"一栏中发表了《使用驯鹿的鄂温克人的社会形态》（内蒙古组）等五篇调查报告，首次介绍了这次调查的成果，使得人们了解到这些少数民族的社会形态。1958 年 8 月至 1959 年 6 月，各组工作人员在各地紧张地调查收集资料，并大体完成了丛书初稿的编写。1958 年以后的少数民族社会历史调查主要是围绕史志丛书的编写任务进行的。1956 年 8 月至 1964 年 4 月八年间少数民族历史调查取得了很大成果，首先是对五十个少数民族开展普遍调查，调查清楚了各少数民族的社会发展水平，了解了其历史和现状。该调查的成果被编写为少数民族简史、简志，简史简志合编 58 本，同时拍摄了记录片，收集了部分少数民族文物，有效地保存了少数民族的物质和精神文化遗产②。这次调查的重大学术意义在于：调查后发现各少数民族的社会形态有保留原始公社残余较多的，有奴隶制因素较显著的以及封建制的。这对研究人类社会原始公社以来的历史提供了许多有价值的资料，是研究中国古代史、东方民族发展史的重要资料。

（三）少数民族社会形态的研究

在少数民族历史调查所取得资料的基础上，研究者们主要运用马克思主义的民族学理论对各民族的形态进行研究，研究的方法有对单个民族性质的个案研究和专题、综合研究。按照研究内容，可以分为原始社会、奴隶社会和封建社会研究。如内蒙古历史研究所结合编写《蒙古族简史》，两次讨论蒙古族向封建社会的过渡、元朝在中国历史上的作用、19 世纪六七十年代蒙古地区反封建斗争的特点、蒙古地区资本主义企业和资产阶级、工人阶级的出现等问题③。中国科学院内蒙古民族研究所和历史研究所联合就鄂伦春族的"乌力楞"的性质等问题召开学术讨论会④。广西壮族自治区少数民族社会历史调查组在编写《壮族简史》初稿的同时，对于壮族古代社会的性质——从东汉至北宋期间，壮族历史上是否经过奴隶制社会的问题，开展了初步的讨论。⑤

---

① 谢扶民：《两年来少数民族社会历史调查工作的基本总结》，载《民族研究工作的跃进》，科学出版社 1958 年版。

② 宋蜀华、满都尔图：《中国民族学五十年》第 133—134 页，人民出版社 2004 年版。

③ 《内蒙古学术研究活跃》，《光明日报》1961 年 9 月 6 日。

④ 《"乌力楞"性质是什么》，《光明日报》1962 年 6 月 14 日。

⑤ 《广西讨论壮族古代社会性质问题》，《光明日报》1961 年 7 月 24 日。

在中国少数民族社会形态研究中，原始社会形态的研究占有重要地位。学者们从 1958 年就开始了对少数民族社会形态的研究，截止 1965 年，有二十余篇论文发表，涉及鄂温克、鄂伦春、独龙、布朗、基诺、景颇、佤、黎、纳西等九个民族[①]。研究者认为属于原始社会末期父系家庭公社的民族有游猎的鄂温克族[②]和独龙族[③]；属于原始社会末期地域公社的少数民族有鄂伦春族、基诺族和布朗族。海南岛五指山腹地合亩制地区黎族社会形态引起了民族学者的争议。对原始社会形态研究中较重要的是对私有制产生和发展、狩猎业的历史作用、母系家庭和原始宗教等方面的探讨。著名马克思主义历史学家吕振羽，在原来研究的基础上，结合新的民族调查材料，1961 年在《民族团结》发表了《我国若干少数民族的原始公社制或其残余》，对解放以前或社会改革以前，鄂伦春、黎族、景颇族等原始公社制和其到阶级社会的过渡形态，作了探讨。秋浦出版了《鄂温克人的原始社会形态》（中华书局 1962 年），该著作运用马克思主义民族学的理论和方法，从经济基础到上层建筑对鄂温克人的原始社会形态作了全面系统的研究，考察了鄂温克人生产方式的演变以及与之关联的生产关系、社会组织、精神文化的形态。

对奴隶社会形态的研究，是以分布在中国四川省凉山地区的彝族为中心展开的。凉山彝族完全按照血缘关系并参照生产资料的占有状况及在生产中的地位分为五个等级：兹莫、诺、曲诺、阿加和呷西。其中兹莫和诺是统治阶级，曲诺、阿加和呷西是被统治阶级。凉山彝族的社会结构的特点是以黑彝父系为纽带的家支制度，凉山彝族内家支林立，带有较浓厚的原始公社制残余，具有原始的分散性。凉山彝族是在长期封闭的自然环境中并受中央王朝封建制度统治之下的一种社会，关于其社会形态存在奴隶社会说、封建社会说、从奴隶向封建社会过渡说及奴隶与封建社会并存说四种观点。这些观点的分歧主要因为对该民族生产力水平的估计不同，对阿加和曲诺两个阶级属性的不同判断和对土地租佃关系性质的不同理解上。调查工作推动了对凉山彝族的研究工作，50 至 60 年代对凉山彝族社会形态的讨论，与当时的中国古史分期问题相结合，胡庆钧等学者利用民族学的新材料论述中国古代的社会形态，极大地深化了对中国古代社会的认识。新时

① 宋蜀华、满都尔图：《中国民族学五十年》第 153 页，人民出版社 2004 年版。
② 吕天光：《额尔古纳河的鄂温克人由原始社会向社会主义直接过渡》，《民族研究》1958 年第 4 期。
③ 田继周：《解放前云南几个民族的土地制度的演变》，《文史哲》1964 年第 4 期。

期还有不少学者从事这方面的研究，其中代表性的论著有周自强的《凉山彝族奴隶制研究》（人民出版社，1983年）、胡庆钧的《凉山彝族奴隶制社会形态》（中国社会科学出版社，1985）等。

对封建农奴制社会形态的研究主要是围绕着西藏的农奴制、云南西双版纳地区的傣族和新疆墨玉县夏合勒克乡维吾尔族的农奴制进行的。西藏农奴制的生产力低下，农奴主阶级包括地方政府、贵族和寺院，占据着西藏的全部土地、山林、牲畜、农具、房屋及其他生产资料。西藏农奴制的根本制度是领主庄园制，带有浓厚的奴隶制色彩。云南西双版纳的封建领主制显著的特点是存在着比较典型的农村公社形态。牧区宗法封建社会形态的研究，着重探讨了牧场和牲畜在生产资料所有制中的地位问题、雇佣关系的性质、游牧民族是否经过奴隶社会等问题。

民族历史调查资料的丰富性和调查规模之大，从《满族社会历史调查》中可见一斑。该书收录的满族调查报告，除了辽宁省的沈阳市满堂乡、新宾县永陵乡、兴城、凤城县满族以及旅大市、抚顺市工人的调查之外，尚有北京市、陕西西安市、内蒙古、甘肃、宁夏银川市、新疆、四川成都市、广东广州市、山东益都县、黑龙江瑗珲县、哈尔滨、河北青龙县、易县满族的调查报告。正如编者所言："为了编写满族简史和简志，从一开始该组就重视社会调查和搜集资料的工作，不仅在辽宁省内满族居住的城乡进行重点调查，还派出大批人员分赴北京、河北、四川、宁夏、广州等省市搜集资料，并都分别写出了调查报告。与此同时，各兄弟省、市调查组也协助调查，并提交了调查报告。"①

少数民族社会历史研究工作之所以能取得显著成效，与全国人大民族事务委员会的高度重视，1961年专门成立了民族历史工作指导委员会，该委员会聚集了一批像范文澜、翦伯赞、吕振羽、吴晗、翁独健、白寿彝、林耀华、向达等著名历史学家和民族学家有直接的关系。委员会从宏观方面指导调查研究工作，组织学者对专门问题展开深入地讨论，对三种丛书的编写质量的保证发挥了重要的作用。1961年5月至6月份，中国科学院民族研究所召开全国少数民族社会历史调查组工作会议，十五个省（自治区）汇报了调查研究和编写各少数民族三种丛书的情况，并讨论了今后的工作任务。会议期间，还汇集了在编写丛书中存在的若干问题，例如关于某些少数民族的社会性质、历史来源问题、少数民族历史

---

① 《民族问题五种丛书》辽宁省编辑委员会编：《满族社会历史调查》，《目录》、《后记》，辽宁人民出版社，1985年版。

事件和历史人物的评价问题，提请民族历史研究指导委员会讨论。① 民族事务委员会还组织著名史学家到民族地区参观考察，加强对民族地区史学工作者的指导。如 1961 年 7 月、8 月份，范文澜、翦伯赞、吕振羽、刘大年、翁独健、韩儒林熊德基以及夏康农、王冶秋、金灿燃等组成的代表团，到内蒙古和东北地区参观考察。代表团同内蒙古自治区的历史科学研究部门、高等院校历史系的部分研究人员、师生以及历史研究工作的其他人士，就历史研究的编写工作、治学方法等问题交换了意见。翦伯赞、刘大年、韩儒林就一些问题作了专题报告②。满族的社会历史调查取得了显著的成绩，"在中共辽宁省委的关怀下，在辽宁省民委的具体指导和帮助下，辽宁省少数民族社会历史调查组开展了大规模的社会历史调查和编写满族简史、简志的工作。至 1959 年 7 月，写出了满族简史、简志初稿，经过反复讨论，多次修改，直到最后定稿、铅印出来，完成了简史、简志的任务。"③ 对于《满族简史》编写中遇到的问题，民族历史研究指导工作委员会从 1962 年 4 月 24 日到 6 月 9 日，先后邀请了该会委员以及北京、天津、辽宁、吉林等地的历史学家、满族人士召开了五次座谈会，在调查组撰写的《有关满族史若干问题的处理意见》的基础上，着重探讨了满族的族源和族体、满族入关前的社会性质、清代民族矛盾和阶级矛盾、对清代满族统治阶级作用的评价和对满族发展的看法，以及清代满族的阶级关系、辛亥革命时期的满族等问题。参加座谈会的有民族事务委员会委员王冶秋、丹彤、尹达、白寿彝、刘春、刘导生、向达、余心清、吴晗、吕振羽、苏克勤、林耀华、侯外庐、夏康农、翁独健、喜饶嘉措、翦伯赞、谢扶民等，以及历史学家刘大年、郑天挺、尚钺、方国瑜、傅乐焕等④。可以说这次座谈会聚集了国内一流的史学家和民族学家队伍。1962 年 10 月，又在沈阳召开《满族简史》学术讨论会，到会的有翦伯赞、刘大年、郑天挺、白寿彝、翁独健等名家近百人。满族的族源、形成与发展以及八旗制度与旗地形制均引起大家的激烈争论。⑤

　　① 《深入调查少数民族社会历史》，《光明日报》1961 年 6 月 6 日。

　　② 《历史学家范文澜等到内蒙古参观访问》，《光明日报》1961 年 8 月 5 日；詹明新：《史学家在内蒙古考古观今获丰收》，《光明日报》1961 年 9 月 19 日。

　　③ 《民族问题五种丛书》辽宁省编辑委员会编：《满族社会历史调查·后记》，辽宁人民出版社 1985 年版。

　　④ 《民族历史研究工作指导委员会举行座谈会探讨编写满族简史中的若干问题》，《光明日报》1962 年 6 月 19 日。

　　⑤ 王钟翰：《清心集》第 94 页，新世界出版社 2002 年版。

（四）民族调查工作对历史学研究的推进

这次民族调查所取得的第一手资料和少数民族社会形态的研究有效地推进了历史学的研究。具体表现在以下三个方面：

第一，少数民族社会形态的研究为历史学研究提供了"活化石"，民族学社会形态及其发展规律为原始社会发展史提出新的问题并促进了理论研究。① 在中国古代社会历史分期的争论中，民族学调查所揭示的各种社会形态的材料被大量运用，特别是探讨人类第一种社会形态——原始社会的过程中，民族学资料非常具有说服力。著名史学家郭沫若最早运用民族学所提供的凉山彝族奴隶制材料探讨中国商代的奴隶制②。原始社会史的发展规律和文化特征代表性的综合研究有林耀华的《原始社会史》（1984）与杨堃的《原始社会发展史》（1986）。民族学关于少数民族社会形态和发展规律的研究也促进了历史学界几个重大课题的深入探讨，如原始社会分期、母系氏族制及其向父系氏族制的过渡、家庭公社、家长奴隶制、农村公社、原始宗教、私有制和阶级的起源等。

第二，历史学家将民族学和历史学结合起来，进行对比研究，为史学一些重大课题提供了新思路。在 20 世纪 50—60 年代中国古代史分期问题的讨论中，民族调查的新材料得到了重视，这大大深化了对古代社会的认识。1960 年，西南师范学院历史系邓子琴教授与部分师生深入甘孜藏族自治州作了七个月的社会调查，"他介绍这一工作的时候说，从调查材料看来，封建社会的土地制度、地租情况、生产者的身份等问题，是非常复杂的。所以研究古代历史问题也是一个非常细致的工作，奴隶有各式各样的奴隶，农奴也是千变万化。从研究社会历史调查材料入手，对于争论已久的如中国古代史的分期等问题，将会有很大的帮助。"③ 西南师院历史系在甘孜藏族自治区开展的社会历史调查的学术价值在于：为了解初期的封建社会提供了许多活的材料，对农奴制的发展变化有了具体而系统的认识，认识到对分制是劳役地租到实物地租的过渡形态，对研究古代史分期问题提出了一些参考线索，发现了一些与确定游牧民族社会性质有关的问题④。新中国成立初期的少数民族社会历史调查，为新时期相关问题的深入探讨打下了

---

① 陶大镛主编：《社会发展史》，人民出版社 1982 年版；王同勋等编著：《社会发展简史》，人民出版社 1980 年版。

② 郭沫若：《奴隶制时代》，人民出版社 1973 年版。

③ 李桂海：《西南师院几位老教师的学术见解》，《光明日报》1961 年 10 月 3 日。

④ 李桂海：《西南师范学院历史系开展社会调查，深入考察甘孜藏族历史》，《光明日报》1961 年 9 月 19 日。

坚实的基础，如历史学家廖学盛运用凉山彝族奴隶制社会形态的研究成果对中国的奴隶制社会是否存在和其发展演变历程展开对比研究、取得了突破性的成果①；马曜、缪鸾将云南西双版纳份地制与西周井田制进行比较研究，1989 年出版著作《西双版纳份地制与西周井田制比较研究》。民族志和少数民族文化的研究促进了对原始社会具体形态的具体认识。

第三，民族调查工作的开展，促进了历史学和民族学的教学和科研工作，也成就了一些学者的学术事业。为了更好的研究少数民族的历史，云南大学早在 1955 年就增加了民族史专史。1958 年以后，历史系根据教学需要安排社会调查工作，加强教材建设。1958 年 1、2 月间，有 16 名师生到德宏调查傣族社会发展的历史。1958 年 8 月，又参加了中央民族事务委员会组织的长达八个月的社会历史调查工作。1960 年，三年级学生和部分教师分别到西双版纳和四川大凉山开展了为期两个半月的社会历史调查工作。"通过这些社会调查，不仅积累了丰富的历史资料，开出了云南民族史、中国各族史、民族史学著作选读等课程，原来的民族专门化，现已发展为民族史专业。通过调查，师生们对边疆民族地区复杂的社会形态认识得更深刻，对民族问题的实质有了进一步的理解，学习理论的兴趣更加浓厚。调查活动以后，师生们都作了详细的调查记录。在这个基础上，一部分人参加了写作调查报告和专题报告。一部分人参加了民族简史、民族简志和民族自治地方概况等三套丛书的编写工作。"② 西南师范学院历史系，1958 年以来逐步开展四川地方历史的调查研究，曾先后进行了六次大规模的社会历史调查，考察的内容有四川现代革命史、四川少数民族史、重庆革命运动史等。"通过调查访问和档案文献的搜集与抄写，目前已搜集资料五千余万字，文物四千余件。他们除编写了各种调查报告以外，还系统地写出了共约 80 万字以上的四川现代革命史、四川少数民族史和重庆革命运动史等专著。另外，还编出了数十万字的四川现代革命史参考资料。"③ 民族调查活动的开展，也促进了学者的成长。著名人类学家江应樑就是在新中国成立后由文化人类学转为从事民族历史的教学科研工作，他后来回忆说："1948 年秋，应云南大学聘，任该校社会系教授，讲授文化人类学和民族调查两门课。1953 年院系调整，社会系被取消了，我被调

① 廖学盛：《关于奴隶占有制社会的一些思考——〈凉山彝族奴隶制社会形态〉一书读后》，《史学理论》1988 年第 1 期。
② 《云大历史系不断开展社会调查》，《光明日报》1962 年 1 月 7 日。
③ 涂鸣皋：《西南师范学院历史系调查研究四川地方历史》，《光明日报》1961 年 12 月 19 日。

到历史系，要我教傣族史。我虽然早在三十年代就已到过傣族地区，也发表过一些有关傣族的文章，但都是用人类学的观点写的，没有系统涉及到傣族的历史，也没有看到有人写过傣族史，只有几本外文涉及傣族或掸族历史的著作，现在要作为一个专史课来讲授，就得先勾画出一个傣族历史发展的轮廓，除了利用我旧有的资料外，还得埋头到故纸堆中去搜寻。1956 年写出《傣族史讲稿》讲义，刻印了供教学用。这个课我教了四遍，讲义不断修改，中间得到故友新知的关怀，不断给我提供材料，尤其是傣文写的材料。到 1962 年，自以为古代史部分已经在我头脑中形成一个体系了，便先刻印《傣族古代史》上下两册。"① 关于党和政府对民族调查工作的大力支持的情况，江应樑说："解放前，我为要到傣族地区去搜集资料，进行调查，用尽一切力量和办法，都得不到什么可靠的材料。解放后，我四次到傣族地区，傣族人民把我们当自己人，从党的省委、地委到村乡干部，无不热情地指导我们，帮助我们，关怀我们，要什么有什么；云南少数民族社会历史调查组的上千万字的调查材料供我们使用，为的是帮助我们能写出一部为社会主义服务的书。"② 王钟翰从事民族历史的研究，也与 50—60 年代从事民族调查工作有直接的关系。1952 年全国院系调整后，曾就学于燕京大学研究所和美国哈佛大学的王钟翰，从燕京大学来到中央民族学院工作，由清史转入满族史研究工作，1959 年被派往沈阳参加编纂《满族简史》的工作。他说："建国后的史学界开始重视对民族史的研究，许多学者认真学习马列主义，用历史唯物主义立场观点和方法来分析历史问题，扭转了以汉族为中心的旧史学研究的局限和偏差。50 年代国家组织大量学者，动员大量人力和物力进行少数民族历史调查，并在此基础上编纂各民族的《简史》和《简志》。我的满族史研究正是在这样的条件下才开始起步的。""1959—1962 年在沈阳参加辽宁省少数民族社会历史调查组编纂《满族简史》的三年期间，我在工作之余，在通阅了《朝鲜李朝实录》一遍的基础上，辑录了《朝鲜李朝实录中的女真史料选编》，约 20万字。"③

第五节　社会经济史研究的成就和研究路径的转型

社会经济史研究在新中国成立初取得了显著的成就，经济史学科的主流地位

---

① 江应樑：《傣族史》第 650—651 页，四川民族出版社 1983 年版。
② 江应樑：《在集体编写傣族史中受到的教育》，《光明日报》1961 年 1 月 17 日。
③ 王钟翰：《清心集》第 111、192 页，新世界出版社 2002 年版。

得以确立，受时代条件的局限，这一时期的经济史研究也具有历史的局限性。

一、社会经济史研究的巨大成就

新中国成立后，唯物史观得到了普及，学术研究比较活跃，曾一度出现"百家争鸣"的生动活泼局面，形成了中国社会经济史研究的第二个高潮，经济史资料得以大规模的整理，社会经济史学科体系进一步完善。从 1957 年下半年特别是 1958 年"史学革命"以来，"左倾"思潮逐渐猖獗，社会经济史研究也受到一定程度的影响。60 年代初期，研究又恢复了常态，总的看来，"十七年"经济史研究取得了巨大的成就。新中国成立后，社会经济史学家的研究范式及其格局发生了根本性转换，马克思主义经济史范式及其学派由非主流转变为主流，这主要表现在以下几个方面。

第一，马克思主义经济史学派居于领导地位，经济史研究被纳入中国史学的主流地位。在旧中国，中国经济史虽然已形成相对独立的学科，但在整个中国史学中并不占居主流地位。新中国建立后，马克思主义作为指导思想的地位得以确立，马克思主义高度强调社会经济在历史发展中的基础地位，作为研究社会经济历史专门学科的经济史学也就自然摆脱了过去的非主流状态。同时，我国从苏联全面引入马克思主义史学体系，而社会经济史在该体系中居于主导地位。因此，社会经济史"第一次被纳入我国史学的主流之中"[①]，成为我国史学中的主导性学科。在该时期最主要的争论"五朵金花"当中有四朵，即中国古代史分期问题、封建土地所有制形式问题、农民战争问题、资本主义萌芽问题的讨论，属于经济史研究范畴或与之紧密相关。1955 年成立的中国科学院哲学社会科学学部中，郭沫若、吕振羽、侯外庐、翦伯赞等马克思主义学者居于主要领导地位，著名经济学家王亚南、狄超白、马寅初、许涤新、陈望道、陶孟和、钱俊瑞、薛暮桥等担任哲学社会科学部学术委员。中国科学院经济研究所，由著名马克思主义经济学家孙冶方任所长，严中平任副所长。经过 1951 年和 1952 年的院校调整，高等院校的相关专业的主要领导人也大多是马克思主义学者。

第二，马克思主义社会经济史学者队伍迅速壮大，研究水平有了新的提高。从事经济史工作的学者，既有许涤新、严中平、王亚南等著名学者，还有成长中的吴承明、韩国磐、胡如雷、漆侠等一批青年学者。这一时期，有些经济史学家

---

① 李根蟠、王志刚：《中国古代经济史研究百年回眸——李根蟠先生访谈记》，《中国经济史研究》2000 年第 1 期。

虽仍继续原来研究范式，但学习和吸收了马克思主义研究方法，使其学术研究达到了新境界。新中国成立初期，梁方仲接受了马克思主义，认识到原来研究方法的不足，开始重新分析长期收集的史料，进一步深入研究"一条鞭法"。这时他所遵循的研究路径除沿用原来的从田赋制度入手，把文献考释与实地调查相结合，重视史料的搜集、整理与考释，究明实际施行过程的种种细节、实事求是评价的特点之外，还初步运用马列主义关于社会基本矛盾的理论加以分析，注重对"一条鞭法"改革前因后果与相关制度沿革递嬗及其实行的社会经济状况的分析，并从不同的角度展现"一条鞭法"改革的社会经济脉络和历史意义，以通过"一条鞭法"透视整个明代经济社会的结构性的变化，新的思路使他的"一条鞭法"研究进入了新的学术境界。1951 年至 1952 年，梁方仲连续发表了《明代一条鞭法的论战》、《明代一条鞭法年表》、《易知由单研究》、《明代粮长制度》等论文和专著，这标志着他关于"一条鞭法"为中心的明代田赋制度的科学研究基本完成，这些成果至今被誉为"一条鞭法"研究的最高水平。此后，他开始转向中国田赋史的研究，全力编著《中国历代户口、田地、田赋统计》一书，1962 年完成并交上海人民出版社，后因"文化大革命"发生而搁浅，直到 1980 年才得以出版。该书为 67 字的巨著，是对中国自西汉迄清末历代人口、田地、田赋的大型历史统计专著。为此，他从中国的正史、政书、方志、文集、笔记和档案等 200 多部文献史料中，搜剔出历代户口、田地、田赋的大量数据，加以科学考核测算，综合编辑，制成了 242 个统计表格和 6 个统计图表，把 2000 多年古代中国的户口、田地、田赋以数字信息的形式清晰地展现给读者。"这种运用现代统计学方法研究经济史在当时是超前的，是开中国以现代统计学方法研究经济史的先河，成为中国将现代统计学方法运用到史学研究的统计学派开创者之一"，被学者称之为："经济史统计大师"①。傅衣凌在新的历史条件下继续原来的研究范式，重点研究中国资本主义萌芽和中国封建社会长期停滞诸问题。先后出版了《明代江南市民经济试探》、《明清商人及商业资本》和《明清农村社会经济》三部著作。值得注意的是，在该阶段，傅衣凌形成了他对明清社会经济史研究总体构架。该架构由两个基本框架结合组成，一是从研究新、旧两种因素的矛盾变化，即把中国资本主义萌芽这一新生的、发展的因素与中国封建社会长期迟滞这一落后的现象结合起来一起研究，以此把握封建社会经济的实质；另一个基本构架，是把社会经济构成和阶级构成、阶级斗争联系起来考察。这个构架是

---

① 王尔敏：《20 世纪非主流史学与史家》第 212 页，广西师范大学出版社 2007 年版。

从区域性微观分析和区域间的比较分析的基础上总结提炼出来的。"从局部到一般，又从一般回到局部的研究理论与方法，可以说是傅衣凌先生从事中国社会经济史研究的精髓所在。"① "从研究新、旧两种因素的矛盾变化来把握社会经济的实质，这是傅衣凌先生研究明清社会经济史的基本架构。……傅先生研究阶级结构及阶级斗争的兴趣，旨在着重于说明它如何受社会经济发展程度的制约，以及它又如何反作用于经济基础的。因此，它不是纯粹的农民战争史的研究，而是作为社会经济史研究的一个有机组成部分。"② 这表明傅衣凌的研究路径在新中国实现了新的升华，开始注意将社会经济因素与非社会经济因素相结合，注意各方面因素的综合性的分析和研究。解放后曾受到西方经济学训练的陈振汉转入经济史研究。陈振汉的治学路径深受熊彼特思想影响，注重在经济史研究中体现经济学家的理论水平和理论抽象能力，注重历史统计资料的科学分析，一切理论论证也都应有统计基础支持。从 1950 年开始，陈振汉选编《清实录》、《东华录》经济史资料，1955 年在《经济研究》发表《明末清初（1620—1720 年）中国的农业劳动生产率、地租和土地集中》，在国内外学术界引起较大反响。陈振汉的这种研究路径，也大大影响了北京大学和南开大学的经济史研究风气。

第三，经济史资料的整理工作取得了巨大的成效，形成了比较完善的经济史学科体系。新中国成立不久，在党和政府大力支持下，中国历史学家和经济史学家即开始有计划地进行中国经济史，特别是近代经济史学科建设工作③。这一时期的重大成就，主要表现在以下三个方面：一是系统的整理研究资料。17 年间编辑出版资料 38 种。规模较大的有严中平等编的《中国近代经济史统计资料选辑》，孙毓棠、汪敬虞编的《中国近代工业史资料》2 辑，李文治等编的《中国近代农业史资料》3 辑，陈真等编的《中国近代工业史资料》4 辑，彭泽益编的《中国近代手工业史资料》4 卷，许涤新、吴承明等主持编辑的《中国资本主义工商业史料丛刊》等。其他一些综合性和专题性资料也大量出版，涉及领域十分广泛，包括：中华民国经济、根据地和解放区经济、行业经济、中外金融和工矿企业、商会和行会、海关及税收、华侨投资、自贡盐业、盛宣怀、张謇，以及地方经济史志等等。这些系统的经济研究资料，既是经济史研究的重要成果，又为

① 参见傅衣凌：《关于中国资本主义萌芽的几个问题——〈休休室治史文稿补编〉》十四，《文汇报》1961 年 12 月 21 日；陈支平：《傅衣凌著作集》与中国社会经济史学派，《史学集刊》2008 年第 4 期。
② 陈支平：《傅衣凌治史五十年文编·前言》，载《傅衣凌治史五十年文编》，中华书局 2007 年版。
③ 参见张剑平：《新中国史学五十年》第 176—183 页，学苑出版社，2003 年版。

当时和后来的研究提供了可靠的第一手资料。二是对社会经济史学科的概念进行了探讨。虽然不同学者的观点有所不同,但达成了一个基本共识:中国经济史是一门运用历史学和经济学的研究方法,以生产关系为主要研究对象,探讨中国社会经济发展变化规律的,介于历史学和经济学之间的边缘学科。三是对社会经济史的研究对象和方法及其与政治经济学、历史学的关系进行了深入探讨。赵德鑫提出经济史的研究对象是"生产力和生产关系的矛盾和统一、发展过程。"孙健提出:国民经济史的研究对象主要是生产关系演变的规律,它虽研究生产关系与生产力的相互作用,但其范畴不包括生产力,因而与政治经济学及历史学既有联系又有区别。①

第四,开展了对中国历史上若干重大的理论问题的研究,产出了一批以马克思主义为指导的研究成果。17 年中,中国近代经济史研究出版专著 61 种、资料38 种、发表论文 570 余篇②。围绕中国古代史分期、中国封建土地所有制形态、中国资本主义萌芽问题,学者们进行了广泛深入的讨论,这极大地推动了社会经济史的研究。正如学者所言:"通过这些讨论,加深了人们对各代经济发展状况的了解,发掘和积累了有关经济史的资料,培养和锻炼了经济史研究的骨干,推动了中国经济史学科的发展。"③ 其中,重要著作有郭沫若的《奴隶制时代》(人民出版社,1954 年)、李亚农的《中国的奴隶制与封建制》(华东人民出版社,1954 年)、王仲荦的《关于中国奴隶社会的瓦解和封建制的形成问题》(湖北人民出版社,1957 年)、贺昌群的《汉唐间封建土地所有制形式研究》(上海人民出版社,1964 年)、尚钺的《中国资本主义关系发生及演变的初步研究》(三联书店,1956 年)、吴杰的《中国近代国民经济史》(人民出版社,1958 年)、钦本立的《美帝经济侵华史》(世界知识出版社,1951 年)、吴承明的《帝国主义在旧中国的投资》(人民出版社,1956 年)、傅筑夫和谷书堂的《中国原始资本积累问题》(天津人民出版社,1957 年)、张郁兰的《中国银行业发展史》(上海人民出版社,1957 年)、杨培新的《旧中国的通货膨胀》(人民出版社,1962年)、严中平的《中国棉纺织史稿》(科学出版社,1955 年修订本),以及中国人民大学和南京大学分别编辑的《中国资本主义萌芽问题讨论集》(上下)及其续编(三联书店,1957 年,1960 年),等等。这些成果集中代表了该时期社会经

---

① 孙健:《国民经济史研究的对象、方法和任务》,《经济研究》1957 年第 2 期。
② 虞和平:《50 年来的中国近代经济史研究》,《近代史研究》1999 年第 5 期。
③ 李根蟠:《二十世纪的中国古代经济史研究》,《历史研究》1999 年第 3 期。

济史研究的成就和水平。

在新中国成立之初的十七年中，中国经济史学界围绕一些重大问题展开了热烈讨论，空前扩大了研究领域，推进了研究的深入，在不少重大历史与理论问题上，实现了突破和创新，其中，最重要的是资本主义萌芽理论。学者们摆脱了自黑格尔以来在西方盛行的"中国停滞"论和费正清为代表的"（西方）冲击—（中国）回应"模式的束缚，通过对中国自身商品经济和雇佣劳动的深入研究，深化了资本主义萌芽在鸦片战争前已经存在的论断，从而进一步巩固了中国马克思主义经济史学的理论基础。当然，这一讨论具有历史的局限性，如讨论和研究预设结论、主题先行，有些研究有着明显的为领袖作注释的庸俗化倾向，但其重大的学术意义是不可否认的。正如有的学者所言："人们对于中国资本主义萌芽的检讨，主要反映在：中国资本主义萌芽是一个根本不可能实现的命题，所以关于它的讨论，本身就没有意义。我认为，这种观点的提出，同样也是很轻率的，它忽视了 20 世纪世界文明关系冲突、融合以及对于文化学术产生深刻影响的发展轨迹。中国学者提倡中国资本主义萌芽论固然在相当程度上是为了论证毛泽东的观点，但是这一命题的演变轨迹并非完全如此。从 20 世纪历史学发展趋势来看，这一问题的提出是迟早的事。不论资本主义萌芽论的命运如何，探讨传统中国社会中的资本主义因素，注定要成为中国经济史学家的重大研究课题。""中国资本主义萌芽论在经济史领域至少应该涵盖四个方面的问题：其一，农业与手工业发展水平；其二，商品与市场经济；其三，资本主义生产方式；其四，手工业与工业革命。"① 关于资本主义萌芽讨论的重大学术价值，就连对该理论提出质疑的李伯重也承认：这一研究，中国学者"付出了巨大努力，并且取得了丰硕成果。不论存在什么样的局限，这个研究对于中国经济史学的发展所起到的重大作用，是无可比拟的。"②

二、社会经济史研究路径的转型

随着新中国的成立，社会环境发生了翻天覆地的变化，学术界乾坤扭转，马克思主义对社会经济史研究的指导地位得到确立，社会经济史的研究路径也实现了向马克思主义社会经济史学的历史性转型。范文澜、侯外庐等马克思主义家，既坚持马克思主义的基本立场和观点，又强调中国社会发展的特殊性，对中国社

① 陈支平：《历史学的困惑》第 41、46 页，中华书局 2004 年版。
② 李伯重：《理论、方法、发展趋势：中国经济史研究新探》第 20 页，清华大学出版社 2002 年版。

会分期、古代社会特征、封建社会土地所有制等问题，都提出了很有价值的理论观点。绝大多数原来受西方年鉴学派和实证派经济史学影响的非马克思主义学者，也是以真诚、认真的态度学习和接受了马克思主义。经过学习，他们不仅在研究中运用唯物史观的方法，而且其中绝大多数在政治立场和信仰上也转变为马克思主义，我们不能将他们的这种学习和转变描绘成是一种被迫和消极的行为。马克思主义成为我国社会经济史研究的指导思想，是新中国成立后社会经济史研究路径最深刻、最有意义的转换，指导社会经济史研究"取得了超越以前的新的学术成果"。①

马克思主义指导地位的确立，极大地推动了社会经济史研究的发展。尽管马克思主义经济史学家研究的领域和重点不同，学术观点也有分歧，但共同点是运用马克思主义基本原理和经济史范式研究中国社会经济史。这种范式把社会结构、生产方式、意识形态相互联系，对历史进行宏观的、长时段的高度抽象理论分析，具有深刻的洞察力、分析力、综合力和高度的解释力。因而，它替代考据学范式占居主导地位，不仅是时代的要求，也符合学科发展的内在逻辑，并且在事实上，这种范式也给社会经济史学工作者"在理论创新、视角转换、领域拓宽等方面都给中国史学带来新的活力和新的气象"②，对该时期社会经济史研究的深入和提升起到了重大作用。

但由于当时人们的马克思主义理论水平不高，特别是存在对马克思主义理论的教条化理解和现实政治中"左倾"错误的干扰，在这个转型过程中也出现了一些偏差。

第一，研究理念由偏重史料与考证，转向史论结合，但存在轻视史料的倾向。新中国成立前，以"史学便是史料学"为理念的史料考证学派占据史学界的主流地位。在社会经济史研究领域，这种理念虽曾在"社会史大讨论"中受到挑战和冲击，但直到新中国成立前，其影响依然广泛存在。新中国成立后，随着马克思主义在史学界主导地位的确立和对胡适"考证学派"的批判，也因为史料考证学派本身治史理念的理论缺位：重视对具体史实的考订（这本身并非问题），但"过于重视微观层面的研究，忽视对历史的全局式把握和理解，忽视对史学意义的追求和对历史规律的探讨，特别是对历史总过程难以做出明确的阐

---

① 李根蟠、王志刚：《中国古代经济史研究百年回眸——李根蟠先生访谈记》，《中国经济史研究》2000 年第 1 期。

② 蒋海升：《从主流到边缘：20 世纪 50 年代初期的史料考订派》，《历史教学》2006 年 第 7 期。

释。"①因此，该学派从主流被推向"边缘"是必然的。从 1957 年反右到 1958 年 "史学革命"，中国史学界曾一度出现一概否定"考证派"研究方法的"左"倾错误，对有成就的实证派史学家和强调史料重要性的历史学家，如陈寅恪、梁方仲、郑天挺、荣孟源等进行粗暴地批判，但这些都是"左倾"思想盛行时期的做法，遭到了吴玉章、范文澜、郭沫若、吴晗、陈垣等杰出历史学家的坚决抵制。②

需要指出的是，强调理论的重要，这并不意味着马克思主义社会经济史学家都不重视史料的作用，他们中的大多数都力图把丰富而可靠的史料作为自己研究的基础，中国近代经济史资料的大规模整理是最有说服力的证据；同时，也不意味着整个"十七年"中一概排斥其他研究范式。事实上，在新中国成立到 1957 年上半年一段时间里，马克思主义史学家肯定考证学派的价值，并吸收其长处，与之进行合作研究。在 1954 年夏，刘大年回答胡适的学生、擅长考据的罗尔纲关于"是否需要考证"问题时说："谁说不要考证！马克思主义最讲实事求是，研究历史要从事实出发，你写考证文章来，《历史研究》给你发表。"③ 在大型资料丛书《中国近代史资料丛刊》、《中国近代经济史资料丛刊》的编辑出版过程中，马克思主义历史学家、社会经济史学家与考证学派学者曾进行了卓有成效的合作。《丛刊》由具有相当开阔学术视野的唯物史观派牵头编辑，由原在燕大工作过的学人提供资料，不作分析论断。这些学人"平均每年编辑并翻译出版上百万字的资料，成为近代史所人数最少成绩最大的编辑室"④。齐思和与林树惠、寿纪瑜等合作从事鸦片战争时期大量史料的编辑工作，工作任务辛苦，但"全书工作进展迅速，成绩很大"⑤，使这套丛刊，"既承当年《食货》的传统，又与史语所工作旨趣不悖。而规模之大，考订之精审，则为他们所不敢想望。"⑥ 马克思主义唯物史观学派的这种兼收并蓄态度，不仅是马克思主义理论本身的要求，也是对中国传统的继承，更与这段时间毛泽东提倡"百花齐放、百家争鸣"方针紧密联系。

---

① 蒋海升：《从主流到边缘：20 世纪 50 年代初期的史料考订派》，《山东大学学报》2005 年第 6 期。
② 参见张剑平：《新中国史学五十年》，第 101—127 页，学苑出版社 2003 年版。
③ 傅杰：《20 世纪的义理与考据之争》，《文汇报》2003 年 1 月 22 日。
④ 夏自强：《功不可没的聂崇岐教授》，见张世林编：《学林往事》中）第 1004 页，朝华出版社 2000 年版。
⑤ 齐文心：《先父齐思和生平及其著作建树》，见张世林编：《学林往事》（中）第 1258 页，朝华出版社 2000 年版。
⑥ 王学典：《近五十年的中国历史学》，《历史研究》2004 年第 1 期。

　　第二，通过对中国历史上若干重大问题的研究，促进了中国经济史研究由点到面的拓展，但同时带来了学科发展不平衡性问题。这一时期中国社会经济史研究很大程度上是围绕古史分期问题、封建土地所有制形式问题、资本主义萌芽问题和农民战争等四大问题展开。这些问题之所以成为当时讨论的热点，一方面的确有适应如何认识中国革命的必然性和发展前途问题的现实需要，另一方面它们都涉及中国社会发展规律，因而是中国社会经济史学科必须加以研究的问题，决不能简单地将其归结为一种所谓"情结"，更不是"假问题"。学者们对这些问题讨论的态度也是严肃的，基本上是一次在马克思主义理论指导下进行的学术层面的论争①。至于其中夹杂的一些非学术因素，甚至上纲上线的"左"的做法并非主流。正因为如此，这些问题虽是以单个形式提出的，但每一个问题都成为"催化剂"，有力地推动了相关问题的研究，进而推动了整个经济史研究的深入和拓展。如"资本主义萌芽"问题的讨论，涉及唐、宋元、明、清时期的丝织业、棉纺业、矿冶业、农业、商业、手工业、市镇等方面的有关资料，特别是明清苏、淞、杭、嘉、湖地区和徽商社会经济史的研究。围绕这个问题，从 20 世纪 50 年代中期至 60 年代中期，史学界发表论文达 200 余篇，出版论文集两种和多部专著。其中尚钺著《中国资本主义关系发生及演变的初步研究》、中国人民大学中国历史教研室编《明清社会经济形态的研究》（上海人民出版社，1957 年）都是具有广泛影响的著作。尽管该时期对"资本主义萌芽问题"研究存在历史的局限性，而且学术界对其涉及的几乎所有具体问题都存在分歧，但"围绕这一问题展开的探讨，使我们对明代社会经济状况的研究大大深化了，较之 40 年前这一领域的近于空白，不能不承认已取得重大进展。""对于中国经济史学的发展所起到的重大作用，是无可比拟的。""学者们对于商品经济、雇佣劳动、早期工业化等至关重要的问题，进行了充分的探讨，可以说已经弄清了事实真相。"② 当然，这种"问题依赖"路径也不可避免地存在局限性。它把社会经济史研究的主要注意力集中在"四大问题"上，使研究按"问题"要求展开，而不是按照学科发展的内在要求进行，势必导致学科发展的不平衡性。这主要表现在：在宏观上重视"问题"所涉及的领域和时期，相对忽视其他领域和时期；在所研究的问题上，重经济基础轻上层建筑对经济基础的反作用，重生产关系中的生产和分配轻生产力、流通、消费等领域；重视汉族和经济比较发达的地区，

---

① 　仲伟民：《资本主义萌芽问题研究的学术史回顾与反思》，《学术界》2003 年第 4 期。

② 　李伯重：《理论、方法、发展趋势：中国经济史研究新探》，第 20 页。

忽视少数民族和经济相对落后的边远地区。①

　　当然，同任何学术范式都有其局限性一样，马克思主义社会经济史研究范式也有其局限性，这主要表现在从政治经济学理论出发，着重于社会经济本质的探讨和社会经济形态的演变的研究，在量的分析方面有所忽视，在研究对象方面，强调阶级剥削和压迫，对于统治阶级在经济政策方面的建树，在政治形势影响下，就可能出现缺乏科学的分析和研究的情况，这就需要及时吸收新的科学研究方法特别是现代经济学的方法加以补充和完善，这是马克思主义方法论的必然要求。由于一些学者对马克思主义理解得不够深透，特别是受政治上"左"倾思想路线的影响和干扰，在运用这一理论从事研究时，存在着贴标签式的教条主义倾向，往往把复杂的历史简单化、公式化，也存在着贬低史料作用的倾向。特别是绝大多数史学工作者没有能有效借鉴现代西方经济史研究中的整体观史学、计量史学和新制度经济史学中的优秀成果。这些都是新中国成立初期社会经济史研究存在局限性的重要原因。

　　马克思主义成为社会经济史研究的根本指导思想，这无疑是十分必要和重要的。但这一指导思想并不排斥研究方法的多样性。关于马克思主义社会经济史方法，正如吴承明所说："马克思的世界观和历史观，即历史唯物主义，是我们研究历史的最高层次的指导"，"马克思的经济理论，在研究经济史中，也是一种方法，即分析方法"。"用历史唯物主义来衡量，所有的方法都有其局限性；这也说明，没有一种万能的方法"。② 因此，在充分运用这一方法的同时，还很有必要吸收其他研究方法的长处，使不同的研究方法相互补充。指导思想是一元的，而研究方法应该是多元的、多样的。但在新中国成立初的经济史研究中往往轻视了这一点，有些学者以一种僵化的态度对待马克思主义的理论与方法，排斥其他研究方法。对外，不能主动吸收国外社会科学以及自然科学的研究方法。在20世纪五六十年代，法国年鉴学派进入第二代，形成了以布罗代尔（Fernand Braudel）为首的整体观史学；在美国以福格尔（Robert W. Fogel）为首的计量史学学派和以诺思（Douglas C. North）为首的新制度经济史学学派也悄然兴起，由此引发了"新经济史革命"。而中国经济史学界对这种重大变化几乎毫不了解。这种自我封闭的情况，也使中国的经济史学失去了一次良好的发展机遇。

<hr>

① 参见李根蟠：《二十世纪的中国古代经济史研究》，《历史研究》1999 年第 3 期。
② 吴承明：《经济学理论与经济史研究》，《经济研究》1995 年第 4 期。

第四章　社会政治运动影响下的史学批判

20 世纪 50—60 年代，受社会政治影响，史学界开展了许多次的批判运动，既有对历史上的武训的批判，也有对中国近现代有影响的史学家的批判。1957 年反右运动的严重扩大化也影响到中国历史学的发展，随后开展的"史学革命"更是打乱了中国历史学发展的正常进程。在对"修正主义"思潮批判过程中，史学界展开了对尚钺的粗暴批判。1963 年以后，在毛泽东重新抓阶级斗争的政治形势影响下，史学界展开了新一轮的批判运动，对周谷城、刘节、罗尔纲等著名学者展开了批判，这些批判愈演愈烈，最后，发展到对翦伯赞倡导的"历史主义"和吴晗的历史剧《海瑞罢官》的猛烈批判，导致了所谓的"无产阶级文化大革命"的爆发，马克思主义史学遭遇了很大挫折。这些批判运动是新中国史学发展的曲折也是"左倾"政治路线影响历史学发展的重要表现。对此，我们应该采取客观的、历史的、分析的态度，做出客观、公正的评价。

第一节　反右扩大化和"史学革命"的影响

1957 年下半年的反右扩大化和 1958 年的大跃进之风，也影响到中国历史学界，由此开始了对过去有影响的许多历史学家的批判，这使得刚刚发展起来的新中国历史学遭受了严重的挫折。

一、史学界反右扩大化及其影响

1957 年上半年，在讨论如何贯彻"百家争鸣"方针、如何进一步推动各方面工作和帮助中国共产党"整风"的过程中，由于中央鼓励各界对党提意见，于是不少知识分子对党在工作中的缺点和失误提出了一些看法和批评，加之其它各种复杂原因，社会上出现了一些波动。由于中国共产党中央和毛泽东主席从总体上没有能正确的估计形势，并很好引导这次整风，于是一部分对社会主义心怀不满的人煽动学生闹事、工人罢工，在这种情况下，在毛泽东为首的中共中央领导下，从 1957 年 5 月下旬开始，决定在全国范围内开展一场轰轰烈烈的反右运动。从当时形势看来，中国共产党对少数右派的反击是必要的，但随之又犯了反右斗争严重扩大化的错误。正如《关于建国以来党的若干历史问题的决议》所言："在整风过程中，极少数资产阶级右派分子乘机鼓吹所谓的'大鸣大放'，向党和新生的社会主义制度放肆的发动进攻，妄图取代共产党的领导，对这种进攻进行坚决的反击是完全正确和必要的。但是反右斗争被严重的扩大化了，把一批知识分子、爱国人士和党内干部错划为'右派分子'，造成了不幸的后果。"①

这次反右斗争的对象主要是民主党派和知识界，当然也随之波及了中国历史学界。在史学界的反右斗争中，雷海宗、荣孟源、陈梦家、向达、孙毓棠被列为重点批判的对象。这几位史学家，都是学有成就的知名学者，其中向达是中国科学院哲学社会科学部学部委员、中国科学院考古研究所副所长、北京大学一级教授、图书馆馆长，在考古学、敦煌学、民族学、太平天国史研究等多个领域曾做出过突出的贡献。荣孟源是在延安和华北大学跟随范文澜从事多年史学研究的著名学者，他和向达都参与了大型历史资料《中国近代史资料丛刊》的编撰。中国科学院经济所研究员孙毓棠，在新中国成立前曾求学于日本、英国和美国，享有很高的学术地位，也是新中国成立初少有的经济史专家，编辑了《中国近代工业史资料》（中华书局，1957 年），在中国近代经济史资料的整理工作中做出了突出贡献。作为中国科学院考古研究所研究员的陈梦家，曾在西南联大和欧美学习工作，在甲骨文及古文字研究方面成绩卓著。雷海宗于 1927 年在美国芝加哥大学获博士学位，是我国不可多得的世界史专家。新中国成立后，雷海宗从清华到南开，积极要求进步，不断改造思想，并担任了南开大学历史系世界史教研室主任、天津史学会副理事长、九三学社天津分社副主任委员。上述著名史学家被打成"右派"，皆因对本单位的领导或者相关领域的学术研究工作提出了一些具体意见，如向达在 1957 年 3 月在全国政协会议上与著名社会学家潘光旦联名发表了"湘西北、鄂西南、川东南的一个兄弟民族——土家族"的发言，加之对史学界某些领导的工作作风有意见，在反右运动中，被诬为有攫取湖南省土家自治州州长的野心，恶毒攻击党和否定新中国历史学界的成就，于是被当作史学界的"二号右派"，遭到猛烈的批判；荣孟源在《新建设》上发表了《建议编撰辛亥革命以后历史资料》一文；陈梦家在《学习》杂志编辑部举行的座谈会上对在职干部马克思主义理论学习方式提出了较为尖锐的批评意见，并认为科学院有官僚主义的衙门作风。这些学者所提出的意见或建议，在今天看来，对于改进工

---

① 中共中央文献研究室：《关于建国以来党的若干历史问题的决议》（注释本）第 23 页，人民出版社 1983 年版。

作、繁荣历史科学研究都很有参考价值，如荣孟源提出借鉴传统史书的编撰体例，以编年史、纪事本末、录、志、表、传、资料汇编、图谱等多种形式，编写辛亥革命以后的历史①，这本来是对中国传统史学编撰体例的继承，有助于纠正章节体的缺陷，但却被曲解成"推翻马克思主义的领导，取消无产阶级的立场、观点、方法，使旧史学复辟。"在当时反右的政治背景下，这几位史学家的合理建议和意见被作为向党进攻的"罪状"，相继被打成了"右派"，受到了一些马克思主义史学家及同行专家的严厉批判。

中国科学院的反右斗争从 1957 年 7 月份陆续展开，先是科学院哲学社会科学部号召科学家们反击右派分子的猖狂进攻，并陆续在《人民日报》、《光明日报》等刊出郭沫若、吴晗、翦伯赞、吕振羽、胡绳、杜国庠、郑振铎、陈垣、唐长孺、蒙文通、邵循正、杨东莼、胡绳、罗尔纲等著名学者批判"右派"言论的文章。接着，陆续发表对科学院的陈梦家、向达、荣孟源等"右派"分子的批判文章，随即对他们展开了猛烈的批判。从 8 月份开始，中国科学院历史研究第三所连续半个月召开会议，揭露和批判荣孟源为首的"右派分子"的"反动"言行②。中国科学院经济研究所，从 6 月 26 日展开对孙毓棠"右派"小集团的斗争，到 9 月份举行大小辩论会 23 次③。天津科联在 8 月 13 日到 17 日连续召开会议，20 多位学者发言，对雷海宗的"右派"言论予以揭发和批判，参加这次会议的科学家有 270 人④。9 月 30 日，北京大学召开全校教师大会，历史系主任翦伯赞发言，对向达"反党、反社会主义、反对马列主义"的言行进行了全面揭发和批判⑤。与历史学界联系紧密的文物界也开展了声势浩大的反右斗争，1957 年 9 月 16 日、20 日、21 日，文化部连续召开文物界反右斗争座谈会，会议对叶公绰、宋云彬、陈梦家等"右派"分子展开猛烈的批判⑥。1957 年 10 月 11 日到 14 日，中国科学院哲学社会科学部在北京召开座谈会，批判向达、雷海宗、荣孟源和陈梦家的"反共反社会主义"的思想，参加会议的有北京和天津的史学工作者 300 人⑦。除《人民日报》、《光明日报》发表批判文章外，《历史研究》

①　荣孟源：《建议编撰辛亥革命以来的历史资料》，《新建设》1957 年 7 月号。
②　《荣孟源是史学界的"李万铭"》，《光明日报》1957 年 8 月 14 日。
③　《孙毓棠原来是个洋奴政客》，《人民日报》1957 年 9 月 14 日。
④　《天津科联一场胜利的论战》，《人民日报》1957 年 8 月 22 日。
⑤　《向达是怎样反对党对历史科学领导的》，《光明日报》1957 年 10 月 24 日。
⑥　《文物界痛斥右派分子的反动言行》，《光明日报》1957 年 10 月 9 日。
⑦　新华社：《中国科学院哲学社会科学部举行座谈会，揭穿向达破坏民族团结的政治阴谋》，《人民日报》1957 年 10 月 19 日。

也成为批判这些"右派"分子的重要阵地，在 1957 年第 11、12 期相继发表了《批判荣孟源在对待史料上的恶劣作风》、《驳斥雷海宗反马克思主义反社会主义的谬论》、《揭穿荣孟源抄袭剽窃的丑恶面目》、《批判向达的反马克思主义的历史观点》、《评向达的〈唐代长安与西域文明〉》等批判文章。1958 年，《历史研究》又在第 11 期发表了《驳向达、潘光旦关于土家族历史的谬说》、《批判雷海宗反动的历史观点》的批判文章。

史学界批判"右派"的论文集《捍卫马克思列宁主义的历史科学》，也由中国青年出版社于 1958 年出版。这些学者的"罪名"被归纳为四个方面：一是没有一个不是反对马克思列宁主义的，二是对共产党领导进行恶毒攻击，三是白天打着灯笼寻找共产党的缺点，四是具有强烈的个人野心①。在"反"马克思列宁主义的言行方面，批判者所罗列的雷海宗的"罪状"主要有：一是不同意五种生产方式说，以生产工具为标准，将人类社会依次划分为石器时代、铜器时代、铁器时代和机器时代，与铜器和铁器时代相对应的社会依次为部民社会、古典社会、封建社会。雷海宗古史分期的核心观点在于认为奴隶社会并非人类历史的普遍现象，他的分期学说实际上有利于学者从世界史的广泛领域去思考中国古史分期问题。当然，按照百家争鸣的原则，雷海宗的分期学说能否成立，本来完全可以由学者争鸣去解决，但在当时的政治形势下，最终将雷海宗对古史分期的个人观点作为他反马克思列宁主义的一条"罪状"。雷海宗反马克思主义的第二大"罪状"是认为马克思主义还停留在 1895 年。这是雷海宗在 1957 年 4 月 14 日天津教授"百家争鸣"座谈会上的发言中提出的看法，为了消除误解，雷海宗将他的原意已经在《人民日报》公开发表文章作了进一步的说明。杨志玖也在《人民日报》发表文章，他说："看了 22 日雷先生的发言和编者注，觉得贵报对雷先生的批评和雷先生的原意并不相同。事实上，在简短的发言里，雷先生已说出是关于世界史方面的问题。雷先生是学历史的，在历史科学方面（特别是古代史方面）说 1895 年以后没有什么发展并不是过甚其辞。雷先生提出这点来，正是要我们注意掌握资料，用丰富的资料来补充发展马恩所创始的历史科学，……这对于反对教条主义，提倡独立思考和刻苦钻研方面，是有积极意义的。这比硬把马克思、恩格斯、列宁、斯大林的个别原理和结论来套在中国历史上的作法

---

① 翦伯赞：《右派在历史学方面的反社会主义活动》，载《捍卫马克思列宁主义的历史科学》第 5—13 页，中国青年出版社 1958 年版。

（这种例证是很多的）无疑是更有益的诤言。"① 雷海宗的论述及其积极意义实际上是非常清楚的，他提出我们社会主义阵营国家对西方的社会科学知之甚少这个重要问题，建议加强对六十年来西方在社会科学方面新进展的了解，这本来是推动中国社会科学进一步发展的有益建议，但却被当作反马克思主义的"罪状"。于是，雷海宗成为历史学界的头号"右派"。受当时政治因素的影响，一些著名马克思主义史学家都写了批判文章。今天看来，雷海宗被打成"右派"，在于他的观点与传统的马克思主义史学家的看法有较大的分歧，这些看法难以被当时的主流意识所接受和容忍。

反右运动由于采取了按单位、按比例抓"右派"主观主义的方式，结果犯了斗争严重扩大化的错误。关于反右斗争的严重扩大化的原因，薄一波总结说："我们对右派的情况，并没有一个确实可靠的估计，而基本上是跟着群众运动走，整出多少算多少。从指导思想上讲，虽然也说过'不可过分'、'决不要扩大化'，但更多的是怕漏掉，所以在反右派过程中，一再反对'温情主义'，强调'深入挖掘'。机械地规定百分比，比例不够就硬凑。这种明显的主观随意现象的普遍发生，严重地混淆两类不同性质的矛盾，导致了反右派斗争扩大化的错误。"② 在反右斗争中，历史学界也是一个重灾区，斗争严重扩大化使一大批活跃于新中国史坛具有学识的史学家被打成"右派"或"右倾机会主义分子"，在1959年的反右倾思潮中，又有一些史学家遭受了严重的冲击。如著名马克思主义史学家、中共党史研究专家何干之，后来也被错划为"右倾机会主义分子"，被剥夺了讲课的权利。何干之早年留学日本，参加过"左联"，是第一批从上海赴延安的文化人，在陕北公学和晋察冀边区长期从事文化教育工作。新中国成立后，何干之任中国人民大学一级教授、中国科学院学术委员，为中国人民的解放事业和义化教育事业做出了突出贡献。反胡风运动中，何干之险遭逮捕，最后被免去中国革命史教研室主任的职务；整风反右中，又因开设"毛泽东论中国革命和建设的几个问题"，从理论上阐述毛泽东思想，对大跃进以来中国现实政策提出了与彭德怀类似的观点，在1959年11月初开展的党内17级干部整风"反右"运动中，被定为人民大学校、系一级重点批判对象，遭到康生的点名，最终受到严厉的处分，被定为"右倾机会主义分子"，剥夺讲课权利，1960年教学检查运

---

① 杨志玖：《对4月22日本报"编者注"的意见》，《人民日报》1957年5月7日。
② 薄一波：《关于重大决策与事件的回顾》（下卷）第620页，中共中央党校出版社1993年版。

动中，又给他戴上"修正主义"的帽子，免去系主任的职务①。赵俪生早年毕业于清华大学英文系，在抗日战争中为党作了不少工作，新中国成立后，对中国马克思主义理论的宣传及马克思主义史学的发展做出了突出贡献，特别是对"中国农民战争史"的研究做出了开拓性的贡献。在 1955 年的"肃反运动"中，被错误地戴上了"披着马克思主义的外衣，疯狂向党进攻的现行反革命"的帽子，1957 年响应党的号召，赵俪生来到西北的兰州大学任教，但在反右运动中，因过去的人事纠纷，被山东大学在 1958 年秋冬之季划为"右派"，工资由高教三级降为七级，被剥夺了教课权和写作权，发配到艰苦的劳改农场，在饥饿和遭受百般侮辱中险些饿死，在失去了心爱的女儿之后，在江隆基校长的关怀之下，才得以返回学校，保全了生命②。仅从以上两个典型事例，就可以明显地看出反右给中国史学界及许多知识分子造成的巨大危害和心灵的创伤。除上述著名学者遭受猛烈的批判之外，还有不少史学工作者受到了巨大的冲击。如民族史研究专家王钟翰，经济史研究专家傅筑夫，先秦史专家赵光贤，还有活跃于河南史学界的黄元起，以及解放后从美国归来的朱本源等一批史学家。这些人被划为"右派"的罪名，有些今天看起来感到令人啼笑皆非。如王钟翰被划为右派时，作为学校民主党派联合会的主席，正响应中央的指示帮助学校整风，他后来回忆说："一次会上，针对民院党委的一些缺点，我放言道，'难道党错了，我们也跟着走嘛？'没想到会后的第二天，全校各墙壁上贴满了'王某是大右派'的大字报。本来我当年刚被选为全校工会主席，校方很快贴出公告，将我罢免。最滑稽的是，划我右派罪名竟是：我得过司徒雷登奖学金，对司徒有感情。这样强加给我的罪名，竟使我成了右派，真令人哭笑不得。""此后二十年内，我从未发表过一篇文章。而这二十年是从 1957 年到 1978 年，正是我四十四岁到六十五岁精力充沛、奋发有为大好时光，被白白断送。每念及此，常有愧恨交加之感。"③。反右斗争的扩大化也使一批青年知识分子遭受到冲击，如新时期在史学研究方面做出显著成绩的陕西师范大学著名唐史专家黄永年、著名思想史和史学理论专家赵吉惠以及天津师范大学著名史学理论专家庞卓恒等学者，当年都曾被错划为"右派"，接受批判和超体力的劳动改造。

---

① 刘炼：《风雨伴君行——我与何干之的二十年》第 118—127 页，广西教育出版社 1998 年版。

② 高昭一：《我与俪生走过的路》，载《赵俪生先生八十寿辰纪念文集》，山东大学出版社 1996 年版。

③ 王钟翰：《清心集》第 102—104 页，新世界出版社 2002 年版。

反右运动不仅给广大知识分子造成了巨大的身心伤害，更重要的是对刚刚起步的中国人文社会科学的发展带来了巨大危害。反右斗争中断了刚刚开始的"百家争鸣"学术局面和"反教条主义"运动，费孝通、潘光旦、向达等多位知名学者被打成右派，也使中国知识界发生了分裂，与历史学有密切联系的社会学、法学、政治学被当作资产阶级学科被取消，这些都对中国学术界造成了严重的危害。毋庸讳言，在反右运动中，在当时的政治气候下，许多马克思主义史学家都参加了这一运动，并表了态。如在科学院 1957 年 8 月和 9 月两次座谈会上，针对费孝通、吴景超、陈振汉等的所谓"右派"言论，郭沫若作了《社会科学界反右派斗争必须进一步深入》，《更高的举起马克思主义的旗帜》的报告，范文澜的发言是《走火与放火》，胡绳的发言为《争取无产阶级世界观的彻底胜利》，另外，邓初民、吕振羽、侯外庐、翦伯赞等著名史学家都发了言①。尽管这些发言也曾涉及如何对待"百家争鸣"以及西方社会科学等问题，但从当时政治运动形势出发，这些杰出的马克思主义历史学的开拓者都认为费孝通等提出的主张是反党反社会主义的"右派"言论，所提倡的社会学是资产阶级的"社会学"。这样，在 20 世纪 50 年代民族大调查中发挥了重要作用的费孝通等一批学者遭到粗暴的政治批判，与历史学联系密切的社会学、民族学、政治学的发展受到严重的影响，这直接影响到历史学的发展和进步。翦伯赞、刘大年领导了史学界的反右派斗争，发表了《右派在历史学方面的反社会主义活动》，《驳一个荒谬的"建议"》等文章，对雷海宗、荣孟源、向达、陈梦家等著名学者展开了错误的批判。其他著名史学家也曾发表了今天看来很不恰当的言词②。对这些不当的做法，80 年代，刘大年曾向荣孟源等史学家诚挚的道歉，对此，我们应以历史主义的态度去认识。首先，反右运动是当时中共中央为打退"右派"向社会主义的"猖狂"进攻，从而发动的一场轰轰烈烈的保卫社会主义伟大事业的严肃的政治运动，作为处于史学界领导地位的上述马克思主义史学家不可能不参加这些运动，也不可能不明确地表示自己的政治态度。其次，新中国成立之初，党和国家领导人民在社会主义革命和社会主义建设的伟大事业中取得了巨大的成绩，这些史学家大多数对毛泽东和中国共产党无比忠诚和信赖，对社会主义事业充满希望，因而，他们按照中共中央的部署，积极投身到反右斗争中，并发表了与中央意见相一致的看法。

---

①　参见科学出版社编辑部：《反对资产阶级社会科学复辟》（第二辑），科学出版社 1958 年版。
②　参见翦伯赞等：《捍卫马克思主义列宁主义的历史科学》，中国青年出版社 1958 年版。

　　总而言之，反右的严重扩大化是中共中央决策的重大失误，参加这一运动的每个人固然有不可推卸的责任，但不能怪罪于他们个人，是党对如何建设社会主义事业缺乏经验而沿用了战争年代的传统做法。关于这场反右派斗争，不少人后来做过深刻的反思。薄一波说："粉碎'四人帮'特别是十一届三中全会以来，改正被错划的'右派分子'的结果表明，反右派斗争中所划的55万人中，除极少数是真右派外，绝大多数或者说99%都是错划的。在这些被错划的人当中，有许多参加革命多年的党的干部，许多同党长期合作共事的爱国人士和朋友，许多学有专长的知识分子和富有经营管理经验的工商业者，以及许多政治上热情但不成熟的青年学生。由于他们被错划为右派，使他们在社会主义建设中不能发挥应有的作用。这不仅是他们个人的损失和不幸，也是党和国家的损失和不幸。"①薄一波这一总结，对中国历史学界也是适用的。反右运动的扩大化，改变了众多知识分子的命运。当年被作为右派批判的向达、雷海宗、陈梦家等都是在他们的研究领域不可多得的一流学者，当时他们正当壮年，学术事业也处在高峰的创造阶段。反右运动使得他们的身心遭到严重的伤害，尽管他们在逆境中仍视学术为生命，后来一些人也成了摘帽右派，但是，反右斗争还是严重影响了他们的学术研究工作。雷海宗在1962年去世，年仅60岁。向达、陈梦家在艰难之中虽然熬到了1966年，还是在"文革"开始不久离开人世，那年向达66岁，陈梦家55岁。可以设想，如果没有政治运动的严重冲击，这些学者的正常学术生命应该还能延长，他们的过早去世，不能不说是新中国历史学界的重大损失。不仅许多德高望重的知识分子受到了巨大的冲击，年轻的知识分子也是受害者。著名学者张广达就是反右斗争的受害者之一。1953年，张广达从北京大学历史系毕业后留校任世界古代史助教，之后，为苏联专家担任课堂翻译，也翻译了不少苏联学者关于古代史分期、古代社会性质的文章。在1957年春夏"鸣放"期间，说了一些被认为是违背"政治标准"的言论，随后受到了若干场揭发和批判，在1958年2月被补划为右派分子。虽然在1959年国庆之后成为"摘帽右派"，但仍遭受社会的歧视，工作和学习受到严重的影响。正如他后来所言："此后二十二年中，正值我青壮年时期，我一直处于'孤立'和'半孤立'状态中，累计十年以上的时间，我是在校外劳动、下放农村、下工厂、参加'四清''社教'、下'五七干校'等一系列接受改造中度过的，这里还不包括在校内经常从事的各种或长

━━━━━━━━━━

① 薄一波：《关于重大决策与事件的回顾》（下卷）第618—619页，中共中央党校出版社1993年版。

或短的劳动，不容我有稍长一点的时间，哪怕半年，坐下来静心读书。"① 当今著名的世界史研究专家王敦书也是反右派运动的受害者。1955 年 9 月从北京大学历史系毕业的王敦书，先是被留在系里做苏联专家的苏联史研究生，"但两个星期后突然祸起萧墙，被加上一些'莫须有'的罪名而被取消了研究生学籍，等待再分配工作。"1956 年国家实行四年制博士研究生制度，王敦书经过考试得到了跟随著名史学家雷海宗求学的宝贵机会，1957 年 2 月成为雷海宗的世界上古史副博士研究生，"是年 8 月，雷师受到批判，被定为全国史学界最大的'右派分子'。1958 年 2 月，在处理'右派'时，我被补划为'右派'，再次被取消研究生资格。3 月末，随南开大学下放干部队伍先后到天津郊区和南开大学农场劳动。"② 由于社会政治运动的影响，王敦书丧失了宝贵的从事史学研究的青春年华，开始了曲折的人生历程。类似这种经历的史学工作者在全国肯定还不少，虽然我们今天难以统计和了解到当年受到反右斗争冲击的史学工作者的人数以及他们每一个人的具体情况，但是，从上面所述的几个典型史学家的遭遇，可以看出这场斗争给他们个人和中国历史学界的重大影响。根据学者研究，反右派斗争严重扩大化，"全国 205 所高等学校近 4000 名教授、副教授、讲师及助教被划为右派分子后，离开了原教学和科研岗位。被戴上右派分子帽子的 55 万人，轻则降职降薪、留用查看，重则送劳动教养，有些人同时被开除公职、开除学籍；凡共产党员、共青团员均被开除党籍和团籍"。③ 关于反右斗争严重扩大化的威害，正如学者所言："许多忠贞的同志，许多同党有长期合作历史的朋友，许多有才能的知识分子，许多政治上热情而不成熟的青年，由于被错化为'右派分子'受了长期的委屈和压抑，不能在社会主义建设中发挥应有的作用。这不但是他们个人的损失，也是整个国家和党的事业的损失。由于反右扩大化而使更多知识分子的积极性和对党的信任受到一定程度的打击，也是党和国家的损失"。④

二、"大跃进"中的"史学革命"及其危害

　　1958 年席卷中国大地的"大跃进"之风也刮到了史学领域，其直接影响是

---

　　① 张广达：《我和隋唐、中亚史研究》，载张世林主编：《学林春秋》（第三编上册），第 64 页，朝华出版社 1999 年版。

　　② 王敦书：《贻书堂史集》第 3—5 页，中华书局 2003 年版。

　　③ 中共党史研究室著：《中国共产党历史》第二卷（1949—1978）上册，第 459 页，中共党史出版社 2011 年版。

　　④ 胡绳主编，中共党史研究室著：《中国共产党的七十年》第 359 页，中共党史出版社 1991 年版。

开展了轰轰烈烈的所谓"史学革命"。1958年2月9日，中共中央宣传部副部长陈伯达在国务院科学规划委员会第5次会议上提出了"厚今薄古"的口号，3月10日，陈伯达应郭沫若的邀请，在国务院科学规划委员会第5次会议上作了"厚今薄古，边干边学"的讲话。陈伯达指出："现在哲学社会科学中的主要缺点是'言必称三代'（指夏商周），脱离革命实践的繁琐主义；有一批知识分子逃避社会主义现实政治生活，企图躲到'三代'的象牙塔中去，只喜欢讨论几千年前至少是一百多年前的事。"陈伯达提出："我们研究问题的方法，主要地应该从现代开始到古代，应该克服目前那种偏重研究古代的倾向。"在谈到"边干边学"时，陈伯达严厉批评了那些自高自大、翘起尾巴、瞧不起工人阶级、瞧不起劳动人民、瞧不起老干部的资产阶级知识分子①。早在陈伯达讲话之前，许多高等院校已对所谓的"右派"展开了猛烈的批判，1958年又开展了"双反运动"，"厚今薄古"方针的讨论以及随后开展的"大跃进"，使这种错误的批判运动进一步发展，这严重地挫伤了在新中国积极要求进步的一些史学家的感情，对于从旧社会过来的知识分子粗暴的批判，则给一些知识分子留下了难以消除的心理创伤，也使得刚刚走上了繁荣发展道路的新中国历史学遭受了新的挫折。

拥护陈伯达的"厚今薄古"的主张，主张史学"大跃进"，赞同"厚今"，认为"厚古"与"厚今"是两条路线的斗争，是当时史学家的共识。出于对资产阶级思想及其学风的义愤，出于加快马克思主义史学发展的良好愿望，许多马克思主义史学家赞同并执行了这一偏颇的方针。3月13日，《人民日报》邀请在京的一部分哲学社会科学人士，举行关于哲学社会科学如何跃进问题座谈会，历史学界翦伯赞、刘大年出席座谈会，翦伯赞作了《兴无灭资，发展历史科学》的简短发言。之后，4月5日，翦伯赞主持了国务院科学规划委员会史学组的"历史学大跃进问题"座谈会，侯外庐、翁独健、白寿彝、周一良、尹达、刘导生出席会议并作了简短发言，科学院历史研究所、考古所和首都高等学校历史系、出版机关的历史考古工作者一百多人出席了会议②。《历史研究》1958年第5期也发表了《研究历史应当厚今薄古》的系列笔谈，包括郭沫若的题词，以及范文澜、陈垣、侯外庐、吕振羽、刘大年的笔谈文章。在1958年5月致北京大学历史系师生的信及6月初在张家口给千余名干部所作的报告中，郭沫若也特别

---

① 新华社讯：《陈伯达谈哲学社会科学如何跃进》，《人民日报》1958年3月11日。
② 《历史科学必须厚今薄古，学术研究要同政治结合》，《人民日报》1958年4月8日；《为历史科学的大跃进而战斗》，《光明日报》1958年4月14日。

谈到了贯彻执行"厚今薄古"指示的问题。范文澜于 1958 年 4 月 28 日在《人民日报》发表《历史研究必须厚今薄古》一文，指出：厚今薄古是中国史学的传统，厚古薄今是资产阶级的学风，厚今薄古与厚古薄今是两条路线的斗争，开展百家争鸣，史学界领导干部要种试验田。①

在探讨过程中，对于如何加强近现代史研究，范文澜、刘大年等史学家也提出了很好的建议和意见。但从史学界整个情况看来，实际上忽视古代史的倾向是非常突出的，这就难以保证"史学革命"健康的发展下去。人民出版社编辑的《历史科学两条道路的斗争》，科学出版社编辑的《厚今薄古》，复旦大学历史系编辑的《厚今薄古辩论集》等书籍，为我们详细地记述了当时全国各地开展这场讨论的具体情况。在首都史学界推动下，各地也就如何贯彻"厚今薄古"展开了大讨论，随之各单位都制定了史学"大跃进"计划。如中国史学会上海分会 4 月 20 日召开全体会员大会，讨论了"厚今薄古，边干边学"的方针。5 月份又连日召开座谈会，争辩"厚今薄古"问题。复旦大学在三、四月间先后三次举行全系师生大辩论，另外召开了数十次小会，对"厚今薄古"问题展开了激烈的争辩②。西北大学历史系经过多次讨论，"老师们一致认为，必须兴无灭资，彻底克服资产阶级个人主义思想，改变旧的世界观和人生观，才能在教学上真正贯彻厚今薄古的方针。"③

随着"厚今薄古"方针的宣传和辩论，在"大跃进"大社会背景影响下，各单位都制定了"大跃进"计划，科学院历史所第一所连续三次制定跃进计划，最终确定了五年奋斗目标和要完成的任务，提出五年内完成包括通史、断代史、专史、其他类著作，及甲骨金文的整理、论文集共 6 类，66 种 5929 万字的著述，此外还要完成 1450 万字的资料和工具书。历史研究所第二所确定了五年研究的十二个中心问题，除完成《中国思想通史》和《中国通史》隋唐至明清的任务之外，尚有专史 18 种、通俗性小丛书 30 种，另有断代史及其他专著、论文集、译著，共 9 类总计 2400 万字，还有多种资料汇编约 2500 万字。历史研究第三所提出的跃进指标是：1958—1962 年编写各种著作 2357 万字，整理和翻译资料 10138 万字，合共完稿 12495 万字④。其他高校也都制定和开始了"大跃进"，或

---

① 范文澜：《历史研究必须厚今薄古》，《人民日报》，1958 年 4 月 28 日。
② 复旦大学历史系编：《厚今薄古辩论集·序言》第 1—5 页，上海人民出版社 1958 年版。
③ 《挖出了厚今薄古的老根》，《人民日报》1958 年 4 月 28 日。
④ 《历史研究》1958 年第 7 期。

向国庆十周年的献礼计划。史学界的"大跃进"，严重干扰了1956年制定的《历史学十二年规划》的施行，严重背离了历史学科学研究的规律。

张贴"大字报"是进行"史学革命"的基本方式。复旦大学早在1958年2月，在"双反运动"中就掀起了新的"鸣放"高潮，全校师生员工在两天一夜内贴出"大字报"43万张，对学校教学和科学研究工作中的资产阶级思想和右倾保守思想展开了猛烈的冲击，历史系师生也积极投入了这个斗争①。进行学术思想大批判是"史学革命"的中心工作，如中山大学历史系，经过1958年7、8月份的大辩论，"决定以批判资产阶级学术思想作为研究重点之一，系里并成立了资产阶级学术思想批判研究会来领导和组织这一工作。经过近一个月的苦战，全系共完成批判论文71篇。其中批判陈寅恪的学术思想的占36篇，……除对陈先生外，对刘节教授的中国史学史讲义和他的唯心史观；梁岱仲教授把学术与政治分离，认为历史科学为政治服务就会失真等一些错误看法，也都给以揭露和批判。除对系内的教师外，对国内外的一些资产阶级学者的著作及其反动观点，也写出一些批判文章。如对雷海宗的反动史学谬论、向达的《南昭史略论》、张岱年的《中国唯物主义思想简史》、李济的资产阶级考古学、罗维的氏族起源学说、汤贝的基本理论及其运用于中国社会发展问题上的错误观点，这次也都给予揭露和批判。"②又如南京大学历史系，"1958年下半年，开展了轰轰烈烈的群众性的学术思想批判运动。全系师生对'中国近代史'、'中国通史'、'世界通史'、'近代国际关系史'等若干门课程中的唯心主义观点，进行了严肃的批判。全系师生写出了上百篇的批判性的论文。系的定期刊物《史学战线》，出版了两期《资产阶级学术思想批判》专辑，共发表了28篇论文。另外还有一些批判性的论文发表在《历史研究》、《江海学刊》等校外刊物和《南京大学学报》上。"③在"拔白旗，插红旗"运动中，在北京大学历史系，"翦先生的马克思主义史学家的奠基之作《中国史纲》即被指定为资产阶级思想的代表作，要批深批透。拟议中陪绑批判的教授和著作有邓广铭先生的《王安石》、苏秉琦先生的《斗鸡台沟东区的墓葬》、宿白先生的《白沙宋墓》等。……批判《中国史纲》花了十天时间，贴出一些没有什么内容的大字报。批判会安排在7月上旬的一个下午。准备时间虽已很长，可是由于批判缺乏群众基础，批判内容又十分勉强，

①　复旦大学历史系编：《厚今薄古辩论集·序言》第1页，上海人民出版社1958年版。
②　《中山大学历史系批判资产阶级学术思想的情况》，《历史研究》1958年第10期。
③　《南京大学历史系1959年掀起三次科学研究高潮》，《历史研究》1960年第1期。

发言者多非自愿，人人想应付了事。一些主题性发言，都无关宏旨，近于闹剧。"最后，在有关部门的直接干预下，对翦伯赞和其他教授的批判才不了了之。①

这次批判涉及了几乎所有的旧学者，对陈寅恪的批判颇具典型性。1958 年 5月 16 日，郭沫若给北京大学历史系师生的信公开发表，这给陈寅恪带来了意想不到的麻烦。郭沫若在信中说："资产阶级的史学家只偏重资料，我们对这样的人不求全责备，只要他有一技之长，我们可以采用他的长处，但不希望他自满，更不能把他作为不可企及的高峰。在实际上我们需要超过他。就如我们今天在钢铁生产等方面十五年内要超过英国一样。在史学研究方面，我们在不太长的时间内，就在资料占有上也要超过陈寅恪。这话我就当到陈寅恪的面也可以说。'当仁不让于师'。陈寅恪办得到的，我们掌握了马克思列宁主义的人为什么还办不到？我才不相信。一切权威，我们都必须努力超过他！这正是发展的规律。"②客观地说，郭沫若这段话只是给北大师生提出了研究历史，要重视史料，要以著名史学家陈寅恪作为赶超的目标，这段话对所谓的"资产阶级知识分子"的态度也是正确的，并没有鼓动去批判陈寅恪，但这封信于 1958 年在《人民日报》和《光明日报》的公开发表，却给陈寅恪的平静生活带来了不少烦恼，随之开始了对陈寅恪的全国范围内的大批判。

《史学月刊》1958 年第 11 期发表南开大学历史系学生的文章《评陈寅恪先生历史科学研究的方向》，作者说："摒弃以至于反对阶级分析方法是陈先生研究中的一个突出问题。""陈先生既然反对运用马列主义阶级斗争的理论去对待史料，那么在著作中即使是句句话有史实为凭，个个论点有史料为证，结果也只能是给读者摆下迷魂阵。让人家进阵不得，出阵更难，以致混淆了别人的耳目而对阶级斗争产生迷惘。同时作者本身也只能是堆积史料而不能做出科学的分析和总结。这样研究出来的东西，也就必然是不能去伪存真去糟取精了。"③ 今天看来，对陈寅恪那样自幼熟读经史子集，以后又长期留学国外的学者，对他 40 年代的著作，提出以马克思主义的观点，以阶级分析方法去研究历史的要求，这本身就是非历史主义的，由此而得出反马克思主义、反科学的结论更是荒谬的。《史学月刊》1960 年第 8 期发表的复旦大学 1955 级学生的文章说："陈寅恪先生在隋唐历史研究中，按照他的唯心主义观点和形而上学的方法，把一些不同性质

①　张传玺：《翦伯赞传》第 320 页，北京大学出版社 1998 年版。

②　郭沫若：《关于厚今薄古问题》，《人民日报》1958 年 6 月 11 日。

③　《评陈寅恪先生历史科学研究的方向》，《史学月刊》1958 年第 11 期。

的事件，从表面上找出它们之间的联系，牵强附会，主观臆断地'创造'出一套自以为是用于解决隋唐间所有问题的'规律'，而当他无法自圆其说时，就往往以'假说''变例'或则用曲解及抹杀历史事实来为他的反动观点服务。"①《历史研究》刊发的北京大学历史系三年级学生所写的《关于隋唐史研究中的一个理论问题》，对陈寅恪先生的"种族——文化观"予以批判。这篇文章从民族融合、阶级学说和阶级斗争三个方面对陈寅恪的历史观作了分析和批判。如果说前两个部分还是力图以理服人，那么第三部分则已上纲上线开始了政治批判，如说："和一切唯心主义历史学家一样，陈寅恪先生不但千方百计地贬低物质生产、阶级斗争和革命在社会生活中的作用，而且也敌视劳动群众，认为他们是文明和文化的敌人，认为精神文化的创造、持续和传播，只是具有'德业儒素'、'门风优美'和保持'家世颛门之业'的少数士大夫和精神贵族的事情。""陈寅恪先生关于政治史和文化史的论著，贯穿着反动的唯心主义文化史观这一条白线。他否定物质生产、阶级斗争和人民群众的巨大历史作用。与此相反，他极其片面地夸大精神文化的社会历史作用、夸大个别人物的社会历史作用，这样，也就不可能不歪曲历史真像。这就是陈寅恪先生关于隋唐史研究中所标榜的资产阶级伪科学的实质。"虽然这篇文章一直称陈为"先生"，对其著作在一定程度上也给予分析，但文章的偏颇之处也是非常明显的，具体表现在：一是用马克思主义的历史观去要求《隋唐政治制度渊源略论稿》这部20世纪40年代的著作，这本身就违反了马克思主义的历史主义的基本观点。作为一位主要从事实证研究的学者，陈寅恪本身就不懂马克思主义的阶级斗争理论，他所说的"阶级"实际上多指"阶层"或"集团"，将陈寅恪所运用的这些名词与马克思主义的阶级分析理论的概念加以区别是有意义的，但不能以此对他横加指责。二是这群大学生所理解的马克思主义历史观具有很大的片面性，对马克思主义民族融合理论的理解方面表现尤为突出，固然民族融合中占人口大多数的劳动人民的融合是主要方面，民族融合的基本趋势是融合于一种较高的生产方式，但不能以此否认在民族融合中曾发挥了重要作用的统治阶级的代表人物及其作用吗。三是随意上纲上线，表现出明显的政治批判的恶劣学风，这严重违背了党所倡导的"百家争鸣"方针。如说："在陈先生的著作中，除了一些诬蔑以外，从没有人民群众的地位。他对人民群众的这种观点，也是和马克思主义唯物史观根本对立的。""陈寅恪先生用歪曲臆造的手法，'证明'了某些历史人物能够双手回天，某些'莫须

---

① 《批判陈寅恪先生历史研究中的错误方法》，《史学月刊》1960年第8期。

有'集团能够左右数百年漫长的社会历史发展过程，唯独广大的劳动人民，在历史上是消极的，只能起破坏作用。……这种对广大人民群众的贵族老爷式的轻蔑鄙视态度和观点，正是和马克思主义唯物史观的观点根本对立的。""陈寅恪先生关于'种族'、血统对于文化的作用这种见解，更增加了他的文化史观的反动性。""陈寅恪先生关于政治史和文化史的论著，贯穿着反动的唯心主义文化史观这一条白线。"① 作为历史学研究的最权威刊物刊发这篇具有明显偏向性的文章，使得对陈寅恪批判的势头以后愈演愈烈，到1959年就有文章明确地说：陈寅恪为资产阶级权威学者，研究历史采用了厚古薄今的态度，其著作充满了唯心主义的观点，研究方法是繁琐主义的考证。②

不可否认，陈寅恪以文化史观解释历史有其局限性，但绝不能否认他所采用的文化分析的积极意义和价值，全盘否定陈寅恪对推进中国史学发展的巨大贡献。在1988年举行的"陈寅恪学术思想研讨会"上，刘大年说："评价陈寅恪在历史学上的地位，不论看法有何出入，一个前提已经肯定了，那就是我们尊敬这位近代杰出的有代表性的爱国主义历史学家，希望从他那里总结出新的东西，推进学术研究，丰富人们对历史的认识。"③ 著名学者王永兴也说："陈寅恪先生据民族与文化论述我国中古史上的重大问题，多为前人所未尝论及，使我国中古史更近于真实。"④ 我们认为这才是对陈寅恪历史文化论及其价值和他的史学地位的正确评价。陈寅恪不懂马克思主义的历史唯物主义特别是阶级斗争学说，但他早年是读过《资本论》德文原著的，他的著作中也有辩证法思想，他拒绝了蒋介石国民党去台湾的多次邀请，毅然留在大陆。新中国成立之初，虽然对当时简单的马克思主义常识教育，及"思想改造运动"中一些干部对待知识分子的"左"的做法有看法，提出让毛、刘二公允许他不讲马列主义，婉言谢绝了让他作历史研究所第二所所长的邀请，但这一时期陈寅恪仍致力于历史研究，作了中国科学院哲学社会科学部的学部委员和《历史研究》的编委，该刊也发表了他的多篇长篇考证文章。周恩来得知陈寅恪不愿做历史研究所所长的情况后，"在政务院一次会议上讲，像陈这样老一辈的知识分子不了解共产党是正常的。他愿

① 《关于隋唐史研究中的一个理论问题》，《历史研究》1958年第12期。
② 《陈寅恪教授和〈元白诗证史〉》，《史学月刊》1959年第4期。
③ 刘大年：《一个历史学家的地位——纪念陈寅恪先生学术讨论会致词》，《光明日报》1988年6月29日。
④ 王永兴：《陈寅恪先生史学述略稿》第46页，北京大学出版社1998年版。

意留在大陆，不去台湾，是一位爱国主义者，我们要团结。"① 这些铁的事实，反映了共产党人对待陈寅恪的基本态度。

"史学革命"及其对陈寅恪等著名史学家的批判，是"大跃进"之风在中国历史学界的表现。周恩来总理后来对所谓的"拔白旗、插红旗"运动作过论述，他说："中共中央应该承担这个责任。这个话说得很生硬，可以作几种解释。属于头脑中的事情，怎么能一下子拔白旗、插红旗呢？这样是插不进去的。"② 在强调"厚今薄古"的同时，片面强调加强近现代史的研究，将古代史的研究全盘否定，将"考据"作为资产阶级学风加以否定，对从事考据研究的许多著名学者展开了粗暴的批判，所有这些都是现实政治"左倾"思想路线的产物，其严重恶果是打乱了正常的历史学教学和研究秩序，实际上也否定了新中国成立初的中国历史学研究的丰硕成果，搞乱了人们的思想，严重挫伤了一些要求进步的学有成就的史学家，使刚刚形成的史学研究的繁荣局面遭到了严重的破坏。"大跃进"的后果，也造成了中国科学院各历史研究所和全国大部分高校的历史系相继推出了严重脱离实际的"跃进计划"，青年学生"编讲义"、"编教材"，各校随意制定自己的"教学大纲"，这打乱了正常的教学和科研工作秩序，造成了教学质量的严重下滑；一些青年教师和学生对一些德高望重、学有成就的老教师、老专家随意批判，人为造成了新老知识分子以及师生之间许多矛盾，严重破坏了1956 年"向科学进军"以来出现的良好学风。

第二节　史学界对"修正主义"思想的批判

1956 年国际共产主义事业风云变幻，赫鲁晓夫在苏共"二十大"对斯大林全盘否定，随后又发生了波兰和匈牙利事件，这些惊心动魄的重大变局引起了毛泽东为首的中国共产党中央领导人的高度警觉，他们认为核心问题在于是否坚持马列主义，于是也考虑到在中国有必要反对"修正主义"的问题。早在 1957 年初，毛泽东已经提出对"修正主义"批判的任务，但由于反右运动的开展，对所谓"修正主义"的批判运动，一直推到 1960 年才全面展开。当时经济学界是对马寅初的"新人口论"的批判，文艺界展开了对巴人的"人性论"的批判，

---

① 参见刘潞、崔永华编：《刘大年存当代学人手札》第 45—46 页，中国社会科学院近代史研究所印。

② 中共中央文献编辑委员会：《周恩来选集》（下卷）第 400 页，人民出版社 1984 年版。

历史学界则以尚钺作为典型。对尚钺的这次批判，与以前范文澜和北京大学历史系等对《中国历史纲要》的学术批评相比，发生了明显的变化，这时已不再是学术方面的批评，而是转变为粗暴的政治批判。

尚钺被作为"修正主义"的典型，直接原因在于1959年8月10日在《光明日报》发表了《踏实钻研与坚持真理》，10月1日和11月1日在《文汇报》先后发表了《发扬学术民主》及《中国史学工作应如何跃进》的文章。在《踏实钻研与坚持真理》中，尚钺说："为了使我们的工作进行得更好些，对于如何进行学术批评和学术论争，态度和方式，都有进行研究的必要。现在我国历史科学领域，是否还有两条道路斗争的残余存在，即资产阶级思想体系与无产阶级思想体系斗争残余呢？我想，还是一个值得研究的问题。如果还有这种斗争残余存在，仅仅是学术问题的争论，那只是人民内部矛盾问题，非有长期冷静的钻研，进行深入而细致的研究、批评与论辩，是不能彻底消除的。"① 客观地说，尚钺对当时主流意识认为历史学界存在着尖锐的两条道路的斗争的提法提出怀疑，表现出一位马克思主义者实事求是的可贵品质，他对当时学术分歧的性质的认识也是符合历史实际的正确认识，但这一看法与反右和"史学革命"以来史学界的斗争是很不合拍的，特别是与毛泽东在《关于正确处理人民内部矛盾》中提出的论断相抵触，毛泽东指出："革命时期的大规模的疾风暴雨式的群众阶级斗争基本结束，但是阶级斗争还没有完全结束"，"我国社会主义和资本主义之间在意识形态方面的谁胜谁负的斗争，还需要一个相当长的时间才能解决。"于是这一观点招致了后来对他的猛烈批判。对此，正如一篇文章所言："尚钺和其他现代修正主义历史学者一样，千方百计地为资产阶级历史学辩护，与历史的真理背道而驰。更严重的是他对马克思列宁主义的根本原则，提出了一系列的修正主义观点。他在阶级斗争这个根本问题上，向马克思列宁主义、毛泽东思想进行了猖狂进攻，反对用马列主义、毛泽东思想指导中国历史科学，宣扬阶级调和，否认我国历史科学领域内两条道路的斗争。"②

除此而外，尚钺的一些学术观点也是他遭受批判的重要原因。一方面，在"古史分期"问题上，尚钺主张，春秋中叶开始了原始公社的解体，战国时期才进入奴隶社会，魏晋时期发展到封建社会。早在尚钺的"魏晋封建说"提出不久，范文澜就认为尚钺是在套用西欧的模式，"削中国之足，以适欧洲历史之

① 尚钺：《踏实钻研与坚持真理》，《光明日报》1959年8月10日。
② 《驳尚钺否认历史科学存在两条道路斗争的谬论》，《史学月刊》1960年第8期。

履"，《中国历史纲要》也被翦伯赞为首的北大历史系挑出了不少毛病，其他如山东大学历史系、贵阳师范学院历史系等也提出了不少的缺点，当然，这些仍属于正常的学术批评。另一方面，尚钺在《〈明清社会经济形态的研究序言〉》中关于中国资本主义萌芽的一些提法，也是导致他遭受批判的重要原因。如他说："关于明清两代社会性质的讨论，是中国历史上的一个大问题。这个问题的解决，不仅将影响到史学界对中国历史的某些传统看法，如中国封建社会长期性或中国社会停滞论，乃至中国社会一直到 1840 年外国资本主义侵入以后，中国社会基础还是小农业与家庭手工业相结合的自然经济等等，而且也将影响到中国近代史究竟以什么时期作为起点的问题。"①

　　针对尚钺的看法，结合他在《中国资本主义关系发生及演变的初步研究》一书的论述，刘大年应翦伯赞的邀请，在北京大学"史学论坛"上为学生讲了他对尚钺观点的看法，1958 年，《历史研究》第 1 期发表了刘大年的《评尚钺〈明清社会经济形态的研究〉一书所写的序言》。刘大年说："无论从事实、从理论上讲，既然尚钺同志否定马克思主义的观点的主张都是站不住脚、不正确的，如是，他在有关中国近代历史的一系列重要问题的解释上，就必然要违反事实、牵强附会，……就必然要得出否定马克思主义观点的结论。"② 客观地说，刘大年这篇文章尽管有上纲上线的学术批判的味道，也有以马克思主义经典作家和毛泽东关于中国历史的具体论断框架中国历史发展的教条主义倾向，但从总体上看仍属正常的学术讨论。"本着自己同志间批评，比起旁人批评更好些的想法"，加之尚钺认为"有些问题还值得商议一下"③，尚钺对刘大年的文章予以回应，撰写了长篇论文《与刘大年同志谈谈学术批评》。在"前言"中，尚钺对刘大年的批评表示感谢，在有些观点上作了自我批评，在明确解释了自己的观点之后，尚钺对刘大年的批评予以答复。尚钺指出：刘大年的历史发展观违背了马克思主义，其思维也属形而上学的思维，刘大年的文章也有对他的观点的"修改"、"歪曲"和主观随意性的理解。对刘大年所说的"修改马克思主义原理的问题"及受"托派"观点强烈影响的问题，尚钺也作了两点辩正。最后，尚钺阐明了

　　① 尚钺：《〈明清社会经济形态的研究〉序言》，《尚钺史学论文选集》第 388 页。
　　② 刘大年：《评尚钺同志为〈明清社会经济形态的研究〉一书所写的序言》，《历史研究》1958 年第 1 期。
　　③ 刘潞、崔永华编：《刘大年存当代学人手札》第 106—107 页，中国社会科学院近代史研究所内部刊印。

如何对待马克思主义的基本原理问题①。客观地说，本着百家争鸣的原则，刘大年的批评是正常的，尚钺的反批评也是正常的。在这篇文章中，尚钺对自己观点的解释是十分明确的，他关于中国历史的认识是否正确，完全可以由学者心平气和的讨论得以解决，本来问题可以就此而止。但在当时的政治背景下，由于尚钺的学术主张与处于主流的史学家的观点相左，特别是表面上与经典作家及毛泽东的看法不大一致，加之他在1959年8月至11月发表的几篇文章的言论与当时党对阶级斗争形势的认识也不一致，导致学术问题被进一步政治化，于是，尚钺被作为历史学界"修正主义"的典型而横遭批判。

1960年1月26日，《人民日报》发表的《百家争鸣和思想斗争》拉开了批判尚钺的序幕。随之，《光明日报》在2月2日，同时刊登了《坚持历史科学的党性原则——批判尚钺同志〈踏实钻研与坚持真理〉一文的修正主义观点》，及《〈教学与研究〉发表文章批判尚钺的错误观点》的"学术动态"；2月3日又发表了李光燦的《反对从资产阶级观点理解"百家争鸣"——批判尚钺同志〈踏实钻研与坚持真理〉一文的错误观点》。中国人民大学受命开展了对尚钺的全面批判，《教学与研究》1960年第1期发表了《批判尚钺同志的错误学术观点》、《批判尚钺同志在历史研究中的修正主义观点》、《评尚钺同志对中国资本主义关系史的研究》3篇文章，第3期发表了《批判尚钺同志对中国资本主义萌芽问题研究的一个重要错误观点》，第6期发表了《尚钺同志在明清之际农民阶级斗争问题上的错误观点》，第7期又刊登了《尚钺同志有关明末市民斗争问题的几个错误观点》。如果说《教学与研究》还一直称尚钺为"同志"，仅局限于对他的学术观点的批判，那么，《历史研究》则表现出了浓烈的"火药味"。1960年《历史研究》先后在第1、2期刊发黎澍的《是马克思列宁主义还是私人科学？》，第3期发表翦伯赞的《"新冒出来"的史学体系还是"旧的传统史学体系"的翻版？》，第4期发表的《为在历史科学中贯彻党的"百家争鸣"政策而斗争》，及《尚钺〈有关中国资本主义萌芽问题的二三事〉一文中的二三谬误》，第5期发表了《为保卫历史科学的党性而斗争》。第5期发表的吕振羽的《历史科学必须在毛泽东思想的基础上前进》，在阐述马克思主义经典作家以及毛泽东历史理论的同时，也批判了尚钺的"修正主义"观点。

当时认为尚钺的"修正主义"观点主要表现在：第一，宣扬学术领域内的阶级斗争"熄灭论"；第二，主张意识形态上的阶级斗争，应该"调和"；第三，

① 尚钺：《与刘大年同志谈谈学术批评》，载《尚钺史学论文选集》第99—151页。

从资产阶级的立场出发，曲解党的"百家争鸣"的政策；第四，在关于中国历史发展的基本观点上，与马克思主义毛泽东思想直接对立；第五，在研究方法上，除了随意曲解历史记载和马列主义经典外，尚钺还有一个自鸣得意的"历史比较法"。① 批判"修正主义"，这是经中共中央和毛泽东同意而由康生直接部署的一场政治运动，今天我们无需责备这些批判文章的作者，因为他们处于当时的地位受政治形势的影响，不能不写这样的批判文章，这些文章的作者既有对中国马克思主义史学发展曾做出过巨大贡献的著名史学家，也有新时期以来活跃于中国史坛的史学家以及尚钺的不少学生。今天重读这些文章，我们有一个明显的感受，这些大批判文章，都以马克思主义经典作家以及毛泽东的具体论断作为立论的依据，具有极为明显的教条主义的学风，在这些文章中，马克思主义史学已失去了新中国成立之初的生机。

对尚钺的学术批判早已成为历史，这场批判和"文革"中对他的疯狂迫害当然不能混为一谈，但在探讨新中国马克思主义史学发展史的时候，不能不涉及这段历史，因为这是一大批新老马克思主义史学工作者曾经参与的重要事件，1956 年范文澜和翦伯赞苦心开展的学术批评，中经反右以来的"左倾"政治的影响，最终演化为影响全国的政治大批判，这给尚钺本人以及中国马克思主义史学的发展都造成了很大的损失。对于这一历史事件，尹达后来曾发表评论："尚钺同志所主张的'魏晋封建论'，以及关于明清之际资本主义萌芽等问题的一些观点，在史学界有不同的认识，这本来应该在百家争鸣的方针指导下，经过同志式的讨论，使这些问题的研究深入下去。但是，由于'左'倾思想的影响，他的学术见解被不公正地说成是修正主义的观点，并且对他进行了批判。有一个时期，他甚至被剥夺了讲授历史和发表意见的权利。但尚钺同志始终以一个马克思主义史学家的坚定态度，坚持实事求是，不屈服于压力，不轻易改变自己的观点。"② 我们认为这是历经"文革"劫难，马克思主义史学家对这场学术批判发自内心的认识和正确的总结。

第三节　"史学批判"之风的再起

1962 年 8 月，在中共中央召开的北戴河会议上，毛泽东重提阶级斗争的问

---

① 《关于史学界批判尚钺修正主义观点的报道》，《史学月刊》1960 年第 6 期。
② 尹达：《深切怀念马克思主义史学家尚钺同志》，载《尚钺史学论文选集》第 3 页，人民出版社1984 年版。

题，同年 9 月在北京召开的中共中央八届十中全会，将抓阶级斗争的问题又重新提上党的工作的日程，这在很大程度上影响了从 1961 年以来党的"调整、巩固、充实、提高"的工作方针。在学术界，由对小说《刘志丹》的粗暴的批判，进而展开了各领域全面的批判。1963 年 12 月，中国科学院哲学社会科学部召开第四次扩大会议，周扬作了《哲学社会科学工作者的战斗任务》的重要讲话，提出："批判现代修正主义，重新学习和宣传马克思列宁主义，是当前哲学社会科学战线头等重要的任务。""近年来，随着提倡学习马克思列宁主义和毛泽东同志的著作，已经有越来越多的人在运用新的观点去研究历史、重新评价历史事件和人物，这是好现象。但同时也还有人不赞成用历史唯物主义观点，用阶级分析的方法去研究历史，去评价历史上的人物和事件，在学术界引起了热烈的争论。如何对待历史遗产的问题，实际上涉及意识形态领域内无产阶级同资产阶级思想、封建主义思想的斗争的问题，历史唯物主义同历史唯心主义两种不同历史观的斗争问题，历史科学领域内要不要树立马克思列宁主义批判旗帜的问题。"[①]这一讲话在很大程度上推动了哲学社会科学界，包括历史学界的学术批判运动。

一、对"历史主义"观点的批判

20 世纪 50 年代后期，史学界掀起的轰轰烈烈的所谓"史学革命"，助长了"左倾"思潮的泛滥，其主要表现就是片面强调阶级观点和阶级分析，力图以农民起义和农民战争史来替代丰富多彩的中国历史。为了纠正片面强调阶级斗争的"左倾"错误，翦伯赞多次强调要坚持历史主义原则。翦伯赞关于历史主义和阶级分析问题的看法，集中体现在 1962 年发表在《江海学刊》第 5 期的《目前史学研究中存在的几个问题》一文中。翦伯赞强调说："必须把阶级观点与历史主义结合起来。如果只有阶级观点而忘记了历史主义，就容易片面地否定一切；只有历史主义而忘记了阶级观点，就容易片面地肯定一切。只有把二者结合起来，才能对历史事实作出全面的公平的论断。""见封建就反，见地主就骂"，"为了站稳阶级立场，有一个时期，有些同志把全部中国古代史说成是漆黑一团，说成是一堆垃圾，说成是罪恶堆积。""其所以如此，不是因为别的什么原因，只是因为古代史都是阶级社会的历史。用这样的态度对待古代史，也是非历史主义的。"在强调坚持历史主义原则的重要性和必要性的同时，翦伯赞也对历史主义原则和客观主义作了区分，他说："历史主义必须具有阶级观点的内容，否则就

---

① 参见周扬：《哲学社会科学工作者的战斗任务》第 5 页、第 43 页，人民出版社 1963 年版。

不是唯物主义，而是客观主义了。"① 站在今天史学研究的高度来看，翦伯赞当年有关历史主义与阶级观点的基本看法，在理论上是站得住脚的，历史主义原则是史学家必须遵守的基本原则，翦伯赞这时强调这一原则，对于纠正 50 年代史学研究中存在的日渐泛滥的非历史主义倾向，使历史研究在科学的轨道上健康发展，具有极其重要的现实意义和学术价值。

从马恩列斯和毛泽东强调阶级斗争和阶级分析的理论出发，受当时强调阶级斗争现实政治的影响，抱着进一步推进中国历史学在马克思主义道路上健康发展的良好愿望，1963 年，林甘泉在《新建设》第 5 期发表了《历史主义与阶级观点》一文。文章一开篇就说："有些同志在批评非历史主义倾向的时候，并没有能够站在正确的立场上来进行这种批评。结果是，这一时期以来，历史研究中又出现了另一种不健康的倾向：某些同志把历史主义与阶级观点对立起来，在讲'历史主义'的时候，离开了阶级观点，从而模糊了马克思主义原则。"②历史主义和阶级分析是马克思主义史学理论的重要问题，林甘泉的文章涉及对翦伯赞和吴晗这两位著名的史学家的有关观点的看法，因而本着百家争鸣的精神，《历史研究》主编黎澍约宁可撰写了文章，1963 年，《历史研究》第 4 期发表了宁可的《论历史主义和阶级观点》。宁可文章发表之后，林甘泉很快做出了回应，在《新建设》第 10 期发表了《再论历史主义与阶级观点》一文。对林甘泉这篇文章，宁可并不满意，于是他又在《历史研究》1964 年第 3 期发表了《论马克思主义的历史主义》。

关于历史主义和阶级分析的讨论，一开始强调阶级分析一派就对历史主义一派以批判的姿态出现，到 1963 年底，受社会政治局势的影响，"阶级分析派"势力急剧上升，之后的讨论已开始具有了明显的政治斗争的色彩，在理论认识上也出现了明显的倒退倾向。经过征求各方意见，由中宣部同意，《新建设》杂志于 1963 年在第 10—11 期发表的《如何看待剥削阶级在历史上的进步作用——与翦伯赞、宁可等同志的商榷》一文，已在全国有影响的刊物上，开始了对"历史主义"的代表人物翦伯赞和宁可的政治批判。文章说：翦伯赞"把'反对历史的发展'这种罪状加到所谓'只有阶级观点而忘记了历史主义'的头上，这是对马克思主义阶级观点的歪曲。""在如何对待剥削阶级的进步历史作用问题上，

---

① 翦伯赞：《目前史学研究中存在的几个问题》，载《翦伯赞史学论文选集》（三）第 93—99 页，人民出版社 1980 年版。

② 林甘泉：《历史主义与阶级观点》，《新建设》1963 年第 5 期。

翦伯赞等同志与我们的这些分歧，归根到底，是一个要不要马克思主义的阶级观点的问题，同时也是在历史研究中要不要无产阶级党性立场的问题。""翦伯赞、宁可等同志就是这样接受了资产阶级的历史主义，从而离开了马克思主义历史科学的党性立场。"① 从此，对翦伯赞和宁可的内部批判已正式开始，尽管这一时期中宣部仍将这次讨论看作学术问题的争论，有关各方也不断地对翦伯赞表示安慰②，但这场学术争论逐步变为一场政治斗争的发展趋势是十分明显的。

"历史主义与阶级分析"问题的学术讨论向极端的政治批判的发展，到戚本禹的《为革命而研究历史》一文的发表最终完成了。戚本禹说："有一种意见，认为历史研究只有无产阶级的阶级观点不行，还要有一种'历史主义'，如果只有阶级观点而没有'历史主义'，就要犯'否定一切'的'非历史主义'的错误。问题的提出使人感到惊异。无产阶级的阶级观点，怎么会引向'否定一切'，引向'非历史主义'，因而必须要用一种'历史主义'来补偏救弊呢？在马克思主义的宝库里，怎么会有一种脱离了阶级观点的'历史主义'呢？"戚本禹文章中的杀气，从对翦伯赞的看法可见一斑，马克思主义的历史主义被诬蔑为脱离阶级观点的资产阶级的客观主义，"历史主义"这一范畴的独立性就这样被抹煞了。戚本禹进一步上纲上线说："企图用一种离开了无产阶级的阶级观点的'历史主义'来补无产阶级阶级观点之'偏'，救无产阶级阶级观点之'弊'，那只能是用资产阶级的历史主义代替马克思主义的历史主义。""对于历史主义和阶级观点的错误理解，不仅仅是一个概念不清楚的问题，这里实质上反映了一些人对于无产阶级的立场、观点和方法去研究历史的一种怀疑和动摇，有的甚至是反对。"③ 到 1966 年 6 月的《人民日报》社论，翦伯赞等关于历史主义的提倡，就进一步被污蔑成"他们用所谓'历史主义'即唯心史观，来反对和篡改马克思列宁主义的阶级斗争学说。"④ 从此，对翦伯赞残酷的政治迫害全面开始了。

二、对旧著《中国通史》的批判

史学界对周谷城的旧著《中国通史》的批判，早在 1958 年就已开始。《新建设》1958 年 7 月号发表了古田的"评周谷城的《中国通史》"，随后，9 月号

---

① 《如何看待剥削阶级在历史上的进步作用——与翦伯赞、宁可等同志商榷》，《新建设》1963 年第 10—11 期。

② 参见张传玺：《翦伯赞传》，第 449—456，470—472 页，北京大学出版社 1998 年版。

③ 戚本禹：《为革命而研究历史》，《历史研究》1965 年第 6 期。

④ 《夺取资产阶级霸占的史学阵地》，《人民日报》1966 年 6 月 3 日。

发表了周谷城的《评古田对〈中国通史〉的书评》；《学术研究》1958年11月号发表了《批判周谷城著〈中国通史〉》。随后，《光明日报》先后发表了《为什么替汉奸辩护》、《评周谷城的〈中国通史〉》、《评周谷城先生的资产阶级文化史观》等文章。关于周谷城的《中国通史》存在的问题，《光明日报》有文章概括为四个方面：歪曲和诬蔑农民起义；颂扬封建统治阶级；为洋务运动的"富强新政"辩护；轻视劳动人民创造文化的作用①。1960年3月21日，中国史学会上海分会党组举行扩大会议，研究了对尚钺、李平心、周谷城等人开展学术批评的问题。② 随着对周谷城的"时代融合精神"的批判，在抓阶级斗争的"左倾"政治影响下，历史学界对周谷城展开了猛烈的批判。

由1963年对周谷城的《礼乐新解》、《史学与美学》的批评，到1964年发展到对他的历史学论著及其观点的批判。《人民日报》1964年9月3日发表了《周谷城的反动历史观和"时代精神融合论"》，《红旗》1964年第17—18期发表了《周谷城是怎样袒护秦桧、赞成投降、诋毁主战派的》，《光明日报》先后在1964年10月27日、11月5日发表了《周谷城在〈中国通史〉中是怎样污蔑农民起义的》、《周谷城的阶级合作论历史观》。几乎同时，《文汇报》、《解放日报》和《学术月刊》也发表了对周谷城的中国历史研究的批判文章。关于周谷城在中国历史研究方面存在的问题，同年的《历史研究》发表的文章概括为以下七个方面：一、封建剥削关系的合法说教；二、咒骂农民革命，歌颂统治阶级的反动暴力；三、兜售腐朽的反动的阶级调和论；四、宣扬知识分子调和阶级矛盾的超党性论；五、美化帝国主义对中国的侵略；六、反对中国人民的反帝斗争，为民族投降主义涂脂抹粉；七、庸俗社会学、社会达尔文主义、种族主义的中国版③。1965年，对周谷城的史学批判进一步展开，《历史研究》1965年第1期发表了《"历史完形论"批判》，《历史教学》发表了《周谷城反动的历史观和史学方法论》、《周谷城是怎样为帝国主义侵略辩护的》等文章。《文史哲》更是成为批判周谷城的重要阵地，相继发表了《周谷城怎样为帝国主义辩护》（1965年第1期）、《周谷城是怎样在社会历史领域中歪曲唯物辩证法的?》（1965年第2期）、《批判周谷城对待中国历史上战争的荒谬看法》（1965年第2期）《批判周谷城的民族投降主义和活命哲学》（1965年第2期）、《揭露周谷城为帝国主义

---

① 《批判周谷城"中国通史"中的资产阶级观点》，《光明日报》1958年12月25日。
② 姜义华主编：《史魂——上海十大史学家》第419页，上海辞书出版社2002年版。
③ 《周谷城在中国历史方面贩卖了什么货色》，《历史研究》1964年第5—6期。

侵略中国作辩护的实质》（1965年第3期）、《彻底揭露周谷城的阶级调和论》（1965年第3期）等批判文章。

《中国通史》是作为对周谷城史学进行批判的核心著作。这部通史于1939年由上海开明书店出版，是周谷城在暨南大学教授《中国通史》时，在其讲稿的基础上所成的一部80万字的《中国通史》著作，本书出版后不久，曾因涉嫌宣传马克思主义，遭到查禁。但还是被许多大学作为教材广泛使用，到1948年已印行12次，1956年新知识出版社再版，1957年上海人民出版社第1次修订再版。对这部通史遭到的批评，1958年，周谷城专门撰文对古田的批评从十个方面提出反批评意见。① 历经劫难，1981年该书再版时，周谷城做过小的修订，但基本内容和体例、结构、观点没有变化，表明周谷城对自己早年的著作是认可的，一直坚持自己的学术观点。1957年的版本，到2002年已印行23次、24万余册，此外，港、澳、台、东南亚以及日本、美国等也大量翻印这部通史。这些事实表明，周谷城的《中国通史》得到了广大读者的普遍认可，是有强大生命力的。今天看来，本书用八十万字的篇幅系统地讲述中国历史，篇幅适中。特别是相比众多的《中国通史》著作，本书征引了大量的中国古代典籍的原文，这是其非常突出的特点，这对于进一步深入研读中国历史具有很好的导向作用。这部通史在20世纪50—60年代遭到猛烈批判的原因在于，周谷城主要根据中国历史资料讲述和"完形"中国历史，而批判者主要用片面的"阶级斗争"观点审视中国历史，前者建立在历史资料的基础上，后者则主要以主观的愿望臆想中国的历史。此外，周谷城著作遭批判主要原因，在于这部著作与当时片面强调阶级观点、农民战争的形势是不合拍的，也与对周谷城的"时代精神论"等的批判密切相连。我们不能说周谷城的著作没有一点问题，当年的这些批判，也并不都是空穴来风，但绝大部分的批判是非历史主义的主观片面的观点，反映出中国历史学界"左倾"思潮的再次泛滥，这其中的教训值得我们认真总结。

三、《李秀成自述》讨论向政治批判的转向

太平天国起义是中国历史上一次轰轰烈烈的农民战争，李秀成是这次起义后期的著名领导人，李秀成被俘后在狱中留下了个人自述。如何认识和评价《李秀成自述》，本来是一个学术问题，但在20世纪60年代的中国，在现实意识形态领域的阶级斗争形势影响下，戚本禹等将这一问题政治化，由此展开了对著名太

① 周谷城：《评古田对〈中国通史〉的书评》，《新建设》1958年第9期。

平天国史研究专家罗尔纲等人的政治大批判。

罗尔纲在研究太平天国起义的过程中，接受广西通志馆的邀请，在 1944 年，对 1936 年北京大学出版的《影印曾文正批记李秀成供》与吕集义拍照的曾家后人所存的《李秀成供》原本进行比照，撰成了《忠王李秀成自传原稿笺证》一书，1951 年该书公开出版，到 1956 年发行第四版。在对《李秀成自述》等材料详细研究的基础上，1954 年，罗尔纲又出版了《忠王李秀成传》。1957 年，中华书局出版了罗尔纲的《忠王李秀成自传原稿笺证》增订本，罗尔纲撰写了八万多字的考证文章，对"忠王自述"的真伪作了进一步翔实的考证和论述。对于《李秀成自述》的真伪问题，自 1951 年开始，学术界就出现了不同的看法，罗嗣蕃、年子敏、束世澂等史学家主张曾国藩伪造说，也有学者承认它的真实性。关于李秀成的投降，罗尔纲提出了"伪降说"，即为了保存革命实力，对此，学术界既有赞同者，也有反对者。如有文章指出罗尔纲的"伪降假说"是不能成立的。同时，从现实出发，作者对罗尔纲的学术观点上升到政治的高度予以批判，说："作为研究太平天国的史学前辈，罗先生把阶级斗争关系简单化和对忠王的主观主义的研究态度，不可能有良好的影响的。同时，强调伪降说也是不无危害的。……试问，为无产阶级政治服务的历史科学和史学工作者在忠王乞降问题上是真实地揭露历史的事实、批判忠王的动摇乞降、以革命气节忠贞情操教育青年一代呢？还是出于对忠王片面的爱，为他的动摇行为作没有根据的'伪降'辩护呢？显然应该是前者，应该是严肃的批判，正当的合乎实际的评价忠王，使之符合历史的实际。"① 新中国成立后，罗尔纲关于《李秀成自述》问题不断探索和研究，提出了自己的看法，有不同的意见当然可以进行讨论，但是，这种借口从现实的爱国主义教育出发，从历史学为无产阶级政治服务的狭隘目的出发，将学术问题提到政治的高度，从而对罗尔纲的学术观点予以批判，显然是不妥当的。

1963 年，《历史研究》刊发了戚本禹的文章《评李秀成——并同罗尔纲、梁岵庐、吕集义等先生商榷》。戚本禹不同意罗尔纲等提出的李秀成"伪降说"，他提出"忠王不忠"，"无情的事实说明了：李秀成的自述并不是为总结太平天国革命的经验教训而写的'革命文献'，它只不过是为投降的目的而写的一个背叛太平天国革命事业的'自白书'。"文章在最后说："如果我们尊重革命的历史、尊重历史唯物论的真理，我们便不能让变节分子的'自白书'继续彪炳于

---

① 《读〈忠王李秀成自传原稿笺证〉增订本》，《历史研究》1959 年第 3 期。

革命的史册。"① 接着，他又在 1964 年发表《怎样对待李秀成的投降变节行为》，露骨地施展其粗暴的政治挞伐的伎俩，在文章最后一部分，煞有介事地说："一个变节分子的'自白书'，被一些专门研究它的专家捧到了九天之上，他们不仅自己对它视之若香花，敬之若神明，而且还要号召我们大家，号召我们的青年一代，一起来认真阅读'这部革命的英雄自传'，一起来'表彰'和'热爱'这位革命的'先烈'。三个省、市，五个出版社以各种铅印、影印的版本，辅以各种笺证和说明，向读者大量地推荐着它。我们的大、中、小学，我们神圣的无产阶级教育的讲坛，也在向学生们进行着李秀成'崇高伟大'的教育，一二年级的小学生可以不知道农民革命元勋洪秀全，却必须知道'农民领袖李秀成'。我们的革命舞台，也在向观众推荐着关于李秀成'慷慨就义'的戏剧。一个人变节了，却仍然可以得到人们这般歌颂，难道这种现象是正常的、合理的吗？是不是没有人提过疑问呢？有，而且有不少人提出过疑问。但是却被一些人认为是'诬罔先烈的皮毛之见'，'污蔑忠王的谬说'。再提意见就是简单的阶级观点、典型的非历史主义。请问，这是什么逻辑？"② 戚本禹的这篇文章不仅针对罗尔纲等太平天国史研究专家，而且不点名批评了阳翰笙、欧阳予倩等著名文学艺术家，以及坚持历史主义原则的翦伯赞、范文澜等著名史学家，其力图打倒史学界和文化界一大批人士的罪恶企图已经充分暴露。后来，当毛泽东主席赞同了戚本禹的观点之后，这些极左派以此为由，开始了对中国历史学界的全面冲击。

四、中国农民战争史研究领域的学术批判

中国农民战争史的研究是新中国史学研究的热门领域并取得了丰硕的成果。新中国许多史学工作者，致力于农民战争历史资料的整理和调查工作，致力于历代农民起义和农民战争史的研究。赵俪生、孙祚民、漆侠等一批年轻的农民战争史研究专家脱颖而出，纷纷推出了自己的农民战争史研究专著。在中国近代史领域，太平天国起义、义和团运动也成为史学家的热门话题。农民战争史的研究，彰显出了伟大的农民阶级在中国历史发展中的极大的作用，推进了对于中国普通劳苦大众的研究，也与现实社会中推崇劳苦大众、反对剥削和压迫的社会政治路线相适应。但是，农民阶级作为封建社会一个受剥削受压迫的阶级，也有其鲜明

---

① 戚本禹：《评李秀成——并同罗尔纲、梁岵庐、吕集义等先生商榷》，《历史研究》1963 年第 4 期。

② 戚本禹：《怎样对待李秀成的投降变节行为》，《历史研究》1964 年第 4 期。

的阶级和历史的局限性，一些学者在高度评价农民阶级和农民战争的重要历史作用的同时，也指出农民阶级和农民战争的局限性。在正常的学术环境下，这有利于对农民阶级的历史作用进行科学地估量和评价，有利于历史学在科学化的轨道上迈进。但在新中国的社会背景之下，在社会政治思想影响下，在60年代的阶级斗争严峻的形势下，凡是指出农民阶级的历史局限性、农民战争的局限性的学者，都遭到了猛烈的政治批判。

　　早在1953年，漆侠就发表了《正确认识历史上的封建统治阶级和封建王朝》一文，他指出："近年来有一种论调，认为中国'三千年来的封建统治阶级中，没有一个好家伙'，一句话说：'朝朝代代都是坏蛋坐江山。'这类违反马克思主义的非历史主义的观点，在目前历史教学和历史研究工作中，还相当普遍的存在着；因此，把怎样来看待历史上的封建统治阶级和怎样来看封建朝代地位的问题，提出讨论，是有其必要的。"在这篇文章中，漆侠明确提出以下重要学术观点：不能一笔抹煞三千年来的封建统治阶级，正确认识封建统治阶级及其杰出的代表人物在历史上的作用，正确认识封建社会里主要王朝的历史地位。关于农民战争和农民起义对历史发展的作用，漆侠指出："在封建社会中，由于农民不是新的生产力的代表者，所以很多次的农民战争，只是打击了封建地主，却没有变更封建剥削制度；农民战争即便是取得胜利，推倒了某一个封建王朝，但是继之而起的，却是另外一个封建王朝。秦末、隋末、元末的农民大起义的结果，出现了汉、唐、明三个巨大的封建帝国，便是三千年来封建社会中最突出最明显的例子了。""尽管农民阶级不是新的生产力的代表者，不能够创造农民政府，但是农民起义和农民战争确是推动封建社会前进的真正动力。这是因为，农民起义和农民战争都打击了当时的封建统治，多少变动了社会的生产关系；同时，它教训了后来的封建统治阶级及其代表人物，使他们认识了农民的巨大力量，而对农民做了一些让步，从而社会生产力就得到进一步的发展。越是巨大农民战争之后建立起来的统一帝国，越表现了这种情况。"① 漆侠这篇文章的理论价值在于：明确提出要历史地看待封建统治阶级和封建王朝对历史发展的作用，要正确认识和评价农民战争的历史作用。在后来的历史岁月中，经历挫折的漆侠，从中国科学院近代史研究所转到天津师大历史系从事历史教学和科研工作，农民战争史成为他史学研究的主攻方向，出版了《隋末农民起义》（华东人民出版社，1954年）、《秦汉农民战争史》（三联书店，1962年）等论著。从事农民战争研究的孙祚民

---

① 漆侠：《正确认识历史上的封建统治阶级和封建王朝》，《新建设》1953年7月号。

力主农民阶级不能建立农民政权的观点，他说："从农民阶级本身看，他们长期从事落后、分散的个体农业生产的结果，铸成浓厚的分散、锢闭、自私、狭隘的弱点。反映在政治和军事上，便表现为眼光短侠，组织松懈，留恋乡土，和不能紧密团结，坚持斗争。""在封建社会里，由于历史条件的限制，农民的起义和战争就不能不带有一定的局限性。尽管有些起义和战争，曾经成功地摧毁了旧的封建王朝，但他们是不可能组织'农民政权'的。""正确地认识中国历史上农民起义过程中所建立政权的性质，能够帮助我们在肯定农民起义和战争中'都打击了当时的封建统治，因而也就多少推动了社会生产力的发展'的作用之余，不至于反转过来忽略了它的局限性，而过分夸大估计其作用。"① 孙祚民对中国农民战争中皇权主义问题作了深入的探讨，他指出：皇权主义是封建时代世界各国农民战争的普遍现象；皇权主义是封建经济基础和封建伦理观念的产物；皇权主义是封建关系的上层建筑。孙祚民反对将封建社会的农民阶级无产阶级化的非历史主义观点，他指出："皇权主义思想的性质，只能是封建的，而不会是农民的。封建社会的农民，只能从封建统治阶级那里接受皇权主义思想，却不能对他进行'改造'。在农民战争过程中，有的农民起义军曾经借用过历史上某一王朝或皇帝的旗号，这虽然含有利用它作为号召群众对敌斗争的意义，但是这不是主要的。更重要的是，这说明了他们所受皇权主义思想的深重影响，看不到、并且不相信人民群众的力量，提不出更正确和有力的政治纲领和口号。""农民战争中的皇权主义思想，说明了农民群众不能从阶级关系上分清敌我，不能认清封建皇权的阶级实质，也不能摆脱来自敌对阶级的思想影响。总之，它反映了农民群众的不觉悟或觉悟很低。"② 孙祚民的上述观点，也有助于纠正无限拔高农民战争的历史作用，有助于正确认识和评价农民战争和农民阶级的历史局限性。针对中国农民战争史研究中出现的将古代农民理想化、无产阶级化的倾向，蔡美彪也对农民战争研究发表了重要观点，他着重论述了农民战争的历史局限性问题。他指出："农民的革命斗争，在中国历史上反复地归结为封建制度的重建。所以对于古代起义农民的觉悟性和组织性不宜渲染过甚。如果渲染过甚，那么，农民战争的性质的特点就会得不到正确地说明了。"他深入地论述了如下重要观点：农民战争是不同于社会革命的另一种革命；农民阶级的起义缺乏阶级的自觉，它只能是自发的运动；通过对"均贫富、等贵贱"口号的分析，否定了侯外庐等提出

---

①　孙祚民：《关于"农民政权"问题》，《新史学通讯》1955 年第 8 期。

②　孙祚民：《关于中国农民战争中皇权主义的问题》，《历史研究》1961 年第 5 期。

的宋代和明代农民起义已经具备了"推翻封建制度建立新的社会制度"的自觉认识的看法；与孙祚民持同样的观点，蔡美彪反对白寿彝、宁可提出的农民阶级曾建立农民政权的说法，"归根说来，农民领袖建立的所谓短期的政权，是不能看作'农民阶级政权'、'农民专政'的。从它统治地区的社会状况来说，从它的经济关系政治制度说来，从它的斗争目标和发展前途说来，都只能是封建性的政权。"文章还探讨了中国农民战争总是反对王朝和官府的原因，以及中国农民战争规模之大是世界历史上仅见的原因①。漆侠、孙祚民、蔡美彪等关于中国农民战争的认识，在学术上能否站得住脚，学者之间自然可以展开争鸣，如关于农民阶级是否建立自己的政权问题，《历史研究》在 1962 年第 1 期，同时刊出了郑昌淦《中国古代农民在革命战争中所建立的政权的性质问题》、叶孝信的《对中国封建社会"农民政权"性质问题的商榷》，这两篇争鸣文章，有助于对农民战争政权的进一步认识和探讨。但在 1964 年以后的阶级斗争和"史学批判"声浪中，他们的学术观点被政治化，受到了严厉的批判。

在 1963 年之后的阶级斗争形势影响下，在农民战争史领域，一些人首先将批判的矛头对准了漆侠、孙祚民、蔡美彪有关农民战争的学术观点。如《历史研究》在 1964 年刊发了一篇与胡如雷和蔡美彪的商榷性文章，文章已开始上纲上线，如作者说："如果说蔡美彪同志在掩盖地主和农民的阶级矛盾时把矛盾转嫁给官府的暴虐，把官府的穷凶极恶与地主的'较为缓和的经济形式'对立起来描述，那么胡如雷同志在掩盖地主和农民的阶级矛盾时，却是把矛盾转嫁给地主的兼并土地，把国家的明智与实施仁政与地主的狡猾、贪婪对立起来描述。这两种论点表面上是相反的，然而却有一个本质上的共同之处，那就是把国家看作是超阶级的东西，并且把封建国家与地主阶级割裂开来。""胡如雷同志不是把中国封建国家机器看作是地主阶级对农民阶级进行专政的工具，而是把它描述为可超越于阶级对抗之上、调和阶级矛盾而其本身既代表地主政权又与自耕农有共同的经济利益的怪物。这样的观点是与马克思主义的国家观点全然背道而驰的。这样的观点是彻头彻尾的资产阶级观点。这样的观点不过是三十多年前陶希圣的'超地主的政策'说的再版。"②早在 1958 年，就有人对孙祚民的"让步政策"说提出了商榷意见，文章说："孙祚民先生的《中国农民战争问题探索》一书，经人揭发，从史料到论点，几乎全系抄自右派分子赵俪生的讲稿，其中包含着不

---

① 蔡美彪：《对中国农民战争史讨论中几个问题的商榷》，《历史研究》1961 年第 4 期。
② 《关于中国封建社会阶级矛盾的一些问题》，《历史研究》1964 年第 5—6 期。

少严重错误。已经有人陆续加以批判。"① 1964 年底，对孙祚民的批判全面展开。有学者撰文："孙祚民同志关于农民问题的一系列观点，外表上打着坚持阶级观点的名号，装点着马克思主义的词句，实际上则是完全悖离了马克思主义的阶级观点，是历史唯物论其名，历史唯心论其实的。""孙祚民同志曾指责关锋、林聿时同志'美化'农民阶级。我看，问题不在于美化，而在于孙祚民同志丑化了农民阶级。这绝非妄加给孙祚民同志的论断。因为在他的笔下，农民和贪财好势、争权夺利的地主分子和投机政客几乎没有区别。试问，这不是丑化，又是什么呢？"② 到 1965 年 1 月，《大众日报》、《文史哲》、《学术月刊》、《光明日报》先后发表 13 篇文章，这些文章认为，孙祚民的论著和观点的错误在于：丑化农民革命、诋毁农民战争，抹煞农民战争的反封建性质，抹煞农民政权的革命性质，"孙祚民的错误观点，是帝王将相创造历史的观点，是维护腐朽势力，扼杀新生势力的反动观点，一句话，是资产阶级历史唯心主义观点"，"是站在地主资产阶级方面，打击农民阶级起来革命的理论，是站在封建地主阶级的立场上，为维护封建秩序而污蔑农民革命战争的理论。"③

对漆侠的批判从 1960 年就已经开始，有文章说他的《隋末农民战争》，"作者的研究思想是有问题的。对这样一次轰轰烈烈的全国性的农民大起义，不是满腔热情地给予歌颂赞扬，而是大加贬低，无视农民群众在历史上的作用；以农民斗争的失败为依据，大加赞扬地主阶级的贡献。因此，对地主阶级是歌功颂德，对农民阶级是'百般挑剔'。显然，作者在这本书中是以资产阶级的立场、观点来论述隋末农民起义的。"④ 1965 年 9 月，孙达人在《光明日报》发表了《应该怎样估价"让步政策"》，从毛泽东的"整个文明史就是阶级斗争史"的阶级斗争史观出发，结合相关的历史资料，孙达人对以翦伯赞、漆侠为代表的"让步政策"提出了否定意见。他说："'让步政策'的理论既然是非阶级分析的，因此也必定是歪曲历史实际的。""'让步政策'根本歪曲了毛主席关于中国农民战争历史作用的理论。"⑤ 1966 年 3 月，漆侠在《文汇报》上发表的《农民战争与让步政策》一文，招来了对他的猛烈批判。漆侠在文章中指出："孙达人同志提出

①　《孙祚民〈中国农民战争问题探索〉一书中的几个问题》，《文史哲》1958 年第 11 期。

②　《究竟是历史唯物论，还是历史唯心论》，《文史哲》1964 年第 6 期。

③　《批驳孙祚民在中国农民战争问题上的错误观点》，《光明日报》1965 年 1 月 27 日。

④　天津师范大学历史系中国古代中世纪教研组青年教师科研小组：《关于隋末农民起义的几个问题——评漆侠著〈隋末农民起义〉》，《历史教学》1960 年 2 月号。

⑤　孙达人：《应该怎样估价"让步政策"》，《光明日报》1965 年 9 月 22 日。

重新估价'让步政策'的意见，引起广泛的注意，这是很好的；但是在如何理解农民的阶级斗争是历史发展的真正动力这个问题上，还值得商量。孙达人同志完全可以否定让步政策的存在，决不应该完全否定起义前后社会情况的某些变化，跳到另一个极端。这对于正确估价农民战争的作用，也是不利的。"文章着重分析了封建统治政策和让步政策，认为"让步政策"是封建统治政策的一个组成部分，关于"让步政策"，漆侠明确地说："在某些次大规模农民战争后封建统治政策的变换中，是否一度出现过让步政策（剥削压迫的相对和缓和减轻）呢？我以为，是曾经出现过的。""让步政策是新王朝统治政策的一个组成部分，是新当权者集团软硬兼施的两手政策中的一手。""也应当承认，让步政策在客观上对历史的发展起着一定的推动作用。"① 自 1966 年 4 月，随着对翦伯赞开始公开大批判，对漆侠的批判也就随之全面展开，河北大学历史系先后举行了 6 次大的讨论会，写出了 150 余篇文章，对漆侠的"让步政策"进行了针锋相对的斗争。批判者认为：漆侠的"让步政策"论抹杀了封建统治政策的阶级实质，严重歪曲了历史真实；是污蔑农民革命，美化帝王将相"德政"的反动理论；贩卖的是阶级调和论；是配合国内外反动阶级向马克思主义猖狂进攻而射出的毒箭。② 到 1966 年 5 月，对漆侠的批判就与对翦伯赞、吴晗的"让步政策"论的批判结合在一起。有文章说："在中国封建社会历史上，历史发展的动力是农民阶级，还是地主阶级的'让步政策'，这是两种根本对立的历史观。翦伯赞、漆侠等只是口头上承认人民是历史的主人，但实际上是拾封建史家之唾余，五体投地地歌颂帝王将相的'文治武功'。这正是他们对农民革命伟大篇章的诋毁，这正是他们以资产阶级的反动的唯心史观来反对无产阶级的唯物史观。这是史学战线上两条道路的斗争。我们一定要高举毛泽东思想的伟大红旗，把兴无灭资的斗争进行到底。"③《河北日报》编者按说："漆侠在解放以后十多年，追随吴晗和翦伯赞，坚持反马克思主义的史学立场，先后写了《秦汉农民战争史》《隋末农民起义》《唐太宗》《王安石变法》等四本书，……，披着马克思列宁主义、毛泽东思想的外衣，反对马克思列宁主义、毛泽东思想，大肆宣扬资产阶级的史学

---

① 漆侠：《农民战争与让步政策》，《文汇报》1966 年 3 月 10 日。
② 河北大学历史系通讯组：《河北大学历史系学生展开大讨论，批判漆侠的反马克思主义的"让步政策"》，《河北日报》1966 年 4 月 30 日。
③ 河北大学历史系五年级史学评论小组：《从"贞观之治"驳"让步政策"论》，《历史教学》1966 年 5 月号。

观点，迷惑一些人，尤其是迷惑青年。"① 这样，"让步政策"就被作为资产阶级的史学观点，被彻底否定了。中国的农民战争史研究工作，从此也就陷入了绝境。

五、围绕《海瑞罢官》展开的激烈争论

历史剧《海瑞罢官》，是著名明史专家、北京市副市长吴晗应著名京剧艺术家马连良的再三邀请，在众多学者和政界要人及文艺工作者通力合作之下，七易其稿，于 1961 年底最后定稿写成的一出历史剧②。当年，毛泽东主席看了这出戏之后也曾说："戏好，海瑞是好人。"并请马连良吃饭③。历史剧《海瑞罢官》在北京上演之后，马连良发表了《〈海瑞罢官〉演出杂感》，繁星（廖沫沙）写了《史和戏——贺吴晗的〈海瑞罢官〉演出》，常谈（侯外庐）也发表了《从"兄弟"谈到历史剧的一些问题》，他们都对该剧和吴晗予以赞扬。但是，让人们没有料到的是，这样一出具有教育意义的历史剧，却成为"文化大革命"这场十年浩劫的导火线。

在江青的操纵和支持下，1965 年 11 月，姚文元发表了《评新编历史剧〈海瑞罢官〉》，对著名明史专家、北京市副市长吴晗点名批判，由此，对中国政治和社会产生了重大影响。在毛泽东强调抓阶级斗争的政治方针影响下，早在 1962 年，江青找中宣部、文化部的四位正副部长谈话时，就别有用心地提出要批判《海瑞罢官》，并耸人听闻地说："在舞台上、银幕上表现出来的东西，大量的是资产阶级的、封建主义的东西"，江青荒唐的看法当即遭到了几位部长的否定。至 1964 年下半年，江青又找北京的李希凡写批判《海瑞罢官》的文章，也被婉言谢绝。最后，江青只好将目光转向上海。江青曾向众人表白过他们秘密策划的经过，她说："批判《海瑞罢官》也是柯庆施同志支持的。张春桥同志、姚文元同志为了这个担了很大的风险啊，还搞了保密。……当时彭真拼命保吴晗，主席心里是很清楚的，但就是不明说。因为主席允许，我才敢于去组织这篇文章，对外保密，保密了七、八个月，改了不知多少次。"④ 此后，姚文元最终抛出了这篇丑文。该文共分四个部分：《海瑞罢官》是怎样塑造海瑞的？一个假海瑞，

---

① 《必须彻底批判漆侠反马克思主义的历史观》，《河北日报》1966 年 5 月 6 日。
② 《吴晗史学论著选集》第 3 卷第 532—542 页，人民出版社 1988 年版。
③ 苏双碧、王宏志：《吴晗传》第 323—327 页，上海人民出版社 1998 年版。
④ 江青：《为人民立新功》，中国人民大学编辑小组：《无产阶级文化大革命胜利万岁》，新华印刷厂1969 年。

《海瑞罢官》宣扬了什么？《海瑞罢官》要人们学习什么东西？姚文元提出《海瑞罢官》"戏中所描写的历史矛盾和海瑞处理这些矛盾时的阶级立场，是违反历史真实的。戏里的海瑞是吴晗同志为了宣扬自己的观点编造出来的。"姚文元无限上纲，危言耸听，污蔑《海瑞罢官》是反对马克思主义国家观、反对现实社会主义的一株毒草："吴晗同志恰恰用地主资产阶级的国家观代替了马克思主义的国家观，用阶级调和论代替了阶级斗争论。""《海瑞罢官》这张'大字报'的现实意义究竟是什么？对我们社会主义时代的人究竟起什么作用？要回答这个问题，就要研究一下作品产生的时代背景。……'退田''平冤狱'就是当时资产阶级反对无产阶级专政和社会主义革命的斗争焦点。……《海瑞罢官》就是这种阶级斗争的形势的反映。""《海瑞罢官》并不是芬芳的香花，而是一株毒草。它虽然是头几年发表和演出的，但是，歌颂的文章连篇累牍，类似的作品和文章大量流传，流毒很广。"[1] 和戚本禹一样，姚文元力图打倒史学界、文化界和政治界一大批人士的罪恶阴谋暴露无余。

史学界的有识之士对姚文元的恶劣行径，是敢于站出来说话的。早在姚文元文章发表之前，《文汇报》就将该文用上等道林纸排成单行本，并召开了讨论会，讨论会上大家提出了许多尖锐的意见。姚文元的文章原封未动见报之后，1965 年 12 月 31 日，《文汇报》又邀请上海史学界、文艺界部分人士讨论吴晗的《关于〈海瑞罢官〉的自我批评》一文，周予同、周谷城、谭其骧、束世澂、杨宽、陈守实、李平心等史学家出席。上海社会科学院历史研究所副所长周予同在发言中指出：戏剧艺术和历史科学是两个问题，两个路数，戏剧和历史有关系，但关系究竟怎么样，可以讨论。清官评价问题，清官屁股坐在什么地方的问题，这对史学界来说似乎已经清楚，目前有人说清官比贪官更坏的问题，这一点还可以讨论。这样说，那么，在蒋匪时代，是否做坏教授比做好教授要好呢？对封建社会的人物要做具体分析，全盘否定封建社会的历史，那将要把世界上优秀的一部分文化淹没了。[2] 著名史学家华岗，先后于 1966 年 1 月 12 日和 17 日在《文汇报》发表文章，他说："在海瑞问题讨论中，有人说，历史上的'清官'、'好官'比贪官坏官更坏，更反动，理由是他们的行动更符合封建统治阶级的要求，起了巩固封建统治的作用。我认为这是一种形而上学的观点，是一种违反历史唯

---

① 姚文元：《评新编历史剧〈海瑞罢官〉》，《文汇报》1965 年 11 月 10 日。

② 转引自苏双碧、王宏志：《吴晗传》第 341 页，上海人民出版社 1998 年版。

物主义的谬论，必须辞而辟之。"① 明清史专家商鸿逵在文章中说："姚文元同志评《海瑞罢官》，对海瑞几乎全部否定，这是不够公允的，也是不能令人信服的。""我们批判这个剧本，只可就文论文，不可超出题外，抽取其中某些情节来附会影射政治范畴的问题，这样一来必定要影响百花齐放，百家争鸣的开展。"②

著名史学家李平心与姚文元进行了针锋相对的斗争。他先后发表了《漫谈清官》、《循吏、清官、良吏的历史评估》以及《关于历史人物的标准问题和循吏、清官的分析批判问题》等文章，他说："如果说把海瑞之类的清官捧上天，是犯了右倾的错误，把他们一概打入十八重地狱，是不是犯了'左倾'的错误呢？历史人物毕竟是过去了的古人，我们不能拿今天的无产阶级政治称尺去衡量他们，要求他们同现代的革命政治家一样对待人民；对于他们必须依据当时的具体历史条件认真分析、分别对待。假如有人认为凡是清官，都是历史罪人，同所有的贪官污吏、权奸恶霸、民蠹国贼没有一丝一毫的区别，那是把马克思主义十足庸俗化了，难道无产阶级是只管现实政治是非不顾历史是非的粗暴力量吗？不能同意这种严重曲解马克思主义阶级观的偏见。"③ 李平心关于清官和历史人物的评价与姚文元的直接对立，引起了一些人的反对，《文汇报》发表了雷政明的《向平心提几个问题》和春阳的《向平心请教》，于是，李平心又发表了《关于历史人物的标准问题和"循吏"、"清官"的分析批判问题》，指出："每一个古人只能对自己在历史上的所作所为、所言所思负责，而不能对自己被当时和后世的剥削集团及其爪牙加上的各种徽号完全负责，这个道理本来是不难懂的，也不难说清楚的。正因为这样，为了对当前的革命负责，也为了对过去的历史负责，我们就有必要大力打破各种真正的反动的历史偶像（而不是被别有用心的新黑帮分子按照预定的诽谤计划夸张地反塑造的什么'个人迷信偶像'），而又分别对待被偶像化的具体历史人物，分别对他们给以符合过去的历史事实也符合当前革命利益的一定评价。"④

著名马克思主义史学家翦伯赞看到姚文元的文章后十分震惊，读罢十分生

① 华山：《论肯定与赞扬》，《为什么要肯定"清官"、"好官"》，《文汇报》1966 年 1 月 12 日、17 日。

② 商鸿逵：《由假海瑞谈到真海瑞》，《文汇报》1966 年 1 月 11 日。

③ 平心：《漫谈清官》，《学术月刊》1966 年第 1 期。

④ 平心：《关于历史人物的标准问题和"循吏"、"清官"的分析批判问题》，《文汇报》1966 年 3 月 31 日。

气,《文汇报》记者登门采访时,翦伯赞明确地说:"我认为,吴晗同志在政治上没有问题。姚文元的文章非常粗暴,这是抓辫子,打棍子,给吴晗同志扣政治帽子。如果这样整吴晗,所有的进步知识分子都会寒心。"几天后,翦伯赞主持了北京大学历史系的《海瑞罢官》讨论会,他主张大家根据党的"百花齐放,百家争鸣"的原则,畅所欲言,各抒己见。1965 年 11 月 15 日,翦伯赞接受一位高级记者的来访,翦伯赞说:"姚文元的文章的最后一段,把吴晗的问题提到那样的高度,也是一个可以讨论的问题。"他主张历史、戏剧、哲学工作者都参加讨论,讨论应该是自由的,不要带上框框,这样才是"百家争鸣"。1966 年 2 月 2 日,在形势已十分紧张的情况下,翦伯赞等应邀出席了由关锋主持的哲学社会科学部的"关于清官问题的讨论会",郑天挺的发言是《官与民在某种条件下有某些共同利益》,翁独健的发言是《从历史条件看,"清官"总比贪官好一点》。翦伯赞的发言是《"清官"问题不可轻视》,他提出三个方面的观点:一是"清官"问题并不小,不可忽视;二是"清官"与贪官谁好? 三是要解剖几个"清官"和几部公案小说,展开"清官"问题的讨论①。著名元史专家翁独健表现出了大无畏的精神,他说:"姚文元最后一段议论提《海瑞罢官》影射现实,过了头,超过了学术范围。姚文元对吴晗下'反党反社会主义'结论,这是莫须有的罪名,和秦桧陷害岳飞的理由一样。你姚文元把海瑞的平冤狱、退田同现实类比,请问你是什么存心? 你故意这么套,是不是存心反党反社会主义?"历史学家周谷城也愤怒地指出:这是姚文元故意陷人于罪。②

　　关于历史人物的评价,由于现实阶级斗争的影响,由于将学术问题政治化,由于戚本禹对罗尔纲以及翦伯赞学术观点的批判和姚文元对吴晗的批判,在毛泽东抓现实阶级斗争的路线方针的影响下,最终得到了肯定,成为指导全国范围内意识形态领域斗争的方向标。造成十年动乱的"文革"风暴从此开场,坚持马克思主义实事求是原则的历史学家最终被全面打倒,新中国历史学由此走向了灾难的深渊。

　　不可否认,1957 年以来史学界开展的学术思想大批判运动,其主观动机,有出于进一步批判资产阶级学术思想,推进马克思主义历史学进一步发展的良好动机,有些讨论也推动了学术讨论的开展。但从总体上来看,这些批判运动是当

---

　　① 以上关于翦伯赞对待吴晗的态度的论说,转引自张传玺:《翦伯赞传》第 477—486 页,北京大学出版社 1998 年版。

　　② 高治:《震动全国的大冤案》,《光明日报》1978 年 12 月 29 日。

时意识形态领域"左倾"思潮的集中体现，过火的，错误的批判和斗争，无助于历史学的健康发展和进步。正如学者所言："被批判的作品，许多是优秀的或者比较优秀的，有的有缺点，也并没有理由认为他们有反党反社会主义的政治问题。被批判的理论观点或者是正确的，或者是可以讨论的，也没有理由认为它们有反党反社会主义的政治问题。被批判的代表人物大都是党在文化、学术领域的重要干部和有成就的党作家、学者。他们受到批判后，许多都被撤销了领导职务，或者不能继续进行正常的工作"。"意识形态领域的错误的、过火的批判，破坏'百花齐放，万家争鸣'的政策，在广大知识分子中造成草木皆兵、人人自危的紧张气氛，伤害了他们的积极性，影响了文化科学教育事业的发展。"1965 年 11 月姚文元的《许新编历史剧〈海瑞罢官〉》发表，一个更大的错误批判的浪潮更猛烈地掀了起来，成为发动'文化大革命'的导火线。①

---

① 中共中央党史研究室著，胡绳主编：《中国共产党的七十年》第 411—412 页，中共党史出版社1991 年版。

第五章　新中国"十七年"历史学研究评价问题

新中国成立之初的十七年，正如其他人文和社会科学一样，历史学特别是中国的马克思主义史学，在此期间获得了长足的发展，但受社会政治及其他诸多因素的影响，十七年的历史学未能取得本应获得的更大的成就，其间也不断遭遇挫折，曾出现了教条化、简单化和以学术批判代替学术争鸣的恶劣风气，十年"文革"，中国马克思主义史学又遭受了空前的大劫难。新时期以来，史学界对新中国历史学作了较为深入的反思，出版了《马克思主义史学在中国》、《中国史学四十年》、《中国历史学四十年》、《马克思主义史学新探》、《唯物史观与历史科学》、《历史学百年》、《20世纪的中国：学术与社会》（史学卷）等一批相关著作，这些著作对中国马克思主义史学在十七年的成就都做出了比较客观公允的评价。然而在反思和总结过程中也出现了一些严重的偏差，有些学者提出了一些值得史学界认真思考的看法。如何认识和评价十七年中国马克思主义史学这一重要问题，仍值得我们做进一步研究，以求得对新中国十七年历史学的成绩和过失有一个客观的评价和认识。

第一节　应正确认识和评价以往史家所关注的问题

一、若干重大问题争鸣讨论的意义

"五朵金花"是十七年中国马克思主义史学成长过程中结出的硕果之一，这些问题及相关的许多重大问题的讨论极大地推动了中国历史的研究，为中国马克思主义科学的史学体系的建立做出了巨大的贡献，标志着中国马克思主义史学走上了全面发展的道路。20世纪70年代末至80年代初，史学界本着解放思想和实事求是的精神，对50—60年代曾引起广泛争鸣的问题进一步予以深入地探讨，也取得了一些新的进展，但由于这些问题本身就是有关中国历史研究的重大问题，既有对马克思主义的理解问题，更有对中国历史资料的进一步发掘和阐释方面的问题，因而直到今天仍是尚未解决和困扰史学家的非常棘手的问题。面对研究中出现的困惑，一些学者对这些问题探讨的意义及其这些命题能否成立提出了疑问。如有学者说："'五朵金花'的纷争产生于浓厚的意识形态话语背景下，在既定话语背景下，这些命题都有意义，而且都有重大意义。……现在，随着话语系统的根本转换、语境的巨大变迁，我们看到，这些命题本身能否成立早已成为问题。如'中国封建社会长期延续问题'早就被有的学者判为不能成立的'假问题'。假如'奴隶制'与'封建制'只是西欧历史上的经验事实，那么原先轰轰烈烈讨论过的'古史分期问题'就会化为乌有；假如'资本主义'另有今天所不知道的起源，那么有关'资本主义萌芽问题'的论战就会显得多余。因此，话语系统的转换，改变的不仅是形式，而且是内容，这种转换可能使以往许多纠缠不清的问题顿时失去了存在的前提和根据，从而不攻自倒，不再成为问题。"① "现在看来，所谓'古史分期问题'、'近代史分期问题'、'农民战争（性质、作用、结局）'、'中国封建土地所有制问题'、'资本主义萌芽问题'，以及由这些问题派生出来的所谓'中国封建社会长期延续问题'、'亚细亚生产方式问题'，包括后来提出的'历史主义与阶级观点的关系问题'、'历史发展动力问题'、'历史创造者问题'等，都是具有部分学术色彩的命题，而本质上却不是学术命题。"② 我们认为上述对新中国成立初史学研究的评价是极其偏激的认识，是非历史主义的观点在新时期中国历史学界的突出表现，与我们一贯强调的实事求是的科学精神是背道而驰的。

有些学者所主张的"话语"成为问题存在的前提和根据，"话语"的转换可以决定问题的存在与否的观点是片面的、难以成立的认识。"话语"英文原为"discourse"，本义指人们口头或书面所用的语段，20 世纪下半期以来，"结构主义"思潮在西方的影响日渐明显，"话语"的概念愈益受人重视，西方后现代主义代表人物法国的雅克·德里达（Jacques Derrida，1930—2004），特别是福柯（Michel Foucault，1926—1984）将之纳入自己的哲学体系之中，对结构主义哲学注重宏观考察的方法予以修正，强调开展微观和碎化的研究。目前"话语"作为一个被中西方广泛使用的学术术语，涵义甚广，可以理解为一个时代或一定范围内人们所使用的思想表达方式或语言表述形式。新时期被不少学者所质疑的上述问题，固然有许多与中国 20 世纪 30 至 60 年代的社会时代紧密相连，是那个时代学者和政治家所关注的问题，有些也与新中国成立后的意识形态密切相关，

① 王学典：《五朵金花：意识形态中的学术论断》，《文史知识》2002 年第 1 期。
② 王学典：《"假问题"与"真学术"：中国社会形态问题讨论的一点思考》，《东岳论丛》2000 年第 4 期。

但不能据此就认为随着时代和"话语"的转化，这些问题就失去了它们存在的前提和根据，不攻自倒，不再成为问题，或者说仅仅因为它们具有部分学术色彩，在本质上就不是学术命题了。固然每个时代有特定时代学者所关注的研究课题，随着时代的变迁和"话语"的转换，原来大家讨论很热的问题可能随后很少有人问津，但这能说明原来研究的问题是"假问题"吗？固然"中国封建社会长期延续问题"的探讨打上了浓厚的意识形态的色彩，但能说明与意识形态相联系的问题一定是"假问题"吗？正如林甘泉先生所言："由于中国历史上是否存在奴隶社会，封建社会何时取代奴隶社会，乃至鸦片战争以前中国是否存在资本主义萌芽这些问题，长期争论得不到解决，有的人就认为讨论这些问题是劳而无功的'伪问题'、'假问题'。在这些人看来，马克思主义社会经济形态理论是一种历史哲学，是一种意识形态，与客观的历史无关。其实，历史研究如果不停留在一些具体史实的考据层面上，如果想对一些历史现象进行深层次的因果关系和规律性的探讨，无论哪一个史学家，也不管他自觉或不自觉，都是要受一定的历史哲学、一定的意识形态支配和影响的。""还有的人说，讨论社会经济形态问题是'假问题'、'真学问'，这种说法也很奇怪。既然承认社会经济形态的讨论推动了一些断代史和专门史研究的深入，并且有许多收获，是'真学问'，这些问题又怎么能说是'假问题'呢？胡适提倡'大胆假设，小心求证'，假设的问题尚且不能说是'假问题'，把没有得出结论、但讨论不断在深入并且有不少收获的问题说成是'假问题'，在逻辑上也是很难说的通的。"① 实际上，历史研究问题的提出通常有两种方式：一是学者在研读历史资料的过程中发现和提出的问题，二是受现实社会的启发及社会诸多方面因素的影响激发学者产生了"问题"。这里的问题并不在于学者以何种方式提出某个问题，而在于所探讨的历史问题究竟在历史上是否真正的确发生过或客观上是否存在过那些现象。上述被质疑的中国马克思主义史学的许多问题虽然大多数属于后一种情况，但能仅此就说明这些问题不是学术问题或"假问题"吗？答案显然是否定的。

关于这些重大问题讨论的意义，正如有的学者所言："五朵金花"开放于20世纪50—60年代的中国史坛，这是马克思主义史学在新中国进一步繁荣和发展的反映，在这一过程中，中国历史学的基本体系建立起来，马克思主义史学的主导地位也得以确立。卢钟锋先生总结了这场讨论的特点，他说："关于'五朵金花'问题的讨论具有鲜明的时代特征：首先，各家都能坚持以历史唯物论为立论

---

① 《林甘泉文集》第419—420 页，上海辞书出版社 2005 年版。

的根据去分析和解释历史现象，只是因为理解的角度和强调的重点不同而出现了意见分歧。其次，虽然对于每个问题均有多种说法，但是各家都能发扬学术民主，坚持以理服人。这充分说明中国共产党提出的：'百花齐放，百家争鸣'方针对促进历史科学繁荣发展的重大意义。再次，围绕'五朵金花'问题的全面讨论，还引发了对亚细亚生产方式、中国封建社会内部分期、中国封建社会长期延续的原因、历史发展的动力、历史人物评价、历史主义与阶级观点以及地理环境对历史发展的影响等史学理论问题的探讨，它们都是关系马克思主义历史学发展的重大问题。在短短十七年里讨论了这么多基础理论问题，在中国史学史上是空前的。最后，各家在讨论中，力求做到观点与材料的统一，用大量的文献与考古材料证明自己的观点，这样认真的讨论体现着实事求是的科学态度。总之，通过理论探讨，广大历史工作者用自己的研究实践证明了历史唯物论的科学性，促进了马克思主义与中国的历史实际的相结合，完备了新中国历史学的理论体系，推动了中国历史科学的发展。"[1] 我们认为，这一评论正确地把握了这场学术讨论的特点及其深远的现实意义和历史意义。从这些著名史学家的评述中可以看出，20世纪五六十年代中国史学界围绕若干问题的探讨，确实极大地推动了中国马克思主义史学的全面发展，从而最终确立了马克思主义史学的主导地位，开创了中国马克思主义史学发展的新阶段。

二、关于"中国封建社会长期延续问题"的讨论

我们再讨论一下被有的学者判为不能成立的"中国封建社会长期延续问题"是否为"假问题"。以此来重新审视"假问题"之说立论是否坚实。

何兆武先生在《百科知识》1989年第5期发表《历史研究中的一个假问题—从所谓中国封建社会的长期停滞论说起》，该文收入何先生的论文集《历史理性批判散论》（湖南教育出版社，1994年版及修订版）和《何兆武学术随笔》中，何先生的基本意思是"封建长期性"是一个"假问题"，是以西欧历史为模式发展而来的，何先生文章中"长期停滞论"与我们平常所说的"长期延续性"是同义语，他说："如果不局促于西欧一隅的历史，而放眼一部真正普遍的世界历史，我们实在找不出任何理由可以断言中国封建社会发展的长期性或停滞性。在全人类迄今为止高度发达的文化或文明之中（8个、或21个、或26个，或任何其他数目，总之决不至于是西欧和中国两个而已），只有一个是较快于中国进

---

① 卢钟锋：《回顾与总结：新中国历史学五十年》，《中国史研究》1999年第3期。

入了资本主义的，那就是西欧。除了西欧而外，和所有其余的文化或文明相比，我们没有任何理由说中国比任何其他一个发展的更为缓慢、更为停滞。"①

何兆武先生是当今中国史学界著名的学者，在西方史学理论特别是西方历史哲学研究方面成绩卓著，他关于中国封建社会长期延续问题的看法，在学术界的反响之大是不言而喻的。该文发表后，《新华文摘》1989 年第 7、8 期《论点摘编》栏做了摘编，人大报刊复印资料《历史学》1989 年第 1 期全文复印。他的主张有助于我们重新深入思考这一困扰学术界多年的老问题，但问题在于何先生的观点是否能站得住脚，实际上他的看法仍值得商榷。

何先生将"长期延续"与"停滞论"混为一谈，这就抹杀了二者的根本区别，他认为"中国封建社会的长期延续问题"导源于"西欧中心论"，这与历史事实也是相违背的。在中国马克思主义史学发展过程中，"西欧中心论"一直遭到中国马克思主义史学家的反对，"西欧中心论"的核心是种族歧视，强调西欧文明的优越性和先进性，为西方的殖民扩张制造舆论根据。历史事实是，中国封建社会长期延续问题的讨论并不导源于"西欧中心论"，而是在反对"停滞论"过程中形成的看法，这也是中国马克思主义史学家对中国现实和历史进行反思的结果。"中国社会停滞论"是英国古典经济学家亚当·斯密首先在《国富论》中提出来的，黑格尔也有类似的看法，前苏联学者 А·Я·坎托罗维亚和 А·洛马金、沙发诺夫及鲍格呵夫也持这种观点；在中国，陶希圣、王礼锡等也受其影响。对此，陈伯达、嵇文甫、翦伯赞和邓拓等史学家在社会史论战中予以批驳，从而可以看出，中国封建社会长期延续问题是社会史论战中出现的研究课题。抗战时期，针对日本法西斯主义分子秋泽修二鼓吹的"只有皇军的武力才能给予中国社会之特有的停滞性以最后的克服"的谬论，吕振羽、李达、王亚南、吴泽等马克思主义史学家、经济学家皆给予驳斥，吕振羽在 40 年代对秋泽修二的"停滞论"的清算相当彻底，他先后发表了《关于中国社会史的诸问题》和《"亚细亚生产方式"和所谓中国社会的"停滞性"问题》，讨论中越来越多的人认识到"长期停滞论"这一提法本身所存在的问题，因而分别改称"封建社会长期延续"、"封建社会发展迟缓"、"封建社会特别长"、"封建社会长期阻滞性"等不同用语。②

新中国成立后，在范文澜、翦伯赞等著名马克思主义史学家推动下，广大史

---

① 何兆武：《历史理性批判散论》第 234 页，湖南教育出版社 1994 年版。
② 白钢等：《历史学的发展趋势》第 296 页，辽宁教育出版社 1989 年版。

学工作者就中国封建社会长期延续问题展开了热烈的讨论，范文澜自 1950 年发表《论中国封建社会长期延续的原因》（《中国青年》第 33、34 期）之后，在《中国通史简编》修订本的序言《汉族封建社会的分期》一节中，进一步全面地论述了中国封建社会发展阶段和动力问题，他认为中国封建社会的发展过程是很缓慢的，"西周以来领主统治经秦末农民战争而结束了，两汉南北朝的地主企图复活领主的亡灵，经崔浩的被杀和隋末农民战争而失败了。唐朝中期局部的地方割据发展到五代十国成为全面割据，军阀们企图复活三国、十六国的亡灵，经北宋的统一战争而告终了。北魏、金、元都曾部分的复活奴隶制度的亡灵，经隋末和元末农民战争而消失了。明清实行海禁，企图阻遏工商业的发展，企图复活完全自给自足经济的亡灵，不幸，中国资本主义来不及发展到足以打倒这个亡灵的时候，却被外国资本主义侵入了。中国封建社会因此转入半殖民地半封建社会。历史走着大螺旋式和无数小螺旋式的发展路线，这就是为什么封建社会延续很久的一个基本原因。"[1] 虽然范文澜这里有过分强调农民战争推动历史发展作用的片面认识，但他认为中国封建社会是缓慢的发展着的思想是十分明确的，范文澜在 1950 年就提出："中国封建社会长期延续的原因，主要的还应向社会内部去探求，就是应研究中国封建社会本身生产方式的情况。"这确实领会了马克思主义的本质，确为真知灼见，正由于此，他从农业生产力的迟缓、生产关系对生产力的破坏、工业生产力发展的迟缓三个方面来分析封建制度的长期延续，在世纪末被列入《20 世纪中华学术经典文库》，今天的学者仍受其影响，如庞卓恒先生论述该问题的基本思路与范文澜的看法就有许多契合之处。[2]

对否认"中国封建社会长期延续问题"这一命题的主张，也有不少学者持不同意见。如张箭撰文指出："中国封建社会是世界上最长久的，这是一个千真万确的真问题"，"世界上早于中国自行进入资本主义的国家、地区、民族不是只有一个孤例或特例。北欧斯堪底纳维亚诸国、俄国和东欧的捷克、匈牙利等也早于中国自行进入资本主义。"[3] 这就以世界历史发展的总体形势证明何先生的立论是缺乏事实依据的。庞卓恒在《唯物史观与历史科学》中，在马克思主义唯物史观基本理论指导下，在多年中西封建社会研究的基础上，对中国封建社会长期延续问题也做出了颇具新意的论证，并针对马克垚先生引证勒高夫的观点认

---

① 范文澜：《中国通史简编》（修订本，第一编）第 33 页，人民出版社 1954 年版。

② 庞卓恒：《唯物史观与历史科学》第 215—224 页，高等教育出版社 1999 年版。

③ 张箭：《就中外封建社会的长短问题与何兆武先生商榷》，《史学理论研究》1994 年第 2 期。

为中西封建社会所经历的时间基本相等的观点，做了进一步辩驳。[1]

中国封建社会长期延续问题的讨论，既是一个独立的探讨和研究的对象，又是与中国古史分期和资本主义萌芽问题及亚细亚形态讨论密切相关的重大问题。新中国成立初，这一问题的探讨所取得的成果，是十七年中国马克思主义史学发展的重要成就之一，对中国历史研究的深化具有极其重要的学术意义，因而极大地推动了中国古代史和中国近代史及中国经济史等领域研究的开展。白钢先生总结出这次讨论有三个方面的特点，即在马列主义指导之下进行研究，讨论文章较前两次明显增多、大都有一定深度，方法上大都注重史论结合[2]。此外，尚有以下明显特征：一是，持续时间长。新中国成立后封建社会长期延续问题的探讨，从1950年范文澜的文章开始，至胡如雷在《历史研究》1962年第1期发表《关于中国封建社会形态的一些特点》，持续时间长达十三年之久；二是，参加讨论的学者名家众多，除范文澜、翦伯赞、吕振羽、王亚南、侯外庐等老一辈著名马克思主义史学家和经济学家外，尚有一批在20世纪五六十年代和在新时期具有重大影响的历史学家及经济史学家，如杨向奎、吴大琨、吴泽、尚钺、郭晓棠、束世澂、徐旭生、童书业、傅筑夫、傅衣凌、胡如雷等学者；三是，论述视野广阔，长篇大论居多。除许多像范文澜那样总括全局的论述外，吴大琨、吴泽注重将停滞性与东方亚细亚社会的特殊性联系起来，尚钺、束世澂、童书业将封建社会发展的延缓与蒙古和满洲民族入主中原联系在一起，翦伯赞、胡如雷注重从封建土地所有制的特点分析问题，傅筑夫、傅衣凌从分析中国原始积累和资本主义萌芽入手加以探讨，王亚南、徐旭生则从封建官僚政治及其推行的重农抑商政策和崇尚的儒家学说对封建社会发展的影响加以考察。从以上特点可以明显的看出，"中国封建社会长期延续"是受史学家及经济学家高度重视的一个问题，之所以如此，在于这个问题不仅关乎中国古代史研究的全局，而且也具有极其重要的现实意义。寻找中国封建社会长期延续的原因，可以直接为我们现实的反封建和进行社会主义革命和建设提供极其有用的历史经验和教训。20世纪80年代初，学术界之所以重新对此问题展开了热烈地讨论，原因也正由于该问题不仅是中国历史研究的一个重大的学术问题，而且是一个颇具现实意义的论题，为加速我国现代化的进程，一方面需大力学习西方先进的科学技术和管理经验，另一方面还需认真地清理阻碍我们进一步发展的各种落后的封建思想，因为中国毕竟没有经

---

[1]　庞卓恒：《唯物史观与历史科学》第215—224页。

[2]　白钢等：《历史学的发展趋势》第302—303页，辽宁教育出版社1989年版。

历西方那样的几百年的资本主义社会阶段，而直接从一个落后的半殖民地半封建社会直接进入社会主义阶段。在目前社会主义初级阶段，反封建残余思想的任务仍十分繁重，因而中国封建社会长期延续问题的探讨即使在今天，仍然既具有学术价值，又充满时代精神。因此我们认为该论题不应简单地否定，我们应该认真总结前代学者的研究成果，站在二十一世纪学术发展的新高度，以此为契机，进一步推动中国历史学的发展，促进中国历史研究有关的重大问题的圆满解决。

第二节　"十七年"史学并非完全教条化

新时期以来，史学界本着解放思想、实事求是的精神，进一步清算了被林彪和"四人帮"颠倒了的马克思主义史学，对马克思主义史学理论作了大胆的探索，也取得了一些突出的成就。80 年代以来，随着中国改革开放力度的加强和中外文化交流的进一步增加，"二战"后西方新兴的史学流派的理论和方法传入中国，一些史学工作者特别是一些青年史学工作者受这些思潮的影响，产生了一些错误的认识，将马列主义视为教条，也将马克思主义史学等同于"教条史学"。我们认为将十七年的马克思主义史学归结为"教条史学"同样是片面的认识。不可否认，在新中国成立之初中国马克思主义史学发展的十七年历程中，我们经历了太多的曲折，教条主义几乎渗进了我们史学的各个领域，几乎与中国马克思主义史学的发展相始终，但我们仍然认为十七年的史学并非"教条史学"。

一、"教条主义"是马克思主义的大敌

所谓"教条主义"，其核心是不顾实际情况，机械地生搬硬套某种理论和方法，马克思主义史学发展中出现的教条主义，即不顾或很少顾及历史实际而是堆砌马列主义的词句，并以此作为论证的依据。理论总是灰色的，而社会现实及其与之相关的历史却是生动和丰富的，马列主义也一样，它只是马列主义的创始人在长期革命实践中，结合自己对社会现实及历史的观察和认识，提出的一些具体的看法，这些看法既有高屋建瓴的认识，又有特定历史条件下所形成的某些在今天看来不一定正确的观点。但理论本身无所谓教条，它只有正确与错误之分，马克思主义本身并不是教条，教条主义是马克思主义的大敌。恩格斯对德国青年学派把马克思主义教条化极为愤怒，就连我们近年一直称之为将马克思主义教条化的斯大林也反对将马克思主义教条化。中国共产党人更是如此，早在延安整风运动时期，以毛泽东为首的中国共产党人就将教条主义当作必须坚决反对的敌人。

中国革命胜利的法宝就在于以毛泽东为首的中国共产党人将马列主义与中国革命的实际相结合，因而简单地称马列主义为"教条主义"，这是与其理论本身大相径庭的偏颇的认识。

称十七年的史学为"教条史学"，是与这一时期中国历史学的实际相违背的，是以末流代替主流的片面认识。在新中国成立之初轰轰烈烈的马克思主义理论学习运动一开始，负责人艾思奇等，即强调要将理论学习与自己的思想实际相结合、与个人的改造相结合。在宣传马列主义、毛泽东思想的过程中，新中国的马克思主义史学蓬勃发展起来，吴晗、陈垣、罗尔纲、吕思勉、童书业、白寿彝、谭其骧、徐中舒等一批实证派史学家开始学习马列理论，认真检讨自己过去的考据方法的局限性，并将马列主义与原来惯用的实证方法相结合，如罗尔纲、童书业等都取得了原来考据难以取得的新成果，他们中的许多人如白寿彝、谭其骧等在以后的岁月中为推动中国历史学的发展做出了巨大的贡献。随着社会主义建设高潮的到来，中国马克思主义史学也呈现出了欣欣向荣的局面，《历史研究》适时创刊，关系到中国史学发展的一系列重大问题的讨论全面的展开。毋庸讳言，在新中国成立初历史研究及"五朵金花"问题的讨论中，教条主义和非历史主义的成分是存在的，因而在1956年的反教条主义运动中，为进一步开展"百家争鸣"，范文澜、侯外庐等马克思主义史学家，在对自己旧著的缺点反思的基础上，首先从自我做起，总结自己教条主义的各种表现，并对如何克服教条主义提出了很好的意见和建议。综观十七年史学的发展，史学界虽然存在着较为浓厚的教条主义，但反教条主义也一直是杰出的马克思主义史学家努力的目标。

随着社会主义改造的基本完成，1956年，中国开始了全面建设社会主义的新历程。1956年4月25日，毛泽东发表了《论十大关系》的讲话，提出："社会科学，马克思列宁主义，斯大林讲得对的那些方面，我们一定要继续努力学习。我们要学的是属于普遍真理的东西，并且学习一定要同中国实际相结合。如果每句话，包括马克思的话，都要照搬，那就不得了了。我们的理论，是马克思列宁主义的普遍真理同中国革命的具体实践相结合。党内一些人有一个时期搞过教条主义，那时我们批评了这个东西。但是现在也还是有。学术界也好，经济界也好，都还有教条主义。"① 毛泽东的这一讲话，实际上是对新中国成立以来我们学习苏联及外国的经验的初步总结，显示了中国共产党人要走自己的路的勇气，也提出了反教条主义的思想。根据这一讲话的基本精神，结合实际调查中发

---

① 毛泽东：《论十大关系》，见《毛泽东文集》（第七卷）第41—42页，人民出版社1999年版。

现的一些问题，1956 年 5 月 26 日中共中央宣传部部长陆定一，在中南海怀仁堂对一批科学家和艺术家发表了《百花齐放，百家争鸣》的讲话。5 月 28 日，陆定一又在部分省市宣传部长座谈会上发表讲话，这两次讲话都谈到了学习苏联和反对教条主义的问题，陆定一说："教条主义，在我国民主主义革命时期中几乎断送了我国的革命，它是马克思列宁主义的大敌。这个痛苦的经验我们要牢牢记住。我们还必须深深警惕：如果用教条主义的态度来研究学问，如果用教条主义的态度来领导文艺工作和科学研究工作，那是一定要失败的，因为这种态度是完全违反马克思列宁主义的实事求是的态度的。"陆定一最后说："我国有很多的医学、农学、哲学、历史学、文学、戏剧、绘画、音乐等等的遗产，应该认真学习，批判地加以接受。这方面的工作不是做的太多，而是做得太少，不够认真，轻视民族遗产的思想还存在，在有些部门还很严重。""向苏联学习，这是正确的口号。……但是，在学习苏联的时候，我们的学习方法必须不是教条主义的机械的搬运，而是要结合我国的实际情况。这一点必须引起注意，否则，也会使我们的工作受到损失。"①

　　陆定一的讲话，在知识分子中引起了巨大的反响，郭沫若等知识分子以个人或集体的名义，共写了 72 封信，谈对这个讲话的看法。中共中央主办的《学习》杂志，于 1956 年第 7 期发表了《笔谈百家争鸣》及《克服理论宣传工作中教条主义习气问题座谈会纪要》，在座谈会上，范文澜和侯外庐也讲了话，侯外庐探讨了教条主义的危害、发生的原因以及克服的办法②。范文澜热烈拥护百家争鸣的方针，对教条主义的特征和自己的教条主义做了反思，他认为："教条主义的特征之一就是不肯多看看多想想，却急于一鸣惊人。他抓住一些条文作为自卫的甲胄，又搬出一些条文作为攻坚的大炮，临时招募一些适合的史料作为摇旗呐喊的小兵。""关于教条主义的表现形式问题。第一种是容易看出的教条主义，那就是引用了一大堆引文，不知道到底说了些什么。……我们反对教条主义，是反对把原理简单化，硬套公式。……我们要反对的是不加分析地把外国具体历史硬套在中国历史上来。历史问题应按具体情况来分析。不加分析的硬套，这就是教条主义。""教条主义的第二种表现形式是，有的文章从形式上看也没有什么错，四平八稳，这一面那一面都说到了，好像是解决了问题，但是实质上并没有解决

---

① 陆定一：《百花齐放，百家争鸣》，《人民日报》1956 年 6 月 13 日。
② 参见《克服宣传工作中教条主义习气座谈会》，《学习》1956 年 7 月号。

问题。"① 范文澜对教条主义的认识抓住了它的要害，他提出的注重中国历史的特点，多掌握材料，开展批评和自我批评，都是克服教条主义的行之有效的办法。如果说，范文澜这时对教条主义的认识还是初步的，那么，到次年给北京大学历史系学生所作的《历史研究的几个问题》的报告，认识则大大深化了，范文澜说："学习马克思主义要求神似，最要不得的是貌似。……貌似是不管具体实践，把书本上的马克思主义词句当作灵丹圣药，把自己限制在某些抽象的公式里面，把某些抽象的公式不问时间、地点和条件，千篇一律地加以运用。这是伪马克思主义，是教条主义。""我们学习马克思列宁主义，是要从它那里找立场、观点和方法。教条主义却完全相反，它满足于书本上的一些普遍规律，不知道此外还有特殊规律；它把书本上的特殊规律也当作普遍规律，不知道特殊规律只是局部性质的东西。归根说来，只承认矛盾的普遍性，否认矛盾的特殊性，这就是教条主义的特征，而教条主义是什么问题都不能解决的。"② 正因为范文澜注重将马列理论和中国历史研究的实际相结合，所以，他的西周封建论，他的汉民族问题的探讨，既注重以马列理论为指导，又注意根据中国历史实际去做出比较准确的、较为合理的论断，他的《中国通史简编》修订本成为马列理论与中国历史研究的实际相结合的典范之作，范文澜成为将马列理论创造性地与中国历史实际相结合的典范。③

　　客观地说，这时范文澜对教条主义的特征及学习马克思主义理论的态度有了正确的认识，但对教条主义在中国历史研究中的具体表现的认识尚有偏差，即把尚钺的《中国历史纲要》当作教条主义的典型。他说："我看这本书是用西欧历史作蓝本的。他们那里是奴隶社会了，中国也就开始是奴隶社会；他们那里是封建社会开始了，中国也跟着开始封建社会；西欧封建社会发达起来了，中国封建社会也跟着发达起来。整本书里大致都是这一类的类比。""是否写这本书时，有意无意地依西欧历史的样来画中国历史的葫芦？或者说，是否在削中国历史之足，以适西欧历史之履？如果承认各国历史发展各有其特殊性，那么，有什么切实的理由能够说明它们应该这样巧合？我不能不表示怀疑，我不能表示赞同。"④尚钺的《中国历史纲要》是否以西欧的历史来框架中国历史，这是一个完全可

---

① 《克服理论宣传工作中教条主义习气座谈会纪要》，《学习》1956 年 7 月号。
② 近代史研究所编：《范文澜历史论文选集》第 208—212 页，中国社会科学出版社 1979 年版。
③ 参见陈其泰：《范文澜学术思想评传》；又见张剑平：《论范文澜对马克思主义理论的运用》，《淮阴师范学院学报》2001 年第 1 期。
④ 《范文澜历史论文选集》第 215 页。

以讨论的学术问题，但将它拔高到"教条主义"的政治高度，而且出自范老这位德高望重的史学家之口，又是在给北大学生的学术报告中提出，确实是不大妥当的。果然，不久整风、反右运动兴起，尚钺的学术问题被政治化，他对中国古代社会发展的看法也被作为修正主义表现的一个重要论据。

二、杰出史学家为克服教条主义的不懈努力

1958 年刘大年在《历史研究》上发表的批评尚钺的文章，是有不少缺点并明显有违背作者原意的地方，对此，尚钺撰写了《与刘大年同志谈谈学术批评》。这篇文章的理论价值在于进一步阐明了如何对待马克思主义理论的问题。他认为："所谓运用马克思主义来研究中国历史，不是把理论和历史的客观事实对立起来，完全相反，而是说在马克思主义的观点、立场和方法的指导下，把详细占有的史料，整理出吻合科学规律的系统来。也就是必须做到材料和观点的统一，既有明确的观点去统一材料。……运用马克思主义观点来研究中国历史问题，不是用经典著作个别字句当捆仙绳来捆与自己学术见解不同的人。而是运用马克思主义的观点、立场和方法，根据丰富的史料，使持不同意见或相反见解的人一道去探寻真理。"[①] 这篇文章阐述了如何开展批评、如何对待马克思主义和中国历史的实际这些重大问题，一方面针对刘大年的批评，另一方面是对当时学术研究中的教条化和浮夸的学风的批评，如果当时能够公开发表并引起史学界的重视，对推动中国马克思主义史学的健康发展必将发生积极的作用。尚钺所揭示出的作为近代史所副所长的刘大年，这位对中国马克思主义近代史的发展曾做出了较大贡献的史学家的学术批评的问题，以及他对马克思主义经典作家教条的、形而上学的理解，应该说是对学术界敲了一个警钟！如果当时的马克思主义史学家充分察觉到这一点，必将极大地推动中国马克思主义史学的健康发展，但遗憾的是马克思主义史学家的普遍惊醒是在二三年之后的 1961 年，或者说彻底的觉醒是在十一届三中全会之后，这就使教条主义没有能及时得到扼制。

整风反右及对尚钺的"修正主义"的批判，使中国史学界的"百家争鸣"被人为地中断，"教条主义"从此甚嚣尘上，这严重地阻碍了中国历史学的发展。针对 1958 年所谓"史学革命"中出现的"片面的反封建"思想和偏颇的劳动人民观点，吴玉章、郭沫若、范文澜、翦伯赞、吴晗等杰出的历史学家挺身而出，以曹操评价为动力，以马克思主义历史主义原则为武器，强调按照历史的本

---

① 尚钺：《与刘大年同志谈谈学术批评》，见《尚钺史学论文选集》第 126、145 页。

来面目撰写历史，反对放空炮。60 年代初，在重新恢复马克思主义学风的过程中，一些著名史学家又提出反对教条主义的问题。如邓拓说："公式主义是历史科学发展的严重障碍。公式主义的研究方法是离开中国历史发展的具体特点，只在中国史料上加进马克思主义的词句，理论和史料没有内在联系；或者先引一段马克思主义的理论，然后找一两个例子去证明它，表面上看来也没有什么大错误，但这种风气对历史科学水平的提高却是很大的障碍。我们要提倡对具体问题进行具体分析。""为了不把历史唯物主义变成套语和公式，而是真正掌握历史的特点，说明中国历史发展的特殊规律，我们必须深入历史科学的领域，掌握全部史料，加以科学的分析和认真的研究。"[①] 邓拓这一讲话是给北京市历史学会广大史学工作者的讲话，后来在《历史研究》公开发表，对反对教条主义，倡导史学界实事求是的风气起到了积极的作用。当然，由于时代的局限，邓拓也是将尚钺作为教条主义的典型加以批判，不可否认，和不少史学家一样，尚钺的文章有较为明显的教条色彩，但不能将他的观点简单地称为"西欧中心论"。实际上，史学界的教条主义在 1958 年 "史学革命" 之后，主要的表现是从现实政治需要出发，力图把一部丰富多彩的中国历史变成为阶级斗争史，对农民起义片面的拔高，以经典作家特别是毛泽东的论断代替对中国历史的具体分析和深入的研究。60 年代初，吴晗也多次谈到了如何运用马克思主义理论的问题，如 1961 年对北京师范学院历史系同学的讲话《如何学习历史》，谈了史论结合的问题、如何学习理论和运用理论的问题、如何搜集史料和掌握史料的问题，认为 "重要的问题是从马克思、恩格斯、列宁、斯大林那里学习正确的立场、观点和方法，来指导我国历史研究，而不是要他们的理论来代替中国的历史实际。这个道理是很明白的，但是，可惜得很，有些人却并不明白！"[②] 1962 年，吴晗对中国人民大学历史系和历史档案系同学的讲话《关于研究历史的几个问题》。阐发了关于学习的方法、对待历史文献的态度、理论联系实际这些重要问题。他说："在联系马克思列宁主义、毛泽东思想的普遍真理时，应考虑到各国家、各民族的特殊性。生搬硬套是有害的。""马克思、恩格斯的论述很多是专指欧洲某一国、某一事、某一问题的，这些是否可以完全适用于中国呢？……正确的方法是从历史

---

　　① 邓拓：《毛泽东思想开辟了中国历史科学的发展道路》，见《论中国历史的几个问题》第 15 页，生活·读书·新知三联书店 1979 年第 2 版。

　　② 《吴晗史学论著选集》（第三卷）第 366 页，人民出版社 1988 年版。

实际出发，用马克思列宁主义、毛泽东思想作指导来研究，千万不可以偷懒。"①
这些对于马克思主义史学的健康发展都发挥了积极的作用。

1964 年以后，受毛泽东强调阶级斗争的现实政治影响，过分强调阶级斗争
的非马列主义的"左"倾思潮重新抬头，但直到"文化大革命"前夕，马克思
主义史学家仍在与史学界出现的"左倾"思潮展开激烈的论战，如历史主义与
阶级观点的论战、历史遗产的继承批判问题的争论、关于李秀成的评价问题等。
虽然论战之中双方教条色彩和突出阶级斗争的极左色彩都极为明显，但这种教条
是"左倾"政治的产物，一方面是一些别有用心的政治掮客以马列主义的词句
借以吓唬人，论战的另一方为怕对方抓住把柄，也借用马列主义的词句作为自己
的保护伞，对这两种"教条主义"，我们必须进行坚决的批判和抛弃，但不可将
这种教条与五十年代初史学家由于对马列理论掌握和运用不熟练及片面的学习苏
联，从而出现的教条的失误混为一谈，对此应该加以严格的区分。以上事实表
明，十七年马克思主义史学在发展过程中虽然曾出现过教条主义的错误，但这决
非这一时期史学发展的主流，而是其末流，是我们应该坚决抛弃的地方，因而我
们不能简单地将十七年的中国马克思主义史学称之为"教条史学"。

第三节　"十七年"史学并非仅仅是一部
"中国农民战争史"

以唯物史观为指导的马克思主义史学强调阶级分析、突出阶级斗争，成长于
革命战争年代的中国马克思主义史学在中国新民主主义革命时期更是突出了阶级
斗争，这有力地配合了中国人民的反帝反封建斗争。郭沫若、范文澜、吕振羽、
翦伯赞、侯外庐、何干之等一大批杰出的马克思主义史学家，以自己的著述为推
动中国革命的胜利立下了汗马之功，他们充分发扬了中国史学"经世致用"的
优良传统，也为中国马克思主义史学的进一步发展奠定了坚实的基础。新中国成
立后，在新的历史条件下，在党和政府的大力支持下，他们在各自的领域里为新
中国马克思主义史学体系的建立和中国历史学全面健康的发展发挥了极其重要的
作用，十七年中，中国古代史、中国近代史、中国思想史、中国革命史和中共党
史研究及考古学等多个领域都有了长足的发展。

---

① 《吴晗史学论著选集》（第三卷）第 450—451 页。

一、"十七年"史学的多方面成就

毋庸讳言，农民战争史是十七年史学研究的一个极其重要的领域。据统计，从 1949 到 1957 年，有关中国农民战争共发表文章 650 余篇，出版了 70 余种资料集、论文集和通俗读物；从 1958 年到 1966 年"文化大革命"开始，全国各类报刊发表有关农民战争的讨论文章共计 2300 余篇①。固然，农民战争史研究是这一时期的热门领域，但同时我们也应明确的一个事实是，除农民战争史研究的论文和论著外，尚有大量的其他领域的研究成果。据《中国古代史分期讨论五十年》一书所列论著目录统计，从于省吾在《考古》1949 年第 10 期发表《释庶》一文起，到于先生又在《考古》1965 年第 6 期发表《关于〈释"臣"与"鬲"〉一文的几点意见》至，有关古史分期问题讨论的文章共计 360 篇；又据学者统计：从 1954 年开始的封建土地分期问题的讨论到 1960 年止，共计 150 余篇②。从 50年代中期至 60 年代中期十年间，有关资本主义萌芽问题的讨论文章 200 余篇③。除"五朵金花"外，有关亚细亚生产方式问题的讨论、有关历史人物的评价及关于古为今用、厚今薄古、史论关系、历史遗产的批判和继承问题及历史主义与阶级分析问题的论战等，这些并不全是农民战争问题的研究。以上史实说明，将十七年史学归结为一部农民战争史的说法，至少是不符合当时中国史学研究的实际的。

这一时期出版的大量史学论著也明显的反映出十七年中国史学的发展并非是阶级斗争和农民战争史的研究。固然这一时期出版了一批农民战争史专著，如赵俪生、高昭一的《中国农民战争史论文集》（1954 年），孙祚民的《中国农民战争问题探索》（1956 年），郑天挺、孙铖编《明末农民起义史料》（1954 年），漆侠著《秦汉农民战争史》（1962 年），史绍宾编《中国封建社会农民战争问题讨论集》（1962 年）、《太平天国革命性质问题讨论集》（1962 年）等，但新中国成立后的十七年中国史学的发展成就确实是多方面的，并非一部阶级斗争史和农民战争史所能概括。不能把范文澜修订的《中国通史简编》，郭沫若的《中国史稿》，侯外庐的《中国思想通史》，翦伯赞的《中国史纲要》等等，简单地称为一部农民战争史。夏鼐的《考古学论文集》（1961 年），《梁思永考古论文集》

---

① 周朝民等：《中国史学四十年》第 38 页，广西人民出版社 1989 年版。
② 周朝民等：《中国史学四十年》第 29 页。
③ 周朝民等：《中国史学四十年》第 54 页。

（1959年），裴文中的《中国石器时代的文化》（1954年）、《中国石器时代》（1963年），尹达的《中国新石器时代》（1955年）和吴恩裕《中国国家起源问题》（1956年）及夏鼐选编的《中国原始社会文集》等等，当然也不是中国农民战争史。断代史方面，我们可以随便举出一段来看其具体的情况，比如秦汉史的研究，出版了何兹全的《秦汉史略》（1955年），杨翼骧的《秦汉史纲要》（1956年），贺昌群的《论两汉土地占有形态的发展》（1956年），安作璋的《汉史初探》（1955年）、《西汉与西域关系史》（1959年），陈竺同的《西汉与西域等地的经济文化交流》（1957年），周辅成的《论董仲舒思想》（1961年），杨宪的《秦始皇》（1959年），张维华的《论汉武帝》等论著，不可否认，这些著述里有反映农民起义和阶级斗争的成分，但总不能将它们当作农民战争史论著。中国近代史研究固然侧重于太平天国、义和团运动和辛亥革命的研究，但史学家和经济学家并未忽视中国近代经济史和对外关系史的研究，这一时期出版了严中平等编的《中国近代经济史统计资料选集》（1955年），孙毓棠、汪敬虞编的《中国近代工业史资料》（1957年），彭泽益编《中国近代手工业资料》（1957年），李文治、章有义编《中国近代农业史资料》（1957年），巫宝三等编《中国近代经济思想与经济政策资料选编》（1959年），徐义生编《中国近代外债史统计资料》（1962年），姚贤镐编《中国近代对外贸易史料》（1962年）等等。这一时期，党和政府对于中国历史文化典籍的整理工作也非常重视，委托吴晗、顾颉刚等一批史学家开始了"二十四史"和《资治通鉴》的点校工作。1958年2月9日至11日，国务院科学规划委员会在北京召开了古籍整理出版规划小组会议，在翦伯赞和金灿然的推动下，北京大学创办了"古典文献"专业，中华书局影印和出版了《艺文类聚》、《册府元龟》、《永乐大典》、《明经世文编》等大量珍贵的历史典籍。这些铁的事实证明，将十七年的中国史学简单地称为一部阶级斗争史学，确实是非历史主义的荒谬看法。

　　将丰富多彩的中国历史写成为一部中国农民战争史，这是在反右斗争扩大化后的大跃进运动推动下，由一些没有多少历史研究经验的青年史学工作者和大学生掀起的所谓"史学革命"的狂热浪潮中出现的，这本身就是极左思潮的产物，是与马克思主义史学相对立的，因而遭到了范文澜、翦伯赞、吴晗等一大批德高望重、学识丰富的史学家强烈地反对和坚决抵制。真正的马克思主义史学家不会忽视阶级分析及阶级斗争，他们重视中国农民战争对中国历史发展的影响，但他们反对将丰富多彩的中国历史变成为一部阶级斗争史，变成为一部中国农民战争史。只是由于1962年后毛泽东过分强调阶级斗争，受其影响，在一些别有用心的人操纵下，在姚文元、关锋、戚本禹等政治投机分子疯狂地打击下，1963 年之后，中国历史学不断向极左政治滑坡，逐步走向以阶级斗争和农民战争统帅中国历史学的歧途。面对这股歪风，一大批真正的马克思主义史学家仍在抗争，这从上海和北京一大批具有正义感的史学家，面对姚文元乱打棍子、乱扣政治帽子的恶劣行径挺身而出，义正词严地予以谴责，一直到"文化大革命"开始最终被剥夺了发言权为止。因而，将十七年中国马克思主义史学概括为阶级斗争史学，归结为农民战争史，毫无疑义是极其片面的认识，是将十七年马克思主义史学发展的支流作为主流，是将非马克思主义史学错误地当作马克思主义史学，因而是极其错误的认识。

二、"十七年"史学并非片面的反封建史学

有人将十七年的中国马克思主义史学简单地称之为"片面的反封建的史学"，我们认为这同样是一种偏颇的认识。反封建是中国马克思主义史学一个极其重要的主题，不仅过去而且在今天，史学工作者仍需将这一历史重任勇敢地承担起来，借以推进我国的社会主义现代化进程。新民主主义革命时期，范文澜、翦伯赞、吴晗等著名史学家，将自己的史学研究与中国人民的反帝反封建的民主革命紧密的结合起来，为中国人民的解放事业做出了巨大的贡献，但由于时代条件限制和出于反封建目的需要，在他们的史学著作中，对剥削阶级一些曾对中国历史的发展做出过较大贡献的杰出人物的贡献避而不谈或谈之甚少，这当然是一种非历史主义的做法，在反封建过程中有一定的片面性。为进一步推进中国马克思主义史学在科学的道路上进一步健康的发展，新中国成立之初，范文澜、翦伯赞等杰出的马克思主义史学家，就明确地提出摒弃这种做法，并反对简单的类比和"借古说今"。其实类比和"借古说今"并非在史家的论作中绝对不可使用，范文澜也只是反对的"简单的类比"，"借古说今"也是史家惯常采用的方法，翦伯赞之所以反对这样做是因为他认为在社会主义人民当家作主的时代已无需采用这种方法，这样做有损历史学的科学性，当然翦伯赞这种看法是否正确我们可进一步研究，但他反对"影射"则无疑是正确的认识。"片面反封建"的做法在范文澜修订本《中国通史简编》中已得以根除。

反对剥削，反对阶级统治和压迫，这是马列主义和毛泽东思想的核心思想之一，但这些革命导师都没有完全否认剥削阶级及其代表人物在历史发展中的重要作用。与革命导师一样，像范文澜、翦伯赞那些真正掌握了马列主义精髓的杰出的马克思主义史学家，注重探讨劳动人民在历史上的作用，强调劳动人民是历史

的主人，但坚决反对"片面的反封建"，反对将一部丰富多彩的中国历史改写成一部中国农民战争史，反对以阶级斗争代替丰富多彩的历史，反对片面的打破王朝史的体系，主张历史主义地看待统治阶级。固然十七年的中国马克思主义史学仍以农民阶级反对封建统治和压迫为核心，中国农民战争史的研究占有很大的分量，但十七年中国史学在通史、断代史和其他专史及历史资料方面的整理等多个方面都取得了巨大的成就。

第四节　"十七年"历史学发展的教训

新中国成立十七年，中国马克思主义史学取得了辉煌的成就：马克思主义史学在中国取得了主导的地位；一大批新老史学家学习和运用马克思主义研究历史，并取得了初步的成效；从大学到中学，马克思主义新史学的科学体系基本上建立起来，中国历史从古代到近现代学科体系基本上建立起来，世界史及与历史学相关的考古学、历史文献学研究也开始起步，制定了大、中学历史教学大纲，编撰了诸如何干之的《中国现代革命运动史》、翦伯赞的《中国史纲要》等高水平的教材；就历史研究的许多问题特别是一些重大的问题，史学界展开了广泛的争鸣并取得了初步的成效；以中国近代史资料的整理和"二十四史"的点校为龙头，历史资料的搜集和整理工作取得了显著的成效。与新中国的发展一样，十七年的中国历史学，在取得巨大成就的同时，也经历过极不平凡的历程，给我们留下了许多极为深刻的值得认真总结的历史教训，这主要可以概括为以下几个方面。

首先，以学术批判代替了百家争鸣，片面地过分地强调史学为政治服务，既未能充分地发挥出历史学对社会的"资治"和"鉴诚"功能，也极大地妨碍了历史学自身的健康发展。中国历史学本来就有"经世致用"的优良传统，强调历史学为社会政治服务，本来无可厚非，但出于某种政治需要过分地、简单地强调史学服务和服从于政治，必然违背历史学本身的科学品格，结果历史成为社会政治的喉舌和宣传品。由于政治对历史学的过分干预，加之许多史学工作者未能很好的处理历史学与政治的关系，于是在政治出现了问题时，我们的历史学必然走上歧途。对胡适及其学术思想的批判，有利于马克思主义思想及其学术地位的确立，但这场轰轰烈烈的学术批判运动，今天看来，以胡适的政治态度全面否定其学术贡献及其著述的学术价值的片面性十分明显；雷海宗和尚钺对马克思主义的看法、对中国历史分期及资本主义萌芽问题的不同认识，完全可以在正常的学术范围内通过争鸣去判定其是否正确，他们对有关中国历史研究重大问题提出的不同意见，实际上有利于学术争鸣广泛深入地展开，但受政治气候的影响，简单地把他们定为反马克思主义的"右派"和"修正主义分子"，对他们的学术也就缺乏分析，上纲上线全盘予以否定。

新中国十七年，社会政治风云复杂多变，以毛泽东为首的中国共产党人在政治问题的处理上，既有成功的经验，又为我们留下了深刻的教训。由于政治因素的影响，华岗、吕振羽等著名的马克思主义史学家在监狱中白白地葬送了具有创造性的史学生涯；著名马克思主义史学家、中国革命史和中共党史研究专家何干之在共和国的二十年中也历尽坎坷：反胡风运动中险遭逮捕、反右中被错定为右倾机会主义分子，"文革"中又在肉体上和精神横遭迫害和折磨①。50年代初，我们的史学工作者还是比较正确地处理了史学与政治的关系，尽管在批武训、批胡适时尚有失误；1957年反右斗争中，我们对向达、雷海宗、荣孟源、陈梦家的错误批判，之后又将何干之那样著名的马克思主义史学家错划为右倾机会主义分子，将尚钺、赵俪生、赵光贤、朱本源等富有学识并活跃于史坛的许多史学工作者错划为右派；1958年"史学革命"中，粗暴地对陈寅恪、梁方仲、童书业等多位实证派史学家进行粗暴的政治批判，过分地强调写劳动人民的历史，否定帝王将相等杰出人物在历史上的作用；1964年以后，根据毛泽东抓阶级斗争的指示，过分强调阶级斗争，对周谷城、罗尔纲、刘节、孙祚民等史学家展开了批判，最终在姚文元、戚本禹、关锋等一批政治掮客别有用心地冲击下，展开了对吴晗、翦伯赞的政治大迫害，正在蓬勃发展的中国马克思主义史学就这样被葬送了，这一深刻的历史教训我们必须认真总结，牢牢记取，永志不忘。

其次，对西方史学及各种非马克思主义史学缺乏深入的分析，未能处理好历史遗产的批判和继承问题。50年代，胡绳、齐思和等学者的研究视野曾移向西方史学及其流派，60年代，我们也曾翻译出版了康恩等著的《穷途末路的资产阶级历史哲学》等几本有关西方非马克思主义流派的著作，但我们将这些一概作为资产阶级思想，立足于批，于是本来可以借以促进中国马克思主义史学进一步发展的动力也就这样被抛弃了；吴晗等史学家推动的关于历史遗产的继承问题的讨论，有利于史学研究的深入，加上当时刚刚起步的中外史学史研究，本来可以推进历史文化遗产的进一步发掘和研究，但在重新抓阶级斗争的声浪中，宝贵的历史文化遗产被简单地当作封建的剥削阶级的东西，又被全盘地否定了。范文

①　参见刘炼：《风雨伴君行——我与何干之的最后二十年》，广西教育出版社1998年版。

澜、翦伯赞、吴晗等倡导的"历史主义"原则,本来是历史研究最基本的原则,这一问题的提出有利于纠正"史学革命"所造成的严重恶果,也将中国马克思主义史学重新引向健康发展的道路,但最终在片面的"阶级分析"方法围剿之下,在姚文元、戚本禹的万般攻击和迫害中,翦伯赞、吴晗、邓拓这些为推进新中国马克思主义史学发展做出了突出贡献的杰出历史学家,党的高级干部、中国科学院学部委员,被当作反党反马克思主义的资产阶级学术权威而横遭批判。

第三,中国马克思主义史学在十七年中取得了辉煌的成就,但无可否认,中国史学界在这一阶段并未认真地从事对社会主义建设至关重要的课题研究。虽然50年代初郭沫若、翦伯赞和不少的史学家已经提出"史学为社会主义建设服务"这一命题,如周谷城在1958年先后在《文汇报》和《光明日报》发表文章说:"今日研究历史的,必须重写很多历史书,也必须新编很多历史书,以为祖国社会主义的经济基础服务","历史要联系现实,要为现实服务,要为社会主义建设服务。"① 郭沫若在1959年发表的《关于目前历史研究中的几个问题》一文也说:"在今天作为学术研究总的方向来说,应该是为人民服务,为社会主义建设服务。史学研究的任务自然也不能例外"②。但正如新中国成立之后很长一段时间内中国共产党的领导人未能把社会主义建设放在首位,政治上片面强调阶级斗争,我们的史学研究仍服务于以阶级斗争为中心的社会主义革命,于是演变为史学为政治服务、为阶级斗争服务,"文革"前夕竟然发展到为革命而研究历史的荒谬地步。不可否认,这一时期在经济史研究、历史地理研究等方面虽然也取得了一些成就,但从总体上来说,历史学如何为社会主义建设服务尚未能提上日程。历史学科学体系虽初步建立起来,但我们仍侧重政治史的研究,将重点过分投入到农民战争的研究之中;忽视文化史、社会生活史等领域的研究;马克思主义虽已成为中国历史学的指导思想,但与此同时,我们缺乏对历史学本身理论和研究方法的探讨,缺乏对西方各种非马克思主义理论和方法的研究,这些局限性在经历了"十年动乱"之后,在改革开放的新时代,在解放思想、实事求是方针的推动下,在广大史学工作者的共同努力下,目前已初步地得以克服,有些方面已取得了显著的成绩。但在新的历史条件下,如何进一步推动马克思主义史学的发展,历史学如何更好地为社会主义现代化建设服务,为中华民族在新世纪的再次腾飞服务,仍然是摆在我们广大史学工作者面前的一个不容回避的任务。新

---

① 周谷城:《周谷城史学论文选集》第11、第13页,人民出版社1983年版。
② 郭沫若:《文史论集》第1页,人民出版社1961年版。

世纪的史学工作者，应该进一步继承和发扬郭沫若、范文澜、翦伯赞等老一辈马克思主义史学家的优良传统，勇于承担这一历史重任，使中国的马克思主义史学在新世纪里向着科学化、社会化、现代化的道路上进一步迈进。

第六章　新中国历史学遭受的挫折与获得的新生

十年"文化大革命"给新中国历史学发展带来了严重的灾难，马克思主义史学家被打倒，马克思主义被严重歪曲。在极端的阶级斗争政治路线影响下，以江青为首的政治集团搞起了"影射史学"。"文革"后期，在周恩来和邓小平的直接推动下，以"二十四史"点校为核心的历史学科研工作逐步开展起来，1976年粉碎"四人帮"之后，中国历史学获得了新生，1979年党的十一届三中全会之后，中国历史学又逐步走上了正常的发展轨道。

第一节　"文革"时期历史学遭受的挫折

"文革"初期，许多马克思主义史学家被打倒，广大史学工作者离开了科研单位和高等学校，遭受着人格的侮辱和心灵的创伤，许多著名史学家或被批斗，或被下放接受所谓的"思想改造"，从事着繁重的体力劳动。"文革"后期，以江青为首的政治集团，打着"批林批孔"的招牌，大搞"影射史学"，使历史学的科学性遭受严重的践踏，马克思主义思想被严重搞乱，这一时期，在周恩来和邓小平的推动下，"二十四史"和《清史稿》的点校工作得以继续，历史学的科研工作也开始恢复。

一、马克思主义史学家遭受迫害

在康生、陈伯达、江青的直接指挥下，姚文元、戚本禹等极左派，在所谓的"文化大革命"的招牌之下，向中国思想文化学术界展开了全面的进攻。史学界首当其冲，由对著名历史学家吴晗的历史剧《海瑞罢官》的批判，展开了对史学家的粗暴批判和残酷迫害，吴晗事件的当事人邓拓、田家英、李平心等相继离开人世。翦伯赞、吴晗、何干之这些著名史学家，在遭受百般迫害和折磨之后，也相继去世；侯外庐、吕振羽等中国马克思主义史学的开山人物也遭受百般的折磨；郭沫若、范文澜也处境艰难。

（一）由《海瑞罢官》引发的对史学家的迫害

1965年11月10日，上海《文汇报》发表了姚文元的《评新编历史剧〈海瑞罢官〉》。姚文元这篇文章打着评著名明史专家、北京市副市长吴晗的历史剧的幌子，实际上是在江青直接指挥之下，在上海市委第一书记柯庆施和市委宣传部长张春桥的配合下，经过精心策划的一场特大政治阴谋。姚文元肆无忌惮地说："吴晗同志恰恰用地主资产阶级的国家观代替了马克思列宁主义的国家观，用阶级调和论代替了阶级斗争论。""《海瑞罢官》并不是芬芳的香花，而是一株毒草。它虽然是头几年发表和演出的，但是，歌颂的文章连篇累牍，类似的作品和文章大量流传，流毒很广。"①姚文元文章发表的次日，《解放日报》予以转载，11月24日，《浙江日报》、《大众日报》、《新华日报》、《福建日报》同时转载，25日、26日，《安徽日报》、《江西日报》相继转载。

　　没有经过任何组织程序，对堂堂一个北京市副市长在报纸上公开点名，进行粗暴的政治批判，这首先违背了党的组织原则。中央政治局委员和北京市市长彭真和北京市市委文教书记、历史学家邓拓，从维护党的组织原则和追求真理的勇气出发，表现出了大无畏的精神和极高的政治斗争智慧，他们顶着压力，对姚文元的发难不予理睬。随后，毛泽东决定在上海出姚文元文章的单行本，《北京日报》、《人民日报》和《光明日报》等首都各大报纸，先后于11月29日、30日和12月2日，相继转载了姚文元的文章，并配发了编者按。面对各方面的压力，时为北京市委书记处主管文教的书记邓拓在彭真的支持之下，沉着应战。1965年12月2日，邓拓在《北京日报》的一个会上说："吴晗并没有写过戏，他这次写戏是有感情的，他把自己比作海瑞。现在，我们的的确确还要在学术界提倡好的风气，首先要把《海瑞罢官》当作学术问题来讨论，姚文元的文章是谈了政治问题，吴晗也会作回答。但主要问题还是在学术问题上，所以我们写文章的语调、口气要注意，不要加大帽子，要用商讨的语气、探讨的语气。这次还是作学术探讨为好。"他还说："文章可以说明吴晗错的地方，也可以举出他对的地方；对姚文元也一样。"② 在12月13日北京市委召开的文科大学生座谈会上，邓拓再次指出："姚文元的观点不一定都对，没有一点错误或不确切的地方？都对的话那就作结论了，还讨论干什么？吴晗同志的观点有许多根本性的错误，但是否就一无是处？是不是一棒子打死？根据吴晗的表现，还不能说他是反党反社会主义，不能一棍子打死，这是真的，不是唬弄大家。姚文元的文章不是结论，吴晗同志也不是一无是处。""你们都是研究文史哲的。你们现在不要先有框框，固

①　姚文元：《评新编历史剧〈海瑞罢官〉》，《文汇报》1965年11月10日。
②　《邓拓在〈北京日报〉一次会上放毒》，《人民日报》1966年5月12日。

定认为一个是正面意见，一个是反面意见，谁对谁不对还没有弄清。如果先有一个框框，去研究是错误的，因为方法不对头。"① 北京市委的态度和邓拓的明确指示，加上吴晗在广大学者和青年中的良好印象，使得姚文元的谬说并没有立即形成气候，加之江青、张春桥等也在《文汇报》上打着学术讨论的幌子，不断引诱学者上钩，因而对姚文元的许多难以成立的论断，当时的学术界还是发表了较为充分的意见。②

由对吴晗的批判引发了对中国史学界的全面冲击。1965 年 12 月 15 日，姚文元化名"劲松"在《文汇报》发表了《欢迎"破门而出"》，文章说："看来，在史学界、文艺界，存在某种从繁星、吴晗到'厉鬼''清官'的'统一战线'。"③ 姚文元的这篇文章把批判的范围进一步扩大。1966 年 4 月 5 日出版的《红旗》杂志，发表了关锋、林杰的《〈海瑞骂皇帝〉和〈海瑞罢官〉是反党反社会主义的两株大毒草》，这是南北两股极左势力在批吴晗问题上的进一步公开合作。关锋的文章说，《海瑞骂皇帝》完完全全是歪曲历史、经过精心编制的一篇骂人文章。吴晗同志究竟骂谁呢？他骂的是伟大的中国共产党，骂的是我们敬爱的党中央。戚本禹断然说："吴晗同志的一切，是站在地主阶级立场反党、反社会主义的，是作为反党、反社会主义的思潮的代表而出现的。""吴晗的反党、反社会主义，是有意识、有目的的。"④ 紧接着，《人民日报》、《光明日报》接连发表和转载了《吴晗同志反党反社会主义的政治思想和学术观点》，以及《请看吴晗同志解放前的政治面目！》等文章，对吴晗的一生及其学术贡献做了全盘的否定，列举了吴晗的众多"罪状"。"史绍宾"也在 4 月 18 日的《光明日报》发表了《历史上的吴晗是反共老手》，对吴晗解放前的历史大肆歪曲。

1966 年 5 月 8 日，江青化名高炬，在《解放军报》发表了《向反党反社会主义的黑线开火》，挑起了对彭真的批判。同一天，关锋化名何明，在《光明日报》发表了《擦亮眼睛，辨别真假》，文章说：《前线》《北京日报》的编者按说，要"对'三家村'和《燕山夜话》展开严肃的批判"。这是真的吗？不是，这是假的，是假批判、真掩护、假斗争、真包庇⑤。1966 年 5 月 10 日，上海

---

① 参见《人民日报》1966 年 5 月 12 日。

② 参见张剑平：《新中国史学五十年》第 198—211 页，学苑出版社 2003 年版。

③ 劲松：《欢迎"破门而出"》，《文汇报》1965 年 12 月 15 日。

④ 关锋、林杰：《〈海瑞骂皇帝〉和〈海瑞罢官〉是反党反社会主义的两株大毒草》，《红旗》1966 年第 5 期。

⑤ 何明：《擦亮眼睛，辨别真假》，《光明日报》1966 年 5 月 8 日。

《文汇报》和《解放日报》发表了姚文元的《评三家村——〈燕山夜话〉〈三家村札记〉的反动本质》，11 日出版的《红旗》杂志及时予以转载，并刊发了戚本禹的《评〈前线〉〈北京日报〉的资产阶级立场》。在对吴晗进行大肆批判之后，紧跟着江青的步伐，这两篇文章又把矛头进一步对准北京市委文教书记邓拓和中央政治局委员彭真，批判范围进一步扩大。1966 年 5 月 16 日，中共中央发出了后来被称之为"文化大革命"正式开始的《五一六通知》，全面推翻了由彭真等制定的正确处理当时带有浓厚政治色彩的学术争辩的正确方针《二月提纲》。《通知》颠倒黑白，说"提纲"是彭真背着康生等"五人小组"，没有得到毛泽东的同意用中央的名义发布的。《五一六通知》的公开发表，宣告彭真、邓拓为合理解决吴晗问题，以及力图把讨论引上正轨的各种努力最后失败，该《通知》对吴晗和邓拓问题下了粗暴的政治结论，彭真从此被停止了工作。邓拓，这位在 20 世纪三四十年代就为中国马克思主义新史学的发展做出了突出贡献的著名史学家、理论家，首先以死抗争，临终前他写给彭真、刘仁和党组织的《诀别书》说："我的这一颗心永远向着敬爱的党，向着敬爱的毛主席。""我对于所有批评我的人绝无半点怨言。只要对党和革命事业有利，我个人无论经受任何痛苦和牺牲，我都心甘情愿，过去是这样，现在是这样，永远是这样。"[1] 抗战时期在延安就曾从事中国近代史教学的田家英，做了多年毛泽东的秘书，在吴晗问题上，竟惹怒了这些"左派"领袖，最后被指责为篡改毛泽东的指示，于是愤然在中南海自杀身亡。

著名历史学家周谷城、周予同和李平心，因揭露了姚文元的真实面目，被诬为上海的"三家村"，横遭批判。对姚文元的粗暴批判进行了有力驳斥的著名马克思主义史学家李平心，因揭露了姚文元一伙反党的丑恶面目而遭到了特别的嫉恨。姚文元气急败坏的以"伍丁"的笔名，在 1966 年 4 月 25 日的《文汇报》发表文章说："平心先生在三月三十一日在《文汇报》发表的文章，充满了对批评者的阶级仇恨。这是《海瑞罢官》讨论以来最赤裸裸地暴露出某些'学者''教授'真实面目的一篇文章。这是自己跳出来的、不可多得的反面教员。"[2] 在姚文元的煽动下，上海开始了对李平心的猛烈批判，《文汇报》和《学术月刊》接连发表批判文章，华东师大一些不明真相的青年教师和学生也对他展开了全面的批判。于是，李平心，这位早在 30 年代就用马克思主义观点撰写《中国近代史》

---

① 丁一岚：《忆邓拓——为〈新闻战线〉作》，《人民日报》1979 年 1 月 27 日。

② 伍丁：《自己跳出来的反面教员》，《文汇报》1966 年 4 月 25 日。

的著名史学家，最后也于 1966 年 6 月 15 日含愤去世。临去世前，他对历史系主任吴泽说："吴泽同志，我们多年在一起工作、战斗，你是了解我的啦！我热爱新中国，热爱毛主席，热爱中国共产党，把一生献给党的文化科学事业，我写的文章和书，白纸黑字，谁都知道！他们诬陷我是什么'反动学术权威'，我死也不能瞑目。"① 著名史学家周予同，因为在吴晗问题上讲了实话，被张春桥一直骂为"老右派"，定为"坚决打击"的对象，几次被揪到山东曲阜批斗，最后瘫痪在床。"文化大革命"开始后，吴晗遭受没完没了的批斗、游行和百般的人格侮辱，失去了为自己辩解的权利，遭受家破人亡之苦。夫人袁震和女儿吴小燕以及家属，都因吴晗的罹难而遭受残酷的迫害，最后相继凄惨的离开了人世。在遭受百般毒打和折磨之后，1969 年 10 月 11 日吴晗饮恨而死。这位早在 40 年代就为民主自由而与国民党反动集团而英勇斗争、奋不顾身的勇士，为新中国历史科学和文化教育事业做出了突出贡献、一生追求进步的学者，竟然背着反党、反社会主义的罪名，被迫害致死！

（二）"文革"初期历史学界遭受的挫折

1966 年 6 月 3 日，由陈伯达接管的《人民日报》发表了《夺取资产阶级霸占的史学阵地》的社论，开始了对历史学家的全面围攻。社论说："资产阶级代表人物，把史学当作他们反党反社会主义的一个重要阵地。他们歪曲历史，借古讽今，欺骗群众，为资本主义复辟进行舆论准备。""盘踞一些史学阵地的资产阶级'权威'和支持这些权威的资产阶级代表人物，就是这样的把自己摆在同人民敌对的地位。这些'权威'，有的成了反党反社会主义分子，有的堕落到了反党反社会主义的边缘。""史学界的资产阶级'权威'，正是反对毛泽东同志的这些科学论断的。他们用所谓'历史主义'即唯心史观，来反对和篡改马克思列宁主义的阶级斗争学说。他们顽固地否认人民群众是创造世界历史的动力，尽情污蔑劳动人民和农民战争。他们叫嚷反动统治阶级的所谓'让步政策'是历史发展的动力，把劳动人民和农民战争的伟大作用一笔抹煞。他们歌颂的，只是那些骑在人民头上的帝王将相。他们是史学界里的'保皇党'。""无数的事实证明，在史学领域里是充满着激烈的阶级斗争的。……在史学中，和在其他科学中一样，唯物史观和唯心史观，无产阶级思想和资产阶级思想，是绝对不能和平共处的。这只能是谁战胜谁的斗争，是你死我活的斗争。"为了煽动对史学领域的

---

① 桂遵义、周朝民：《平心传略》，《平心文集》（第一卷）第 17 页，华东师范大学出版社 1985 年版。

全面冲击，社论说："霸占史学阵地的资产阶级'权威'，在某些部门里实行了对无产阶级的专政。他们利用职权，大放毒草，压制无产阶级左派的反击。他们对革命的史学工作者，采取各种卑鄙的手段，加以打击。他们像奸商一样垄断资料，甚至在'三家村'反党集团的急先锋吴晗已经被揭穿之后，还隐瞒关于吴晗的史料，包庇这个反共老手。他们简直是史学界的'东霸天'、'西霸天'。"文章最后说："我们告诉这班老爷们，对于你们反党反社会主义的史学阵地，我们就是要去占领。在你们看来是'侵略'，在我们看来叫'夺权'。"① 这个社论的发表，使正在开展的对中国史学界冲击的势头进一步加剧。

《五一六通知》使得一伙极左势力更加肆意妄为，对翦伯赞的批判进一步升级。陈伯达控制的《人民日报》成为批翦的急先锋，除 6 月 3 日社论对翦伯赞展开批判之外，6 月 1 日，《人民日报》发表了《评翦伯赞的〈中国史纲要〉》，9 日发表了《翦伯赞为什么吹捧司马光》；《文汇报》在 6 月 6 日发表了《翦伯赞怎样吹捧人民公敌蒋介石》，6 月 14 日刊登了《翦伯赞"让步政策"论是为人民公敌蒋介石服务的》；6 月 24 日《光明日报》发表了《翦伯赞的〈中国史论集〉是蒋家王朝的资治通鉴》。之后，批判的范围不再局限于翦伯赞的史学观点或著述，进一步上升到政治的高度，如 7 月 17 日《光明日报》发表的《翦伯赞是漏网的大右派》，8 月 15 日《文汇报》的《评翦伯赞的"江南之行"》，12 月 14 日的《反共知识分子翦伯赞的真面目》等。戚本禹、林杰、阎长贵的《反共知识分子翦伯赞的真面目》，是一篇对翦伯赞进行全面批判的文章，全文包括：从西山会议派谭振的秘书到人民公敌蒋介石的走卒；土地改革运动的破坏者，地主阶级的孝子贤孙；向党向社会主义进攻的急先锋，漏网的资产阶级大右派；反对史学革命，为资本主义复辟制造舆论；借古讽今，攻击社会主义制度，做现代修正主义的应声虫；为吴晗辩护，顽固的抗拒无产阶级文化大革命。戚本禹等污蔑说："翦伯赞是一个资产阶级的反动学阀，是资产阶级反动学术'权威'的一个头目，是旧北京市委、旧中宣部推行反革命修正主义和平演变路线的一个重要角色。翦伯赞披着共产党员的外衣，打着老马克思主义史学家的招牌，向党、向社会主义、向伟大的毛泽东思想，射出一枝又一枝毒箭。他是反共、反人民、反革命修正主义的急先锋。"② 对翦伯赞的揪斗早在 1966 年 6 月 1 日已经开始，这一天，他被揪斗了七八次，起初是在楼下的院子里，弯腰、坐飞机，每次一个多小

---

① 《夺取资产阶级霸占的史学阵地》，《人民日报》1966 年 6 月 3 日。
② 戚本禹、林杰、阎长贵：《反共知识分子翦伯赞的真面目》，《红旗》1966 年第 15 期。

时，还有几次，翦老支持不住瘫倒在地上，后来几次是在卧室进行。杀向翦家的"造反派"队伍，一支接一支，一群又一群。未曾进门，先齐喊："造反有理!""谁反对毛主席就打倒谁!""打倒翦伯赞!"接着是砸门声、敲窗声，玻璃破碎声，都搅合在一起①。不久，翦伯赞被赶出了燕东园，除群众性的大批斗之外，还有没完没了的刑讯逼供。1968 年 12 月 18 日，翦伯赞夫妇带着满腔愤怒，怀揣着写有"毛主席万岁，毛主席万岁，毛主席万万岁!"的纸条，平静地离开了人世。一代马克思主义史学大师，中国马克思主义史学的创立者，就这样被扣上了反党、反社会主义主义、反马克思主义的帽子，被极左路线的执行者推上了断头台，告别了他为之奋斗的学术事业。

　　对吴晗和翦伯赞的批判打开缺口之后，马克思主义史学遭受了更严重的浩劫。《历史研究》主编黎澍被赶出了编辑部，《历史研究》停刊，其他杂志处于苟延残喘的状态，只能发表这些左派以及不明真相的各界群众的大批判文章，中国马克思主义史学的创始人也一个个面临岌岌可危的命运。郭沫若被迫先自己表态，全面否定自己，要求将他的书全部烧掉。在周恩来的多方保护之下，虽然没有遭受肉体上的摧残，但精神上的折磨并不亚于翦伯赞。他的两个爱子在"十年浩劫"的初期便遭迫害而离开了人世。在中关村有不少攻击郭沫若的大字报，有的大字报甚至贴到家门口。1967 年 5 月重新发表的毛泽东给延安京剧院的信，删去了毛泽东对郭沫若赞颂的话，1974 年在批林批孔运动中，"四人帮"加紧了对郭老的迫害，使得他忧虑成疾②。范文澜也自 1966 年 5 月份以来，处于朝不保夕的状况，不断遭受陈伯达和康生的压力，在 1966 年 5 月份就连写了 6 封信，一再要黎澍、刘大年起草的检讨书中对自己作过分的否定和批判③；范文澜又被陈伯达指斥为保皇党，陈伯达要求他当众做检讨，并让人整理好了打倒范文澜的黑材料，后在毛泽东的直接保护下，范文澜才免遭祸害。在动乱年代，范文澜抱着编写一部完整的《中国通史》的美好愿望，带着遗憾于 1969 年 7 月 29 日离开了人世。侯外庐，因以"常谈"的笔名写了赞扬吴晗的文章，早就被批判，1966年 8 月 10 日出版的《红旗》杂志，发表了《坚决铲除侯外庐论汤显祖剧作的三株大毒草》，文章说："侯外庐所歌颂的汤显祖，是被歪曲了的替反动资产阶级

---

　　①　张传玺：《翦伯赞传》第 495—496 页，北京大学出版社 1998 年版。

　　②　参见林甘泉主编：《文坛史林风雨路——郭沫若交往的文化圈》第 315 页，浙江人民出版社 1999年版。

　　③　参见刘潞、崔永华编：《刘大年存当代学人手札》第 231—236 页，中国社会科学院近代史研究所印。

说话的汤显祖。他借汤显祖这具僵尸，来恶毒地攻击我们的社会主义社会，攻击无产阶级专政。……借助汤显祖的幽灵，猖狂地向社会主义向毛泽东思想进攻。""侯外庐的反党反社会主义是有其历史根源的。……解放后，他混入革命队伍，挂着马克思主义史学'权威'的招牌，在国内外到处招摇撞骗，到处放毒，俨然是史学界的一霸。他的著作，充满了反党反社会主义反毛泽东思想的黑货，《论汤显祖著作四种》不过是其中的一个小部分。"文章最后呼吁："无产阶级文化大革命，就是要清除一切钻进党里、政府里、军队里和文化界的资产阶级代表人物，批判反党反社会主义反毛泽东思想的反动的资产阶级学术'权威'，搞掉一切反党反社会主义反毛泽东的黑线，横扫一切牛鬼蛇神。我们必须高举毛泽东思想的伟大旗帜，对侯外庐的所有反党黑货进行彻底的揭发和批判。"① "文革"中，侯外庐遭受了残酷的迫害，身体致残，但他大义凛然，毫不屈服。马克思主义史学家"五老"的另一位吕振羽，早在1963年就被以"莫须有"的罪名被捕下狱，直到1975年在邓小平的关怀下，才得以出狱。著名马克思主义史学家、中共党史研究专家何干之，在"文革"初三年中，多次被揪斗、游行，后又被非法拘禁，遭受人格侮辱，备受精神折磨，最后被迫全面否定自己，历经百余次迫害折磨，在尊严和理性已经死亡的环境中，两次对生活绝望，终因心脏病猝发而带着满腔遗憾，在1969年11月16日离开了人世。②

突如其来的"无产阶级文化大革命"，使中国一大批著名的马克思主义史学家遭受残酷的迫害，新中国历史学遭受了毁灭性的打击。陈伯达、姚文元、戚本禹等极左派势力从此控制了中国的政治和学术，随后他们又利用评影片《清宫秘史》对国家主席刘少奇等发动了冲击，最终达到了他们的反革命阴谋。但好景不长，毛泽东对戚本禹的严厉制裁，特别是1971年林彪叛逃的"九一三事件"彻底结束了陈伯达的政治生涯。

二、"文革"中后期的"影射史学"

1971年，林彪叛逃的"九一三事件"发生后，从毛家湾林彪住宅搜出了一大批林彪摘抄的《孔孟言论集》，为了使得批林整风运动深入进行下去，1973年5月，毛泽东在中央全会上提出了批孔问题，7月4日，毛泽东与王洪文、张春桥又就批孔问题作了商谈，江青一伙乘机利用他们把持的舆论大权，搞起了假批

---

① 《坚决铲除侯外庐论汤显祖剧作的三株大毒草》，《红旗》1966年第10期。
② 参见刘炼：《风雨伴君行——我与何干之的二十年》第223—263页，广西教育出版社1997年版。

孔、真批当代"大儒"周恩来总理的反革命阴谋。在打倒了一大批马克思主义史学家之后，适应篡党夺权的政治需要，"四人帮"笼络了一批哲学家、历史学家和文学家，成立了梁效、罗思鼎等御用写作班子，大搞"影射史学"。据学者统计："在梁效炮制的 200 多篇黑文中，属于影射史学的约占三分之一，罗思鼎炮制的'历史'文章更多达 150—160 余篇。"① 此外，他们还组织编写了严重歪曲中国共产党历史的多部所谓《中共党史》，以及诸多的《儒法斗争史》著作，企图达到他们反党和彻底打倒一大批革命老干部的罪恶阴谋。正如有的学者所言："'影射史学'的罪恶目的，是把古人当作现实中人物的替身：或是无情地加以漫画化而'打倒'他，或是充分地加以理想化而讴歌他。客观的历史，完全成了供他们随意使用的例证和插图的汇集。"②江青直接控制了由迟群、谢静宜领导的"梁效"（由清华大学和北京大学两校部分学者组成）和"唐晓文"（中央党校写作组）；张春桥、姚文元一手培植了"罗思鼎"，他们打着批林批孔和评法批儒的幌子，矛头对准周恩来、邓小平等中央领导人，在周恩来去世和打倒了邓小平之后，这些御用文人又大肆歌颂吕后和武则天，为江青充作女皇大造舆论。

　　"四人帮"打着"评法批儒"的幌子，大肆宣扬儒法斗争继续到现在、影响到今后的谬论。1974 年 6 月 12 日，江青在人民大会堂接见梁效、唐晓文等御用班子的成员时，大肆鼓吹"儒法斗争继续到现在"的荒谬观点。当唐晓文的一个成员谈到儒法斗争一直贯穿到近代时，江青说："到现在也是这样。我这观点准备挨批判。为什么要批林批孔，林彪就是尊孔，就是儒。复辟和反复辟，前进和倒退的斗争，从奴隶社会，到封建社会，一直到社会主义社会，都贯穿这个。现在还有人要复辟，不能说没有。要复辟，就必然要抬出儒家。"6 月 15 日，江青又对这些御用文人说："现在的文章很少提到现代的儒，除了林彪、陈伯达以外。以前的，不提无神论；现在的，不提现在的儒，难道现在没有儒了吗？没有，为什么反孔老二？"1974 年 6 月 19 日，江青在天津儒法斗争史报告会上说："你们不要以为社会主义没有儒了，我们党内就出了不少的儒。"③ 江青的这些看法很快被贯穿到评法批儒的斗争中去了，1974 年 6 月 18 日和 7 月 1 日的《人民

---

　　① 　参见周朝民等：《中国史学四十年》第 317 页，广西人民出版社 1989 年版。

　　② 　白寿彝：《中国史学史教本》第 447 页。

　　③ 　中国社会科学院历史研究所编：《历史的记录——"四人帮"影射史学与篡党夺权阴谋》第256—258 页，北京出版社 1978 年版。

日报》社论指出："阶级斗争和两条路线斗争的事实告诉我们：两千多年来的儒法斗争，一直影响到现在，还会影响到今后。""研究两千多年来不同历史时期儒法两家两条路线的斗争历史，吸取历史上阶级斗争的经验，坚持社会主义道路，反对资本主义复辟，巩固无产阶级专政，搞好当前反修防修的斗争。这是运动走向深入的表现。"①"四人帮"搞批林批孔的目的、评法批儒的意图，从江青的这些讲话中就可以明确地看出来。

以历史为个人集团的现实斗争需要服务的实用主义，在"四人帮"炮制的"影射史学"中得以集中体现。早在1970年，张春桥就对上海自己的写作班子头目说："讲历史都是讲现在，讲历史都是为了解决现在的问题。"②江青在1974年对梁效编选的《林彪与孔孟之道》的指示中说："材料要从斗争需要出发，不是从有什么材料出发。……从现实的斗争需要出发，应该有些什么题目，然后寻找材料，这样材料的运用也就活了。"迟群1974年9月8日对梁效成员说："我感兴趣的是第一条（指'古今一致的东西'），紧扣住阶级斗争、路线斗争。不然，研究它干什么？"罗思鼎的头目也说："写文章要能够海阔天空，古今中外的随便的联系，这样就写活了。""写历史、编资料都是为了实用。""搞历史要讲究实惠，我就是一个实用主义者。历史要为阶级斗争服务嘛。"③仅从江青及其党羽的这番话语就可以看出，他们根本就不是在研究历史，而是打着"评法批儒"的幌子，为达到他们不可告人的现实政治企图而随意地从历史中寻求根据。出于自己不可告人的目的，江青对吕后和武则天赞不绝口。1974年6月18日，江青对梁效和唐晓文成员说："我现在觉得有一个历史人物值得考虑，吕后。她是伟大的政治家，封建政治家、法家，不能低估，因为刘邦去世后，没有乱，是和吕后执行了法家路线有关，以后才有文、景、武、昭、宣。"对于武则天，江青更是推崇备至，1974年6月15日，江青接见梁效、唐晓文御用班子成员时就说："为什么武则天得人心？在那样的社会一个女人能当皇帝，重臣为她所用，就是因为她代表中小地主，阶级基础比李世民宽广多了。当时二十万人上书要武则天当皇帝嘛！这一定有她的社会基础，她的政策符合更广大的地主阶层。"1976年3月2日，江青又在十二省、区领导会议上说："武则天，一个女的，在

① 参见《人民日报》1974年6月18日社论《在斗争中培养理论队伍》，7月1日社论《党是领导一切的》。
② 《影射史学的一株黑标本》，《文汇报》1977年10月30日。
③ 中国社科院历史研究所编：《历史的记录——"四人帮"影射史学与篡党夺权阴谋》第352—353页。

封建社会里当皇帝啊，同志们，不简单啊，不简单。……从李世民到李治的名臣，她都用，而且为她所用。她简单吗？"① 对"四人帮"这种实用史学的方法，正如有的学者所说："'四人帮'影射史学的类比法，就是他们进行篡党夺权阴谋活动的一种阴谋诡计。""'四人帮'影射史学的方法论是彻头彻尾的主观唯心论。他们完全按照实用主义的原则对待历史。……需要、题目、材料就成为'四人帮'影射史学的三部曲。"②

　　"四人帮"及其党羽从现实政治需要出发，按照其实用主义的理论和方法，首先将攻击的矛头指向了当时正着力整顿"文革"造成严重混乱局面的周恩来。1973年《红旗》杂志刊登了姚文元亲自布置的《秦王朝建立过程中复辟与反复辟的斗争——兼论儒法斗争的社会基础》一文，据有的学者说："姚文元在布置这篇文章时，便指出：'这是一篇政治文章'，重点是批'折衷主义'。1974年2月4日，姚文元又就这篇文章的写作提出：'批判《吕氏春秋》文望认真抓紧改出。要有揭露批判其用折衷主义贩卖孔孟之道搞复辟、搞阴谋、搞分裂的内容。3月5日，姚文元又强调'不写为学术性的。'""这篇文章起草长达八个月之久，姚文元总不满意，于是，面授机宜，要求突出批吕不韦的'要害'，说'吕不韦是折衷主义，要批折衷主义。'""文章发表后，江青拍案叫绝：'这篇文章的好处，是批吕不韦——吕是宰相'，借以影射周恩来。姚文元也得意地说道：'这篇文章比上一篇进了一步。'当然，也是指以吕不韦影射周恩来的内容的增加和声调的提高。"③ 由江青亲自布置，迟群和谢静宜极为卖力的梁效"影射史学"的典范之作，当为《孔丘其人》和《从〈乡党〉篇看孔老二》，写作时，"迟群和谢静宜反复强调文章要有'针对性'和'强烈的现实感'，写孔丘'要虚构，不要太实；挂林彪、不仅仅是林彪'。又说：要在'其人'上把文章做足，画好某一个人的像。"④ 在对周恩来进行大肆污蔑和攻击的同时，"四人帮"指示他们的御用班子又为江青充当女皇大造舆论，《论吕后》一文就是按照江青的旨意撰写的，罗思鼎的头目在该文炮制的过程中，"按照江青的旨意向写作组下达了三点要求：一、要写'吕后是了解刘邦最深的，追随刘邦最紧，与刘邦生活时间最

　　①　中国社科院历史研究所编：《历史的记录——"四人帮"影射史学与篡党夺权阴谋》第345页，北京出版社1978年版。

　　②　陈智超等：《历史的审判——"四人帮"影射史学剖析》第184—186页，中国社会科学出版社1979年版。

　　③　周朝民等：《中国史学四十年》第319—322页，广西人民出版社1989年版。

　　④　周朝民等：《中国史学四十年》第320—321页，广西人民出版社1989年版。

长，刘邦所建立的功绩是与吕后分不开的'；二、要写'吕后是刘邦最合适的接班人，是刘邦法家路线的最忠实的继承者'；三、要写'吕后是按照刘邦生前的法家路线办事的，除吕后外，没有任何人能够完成刘邦的未竟之业。"①

　　"四人帮"炮制的"影射史学"的反动理论，在他们的御用文人和写作班子的著述中得以充分的体现。在郭沫若、侯外庐、吕振羽等著名的马克思主义史学家相继婉言拒绝了参与批孔和评法批儒之后，"四人帮"以组织出面的形式，拉拢一些学者，搞起了轰轰烈烈的批林批孔和评法批儒的运动，一时"影射史学"之作充斥了中国的工厂车间和田间地头。

　　首先让我们看看这时一些具有深厚哲学和史学修养，又曾学习过马克思主义理论的学者的著述，是如何评法批儒和批林批孔的。《春秋战国时期思想领域内两条路线的斗争——从儒法论争看春秋战国时期的社会变革》是 1972 年发表在《红旗》上的名震一时的大文章。如果说，真从当时的思想探讨春秋战国的社会变革，这有助于对这一时期中国古代社会的进一步理解，是很有学术意义的，但这篇文章并不是如此，当时社会也不可能让学者去从事真正的历史研究。该文提出："法与儒在思想上的论争，是反映了当时两个阶级、两条路线的斗争。"② 这种看法明显地打上了时代的色彩，表现出了明显的政治目的。儒法斗争在中国历史上延续了两千多年的荒谬思想在此得到充分的反映，把一部中国哲学史归结为唯物主义与唯心主义斗争的历史，本身就是极其片面的，认为儒法斗争在中国历史上延续了两千余年之久，更是与中国思想发展的历史真相大相径庭。《读柳宗元的〈封建论〉》于 1973 年 11 月 9 日发表于《北京日报》，随后，作者对原文做了一些充实和加工，《红旗》杂志转载，并作为批林批孔的学习文件。不可否认，这篇文章对秦始皇统一全国及其巩固中央集权的措施做出了较为公正的评价，《红旗》转载时，作者在原来的基础上，对柳宗元的朴素进化论和唯物主义思想也作了较为深刻的分析和评价，但这篇文章深得江青赏识的原因并不在于此，而在于它的现实意义和对儒法斗争的认识，这从这篇文章的内容就可以明显的看出来。如说："资产阶级野心家、阴谋家、反革命两面派林彪，竟在文化大革命期间公然号召革命群众去当董仲舒。国民党反共分子、叛徒陈伯达急起帮腔，一唱一和。林彪反党集团这样热衷于吹捧董仲舒，正是捡起孔孟之道的垃圾作为思想武器，来搞资本主义复辟，妄图篡夺党和国家的最高权力。他们尊儒反

　　① 周朝民等：《中国史学四十年》第 328—329 页，广西人民出版社 1989 年版。
　　② 人民出版社编辑部编：《论法家和儒法斗争》第 3 页，人民出版社 1974 年版。

法，吹捧董仲舒，和他们咒骂秦始皇一样，都出于反对党、反对无产阶级专政的罪恶目的，必须予以揭露批判。""林彪咒骂秦始皇，是为了反对进步，反对革命暴力，以便于自己复辟资本主义。"关于《封建论》的现实意义，作者说："柳宗元在《封建论》里讨论历史，同时也含有古为今用的意味，使他的文章为自己的政治观点服务。对于古代一些有见解的史论文章，我们不是都应该这样去领会吗？"①

"四人帮"炮制的儒法斗争的谬论和矛头所向，在他们的御用文人的文章中得以充分的反映。1974 年在《红旗》第 6 期发表的由梁效炮制的《论商鞅》，将法家和商鞅抬高到无以复加的地位。以现实阐发历史和以历史为现实政治斗争提供借鉴的强烈政治功利色彩，在这篇文章中表现得淋漓尽致。如说："杀害商鞅，是奴隶主复辟势力对新兴地主阶级血腥的反攻倒算，是继孔丘杀少正卯，楚国旧贵族乱箭射死著名法家吴起之后，又一起严重的反革命暴行。这些历史事实告诉我们：儒家与法家两条路线的斗争，是你死我活的阶级大搏斗，没有调和的余地。苏修叛徒们宣扬儒法合流论，说什么儒法两派'追求同一目的'，这种拙劣的谎言，卑鄙的伎俩，既不能抹煞血迹斑斑的历史事实，也丝毫无助于掩盖他们自己今天对革命力量的法西斯暴行。"② 为革命而研究历史的思想在此得到充分体现，而这时的革命对象是谁呢？这在梁效及其主子的心理是十分明白的。张春桥和姚文元控制的写作班子，发表了"康立"的《孔子、儒家和礼》一文，对孔子作了以现实需要为目的的丑化，说："孔子学礼学到了家，因此，他的为人也就特别虚伪和卑鄙。他上宗庙或去朝廷的时候，同下大夫说话，趾高气扬，盛气凌人；和上大夫说话，毕恭毕敬，低声下气。国君临朝视事，他显出一副奴颜婢膝的丑态，诚惶诚恐，唯恐礼节不周到。"③ 文章不厌其烦地丑化孔子目的何在，明眼人一看就知道影射当时重病在医院的周恩来。

罗思鼎在《学习与批判》1975 年第 2 期发表了《评淮西之役——读〈旧唐书·李愬传〉》。在这篇文章中，罗思鼎继续用儒法斗争来篡改中国历史，他说："李愬能在淮西战场上导演了一出有声有色、威武雄壮的活剧，归根到底，是受法家政治路线支配并为法家政治路线服务的。""淮西之捷，这是坚持统一、反对分裂的法家路线的胜利。唐代以唐玄宗的尊孔崇儒为标志，开始了由盛转衰的

---

① 《读柳宗元〈封建论〉》，《红旗》1972 年第 2 期。
② 梁效：《论商鞅》，《红旗》1974 年第 6 期。
③ 康立：《孔子、儒家和礼》，《学习与批判》1974 年第 1 期。

过渡。"固然李愬平定淮西吴元济是唐中央反对地方割据势力的斗争，可以称之为统一和分裂的斗争，但要将之称为法家的胜利，则是一种奇谈怪论；唐玄宗时代是唐王朝由强盛转为衰落的一个重要转折点，如果说衰落的原因在于唐玄宗的尊孔崇儒，那么，如何解释"开元盛世"的出现呢？文章最后围绕"韩愈碑"发表了一番议论，说"儒法两家，壁垒如此分明。这场争论的延续将近一千年，充分证明了思想战线上斗争的长期、曲折和反复。今天在总结儒法斗争和整个阶级斗争的历史经验的时候，必须注意这个特点。"仅从这些论述中，就可以看出这篇文章为"四人帮"组阁失败打气和提供斗争经验的政治企图。

大肆吹捧吕后和武则天，为江青夺权制造舆论，在这些影射文章中也充分表露出来。罗思鼎的《论秦汉之际的阶级斗争》是由张春桥、姚文元亲自授意和精心指导的一篇影射之作，这篇文章虽然论述的重点不在吕后，但也对吕后作了不符合历史事实的肉麻的吹捧，如说："关中在吕后、萧何的领导下，积极进行建设，成为支援前线的根据地，源源不断地向前线输送人力和物力。"[1]而历史的实际情况是吕后当时正被项羽扣押。罗思鼎原文有一段对吕后肉麻的吹捧借以美化江青的文字："在楚汉相争及巩固汉朝中央集权的过程中，吕后的作用是不能抹杀的。""汉高祖死后，吕后执政十六年，继续推行法家路线。""刘邦时形成的由法家人物组成的中央领导核心基本没有动。这和秦始皇时的情况就不一样。"姚文元对此几经斟酌，在 7 月 27 日稿上，认为目前这样公开讲不合时宜，最后才忍痛将其删去[2]。之后，翟青又在《学习与批判》上发表了《论西汉初期的政治与黄老之学》，该文撰写时，罗思鼎的头目明确指示："落脚点要暗示读者：'江青是唯一杰出的正确路线的继承者。"[3] 于是，本文作者说："萧何死后，吕后遵照刘邦的遗嘱，调曹参到中央当了西汉王朝的第二任宰相。""吕后之所以能使久经战乱的天下迅速安定下来，原因就在于她不仅坚持贯彻刘邦的法家政治路线，而且坚持了法家的组织路线。"[4] 江青借吹捧武则天来为自己作女皇制造舆论的企图，也很快被梁效成员所领会，冯友兰跟随江青到天津，充分享受了"女皇"的厚爱，在对法家赞颂的诗作中，对武则天更是赞颂备至："破碎山河

①　罗思鼎：《论秦汉之际的阶级斗争》，《红旗》1974 年第 8 期。
②　参见中国社科院历史研究所编：《历史的记录——"四人帮"影射史学与篡党夺权阴谋》第 90—91 页。
③　中国社科院历史研究所编：《历史的记录——"四人帮"影射史学与篡党夺权阴谋》第 132 页。
④　翟青：《论西汉初期的政治与黄老之学》，《学习与批判》1974 年第 11 期。

复一统，寒门庶族胜豪宗。则天敢于作皇帝，通古反儒女英雄。"① 1974 年第 4 期的《北京大学学报》刊出了两篇有关武则天的文章，梁效的《有作为的女政治家武则天》，原题为《法家女皇武则天》，文章以"士族大地主集团"影射党的老干部，该文把士族与庶族的矛盾概括为儒家和法家的斗争，作者提出："诚然，武则天的历史作用比起推动封建社会历史前进的革命农民来说，是不能相提并论的。但她终究是一个顺应历史潮流的杰出人物，称之为：法家女皇武则天，应该说是符合历史实际的。"② 秉承迟群和谢静宜意旨而作的《谈谈对武则天的几点看法》，更为露骨地在开篇就说："在我国历史上，不止一次地出现过皇太后执政的事情。但作为一个皇后，当皇帝在位时，就临朝执政，皇帝死后，又正式作皇帝的，却只有武则天一人。"该文对武则天的滥杀作了辩护，"作为一个庶族地主阶级的政治代表人物，没有暴力，她就不可能贯彻她的法家革新路线，维护革新派的政治统治；没有暴力，豪门士族就会复辟。"并说："儒法之争决不是什么'学术'之争，而是你死我活的政治斗争和思想斗争。正是由于武则天善于发挥暴力专政的作用，她和她所代表的革新派政治集团，才能执政达半个世纪之久，在中国历史上起了进步作用。"③ 1975 年《学习与批判》在第 1 期发表了《女皇帝武则天》，更是给武则天一顶金光闪闪的法家的桂冠："武则天是唐初庶族地主集团拥立的法家当权派。在她当权的将近半个世纪的岁月中，坚持推行法家路线，一直遭到大地主顽固派势力的拼死反抗。武则天是在儒法两条路线的激烈斗争中成长起来的一位杰出的尊法反儒女政治家。""武则天的反儒色彩远远胜过唐太宗，她推行法家路线也要比唐太宗更加坚决、彻底，这都是她'地实寒微'的阶级地位决定的。"④ 不可否认，武则天是中国历史上一位杰出的女政治家，曾经做过几十年皇帝，武则天重用庶族，打击士族，她统治时期是大唐帝国发展的一个重要的历史时代，比之唐太宗和高宗时代有了新的发展，但将她一味的美化，荒谬地称之为法家的代表，大肆吹捧则是抱着强烈的政治目的，是为江青登上女皇的宝座服务的。

关于"评法批儒"运动的实质，学者指出："在江青等人的操纵下，'批林批孔'进一步发展为'评法批儒'"活动。对历史上儒法之争的不同看法本是史

① 冯友兰：《咏史二十五首》，《光明日报》1974 年 9 月 14 日。
② 梁效：《有作为的女政治家武则天》，《北京大学学报》1974 年第 4 期。
③ 清华大学幼儿园工人理论小组：《谈谈对武则天的几点看法》，《北京大学学报》1974 年第 4 期。
④ 《女皇帝武则天》，《学习与批判》1975 年第 1 期。

学领域的学术问题，此时却被江青等人荒唐地用作影射攻击周恩来等的手段。中国历史被歪曲为'儒法两条路线斗争史'，一切历史人物的功过评价都被纳入'儒法斗争'的框框重新划线排队；凡是法家都被说成是爱国的进步的，凡是儒家则被认为是卖国的反动的。江青等人控制的写作班子在报刊上发表大量文章，借题发挥，以批判孔子的'克己复礼'、"'兴灭国，继绝世，举遗民'为名，对周恩来在1972年前后恢复'文化大革命'以前某些正确的政策措施，安排一批老干部重新工作，发展经济等做法，进行影射攻击。"①

三、"文革"中后期学术研究工作的初步恢复

"文革"十年是中国马克思主义史学惨遭浩劫的时期，除"影射史学"猖獗之外，1975年又发动了"评水浒"的政治运动，这些都是当时极左政治的产物。1971年底到1976年10月粉碎"四人帮"，在周恩来和邓小平的努力下，中国学术文化事业在艰难之中逐步恢复，这一时期的历史学研究也有一些成就。

1970年底至1973年，面对文化教育遭受的严重破坏和极度萧条局面，周恩来为恢复文化教育事业倾注了很多心血。1970年9月17日，周恩来同文化教育部门负责人谈话，以王云五的四角号码字典停止发行为例，批评当时的文化领域的极左政策。他说："任何思想的发展都不是无根的，新社会是从旧社会脱胎出来的。剥削阶级的出身不能改，思想却是可以改造的。这就叫历史唯物主义。要有点辩证法，不要一听封建主义、资本主义就气炸了，那叫形而上学、片面性。中华书局、商务印书馆就不要了？那样做，不叫为群众服务。青年一代着急没有书看，他们没有好书看，就看坏书。"同年10月20日，在接见北京大学、北京外语学院等校师生代表时，周恩来说："外语教学有个基本功问题。比如京戏有基本功，……学外语也是如此，不光是要掌握外语的语音、词汇、语法，做好听、说、读、写、译五个字，还要懂得历史、地理。不仅要读中国地理、历史，还要读世界地理、历史。自然科学也要读一些。马克思、恩格斯懂得很多自然科学知识。毛主席也知道得很多。你不懂这些知识，做翻译时就译不出来。"1971年4月12日，周恩来在接见全国出版工作座谈会领导小组成员时，明确指示："你们管出版的，要印一些历史书。我们要讲历史，没有一点历史知识不行。你们的出版计划中有没有历史书籍？现在书店里中国和外国的历史书都没有。不出

---

① 中共党史研究室著：《中国共产党历史》第二卷（1949—1978）下册，第903—904页，中共党史出版社2011年版。

历史、地理书籍，是个大缺点。马克思主义的三个组成部分都是从资产阶级的或受唯心史观限制的学说发展来的。不讲历史、割断历史怎么行呢？中国人不讲历史总差点劲。毛主席的著作还有不少篇幅是讲历史的嘛！读毛主席的著作也懂得历史。同志们说，有的地方把封存的图书都烧了，我看烧的结果是后悔。应该选择一些旧的书籍给青少年批判地读，使他们知道历史是怎么发展来的。都读新的，哪有那么多？要有组织地给他们读一点书，总不能把历史割断吧！否定一切，不一分为二，这是极左思潮，不是毛泽东思想。我们要用历史唯物主义的观点来看问题。那些把书都烧了的，还不是受极左思潮的影响？不一分为二，就是极左思潮。……我看现在要出一批书，要广开言路。读马克思、列宁的书和毛主席的书是主要的，但也要读历史、地理，读哲学。有些青年连世界地理位置、重大历史事件都搞不清楚，知识面越来越狭窄，这不行。"① 周恩来的上述讲话，特别是提出要恢复中华书局、商务印书馆，要学地理和历史，要出版历史一类的著作，对于"文革"中后期历史学研究的逐步恢复，起到了巨大的推动作用。1975 年，邓小平开始了工农业生产、交通运输和军队各方面的全面整顿，其中也强调文艺政策的调整。他说："比如文艺方针，毛泽东同志说，要古为今用，洋为中用，百花齐放，推陈出新。这是很完整的。可是，现在百花齐放不提了，没有了，这就是割裂。现在相当多的学校学生不读书，这也不符合毛泽东思想。毛泽东同志反对的是教育脱离实际、脱离群众、脱离劳动，并不是不要读书，而是要读得更好。"② 邓小平的整顿，也有利于包括历史学在内的教学和科研工作的逐步恢复和发展。此外，在邓小平关怀下，著名马克思主义史学家吕振羽、侯外庐等，也被解放。1972 年以后，中国科学院历史研究所、近代史研究所和考古研究所的科研人员，也陆续从"五七干校"回所工作，考古学、历史学的科研工作逐步恢复，继 1972 年《考古》、《考古学报》、《文物》复刊之后，1974年《历史研究》杂志复刊。在极左思潮和"影射史学"猖獗的岁月，历史学的科研也取得了一些成果，这主要表现在以下几个方面。

其一，在周恩来总理的关照下，经毛泽东主席同意，从 50 年代就已开始的"二十四史"的标点以及由顾颉刚和谭其骧负责的《中国历史地图集》，在 1971年又重新开始。经过一批学者的努力，《中国历史地图集》于 1973 年已完成初稿内部出版；1978 年"二十四史"标点工作也最终结束，这两项成果是新中国历

① 中共中央文献编辑委员会：《周恩来选集》第 467—471 页，人民出版社 1984 年版。

② 中共中央文献编辑委员会：《邓小平文选》（1975—1982 年）第 34 页，人民出版社 1983 年版。

史学建设的重大学术成就，为新中国的文化发展和历史学研究奠定了坚实的基础。"二十四史"的标点工作，是在毛泽东提议下，由范文澜、吴晗、尹达、金灿然等组织学者在 1958 年 9 月开始启动的一项重要的文化遗产的整理工作，经过学者的一番努力，到"文革"前已完成了"前四史"的标点和出版工作。《梁书》、《陈书》、《南齐书》等点校工作也接近尾声，有些已开始发排。1971 年 4 月，北京召开出版工作会议，由于毛泽东主席对历史的偏爱，当时负责文教工作的姚文元提出启动"二十四史"的标点工作，并致信周恩来总理，周恩来在这封信上作了重要批示，并提出加上《清史稿》，由中华书局负责，由著名史学家顾颉刚总其成。随后，顾颉刚组织白寿彝、唐长孺、翁独健、陈述、王毓铨、张政烺、何兹全、姚薇元、陈仲安、高亨、陈乐素、邵循正、许大龄、杨钊等著名学者，在艰难的条件下，重新开始了"二十四史"的标点工作[①]。由于国家的高度重视，在学者们的努力下，在中华书局的大力支持下，1972 年，《南齐书》、《陈书》、《北齐书》出版；1973 年，《梁书》、《隋书》出版；1974 年，《魏书》、《宋书》、《北史》、《辽史》、《晋书》、《新五代史》标点本问世；1975 年，《新唐书》、《旧唐书》、《南史》、《金史》出版；1976 年，《元史》、《明史》、《旧五代史》出版；1977 年，《宋史》、《清史稿》标点本出版。关于新增加的《清史稿》点校工作，当年曾参与此事的王钟翰回忆说："同时被借调来参加《清史稿》工作的，还有罗尔纲、刘大年、孙毓棠、启功等先生，加上书局方面吴树平、何英芳和我共七人，是各断代史小组中人数最多的一组。当时顾颉刚师受命为标点'二十四史'包括《清史稿》总编，实际上可以不来书局上班，平日政治学习与具体事务，均由副主编白寿彝先生负责执行。"[②] 这一时期点校的"二十四史"，在阶级斗争统领一切的形势下，也打上了历史时代的烙印，这在各书的《出版说明》中得到了充分的体现。如 1972 年 1 月由中华书局出版的《南齐书》，《出版说明》指出："《南齐书》和一切封建地主阶级学者所写的史书一样，把封建地主阶级的代表人物写成创造历史的英雄，把封建统治秩序说成是永恒的社会秩序。它抹煞人民群众创造历史的作用，仇视人民的起义，颠倒了历史的真相。《南齐书》历史唯心主义的表现，在于把英雄史观和宿命论结合起来，大肆宣扬王命的观点。……《南齐书》在宣扬王命论的同时，又以佛教因果报应的

---

① 参见顾潮：《历劫终教志不灰》第 319—320 页，华东师范大学出版社 1997 年版；何兹全：《爱国一书生——八十五自述》第 305—306 页，华东师范大学出版社 1997 年版。

② 王钟翰：《清心集》第 194 页，新世界出版社 2002 年版。

说教作为它的重要补充。""《南齐书》把剥削阶级压榨人民的反动活动说成是封建统治阶级'文治武功'的业绩，但从历史唯物主义看来，这正是反动阶级罪恶的自供状。"① 随后出版的《陈书》和《梁书》，点校者在《出版说明》中也同样指出："《梁书》和《陈书》同其他封建地主阶级的史书一样，贯穿着反动的唯心主义历史观。作者抹煞人民群众在历史上的地位，吹捧地主阶级代表人物的历史作用。……《梁书》和《陈书》在论述地主阶级代表人物的时候，特别推崇士族。不仅宣扬他们在政治上的传统势力，而且竭力吹捧他们在精神生活、文化生活上又是怎样的高雅。""由于反动历史观的支配，《梁书》和《陈书》的记事往往是有意隐讳和歪曲的。但作者既要记载这两个封建政权的历史，就不可能完全回避阶级剥削、阶级压迫的血腥事实，也不可能完全掩盖、封锁人民群众革命斗争的情况。"② 按照历史唯物主义的观点，指出过去封建时代正史的局限性，本身无可厚非，但是上述《出版说明》，明显具有非历史主义的色彩。尽管如此，在当时中国文化遭受严重摧残的时代，"二十四史"得以标点出版，而且印刷精美，出版五万册，确实是非常难得的。"二十四史"标点工程的重新启动，更重要的意义是在动乱年代保护了一批著名的文史学者，这具有极其重要的文化意义。这一时期，由复旦大学谭其骧负责的《中国历史地图册》，也在艰难之中恢复工作，对此，葛剑雄在《悠悠长水——谭其骧后传》第二章"编绘《中国历史地图集》（下，续《前传》）"已有详细记述。③

　　总而言之，"文革"后期编著的历史地图集，尽管在科学性上有很大的局限，但为后来这一重大工程的最后完成奠定了基础。关于标点"二十四史"和《中国历史地图集》的重大学术意义，曾长期参与这两项工作的邹逸麟教授明确地说："70 年代开始的"二十四史"点校工作，主持工作的是一些断代老专家，但同时也带领了一批青年史学工作者，这些年轻人经过一部断代史的点校，熟悉了这一断代的有关基本资料，为他们日后研究打下了扎实的基础，后来不少人成了这一断代史的专家。《中国历史地图集》是建国以来社会科学领域里重大成果之一，也是中国历史地理学发展史上的里程碑著作。由于图集的问世，为中国历史地理学各领域的研究打下了基础，提供了方便。……《中国历史地图集》集中了全国历史地理学界的主要力量，共同配合，通力协作，解决了许多长期没有

①　《南齐书·出版说明》第3—5页，中华书局1972年版。

②　《梁书·出版说明》第2—4页，中华书局1973年版。

③　葛剑雄：《悠悠长水——谭其骧后传》第75—175页，华东师范大学出版社2000年版。

解决或者未被注意的问题。"①

其二，在周恩来总理的主持下，1971 年秋，全国出版工作会议拟定了一些历史读物和研究项目的出版规划，《中华民国史》研究和撰写工作逐步恢复。《中华民国史》的编写工作，早在 1956 年就已经提出，并被列为"全国十二年科学规划"重点项目，但由于随后不断的政治运动，使得这一工作难以开展，1972 年这一工作开始启动。正如李新在《回忆录》中所说："林彪自取灭亡后，形势有所好转，学部搬回北京。从 1972 年秋天开始，我们又开始编写民国史。我设法将孙思白调来北京，彭明也来参加一部分工作。"② 关于《中华民国史》的编写工作，孙思白后来有文章专门论述过当时的情况。他说："当 1971 年全国出版工作会议把编写《中华民国史》这项任务列入计划的信息传出后，我脑海中回旋着的是'兹事体大'，要用辩证唯物主义与历史唯物主义来阐述这段历史。它不同于旧的修史；在体例上应兼收'篇章体'与'纪传'、'编年'、'会要'等各种体例的长处。当我个人的考虑还很不成熟的时候，中国近代史研究所于 1972 年已经建立了承担写《民国史》任务的组织机构，制定了一个《中华民国史》编写计划。这个计划比较完备，包含各项工作的'凡例'、'要求'、'选录标准'等，我个人曾有过的一些考虑已经成为多余的了。按照这个计划，要编写一部共分三编、六卷的《中华民国史》和作为这部书的'附录'的三套资料。""毫无疑问，上述的这个计划的工作量是相当庞大而艰巨的。只靠中国近代史研究所民国史研究室的几十个人不行，除非有更多的人投入，实行大范围的协作，否则不易完成它。"尽管如此，到 1978 年，中华书局印行了《中华民国史资料丛刊》23 集，还有 6 集资料在付印之中。③ 这些为后来的多卷本《中华民国史》的编著做了一些基础性的工作，并奠定了新时期近代史所"民国史"研究的基础。今天看来，当时《中华民国史》的启动，不仅仅在于开始了"民国史"的编写工作，更重要的是从 1964 年以来已中断多年的历史研究工作逐渐恢复，中国科学院的历史研究工作逐步开展起来，这具有极其重要的意义。同时，《中华民国史》编著工程的启动，也为国家聚集了一些专门研究人才。如杨天石从事民国史研究就与这一工程的启动有着直接的关系，1964 年杨天石因在《新建设》

---

① 邹逸麟：《我与中国历史地理学》，载张世林主编：《学林春秋》（三编，下册），第 491 页，朝华出版社 1999 年版。

② 李新：《回望流年——李新回忆录续编》第 106 页，北京图书馆出版社 1998 年版。

③ 孙思白：《孙思白史论集》第 53—54 页，山东大学出版社 2001 年版。

杂志发表了《论辛亥革命前夜的国粹主义思潮》一文受到近代史研究所同志的重视。他回忆说："近代史研究所民国史研究室的同志编辑南社资料，发现了我的这篇文章，便将他们的初步选目寄给我，我认真提了意见；他们又约我面谈，并且邀请我参加协作。于是，我便一边教书，一边利用业余时间在近代史所从事研究。这样，从1974年写作到1977年，其间，因王学庄同志介绍，我又得李新教授同意，参加《中华民国史》第一编的写作。……我终于在1978年4月正式调进近代史所民国史研究室，一偿多年来想从事学术研究的夙愿。"①

其三，在周恩来提出要加强历史知识的教育讲话之后，世界历史的普及和科研工作也逐渐恢复。这一时期的重要举措是重印了由周一良、吴于廑在60年代初主编的四卷本《世界通史》。这部《世界通史》是新中国成立初世界史学科建设的重大成就，汇集了全国当时世界史研究的主要力量集体编著而成，目的在于克服"西欧中心论"，建立新中国的世界史学科。今天看来，该书受苏联世界历史学科体系的影响仍很明显，但毕竟是新中国世界史学科发展迈出了重要一步的重大学术成就。该书的重印工作在1972年5月份已经正式启动，同年7月，由杨生茂、张芝联、程秋原主编，由吉林大学、吉林师范大学、北京师范大学、中国人民大学、南京大学、北京大学和南开大学等校历史系世界史教师参加编写的《世界通史》（近代部分），由人民出版社发行第2版。同年11月，由朱寰主编，由南开大学、武汉大学、哈尔滨师范学院、北京师范学院和中国科学院历史研究所同志共同编写的《世界通史》（中古部分）再版；次年1月，由齐思和主编，由北京大学、北京师范大学教师参加编写的《世界通史》（上古部分）再版发行。在《重印说明》中，主编者指出："本书是'无产阶级文化大革命'前编写的高等学校教材，对世界上古、中古、近代各时期的历史，包括社会经济发展、阶级斗争、政治制度、重大事件、历史人物以及文化等，作了比较详细的叙述。由于当时'修正主义'教育路线的影响，编写中没有很好贯彻马克思列宁主义、毛泽东思想，没有彻底批判资产阶级唯心主义史学观点，因此在指导思想、体系结构以及具体论述中，都存在有严重错误和缺点。"随后，主编指出本书的五个方面的问题，主要有：因袭旧史学体系，没有很好贯彻奴隶们创造历史这一历史唯物主义观点，把剥削阶级及其活动当作历史的主体；没有着重阐明阶级斗争是推动历史的动力，对统治者在人民革命斗争打击下所采取的欺骗手法，缺乏应有

---

① 杨天石：《我和民国史研究》，载张世林主编：《学林春秋》（三编，下册），第558—559页，朝华出版社1999年版。

的分析和批判；刘少奇一类骗子散布的各种唯心主义谬论、特别是地主资产阶级人性论的影响，在本书中也有反映。书中对各时期文化的论述，往往重艺术，轻政治，用人性论观点代替阶级斗争观点；没有认真注意历史经验，联系实际，分析说明，使历史为当前政治服务。在全书叙述中，资产阶级客观主义打下了很深的烙印；结构上分期分区太细，影响对历史中心线索和全面概括地充分揭示；有些章节材料繁琐，流于支离割裂①。对一部十年前的著作的缺点进行反思是十分必要的，但如果真按照作者提出的五个方面的问题进行全面彻底的修改，那么，必然完全否定 60 年代《世界通史》的科学价值，最终搞出一部极左思潮统领下的《世界史》，好在当时没有力量和条件去做这些修改工作，于是，60 年代编著的四卷本《世界通史》得以重印，这对于世界历史知识的普及具有重要的意义。适应政治形势的需要，这一时期中央下达了翻译"一国一史"的任务，北京等地一些学者从事该项工作和中俄关系史及沙俄扩张历史的研究及相关文献的翻译和整理工作，南开大学一些史学家在日本史和尼加拉瓜史研究方面取得了一些学术成果，这在某种程度上也促进了世界历史的研究和宣传工作。此外，1972 年的《红旗》杂志也发表了一组"读一点世界历史"文章，此年，由人民出版社出版了专书。之后，商务印书馆出版了"历史知识读物"，在著名国际共运史人物和法国大革命、美国独立战争、殖民地人民的革命斗争以及拿破仑等著名人物传记方面，也出版了一些普及性的读物。上海师范大学和北京大学等单位，也出版了一些《世界近代史》以及《国际共产主义运动史》、《沙皇俄国侵略扩张史》等方面的著作，三联书店在 1975 年翻译了海斯、穆恩、韦兰的《世界史》，商务印书馆在 1973 年至 1977 年间也翻译了数十种俄国在亚洲的外交方面的著作②。"文革"后期世界历史研究工作的开展，尽管其成果有不少"左"的成分，研究也主要集中于国际共运史和殖民地人民的革命运动，重视亚非拉美的研究，突出革命运动，今天看来有很大的局限性，但这毕竟是新中国世界历史研究工作的全面开展时期，这对于新中国世界历史学科的发展所起的作用是不可忽视的。

　　其四，随着 1970 年大学"工农兵"学员推荐招生的逐步进行，特别是 1972 年和 1975 年周恩来和邓小平的调整整顿工作，促使一些大学逐步开始了历史学的教学活动，在这期间，也开始编写一些教材和普及性的历史读物。如南开大学，刘泽华负责编写了《中国古代史》教材，写出了《中国古代史稿》上下册，

---

① 周一良、吴于廑主编：《世界通史·重印说明》（上古部分）第 1—2 页，人民出版社 1973 年版。
② 参见于沛：《世界史研究》第 113—126 页，福建人民出版社 2006 年版。

这对以后他们的《中国古代史》教材能很快问世，做了重要的铺垫工作。对此，刘泽华曾有回忆。他说："1970年大学开始招生复课，历史系有幸在其中。工农兵学员要上大学、改造大学，但没有书本也不成。我奉命主持编写《中国古代史》。为此我发表了一篇'施政纲领'——'开展大批判，实行百家争鸣'。大旨是对敌人实行大批判，在人民内部要贯彻百家争鸣，并在全校介绍过经验，颇引起震动，因为百家争鸣久已不闻于耳了。这样，在当时的一片专政声中，多少增加了一丝宽容，同仁之间对诸历史问题多少能讲些个人看法。……同仁们经过一年多的努力，写出了《中国古代史稿》（上、下册）。"① 复旦大学成立了《中国近代史丛书》编写组，1973年由上海人民出版社出版了《鸦片战争》、《北洋军阀》等书籍。北京大学历史系编写的《近代中国人民反帝斗争史》，1973年由北京人民出版社出版。关于这一时期教材的编著工作及其影响，李喜所回忆说："1971年，开始招收'工农兵'大学生，缺少教材。在河北师院苑书义教授的联络下，华北六校的近代史教师聚集在北京师院（今首都师大）编写教材。经过'文革'煎熬的这些苦命的教师有了这一块'净土'，可以安心读书写作，真是有说不出的高兴。当时条件非常艰苦，但热情很高，几乎每天都要奋斗到晚上两三点钟。我作为编写组中年龄最小的一名成员，更珍惜这个难得的学习机会，百倍努力工作。两三年后，我基本翻阅了近代史的基本史料和相关论著，还在与前辈们的讨论中学到了研究问题和写书的一些基本方法，对我后来的学术研究影响巨大。当然，那时'文革'还没有完全结束，那种特定的社会政治环境，让近代史学界的任何人去编教材，都只能是很'左'的东西。1976年'四人帮'被粉碎后，我们自己首先认识到了这一点，在人民出版社林言椒先生的全力支持下，又重组编写组，全面修改已经出版的教材，三卷本百万字的《中国近代史新编》终于在80年代初问世了。"② 王桧林先生主编的《中国现代史》教材之所以能在80年代初脱颖而出，也与1975年开始为工农兵大学生编写《中国现代史》教材的讲义密切相关。

其五，在党和政府的关怀下，文物考古事业在1970年至1973年得以恢复和发展。《考古》杂志最先复刊，考古工作有了新的进展，湖南长沙马王堆汉墓、河北满城遗址、陕西秦始皇兵马俑等地都有了重大的考古发现。1968年5月解放军某部工兵团在河北满城陵山主峰东坡开凿隧道，发现一座古墓。根据周总理的

<hr/>

① 刘泽华：《困惑与思考》，载张艳国主编：《史学家自述》第110页，武汉出版社1994年版。
② 李喜所：《中国近代社会与文化研究·自序》第2页，人民出版社2003年版。

指示，北京军区立即派专人前往调查，一个由部队首长、河北省文物工作者等相关部门人士参与的调查组被派往满城进行前期发掘整理。6月18日，中共中央办公厅以"要事报告"将满城汉墓发现情况报告给毛主席和周总理等人。周总理第二次批示：赶紧进行挖掘清理，重要的东西不能损坏，珍贵的文物一件都不能丢失。6月19日郭沫若决定从中国科学院考古研究所选派王仲殊、卢兆荫、张子明三位专家到满城实地考察，随后向总理作了汇报。6月22日，总理批复同意郭老的意见，明确批示，满城古墓的发掘工作由北京军区根据郭老的意见办理。1968年6月25日，中国考古研究所的十几位专家来到陵山，与先期到达的河北省文物工作人员联合组成了发掘队，开始对满城古墓展开正式发掘。后期，郭沫若也亲临现场指导。河北满城汉墓以其发现了长信宫灯以及金缕玉衣等一批精美的西汉文物而闻名于世。1971年冬，一家部队医院在长沙东郊挖掘地下防空洞时，意外发现了一个喷气、冒火的洞穴。经国家文物局王冶秋局长同意，1972年初，发掘工作正式开始。长沙马王堆汉墓以其发现的保存完好的女尸以及大量精美的漆器和丝织品，让世人惊叹。1972年4月10日，在山东临沂地区卫生局基建工地上发现了一座古墓。之后，文物和考古工作者对其发掘，最后在一、二号墓发现了7500余枚竹简以及其它随葬品，这就是震惊世界的银雀山汉墓竹简。该竹简对于春秋战国历史研究具有重要的意义，证实了《孙膑兵法》的真实存在等。1974年，在陕西省临潼县秦始皇陵东侧，发现了一处规模巨大的秦代陶俑坑，这一陶俑坑是当地农民在抗旱打井过程中发现的。随后，考古工作者同当地农民一起进行了勘探、清理。发现东面有5个斜坡门道，进门后，南北宽达60米的地面上整齐地排列着3列72路横队，共216个武士俑，脸面一律朝东。武士背后，整齐地排列着蔚为壮观的40路纵队。这就是后来被誉为世界第八奇迹的秦始皇兵马俑的发现。除了上述重大发现之外，"文革"时期，中国的考古发现还有一些成就，如云南元谋猿人的发现等，上述几处是载入新中国考古史上的重大发现。1973年，在周恩来总理的亲自部署下，国家文物局精心挑选出380多件精美的具有代表性的文物，赴欧洲、美国等15个国家和地区巡回展出，参观者多达657.5万人次，广泛地弘扬了中华民族的文化，推动了新中国的外交工作。

　　"文革"后期，一些学者私下开始了学术研究工作。如1973年以后，侯外庐的中国近代哲学史、白寿彝的中国通史、胡绳的中国近代史、邱汉生的宋明理学研究等都已开始启动；一些史学工作者，如漆侠、林剑鸣、张广达、黄永年、赵吉惠等不少中年学者，在艰难的条件下，发奋读书，这些成就了他们以后历史学研究的辉煌事业。

第二节　历史学界的拨乱反正

以江青为首的"四人帮"政治集团的倒台，标志着他们所炮制的"影射史学"在政治上的彻底破产，广大史学工作者在深入揭批"四人帮"的篡党夺权的反革命罪行中，对"影射史学"也予以深入的揭露和批判。随着国家政治气候的逐渐好转，在党中央主要领导直接干预下，根据广大群众的普遍意愿，历经艰难，翦伯赞、吴晗相继得以平反，历史和人民给这两位杰出的史学家最终以公正的评价，一大批历史学家也随之在政治上得到解放，马克思主义的实事求是的学风也逐步在史学界得以恢复，中国马克思主义史学历经十余年的劫难，重新走向了新生。

一、对"影射史学"的批判

1976年10月，党中央果断地粉碎了"四人帮"篡党夺权的政治阴谋，中国历史终于走出了"文化大革命"的阴霾，迎来了明媚的春天。在江青、张春桥、姚文元被隔离审查的同时，"四人帮"的御用文人也被押上历史的审判台，梁效、唐晓文及其成员在首都体育馆受到了广大群众的批判，这些御用文人接受了两年多的审查。历史学界也开始了拨乱反正的工作，《历史研究》、《光明日报》等报刊杂志发表了大量揭批"四人帮"影射史学的文章，中国社会科学院历史研究所及部分学者编写了《历史的记录——"四人帮"的影射史学与篡党夺权的阴谋》（北京出版社，1978年），以及《历史的审判——"四人帮"影射史学剖析》（中国社会科学出版社，1979年）等著作，从政治和理论上对"四人帮"的影射史学予以深入的批判。

中国社会科学院历史研究所编写组编辑的《历史的记录——"四人帮"的影射史学与篡党夺权的阴谋》，是一部资料翔实的史料集，全书共27万余字。分为三编，第一编："四人帮"影射史学罪行录，以编年体的形式，按月编排，将1973年9月至1976年10月，"四人帮"的御用班子发表的文章和出版的重要著作，按日排列，并较为详细地交待了写作的背景、经过及其主要内容。第二编："四人帮"反动历史观论点摘编，以6个大类，19个子目，概括了影射史学的历史观和方法论。第三编："四人帮"歪曲史料、伪造历史举例，包括关于孔丘，关于战国、秦汉的历史，关于三国、唐、宋的历史，关于近现代的历史，以及关于世界历史五个部分。本书初稿编写开始于 1976 年 11 月，次年 2 月完成，1977 年 6 月，以《"四人帮"利用历史反党资料汇编》内部发行，1978 年 8 月由北京出版社公开出版，因而对当时深入揭批"四人帮"的罪行和史学界的拨乱反正发挥了极其重要的作用。该书编写时得到了上海市委、中央党校和北京大学等有关单位的大力支持，因而汇集了大量丰富的第一手资料，直到今天仍是学者研究"四人帮"影射史学必不可少的一部参考书籍。《历史的审判——"四人帮"影射史学剖析》，是由陈智超、何龄修、黄宣民、曹桂林、郭松义和刘永成六位学者集体分工合写的一部论文集。由于他们都参与了《历史的记录》一书的编写，因而在大量翔实历史资料的基础上，对"四人帮"及其御用学者炮制的"影射史学"，给予了较为深入的分析和批判，本书 1979 年由中国社会科学出版社出版，共计 13 万余字。本书包括"影射史学"的吹鼓手梁效和罗思鼎，影射的手法、影射史学的理论，"批宰相"的祸心，为什么重弹"失在于兵"，吕后、武则天亡灵的再现等十五个专题，并附有"写作班子笔名"和"影射主要文章目录"两个附录。该书的优点在于涉及面广，从"四人帮"诬陷吴晗开始，对以批"影射"起家而最后公开大搞影射的极左派，进行了较为全面深入的批判。

对"四人帮"炮制的"影射史学"，许多学者都发表了深入而精辟的见解。除了组织和推动了以《历史研究》为阵地的史学界深入揭批"四人帮"影射史学的反革命罪行之外，1977 年，黎澍先后在《历史研究》和《光明日报》发表了《"四人帮"对历史学的大破坏——评所谓研究儒法斗争史的骗局》、《评"四人帮"的封建专制主义》、《正确理解"古为今用"》三篇檄文，深入揭露和批判了江青政治集团对中国历史学的破坏和对马克思主义严重歪曲的罪行。1978 年 9 月，针对"四人帮"虚构的儒法斗争史的谬论，白寿彝先生发表了《"儒法斗争"的虚构》，全文包括：历史上的儒法斗争，历史上儒法关系的变化，"四人帮"对法家的美化，所谓"复辟反复辟的斗争"，罪恶的政治目的，共五个部分，全面深入地论述了历史上儒法斗争的真相以及儒家和法家的关系，指出了"四人帮"散布的谬论的实质及其险恶的用心。他说："'四人帮'一伙把儒法斗争说成是贯穿两千多年历史的斗争，这跟他们把儒法斗争说成几乎是战国时期仅有的阶级斗争一样，实际上都以剥削阶级内部斗争或地主阶级内部斗争代替对抗阶级的阶级斗争，这是以儒法斗争作为历史发展的轴线，是对马克思主义的阶级学说进行无耻的篡改，其目的在于美化法家，将法家置于历史发展的重要地位，提供理论基础。"对于"四人帮"散布的谬论的实质，白先生说："他们宣扬的历史上的法家就是宣扬他们自己。他们贬抑的儒家，就是影射革命老干部，把他们说成当代的儒家。他们说的复辟，就是攻击老干部对毛主席革命路线的坚持。他们说的反复辟，就是宣扬他们的反革命法西斯活动。他们虚构的一部儒法斗争史，其罪恶的政治目的，一句话，是打着反复辟的招牌进行复辟资本主义的篡党夺权的阴谋。"①

　　学者们以上的研究成果为我们正确认识"四人帮"影射史学的本质，提供了有益的思考，为进一步开展研究打下了坚实的基础。中国历史学历经三十余年的新发展，今天我们回过头来再看这段曲折的道路，颇有一些问题很值得我们进一步深思。

　　首先，在20世纪70年代的中国政坛，为什么会出现"四人帮"影射史学这个怪胎？林彪事件发生后，在毛泽东的主持下，周恩来开始各方面的整顿工作，力图消除"文化大革命"所造成的巨大破坏。1972—1973年，国家各方面工作逐步走上了正轨。1974—1975年，邓小平的复出和开始的各方面的进一步整顿，使部分被打倒的老干部纷纷复职，这些新的变化使得江青为首的"四人帮"觉得自己的政治企图并没有达到，因而他们继续寻找突破口，为其篡党夺权制造舆论。作为儒家创始人的孔子，在长期的封建社会里受人尊崇，孔子的思想中固然有其时代的糟粕，但长期被历代统治者所尊崇，表明它本身有其适合中国社会文化的土壤。早在抗战初期，在延安，毛泽东对孔子并没有采取完全否定的态度，他认真地修改了陈伯达关于孔子思想的研究文章，并提出了诸多意见和建议。在党的六届六中全会上，毛泽东明确地提出，对于从孔子到孙中山，我们都要批判地继承。对中国丰富的历史文化遗产采取分析的、批判的继承态度，这是毛泽东根据马克思主义的观点提出的对待中国历史和文化遗产的正确态度，也是我们党坚持一贯的方针，但在"文化大革命"这一特定的历史条件下，适应现实政治的需要，毛泽东主席本人首先就抛弃了这一方针。由于林彪摘抄了孔孟的言论，加上刘少奇在60年代初曾到曲阜祭孔，毛泽东就将批林与批孔紧密结合起来，对孔子采取了全面否定和对秦始皇大肆颂扬的态度。"四人帮"正是利用了毛泽东这一意图，打着批林批孔的幌子，大搞影射史学，严重曲解了中国历史，认为儒法斗争贯彻了中国历史的始终，对法家一味歌颂，而对儒家采取了全盘否定的态度，为其打倒一大批老干部，最终夺取党和国家的最高领导权大造舆论。"四人帮"炮制的"影射史学"之所以遭到广大史学家的猛烈批判，主要原因在于他们借机展开对周恩来总理的攻击，对邓小平的批判，对广大史学工作者和知识

---

① 　白寿彝：《白寿彝史学论集》第143—151页，北京师范大学出版社1994年版。

分子的迫害，对千百万干部和广大群众的思想统治。

其次，不能把"四人帮"的"影射史学"与新中国成立前郭沫若、翦伯赞、范文澜、吴晗等史学家所采用的影射手法混为一谈。抗日战争时期，在重庆，国民党反动派采取了极端专制主义的高压手段，郭沫若对秦始皇的专制主义进行了猛烈的批判，借屈原之口喊出了人民的愿望；翦伯赞揭露南明政权的腐败借以攻击蒋介石政府；吴晗对朱元璋的残暴统治进行了淋漓尽致的揭露也同样是这一目的；范文澜在延安以曾国藩影射蒋介石。他们的这些影射是在当时残酷的政治环境下的影射，影射的对象和目标正是广大人民群众的共同敌人，他们的影射也是建立在真实的历史事实的基础之上，因而非但无可厚非，而且值得肯定。新中国成立后，从进一步发展科学的中国马克思主义史学的目的出发，范文澜、翦伯赞针对当时史学界出现的影射的不良倾向，首先对影射的手法提出了批评，作了检讨，并在自己修订的著作中尽力避免再用影射的手法。"四人帮"的影射史学攻击的对象是周恩来，在评《水浒》时又指向邓小平，最后又为江青充当"女皇"服务，这严重违背了广大人民的意愿。"四人帮"的影射史学，是建立在大量歪曲历史事实的基础之上，这也严重地背离了历史学的科学品格。

再次，20世纪70年代在中国史坛影射史学作品的泛滥，为我们留下了深刻的历史教训，这就是历史学的独立品格以及史学如何为社会服务的问题。历史学首先是一门科学，虽然它不完全等同于自然科学，因为历史的创造者和历史的记录及研究者的主观因素，大量地渗入到了历史活动以及史学家的历史著述之中，但历史研究和论断是建立在客观的历史事实及丰富翔实的资料的基础之上的，在这里，任何人为地歪曲和窜改非但绝对不允许，而且要受到历史学家和公众的反对和谴责。适应现实政治的需要，将一部丰富多彩的中国历史歪曲成为"儒法斗争史"和"两条路线斗争史"，是十分荒谬的，也是与中国历史发展的实际大相径庭的，这是根据现实政治的需要对中国历史的严重歪曲！这种做法与马克思主义史学的品性毫无共同之处！今天我们无需对那些受政治形势影响而参与"影射史学"的学者作过分地谴责，他们当然也有自己的苦衷。正如周一良先生所言："我被北大党委由历史系调到梁效工作，直到1976年10月'四人帮'被粉碎。""我认为批林批孔也好，评法批儒也好，都是毛主席的部署，她（指江青，笔者注）只是执行者而已。由肯定法家从而承认中小地主阶级有一定的进步性，由研究法家著作而引起群众对古典文献的兴趣，这些倾向都与我的思想合拍，因而心安理得。""几十年前古典文献的训练，今天居然服务于革命路线，总算派上用场，不免欣然自得，忘却疲劳。""注释组的任务是对指定的诗词或文章作简明注解或译成白话，据说是供护士读给毛主席听时之用。注释组成员认为这项任务直接为毛主席服务，都兢兢业业，尽心竭力去从事这个工作。"① 不能说周一良先生这番话说的没有道理，他是受命参加了梁效班子，抱着为毛主席和广大群众服务的心理工作的，但问题在于当时的这些工作显然是具有极强的政治意图，江青固然根据毛泽东的指示行事的，毛泽东的这一做法今天看来本身就是错误的决定，江青的所作所为难道没有超出毛泽东的意图之处吗？梁效成员所写的大量并不完全符合中国历史实际的文章，这些把关教授们难道没有责任吗？相比较郭沫若、侯外庐、吕振羽这些中国马克思主义史学的开创者，能对"四人帮"的邀请采取谢绝的态度，梁效成员的学者难道没有一点个人的责任？白寿彝先生在"四人帮"掀起的"评法批儒"的恶风浊浪中，表现出了一位真正的历史学家的风范。受当时社会政治运动的影响，1973 年，他也撰写了《论秦始皇》的文章，充分肯定了秦始皇的耕战政策以及灭六国、巩固和实现了全国的统一的功绩，文章也把商鞅和反对派的斗争提到两条路线斗争的高度，把"焚书坑儒"作为当时哪一个阶级占领政治思想阵地的斗争，这些看法很明显地带有当时"评法批儒"的时代痕迹，论断尚欠准确，但他也指出了秦始皇所建立的统一国家的历史局限性。对秦始皇实行的"焚书坑儒"政策，白先生认为："以暴力解决思想问题的办法，是想得太简单了，是不会有多大效果的。"② 更值得一提的是，当"四人帮"鼓吹"儒法斗争贯穿了整个中国历史"的谬论时，白先生明确地说，关于儒法斗争他只能讲到秦汉时期，之后他就不大清楚了，作为一位学贯古今的学者，他的这句话是对"四人帮"歪曲历史的有力抗争。与郭沫若、侯外庐、吕振羽、白寿彝等学者相比，梁效、罗思鼎的学者为江青反革命集团掀起了"影射史学"的浊浪，对此，无论怎么说，他们个人还是有着不可推卸的责任。

二、给遭受迫害的史学家以公正的评价

在拨乱反正过程中，党的实事求是的优良作风逐步得以恢复。在关于真理问题的大讨论过程中，党中央在政治思想上逐步走出了"以阶级斗争为纲"的极左路线的误区，在深入揭批"四人帮"反党反人民的滔天罪行的过程中，广大史学工作者呼吁给遭受林彪、"四人帮"残酷迫害的吴晗、翦伯赞等史学家以公正的评价。党的十一届三中全会的召开，给彭德怀、刘少奇等党和国家领导人的

① 周一良：《毕竟是书生》第 71—74 页，北京十月文艺出版社 1998 年版。
② 白寿彝：《白寿彝史学论集》第 125—142 页，北京师范大学出版社 1994 年版。

相继平反，使得广大史学家内心的呼唤很快变为现实，吴晗、翦伯赞、何干之、尚钺、吕振羽、华岗等，这些在新中国不同历史时期遭受迫害的杰出历史学家相继平反，中国马克思主义史学重新获得了新生。

早在 1977 年春夏之间，曾长期担任北京市历史学会干事的苏双碧到安徽芜湖开会，几位大学教师就问他："吴晗能不能平反，有没有信息；吴晗不平反，知识分子心理不平啊！"同年 9 月，苏双碧到兰州开会期间，会上又有许多学者呼吁为吴晗平反，说："《海瑞罢官》是最大的冤案，这个禁区为什么不能冲破呢？"于是，苏双碧和《历史研究》主编黎澍商定以替《海瑞罢官》平反和批姚文元为吴晗平反打开通道，在当时中央仍然坚持"无产阶级文化大革命"的政治环境下，苏双碧和黎澍的这些想法的实现历经曲折，最后，在《光明日报》社有关领导的支持下，1978 年 11 月 15 日，《光明日报》刊出了苏双碧的《评姚文元的〈评新编历史剧《海瑞罢官》〉》，从而迈出了为吴晗平反的重要的一步①。文章开篇即说："江青在得意之余，曾把《评新编》说成是他们进行篡党夺权的'信号'。而对姚文元来说，《评新编》则是他飞黄腾达的'奠基石'。现在'四人帮'已经成为不齿于人类的狗屎堆，姚文元的其他黑文早已批判，他的这块'奠基石'难道不该推倒吗？现在是把《评新编》拿出来示众的时候了。"文章分为三个部分：实行法西斯思想独裁的"信号"，开创影射史学的恶劣先例，为"四人帮"制造冤狱大造舆论。文章最后说："姚文元《评新编》的出笼本身就是一个政治大阴谋，是对知识分子的一次大浩劫。从此，无数的知识分子被'四人帮'以各种莫须有的罪名打入十八层地狱，几千年来的祖国文化被一笔勾销，人们的思想被禁锢，舆论被箝制，偌大的中国，只有'四人帮'的'全面专政'，没有人民的一点民主。中国的舆论权威只有梁效、罗思鼎；中国的文学艺术园地里只剩下八个'样板戏'；中国几千年来的历史被歪曲成'儒法斗争史'；中国的老一辈革命家被污蔑为'走资派'；中国的知识分子被攻击为'臭老九'……等等，等等，'四人帮'的一切罪恶都是从这个反革命的'信号'开始的。《评新编》的影响极坏，流毒至广，必须进行深入的彻底的批判。"②苏双碧的文章，很快引起巨大的反响，当天中央人民广播电台播发了这篇文章的摘要，《文汇报》等全国多家报纸转载了该文，上海人民出版社当天决定出单行本。在国外，美国《纽约时报》11 月 16 日的一篇专稿认为，这篇文章是中国迄今为止

---

① 参见苏双碧、王宏志：《吴晗评传》第 407—410 页，上海人民出版社 1998 年版。
② 苏双碧：《评姚文元的〈评新编历史剧《海瑞罢官》〉》，《光明日报》1978 年 11 月 15 日。

"最惊人之举"；11 月 17 日，日本《朝日新闻》评论认为，这篇文章批判了"文化大革命"的起源；11 月 18 日，日本《经济新闻》认为这是一篇"冲击性很强的文章"。文章发表后，正在中央开会的许多领导向《光明日报》的领导杨西光表示祝贺和称赞，但是也招致了主管意识形态的领导的埋怨和责备。①

1978 年 12 月召开的十一届三中全会，恢复了党的实事求是的思想路线，明确提出以经济建设为中心，不再提"以阶级斗争为纲"的口号，这就从思想上扫除了障碍。随后，党中央加快了对冤假错案平反的进程，以吴晗为中心的《海瑞罢官》案也提上了日程。1978 年 12 月 29 日，《光明日报》又刊发了高治的文章《震动全国的大冤案——姚文元〈评新编历史剧《海瑞罢官》〉黑文出笼前前后后》，这篇文章以翔实的、铁的历史事实，说明了吴晗从事海瑞研究和撰写《海瑞罢官》的缘由，江青、姚文元炮制黑文的详细过程，姚文元的观点以及当时文化学术界的反应，江青、张春桥、戚本禹、关锋如何狼狈为奸，陷害和残酷打击一大批与《海瑞罢官》相关和反对姚文元谬论的知识分子的滔天罪行，以及这篇文章造成的极其恶劣的影响。1979 年 1 月 6 日，《人民日报》刊发了新华社上海记者 1 月 5 日电：《一个惊心动魄的政治大阴谋——揭露姚文元〈评新编历史剧《海瑞罢官》〉黑文出笼的经过》，这篇文章以翔实的历史及档案资料揭露了"四人帮"炮制这篇黑文的经过。文章说："张春桥、姚文元一伙曾洋洋得意地叫喊：'要高举批判《海瑞罢官》的旗帜！'现在，历史已经给这句反动口号作了最好的注解，那是一杆篡党夺权的黑旗，是一杆对广大知识分子和人民群众实行法西斯'全面专政'的黑旗。在揭批'四人帮'的斗争中，我们必须把这杆反党反社会主义的黑旗连根拔掉，让广大受害的人们气得以消，愤得以平，冤得以伸。"② 这篇文章的发表进一步推进了对《海瑞罢官》和吴晗的平反。1979 年 2 月 1 日，黎澍在《人民日报》发表了《一个围歼知识分子的大阴谋——评姚文元对〈海瑞罢官〉的批评》，黎澍的文章开篇即说："最近，《文艺报》和《文学评论》编辑部举行座谈会，纠正了许多错误的文艺批评。其中重要事件之一，就是姚文元对吴晗同志所作的历史剧《海瑞罢官》的批评。"黎澍明确地说："姚文元的批评是强词夺理，不足以服人的。就在当时，已有许多作者提出不同意见，跟他进行辩论。姚文元否认无产阶级专政下有坏人利用职权制造冤狱的可能，他的这篇精心罗织罪状的文章本身就证明它大谬不然。它不仅造

---

①　参见苏双碧、王宏志：《吴晗传》第 410—411 页，上海人民出版社 1998 年版。

②　参见《人民日报》1979 年 1 月 6 日。

成了吴晗同志的千古奇冤，并在全国各地株连了难以数计的作家、演员和其他知识分子，是'四人帮'在'文化大革命'中大肆污蔑、陷害，制造冤狱的开始。"黎澍又说："本文试图根据现有资料对姚文元批评《海瑞罢官》造成的吴晗同志的冤狱作一个初步的分析，希望大家来进行揭发，使事实真相逐步澄清，得出应有的教训。"黎澍的文章分以下四个部分："保密"的真相，姚文元的陷害，要害在罢官吗？永远不能再重演的悲剧。黎澍的文章最后说："平反吴晗的冤狱是广大群众关心的问题"，"吴晗同志的冤狱是一个大冤狱。现在给为广大群众所关心的这个长期悬而不决的冤狱彻底平反，总算解除了一个精神负担，使人心胸为之一快。"①

　　黎澍文章发表不久，北京市委做出决定，为"三家村"恢复名誉，1979 年 2 月 22 日《人民日报》《一桩触目惊心的文字狱》一文编者按指出："最近，中共北京市委做出决定：推倒林彪、'四人帮'一伙强加在'三家村'头上的一切诬蔑不实之词，恢复邓拓、吴晗、廖沫沙三位同志的政治名誉。十多年的沉冤得到昭雪，这是坚持党的实事求是精神、拨乱反正的又一重要胜利。1966 年，林彪、'四人帮'一伙出于篡党夺权的反革命需要，制造了轰动全国的所谓'三家村'反党集团的文字狱。黑风所及，许多领导干部、作家和群众惨遭迫害，许多地区和单位抓了'小三家村'。现在，'三家村'的冤案已经推倒，凡是因这类事件而遭受打击迫害的同志，都要认真予以平反。"② 2 月 22 日，《北京日报》在第 1、2 版刊发了新华社记者朱述新的报道，"粉碎'四人帮'后揭露出来的大量事实表明，所谓'三家村反党集团'，完全是林彪、'四人帮'和他的那个顾问出于篡党夺权的罪恶目的而有组织、有计划地制造的一个大冤案。"③ 8 月 3 日，《北京日报》刊出了中共中央决定为"三家村"冤案彻底平反的决定。9 月 5 日，邓拓追悼会在八宝山隆重举行。9 月 14 日，为吴晗和夫人袁震举行了隆重的追悼大会。叶剑英、邓小平、李先念都送了花圈，李先念、胡耀邦、彭真、陆定一、胡乔木等党和国家领导人及吴晗生前的友好及其家属参加了追悼大会。贾庭三在《悼词》中说："吴晗同志的一生，是不断革命，坚持战斗的一生，全心全意为人民服务的一生。在'文化大革命'中，林彪、'四人帮'和他们那个顾问一伙，对吴晗同志制造了骇人听闻的文字狱，他的夫人袁震同志、女儿吴小彦受

---

① 黎澍：《一个围歼知识分子的大阴谋》，《人民日报》1979 年 2 月 1 日。
② 参见《人民日报》1979 年 2 月 22 日。
③ 参见《北京日报》1979 年 2 月 22 日。

到株连，被迫害致死。""他与邓拓、廖沫沙同志一起，为中共北京市委机关刊物《前线》撰写的《三家村札记》，在宣传马列主义、毛泽东思想和党的方针政策，反对资产阶级思想和各种歪风邪气，反对唯心主义和形而上学方面起了积极的作用。他写的《海瑞骂皇帝》、《论海瑞》和历史剧《海瑞罢官》，博得了广大群众的赞扬。"① 至此，党和人民对吴晗和邓拓做出了全面公正的评价，这两位为新中国的成立，为新中国的学术和文化的发展做出了巨大贡献的学者和政治家，从此可以面带微笑的安息了。1984 年，在吴晗诞辰 75 周年、去世 15 周年之际，北京市历史学会出版了《吴晗纪念文集》，白寿彝、廖沫沙、罗尔纲、侯外庐等 38 位学人和亲属及朋友撰写了纪念文章，对吴晗的一生从各个方面做出了公正的评价；同年，夏鼐、苏双碧等编著的《吴晗的学术生涯》问世；1984 年苏双碧、王宏志夫妇所著《吴晗传》由北京出版社出版。吴晗的史学论著也在80 年代再版，四卷本的《吴晗史学论著选集》也先后由人民出版社出版。在多年研究的基础上，王宏志的《吴晗》，以及他们夫妇修订一新的《吴晗传》相继于 1987 年和 1998 年问世。这些著作对吴晗的一生及其学术贡献做出了详细而公正的记述和评价，一个真实的吴晗已经走入中国几代知识分子的心中。

　　1968 年 12 月 18 日夜，翦伯赞夫妇不堪忍受"专案组"的逼供，愤而自尽，毛泽东、周恩来当日得到消息，下令追查死因并要专案组做出检查，直接当事人中，北京市委自谢富治以下和北京大学的有关人员都层层作了检查。1970 年 2月，以工宣队为主的北大党委将翦伯赞"按反动学术权威清除出党"。从 1970—1973 年，又组织北大部分青年教师对翦伯赞的"让步政策"论展开了新一轮的批判。1975 年，由谢静宜代表北京市委的意见，将翦伯赞问题改为"资产阶级反动学术权威，按人民内部矛盾处理，将其开除出党"。粉碎"四人帮"后，北大新党委 1978 年春重新审查翦伯赞问题，做出了与原来基本相同的结论，4 月 7日，北大党委向历史系部分教师通报了对翦伯赞问题的结论，这在广大教师中引起了强烈的不满情绪。邓广铭、杨济安、张传玺等 8 位教师，联名起草了《我们对翦伯赞同志问题的意见》上书北大党委，半个月后仍无反应，于是他们又联名在北大"三角地"贴出了题为《翦伯赞同志革命的一生》的大字报，6 月，中共中央组织部长胡耀邦看到了《翦伯赞同志革命的一生》"大字报"打印稿，立即让大字报作者起草伸冤报告，并大字报稿一并转交中共中央，9 月 1 日，北大党

---

① 参见《人民日报》1979 年 9 月 15 日。

委召开全校落实党的政策大会，宣布为翦伯赞平反昭雪[1]，翦伯赞革命的一生被重新肯定，他的马克思主义史学家的声誉得以恢复。1979 年 2 月 22 日，翦伯赞追悼会及骨灰安放仪式在八宝山革命公墓举行。邓小平等中央领导人送了花圈，王震、胡耀邦等党和国家领导人和著名学者侯外庐、黎澍、白寿彝及北京大学师生员工近五百人参加了追悼大会。北大校长周培源在悼词中对翦伯赞的一生给予了充分的肯定和客观的评价。《悼词》说：翦伯赞是为无产阶级事业终生奋斗的优秀党员、马克思主义史学家。"翦伯赞同志是我国运用历史唯物主义科学地研究中国历史的老一代史学家之一，为在我国建立马克思主义历史科学做出了巨大的努力。他的著作共达四百多万字，是他一生献身于革命、献身于马克思主义历史科学的珍贵成果。""翦伯赞同志遭受诬陷迫害，是林彪、陈伯达、'四人帮'制造的重大的冤案之一，必须予以昭雪；他们强加给翦伯赞同志的一切罪名和诬陷不实之词，应予推倒，翦伯赞同志的名誉必须予以恢复。"[2] 1982 年 11 月，翦伯赞学术纪念会在北京大学隆重召开，雷洁琼、周扬、侯外庐、翁独健、邓广铭、周一良等政界要人和著名学者出席会议并发言，1986 年，出版了《翦伯赞学术纪念文集》。新时期以来，翦伯赞的论著多次再版，他主编的《中国史纲要》成为各大专院校广泛采用的教本，一卷本和三卷本的《翦伯赞史学论文选集》也由人民出版社出版。1998 年 4 月，北京大学 100 周年华诞之际，张传玺先生在多年研究的基础上，撰成了 50 万字的资料翔实、文采斐然的《翦伯赞传》；人民教育出版社出版了田珏主编的《翦伯赞纪念文集》，北大历史系举办了翦伯赞学术讨论会，这些作为献给翦伯赞诞辰 100 周年的厚礼，为人们进一步了解和公正评价翦伯赞及其学术贡献，打下了坚实的基础。

给翦伯赞和吴晗的相继平反，标志着林彪和"四人帮"强加给马克思主义史学家的枷锁已被彻底打碎，中国马克思主义史学重新获得了新生。从此，不仅与《海瑞罢官》有关的学者、艺术家得到平反和昭雪，在共和国不同历史时代遭受冤假错案迫害的史学家，如华岗、尚钺、吕振羽、何干之，及在反右运动中遭受打击的荣孟源、雷海宗等一大批史学家都得以平反昭雪。这一大规模平反的势头从中国社会科学院一次给遭受迫害的 800 多名科研人员和干部恢复名誉可见一斑。据新华社 1979 年 7 月 13 日电：原被错定为反动学术权威的罗尔纲，原被错定为资产阶级世界观未得到改造的翁独健、严中平、朱谦之，原被错定为资产

---

① 参见张传玺：《翦伯赞传》第 505—512 页，北京大学出版社 1998 年版。

② 参见《人民日报》1979 年 2 月 25 日。

阶级史学家的顾颉刚同志，都已得到纠正，恢复了名誉。被错定为犯有执行修正主义路线错误的黎澍、尹达、夏鼐等59位同志，也得到彻底纠正，恢复了名誉。在受到林彪、"四人帮"迫害的同志中，侯外庐、黎澍、刘大年、罗尔纲、蔡美彪等14位同志曾被带上各种帽子，这些都属于不实之词，已予以推倒。原被错划为右派分子，现已得到改正的有荣孟源、陈梦家、孙毓棠、章有义等44位同志①。仅从这一报道就可以看出，"左倾"路线，特别是林彪、"四人帮"执行的极左路线，在中国史学界确实实现了打倒一大批和全面专政的反革命目标，学有所成的学者，几乎无一能幸免于他们的迫害。粉碎"四人帮"后，在恢复党的实事求是的路线和拨乱反正的过程中，党和广大人民终于给这些为中国历史科学的发展做出了突出贡献的史学家予以公正的评价。

第三节　历史学教学科研秩序的恢复和
发展规划的制定

1975年，在毛泽东和周恩来支持下，邓小平开始了各方面的整顿工作，哲学和社会科学的研究工作也提上了日程。1975年9月国务院下发第142号文件《国务院关于哲学社会科学部若干事项的通知》，明确哲学社会科学部的地位等同于科学院，相当于部委一级单位，直接受国务院的指导。1977年5月，中共中央批准成立中国社会科学院，随后任命胡乔木担任中国社会科学院院长、党组书记，于光远、邓力群任副院长②。经过一番艰苦的调查研究，1978年中国社会科学院各项工作逐步开展起来，研究所陆续恢复并增加了许多新的研究机构。十一届三中全会之后，随着大批科研人员的平反昭雪，历史学科研工作逐步走上了正轨。随着1977年全国高考制度的恢复，中国社科院研究生院和全国各重点大学开始了硕士研究生招生。到1980年，全国各高校历史系学生达到了15000人。1981年，中国社会科学院和一些高校的第一批历史学各专业方向的硕士研究生毕业，这为新时期中国历史学研究培养出了第一批骨干人才。

在中央的大力支持下，在胡乔木等推动下，随着中国社会科学院的建立和高等院校历史专业招生的恢复，到1979年，新中国哲学社会科学的研究工作逐步恢复并走上正轨。这一时期影响社会科学发展的有三件重大的事项：一是胡乔

---

① 参见《人民日报》1979年7月14日。
② 参见《胡乔木传》编写组：《胡乔木与中国社会科学院》第3—6页，人民出版社2007年版。

木、邓力群、于光远等提出了《马克思主义著作选题一百例》，明确了当时哲学社会科学急需要着手进行的各项具体工作；二是推动制定全国哲学社会科学发展规划。1978 年 9 月 11 日至 27 日，中国社会科学院、教育部联合召开全国哲学社会科学规划预备会，从 1979 年 2 月起，全国性的各学科规划会议陆续召开。三是推动恢复和建立新的学会。这三项工作的开展，极大地推动了历史学学科的发展。《马克思主义基本著作选题一百例》包括了大量历史学著作，如党史方面包括：毛泽东传、周恩来传、朱德传、中国共产党史、中国人民解放军史、五四运动史、北伐战争史、土地革命战争史、抗日战争史、解放战争史、抗美援朝战争史、中华人民共和国史、中国工人运动史、中国青年运动史、中国妇女运动史、文化大革命史、中国的社会主义革命、中国的社会主义建设等专门著作。历史著作也有内容丰富的诸多选题，如中国历史包括：原始社会、奴隶社会、封建社会、中国近代史、中国近代政治史、中国近代军事史、中国近代经济史、中国近代文化史、中国近代哲学史；世界史也有丰富的选题，如世界史（多卷集、简编）、世界近代史、世界经济史、世界哲学史、帝国主义史、中国与美国、中国与苏联、中国与第三世界、亚洲史、非洲史、拉丁美洲史、欧洲史、东南亚史、大洋洲与太平洋史、科学社会主义、社会主义史、民族解放运动、国际共产主义运动史[1]。与此同时，1978 年 4 月，胡乔木等领导制定了《一九七八——一九八五年全国哲学社会科学发展规划纲要》（初稿），其中历史学提出了 22 个重点研究课题，撰著 53 部重要著作；考古学方面有 8 个重点研究课题，7 部重要著作[2]。全国哲学社会科学规划会议的召开，也有力地推动了历史学科规划的制定。1979 年 3 月 23 日至 4 月 2 日，中国社会科学院在成都召开中国历史学规划会议，出席会议的有来自全国各地的科研机构、高等院校以及部分编辑出版部门的代表 280 余人，在这次大会上，中国社会科学院近代史研究所副所长黎澍就史学规划问题作了重要讲话，包括分工与工作方法问题、新生力量的培养问题、高等院校与研究机关的关系问题、关于学术问题的自由讨论、关于建立各种专题研究会的问题，以及历史资料的整理和出版问题、地方史的研究和研究工作的现代化问题。[3] 与会代表对《中国历史学发展规划草案》作了认真讨论，专家们强调对马克思主义史学理论、夏文化、清史、边疆史、中外关系史、较高水平的中国

① 《胡乔木传》编写组：《胡乔木与中国社会科学院》，第 258—263 页。

② 《胡乔木传》编写组：《胡乔木与中国社会科学院》，第 304—308 页。

③ 黎澍：《再思集》第 76—84 页，中国社会科学出版社 1985 年版。

通史和近现代经济史、政治史、文化史、军事史以及重要的历史资料档案、历史大辞典、大百科全书的历史部分，要集中力量保证完成或提前完成①。这次会议是中国历史学在新时期全面复兴的一次具有重要历史意义的会议，也是史学界一次思想解放的重要会议，对于推动中国历史学研究的全面发展发挥了重要的作用。之后，4月3日至12日，在西安召开中国考古学规划会议；4月17日至24日，在北京召开世界历史学科规划会议。历史学学科发展规划会议的召开和学科发展规划的制定，极大地促进了新中国历史学研究工作的恢复和发展。

　　同时，中国史学会恢复了正常的学术工作，各历史学专业研究会纷纷创建，历史学研究体系初步建立。1978—1979年，全国22个省市的史学会陆续恢复正常的学术工作，并且新建立了45个专门的研究会，全国成立了38个史学研究机构，84所院校设立了历史系或政史系、历史教研室，另外建立了17个专门从事历史研究的研究所或研究室②。经过多方的筹备工作，1980年4月8日至13日，中国史学会重新成立大会在北京召开，胡乔木出席大会，并就历史学的作用、马克思主义与历史研究的关系、历史研究与政治的关系、历史学研究领域的开拓等问题作了重要讲话。大会讨论通过了中国史学会新的章程，选举了新的理事会，郑天挺、周谷城、白寿彝、刘大年、邓广铭组成了主席团。中国史学会成为推动中国历史学发展的重要组织，在新时期中国历史学发展过程中发挥了巨大的作用。除中国古代史、中国近代史、中国现代史各断代和专门史的热门研究会之外，一些少人重视的各冷门专业也纷纷成立了自己的研究会。如中国世界古代史研究会于1979年宣告成立，到1984年，会员达到近300人，其中教授、副教授60余人，青年同志80余人。世界上古、中古史专业，有3个博士、10个硕士学位授予单位，已经毕业和正在学习的世界上古史研究生近40人，本科出国进修学者和留学生近10人。③

表6-1　全国史学会简表（1979年）

单位	联络地点	会长（理事长）	成立（恢复）时间
中国考古学会	中国社会科学院考古研究所	夏鼐	1979年4月
中国蒙古史学会	内蒙古社会科学院	翁独健	1979年8月
中国民族研究学会	中国社会科学院民族研究所	牙含章	1979年5月
上海历史学会	上海	周谷城	1979年5月
天津历史学会	天津社会科学院	郑天挺	1979年6月

---

　　① 参见《中国历史学年鉴》（1979），第247—248页，人民出版社1981年版。
　　② 参见《中国历史学年鉴》（1979），第341—351页，人民出版社1981年版。
　　③ 王敦书、于可：《垦荒播种，探古创新》，《世界历史》1984年第5期。

续表

单位	联络地点	会长（理事长）*	成立（恢复）时间
河北省历史学会	宣化河北师范学院	张恒寿	1979 年 9 月
山西省历史学会	太原	郝树侯	1979 年 3 月
辽宁省历史学会	沈阳	石光	
吉林省历史学会	长春	佟冬	1978 年 7 月
吉林省考古学会	长春	王承礼	
吉林省延边自治州历史学会	延吉	朴文一	
黑龙江省历史学会	哈尔滨市花园街 124 号	刘民生	1978 年 8 月
陕西省历史学会	陕西师大历史系	史念海	1979 年 1 月
甘肃省历史学会	甘肃师大历史系	金宝祥	
青海省历史学会	青海师院政史系	刘安为	1979 年 8 月
青海省考古学会	西宁	赵生琛	
新疆史学会	乌鲁木齐	谷苞	
山东省历史学会	济南	王仲荦	1979 年 5 月
南京历史学会	南京	韩儒林	1978 年
浙江省历史学会	杭州大学历史系	沈炼之	1978 年 10 月
安徽省历史学会	芜湖安徽师大历史系	光仁洪	1978 年 4 月
安徽省考古学会	合肥安徽省文物局	洪沛	
福建省历史学会	厦门大学	傅衣凌	
河南省历史学会			1979 年 1 月
湖北省历史学会	武汉湖北省社会科学院	唐长孺	1979 年 1 月
湖北省考古学会	武汉湖北省社会科学院	唐长孺	
湖北省党史学会	武汉湖北省社会科学院	郭步云	1979 年 1 月
湖南省历史学会	长沙市德雅村	孟树德	1978 年 4 月
广东历史学会	广州	金应熙	1978 年 1 月
广西历史学会	南宁广西社会科学院	莫乃群	1979 年 3 月
四川省历史学会	成都	徐仲舒	1979 年
重庆历史学会	重庆	孙培良	1979 年 7 月

表 6-2 全国史学研究会简表（1979 年）

单位	联络地点	会长（理事长）	成立时间
全国农民战争史研究会	上海华东师大历史系	吴泽	1978 年 12 月
全国历史文献研究会	武昌华中师院历史系	张舜徽	1979 年 4 月
全国中亚文化研究会	北京	陈翰笙	1979 年 10 月
中国海外交通史研究会	福建泉州海外交通史博物馆	朱杰勤	1979 年 3 月
中共党史学习研究会	杭州大学		1979 年 5 月
中共党史人物研究会	郑州大学	何长工	1979 年 12 月
华北中俄关系史研究会	中国社会科学院近代史研究所	余绳武	1978 年 9 月
北京太平天国史研究会	中国社会科学院近代史研究所	戴逸	1978 年 7 月
北京新民主主义革命史研究会	北京近代史所	董谦	1978 年 10 月
上海市中共党史学习研究会	上海	郑灿辉（总干事）	1979 年 3 月
天津市中共党史学习研究会	南开大学历史系	魏宏运	1979 年 3 月
天津史研究会	天津市和平区马场道 32 号	左建	1979 年 5 月
中共党史学习研究会内蒙古分会			1979 年 5 月
辽宁省高等院校党史教学研究会	辽宁大学		1979 年 10 月
辽宁近现代史研究会	沈阳辽宁省社会科学院	陈崇桥	1979 年 1 月
黑龙江中国史研究会	哈尔滨		
黑龙江地方史研究会	哈尔滨	王文举	1979 年
陕西省高等学校党史教学研究会	陕西师大政教系	孙启蒙	

续表

单位	联络地点	会长（理事长）	成立时间
山东省高等学校中共党史研究会	济南	郝国兴	1979 年 1 月
浙江省太平天国史研究会	杭州中共浙江省委党校	王兴福	1979 年 5 月
安徽省中共党史学习研究会	合肥安徽省党校	卫道行	1979 年 6 月
江西省中国现代史研究会	南昌	谢象晃	1979 年 9 月
中央根据地经济史研究会	厦门大学	许毅	1979 年 6 月
泉州历史研究会	福建泉州市文管会	许谷芬	1978 年 11 月
福建省中共党史研究会	福州中共福建省委党校	伍洪祥	1979 年 7 月
辛亥革命史研究会	武昌华中师院历史系	章开沅	1978 年 12 月
鄂豫皖苏区历史研究会	武汉湖北省社会科学院	郭步云	1979 年 11 月
湖北楚文化研究会	武汉湖北省社会科学院	谭维泗	1979 年 7 月
湖南省党史研究会	长沙湖南师院政史系	谭双全	1979 年 5 月
古文字研究会	广州中山大学	商承祚	1978 年 12 月
广西新民主主义革命史研究会	南宁广西社会科学院	黄耿	1979 年 5 月
广西辛亥革命史研究会	南宁广西社会科学院	莫济杰	1979 年 5 月
广西桂系军阀史研究会	南宁广西社会科学院	莫济杰	1979 年 5 月
广西太平天国史研究会	南宁广西社会科学院	钟文典	1979 年 5 月
广西民族史研究会	南宁广西民族历史研究所	张景宁	1979 年 5 月
川陕革命根据地研究会	成都四川省社会科学院	林超	1979 年 5 月
四川省太平天国史研究会	成都四川省社会科学院	李有明	1979 年 8 月
巴蜀史研究会	成都四川省社会科学院	张秀熟	1979 年
西南军阀史研究会四川分会	成都四川省社会科学院	浦孝荣	1979 年
西南中俄关系史研究会	成都四川省社会科学院		1979 年
四川中共党史研究会	成都	王树德	
重庆市中共党史研究会	重庆	彭承福	
贵州省民族研究学会	贵阳贵州省民族研究所	杨汉先	1979 年 12 月
贵州军阀史研究会	贵阳贵州省社会科学院	康健	1979 年 12 月
西南军阀研究会云南分会	昆明	刘克光	1979 年

表 6-3 全国史学研究机构简表（1979 年）

单位	地址	所长（室主任）
中国社会科学院历史研究所	北京	侯外庐（第一副所长）
中国社会科学院近代史研究所	北京	刘大年
中国社会科学院考古研究所	北京	夏鼐
中国社会科学院民族研究所	北京	牙含章
国家文物局古文献研究室	北京	唐长孺（兼）
上海社会科学院历史研究所	上海	沈一行（副）
天津社会科学院历史研究所	天津	左建
河北省社会科学院研究所历史研究室	石家庄	黎典（负责人）
山西省社会科学院研究所历史研究室	太原	张海瀛（负责人）
内蒙古自治区社会科学院蒙古史研究所	呼和浩特	朱风（副）
辽宁省社会科学院历史研究所	沈阳	侯澄
吉林省社会科学院历史研究所	长春	刘家磊
延边历史语言研究所	延吉	金尚宪
黑龙江省社会科学院历史研究所	哈尔滨	刘民声
哈尔滨地方研究所	哈尔滨	关成和
陕西省社会科学院研究所历史研究室	西安	张垫生（兼）
陕西省社会科学院研究所党史研究室	西安	齐心
宁夏哲学社会科学所史学研究室	银川	刘振亚（负责人）
青海民族研究室	西宁	卓玛才旦（负责人）

续表

单位	地址	所长（室主任）
新疆社会科学院历史研究所	乌鲁木齐	陈华
新疆社会科学院考古研究所	乌鲁木齐	穆舜英（负责人）
新疆社会科学院宗教研究所	乌鲁木齐	陈慧生（负责人）
江苏省哲学社会科学研究所历史研究室	南京	沈嘉荣（负责人）
浙江省社会科学研究所文史研究室	杭州	徐正纶（联系人）
安徽省哲学社会科学研究所历史研究室	合肥	赵文衡
河南省历史研究所	开封	郭象天（兼）
湖北省社会科学院历史研究所	武昌	李建（负责人）
湖南省哲学社会科学研究所古近代史研究室	长沙	刘晴波
湖南省哲学社会科学研究所现代史研究室	长沙	刘梦华
广东省哲学社会科学研究所历史研究室	广州	张难生（副）
广东省民族研究所	广州	黄朝中
广西社会科学院历史研究所	南宁	刘映华（负责人）
广西少数民族历史研究所	南宁	潘文（负责人）
四川省社会科学院历史研究室	成都	吴德让（副）
四川省社会科学院地方研究所	成都	林超
贵州省社会科学院历史研究所	贵阳	郝文征
贵州省民族研究所	贵阳	杨汉先
云南省历史研究所	昆明	侯方岳

注：上述表格摘自《中国历史学年鉴》（1979年），第341—346页，人民出版社，1981年版。

　　党的十一届三中全会之后六年来，新中国的历史学研究呈现出欣欣向荣，蓬勃发展的势头。正如学者所言，这一时期新著大量问世，如多卷本通史，范文澜的《中国通史》；集体编著的断代史和专史，如《清代通史》、《清代人物传稿》、《辛亥革命史》、《民国人物传》、《中国新民主主义革命史》；史料汇编，如《甲骨文合集》等陆续问世。历史研究领域有了明显的向纵深发展的趋势，各种新的专题史，如《中国奴隶社会史》、《中国封建社会经济史》、《东北史》、《荆楚文化》，辽、金、西夏专史，中国各民族简史、简志等相继问世。康有为、章太炎、梁启超、王国维、蔡元培等的全集也陆续编订出版。古籍整理成绩显著。在1981年成立的国务院古籍整理规划小组领导下，1990年前后有3000多种重要古籍被列入整理计划①。继"六五"规划之后，史学家又精心制定了第七个五年规划。面对世界历史学发展的新趋势，咨询专家北京大学历史系张广达教授组提出，建议列入国家或教育部规划中的项目有：大力加强史学理论的研究和教学，尽快开展中华人民共和国史的研究，加强典章制度、政治制度史的研究，加强中外关系史特别是近现代中外关系史的研究，边疆史与跨域民族史的研究，中国文化史的研究，开展地方经济史的研究，开展历史人口学、城市发展史、历史生态学的研究，开展管理学史、审计学史的研究，重视口传史等。北京大学历史系罗荣渠教授组提出了世界史的基本教材和参考书编写的七个方面的任务，重点研究的五个

---

　　① 国家教育委员会高教一司编：《哲学社会科学研究现状和发展》第319—320页，北京大学出版社1985年版。

方面专题项目，以及世界史的中级读物和中学教材的编写、世界史资料的选编和引进国外先进教材等问题。在重点研究方面，他提出了将重点放在世界近现代方面，包括：一是对世界史上一些重大历史事件和历史进程进行跨国家的比较研究，如东方奴隶社会和西方奴隶社会、中国和西方封建社会，主要国家（地区）工业化或现代化的进程，社会主义的不同模式，等等方面的比较研究。二是对一些有现实意义或影响的历史经验和教训的阐释，如英国工业革命的社会改造意义、美国资本主义高速度发展的原因、日本作为东方国家现代化成果的经验，以及苏联的新经济政策、农业集体化、工业化的经验教训等等。三是对国际关系中的重大问题的探索，如三十、四十年代的中美关系，雅尔塔会议与雅尔塔体系，"冷战"问题等。四是历史理论的研究，如亚细亚生产方式、《古代社会》发表以来原始社会研究的新成就，《资本论》发表以来资本主义政治、经济、社会的重大变化，康德拉季耶夫的"长波学说"，沃勒斯坦的"世界史体系"理论，第三世界历史形成的理论等。五是对世界史教学科研中的空白点进行补空工作，当务之急的项目是战后世界史，以及世界史的科学技术与文化部分[1]。咨询组专家武汉大学吴于廑教授领导的小组，进一步明确了历史学研究"七五"规划需要启动的项目以及主要承担的单位，具体情况如下表所示。

史学理论及史学史

类别	项目	承担单位
史学史	中国史学史 马克思主义史学在中国 西方史学史 日本史学史	北京师范大学、华东师范大学 北京大学、四川大学、湖南师范大学等 北京大学
史学理论	史学概论 史学方法论	北京师范大学、北京大学

中 国 历 史

类别	项目	承担单位
通史	中国通史	北京师范大学等
断代史	上古史 先秦史 秦汉史 魏晋南北朝史 隋唐五代史 宋辽金史 元史 明清史 中国近代史（1840—1949） 中华人民共和国史	四川大学 四川大学 西北大学、陕西师范大学 武汉大学、北京大学 武汉大学、山东大学、厦门大学等 北京大学、吉林大学、东北师范大学 南京大学 厦门大学、南开大学、武汉大学 北京大学、中国人民大学、南开大学、武汉大学、南京大学 北京大学、中国人民大学、杭州大学、武汉大学

---

[1]　国家教育委员会高教一司编：《哲学社会科学研究现状和发展》第323—336页，北京大学出版社1985年版。

续表

类别	项目	承担单位
专门史及专题研究	中国奴隶社会特征研究 中国封建社会特征研究 中国半殖民地半封建社会特征研究 中国资本主义萌芽问题研究 西北古代文献资料整理与研究（包括敦煌、吐鲁番文献资料与古简）	北京大学、武汉大学、兰州大学、北京师范学院、北京大学、中山大学、厦门大学、山东大学、武汉大学等
	中外经济文化交流史 中国各类制度史，如土地制度史、财政制度史、职官制度史、法制史、军事制度史、教育制度史等（可断代研究） 中国农民战争史（可断代研究） 中国经济史（可断代研究） 中国文化史（可断代研究） 清代农田水利史	
	中国近代经济史（1840—1949）	武汉大学 中国人民大学、湖北财经学院
	中国近代政治史（1840—1949）	武汉大学
	中国近代对外关系史	北京大学、厦门大学、中南大学、武汉大学、辽宁大学、复旦大学、南京大学等
	中国近代工人阶级	四川大学、北京师范大学、华东师范大学
	中国近代史上的历次反侵略战争研究，如第一、二次鸦片战争、中法战争、中日甲午战争	武汉大学、上海师范学院、辽宁大学等
	中国近代史上重要事件研究，如太平天国、洋务运动、戊戌维新、义和团等	南京大学、山东师范学院、南开大学、山东大学等
	民国军阀史	
	中国现代经济史（1919—1949）	南开大学、云南大学、华东师范大学、广西师范大学
	中国现代思想史（1919—1949）	复旦大学、中国人民大学、北京师范大学、东北师范大学
	现代中英、中美、中日关系史	北京大学、北京师范大学、南开大学
	中国现代政党史	武汉大学、华中师范大学、中国人民大学
	国民军史	武汉大学
	第一次国内革命战争	武汉大学
	第二次国内革命战争	南开大学
	抗日战争	中国人民大学、南京大学
	解放战争	
民族史、地方史	蒙古史	内蒙古大学、中央民族学院
	藏族史	西北大学、中央民族学院
	维吾尔族史	新疆大学、中央民族学院
	壮族史	广西大学、中央民族学院
	彝族史	四川大学
	苗族史	
	古代民族关系史	
	古代越族研究	
	古代畲族研究	
	楚史与楚文化研究	武汉大学
历史地理	历史地理学概论	北京大学
	中国历史地理	复旦大学
	城市历史地理	北京大学
	地名学概论	杭州大学
	黄河中上游历史地理	陕西师范大学
	西北干旱地区历史地理	北京大学
	荆楚历史地理	武汉大学
	江汉平原开发史及其地理变迁	武汉大学
	长江流域开发史	
工具书	《水经注》研究	杭州大学
	敦煌词典	北京大学、武汉大学等院校及其他研究单位

世　界　史

类别	项目	承担单位
通史、断代史	世界通史（多卷本）	世界历史研究所、北京大学、武汉大学、南开大学、东北师范大学等
	世界通史（教材）	教育部组织编写班子
	战后世界史	北京师范学院、武汉大学
	世界历史发展概况	武汉大学
地区史、国别史	地中海世界的过去与现在	
	十六世纪以来的加勒比海地区	
	拉丁美洲史	中国人民大学、北京大学
	非洲史或非洲某一地区史	北京师范学院、河北师范学院、山西师范学院
	东南亚近现代史	中山大学、厦门大学、暨南大学
	从乌浒河地区到印度河流域的过去与现在	北京大学、贵阳师范学院
	西南亚近现代史	
	斯拉夫各国史	云南大学
	阿拉伯史	北京大学、山西大学
	美国史（六卷本）	北京第二外国语学院
	英国史	南开大学、武汉大学
	法国史	南京大学
	德国史	北京大学、杭州大学、华东师范大学等
	苏联史	世界史所、杭州大学、山东大学等
	埃及史	北京大学
	印度史	北京大学、四川大学、华中师范学院等
	朝鲜史	吉林大学、延边大学等
专门史及专题研究	世界文化史	复旦大学
	欧洲史前史	杭州大学
	世界古典文明史研究	东北师范大学、复旦大学、武汉大学
	东西方城邦制比较研究	东北师范大学等
	古代的游牧世界与农耕世界	武汉大学
	东西方封建社会比较研究	北京大学、东北师范大学、河北大学等
	伊斯兰教派之争与阿拉伯世界	北京第一外国语学院
	东西方文化交流史	北京大学
	文艺复兴与宗教改革	北京大学、武汉大学等
	十五、十六世纪世界史研究	武汉大学
	1. 十五、十六世纪东西方农本经济及其变化	
	2. 十五、十六世纪东西方城市工商业与资本主义初期发展	
	3. 十五、十六世纪东西方乡村工商业与资本主义初期发展	
	4. 十五、十六世纪东西方海上活动及其社会经济背景	
	5. 十五、十六世纪东西方国家政权、上层建筑在由农本而重商变化中的作用	
	大西洋经济圈与近代西方历史	
	十五世纪以后的西南太平洋经济圈研究	厦门大学、暨南大学、武汉大学等
	日本农民战争史	辽宁大学
	美帝国主义史	武汉大学
	中日古代关系史	西北师范大学
	第二次世界大战研究	华东师范大学
	1.第二次世界大战的起源	武汉大学
	2.中国战场	武汉大学
	3.欧洲战场	武汉大学
	4.欧洲抵抗运动	武汉大学
	第二次世界大战史（文科教材）	
	日本现代经济史	东北师范大学、辽宁大学等

续表

类别	项目	承担单位
大型世界史汇编翻译 （此举项目乃举例性质）	剑桥古代史 剑桥中古史 剑桥近代史	已由世界史所组译
工具书（包括翻译）	日本历史辞典 日本古语辞典 历史辞典 美国传记辞典 美国历史辞典 世界历史地图	复旦大学 北京大学 商务印书馆 北京师范大学、武汉大学 武汉大学 北京大学、武汉大学
资料	中国古籍中有关东南亚史料汇编	中山大学东南亚研究所

注：此表摘自《哲学社会科学研究现状和发展——高校"七五"科研规划咨询报告》第342—348页。

　　吴于廑教授领导的咨询组制定的上述规划表，绘制了1984年之后中国历史学发展的新蓝图，这其中既包括一些历史学研究的基础和传统的领域，也有不少需要新开拓的领域。规划结合当时中国高等学校历史学研究各自的长处，将许多项目落实到较为固定的高等学校，使项目的实施落到了实处。这个规划在很大程度上成为此后中国历史学新的腾飞的指路航标，此后，无论是中国历史、还是世界历史的研究工作的许多项目和成果，正是在这一规划的基础上产出的，这极大地推动了新时期中国历史学的发展和进步。

　　1979年和1984年国家和全国高校历史学发展"六五"和"七五"规划的制定和实施，在很大程度上反映出新时期中国历史学最终走出了十年"文革"的误区，开始了新的腾飞的时代。

第七章　重大历史问题的探讨与新认识的提出

新时期以来，中国史学家就历史上许多重大问题展开了广泛争鸣和深入研究。其中，讨论的热门话题有历史发展动力问题、马克思主义社会经济形态的理论以及中国古代社会分期及其性质问题、中国近代的"革命"与"现代化"等问题，这些讨论极大的深化了相关问题和领域的研究，从一个侧面展现了中国历史学的新发展。

第一节　关于历史发展动力问题的讨论

历史发展的动力问题，是 20 世纪 80 年代初在中国学术界引起热烈讨论的问题之一。历史发展动力引起学者广泛的关注，直接起因是 1979 年 3 月 23 日至 4 月 2 日在成都召开的中国历史学规划会议。在这次会议上，戴逸作了题为《关于历史研究中阶级斗争理论问题的几点看法》的发言，结合日本明治维新、英国资产阶级革命以及美国南北战争后这些国家发展的历史事实，对长期以来我国学术界尊奉的"阶级斗争是历史发展动力"的思想提出了质疑。他认为"推动社会历史前进的直接的主要动力是生产斗争"，而不是阶级斗争。戴逸指出："把农民战争当作历史发展的唯一动力，我对这一点是表示怀疑的。这种意见，表面上似乎重视阶级斗争，实际上具有很大的片面性。在理论上是缺乏根据的，在历史实际中也是解释不通的。从人类社会存在以来，不论何时，生产活动总是首要的活动，生产斗争是推进社会历史的强大动力。""另外，科学技术也是历史发展的动力。"① 刘泽华、王连升也在大会上宣读了《关于历史发展动力问题》论文，提出了"生产力是历史发展的动力"的观点。戎笙也提交了《只有农民战争才是封建社会发展的真正动力吗》文章（刊于《历史研究》1979 年第 4 期），认为"即使在阶级社会里，阶级斗争也不是社会发展的唯一动力"。这三篇文章的共同之处，在于对阶级斗争是历史发展的动力学说提出了质疑，文章的公开发表，在社会上引起了较大的反响。在同年 5 月 25 日至 6 月 2 日在南京召开的太平天

---

① 戴逸：《履霜集》第 510—511 页，中国人民大学出版社 1987 年版。

国国际学术研讨会上，刘大年就"太平天国的历史作用问题"作了学术讲演，他的文章以《关于历史前进的动力问题》在《近代史研究》1979 年第 1 期发表，刘大年不赞成否定阶级斗争是历史发展的动力的基本主张，结合俄国十月革命和中国社会主义改造对历史发展的巨大推动作用，他认为，在阶级社会里，经济发展、生产力的前进，不能自然而然的改变历史，要通过阶级斗争、革命运动来变革历史。随之，关于历史发展的动力问题在学术界展开了热烈的讨论。1979 年 10 月 26 日至 11 月 2 日，在安徽铜陵召开 1979 年史学年会，就"历史发展动力问题"召开了专题讨论会，这次会议提出了生产力动力说、社会基本矛盾运动动力说、生产力与阶级斗争动力说、合力说五种基本观点[1]。当年，天津历史学会、广东历史学会、厦门大学也先后就"历史发展动力问题"召开了专题研讨会。除《社会科学研究》连续发表相关论文之外，1979 年 10 月 13 日，《光明日报》开辟专栏，讨论历史发展动力问题。《历史研究》、《近代史研究》等其他报刊杂志及一些大学的学报也不断刊发讨论文章，这些极大地推动了该问题的深入讨论。据学者统计，从 1979 年 3 月到 1982 年底，全国各类报刊发表的"历史动力问题"讨论文章达 300 篇以上，此后仍有零星文章陆续刊出[2]。1980 年求实出版社出版了《关于历史发展动力问题》论文集。关于历史发展动力问题的讨论，学术界已有不少的总结，如苏双碧的《关于历史发展动力问题的讨论》（《中国历史学年鉴》1979），肖黎的《近年来历史发展动力的讨论》（《建国以来史学理论问题讨论举要》），蒋大椿的《40 年来历史理论研究述略》（《唯物史观与史学》）等。牛润珍在《关于历史学理论的学术论辩》一书中，将各种看法总结为 17 种，包括：阶级斗争说、生产力说、生产斗争说、生产力内部矛盾说、生产斗争与阶级斗争说、生产方式说、社会基本矛盾说、合力说、人民群众说、物质利益说、人的欲望说、客观的社会需要说、民族斗争与民族融合说、恶是历史发展动力说、社会改革说、人力说[3]。讨论中涉及的问题有：什么是社会发展的根本动力，关于阶级斗争和生产斗争的关系，地主阶级能不能自行调整不适应生产力的生产关系，历史发展的动力和历史科学研究的关系等问题。[4]

　　历史发展动力问题的讨论，既是对马克思主义历史理论的探讨，又是一个与

---

　　① 王世华：《安徽史学会年会讨论历史发展动力问题》，《中国历史学年鉴》（1979），第 235—237 页，人民出版社 1981 年版。

　　② 肖黎主编：《20 世纪中国史学重大问题论争》，第 285 页，北京师范大学出版社 2007 年版。

　　③ 牛润珍：《关于历史学理论的学术论辩》第 63—78 页，百花洲文艺出版社 2004 年版。

　　④ 肖黎主编：《20 世纪中国史学重大问题论争》第 285—302 页，北京师范大学出版社 2007 年版。

现实社会发展具有密切关系的论题。该问题的提出和讨论，一个直接原因是历史学家对长期以来阶级斗争理论对中国社会主义建设的巨大危害的反思，由此对长期以来史学家遵循的"阶级斗争史观"提出了质疑，加之在全国社会科学规划项目中又将"马克思主义历史学理论"的研究放在重要的突出地位，在当时全国上下提倡解放思想、实事求是的社会大背景下，史学界展开了对历史发展动力问题的广泛讨论。尽管这次讨论还有诸多的不足，如有的学者所说的概念使用上的混乱现象，讨论文章大都泛泛而论，缺乏有深度的理论联系实际的分析文章等①。但这次讨论的学术价值和社会意义还是不可忽视的，我们认为，历史发展动力问题讨论的学术价值和社会意义主要表现在如下几个方面。

第一，这次讨论突破了长期以来学术界坚持的阶级斗争理论的认识局限性。生产力是历史发展动力的观点实际上是针对"阶级斗争说"而提出的。如戴逸指出：从人类社会存在以来，无论何时，生产活动都是首要的活动，生产斗争是推动社会历史的强大动力。生产的发展，社会的前进，首先是从生产力的发展，从生产工具的变革和发展开始的。阶级斗争本身也依赖于生产力的发展，如果离开了生产来谈阶级斗争，如果忘记了生产斗争，而片面地把阶级斗争当作"唯一的动力"，这是不符合马克思主义的②。刘泽华、王连升指出："生产斗争是一种普照的光，是历史发展的根本动力，是一切历史变革的终极原因。"③刘泽华后来回顾了自己写作这篇文章的宗旨，他说："'文革'是阶级斗争极端化的产物。由此而上推，反思一桩桩不该发生的往事，同阶级斗争是历史发展唯一动力说有着密不可分的关连。我们史学界（包括我自己）大都把阶级斗争绝对化了。很多人正是在这一绝对化的理论指导下撰写这样或那样史学著作。这就是我们写《关于历史发展动力问题》一文的背景和由头。……我绝不否认阶级斗争的意义，文章的重点只不过是更强调了生产力在历史发展中的地位与作用。我们写这篇文章时，不无历史的思考，但同时又是以马克思的论述作依据的。即使如此，仍引起了那么多的争议。我不想评论各种见解的是与非，但有一点是令人欣慰的，唯一动力观这一神圣命题变成了可以讨论的问题。事实上，人们也从阶级斗争是唯一动力说的思维定势中解放出来。"④董楚平指出：社会发展史，首先就

① 肖黎主编：《20世纪中国史学重大问题论争》第301—302页，北京师范大学出版社2007年版。
② 戴逸：《关于历史研究中阶级斗争理论的几点看法》，《社会科学研究》1979年第2期。
③ 刘泽华、王连升：《关于历史发展的动力问题》，《教学与研究》1979年第2期。
④ 张艳国主编：《史学家自述——我的史学观》第114页，武汉出版社1994年版。

是生产发展史,生产力是社会发展的根本动力。离开生产力这个动力,阶级斗争就不成其为动力,与阶级斗争动力相比,生产力是更为根本的动力①。杨生民对生产力的决定作用作了较深入地论述,他认为,生产力发展水平决定着阶级的产生、阶级的状况,阶级斗争的性质、内容,各个阶级的前途以及阶级的消灭;生产力的发展状况决定和制约着阶级斗争推动社会前进的程度;要求打破束缚生产力发展的障碍,是进行阶级斗争的根本动因②。强调社会生产力对历史发展的作用,一方面纠正了阶级斗争学说的偏颇,揭开了历史动力问题讨论的序幕,也有助于纠正新中国成立以来长期以阶级斗争为纲的错误思想路线,有助于对阶级斗争理论的思考和深入研究。正如学者所言:"在今天,完整准确地理解马克思主义的科学思想体系,坚持历史唯物主义的立场、观点和方法,大力加强对历史过程中的经济因素的研究,特别是加强阶级斗争与经济发展关系和作用的研究,已成为理论界一致的呼声。这样做,当然不是说应该削弱关于阶级斗争的研究,而是说不能片面地孤立地研究阶级斗争,应该把阶级斗争作为一种经济力、作为生产关系内在矛盾的社会体现来加以考察,并且要追溯动力背后的动因,透过阶级斗争的脉络去把握历史发展的经济脊梁骨。"③

第二,对阶级斗争和农民战争在历史发展中的地位和作用问题,生产力与阶级斗争之间的关系等问题,展开了较为深入地论述。刘大年不赞成生产力是历史发展的动力的基本观点,他认为在私有制社会里阶级斗争是推动历史前进的动力。因为经济的发展、生产力的前进不能自然而然的改变历史,只有通过阶级斗争、社会革命,才能推翻旧社会、旧制度,建立新社会、新制度。与此同时,他强调指出:人类社会发展前进,归根到底,决定于生产力的发展前进。阶级斗争是历史前进的直接动力,这当然主要是讲旧社会、旧制度过渡到新社会新制度那种急剧的转变。农民战争哪些起了促退作用,哪些起了促进作用,需要分别加以研究。阶级斗争对生产力的发展可以归于一致,可以处于对立。刘大年虽然强调阶级斗争在社会历史发展中的重要地位和作用,但他也没有否定生产力的决定性作用,关于二者的关系,他说:"生产力是最终起作用的,阶级斗争是直接起作用的。它们的关系不是一个排斥一个,一个代替一个。它们紧密联结,又各立门户。生产力与生产关系的矛盾运动,生产方式的变化和发展,决定整个社会的变

① 董楚平:《生产力是历史发展的根本动力》,《光明日报》1979年10月13日。
② 杨生民:《略谈历史发展的动力问题》,《教学与研究》1979年第4期。
③ 罗荣渠:《略论历史发展的伟大动力与终极原因的内在联系》,《历史研究》1980年第5期。

化和发展。在私有制历史上，这种变化发展，是通过阶级矛盾与对抗，通过阶级间的斗争来实现的。因此，说阶级斗争推动历史前进，是对问题的本质回答。"①曾多年从事中国农民战争史研究的漆侠也在 1979 年《光明日报》发表文章，他指出："社会生产力，或者说生产斗争，是人类社会存在和发展的物质基础，当然要给以足够的估量。但是，有的文章过分强调生产力、生产斗争的作用，把它同生产关系割裂并对立起来，同阶级社会中的阶级斗争割裂并对立起来，这是值得研究的。我认为生产关系与生产力的矛盾运动是人类社会历史发展的根本动力。阶级斗争是阶级社会发展的根本动力。""只讲生产力，不讲生产关系就把生产力看作超社会的抽象的生产力，而这种生产力是不存在的。……生产力内在矛盾的发展，只能反映人与自然关系的发展，无法反映社会关系的矛盾。因此，人类社会历史的发展，决不是单纯的生产力内在矛盾发展史；而且只强调生产力的动力作用，而不讲生产关系，也就无法解释社会历史的发展所表现的螺旋式上升的这个特征。"关于生产斗争与阶级斗争的关系，漆侠指出："在阶级社会中，生产斗争与阶级斗争不仅紧密地联系着，而且也相互地促进着。所谓紧密地联系着，是因为劳动生产者既是生产力的体现者，又是阶级斗争的主力军，一身而二任焉。所谓相互促进，是因为生产斗争为阶级斗争的开展创造物质条件，而阶级斗争则为生产斗争的发展开拓了道路。决不能把这两者割裂并对立起来，片面强调生产斗争的作用和贬低阶级斗争的作用。"漆侠不赞同否定农民战争的历史作用或者说农民战争对历史的发展起了破坏作用的观点，他认为："农民战争的伟大历史作用就在于：除旧布新，使整个封建政治经济诸关系发生相应的变化，为社会生产力的发展开辟了道路，因此，农民起义和农民战争也就成为两千年来封建社会前进的真正动力。""农民战争既推翻了腐朽的旧王朝，又改造了新王朝，……两千年来社会生产力和封建生产关系都是在农民战争的作用下发展变化的。"②苏双碧指出："生产力的发展对社会历史的发展所起的伟大作用是无可置疑的，这是一个最根本的前提条件，离开了社会生产力的发展，社会历史就要停顿，人类就无法继续生存下去。"他提出如下观点：马列主义阶级斗争理论是把生产力考虑其中，阶级斗争是阶级社会历史发展的真正动力，阶级斗争不是社会主义社会发展的主要动力。他认为阶级斗争对中国封建社会的历史作用主要表现在：第一，通过推翻旧王朝的黑暗统治，推动了历史的前进；第二，通过改造封

---

①　刘大年：《刘大年史学论文集》第 106—116 页，人民出版社 1987 年版。
②　漆侠：《农民战争是推动封建社会历史发展的动力》，《光明日报》1979 年 12 月 18 日。

建统治，促使封建社会向更高的阶段发展；第三，中国历史上，凡是经过大规模
农民战争之后建立的王朝，一方面由于新的统治者亲眼看到了农民战争对前朝政
权的打击，另一方面也由于他们在争得政权的艰苦历程，一般都比较清醒。他指
出："中国封建社会历史进程缓慢，是许多原因造成的。我们不赞成过高地评价
农民战争的历史作用，但也难于同意农民战争太多、太激烈造成封建社会发展缓
慢的说法。历史事实证明，大规模的农民战争都是爆发在封建王朝十分黑暗、生
产力遭到巨大破坏的时候，而封建社会经济的繁荣总是发生在大规模农民战争之
后，这种历史现象在中国历史上反复出现，说明农民战争在打击腐朽的封建势
力、促使生产力发展方面起了伟大的历史作用的。"①

　　第三，历史发展动力问题的讨论，涉及许多重大问题，引发了诸如农民战争
的历史作用、历史的创造者等重大理论问题的讨论，其中尤其以历史的创造者问
题的讨论影响巨大。历史的创造者问题的讨论，起于哲学家的论争。1979 年，
哲学工作者杨英锐、杨甘霖在《国内哲学动态》第 4 期发表文章，最先对"文
革"时期流行的"奴隶创造历史"论提出了挑战，认为阶级社会的历史是由所
有阶级创造的。随后，该刊 1980 年第 1 期又发表了李振霞、刘性凤、姚青山等
支持或反对杨英锐等观点的文章，1980 年 4 月 25 日，《文汇报》也刊出了余霖、
安述明的与"二杨"观点类似的文章，6 月 27 日《文汇报》发表了张学禄、余
霖等的商榷文章。历史学界关注历史的创造者问题的讨论，与蒋大椿和黎澍的文
章有直接的关系。蒋大椿指出："唯物史观坚决摒弃蔑视人民群众历史创造作用
的个人英雄史观，同样也反对各色以唯物史观面目出现的排斥其他历史创造作用
的种种非科学的见解。早些年，我国史学界流行一种观点，叫'人民群众是历史
的主人'。这种提法在马克思的著作里是没有根据的。其他革命导师的著作，似
乎也不见这样的提法，人民群众是社会主义新中国的主人。而在社会主义以前的
实际历史过程中，人民的基本成分——劳动群众从来都是奴隶，并不是主人。因
此，'人民群众是历史的主人'的提法，无论从理论上，还是从历史事实上，都
没有根据。如果按这种原则来编写私有制社会的历史，历史的真面貌就难免要走
样。还有一种提法更通行，叫'人民群众是历史的创造者'。如果指的是社会主
义现实，这个提法是基本可以的。但如用在历史上，又将其含义实际理解成只有
人民群众才是历史的创造者，则就很难说是完全正确的了。马克思坚决反对和批

驳英雄史观，但从来没有讲过只有人民群众才创造了历史。"① 1984 年，著名历史学家黎澍在《历史研究》发表了《论历史的创造及其他》，将历史的创造者问题的讨论引向高潮。黎澍指出："人民群众是历史的创造者"这个说法起源于苏联哲学家对《苏联共产党（布）历史简明教程》一书中某些观点的引申和附会。"'人民群众是历史的创造者'后来被公认为历史唯物主义的基本原理。在以往究竟有哪一本马克思主义著作曾经这样说过呢？没有。无论马克思、恩格斯、列宁，都没有这样说过。这是尤金首创的学说。""把一切都归之于人民群众的创造，很难说得通。"同时，黎澍强调指出："'人民是历史的主人'的提法不能科学地概括人民群众的这种历史作用，并且容易引起一种误解，仿佛自古以来，劳动人民就在一切历史活动中充当主角，能够主宰社会和掌握自己的命运。""'人民群众是历史的主人'的提法不仅用于古代，甚至用于百数十年前，都不适当。"关于历史的创造者，黎澍明确指出："马克思和恩格斯在他们的许多著作中都深刻地阐述了人们如何创造自己的历史的唯物主义观点。他们只有一个提法，就是'人们自己创造自己的历史'，并且每次这样说都强调不能随心所欲，而必须受既定条件的制约，只能创造出这个既定条件所能允许的历史，任何不顾条件的努力都是徒劳的。列宁和马克思、恩格斯一样，总是说'人们自己创造自己的历史'，没有人民群众是一切历史的创造者或者人民群众是历史的主人这类提法。"②

黎澍的文章发表后，引起了较大的反响。著名学者吴江写信给黎澍，吴江说："你所批评的那两个提法，实乃语出有因，虽不够确切，却非谬见。评论一下可以，过于苛责则不必。不够确切的提法加上片面的理解，确已引起某种不好的倾向，如你所担心的误认为好像下层群众是一切历史活动的主人。但我觉得，这至少在目前还不是严重的倾向，简单化有时是有的。目前主要还是突出个人的续火不绝。当然，为了避免发生片面的理解，如果可能的话，我也赞成找寻比较恰当的提法以代替原来的提法，或者把原来的提法略加以修改。"③ 郭瑞祥在与黎澍商榷的文章中指出："黎澍同志对'人民群众是历史的创造者'这一提法本身的指责是缺乏客观根据的，他所谓的'言下之义'以及'仿佛'等等并不是这一提法自身的弊病，而纯粹是黎澍同志自身的误解。因而他所指责的也就不是

---

① 蒋大椿：《唯物史观与历史研究》，《近代史研究》1983 年第 2 期。
② 黎澍：《论历史的创造及其他》，《历史研究》1984 年第 5 期。
③ 吴江：《关于〈论历史的创造及其他〉的信——致黎澍同志》，《历史研究》1985 年第 4 期。

别的，只不过是他自己的误解。""黎澍同志似乎太喜欢死抠字面意义了。在对范文澜同志的'人民群众是历史的主人'这一提法上更是如此。其实，把'人民群众是历史的创造者'这一原理表述为'人民群众是历史的主人'，这本身并没有什么妨碍，完全用不着那样大惊小怪。"① 也有不少学者坚持"人民群众是历史的创造者"的基本观点，他们认为，创造者是指历史的推动者，并非所有的人都是历史的推动者，因而，不能说所有的人都参加了历史的创造；"人民群众是历史的创造者"是马克思主义的一个基本原理。尽管马、恩、列没有与此一字不差的提法，但是这个思想是来自马、恩、列的；"人民群众是历史的创造者"是唯物史观的一个基本命题②。蒋大椿系统考察了马克思主义经典作家关于历史的创造者的论述后指出：从历史科学的角度看问题，只有人民群众是历史的创造者，或者只提人民群众是历史的创造者，认识是不全面的。马克思主义体系关于人类历史创造者的完整认识，应当具有如下内容：第一，马克思主义认为，人类历史是在一定历史条件下和一定社会关系中活动的人们自己创造的；第二，马克思主义指出，创造历史的主体力量是人民群众，同时又揭示了剥削阶级及其代表人物从不同角度参与了历史创造活动；第三，马克思主义认为，人民的历史，革命的历史，是群众自己创造的，同时又充分肯定英雄人物和人民领袖的重大作用。③

　　面对各种观点，黎澍再次强调指出："历史的讽刺以辛辣的事实说明历史是许多不同的或者相反的意向互相冲突的结果。人们得到的往往不是他们希望的。……情况种种不同，但有一点是相同的，就是谁都不可能超越所处时代的人民群众的物质生活生产本身的发展水平。所有的意志在这里达到一个总的平均数，一个总的合力。每个意志都对合力的形成有作用。历史著作愈是接近说明形成这个合力的各个意志的作用，就愈是接近真实。反之，如果说历史仅是一个单一意志的实现，什么都是一帆风顺，那就是编造出来的谎言。"关于历史发展的动力，黎澍说："如何理解历史发展的动力？看来这是一个颇为复杂的问题。马克思和恩格斯认为文明首先是对人类的奴役，然后才显示出社会的进步。如果说

---

① 郭瑞祥：《关于"人民群众是历史的创造者"——兼与黎澍同志商榷》，《历史研究》1986年第3期。
② 方文：《坚持人民创造历史的科学原理》，《理论月刊》1985年第7期；艾力农：《人民群众是历史的创造者》，《理论月刊》1985年第6期；许俊达：《谁是历史的创造者》，《社会科学评论》1985年第10期；春阳：《也谈马列主义关于历史创造者的提法》，《北京大学学报》1985年第6期。
③ 蒋大椿：《关于历史创造者的理论考察》，《世界历史》1985年第11期。

只有人民才是创造世界历史的动力，那就不足以说明人类文明史直到资本主义为止全部是在阶级剥削和对抗基础上发展的真相，反而给它抹上了一层马克思称之为'田园诗式的'油彩，仿佛完全是依靠人民的勤劳、勇敢和智慧在自愿基础上创造的。这决不是事实。"① 黎澍坚持认为"人民群众是历史的创造者"作为人类历史创造者的总提法不能成立的观点，主要理由在于：这种提法源自苏联，在马克思、恩格斯著作中并无根据；逻辑推理有错误；具有片面性；由于命题不合理，便不能给历史以正确的说明。②

　　第四，关于历史发展动力的讨论，也提出了一些很值得学术界深入研究的观点。如有人提出人性是历史发展的动力，有人认为恶是历史发展的动力，也有的提出了所谓的"新英雄史观"，还有的强调阶级剥削在推动历史发展中的地位和作用。1984 年，刘大年在《哲学研究》发表了《异化与历史动力问题》一文，明确指出："马克思主义历史唯物主义讲的是整个人类的历史。但是它的出发点和人性论正好相反。它不是从人的本性、本质去观察、认识历史，而是抛开它们，转而从人类存在不可须臾离开的人的生产、社会联系来观察历史，发现它的前进动力的。""马克思主义的历史学反对唯心论的异化论及人性决定历史论，从理论上加以辩驳，这当然是重要的。""历史不能从人性得到解释，相反地人性必须由历史来解释。用人性、人的异化解释历史，就像神学史观中用善和恶解释历史，儒家学说中用君子小人解释历史一样，没有、也不可能说明任何问题。"③ 在历史的创造者问题讨论过程中，有学者指出："马克思所说的作为历史进步形式的'阶级对抗'，主要指的不是被剥削者、被压迫者反剥削反压迫的冲突斗争，主要或在大部分场合是指阶级剥削和阶级压迫本身。""以往历史的发展不是'靠被剥削被压迫的阶级向剥削阶级进行斗争实现的'，而主要是靠剥削和压迫本身实现的。""不能因承认劳动群众创造历史而否认剥削者作为一个阶级也是历史的创造者。""在既定的历史前提即既定的生产力水平下，人类历史只有通过剥削和压迫才能发展。""剥削者、压迫者作为一个阶级和劳动阶级一样，是整个人类文明史的不可或缺的创造者。多年来占统治地位的'只有人民创造论'该逐出理论领域了吧？"④ 针对上述观点，有学者发表了商榷文章，指出：

① 黎澍：《历史的创造者和创造历史的动力——答祝伟波同志》，《历史研究》1986 年第 3 期。
② 黎澍：《再论历史的创造及其他》，《光明日报》1986 年 7 月 30 日。
③ 刘大年：《刘大年史学论文集》第 123—125 页，人民出版社 1987 年版。
④ 王学典：《"阶级观点"再认识》，《史学理论》1988 年第 2 期。

"我们认为，'没有对抗就没有进步'这个马克思主义观点是完全正确的，而王文'没有剥削与压迫就没有历史进步'这个观点是不完全正确的。正确解释马克思的上述观点应当是：没有剥削压迫与反剥削反压迫，就没有历史进步，这是阶级对抗的社会所遵循的规律。""物质生产始终是人类社会发展的基础。所以，阶级斗争不是社会发展的唯一动力。人类社会是多元的，社会发展的动力也是多元的。在阶级社会里，剥削与压迫是一种动力，反剥削反压迫也是一种动力。剥削与压迫发展到一定阶段就要妨碍生产力发展，阻碍历史进步，到那时，反剥削反压迫就成为推动历史前进的伟大动力。"[1] 在纠正长期以来将阶级斗争思想和将劳动人民推动历史发展的作用绝对化的过程中，历史学家和理论家强调生产力的决定论，强调英雄人物和剥削阶级对历史发展的作用，这标志着新时期中国历史学界和理论界思想的解放，标志着中国历史学的新发展，但与此同时，也出现了新的偏向，即在纠正过去失误的同时，又走向了另一个极端，上述人性决定历史以及片面强调剥削和压迫推动了历史的发展和进步等观点，就是这种新偏向的代表性观点。

在纠正阶级斗争和人民群众是历史发展的唯一动力的错误思想的同时，一些历史学家强调历史发展是多种因素和多种动力，提出了"历史发展的合力是历史发展的动力"的观点。对此，刘大年提出了反对意见，说："'合力'推动历史前进，这是动力问题的争鸣、讨论中，别开生面的一种主张。因为恩格斯在一封阐述唯物史观的长信里，讲到了这方面的问题，'合力'说一时便不胫而走。""这个动力主张能否成立，我以为回答是否定的。恩格斯讲的'合力'，并没有给这种主张提供依据。"刘大年认为，用合力代替历史前进的动力，使自己陷入一连串矛盾，无法解决。这主要表现在以下几个方面：（一）它首先造成人们的错觉，仿佛动力是一种抽象的东西，没有质的规定性。（二）合力由两个方向不同的矢量所构成。合力当作历史动力应用到历史前进问题上，那就意味着两个对抗的社会阶级，他们的利害差距越大，斗争越激烈，历史前进的动力越小，最后微乎其微。反之，他们的利害差距越小，越没有矛盾斗争，历史前进的动力就越大，成倍增加。（三）合力，即所谓力的平行四边形的对角线，依照矢量的方向、数值不同，其位置也变换游移，居无定所。合力当作动力应用到历史前进问题上，对角线如果处在两个矢量的正中间，那就要认为革命与反革命阶级的历史作用，半斤八两，谁也不成为前进的动力；对抗阶级也就无所谓革命的与反革命

---

① 沈立邦：《也谈"阶级观点"问题》，《史学理论》1989 年第 1 期。

的、拉车向前的与拉车向后的区别了。对角线如果靠近数值大的矢量一边，那就要认为历史的重大斗争中，不管革命阶级与反革命阶级，他们都是这前进动力的一部分，不过贡献大小有别。（四）两个矢量方向相反，数值相等，成一条直线，这时合力等于0。历史运动川流不息，就因为人类社会生活、生产中的矛盾运动川流不息。合力等于0了，就意味着社会生活、生产停息静止了。① 应该说，刘大年对"合力"动力说的质疑，是有力的，在很大程度上是可以站得住脚的。但还是有不少的学者对刘大年的观点提出了商榷意见。如《历史研究》在1988年第3期同时刊出2篇与刘大年商榷的文章，吴廷嘉指出：历史合力论是唯物史观要求的基本史学研究方法，"历史合力说不仅为唯物史观中上层建筑和经济基础交互作用这一重要观点提供了理论依据，而且是唯物史观所要求的基本史学研究方法，因此是唯物史观的重要内容之一。它不仅适用于动力理论范畴之内，而且有着更广阔的运用范围。"文章指出：刘大年的失误在于：首先，刘大年同志把历史合力论人为地限定于历史动力问题的框架之内，并误以为历史合力论与阶级斗争动力论相互对立和排斥。其次，刘大年同志认为"合力"一词，"是讲人们的意志、愿望在创造历史中怎样发挥作用的"，把合力论作为一种基本理论，就会在根本上违背历史唯物主义；用子系统的内容取代整体系统，用非决定性的因素代替决定性的因素，用精神的东西代替物质的东西。也就是说，历史合力论又陷入唯心主义史观的泥潭。其实，恩格斯在有关"合力"的论述中所讲的人们的意志冲突是社会各领域种种因素的交互作用的表现形式，而不是意识形态本身的内容。第三，刘大年同志提出要从整体系统、整体运动的高度，分析历史动力理论，这是非常富有建设性的意见。但要实际着手这一工作，就必须分析动力问题的结构与层次联系，这恰好需要运用历史合力来说明。刘大年同志的文章忽略了这种分析②。也有文章对刘大年所说的合力说不讲事物的性质以及他对恩格斯的"合力论"的理解提出了质疑③。还有文章针对刘大年的论证，论述了合力与历史运动的两种形式、"无力"与"有力"的辩证法，合力中的进步分力与反动分力、合力说与唯物史观等问题，指出：合力说并没有否定阶级斗争对历史发展的作用，而且它可以更明确地说明阶级斗争在历史发展中的作用；合力说可以说明历史的长期发展。"合力说并不是'以精神的代替物质的'，而是将精神和

---

① 刘大年：《说"合力"》，《历史研究》1987年第4期。
② 吴廷嘉：《"合力"辨——兼与刘大年同志商榷》，《历史研究》1988年第3期。
③ 陈孔立、施伟青：《说"合力"质疑》，《历史研究》1988年第3期。

物质统一起来，并且与物质第一性的观点是一致的。合力说可以把唯物史观在宏观层次上的理论与微观层次上的理论结合起来，从而使之成为一个完整的体系。"① 历史合力论是新时期不少学者对历史发展的复杂性的理论认识，强调历史的发展是各种力量综合作用的结果，有助于纠正长期以来阶级斗争史观的局限性，但用历史合力阐述历史的发展也遇到了正如刘大年所说的许多矛盾，刘大年的文章促成了对这一问题的深入讨论，虽然论证和辩论仅仅是初步的，但这标志着中国历史学界理论思考的深入，对著名历史学家刘大年文章的商榷，本身就标志着中国历史学界敢于面对权威的时代进步。

　　进入90年代，关于历史发展的动力问题讨论渐趋冷落，但仍有学者对此问题给以深刻的反思。关于范文澜的"劳动人民是历史的主人"论题，陈其泰先生指出："历史事实已经一次次雄辩地说明了人民群众的意志归根结底地决定着历史发展的根本方向，历代许多具有卓识的思想家、史学家也已逐步地积累了对这一真理的认识。而范文澜则是站在20世纪的时代高度，用明确的语言，更深刻地揭示了这一真理：劳动人民是历史的主人，是历史的真正创造者。总起来说，范文澜所强调的'劳动人民是历史的主人'这一论题的重要理论意义是：第一，对二千多年来旧史学以帝王将相为中心的英雄史观明确地提出了否定，是历史观的一大进步；第二，从本质上对任何一个社会都由直接生产者创造物质财富、生产力的体现者推动社会前进、人民群众的意志最终决定历史前进的方向这些普遍历史现象和大量重要史实作了理论概括，对于推进历史学的科学化意义重大；第三，这一论题将鼓舞人民群众相信自己的力量，创造新的更美好的世界；同时也帮助文化人和官员们摆正自己与人民群众的关系，尊重人民、依靠人民，自觉地置于人民的监督之下。讲'劳动人民是历史的主人'，与承认个人、历史上有作为的帝王将相或英雄人物的作用，并不矛盾。"对于黎澍的文章及其学术观点，陈其泰先生认为："历史学家黎澍于1984年发表题为《论历史的创造及其他》的论文，对范文澜的上述论题提出否定。他著文的动机是为追求真理、弄清问题的真相，这是应该肯定的。但是，据我看来，黎澍提出论辩的主要论据及其得出的结论，却都是值得商榷的。黎文中存在两种情况：有不少地方是用比附的手法给论辩的对方加上去的；有的则属于观点的不妥。"他最后指出："总之，'劳动人民是历史的主人'的原理，是为了帮助认识历史的一个本质问题而讲的。'各个人的意志构成一个总的合力'，则是为了强调研究历史的复杂现象而

---

① 王询：《也说"合力"——与刘大年先生商榷》，《史学理论》1988年第4期。

讲的。它们因针对的方面不同，因而所强调的问题也不同。它们讲得都对，互相也不应否定，但是所论述的层面不同，故而不能混淆。我认为，黎澍先生的文章恰恰在这个带有原则性的理论认识上，不自觉地混淆了两个层面的问题，故对'劳动人民是历史的创造者'的论题作了错误的指责。"① 我们认为，这一评述是站得住脚的，在某种程度上可以作为对 20 世纪 80 年代讨论的一个总结。

总而言之，20 世纪 80 年代中国史学家关于历史发展动力问题的热烈争论，推动了中国历史学理论研究的深入，深化了对马克思主义历史理论和方法的学习和思考，推动了中国史学界的思想解放运动，这是中国历史学研究出现生动活泼的新局面的重要标志。

第二节　关于社会经济形态理论的新探讨

在强调解放思想、实事求是的良好社会氛围中，广大史学家不断冲破禁区，对马克思主义历史理论的重大问题展开了再探讨。新时期以来，围绕对亚细亚生产方式和"五种生产方式"的讨论，中国历史学家对马克思主义历史理论和中国古代社会的发展阶段及其性质特点等问题进行了较为深入的探讨，提出了不少新的认识，产出了一批新的学术成果。

一、关于"亚细亚生产方式"的再讨论

从 20 世纪 80 年代前后到 90 年代中期，一些从事世界历史和中国历史及马克思主义理论研究的学者，如马克垚、林志纯、廖学盛、胡钟达、吴大琨、于可、王敦书、林甘泉、庞卓恒、项观奇等，先后发表文章，对马克思的亚细亚生产方式理论展开了深入研究和热烈讨论。

1979 年，"亚细亚生产方式问题"就成为历史学家研讨的重要问题。继马克垚、林志纯、廖学盛关于亚细亚生产方式的文章之后，1979 年 10 月，在南开大学历史系校庆 60 周年学术报告会上，于可、王敦书提交的论文，对传统的认为亚细亚生产方式为原始社会说、奴隶社会说和封建社会说提出了异议，他们认为"亚细亚生产方式"是马克思、恩格斯早年使用的一个学术术语，包括了从古代到 19 世纪的多种社会形态。随后，他们的论文《试论"亚细亚生产方式"》一

---

① 陈其泰：《"劳动人民是历史的主人"论题的价值——兼评〈历史的创造及其他〉》，《齐鲁学刊》2000 年第 5 期。

文刊登在《吉林师大学报》1979 年第 4 期上。他们指出："至 19 世纪 50 年代，马克思、恩格斯开始提出亚细亚生产方式的术语，其论述过程大体上可分为两个时期或阶段：第一阶段是形成和使用亚细亚生产方式这一概念的时期（19 世纪 50 至 70 年代中期）；第二阶段是 19 世纪 70 年代至恩格斯逝世。在此期间，随着对原始社会和亚洲社会研究的深入，马、恩将亚细亚生产方式的有关内容分别纳入相应的社会经济形态中去，一般不再使用这一概念了。"关于亚细亚生产方式的内涵和性质，他们说："从马克思和恩格斯由 50 年代到 70 年代初的有关论述来看，亚细亚生产方式的根本特征就在于：它从远古时代一直延续到 19 世纪初，既保存了原始的公社所有制，又存在着专制君主的最高所有制，还夹杂着种姓制、奴隶制和封建制（如实物地租、劳役地租）的各种因素。这样的社会形态，既不是原始公社，也不是奴隶社会或封建社会。"① 随后，《历史研究》在 1980 年第 2 期刊出了《亚细亚生产方式——不成其为问题的问题》，该文作者明确指出：亚细亚生产方式是原始时代的生产方式，是一切文明民族在其历史初期普遍存在的社会经济的原始形态，它直接来自马克思、恩格斯自己的"部落所有制"的观点。作者明确指出："亚细亚生产方式的基本内容是原始时代的公社所有制，是自然形成的或自发的公社所有制，是所有制的原始形式，即公有制。亚细亚的，或其中具有典型意义的印度的公社所有制，是后来古代罗马人和中世纪日耳曼人的私人所有制的原型。""任何认为马克思、恩格斯到了八十年代，特别是到了《起源》问世后，就改变了先前观点，不要亚细亚生产方式了之类的说法，都是不符合马克思、恩格斯一系列有关著作的实际的。"② 随后，《历史研究》在 1980 年第 5 期又刊发了宋敏对该文的商榷文章《〈亚细亚生产方式——不成其为问题的问题〉一文质疑》。其他杂志也发表了不少关于亚细亚生产方式的文章。1981 年 4 月 21 日至 27 日，由中国社会科学院历史研究所和世界史研究所与天津历史学会发起，在天津召开了新中国第一次关于亚细亚生产方式的学术讨论会，与会学者包括历史学、民族学、经济学和马恩列斯著作翻译和研究的学者共 46 人，提交学术论文 31 篇。会议就亚细亚生产方式的涵义和性质、亚细亚生产方式与东方各国的历史实际、亚细亚生产方式和马克思主义的社会经济形态理论等问题进行了较为深入的探讨。关于亚细亚生产方式的涵义和性质，提出了原始社

---

① 王敦书、于可：《试论"亚细亚生产方式"》，《吉林师大学报》（社会科学版）1979 年第 4 期。

② 《世界上古史纲》编写组：《亚细亚生产方式——不成其为问题的问题》，《历史研究》1980 年第 2 期。

会说、奴隶社会说、封建社会说、混合阶段说、东方特有的阶级社会形态说、经济形式说六种看法①。随后，学术界就亚细亚生产方式问题发表了不少文章，形成了学术讨论的热潮。

　　与 20 世纪 50—60 年代的原始社会和奴隶社会形态说占统治地位相比较，新时期关于亚细亚生产方式的认识多样化。除原始社会说、奴隶社会说仍占主导地位之外，封建社会说、混合形态说、东方特有社会形态说是这一时期提出的新认识。郭圣铭指出："就马克思所列举的亚细亚生产方式的几个特点来看，它不可能是指原始社会，也不可能是指奴隶社会，而只能说是东方型的封建社会。马克思认为印度等地的亚细亚生产方式一直延续到十九世纪上半期，同样说明这种生产方式只能是封建社会。"耿夫梦、高仲君、庞卓恒也认为，根据社会生产者的身份和主要的奴役方式、主要的土地关系和剥削关系来看，马恩著作中的亚细亚生产方式主要指的是不同于"拉丁——日耳曼"型的东方型的封建社会形态。持混合形态说的学者认识也不完全一致，有的认为既有原始社会的内容也有奴隶社会的成分，有的认为是奴隶制和农奴制的混合物，有的则认为是农村公社及其次生物，有的则把亚细亚形态社会看作是贯穿前资本主义社会的原始公社制、奴隶制与封建制三个阶段。"东方特有社会形态说"是这一时期引人注目的一种学术观点，吴大琨、胡钟达是这种学说的代表，吴大琨认为亚细亚生产方式就是东方的阶级社会。胡钟达指出："亚细亚生产方式既不是原始公社的生产方式，也不同于西方古代奴隶制或中世纪封建制的生产方式，它是东方前资本主义时代的一种社会经济形态，与欧洲的'古代的'和'封建的'生产方式都是处于同一社会发展阶段。"丁云本、王敦书、于可也主张亚细亚生产方式是一种独立的社会形态，这一生产方式在亚洲地区直到 19 世纪初始终没有发生根本性的变化，亚细亚社会的一个重要特点是长期保留农村公社，但它实质上是指统治阶级和专制国家剥削压迫广大公社成员的基层组织②。亚细亚生产方式问题，是庞卓恒在新时期探讨的一个重要问题，对此，他指出："马克思从 50 年代提出的亚细亚生产方式理论，就赋予它双重的含义：一是作为西欧演进到资本主义私有制的历史和逻辑的起点，在这层含义上，它具有相当于'原始公社制'的普遍意义；二是指阶级社会中长期保存着亚细亚公社所有制或其次生形态的许多东方社会的特

---

①　庞卓恒等：《"亚细亚生产方式"学术讨论会纪要》，《中国史研究》1981 年第 3 期。
②　庞卓恒等：《"亚细亚生产方式"学术讨论会纪要》，《中国史研究》1981 年第 3 期。

点。这样的基本观点，在马克思的思路中，是始终一贯的，没有改变的。"①

　　亚细亚社会形态问题是吴泽研究多年的问题，在《东方社会经济形态史论》中，吴泽从理论高度，结合史学界出现的一些新观点，在全面分析马克思《资本主义生产方式以前的各种形式》这部重要文献的基础上，进一步提出了自己的看法。他说："马克思非常明确地告诉我们，亚细亚生产形式下的财产关系，是'以部落体为基础的财产关系的继续发展'，是属于奴隶制形态下的财产关系。""马克思的《资本主义生产方式以前的各种形式》一文中所系统阐述的亚细亚生产方式理论，是马克思主义社会经济形态学说的重要组成部分。这一理论的提出，不仅是对历史唯物主义的重大发展和丰富，而且也是马克思主义创始人对东方社会形态理论的重大发现和创获。"针对学术界有些学者重申的马克思对"亚细亚生产方式"的"放弃说"和"不科学论"，吴泽明确地指出："亚细亚生产方式不仅是一个科学的概念，而且它在马克思和恩格斯那里始终存在，并有着稳定的含义。"关于亚细亚生产方式的理论价值，吴泽先生概括为五个方面：一是揭示了人类社会历史发展的不平衡性；二是旧制度残余的经济因素、生产方式长期存在，使社会本身的结构呈现出多样性和多层次性；三是奴隶社会形态的内涵差异是多方面的；四是第一类自然资源——土壤、植被、河流、气候、地理环境等的不同，在一定程度上决定了奴隶制产生的起点、途径和发展形态；五是最重要的在于揭开了东方社会历史发展的奥秘，从而使得东方学有可能成为一门名副其实的科学。②

　　亚细亚生产方式问题是新时期中国史学界关注的重要问题，与1950—1960年代相比较，新时期中国学者对该问题的探讨已经立足国际学术研究的广阔视野之中。1981年由中国社会科学出版社出版的《外国学者论亚细亚生产方式》一书，收录了英国、法国、德意志民主共和国、匈牙利、日本、意大利、澳大利亚等国学者关于亚细亚生产方式研究的文章，体现了20世纪60—70年代国外关于亚细亚生产方式研究的新水平。同年，林甘泉在《中国史研究》第3期发表了《亚细亚生产方式与中国古代社会》一文，对意大利梅洛蒂的《马克思与第三世界》一书中宣扬的中国在西方殖民者打开大门之前为亚细亚社会的特殊结构说予以批驳。廖学盛在《世界历史》1980年第1期发表了《关于东方专制主义》一文，对魏特夫的"东方社会为治水社会"说予以驳斥。1987年创刊的《史学理

---

　　① 庞卓恒：《唯物史观与历史科学》第 102 页。
　　② 吴泽：《东方社会经济形态史论》第 302—315 页。

论》杂志，先后发表了美国学者唐纳德·特雷德格德的《苏联历史学家对"亚细亚生产方式"的看法》、苏联学者 A. P 克雷莫夫的《马克思主义关于社会形态学说和对亚细亚形态说的批判》（均见《史学理论》1987 年第 2 期），苏联学者柯比夏诺夫的《封建社会、奴隶制度和亚细亚生产方式》（《史学理论》1988 年第 3 期），美国学者 J. A 福格尔的《苏联、中国和日本关于亚细亚生产方式的争论》（《史学理论》1989 年第 3 期），这些文章都有助于中国学者对国外研究情况的进一步了解。

　　1993 年，南开大学召开国际学术讨论会，中外史学家坐在一起，对亚细亚生产方式问题予以深入的探讨。1994 年中国社科院、中国史学理论分会和上海行政学院，就"魏特夫的《东方专制主义》"一书展开广泛深入地讨论，日知、林甘泉、陈启能、马克垚、孙达人等著名学者出席了会议。"二战"时期曾进过德国纳粹集中营的魏特夫于 1957 年出版了《东方专制主义——对于集权力量的比较研究》一书，从为美国冷战政策制造舆论的政治目的出发，魏特夫打着研究亚细亚生产方式和东方社会的招牌，在书中竭力宣扬东方停滞论的思想，他认为从大禹治水到中华人民共和国成立，中国社会始终是"停滞不前的""治水社会"，新中国是真正的亚细亚复辟的产物。该书在西方社会曾经风行一时，1989 年，中国学者也翻译了这本著作。1992 年，新创刊的《史学理论研究》第 1 期发表了廖学盛对该书的批驳文章《魏特夫的〈东方专制主义〉与古代希腊的历史》，1993 年《史学理论研究》在第 2、3、4 期先后发表了马克垚的《关于生产资料所有制问题》、刘文鹏的《治水专制主义的模式对古埃及的扭曲》、周自强的《从古代中国看〈东方专制主义〉的谬误》、张弓的《中国古代的治水与水利农业文明》，1995 年《史学理论研究》又相继刊发了林甘泉、王敦书的文章。林甘泉的文章主要论述了三个方面的问题：《东方专制主义》是帝国主义冷战政策的产物；《东方专制主义》对马克思主义的歪曲；"治水社会"理论与中国的历史实际[①]。王敦书、谢霖的文章包括：治水社会——一种历史的虚构，"东方专制主义"理论的根本错误，是"宏观分析"、"比较研究"，还是蓄意曲解？文章指出："魏特夫的'治水——专制主义'理论及其'巨大的结构概念'和'巨大的社会结构变化模式'中存在三个不可克服的基本矛盾：它的理论与历史事实的矛盾，他的'结构概念'与现实社会结构的矛盾，他的反科学的观点和方法与

---

① 林甘泉：《怎样看待魏特夫的〈东方专制主义〉》，《史学理论研究》1995 年第 1 期。

马克思科学的东方社会理论的矛盾。"① 1997 年，由李祖德、陈启能主编的《评魏特夫的〈东方专制主义〉》一书由中国社会科学出版社出版，全书包括：怎样看待魏特夫的《东方专制主义》，对马克思理论的歪曲，对中国古代历史的臆造，对古代欧亚非国家历史的歪曲，共四编十五章，另有前言和附录。该书由林甘泉、李祖德、林志纯、周自强、王敦书、廖学盛、马克垚、陈启能等 17 位中国学者共同执笔，反映了中国学者对于魏特夫著作的基本评价，这也是新时期中国学者对于亚细亚生产方式及其相关问题认识深化的表现。

总而言之，亚细亚生产方式是马克思主义世界历史理论的一个重要组成部分，新时期中国史学界的讨论，虽然没能取得一致的看法，但在解放思想、实事求是方针的鼓舞下，学者们冲破了过去的条条框框，提出了诸多值得深入研究的学术观点，中国学者站在国际学术的新视野，结合中国和东方历史的实际，对该问题作了较为深入的探讨，也推动了相关领域的研究，这无疑具有重要的学术价值和理论指导意义。

二、关于社会经济形态理论的讨论

由亚细亚生产方式的讨论引发了对马克思社会经济形态理论的再认识。在阐述对亚细亚生产方式的基本认识的同时，胡钟达也提出了人类历史的发展是"单线"的还是"多线"的、是五种生产方式还是六种生产方式或者是四种生产方式的问题，并对传统的奴隶制社会说再次提出质疑②。胡钟达在另一篇文章中，又进一步指出：在产业革命以前的五千年的文明史中，人类所使用的生产工具和物质生活方式基本上没有变化。从生产关系方面来看，在古代世界，某些地区，奴隶制的发展程度较高，也许可以称为"奴隶社会"，但那是特例而非常例。除了上述的特殊情况，所谓奴隶社会中的奴隶并不多，而封建社会中的奴隶也不少。无论是在所谓的奴隶社会，还是在封建社会，奴隶制和农奴制度曾长期并存。典型的奴隶与典型的农奴之间虽可以划出一条比较明显的界限，但在实际生活中，在不那么典型的情况中，这条界线有时是划不清的。最后，他明确地说："前资本主义阶级社会没有必要也没有可能分为奴隶社会和封建社会两个有前后高低之分的不同的社会经济形态。""五种生产方式说把马克思主义关于社会经

---

① 王敦书、谢霖：《对马克思亚细亚生产方式理论实质的曲解——评魏特夫的〈东方专制主义〉》，《史学理论研究》1995 年第 2 期。

② 胡钟达：《试论亚细亚生产方式兼评五种生产方式说》，《中国史研究》1981 年第 3 期。

济形态发展学说中的三个层次的划分不分主次的混淆在一起，其中既有遗漏（未将原始共产主义和共产主义社会再作第二个层次的划分），又未能对前资本主义阶级社会所作的第三个层次的划分作出令人信服的论证。不能认为这是对马克思主义关于社会经济形态发展学说的一种全面的科学地概括。"① 关于世界历史发展的不平衡性，结合历史发展的实际情况，胡钟达进一步指出："先进转化为落后，落后转化为先进，这种发展不平衡的现象在世界历史上反复出现，这就说明它带有一定程度的规律性。"②

　　针对一些学者将亚细亚生产方式作为一种独立的社会形态并否定奴隶制社会形态的看法，周自强发表文章，提出了明确的反对意见。关于五种生产方式的理论，他指出："马克思、恩格斯、列宁关于五种生产方式的论断，并非仅仅针对西欧各国的历史发展而言。它反映的是人类历史发展的一般规律、普遍规律。""马克思主义所说的五种生产方式，是指五个社会形态（即原始社会、奴隶社会、封建社会、资本主义社会和社会主义社会）中的主导生产方式。社会现象是复杂的，没有纯粹的社会形态。在每个社会形态中，除主导的、基本的生产方式以外，还有其他的生产方式、经济成分。只有每个社会形态中的主导的、占统治地位的生产方式，才决定着该社会的面貌和它的性质。"他同时指出："有的学者把马克思关于东方社会的一切论述，通通塞进马克思在《序言》中提出的亚细亚生产方式概念中，认为土地国有、村社组织和专制主义是亚细亚生产方式的几个特点。我们认为，这是不妥的。""不能把马克思、恩格斯关于东方各国社会中的土地国有制、村社组织和专制主义的论述，与马克思、恩格斯关于五种生产方式的论断对立起来。"关于奴隶制的普遍性及其特点，周自强指出："奴隶制是人类历史发展的必经阶段。世界上许多民族或国家都经历过奴隶制社会阶段。古代希腊、罗马是奴隶制社会，古代东方各国也是奴隶制社会。古代东方各国社会生产方式是特殊的亚细亚生产方式的论点，不符合古代东方各国的历史实际，也违背马克思主义经典作家关于古代东方社会的论述。""一方面，各个国家或民族的奴隶制社会，都有其作为奴隶制社会的共同的质的规定性；另一方面，由于各个国家或民族的奴隶制所藉以发展的社会环境和历史条件不同，其奴隶制形态又有各自的特点。"③ 针对胡钟达的观点，周自强强调指出："马克思、

　① 胡钟达：《再评五种生产方式说》，《历史研究》1986 年第 1 期。
　② 胡钟达：《论世界历史发展的不平衡性》，《史学理论》1988 年第 1 期。
　③ 周自强：《是六种生产方式，还是五种生产方式》，《中国史研究》1981 年第 3 期。

恩格斯和列宁根据历史唯物主义的基本原理并对人类社会发展史作了认真的研究之后，肯定五种社会经济形态的演进是人类历史发展的一般规律，这与这些社会形态尚未经过专门的实际研究和详细分析，是两个问题，不能以后者否定前者。在马克思、恩格斯逝世以后的近百年内，世界上许多国家特别是我国所发现和获得的极其丰富的考古学和民族学材料中，有许多是和奴隶制社会形态直接有关的材料。随着考古学、民族学的大量新发现和马克思主义史学研究工作的不断发展与深入，关于中国奴隶制、其他东方各国奴隶制以及希腊、罗马奴隶制的大量专著和论文相继问世，证明和丰富了马克思主义关于奴隶制社会形态的理论。"①

朱本源深入地考察了从 20 世纪 30 至 80 年代关于"五种社会形态"理论认识的发展变化以及马克思社会形态理论的来源，提出"马克思的社会形态更替理论是科学假说"的观点。他指出："马克思是从一个社会形态（资本主义形态）的特殊规律中推导出历史的总趋势。不过马克思所理解的历史趋势或倾向不是纯粹的经验的归纳，而是具有逻辑必然性的演绎。""社会形态更替的有序性只能是一种趋势，关于它的理论只是一个部分的可以证实也可以证伪的科学假说。"尽管如此，朱本源仍强调马克思社会形态学说的真理性，他明确指出："我们认为，即使西欧从奴隶制到封建制形态的过渡在事实上不符合上述社会形态更替的一般原理，并不能因此而否定它是一种科学理论（假说）。""马克思的关于社会经济形态不断演进和更替的理论，本来就是科学假说，是他的科学研究纲领的主要部分，因此即使有了未解决的问题（如亚细亚生产方式问题）或未消化的问题（如奴隶制向封建制的过渡问题）或暂时的反常问题（如社会主义革命发生在资本主义不发达的国家），并不能驳倒整个纲领所保护的内核（如社会存在决定社会意识、生产关系对生产力的适应和矛盾，等等），反倒可以推动这个纲领的进步。……波普尔认为马克思主义是伪科学，因为它不允许证伪。这完全是污蔑。马克思和恩格斯承认他们的某些假说既可证实又可证伪。……马克思主义是批判性的，它能够在自我批判中发展。"②

在对五种生产方式理论反思的过程中，罗荣渠提出了"一元多线的历史观"。他指出："把马克思主义创始人关于社会及其发展规律的一般学说与他们关于世界观与世界历史发展的具体规律混为一谈，用历史唯物主义学说代替马克

---

① 周自强：《关于奴隶制社会形态的几个理论问题——评胡钟达同志"评五种生产方式说"的两篇文章》，《史学理论》1987 年第 3 期。

② 朱本源：《马克思的社会形态更替理论是科学假说》，《历史研究》1989 年第 1 期。

思主义的史学理论，也非马克思主义创始人的本意。上述关于五种生产方式单线
演进的历史观，就是源于这些认识偏向。""从马克思关于世界史的许多具体论
述来看，特别是从他晚年的著作来看，我们认为，马克思的历史发展观是多线式
而不是单线式的，至少他晚年的观点是明显的一元多线历史发展观。""从宏观
历史来看，世界不同地区、不同民族、不同社会发展既不是划一的，也不是同步
的。大致说来，世界各民族脱离了具有不同特征的原始社会以后，发展趋势各
异，……除了西欧由于特殊的历史条件，发展的起伏变化最大，可以清理出从原
始公社经奴隶制、封建制过渡到资本主义制的典型的线行发展序列之外，其他各
大洲的国家民族的发展，起伏变化不大，前进的步伐缓慢。东方历史发展之缓慢
以至使马克思甚至也说那里的某些民族几乎是没有历史的社会。"① 后来，罗荣
渠进一步将"一元多线的历史观"的内涵归纳为五个方面，他说："物质生产的
发展是第一性的，这就是社会发展的'一元性'的中心意思。'多线'是指在同
一大生产力状态下的不同社会的发展，受复杂的自然因素和社会因素的影响，千
差万别，但可以归纳成不同的发展阶段、不同的发展模式和不同的发展道路；任
何一种生产方式和社会形态都不是单向度的、静态的，而是多向度的、动态的。
这就是社会发展的'多线性'的中心意思。一元性是社会发展的共性，多线性
是社会发展的特殊性。两者在特定的历史过程中形成共性与特殊性的统一，这
样，对于世界历史上形成的各种社会形态的分析都是多维的、立体交叉的、网络
式的。这样，对历史进化论的辩证的解释就代替了机械的、片面的和单线的解
释。"② 这就进一步明确了"一元多线历史观"的基本内涵和它的理论价值。

　　20 世纪 80 年代以来，随着新中国史学理论学科的发展，中国史学理论研究
会的成立和相关杂志的创刊，社会形态问题以及与之相联系的亚细亚生产方式问
题、东方社会历史发展的理论问题，一直是学术界关注的重要问题。1988 年 7
月，全国史学理论研讨会在山东烟台就"社会形态问题"召开专题研讨会，会
议收到论文 50 余篇，与会的 100 多位代表来自史学界、哲学界、经济学界的中
外学者，大家就五种生产方式是否为人类社会的普遍规律、奴隶社会是否为人类
社会的必经阶段、划分社会形态的标准以及对中国古代、近代和现代社会的性质

---

① 罗荣渠：《论一元多线历史发展观》，《历史研究》1989 年第 1 期。
② 罗荣渠：《一元多线历史发展观与现代化的世界进程》，《历史研究》1996 年第 5 期。

等问题展开了热烈的讨论①。《史学理论》杂志在 1988 年第 3、4 期开设"社会形态问题研究"专栏，先后发表了 9 篇有关社会形态问题的文章。在随后的 1989 年《史学理论》杂志上，又发表了几篇理论文章。这些文章的一大特点，是不少青年史学工作者对五种生产方式说的科学性提出了质疑。1995 年，全国史学理论研讨会又就"东方国家历史发展中的理论问题"展开讨论，讨论研究的问题有亚细亚生产方式问题、东方社会发展的特点问题、如何研究东方社会和历史的问题、如何借鉴海外成果加强中国和东方问题的研究。②

　　1999 年 11 月，《历史研究》编辑部和南开大学历史系联合召开"中国社会形态及其相关理论问题"学术研讨会，会后，《历史研究》编发了一组"社会形态与历史规律再认识笔谈"文章，从而拉开了新世纪社会形态问题再讨论的序幕。何兆武指出："马克思确实提到五种社会形态的相续，但我的理解是，他的这一提法只是对西方历史发展历程一番描述性的说明，并无意以此作为一种所谓不以人的意志为转移的普遍必然规律。""五种社会形态的理论对现代中国历史学的发展有着巨大的影响，它有助于人们更深入、更科学地认识历史。然而任何理论过了头之后就会走向僵化的教条主义，科学就会朝着自己的对立面——经学（即神学）转化。"田昌五明确指出："用五种生产方式斧削中国历史，是不适宜的。首先，五种生产方式是按照欧洲的历史提出来的，所以只适用于欧洲历史。与中国历史是不切合的。其次，五种生产方式只是一种逻辑概念，与实际历史是有出入的。第三，我们现在所说五种生产方式的含义是由斯大林定下来的，未必符合马克思、恩格斯的原意。""我们以往的错误，就在于离开了马克思主义的世界观和方法论，把五种生产方式作为公式和套语，强加于中国历史和世界历史。"马克垚说："我认为，社会形态学说是一种认识社会历史发展的正确理论和有效方法。当然这一学说也需要不断发展和修正，是单线论还是多线论，是三形态还是五形态说，尽可以展开讨论。""西方社会科学研究本来是走在前面的，社会形态说，封建社会形态中的理论、概念、规律等等，也都是来自西方的，是从西方的现实总结出来的。其中当然有合理的因素，但也有不少体现西方的特殊性的东西。以前我们向先进学习，难免有生搬硬套的毛病。现在第三世界的史学

---

　　① 张书学、杨春梅：《社会形态：历史理论研究的热点——1988 年全国史学理论讨论会综述》，《史学理论》1988 年第 4 期。

　　② 朱政惠：《论东方社会历史发展的道路及其研究——第九届全国史学理论研讨会观点综述》，《史学理论研究》1996 年第 2 期。

蓬勃兴起，提出了许多新问题，旧概念、旧模式、旧规律自然不能适应，应当有所改变。"①

在有人对"五种生产方式理论"提出质疑的同时，也有一些学者进一步论述了该理论的正确性极其重要的指导意义。吴泽对马克思主义的社会形态学说进行了深入研究，这方面代表性的学术成果是 1993 年出版的《东方社会经济形态史论》。这本 40 万字的论著，"主要集中论证社会经济形态学说的理论部分"，"又主要集中于东方社会经济形态运行规律和特点的史的研究"。吴泽终生致力于马克思主义史学的研究，该书是他对马克思主义社会形态理论深入全面探讨的力作，无论是理论的阐发，还是实证的研究，都标志着中国史学家在新时期对马克思主义社会形态理论研究的深化。关于社会形态学说及其在马克思主义理论体系中的地位和作用，吴泽明确地说："社会形态学说是马克思主义的基本理论。它包括社会经济形态、社会政治学说和社会意识形态三个组成部分，其中社会经济形态是社会形态学说理论的基础。"② 针对新时期中国学术界不少人否认马克思的社会经济形态学说和"五种社会形态"学说，吴泽明确地说："否认社会形态理论的人，只是机械地理解了生产关系与生产力不适应状态，似乎只有循序渐进的五种社会形态的演变，才表现为生产关系不适应生产力状态，不具备五种社会形态演变的民族、地区和国家，就不遵循这一根本原则了。事实恰恰相反，所有没有全部经过五种社会形态的民族、地区、国家，无不是以历史上某些先进民族经历了五种社会形态为前提的。凡是能越过一定社会阶段的，没有是自然长入高一级社会形态的。五种社会形态是世界人类主要地区和国家的必经阶段。"③他同时指出："有些人误把古代东方社会中的亚细亚生产方式看作为一种'独特社会形态'并以之加在五种社会形态里，创'六种社会形态说'。这种说法显然是不能成立的。同时，还有些人说东方的原始社会的解体不是走向奴隶制社会和封建制社会，而是直接走上东方'独特的亚细亚社会'，甚至说中国的'亚细亚社会'一直延续到鸦片战争国际帝国主义入侵时。这样，在东方社会形态发展过程中的奴隶制社会和封建制社会会被一个'独特的亚细亚社会'取代了，创'四种社会形态说'。这种说法显然更是不能成立的。五种社会形态学说是马克

---

① 何兆武：《社会形态与历史规律》；田昌五：《中国历史发展体系的新构想》；马克垚：《说封建社会形态》，《历史研究》2000 年第 2 期。

② 吴泽：《东方社会经济形态史论》第 510 页，上海人民出版社 1993 年版。

③ 吴泽：《东方社会经济形态史论》第 323—324 页。

思历史唯物主义最科学最合理的理论命题之一。"① 关于马克思的社会形态理论,吴泽强调指出:"马克思并没有把欧洲古希腊罗马奴隶制社会形态当作古代世界的模式,但不等于否认人类社会形态的本质特征和运行规律的共性。同样,马克思并没有把欧洲近代资本主义社会形态当作近代世界的模式,但不等于否认人类社会形态的本质特征和运行规律等的共性和基本理论原则。事实上,马克思主义的社会形态学说,确是坚持这个本质特征和运行规律等共性和基本理论原则,把人类社会形态的发展看作是'自然历史过程'的历史原则。事实上,无论是东方还是西方,社会形态发展过程,由于各自所处地理、气候、社会、经济条件的差异,从而呈现出各自所具有的特点,形成不同的类型等等的区别。为此,马克思曾花了他一生中15年的'黄金时代',钻研探索出古代东方、亚细亚社会形态中有别于古希腊罗马社会形态的特点、类型等等的区别,创立了辉煌的东方学理论体系。"②

关于马克思主义的"社会经济形态"的理论价值,林甘泉说:"以社会经济形态的变动来划分历史发展阶段,是马克思主义史学家一贯的主张,这也就是人们所谓的'五种生产方式论'。……'社会经济形态'是一个综合的概念,它涵盖了生产力和生产关系、经济基础和上层建筑的丰富内容。用社会经济形态来划分历史发展的不同阶段,能够比较全面而深刻地揭示不同时代的本质特征。"关于"五种生产方式"理论的价值,结合新时期史学界出现的新的分期观点,林甘泉指出:"五种生产方式的更替,在欧洲已是历史的经验事实。即使是非马克思主义的史学家,也承认古代希腊罗马存在着奴隶制,欧洲中世纪存在着封建农奴制。既然马克思主义的创始人并不认为各个民族都必须依次经历五种生产方式的更替,即使中国历史上不存在类似欧洲那种奴隶制和封建制的生产方式,也不能否定社会经济形态理论适用于中国历史分期。有的同志主张放弃着眼生产方式的变动,而根据宗法组织、政治体制和文化形态的变化来划分历史发展阶段,但这样的分期标准,还能说是以马克思主义的社会经济形态理论为指导吗?历史分期本来是可以有不同说法的。……但我们如果要探讨的历史分期是涉及各个时代本质特征的变化,应该说只有马克思主义的社会经济形态理论才为我们提供了最全面和最科学的方法论。"③

---

① 吴泽:《东方社会经济形态史论》第329页。
② 吴泽:《东方社会经济形态史论》第332页。
③ 《林甘泉文集》第418页,上海辞书出版社2005年版。

　　李根蟠指出：社会经济形态及其依次更替的理论是马克思历史唯物主义的核心，应该坚持，并把它作为历史分期的主要依据，但中国是否经历过奴隶社会，是完全可以讨论而且应该讨论的问题。马克思主义经典作家对历史上的各种生产方式进行概括时，不但研究了西欧历史，也研究了亚洲、非洲、美洲的历史；不过总的来说，五种生产方式主要还是根据西欧的经验总结出来的。西欧经验有其特殊性，但也包含了普遍性。人类的认识总是从特殊到一般，又从一般到特殊的。古史分期问题的讨论，实际上就是运用马恩主要从西欧经验中概括出来的"一般"研究中国历史的"特殊"。这种"一般"，可以作为"指南"，作为"参照"，在这过程中也接受检验，获得修正和发展，但不能把它当成公式套用到中国历史上。因此，重要的是从中国历史实际出发，找出其中的特殊性、普遍性及其相互关联。但真正做到这一点是不容易的，需要经历艰苦的探索过程。针对当前史学界存在的倾向，李根蟠强调说：在一部分学者中，抛弃社会经济形态理论和唯物史观似乎成为一种时髦。五种生产方式说可以讨论，马克思的唯物史观在新时期也需要不断完善和发展，但不应采取情绪化的简单的完全否定的态度，而应该提倡科学的分析和进一步的研究精神。有些学者不恰当地强调中国历史的特殊性，从质疑五种生产方式发展到否定社会经济形态理论。着力寻找中国历史发展的特殊性是对的，但这种特殊性中也包含了某种普遍性；如果特殊到没有任何普遍性，就值得商榷了。有人把"建设有中国特色的社会主义"的口号推广到历史研究中，中国历史从先秦到现在，一直是"中国特色"，而这种特色又是排斥普遍性的，这恐怕不是"发现"特色，而是"制造"特色，不是科学地在研讨问题，而是在人为地"创造"中国历史！①

　　关于马克思主义社会经济形态演进的规律，庞卓恒指出："长期以来，人们把唯物史观揭示的人类历史发展的普遍规律误解为各个民族和国家的历史进程遵循某种统一的演进序列的规律，既不符合历史实际，也悖于马克思、恩格斯的本意。唯物史观揭示的人类历史发展的普遍规律，实际上就是人类自身的实践活动和实践活动中成长起来的实践能力——首先是物质生产实践活动和能力——推动着人们自身从'未成熟的个人'发展到消除了'一切自发性的'、具有全面发展的自由个性的'完全的个人'的规律，同时也就是人们自己推动社会基本矛盾运动并从而推动社会形态从低级向高级发展到'自由人的联合体'的规律。在

<hr/>

　　① 李根蟠、张剑平：《社会经济形态与古史分期问题——李根蟠先生访谈录》，《史学理论研究》2002年第4期。

这个规律的发展过程中，社会形态的演进自然会呈现出一定的序列，……只是我们不能把那种'大体上'的归纳看作普遍规律本身，不能把它当做'一般发展道路的历史哲学理论'，不能把它等同于各个民族和国家的具体历史进程必然或必须遵循的轨道。"① 通过对马克思晚年的东西方社会研究成果的分析，于沛指出："马克思晚年的世界史研究，特别是对东方社会的研究，不是在唯物史观面前的倒退，而是对唯物史观的丰富和发展。""在马克思看来，建立在唯物史观理论基础上的社会形态演进的具体道路有两种形式：即'依次演进'的和'跨越式'的，如果忽视了社会形态演进跨越式的发展道路，或者将其与'依次演进'的道路对立起来，那只能是对唯物史观的误读或曲解。"②

　　史学家关于马克思社会经济形态问题的理论探讨，也引起了其他哲学社会科学工作者的关注和兴趣，他们也致力于马克思社会发展理论的研究工作。吕世荣的博士论文《马克思社会发展理论研究》，对马克思的社会发展理论给予系统深入地研究。该书第四章论述了"马克思的世界历史理论与民族发展道路的思想"，第五章论述了"亚细亚所有制形式与俄国（农村公社）的"跨越"设想。关于五种生产方式的理论，她说："人类社会发展道路的普遍性，即五种形态依次更替的理论，是马克思运用逻辑和历史统一的方法在人类社会历史整个范围内经过逻辑的概括而总结出来的，在人类总体上反映人类社会形态更替的统一性和普遍性，它作为'抽象化'的一般模式，再现的并不是被单独把握的每个社会有机体发展的规律，而是作为统一整体的全人类的必然性。对单个社会有机体来说，在历史上是很少依次经历五种形态的。但就整个人类社会发展而言，却是成立的。在人类历史范围内，没有一个国家或民族是逆这几个形态前进的，尽管历史上存在着某种社会形态的变种或两种社会形态相结合的状况（半殖民地半封建），但没有一个社会超出马克思发现的'五种社会形态'"③ 我们认为，这或许是对马克思社会经济形态理论的恰当理解。尹树广的博士论文《晚年马克思历史观的变革》，对马克思晚年历史观的变革予以深入的探讨。他指出："晚年马克思重新确立了亚细亚生产方式的历史地位，通过对原始社会形态内部结构及其演变的研究，他指出农村公社是最后一种原始社会形态，是向阶级社会过渡的环

① 庞卓恒：《唯物史观与历史科学》第62—63页，高等教育出版社1999年版。
② 于沛：《关于马克思对东方社会性质及发展道路研究的再思考》，《史学理论研究》2006年第3期。
③ 吕世荣：《马克思社会发展理论研究》第332页，中国社会科学出版社2001年版。

节。他通过研究人类学和历史学的资料，为俄罗斯实现跳跃卡夫丁峡谷的设想提供了历史证明，同时，对血缘关系以及古代日耳曼社会交往发展的研究也论证了历史多线发展模式。……晚年马克思历史观的发展和极大的丰富，不但以多线论、选择论和历史发展的特殊论超越了五阶段社会形态单线发展说，而且使我们进一步认识到社会基本支配原则的多样性和马克思革命哲学的内在追求。"① 对马克思晚年历史观的研究，无疑有助于全面理解马克思的社会历史观的发展，哲学工作者的基本认识，也有助于史学家对这一问题的进一步思考和研究。人类历史发展的基本规律与社会主义革命在东方不发达国家出现的关系问题，是学者们关注的重要问题，对此，贾俊民先后发表了《从人类历史的长河看社会主义的命运》、《对一个世纪性重大课题的回答》等文章，关于人类历史发展的"常态"和"变态"问题，他指出：人类社会历史是五种社会形态依次更替的直线发展与其实现过程的曲线运行的辩证统一。从世界历史整体（不是某一民族国家）和本质抽象看，人类社会是在生产力及其发展程度决定下，严格按照五种社会形态的逻辑顺序，直线发展的。这是一个近乎"自然"的历史过程，无论从总的走向，还是阶段性走向，都具有不可逆转性，这里没有"特殊"，没有"跨越"，也没有什么"单线"、"复线'之分，而是径向发展直线前进的。这是人类社会发展的基本规律。从这一规律的运行和各个民族国家看，则是一个曲线的波状流程。由于社会有机体诸因素的相互作用和制约，以及社会生活的复杂性，该规律的实现条件，总是在少数乃至一个旧制度不发达国家中首先具备，并发生作用，在这里生化出新的社会实体；尔后向多国扩展，最后完成对旧制度的全面替代。期间，迂回、跳跃、起伏、挫折、暂时倒退，时时伴随，但历史不会因此停船靠岸，改向转航，而是始终围绕总规律这条中轴线，波浪式前进，螺旋式上升，朝着中轴线规定的方向，逶迤而行，为总规律的实现开辟道路。这是人类社会基本规律的实现规律。②

　　上述学者结合自己多年的研究成果，对于相关问题的认识尽管未必是定论，但却具有重要的学术价值，有助于我们进一步认识新时期有关马克思主义社会经济形态问题研究出现的分歧意见，有助于深化对马克思主义社会经济形态理论的

---

① 尹树广：《晚年马克思历史观的变革》第 104 页，黑龙江人民出版社 2000 年版。
② 贾俊民：《从人类历史的长河看社会主义的命运》，《中国特色社会主义研究》1997 年第 4 期；《对一个世纪性重大课题的回答——关于社会主义在不发达国家首先胜利问题的再探讨》，《南京社会科学》2000 年第 7 期；贾俊民、张广荣：《人类社会发展总规律与文明社会形态更替规律》，《华中农业大学学报》（社会科学版）1999 年第 4 期。

理解。

第三节　关于中国古代社会形态的讨论和研究

新时期以来，对于中国古代社会的研究，首先集中在古史分期问题的重新讨论上。1978—1989 年是古史分期问题讨论的活跃期，原来的西周封建论、春秋封建论、战国封建论、秦统一封建论、西汉封建论、东汉封建论、魏晋封建论各学派代表人物都对自己的主张作了进一步的论说，此外，出现了东晋封建说、唐中期封建说。这一时期的讨论，最显著的特点是各家各派纷纷推出自己的代表性论著。如"秦统一封建说"的代表人物金景芳出版了《中国奴隶社会史》，"战国封建说"的田昌五出版了《古代社会断代新论》，"魏晋封建论"的代表人物何兹全出版了《中国古代社会》等论著。从研究的总体进展来看，各个学派在原来的基础上都作了新的论证，认识进一步深化。从学术观点来看，魏晋封建论活跃，否定中国奴隶社会和封建社会的存在也呼声日高。1999 年 11 月，在南开大学召开的"中国社会形态及相关理论问题"学术研讨会，在一定程度上反映出新时期研究的新动向。关于中国社会的历史分期与社会形态，学者们展开了进一步的讨论，提出了如下四种观点：第一种观点，认为在中国确实存在着原始社会、奴隶社会、封建社会几个依次发展的社会阶段；第二种观点，认为中国社会的发展经历了原始社会、氏族封建制社会、宗法封建制社会、地主封建制社会几个发展阶段；第三种观点，认为中国社会的发展经历了洪荒时代、族邦时代、帝国时代三个社会形态；第四种观点，认为可以把中国古代社会的发展划分为三个大的时代：原始时代、上古时代、中古时代[①]。上述四种观点的对立，反映了新时期在中国古代社会分期问题上存在的多种分歧意见。

一、关于中国奴隶制问题的新认识

新时期以来，从事先秦史研究的一些学者否认中国历史上存在奴隶制社会。黄现璠在 1979 年发表了《我国民族历史没有奴隶社会的探讨》一文指出：不能把奴隶制与奴隶社会混为一谈，由原始社会到阶级社会，最初的一般是奴隶制（即家庭奴隶制）社会，不是奴隶社会，欧洲的希腊、罗马由奴隶制社会变为奴

---

① 张分田、张荣明：《中国社会形态及相关理论问题学术研讨会综述》，《历史研究》2000 年第 2 期。

隶社会，不是人类社会发展规律、世界通例，而是历史特例。殷代虽有奴隶，但都是做家内杂役，不是从事社会劳动生产，把"众"字当作奴隶和以"民"为奴隶，都是站不住脚的，殷代国家建立在农村公社的基础之上，主要劳动生产者是农奴，殷商为领主封建社会雏形，周代为领主封建制社会典型①。1980 年，张广志在《青海师范学院学报》和《四川大学学报》发表了《略论奴隶制的历史地位》，提出如下学术观点：不管是从马克思、恩格斯的有关论述看，还是从历史实际看，原始社会解体后，阶级社会的生成无疑是有着或奴隶社会、或封建社会这样两条不同的道路的。奴隶社会并非人类历史发展必经阶段，事实上，不经过奴隶社会，见之于广大地区，是通例。经过奴隶社会，见诸于极个别地区，是变例。以变例为通例，是以偏概全，是十足的"西欧中心论"。张广志这篇文章在《四川大学学报》的发表，是著名先秦史专家"西周封建论"者徐仲舒教授推荐的。张广志进一步对商周社会进行研究，1988 年青海人民出版社出版了《奴隶社会并非人类历史发展必经阶段研究》，该书汇集了张广志的 15 篇相关文章，核心在于论证商代奴隶社会说难以成立，以及历史上的匈奴、鲜卑拓跋部、突厥、回纥、吐蕃、南昭、契丹、党项、女真、蒙古初始阶级社会也并非奴隶制社会②。著名先秦史专家赵光贤在为张广志著作撰写的序言中也说："商周奴隶社会论者把'众''众人''民''庶民'都说成奴隶，今天还迷信这种说法的人越来越少了，种族奴隶制、宗法奴隶制、集体耕作论提不出确实有力的证据。……至于把人殉都看成奴隶，那简直是笑话。在中国历代都有各式各样的奴隶，但是有奴隶制不等于有奴隶社会。……这道理本来不难懂，可是在我们的历史家中，不少人看到有奴隶就说是奴隶社会，而不管奴隶生产在当时是不是占支配地位，甚至把'奴婢'都看成奴隶。事实上从秦汉到明清，历代都有奴婢，不探索其中有多少是从事生产的，也不问奴隶生产在当时是不是占支配地位，一见到奴婢就说是奴隶社会，这实在缺乏说服力。这种情况，更多见于兄弟民族的早期社会中，一见到有俘虏，就说是奴隶，于是奴隶社会在历史上到处可见，实际上多是靠不住的虚构。"③ 后来，赵光贤发表《论我国古代只有封建社会》一文，明确地说："夏商周三代都行井田制，从经济形态上看都是封建社会，有孟

---

①　黄现璠：《我国民族没有奴隶社会的探讨》，《广西师范学院学报》1979 年第 12 期。

②　参见张广志：《中国古史分期讨论的回顾与反思》第 239—245 页，陕西师范大学出版社 2003 年版。

③　赵光贤：《亡尤室文存》第 539 页，北京师范大学出版社 2001 年版。

子这段话，我们可以断言，三代都是封建社会，而不是奴隶社会。过去我国学者大谈古代是先有奴隶社会，然后才有封建社会，都是教条主义在作怪，不符合我国的实际情况。我过去作《周代社会辨析》时亦承认我国古代有奴隶社会，现在看来应该改正。"① 进入 90 年代，晁福林对夏商周的社会作了进一步的研究，出版了《夏商西周的社会变迁》一书，该书以六章 34 万字的篇幅，着重论述了夏商周的社会政治历史的演进、社会经济的发展和社会生活的进步、社会性质的演变，以及夏商周的社会结构与社会制度的变动、社会文化的发展。关于社会的发展规律，他以马克思关于原生社会向次生社会的发展的论述为依据而予以进一步论说。他说："由作为原生社会形态的最后阶段的农村公社，可以演变为奴隶制社会，也可以演变为封建社会，奴隶制和封建制都可以是由原生形态演变而成的次生形态。如果说原始家庭的奴隶制的萌芽可以演变为奴隶社会，那么原始家庭的农奴制萌芽则可以演变为封建社会。这样的结论符合马克思主义关于社会经济形态演变规律的思想，应当说是可以成立的。由此而引申出的一个重要结论，那便是奴隶制并不是人类社会必经的一个社会阶段，不是社会发展过程中的一个不可缺少的社会经济形态。由原始时代而迈向封建制社会，也是人类社会发展的正常的演变形式。"关于夏商周的社会性质，他说："我们关于夏商西周社会性质的探讨，可以说是对于这些问题进行回答的一个尝试。概括说来，夏商两代应当称之为氏族封建制的社会，而西周则是宗法封建制的社会，到了东周时期，宗法封建制社会逐渐解体，而步入地主封建制社会。"② 进入新世纪，进一步论述夏商周社会的著作也不断问世，2001 年，张广志、李学功合著的《三代社会形态》一书由陕西师范大学出版社出版，本书从经济关系、政治制度和思想文化三个方面，论述了夏商周社会的基本面貌及其运动变化的轨迹。作者指出，这一时期的社会既不同于西欧的领主农奴制，也不同于战国秦汉以来的地主租佃制封建制，夏商西周直至春秋，中国是建立在村社基础上的村社封建制社会③。沈长云多年致力于先秦史的研究，也属主张中国"无奴社会论"的学者，他在 1989 年《历史研究》发表了《关于奴隶制几个基本理论问题的商榷》一文，对马克思、恩格斯关于奴隶制生产方式的概念及其是否具有普遍意义、农奴制是否可以继原始公社制而产生、奴隶社会的概念及其差异性问题予以探讨，力图否定奴隶社会

---

① 赵光贤：《亡尤室文存》第 181 页，北京师范大学出版社 2001 年版。
② 晁福林：《夏商西周的社会变迁》第 227—229 页，北京师范大学出版社 1996 年版。
③ 参见张广志：《中国古史分期讨论的回顾与反思》第 245 页，陕西师范大学出版社 2003 年版。

"必经"说和"普遍"说①。经过多年的思考，在《中国历史·先秦史》中，面对目前关于先秦社会性质认识的诸多分歧意见，他明确地说："现在研习中国古史的学者，一般称夏商周三代普通的社会成员为'族众'，实际上，'族众'就是'部民'，'族'即所谓'公社'。'部民社会'一词可以说较好地概括了三代社会性质最基本的人群结构的性质。我想，在目前没有找到更合适的对于三代社会性质的准确表述以前，这个术语是可以考虑的，至少比上述几种称呼都要好一些。"② 中国古代国家起源问题是中华文明研究的重要问题，也是进一步深入探讨先秦社会的重要问题，由沈长云主持的国家社科基金重点课题的成果《中国古代国家起源与形成研究》一书，于 2009 年由人民出版社出版。关于中国古代国家的起源问题，沈长云指出：中国前国家社会曾经经历了由平等的氏族社会向不平等的（或曰有阶等的）社会的发展历程，这不平等的氏族社会的基本组织结构就是现代人类学者所称的酋邦；中国古代最早产生的国家应属于现代人类学者所称的早期国家，之所以称其为早期国家，主要是因为这种性质的国家仍普遍存在着各种由血缘亲属关系组成的社会组织，酋邦这种不平等的氏族组织作为基本政治单位也仍然存在于这些国家之中；我国早期国家产生的途径，也与古希腊罗马奴隶制国家的产生有所不同，中国早期国家产生的标志——"家天下"，即是由众酋邦联合而成的酋邦联盟的首领权力高度集中而造成的；我国上古中原地区最早出现的夏商周三个王朝，即是由夏后氏、有商和有周三个酋邦为首的势力集团分别建立的国家，它们均属早期国家的性质③。沈长云先生关于夏商周国家的产生问题的论述，有助于我们对这一时期社会性质，特别是中国古代社会有别于古希腊、罗马奴隶制社会的基本面貌和特征的理解和认识。

世界史学者与中国历史和民族史研究学者的通力合作，在广阔的学术视野之下，对中国古代社会进行研究，也推出了一些重大的学术成果。由胡庆钧、廖学盛主编的《早期奴隶制社会比较研究》（中国社会科学出版社，1996 年），是新时期奴隶社会研究的重大学术成果。在"综合研究"一编中，两位主编论述了"奴隶占有制是人类社会历史发展的必然"、"从古希腊罗马史看奴隶占有制社会的若干问题"、"早期奴隶占有制下的等级结构"等重要理论问题。著者进一步论证了奴隶制的普遍性问题，将商代与希腊、罗马的奴隶制社会予以多方面的宏

---

① 沈长云：《关于奴隶制几个基本理论问题的商讨》，《历史研究》1989 年第 1 期。

② 沈长云：《先秦史·前言》第 4 页，人民出版社 2006 年版。

③ 沈长云、张渭莲：《中国古代国家起源与形成研究》第 5 页，人民出版社 2009 年版。

观比较研究，具有重要的学术价值。

二、关于中国封建社会的实证研究

以郭沫若为代表的"战国封建论"在新时期受到了各派不同观点的挑战。以杨公骥为代表的"西周封建论"和金景芳为代表的"秦统一封建说"，是当时反对郭沫若主张的代表性论点，针对他们的文章，支持郭沫若观点的侯绍庄、耿铁华、谢济等也发表文章予以辩论①。对"战国封建论"的发展可以田昌五为例加以论说。80年代初期，田昌五相继出版了《古代社会形态研究》（天津人民出版社，1980年）、《古代社会断代新论》（人民出版社，1982年）、《古代社会形态析论》（学林出版社，1986年），这些论著的核心在于探讨中国古代社会的性质。他说："对过去的战国封建论也是需要进行总结的，不能陷入盲目性而无视其中存在的缺陷。郭老始而认为中国古代是古典式的奴隶社会，继而认为是斯巴达式的奴隶社会，都是不够恰当的。至于对个别问题的解释和阐述，缺点就更多了。但这是用马克思主义研究古史的过程中出现的问题，对研究工作来说是应当允许的。""我既相信战国封建论，同时对过去的战国封建论采取研究的态度。经过多年的钻研和思考，我认为：中国阶级社会存在有亚细亚生产方式的说法是不对的。因而中国奴隶制和封建制早熟论和不发达论以及中国社会长期停滞论，也都是不对的。在否定了这些传统偏见之后，我据实得出结论：中国奴隶社会形成于夏代之前，开始出现的是部落奴隶制王国，夏朝形成我国历史上第一个统一的奴隶制王朝。我国古代的奴隶制和世界上所有古文明国家一样，都是从父系大家族奴隶制开始的；从家族奴隶制发展到宗族奴隶制，即家族奴隶制的联合体，这就是中国的发达奴隶制。中国奴隶制向封建制的转变，是以宗族奴隶制的瓦解为前提的。当然，中国的封建制也有其本身的特点，也是我们应当认真研究的。至于分期的标准，我认为应是战国时期的七国变法、特别是商鞅变法，因为这种变法运动标志着一种社会制度转变为另一种社会制度，即封建制度代替奴隶制度。在这些方面以及其他一些个别问题上，我和郭老的见解都是有所不同的。但我同样认为，这些见解是在郭老所取得的成就上作出的。"②尽管后来田昌五放弃了以社会经济形态划分中国古代社会，在《中国历史体系新论》（山东大学出版社，1995年）中采取了洪荒时代、族邦时代和封建帝国时代，代替了原来的

---

① 参见张剑平：《中国马克思主义史学研究》第303—312页，人民出版社2009年版。
② 田昌五：《古代社会断代新论》第2—3页，人民出版社1982年版。

原始社会、奴隶社会和封建社会的标准，但注重中国历史发展的特点，力图按照中国历史的实际，竭力摆脱教条思想，却是一以贯之的，这既是田昌五先生的追求，也是新时期绝大多数学者的共同学术取向。

魏晋封建论是新时期古史分期问题讨论中影响较大的一个学术流派。这方面的代表性学者是何兹全先生，河南人民出版社1991年出版的《中国古代社会》是他古史研究具有代表性的力作。全书包括：由部落到国家、古代社会、古代到中世纪，共三个部分。在这部40余万字的学术论著中，何先生提出下列重要的学术观点：西周春秋时期，是中国历史上由部落到国家的转化时期，是早期国家时期。春秋战国时期的社会变化，起自农业生产力的发展。以农业为基础，出现商业交换。交换的发展，引出货币、城市的兴起，阶级贫富的分化，出现商人和知识阶层。交换的发展，产生了地区间在生产和生活上依存关系，产生大一统思想，产生统一要求。统一国家在此基础上出现。货币问题、土地问题、奴隶问题成为中国古代社会时期西汉一代显著的严重的社会问题。汉末魏晋，自由平民逃亡、投靠，奴隶解放，依附关系发展起来。自由平民和奴隶的依附化，依附民、农奴成为魏晋南北朝的主要劳动人民。一个士庶天隔、身份等级复杂的中国典型的封建社会出现。从形式上看，欧洲历史发展比较大张大合，转变时期变化比较彻底，社会阶段分合比较显明，民主比较发展。中国历史发展比较缓慢，转变不彻底，旧的遗留多、时间长，社会阶段分野不鲜明，集权比较发展。中国历史继承酋长权多。中国型历史发展下来，酋长权演化为君权、王权、皇权，出现中央集权、专制，国家（皇权）占有广大土地，对社会经济生活干预多。① 作为几十年从事中国古代社会研究的著名学者，何兹全先生关于中国古代社会的认识，对于深入理解中国古代社会的特点，毫无疑义具有重要的学术价值。关于《中国古代社会》的学术价值，刘家和指出："《中国古代社会》具有三个层次上的学术价值。一则，作为一部内容充实而系统的中国古代社会经济史，它对于从事本专业的研究者来说具有重要的参考价值。二则，作为魏晋封建说的一家之言，它对于中国古史分期研究者来说是不可不读之书；三则，作为一部有意透过中国古史来论证古代社会一般规律的书，它对于从事世界古代史研究或从事古史比较研究的人来说，也是具有启发价值的。"② 林剑鸣说："在关于中国古代史分期问题的讨论中，何先生是主张魏晋封建论的，所发表的独树一帜的论文，在海内外有极

---

① 何兹全：《中国古代社会·序言》第4—5页，北京师范大学出版社2001年版。
② 刘家和：《一部成一家之言的中国古代社会经济史》，《历史研究》1992年第4期。

大的影响。这本新著《中国古代社会》可以看作是何兹全教授集数十年研究成果，系统地表达一家之言的、具有总结性的力作，也可称之为主张魏晋封建论的学者代表之作。""《中国古代社会》一书的方法论和理论观点皆令人耳目一新，本书的出版可以称得上是新中国史学史上的一个里程碑。"①

新时期史学界对中国古代社会性质认识的深化，在白寿彝先生主编的大型《中国通史》中也有明显的表现，这主要体现在对历史上多种生产关系并存的认识方面。关于历史上的社会形态，作者强调指出："从原始社会到现在，人类历史上已相继出现过五种社会形态，即原始社会、奴隶社会、封建社会、资本主义社会和社会主义社会。每一种社会形态，都是生产力和生产关系的矛盾统一体。在每一社会里，都有与生产力发展相适应的最基本的生产关系，有着一种社会形态与其他社会形态相区别。在每个具体社会形态中，往往不是单一的生产关系，而大都是两种以上的生产关系同时并存。""在封建社会初期，大都保留着奴隶制生产关系的残余，是封建生产关系的补充形式。在封建社会后期，又出现了资本主义生产关系的萌芽。这种奴隶制关系的残余和萌芽的资本主义生产关系，都存在于封建社会，但都不能改变封建社会的面貌和性质。"对于商周的社会性质，作者指出："商周时期，占支配地位的生产关系是奴隶制生产关系：奴隶主占有生产资料和生产劳动者。作为直接生产者的奴隶没有人身自由，没有生命安全的保障，无偿地为奴隶主劳动。在这时期，还有从原始社会遗存下来的氏族部落，分散在各地，过着共同劳动，共同分配的生活。在有些氏族部落中，存在着农村公社的形式，土地归公社成员所共有，进行定期的轮耕。"关于中国封建社会的复杂性，作者指出："中国封建社会长达两千多年，存在着多种生产关系，而封建的生产关系始终占有支配地位。汉族地区的经济文化水平在全国范围内最为发展，封建的生产关系开展得最早，发展得最为充分。由于历史传习力量的顽固性，氏族的血缘关系一直有长期深刻的影响。……但氏族制的历史影响只能增加封建生产关系的复杂性而不能成为一种独立的生产关系。秦汉时期，有大量奴婢存在。……秦汉时期的奴隶制生产关系在手工业中是存在的，但也只是封建生产关系的补充形式。""少数民族地区由于社会发展的不平衡，历史的步伐总不能跟汉族地区完全一致。……大致说来，在中国封建社会时代，少数民族地区存在着氏族制、奴隶制和各种形式的封建生产关系。在生产关系上无论如何不同，但都向一个共同的历史方向前进。在三国两晋南北朝隋唐时期，民族杂居地区逐渐

---

① 林剑鸣：《评何兹全教授〈中国古代社会〉》，《中国史研究》1992 年第 3 期。

进入封建化过程。在宋元时期，广大的边区，从东北到西北，再到西南，基本上都进入封建社会。明清时期，各民族地区的封建制生产关系得到进一步巩固。当然，这并不是说所有民族地方都封建化了，一直到解放前夕，有些民族地区还存在着氏族制、奴隶制的残余。"① 诚然，古史分期仍是中国史学界有很大分歧意见的问题，但比起过去长期单纯强调社会的单一性的缺陷来说，上述关于社会形态的复杂性，以及关于商周奴隶社会和中国封建社会的认识，是新时期中国历史学家对古代社会性质的复杂性认识的重大进步，标志着中国历史学研究的重大进步。在上述认识的基础上，多卷本《中国通史》在编撰体例方面也表现出了鲜明的特色，即将历史时代与社会性质融为一体，如将商周时代称为"上古时代"，但并未回避它的社会性质，作者指出："根据文献资料和地下资料来看，我国的商周社会便是一个早期奴隶制的国家形式。我国商周社会中，占统治地位的阶级关系，是氏族贵族奴隶主和受家长制形式剥削的奴隶。除此而外，大部分是习惯上所说的非基本的阶级或过渡的阶级，即公社农民和手工业小生产者阶级。这决定了奴隶在生产上并不占有主导地位。所以当时的生产与其说是建立在奴隶劳动上面，不如说建立在公社农民的劳动上面。但并不能因此而否认商周社会的奴隶制性质，因为决定一个社会是否是奴隶社会，不仅看它的奴隶的数量的多少，而重要的要看那里奴隶制的发生、发展对阶级关系发展和变化所起的作用。由于商周社会中奴隶制剥削是主导的、进步的，所以我们应该把它称为奴隶制社会或早期奴隶制社会。"关于中国奴隶社会向封建社会的转变，该书指出："春秋战国时期，商周奴隶社会的固有结构发生解体。商鞅变法以后，其他各国争相仿效。结果，使公田私有化，公社农民小农化，礼治法制化，分封制度郡县化，世卿制度官吏化。到秦统一以后，这种社会形态交替过程中的飞跃终于完成，中国历史从此进入封建社会。"② 该书关于中国古代社会性质的认识，尽管还难以作为定论，但是，关于商周社会和中国奴隶制向封建制社会的转变，比起以前的认识，无疑是深刻多了。

新时期以来，中国封建社会史研究得到了更多学者的重视，取得了显著的成效。这一方面得益于秦汉以后的各断代史研究的进一步深入，另一方面也得益于社会经济史研究热潮的出现。早在 20 世纪 80 年代前后，著名经济史专家傅筑夫

---

① 白寿彝主编：《中国通史》（第一卷）第 184—186 页，上海人民出版社 2004 年版。

② 白寿彝总主编，徐喜辰、斯维至、杨钊主编：《中国通史》（第三卷）第 170—171 页，上海人民出版社 2004 年版。

就出版了《中国经济史论丛》（生活·读书·新知三联书店，1980 年）、《中国古代经济史概论》（中国社会科学出版社，1981 年），随后，他又开始撰著七卷本《中国封建经济史》。在广阔的学术视野之下，运用中外封建社会的比较方法，傅筑夫对中国封建社会土地制度与地主制经济的特点，以及中国古代的城市、工商业、货币经济、封建政府的重农抑商政策、资本主义萌芽问题等进行了深入探讨，这对于进一步理解中国封建社会具有重要的学术价值。著名学者胡如雷在 60 年代研究的基础上，按照马克思研究资本主义社会和撰著《资本论》的方法，对中国封建土地所有制、地租、剥削形式与农民的经济地位、自然经济与商品经济、农业经济的再生产与周期性经济危机、中国封建史的分期问题，予以深入研究，出版了力作《中国封建社会形态研究》，这对于正确认识和把握中国封建时代的特点，同样具有重大的学术价值。20 世纪 80 年代后期，经济史研究受到了学术界的高度重视，在封建经济史方面，出版了田昌五、漆侠主编的《中国封建社会经济史》四卷本（齐鲁书社、文津出版社，1996 年）。全国哲学社会科学"七五"规划重点项目"中国古代经济史断代研究"的最终成果——九卷本的《中国经济通史》，也于 1999 年由经济日报社出版，这无疑将中国封建经济史研究推向了一个新的高度，也有助于对中国封建社会的进一步理解。由马克垚主编的《中西封建社会比较研究》（学林出版社，1997 年），从农业、城市、封建政权、社会四个大的方面，对中国和西欧的封建社会进行比较研究，对于准确把握中西封建社会的特点和共性，也具有重要的学术价值。

三、关于中国封建社会的理论再探讨

新时期以来，有关中国封建社会研究的其他成果也层出不穷，可以说，经过学术界的共同努力，中国古代社会的研究，无论从理论还是实证研究方面，都已达到一个全新的高度。但毋庸讳言，目前还存在不少的问题，其中最突出的表现是对过去研究范式简单否定的倾向，特别是进入 20 世纪 90 年代之后，一些学者对中国封建社会说提出了质疑，进入新世纪，这种质疑仍不绝于耳。

在中国古史分期的讨论中，所谓"封建社会"是指马克思主义社会经济形态演替理论中的一种生产方式。新中国建立以来，尽管学术界对中国封建社会开始于何时存在诸多分歧意见，但对于鸦片战争以前的中国古代社会属于封建社会的认识是一致的。新时期质疑这一"定论"的观点包括两种：一种是根本否定中国存在任何类似西欧中世纪的封建社会；另一种是承认先秦时代存在过封建社会，否定秦以后属于封建社会。所以，问题主要聚焦在对秦以后社会性质的认定上。

关于封建社会，马克垚说："目前我们使用的封建社会的诸多概念、定义，是由西方19世纪的法学家，大体上根据罗亚尔河和莱茵河之间的狭小地区、9—12世纪短时间的情况逐渐推演而来的，如强调封君封臣的依附等级关系，庄园制、农奴制、自然经济的统治，王权微弱甚至无国家等等，这些即令放之西欧的封建时代也并不完全合适，但因袭的力量使它仍然是标准的封建模式。如果我国学者拿这样的模式来研究中国的封建，自然有许多窒碍难通之处。""首先，西方封建社会的规律是从小地区、短时段的范围总结出来的，在西方都已不合适，所以我曾建议把它的时间拉长一些，比如说看看那里5—18世纪（工业革命之前）的情况。同时总结像中国、印度、俄国、伊斯兰等国家的封建制度，通过相互比较而知其异同，进而总结出全世界的封建规律，则我们的历史研究一定可以大大的前进。"①

在这以后，陆续出现了一些质疑中国"封建社会"的文章。其中，侯建新《"封建主义"概念辨析》影响较大。美籍华裔学者赵冈自80年代后期以来，也针对秦以后属封建社会说和封建地主制理论撰写了系列批评文章。使这种质疑达到高潮的是冯天瑜2006年推出的《"封建"考论》。它把秦以后属于封建社会的观点称为"泛封建观"，批评它既不符合"封建"的"古义"和"西义"，亦"与马克思封建社会的原论相悖"，实乃概念之误植。该书出版后，一些学者和媒体为之叫好。武汉大学召开专门会议，党委书记亲自出马"高度赞扬"冯著，一些学者也为之赞叹。同时，冯著的一些内容也以论文形式分别在《史学月刊》、《学术月刊》、《社会科学战线》等刊物发表，造成了一些"声势"。

《"封建"考论》对封建的本意及其发展和演变，做了详尽的追本溯源工作，并提出了作者关于中国社会发展的以"宗法地主专制社会"取代传统的"封建社会"的新说。冯天瑜指出：

　　　流行大半个世纪的泛化新名"封建"的偏失自现。有学者将新名"封建"的概念误译严厉批评为"语乱天下"，并非过分之词。
　　　大半个世纪以来，"封建"由旧名向新名转换，在一些史家那里发生了文化错位——甲、封建泛义（土地可以买卖的地主经济、中央集权的专制政治）不仅与本义（土地由封赐而来，不得转让买卖、政权分

---

①　马克垚：《说封建社会形态》，《历史研究》2000年第2期。

散、诸侯林立）脱钩，而且同本意指示的方向相背反；乙、封建泛义又与相对译的英语词 feudalism 西义（封土封臣、采邑领主、人身依附、超经济剥夺）大异其趣；丙、新名"封建"的上述泛义超出词形提供的意义空间，全然是外在注入的。用上述含义的"封建"作词干形成的新词作"封建制度"、"封建社会"、"封建主义"、"封建时代"等，也随之偏离正轨。于是，因为关键术语失准，一部中国历史的宏大叙事，失却构制网络的坚实纽结。由此出发，我们长期探讨的"中国历史分期"、"中国封建社会内部分期"、"封建土地所有制形式"、"中国资本主义萌芽"、"中国封建社会为何长期延续"诸问题，都缺乏议论得以健康展开所必需的严密的概念坐标系。①

上述观点，在学术界引起了较大的反响。有学者发表文章说：《"封建"考论》一书在确认"封建"本义与西义的基础上，从中、英、日文三个维度，认真梳理我国"封建"概念泛化的复杂轨迹，悉心搜集和研读文本资料，把清末民初、五四时期、大革命失败之后等关键时段的概念衍变之脉络简明扼要地勾勒出来，还将衍变的主要原因追根究底，尤见功力。全书既有对社会史论战中所谓"封建观"的系统审视，也有对毛泽东提供"定论"的专题考察；既有对周谷城、王亚南等 8 位民国名家质疑泛化"封建"概念的逐条梳理，也不乏对欧、美、日三地名流与当代中国学者王元化等人相关见解的辑要。其知识考古工程之庞大，征引之浩繁，梳理之明晰，分析之透彻，足可称道。作者不仅细心归纳各家论点，而且重在纠出各家论据，指陈得失，披沙拣金，常于细微之处见真知，其心境之平和，取舍之严谨，多溢于字里行间。作者不仅重破，而且有立，在甄别与吸纳各家之长的基础上，审慎地提出以"宗法地主专制社会"来概述自秦至清的历史实质，取代"封建社会"之名。读者固然可以不赞同作者的这一新论，却无法绕过他的学术思路，无法漠视他的辛勤劳动，因为他已把关于"封建社会"这个学术真题的来龙去脉与争论得失梳理得十分清楚了。②

也有学者发表评论说：《考论》是一部严肃的学术著作，它以详实和严密的研究证明，无视中国历史的实际特点，将基于西方历史的概述模式泛化为所谓的

① 冯天瑜：《"封建"考论》第 4—7 页，武汉大学出版社 2006 年版。
② 郭世佑：《拨开云雾见新知——推荐冯天瑜先生的〈"封建"考论〉》，《中华读书报》2007 年 7 月 4 日。

"普遍规律"，生搬硬套地用以阐释中国历史，必然产生名实不符的问题。对庞杂繁复的材料分类归纳，条分缕析，以近四十万言的洋洋文字，以一个"封建"概念的演变为主线，将近百年中国政治和学术密切关联的问题，有条不紊地完整地勾画出来，是名副其实地以"小题目"而成就的大作品。冯氏以"封建"概念为枢纽，目通于古今时代而上下勾连，思接于东西世界而纵横论析，眼界堪称高远、宏阔，然又能处处关注于基本的事实和概念，行文细致入微，论述丝丝入扣，做到了论证和表述上的"小处着手"。反观长期以来学界盛行的"宏大叙事"所造就的"好大"积习，我们不得不佩服冯氏厚积薄发的治史功力、洞察入微的学术识见和有条不紊的叙事才能。①

　　除了对该书的赞扬和称颂之外，也有学者对该书的基本观点提出商榷和批评意见。李根蟠发表《"封建"名实析议》一文，对冯天瑜的《"封建"考论》提出商榷。李根蟠指出："封建"概念是历史地变化着的，不应该把用凝固化的老概念去"匡正"人们鲜活的历史认识。中国马克思主义史学工作者在唯物史观的指导下，从中国实际出发，论定战国秦汉以后属于封建社会，并提出"封建地主制"理论。这种认识的正确性，被新民主主义革命的胜利所证实，是对马克思主义封建观的继承和发展。把它贬为"泛封建观"，指责它"与马克思封建社会的原论相悖"，是站不住脚的。针对冯天瑜的观点，李根蟠提出以下看法：

　　其一，"封建"概念是历史地变化着、并在实践中向前的。近代中国封建概念发生了两次"飞跃"：一是严复以"封建"对译欧洲的 feudalism，从此封建被视为一种社会形态；二是马克思主义的传入，从此"封建"被视为一种生产方式。马克思主义的封建观也是发展着的。列宁的封建观是马恩封建观的发展，中国共产党人和马克思主义史学工作者的封建观则是马列封建观的发展。这种发展变化是合理的，反映了人类认识进步的正常过程。并指出：冯氏的所谓"循名责实"实质上就是否认"封建"概念演变的合理性，要把人们的鲜活的历史认识拉回凝固的古老"封建"概念中去。

　　其二，通过对冯天瑜对《政治经济学批判·序言》的曲解、对马克思《给"祖国纪事"编辑部的信》的误读、对马克思《经济学手稿（1857—1858）》的误读分析，以及关于马克思对柯瓦列夫斯基的批评和"非贵族式土地所有制与封建主义不相兼容"、所谓"中央集权君主专制与封建主义不相兼容"的论述，李根蟠指出：冯氏所谓"马克思封建社会原论"，是建立在误读和曲解之上的，是

---

① 张绪山：《拨开近百年"封建"概念的迷雾》，《湖北社会科学》2007 年第 1 期。

主观的臆造。马克思并没有把自己对封建社会的认识局限在西欧中世纪早期的特殊形式上，马克思恩格斯把封建制度视为人类历史上的主要社会经济形态之一，揭示其经济基础的本质特点和表现形式的多样性。但马恩较多从他们比较熟悉的西欧历史实际谈论封建社会，没有系统总结封建社会的不同阶段和不同类型。正是马恩的上述以及其他更多的论述，揭示了封建社会经济基础的本质及其多样性的表现形式，为我们从更深的层次和更宽的视野观察封建社会指明了方向。列宁的概括没有把西欧中世纪早期的封土封臣制的具体形式作为封建经济的基本特点，而是突出了不同于资本主义的剩余价值的榨取方式、突出了人身依附关系和超经济强制等，它体现了马恩封建论的精髓，显然与上引马克思在《资本论》等著作中所作的分析一脉相承。列宁确实是突破了西义封建概念的狭隘眼界，故能用更宽阔的视野考察世界其他地区相似的社会形态，对东方社会的封建性质做出明确的论定，并首次指出当时中国社会的半封建性质。但列宁的所有这些论述都是在新的条件下对马克思恩格斯封建观的继承和发展。把列宁和马恩对立起来，认为他的封建观是对"马克思封建社会原论"的背离，则是十分荒唐的。

其三，中国共产党人和许多马克思主义史学家主张秦汉以后的中国属于封建社会，这既是中共新民主主义革命纲领的逻辑前提，也是以马克思、恩格斯、列宁的封建观为武器对中国历史实际深入考察的结论。他们论证主要着眼于剥削方式，指出战国秦汉以后地主向农民收取封建性的实物地租，同时长期保存了劳役地租的残余，又实行超经济强制等等，完全符合马克思主义的基本精神。"封建地主制"理论既体现了马克思主义的基本原理，又深刻地反映了中国的历史实际，这岂是只会从马克思主义经典著作中寻章摘句者所能为？这一理论获得广泛的认同绝非偶然。在中国这样一个东方大国揭示了一种不同于西欧封建领主制的更具典型意义的封建社会新类型，不能不大大丰富了人们对封建社会的认识，标志着马克思主义封建观的新发展，在马克思主义史学发展史上具有重大的意义。

文章最后说：秦以后是否封建社会，从来就不仅仅是书斋中的问题，不仅仅是单纯的概念之争。在新民主主义革命时期，它是和民主革命走什么道路的问题联系在一起的。当前，国内外学界对"封建"这一概念有不同认识，这种不同认识，不但存在于马克思主义学派和非马克思主义学派之间，而且存在于马克思主义学派内部。但在中国，这种分歧又不是简单的概念之争，因为它牵涉到肯定还是否定中国新民主主义革命的历史，肯定还是否定中国马克思主义史学的问题。中国共产党人和马克思主义史学工作者经过调查和研究，认定鸦片战争前的中国是封建社会，鸦片战争以后沦为半封建半殖民地社会，并据此制定了新民主主义革命的纲领。中国人民在这一纲领的指导下取得了新民主主义革命的胜利，这已经雄辩地证明了中国共产党人和马克思主义史学工作者对鸦片战争前后中国社会性质认识的正确，这难道还有什么疑义吗！从根本上否定这种认识和概念，欲置中国共产党新民主主义革命理论于何地？又将置自己于何地？①

　　冯天瑜的《"封建"考论》引起的争论也受到了学术界的广泛关注。2007年11月，中国社会科学院历史研究所、经济研究所和《历史研究》编辑部等单位在中国社会科学院组织专题研讨会，会议的主题是通过对"封建"名实问题的讨论，回答新时期的史学工作如何在中国特色社会主义理论体系的指导之下，坚持和发展马克思主义的唯物史观，尤其是马克思主义经典作家所提出的社会形态学说，从而努力推进马克思主义中国化的伟大历史进程。这次会议就"封建"、"封建社会"概念的演变、如何认识和评价马列主义的封建观、中西方封建社会的比较、马克思主义社会形态学说以及"封建"名实问题讨论的意义与实质问题展开较为深入的讨论②。会后出版了《封建名实问题讨论集》，尽管仍有个别学者如郭世佑、黄敏兰等对于《"封建"考论》予以赞扬，但林甘泉、张岂之、卢钟锋、瞿林东、龚书铎、李根蟠等大多数学者对于冯天瑜的观点不予认同，周自强、廖学盛、马克垚、方行、刘明翰、庞卓恒等也强调马列封建社会学说的普适性和重要理论价值，他们对于否定中国封建社会的观点持明确的反对态度。

　　通观冯天瑜的《"封建"考论》一书，对"封建"一词的来龙去脉进行如此系统地梳理，这种正本清源的工作，具有重要的学术价值。但是，该书对列宁以后的有关"封建"的论述，皆冠以"泛封建化"的评价，简单地予以全盘否定，否定了封建制理论的发展，否定了马克思主义史学家以这一理论对中国古代社会的全面深入地研究的成果，显然是很不客观，也难以站得住脚的。李根蟠对冯天瑜否定"封建社会"以及《"封建"考论》一书的基本观点的分析和评价，是本着实事求是的百家争鸣的原则展开的，其分析和论证也是深刻有力的，他所指出冯天瑜对马克思主义经典作家理论理解的偏差，对马克思主义史家学术成果的简单否定，他所指出20世纪80年代后期以来中国学术界出现的否定马克思主义及其史学的思潮的政治危害，也很值得我们深思。

---

① 李根蟠：《"封建"名实析议》，《史学理论研究》2007年第2期。
② 朱昌荣：《"'封建'名实问题与马列主义封建观"学术研讨会综述》，《史学理论研究》2008年第2期。

第四节　中国近代史重要理论问题的探讨

新时期以来，中国近代史研究有了突飞猛进的发展，研究领域得到了极大开拓。对若干重要问题的探讨，是推动近代史研究的重要方面，这包括关于"革命"与"改良"问题的争论，"革命"史观与"现代化"范式的争论等重要问题。

一、关于"革命"与"改良"问题的讨论

"革命"与"改良"的评价问题，是中国近代史研究的一个重要问题。"革命"是中国历史特别是中国近代历史中一个极其重要的内容，毛泽东所提出的反帝反封建主要立足于中国近代历史上的革命，在这种理论指导之下，加之受中国共产党的反帝反封建的新民主主义革命的巨大影响，新中国成立之后的《中国近代史》论著，其核心的内容立足于对近代中国人民不屈不挠的反帝反封建的运动的记述，因而，太平天国起义、义和团运动、辛亥革命等革命运动都得到了广大史学工作者的高度评价和赞颂。如新中国成立之后广泛发行的范文澜修订的《中国近代史》（上册），主要内容包括：第一次鸦片战争、中国人民的反英反满斗争、太平天国革命，洋务派的"自强"与第一次割地狂潮、甲午战争及第二次割地狂潮，第一次改良主义运动——戊戌变法、对抗瓜分野心的义和团反帝运动。成书于70年代胡绳的《从鸦片战争到五四运动》，其编著的理论核心是他提出的三次革命高潮，其基本内容包括：鸦片战争和太平天国革命，半殖民地、半封建统治秩序的形成，戊戌维新和义和团运动，资产阶级领导的辛亥革命，向新民主主义革命的过渡。当时对中国近代历史研究的任务和目的的认识，刘大年的看法具有代表性，他提出："阶级斗争在这八十年里一直激烈地进行着。中国社会被压迫阶级与帝国主义无时无斗争；人民群众与封建统治势力无时无斗争；工人阶级与资产阶级有斗争；反动统治阶级内部也有斗争。由于这时的阶级斗争既是非常尖锐，又是格外复杂，历史发展的客观规律，阶级斗争的客观规律在这里就暴露得越发彻底，越发显著。对这些阶级、阶级的复杂斗争进行具体的分析研究，把中国半殖民地、半封建社会这个特定历史时代的阶级、阶级斗争规律揭示出来，让人们能够认识它、理解它，这就是中国近代史研究的根本要求、根本任务。"同时，刘大年提出了近代史研究如何为社会主义革命和社会主义建设服务的问题，他认为主要包括四个方面：第一，近代中国阶级、阶级斗争规律的知识

可以武装一切真正的革命者，武装正在建设社会主义的我国广大人民。第二，需要研究近代中国阶级斗争的客观规律，来深刻阐明党在民主革命时期的路线、方针和政策。第三，中国民主革命时期复杂的阶级斗争为中国人民积累了异常丰富的革命经验。今天迫切需要对这些经验从理论上，即从历史规律上加以阐述、总结。第四，我们需要掌握近代中国阶级斗争规律的知识，更有力地与资产阶级反动思想作斗争[①]。着重于研究近代历史上的阶级斗争及其发展规律，服务于当前的阶级斗争，成为当时中国近代史研究的根本宗旨。

新时期之前的近代史著作，在对中国近代的反帝反封建革命运动高度颂扬的同时，对中国近代的改良运动评价也较低。如关于洋务运动，胡绳说："封建官僚的洋务运动虽然自我标榜为'自强新政'，但始终不能表现为在外国侵略者面前自强的事实。在同治年间，由于内部的人民起义一个个被镇压下去，封建统治者自夸为'同治中兴'。但是即使封建统治者自己也不能不看到，这种'中兴'不过是充满了危机的虚假现象。""所谓'中兴'，所谓'自强'，都不过是自欺欺人之谈。"[②] 不能说胡绳这种认识是不对的，但显然对19世纪70—80年代中国资本主义的发展，对洋务运动对中国近代工业产生的推动作用估计过低。又如关于戊戌变法运动，胡绳说："他们并不是自觉地站在封建制度的对立面去进行批判，相反的，他们对于封建制度的无可挽救的灭亡的命运是抱着无限悼惜的心情的。他们不是对封建制度进行无情的批判，而是为它唱着绝望的挽歌。""所有的维新派人物，包括最激进的谭嗣同和对西方知识最多的严复在内，在政治上都停止在君主立宪上，不敢再前进一步。……他们都离不开皇帝，因为他们所代表的资产阶级还离不开封建地主阶级。这就决定了他们只能是软弱的资产阶级改良主义者。"对于光绪皇帝，胡绳指出："光绪皇帝并不真正是维新的皇帝，他不可能真正实行维新派所主张的资产阶级路线。在中国封建地主阶级已经同帝国主义深相勾结，成为帝国主义的附庸的历史条件下，他不可能超越他的阶级地位而做出维新派所指望他做的'以开创之势治天下'，不可能由他来开创一个资本主义的天下。"[③]不能说作者的这些看法没有道理，但仅从历史的局限性出发，对维新派和光绪皇帝做出这样的论断，显然对他们在维新运动中的所作所为评价较为偏低，对戊戌维新在中国近代思想上的启蒙作用认识是不足的。

---

① 刘大年：《中国近代史问题》第7—14页，人民出版社1978年版。

② 胡绳：《从鸦片战争到五四运动》第311—312页，上海人民出版社1982年版。

③ 胡绳：《从鸦片战争到五四运动》第534—536页。

　　新时期以来，中国近代史学界拨乱反正、进一步解放思想、开拓创新。80年代初，陈旭麓、李新等著名史学家先后发表文章，对革命和改良的含义及其评价问题作了进一步的论述，1980年复旦大学就"历史上的革命与改良"召开专门讨论会。通过一系列的讨论，史学界纠正了50年代后期以来片面赞扬革命而否定改良认识上的偏差，通过对"洋务运动"和"戊戌变法"的深入研究，肯定了这些运动在中国近代历史发展中的地位和作用，对清朝末年统治阶级内部的政治改革和改良也做出了较为客观公允的评价。如戴逸指出："改良是相对于革命而言的。过去，由于片面地强调阶级斗争、暴力革命，评价改良时总是贬得比较低的。这是不公平的，不正确的。改良主义作为一种思想体系，完全否定质变，反对革命，这是错误的，反动的。但是，历史上的政治改良和改良思想，是起过相当进步作用的。这一点决不能低估。""现在，我们对'改良'这个词好像是抱着一种成见，很忌讳这个字眼。一提改良就认为不好，一提改良就是反革命。这完全是一种误解。其实，革命和改良是历史前进中的两种不同的形式。"①但与此同时，在反思"文革"教训的过程中，在20世纪80年代末到20世纪90年代初，有的学者由对现实的阶级斗争的反思进而思考中国近现代历史上的革命，提出了"告别革命"的主张。突出代表是李泽厚对中国近现代革命的全面彻底的否定。李泽厚说："辛亥革命是搞糟了，是激进主义思潮的结果；清朝的确是已经腐朽的王朝，但是这个形式存在仍有很大意义，宁可慢慢来，通过当时立宪派所主张的改良来逼着它迈上现代化和'救亡'的道路；而一下子痛快地把它搞掉，反而糟了，必然军阀混战。所以，自辛亥革命以来，就是不断革命：'二次革命'、'护国、护法运动'、'大革命'，最后就是49年的革命，并且此后毛泽东还要不断革命。直到现在，'革命'还是一个好名词、褒词，而改良则成为一个贬词，现在应该把这个观念明确地倒过来；'革命'在中国并不一定是好事情。"② 1995年，李泽厚、刘再复出版了《告别革命——回望二十世纪中国》，明确提出了"告别革命论"，该书对孙中山、袁世凯、毛泽东等重要历史人物都发表了他们的看法，对中国历史上的革命提出了质疑③。对于孙中山领导的辛亥革命，也有学者说："孙中山和革命党人的理想虽美，然而毕竟超过了中国社会的承受力，超越了社会发展所必然要经过的阶段，而陷入了一种理想主义的误

①　戴逸：《关于历史研究中阶级斗争理论问题的几点看法》，《社会科学研究》1979年第2期。

②　李泽厚、王德胜：《关于文化现状、道德重建的对话》，《东方》1994年第5、6期。

③　李泽厚、刘再复：《告别革命——回望二十世纪中国》，香港：天地图书有限公司1995年版。

区。这一至关重要的失误不仅导致了辛亥革命爆发之后一个相当长时期的混乱，而且实际上开启了20世纪中国政治浪漫主义的先河。……辛亥革命的条件并不充分具备，在相当程度上甚至可以说，辛亥革命之所以于此时爆发，完全是近代中国特殊历史条件下革命志士鼓吹、争取的结果。"①

　　针对史学界关于"革命"与"改良"认识出现的反弹想象，有不少学者对中国近代历史上的"革命"与"改良"发表了意见。刘大年强调指出：革命运动、人民起义是中国近代史的脊梁或者说是贯穿于其中的主旋律，帝国主义的侵略压迫把中国变成了半殖民地、半独立国，"中国革命是中国历史的光荣，我们没有理由、也没有权力妄自菲薄。一些论者反其道而行之，把帝国主义、封建主义统治及其代表人物的假丑恶，像变戏法一样，描绘成真善美的化身，而对于推动历史前进的革命运动则说成仿佛是中国贫穷落后，黑暗纷乱的祸首与根源。它与学术研究不沾边，但确实是一种在讲历史的名义下制造的社会舆论。"② 张海鹏在《"告别革命"说错在了哪里？》一文中指出："按照'告别革命'论者的说法，社会历史发展过程中爆发的革命，似乎是可有可无的，如果改良搞得好，革命是可以避免的。显然，这是历史唯心主义者观察历史运动的看法，它完全无视历史发展是有规律可循的客观历史运动。""'告别革命'论者说，改良比革命好，'解决阶级矛盾可以是阶级调和，协商互让，进行合作，即改良而非革命'。对改良的不加分析的肯定，实际是反对革命的同义语。""'告别革命'论错在了哪里？所谓告别革命，实际上是要告别马克思主义，告别社会主义，告别近代中国人民的全部革命传统。"③ 关于改良与革命的关系，谷方指出："改良与革命并不是根本对立的。马克思主义并不否定改良的作用和意义。但是，它反对夸大改良的作用和意义，更反对用改良代替革命，取消革命。改良和革命是改造社会的两种方式，在一定时期究竟采用其中哪一种方式，这要由当时的条件来决定，而不以人们的主观意志为转移。一般说来，改良只是社会革命的准备和前奏，或者是革命的最低要求。因此，革命优于改良，只有通过革命才能解决改良所无法解决的那些根本性的全局性的社会问题。……'告别革命'论所谓'改良可能成功，革命则一定失败'的论断，是与历史事实背离而驰的。"④ 龚书铎指出："对

①　马勇：《辛亥革命：现代化的主观意图与客观效果》，《近代史研究》1995年第1期。
②　刘大年：《当前近代史研究的几个理论问题》，载《刘大年集》第20—23页。
③　张海鹏：《"告别革命"说错在了哪里？》，《当代中国史研究》1996年第6期。
④　谷方：《评"告别革命"论》，载沙健孙、龚书铎：《走什么路》，第76—77页。

于历史上的革命和改良，应该实事求是地给予评价。革命和改良究竟哪一种好，不能抽象地论定。在社会历史的发展过程中，革命是社会变革的动力；在一定的条件下，改良也可以起到某种变革社会的作用。在某一个国家的近代化变革中，是采取革命的方式，还是采取改良的方式，完全取决于这个国家的历史状况、社会政治经济状况、阶级状况等国情。……对革命、改良的得失，必须作实事求是的具体的分析，完全抹煞革命，一味颂扬改良，是错误的。当一个国家内部需要革命，而革命条件又已具备，在这种情况下鼓吹改良以抵制、反对革命，就不足取，应给予批评。"关于中国近代的革命道路，龚书铎指出："在中国近代史上，无论是戊戌维新运动，还是辛亥革命时期的立宪运动，对中国社会发展都曾不同程度的起过积极推动作用。但是，无论是戊戌维新时期的维新派，还是辛亥革命时期的立宪派，以至新民主主义时期主张'中间路线'的人士，他们试图以改良方式来解决中国问题的尝试，均以失败而告终。历史证明，只有中国共产党承续辛亥革命没有完成的任务，领导中国人民进行新民主革命，才推翻帝国主义、封建主义和官僚资本主义的反动统治，结束了半殖民地半封建社会的历史，建立了中华人民共和国，进行社会主义革命和建设，从而在现代化道路上阔步前进。这是客观的历史事实，谁也无法抹煞。"① 我们认为，龚书铎先生上述观点，有助于对"告别革命"这种错误论调的进一步纠正，正确地说明了应如何评价"中国近代的改良和革命"这个至关重要的问题。

二、关于中国近代社会现代化问题的探讨

新时期以来，现代化研究受到了学术界的普遍关注，中国社会的现代化研究在这股热潮中也取得了显著的成果。以罗荣渠和章开沅为代表的一些学者在现代化理论和中国的现代化进程探讨方面做出了突出贡献，一批从事世界近现代史研究的学者对现代化的不同模式、不同道路作了较为系统深入地探讨，出版了徐泰来的《中国近代史集》、徐宗勉等的《近代中国对民主的追求》、汪熙的《中国现代化问题》、胡福明的《中国现代化历史进程》等现代化研究的总论性著作。关于中国近代的现代化的探讨，在传统文化与现代化关系的研究方面，出版了章开沅的《离异与回归——传统文化与现代化关系试析》等专著；罗荣渠在《现代化新论续编——东亚与中国的现代化进程》中，专设两章论述了中国传统文化

① 龚书铎：《社会变革与文化趋向——中国近代文化研究》第17—18页，北京师范大学出版社2005年版。

向现代化的转型的历程；此外，关于"五四"新文化运动的评价、文化保守主义思潮、儒学的现代化等问题的研究也成为学术界关注的热点问题。对中国早期现代化的研究，主要集中在晚清自上而下的变革运动以及新型工商社团的兴起方面，出版了周积明的《最初的纪元——中国早期现代化研究》，朱英的《晚清经济政策与改革措施》、《转型时期的社会与国家——以近代商会为主题的历史透视》，以及虞和平的《商会与中国早期现代化》等学术著作。中国现代化的区域研究也颇受学者的青睐，除台湾学者张朋园等专注于这一领域出版了一批著述之外，大陆学者如胡福明等的《苏南现代化》等著作也相继问世[①]。除了上述成果之外，由王斯德、童世骏组织一些学者编著了《现代化进程中的中国人文学科》《文学卷》、《史学卷》、《哲学卷》，这对于拓展现代化研究的领域，促进相关学科的发展也具有积极的意义。

从事世界近现代史研究的罗荣渠，在晚年先后出版了《现代化新论》、《现代化新论续编》等著作，为推动现代化研究做出了突出的贡献。增订版《现代化新论——世界与中国的现代化进程》，集中了罗荣渠现代化研究的精华。该书共分上下两篇，共五编：大转变时期的新历史观，现代世界发展趋势通论，转型期中国发展趋势通论，世界现代化进程与东亚的崛起，中国的现代化道路。著者在世界现代化的宏观视野之下，论述了中国的现代化进程，建立起了自己的现代化史观的基本理论体系。在理论方面，罗荣渠提出了以生产力为社会发展中轴的历史发展的"一元多线"的发展观，在"中国走向现代化的艰难历程"一章中，作者突破了传统的以反帝反封建"两个过程"作为近代史的基本线索和理论框架的局限性，"从众多的内外因素的互动作用，提出了以衰败化、半边缘化、革命化、现代化四大趋势作为近代中国变革的基本线索的新观点"，深入分析了阻碍现代化的思想因素，向现代化制度转变的失败，共和时期资本主义现代化的趋向与挫折，以及20世纪上半叶中国现代经济的依附性增长的趋势。最后，作者总结出了中国的现代化发展因素："半边缘化是近百年社会演变的关键性因素，它加速了内部衰败的速度，并使现代化被扭曲甚至断裂；但在一定条件下也推动依附性发展。而革命化则是抗议内部衰败和阻止半边缘化的关键性因素，它为现代化扫清障碍；但单纯的革命暴力并不能导致现代经济增长。"关于中国现代化的特点，罗荣渠提出了以下几个方面：一是中国的现代化是在一个幅员辽阔、人

[①]　参见林被甸、董正华：《现代化——20世纪中国史学的新领域》，载刘新成主编：《历史学百年》，第438—449页。

口众多、经济发展落后的农业大国中进行的；二是中国现代化是在异乎常态的内外环境中进行的；三是中国现代化的过程是一个历史连续性的破坏与延续的深刻矛盾运动；四是中国走向现代化的过程是在世界现代化浪潮不断冲击与挑战之下，不断选择与变换发展模式的过程①。罗荣渠提出的现代化理论以及对中国现代化的宏观思考，在某种程度上反映了新时期现代化研究的新水平，也推进了中国近代史学科理论和方法的更新，有助于进一步推动中国近代史的研究。

　　关于现代化史观，著名近代史专家李喜所说："值得一提的是，在全国性的现代化建设热潮的影响下，人们的思想观念发生了很大的变化，反映到近代史学术界，就是对传统的'革命史观'的反思，逐步涌现出一种近代化或曰现代化史观，也就是将鸦片战争以来的历史看做一个近代化的过程，用近代化去重新透视近百年的历史。我也逐步接受了这种'近代化史观'，并指导我的学术研究。客观地讲，在80年代末，近代史学界同行多数都接受了这种理念，这有力地推动了中国近代史的研究。当然，这并不意味着以往的'革命史观'有多大的过错，只是在学术变迁中反映了学界对近百年历史的一种解读；'近代化史观'则是现代化年代学界对中国近代历史的又一种诠释；二者是否定过程中的传承关系。"② 以"现代化史观"对中国近代历史的新思考，在一定程度上纠正了过去以"反帝反封建"为主线的"革命史观"的局限，无疑极大地推动了中国近代史学科的创新和发展。正如有的学者所说："现代化视角介入中国近代史研究，既冲击了原有的中国近代史学科体系，也改造了原有的中国近代史学科体系，使中国近代史学科开始出现多种范式并存和互相竞争的局面，促进了中国近代史学科的创新和繁荣。"③ 但与此同时，又出现了以"现代化史观"否定中国近代历史上的革命运动的新偏向。如有学者说：资本主义与封建主义的矛盾是近代历史的基本矛盾。这是在世界近代史范围内的先进对落后，文明对野蛮，进步对保守，革命对反动的矛盾。而所谓"两个过程，三次高潮"，或"一个过程两个方面的斗争"的理论，"中国近代历史也就从民族利益的立场，民族矛盾的角度，以极其浓郁的民族主义色彩，被主观先验地解释为一部中华民族反抗帝国主义侵略，争取民族独立的民族解放斗争史。"④ "现代化的发展与民族的独立不存在必

① 罗荣渠：《现代化新论——世界与中国的现代化进程》第249—261页，商务印书馆2004年版。
② 李喜所：《中国近代社会与文化研究·序言》第3页，人民出版社2003年版。
③ 张海鹏、龚云：《中国近代史研究》第425页，福建人民出版社2005年版。
④ 周清泉：《中国近代史应当提到近代世界历史范围内研究》，《成都大学学报》1995年第3期。

然的关联。世界各国的现代化过程早已表明，即使是那些沦为殖民地、半殖民地的国家，也不可能在根本上有碍于他们的现代化运动。""辛亥革命的先驱者不明白现代化与殖民化的分野，于是将推翻满清、民族独立视为中国现代化的必由之路。"① 关于现代化与革命的关系问题，对现代化研究做出突出贡献的罗荣渠指出："近代中国被外国的侵略伤害得太厉害了，因此在一个特定的历史时期，'两个过程'或许是中国近代史研究的最佳视角。但革命毕竟只是近代中国变革的一个方面，况且即使要全面理解中国革命的过程，不研究这一时期社会演变的诸侧面也是不深不透的。中国革命运动是一场伟大而复杂的政治斗争，但它本身并不等同于社会变革，并不能代替对社会变革的研究。"② 今天看来，罗荣渠对中国革命以及以前中国近代史研究的缺陷的上述看法是客观公正的，是可以站得住脚的，与后来出现的片面强调现代化而否认中国近代历史上的革命思潮是大相径庭的。关于"革命"与"近代化"的关系，龚书铎指出："从'近代化'的角度弥补过去偏重中国近代史上的'革命'所出现的偏向，扩展了视野，这很好。问题是有些人将'近代化'与'革命'对立起来，用一个代替另一个。'革命'与'近代化'在中国历史上是分不开的，国家的独立、民族的解放，是实现中国繁荣富强的前提，不解决国家的独立，人民的解放，近代化是'化'不起来的，这也是中国走上工业化、近代化的必由之路，'革命'是近代化中应有之义，'民主'本身就是近代化的重要内容。"③ 我们认为这是对新时期近代化、现代化研究的学术意义的正确评价，是对"革命"与"近代化"之间的关系的正确认识。对学术界关于"现代化范式"与"革命史范式"的争论，张海鹏指出："运用现代化理论研究近代中国的历史，具有一定的积极意义，但简单地以'现代化范式'替代'革命史范式'，未必是正确的思考方向。近代中国的时代基调是革命，中国近代史上的政治、经济、军事、文化思想、社会变迁，以及中外关系的处理，区域发展，少数民族问题，阶级斗争的状况，无不或多或少与革命的进程相联系。中国近代史学科体系只能在'革命史范式'主导下，兼采'现代化范式'的视角，更多关注社会经济的发展与变迁及其对于革命进程的作用，使'革命史范式'臻于完善，这是我们今天需要努力的。"④我们认为，这种看法有

---

① 马勇：《辛亥革命：现代化的主观意图与客观效果》，《近代史研究》1995 年第 1 期。

② 罗荣渠：《现代化新论——世界与中国的现代化进程》（增订版）第 252 页。

③ 龚书铎、宋馥香、张剑平：《学术创新和理论思考——龚书铎教授访谈录》，《吉林师范大学学报》2003 年第 2 期。

④ 张海鹏：《20 世纪中国近代史学科体系问题的探索》，《近代史研究》，2005 年第 1 期。

助于纠正近代史学界曾出现的以"现代化"取代和否定中国近代革命的错误
倾向。

　　在一些史学家的努力下,以"现代化"抹煞中国近代历史上的革命的思潮,
在 90 年代后期有所收敛,但究竟应如何看待西方列强对中国发动的一系列战争,
究竟应如何评价近代中国人民反帝反封建的斗争,仍是史学界需要进一步深入研
究的重大问题。2006 年 1 月《中国青年报》刊出了中山大学袁伟时教授的文章
《现代化与历史教科书》,引起了学术界的广泛关注,3 月 1 日,《中国青年报》
发表了张海鹏的争鸣文章《反帝反封建是近代中国历史的主题》,龚书铎、朱东
安等学者针对该文也发表了争鸣文章。2006 年 4 月,"学术批评网"刊发了袁伟
时与张海鹏的商榷文章《为何、何时、如何"反帝反封建"?——答〈反帝反封
建是近代中国历史的主题〉》。袁伟时两篇文章都是围绕着第二次鸦片战争和义
和团运动而展开论述。在第一篇文章中,关于第二次鸦片战争,袁伟时提出:
"面对咄咄逼人的强敌,作为弱势的大清帝国一方,明智的选择是严格执行现有
的条约,避免与之正面冲突,争取时间,改革和发展自己。而当时的政府和士
绅,完全被极端的情绪支配,在小事上制造违约的蠢行,结果酿成大祸。"关于
义和团运动,作者说:"义和团烧杀抢掠、敌视和肆意摧毁现代文明在前,八国
联军进军在后,这个次序是历史事实,无法也不应该修改。"① 在第二篇文章中,
袁教授申明坚持一个基本的原则,即"第二次鸦片战争是一场侵略战争,火烧圆
明园是侵略者犯下的罪恶。八国联军入侵也是一场侵略战争,而战争过程中他们
又犯下抢掠、强奸和屠杀罪行。"在此前提下,他提出:第二次鸦片战争是可以
避免的,义和团运动是一场反对人类文明的野蛮愚昧的运动,义和团是最腐朽的
封建统治者的工具,义和团事件展现了封建专制制度的罪恶,义和团的作为与反
封建的要求背道而驰。同时,袁教授对为义和团开脱罪责以及义和团所犯下的违
反人性和造成了外国列强入侵的罪行一一予以披露,对清政府造成了列强发动第
二次鸦片战争作了较为深入的论证。袁伟时指出:"19、20 世纪中国的主题,是
从前现代社会向现代社会转型,建设一个自由、民主、法治、文明、富裕、独立
的现代化国家;反帝、反封建是达到这一目的的手段(还有其他手段)。这一时
期的许多悲剧,都与漠视这一主题息息相关;也只有在这个主题统领下,才能正

---

① 袁伟时:《现代化与历史教科书》,《中国青年报》2006 年 1 月 11 日。

确理解反帝、反封建的内涵。"①

　　袁伟时的文章引发了又一场围绕着"现代化"与"革命"问题的论争。早在袁伟时在《东方文化》发表了类似于后来的《中国青年报》的文章之后，子乔就对其中关于义和团运动的论述提出商榷，在对相关历史史实考证的基础上，子乔提出五个方面的基本观点：其一，义和团拆毁铁路、电杆主要是作战的需要，其次是报复洋人，与"敌视现代文明"基本无关；其二，1900 年 6 月之前，慈禧对义和团基本是以剿灭为主，她没有对袁世凯的那篇奏折"充耳不闻"；其三，慈禧对外"宣战"并正式招抚义和团，基本是在列强率先动武之后不得已而为之的；其四，首先践踏"国际法"的是列强，而不是清政府；其五，称西什库教堂为"侵略者据点"有一定的根据②。张海鹏在与袁伟时商榷的文章中指出：首先，该文在史实方面存在不少问题：其一，史实说明，第二次鸦片战争是一定要打起来的，并不因为中方的什么态度而转移。而要打这场战争的根本原因，是西方列强要越过条约特权在中国谋取更大的利益。《现》文说了好多，都没有说到点子上；其二，历史教科书的编者从少年学生的接受程度出发，不讲入城、反入城问题是可以理解的，没有违背历史的真实。《现》文在这个问题上做文章意在挑剔，意在否定教科书，同时也表示作者的知识程度不够。其次，侵略者只讲利益追求，不讲程序正义。关于中国近代历史的主题，张海鹏说："在近代中国 109 年的历史进程中，由中国的革命政党推动的包括旧民主主义革命和新民主主义革命，组成了近代中国社会发展进步的主旋律。这个革命主要是反对帝国主义侵略，以谋求民族独立；反对封建主义专制，以谋求国家的民主进程。在基本上完成了这个任务后，在人民掌握了国家的主权后，国家的现代化事业才能够比较顺利地进行。这是积 109 年及其后 56 年的历史经验所证明了的。"关于义和团运动的评价问题，张海鹏说："对义和团的排外主义，不应采取简单回避或全盘否定的态度，而是需要进行科学的阶级分析和历史考察，对它作出合情合理的解释。像《现》文作者那样，对于近代中国反帝反封建历史主题加以否定、蔑视的人，是很难认清历史进程的本质真实的。"第四，关于历史研究的方法，张海鹏指出："当代人研究、撰写历史，还是要以唯物史观为指导，用历史主义

---

　　① 参见袁伟时：《为何、何时、如何"反帝反封建"——答〈反帝反封建是中国近代历史的主题〉》，《学术批评网》2006 年 4 月 8 日。

　　② 子乔：《矫枉岂能过正——义和团运动史实述评》，转引自《中国历史课程网》，http：//hist.cer-sp.com/jcyj/jcll/200601/1307.html。

的方法，观察历史现象，认清历史发展本质，指明历史发展的方向。如果写成人人心中的历史，则言人人殊，失去历史的本来面目，如果拿这种历史去教育青年，就会贻误青年。《现》文所表示的，就是作者这个当代人自己心目中的历史。他的历史观是我心即我史的唯心主义的历史观。"最后，张海鹏说："《现》文所叙述的历史，不是建立在研究大量、扎实历史资料的基础上，而是按照自己的好恶，随意拈出几条史料，随心所欲地作出历史评论，这样的历史评论，脱离了史料基础，只是个人感想，它是无源之水、无本之木，乍看吓人，却是没有根基的，没有说服力的，经不起史料鉴证的。"①

针对袁伟时文章的观点，还有不少学者提出争鸣。龚书铎发表文章，认为该文的偏颇之处在于：把帝国主义发动侵略中国的第二次鸦片战争和八国联军侵华归之为清政府和义和团造成的，为帝国主义侵略中国辩护；用"现代化"代替反帝斗争；借批评人民教育出版社的初中历史课本之名，行攻击中国共产党和社会主义制度之实②。关于义和团运动，朱东安发表文章，指出：在中华民族的历史上，劳动群众中并不存在对洋人、洋教一概排斥的传统。教士教民的为非作歹是义和团排外灭洋的直接原因。义和团对教士教民采取那样严厉的惩治手段，主要也是由于他们往时对平民欺压太甚，积怨太深造成的。义和团焚毁铁路、电线以及一切洋货，是占据涿州和进入京津以后开始的。"义和团的排外主义是帝国主义侵入中国后，在中国人民中产生的一种不成熟的反帝思想和原始的反抗形式。它是一个被压迫民族在生死存亡的危急关头所自然产生的一种要求生存权利的本能反映。它的看来似乎有些'过分'的思想和行动，正表明中国人民对帝国主义的认识还处在积累经验的感性认识阶段，对帝国主义的斗争还属于初级阶段的自发斗争。尽管它不免片面和肤浅，甚至有些幼稚可笑，但就中国人民反帝斗争的全过程来说，这个发展阶段却是必不可少的。""不加分析，笼统地说义和团比起太平天国革命来是大倒退，把义和团运动屏之于单纯农民战争与近代革命运动之外，是不妥当的。""义和团的排外主义在经济学的形式上是错误的，因为它毁坏了一些机器、商品等资本主义的先进生产工具和工业产品，但它在历史上却是正确的，因为把帝国主义侵略势力驱逐出中国的要求和行动是革命的、正义的，而被这种排外主义所发动起来的农民群众反对帝国主义的斗争，正是中

---

① 张海鹏：《反帝反封建是中国近代历史的主题——评袁伟时教授〈现代化与历史教科书〉》，《中国青年报》2006 年 3 月 1 日。

② 龚书铎：《评〈现代化与历史教科书〉》，《中华魂》2006 年第 3 期。

国发展民族资本主义必不可少的条件。""我们既不能因为今天中国人民要同各国人民保持友好关系，就去贬低甚至抹煞义和团的排外主义在历史上曾经起过的革命作用，更不能因为它在历史上曾经起过某种革命的作用，就要求今天像历史上的义和团那样也来实行排外主义。这两种态度之为偏颇，是无庸多说的。"①我们觉得这些看法有助于正确认识义和团的排外及其历史局限性。

目前，学术界关于袁伟时的文章的争论尚在进行。我们认为，袁伟时的文章实际上是新时期以来一些学者"否定中国近代反帝反封建的革命"思潮的突出表现。对此，应该以科学的态度、求实的精神，本着百家争鸣的态度认真予以辩证。我们不否认"现代化"范式对中国近代史研究所曾发挥的积极推动作用，但把"现代化"范式人为拔高，将之与"革命史"范式相对立，借以否定中国近代的反帝反封建斗争在中国近代历史中的地位和作用，这些做法无疑是非历史主义的，也是错误的，不但无助于纠正过去"阶级斗争"范式的弊端，而且还必将现代化研究引向歧途，造成对中国近代史的认识出现新的混乱。

---

① 朱东安：《再评〈现代化与历史教科书〉》，中国历史课程网，http://hist.cersp.com/jcyj/jcll/200606/2930.html。

第八章　史学理论及史学史研究及其学科建设

新时期以来，经过一批史学工作者的奋力开拓，史学理论及史学史学科已经成为历史学一个极其重要的二级学科门类，这方面的研究和学科建设工作取得了显著的成效，成为新时期中国历史学发展的重要亮点。该学科的发展和壮大极大地推动了中国历史学科的全面发展和进步。

第一节　史学理论的研究及其学科建设

马克思主义史学非常重视理论问题的探讨，新中国成立初"十七年"有关中国历史重大问题的热烈讨论，极大地促进了史学理论研究的发展。在50—60年代一些学校开设的《历史科学概论》课程，以及编写的《马克思主义经典作家论历史科学》等论著，也促进了史学理论学科的发展。但由于历史时代和认识的局限性，当时普遍将历史唯物主义当作历史学的理论，真正意义上的史学理论学科尚未发展起来。新时期以来，中国史学界十分重视史学理论的研究和学科建设工作。结合国外历史学发展的基本趋势，经过反思和深入的理论探讨，目前史学理论研究取得了丰硕的成果，学科建设工作也有了很大的发展。

一、关于历史唯物主义与历史学理论关系的新认识

新时期以来，推动史学理论学科发展的一个重要因素，是对历史唯物主义与历史学自身研究的理论和方法的关系的正确认识。关于史学理论与历史唯物主义之间的关系，白寿彝和宁可从理论上较早做出了深入的论述。白先生早在60年代就为北京师范大学历史系学生讲授《历史唯物主义》课程，当时把《历史唯物主义》等同与《史学概论》，白先生说："但我并不认为这种讲法是对的。因为我觉得，如果只讲历史唯物主义，这门课就应该叫历史唯物主义，不应该叫史学概论。"但关于二者的差别，他当时也没有找到具体解决问题的办法。新时期经过拨乱反正，白先生对这个问题终于有了明确的认识，他说："历史唯物主义是辩证唯物主义在对待人类社会历史现象上的具体运用，是最科学的历史理论。我们讲史学概论，也必须以历史唯物主义为指导，必须阐述历史唯物主义的基本

原理，可是还必须论述史学的其他方面，还不能把阐述历史唯物主义作为本书的全部任务。"① 由于有了以上明确的认识，白寿彝先生主编的《史学概论》以其独特的内容，从史学研究的实践上，首先对"历史唯物主义"和"史学概论"做出了明确的区分，这对 20 世纪 80 年代中国史学理论学科的发展起到了重要的奠基作用。继白寿彝之后，宁可对历史科学理论与历史唯物主义之间的关系从理论方面予以论述，他认为二者的区别表现在三个方面：第一，历史唯物主义同历史学的研究对象同是人类社会。不过历史唯物主义的对象范围更宽，它研究人类社会的过去、现在和未来，而历史学只研究人类社会的过去。第二，历史唯物主义同历史研究的基本任务同样是阐明人类社会的结构、关系的发展过程及其规律，但实现这个任务的途径有所不同。历史唯物主义是对客观历史过程按其本身内在的规律经过思维加以修正，摆脱了历史的形式及偶然性的干扰，对客观历史过程的每一个要素在它完全成熟而且具有典范形式的发展点上加以考察，把材料的生命观念地反映出来，形成一个科学的理论结构。历史研究的途径与此不同，它的任务是如实描写历史发展的真实的具体的过程，使它的生命和运动得以再现。它不排除历史的细节、偶然性、多样性、特殊性、曲折和偏差等等。第三，由于历史唯物主义同历史学实现其基本任务的途径不同，二者的基本研究方法也就有所差别。历史唯物主义在贯彻逻辑方法与历史方法同一的原则时侧重逻辑方法，而历史学却侧重历史的方法。作者最后说："在历史唯物主义一般原理和方法指导下建设起来的历史科学理论，是应该也可以同历史唯物主义适当地区分开来的。"② 宁可对历史唯物主义和历史科学理论差别的探讨，深化了史学界对建立史学理论学科的认识，为大力发展史学理论学科奠定了思想基础。

在如何进一步推进中国马克思主义史学发展的探索中，尹达、刘大年等杰出的马克思主义史学家都提出有必要加强马克思主义史学理论的研究，刘大年也较早提出了历史唯物主义不能等同于历史学科自身的理论的观点。1983 年，刘大年在《近代史研究》发表了《当前历史研究的时代使命问题》，他说："马克思主义历史学理论的研究，是历史学本身的基本建设"，"有一点是大家都承认的：马克思主义历史学理论不等于历史唯物主义。辩证唯物主义与历史唯物主义，是马克思主义历史学理论的基础，但是不能代替后者，正像马克思主义哲学不能代替任何一门自然科学的理论和方法论一样。"刘大年强调理论思维的重要性，他

① 白寿彝主编：《史学概论》，第 1，第 21—22 页，宁夏人民出版社 1983 年版。
② 宁可：《什么是历史科学理论》，《历史研究》1984 年第 3 期。

说："不重视理论，就没有办法使认识不停留在经验主义和低级的阶段上，去上升到对事物本质的、客观规律性的认识。"① 1985 年，刘大年在《近代史研究》发表了《论历史学理论研究》，文章开篇即说："历史学理论的建设，现在不是一个新问题了。以前我们多半用马克思主义的历史唯物主义代替历史学理论。国外也有类似情况。……把历史唯物主义看作历史学的专有理论，一方面失之于太狭窄，缩小了它本来的广泛意义；一方面又失之于太宽泛，似乎有了它，历史学具体的理论研究、专门知识就可以不必要了。历史学理所当然要有自己的专门理论。"在这篇文章中，刘大年着重围绕生产力和生产关系问题，论述了历史学的理论建设问题，他提出："历史学理论建设的任务，是要根据生产力与生产关系、基础与上层建筑的原理，结合历史实际，解说原理细节，填补其中种种空缺，发展新的方面，新的内容，使历史学理论成为自己的整体科学，自己的系统工程。……那时历史学理论还是历史唯物主义，但不是简单地重复历史唯物主义，而成为自己专门的系统科学了。"今天来看，刘大年当年所论述的历史学的理论，实际上仍着重于客观历史研究所形成的理论，即历史的本体论，也即历史理论，尚未能涉及历史学本身发展过程中所形成的理论和方法，即我们平常所说的狭义的史学理论，但历史理论是史学理论的基础和重要组成部分，因而，他这些论述和探讨，对于史学理论学科的建设不仅在 20 世纪 80 年代具有重要的指导意义，就是在今天仍然未失去其自身的理论价值。在这篇文章中，刘大年还提出了从事历史学理论建设应该注意做好的一些工作：首先要注意具体问题的研究和这方面所取得的一切进展；其次，要关心、了解社会科学中其他学科研究的状况，关心、了解现实生活；再其次，中国历史学的传统，也应当知道和加以研究；又其次，理论建设要重视知识更新。那些知识有史料学方面的，也有理论方面的②。他的这些意见和建议，直到今天仍值得我们进一步深入思考，联系到 20 世纪 80 年代史学界不少学者空谈理论和方法的教训，刘大年当年就提出的要注意具体问题和中国历史学传统的研究，不断更新知识，这些对我们今天进一步发展和深化史学理论学科的建设仍具有极其重要的启发意义。1986 年 5 月 6 日，在安徽举行的全国历史学理论讨论会上，刘大年发言再次说到了历史唯物主义不能代替历史学的理论问题，他说："历史学要有自己的专门理论，无人反对。把历史唯物主

---

① 刘大年：《历史研究的时代使命问题》，载《刘大年史学论文选集》第 173、第 178—179 页，人民出版社 1987 年版。

② 刘大年：《历史学理论的建设问题》，载《刘大年史学论文选集》第 184—204 页。

义看作历史学的专有理论，一方面失之于太狭窄，缩小了它本来的广泛意义；一方面又失之于太宽泛，似乎有了它，历史学具体的理论研究、专门知识就可以不必要了。"会上，他提出了进一步推进历史学理论发展的三条建议：一是制定长远一点的规划，切实办好历史学理论讨论会；二是重点翻译、介绍一批国外历史学理论书籍，准确了解外界；出版一个专门的马克思主义旗帜鲜明的历史学理论刊物①。在新时期，刘大年是老一代马克思主义史学家中积极致力于中国史学理论学科建设具有代表性的学者之一，在他的提议之下，后来中国社会科学院世界历史研究所创办了《史学理论》和《史学理论研究》杂志，又成立了中国史学会史学理论分会，几乎每几年围绕一个专题举行一次全国性的史学理论讨论会，这极大地推动了史学理论的研究和该学科的发展。

二、关于"史学理论"的概念及体系的探讨

关于"历史理论"和"史学理论"区别的研究，是史学理论探讨的一项重要成果，这是史学界继对历史唯物主义理论与史学理论的区别之后，所获得的又一重要认识。继白寿彝先生之后，宁可、陈启能和瞿林东对这一重要问题作了较为深入的探讨。1984 年，宁可在《历史研究》发表了《什么是历史科学理论》的文章，主要探讨了什么是历史科学理论以及它同历史唯物主义的关系，结合当时出版的几本教材和一些史学家的文章，宁可将"历史科学概论"包容的范围概括为六个方面，再进一步区分为两个大类：即以客观历史为对象的研究中的理论问题，以历史学本身为对象的研究中的理论问题。文章认为：历史科学的理论有广义和狭义之分，宁可强调说："从严格意义上说，历史科学理论学科的对象，应当是历史学自身的理论和方法问题。""简言之，它不是直接研究历史的规律，而是研究如何探寻历史的规律，也就是研究历史认识的规律和方法。"② 宁可文章的贡献，在于将史学理论作为一门独立的学科明确地提出来，确定了这门学科以历史学自身的理论探讨作为研究对象，并将它与历史唯物主义及史学史学科的区别做了较为深入的阐述，这对史学理论学科的建设和发展具有重要的意义。1986 年 12 月，陈启能在《光明日报》发表了《历史理论与史学理论》，文章提出：历史理论与史学理论应作为两个不同内涵的研究对象来看待：历史理论是史

---

① 刘大年：《欲登高，必自卑》，《史学理论》1987 年第 1 期。

② 宁可：《什么是历史科学的理论》，载《历史科学的反思》第 9—21 页，中州古籍出版社 1987 年版。

学对史实的理论反省，它的对象是客体；史学理论是对史学的理论反思，对象是主体以及主体和客体的关系；他进而批评了史学界对理论探讨的最大不足，就是所讨论的问题大都属于历史理论的范围，而很少涉及史学理论。他认为史学理论包括五个方面的内容：一是历史学的对象、范围、概念、功能与现实的关系问题；二是对主体（史家）的研究；三是对主体与客体关系的研究，即历史认识论；四是史学方法论；五是历史学与其他学科的关系以及史学新分支的建立和发展。① 陈启能的贡献在于对历史理论和史学理论明确地做出了区分，并在宁可认识的基础上，对史学理论研究的内容做了具体的阐述。历史理论与史学理论的区别，是史学理论探讨的一个极其重要的问题，陈启能着重从理论和西方史学发展的角度对此作了论述，瞿林东在此基础上，从历史和中国传统史学的角度，对这个问题作了进一步的论述。关于史学理论与历史理论，文章说："史学理论与历史理论是两个既互相联系又互相区别的研究领域，后者是人们在研究宏观历史过程中积累和概括出来的理论，如历史发展的阶段性、规律性，统一性、多样性，历史发展的趋向，以及对重大历史现象和众多历史人物的评价的原则和方法，等等；前者是人们在研究史家、史书、史学流派、史学思潮等史学活动和史学现象过程中积累和概括出来的理论，如史学的目的、史家的修养、史书的编著、史学发展的阶段性和规律性、史学在社会实践中的作用，等等。同时，它们又是互相联系、互相渗透的：从历史的观点来看，史学活动也是一种历史活动，它也应当被包含在历史理论所概括的一切历史现象之内；从史学的观点来看，史学家乃至一切从事社会实践的人对历史的研究、评论，也都在史学理论所应当总结和概括的范围之内。"② 这三篇文章的基本观点，今天已成为史学界的共识，20 世纪 80 年代中期提出这一问题，极大地推动了对历史学自身的理论的探讨和认识。

马克思主义史学理论的探讨和《史学概论》教材编写意见的分歧，引起了对史学理论体系的探讨。为了推进这一方面研究的进一步深入，根据全国历史科学规划小组关于加强史学理论建设的建议，中国社会科学院历史研究所史学史研究室编辑和出版了有关"史学概论"研究对象和体系的探讨的专题论文集——《历史科学的反思》，该文集由中州古籍出版社 1987 年出版，收录有关文章 27 篇，既包括白寿彝、宁可、苏双碧、葛懋春、黄元起等史学家对"史学理论"对象、体系等的宏观认识，又有谢保成、赵吉惠等关于"史学概论"同史学史、

---

① 陈启能：《历史理论与史学理论》，《光明日报》1986 年 12 月 3 日。

② 瞿林东：《史学理论与历史理论》，《史学理论》1987 年第 1 期。

史料学和文献学的联系和区别的看法，还有苏联、日本、捷克等国"史学概论"的基本体系及几本有影响的代表著作的简要介绍。该书的出版，对于史学理论学科的进一步发展起到了积极的作用，对国外的相关研究领域的介绍，也有助于中国史学家立足于当代世界史学理论学科的广阔视野，深入思考如何建立科学的中国史学理论学科的体系问题。

　　1986 年是中国史学理论探讨非常活跃的一年，当年 5 月，由《近代史研究》、《中国史研究》、《世界历史》、《安徽史学》等 4 家杂志社联合发起，在安徽歙县召开了全国史学理论研讨会。会议就马克思主义史学方法论研究、"引进"自然科学方法论问题、当代史学方法论及体系问题展开了较为广泛深入的讨论。同年 8 月，在国家教委建议下，由北京大学、中国人民大学、北京师范大学、北京师范学院、天津师范大学联合在天津召开了史学理论研讨会，会议就历史唯物论与史学专业理论的关系、史学理论的层次和内容、唯物史观的指导作用、西方史学理论与方法的引进及其与马克思主义史学的关系等问题展开了讨论①。有关史学理论的体系的探讨，是当年理论研究的一个重要问题。除上述有关文章之外，吴廷嘉发表文章认为，史学理论体系包括历史观、历史学、史学方法，三者一方面三位一体，另一方面又不能相互取代②。李振宏提出：史学理论体系包含三个方面的内容：以历史科学为研究对象的理论，以史学各专门领域为对象的理论概括，有关史料的理论和方法③。史学理论体系的探讨是建设史学理论学科的重要问题，学者的共同兴趣促成了 1986 年天津史学理论讨论会对该问题的重点讨论。会上有关史学理论体系的认识仍有较大的分歧，有学者提出，史学理论分高层次的历史哲学，中间层次的史学的专业基础理论，低层次的历史学的技术科学或辅助学科的理论。有的提出了客体论、主体论，主客体关系论以及方法论；还有学者提出了史学本体论、史学认识论、史学方法论的体系。如庞卓恒在 1988 年《历史研究》发表了《历史学的本体论、认识论、方法论》的文章，开宗明义说："我认为历史学的理论体系主要是由本体论、认识论和方法论这三个部分所组成。""史学本体论是指关于社会历史过程本身的性质和特点的认识，其核心是社会历史观，但其外延又比一般意义上的社会历史观更宽广。""史学认识论是关于历史认识——既包括关于具体历史现象的认识，也包括关于

①　《历史学年鉴》（1987），第 252、第 269—270 页，人民出版社 1988 年版。
②　吴廷嘉：《史学理论的层次构架与总体研究》，《社会科学研究》1986 年第 1 期。
③　李振宏：《关于史学理论与史学概论的初步意见》，《文史哲》1986 年第 4 期。

一般历史过程的性质特点的总的认识，即史学本体论方面的认识——的性质特点等等的认识。""史学方法论是指关于历史研究的方式、方法的性质特点等等的认识。"关于这三者的关系，文章说："史学本体论在史学理论体系中居于前提、核心和主导的地位；史学认识论和史学方法论在整个体系中则居于基础的地位。"文章结合第二次世界大战以来西方历史学在理论方面发展的新成就，具体论述了上述有关三个方面的问题①。庞卓恒这篇文章，是关于史学理论体系问题深入阐述的力作，他在别的学者研究基础上提出的史学理论的基本内容包括三个方面的内容的观点，今天已基本上成为学术界的共识，经过近十年的理论探索，中国史学界终于解决了史学理论的体系和内容这一重大问题，这标志着中国史学理论学科开始走上了成熟的发展阶段。

三、"史学理论"学科建设的成就

20 世纪 80 年代初期，"史学理论"课程作为大学历史学本科专业必修课程列入教学计划，随后，历史学专科教学计划也将"史学概论"作为必修的课程，历史专业硕士研究生的必修课程也有了"历史研究法"一类的专业课程，这些极大地推动了"史学理论"教材的编著和诸多专著的出版。

葛懋春、项观奇等为马克思主义史学理论的建设做出了突出贡献，这主要表现在他们组织编著了《历史科学概论》和《历史科学概论参考资料》。由葛懋春、谢本书等编著的《历史科学概论》，是新时期较早问世，再版后发行量很大的一部高等学校教材。该书 1983 年出版，1985 年修订本第 3 版出版。1983 年版，共分十三章，包括：历史和历史科学，唯物史观是唯一科学的历史观，科学分析社会基本矛盾，正确运用阶级分析方法，辩证考察人类历史的运动过程，民族和民族关系问题，关于历史人物的评价，批判地继承文化遗产，史论结合，中国历史文献资料的搜集和整理，考古学和历史研究，中国史学史概述，欧美史学史概述；修订本加上了"当代国外几种史学方法述评"一章。从中可以看出，该书以九章的篇幅概括地论述了马克思主义的史学理论及其方法，是迄今为止对马克思主义史学理论进行系统论述的分量较大的《史学概论》类著作。该书的编写参考了 1965 年山东大学"史学概论"小组编写的《史学概论教学大纲》，集中了山东大学、云南大学等单位，包括张知寒、郭圣铭、庞朴、范达人等在有关方面做出了突出贡献的学者，因而达到了较高的学术水平，反映了 20 世纪 80

---

① 庞卓恒：《历史学的本体论、认识论、方法论》，《历史研究》1988 年第 1 期。

年代初马克思主义史学理论研究的最新水平。与之相配套的《历史科学概论参考资料》，由葛懋春、项观奇主编，分上下两册，1985 年由山东教育出版社出版，全书共计 100 余万字，收集有关论文 81 篇，既有德高望重的马克思主义史学家，如吴玉章、范文澜、翦伯赞、吕振羽等的论著，也有学有成就的新一代学者，如林甘泉、宁可、苏双碧、蒋大椿、姜义华、吴廷嘉等的有价值的研究论文，颇便于学者查阅。当然，作为一部成书于 80 年代初期的著作，《历史科学概论》虽然有历史文献学、中外史学史，以及现代西方史学研究的新方法，但其对马克思主义的历史唯物主义的重点讲述，而且将几乎 70% 的篇幅花在马克思主义的史学理论与方法方面，这样的编排方法也有不少学者提出了异议，与今天大家公认的《史学理论》著述的基本体系和内容尚有不少差距。

　　白寿彝先生为新时期马克思主义史学理论的发展做出了巨大的贡献，除从事《中国通史》教材和论著的编写探索之外，1983 年他组织编写的《史学概论》，以一种全新的面目出版，为中国马克思主义史学理论的建设增添了一页华丽的篇章。白寿彝先生从 50 年代就开始思考"史学概论"这门课程的体系，也给学生讲过"历史唯物主义"，1981 年，他对中国史学遗产进行了系统的总结，在《史学史研究》先后发表了 4 篇《谈史学遗产答客问》，在这几篇文章的酝酿过程中，逐渐产生了写《史学概论》的思想，即"这就是要在马克思主义基本原理的指导下，论述中国史学遗产几个重要方面的成就和马克思主义传入中国后史学的发展，及当前史学工作的重要任务。"① 按照这一想法，他组织部分学者编写了《史学概论》，在 1983 年马克思逝世 100 周年之际，由宁夏人民出版社出版。本书共分十章，包括：叙论，历史观，历史文献，史书的编著，史书的体例，历史文学，史学和其他学科的关系，近代史学、马克思主义史学在中国的传播和发展，以及当前的主要任务，共计 22 万余字。该书的出版开辟了"史学概论"这门课程的新生面，这主要可以概括为以下几个方面：第一，明确地提出了"史学概论"这门课程的任务，著者首先区分了历史、史料、史学这三个既相区别又互相联系的概念，关于这门课程的任务，著者明确地说："史学概论作为一个学科，是有自己的特定的任务的。它应该是在马克思主义的批判继承的原则指导之下，概括地论述史学在发展过程中为自己提出的重要问题及其成就，并应该指出当前史学工作者面临的重大任务。它跟历史唯物主义、历史研究法、史学史的学科任

---

① 白寿彝：《史学概论·题记》第 1—2 页，宁夏人民出版社 1983 年版。

务各不相同，而在内容上却不可避免地要有所联系。"① 这就明确地提出了"史学概论"作为历史学体系中的独立学科的地位和身份，将它与历史唯物主义相区别，走出了几十年来我们在该学科建设中在认识方面的重大缺陷，有助于学科本身的发展。第二，注重马克思主义史学理论及马克思主义史学发展的阐述。本书第一章："史学遗产的批判继承"；第二章：历史观；第九章：马克思主义史学在中国的传播和发展，都着重对马克思主义史学理论的阐述和中国马克思主义史学发展历程的概括。如关于唯物史观，本书集中在一节的篇幅中，论述了许多重要问题，包括：马克思主义唯物史观在历史上的巨大贡献；产生唯物史观的历史条件；坚持唯物史观的原则，反对教条主义和经验主义；这三个子目既完整地阐述了马克思主义唯物史观的基本内容，又根据历史与现实紧密结合的原则，论述了马克思主义唯物史观对历史学发展的重大影响，以及如何对待马克思主义的理论问题。第三，重视历史学遗产的发掘和阐述。作为一位著名的史学史研究专家，白寿彝教授深知中国丰富的史学遗产在"史学理论"学科建设中的重要作用，因而本书以四章的篇幅，概括地论述了历史文献、史书的编著、史书的体例、历史文学四个方面的问题，对于当代史学发展关系密切的中国近代史学、马克思主义史学也设专章论述，本来还想概述西方史学，因缺少研究而暂付阙如。"历史文学"是白先生在对中国史学遗产的多年研究中，体会和发掘的重要史学遗产，本书概述了中国历史学和文学在历史的发展中的分合关系，"中国历史文学"在写人物、写战争、写场面方面的突出成就，以及"历史文学"的写作经验。该书对历史文献，不像山东版《历史科学概论》讲历史文献学的发展历史，而是概述了中国历史文献的繁富、成就，以及历史文献在史学研究中的地位。对中国传统史书的编著及史书体例的了解，有助于学生开阔视野，对以后他们从事史学研究大有好处。总之，该书以其独特的内容，为"史学概论"这门学科的发展打开了新思路，有助于马克思主义史学的丰富和进一步的发展，为"史学理论"作为一门独立学科的出现，起到了开路先锋的作用。当然，作为一门刚刚起步的学科，本书对"史学概论"这门学科内容及体系的认识是否恰当，仍值得学者进一步思考和完善。

在史学理论学科建设过程中，吴泽主编的《史学概论》也具有不可忽视的重要地位。全书共十章，包括：绪论，马克思主义对史学的伟大变革，历史科学的基础理论，历史研究的基本方法，史料与史学，历史编撰学，史学和其他学科

---

① 白寿彝：《史学概论》第 21 页，宁夏人民出版社 1983 年版。

的关系，史学评论，国内外近现代史学流派评述，史学的发展和史学工作者的修养。该书共计 31 万字，1985 年由安徽教育出版社出版。该书在"史学理论"学科发展中具有承先启后的地位，它第一次系统地将史学研究方法作为一个独立的整体在教材中反映出来。在第四章中，分别论述了分析和综合研究法、历史比较法、历史归纳法，历史研究中的具体和抽象，历史方法和逻辑方法的统一。这就向后来为大家公认的史学理论体系，即以历史认识论和方法论为主体的目标，迈出了实质性的一步。当然本书尚待完善的地方也有不少，如前面已设专章论述了历史研究的基本方法，又在第五章第四节中专门论述了辨伪的方法、考证的方法、校勘的方法、搜集史料的方法、整理史料的方法，这显得在编排逻辑上的重复，从中也可以看出马克思主义的史学理论学科尚在建设和发展之中的特点。

　　从 20 世纪 80 年代后期到 90 年代初期，"史学理论"学科日益走向成熟，主要表现在出版了一些高水平的有较大影响的《史学概论》教材。如赵吉惠的《历史学概论》（三秦出版社，1986 年）、《史学概论》（陕西师范大学出版社，1990 年），姜义华、瞿林东、赵吉惠、马雪萍合著的《史学导论》（陕西人民教育出版社，1989 年），李振宏的《历史学的理论和方法》（河南大学出版社，1989 年），杜经国、庞卓恒、陈高华所著的《历史学概论》（高等教育出版社，1990 年），宁可、汪征鲁的《史学理论与方法》（中央广播电视大学出版社，1991 年），庞卓恒主编的《史学概论》（高等教育出版社，1995 年），杨豫、胡成的《历史学的思想和方法》（南京大学出版社，1999 年）等等。进入新世纪，经过二十多年的探索，"史学理论"课程作为大学历史学专业学生的必修课程，日益走向成熟，教材编著工作也走上了新台阶。这主要表现在出版了 2 本国家推荐的普通高等教育"十五"国家级规划教材，即由姜义华、瞿林东、赵吉惠合著的《史学导论》（复旦大学出版社，2003 年），庞卓恒、李学智、吴英合著的《史学概论》（高等教育出版社，2006 年）。此外，由张岂之主编、多位著名学者共同完成的"马克思主义理论工程"教材《史学概论》也在 2009 年底正式出版。该书对唯物史观与中国史学、马克思主义史学和 20 世纪的西方史学予以详细论述，是一部有特色的高水平的《史学概论》教本。姜义华等著的《史学导论》，是在 1989 年版的《史学导论》的基础上经过全面修订而成的，全书共 6 章、34 万字。包括：引言：史学导论的对象与任务、历史学的起源与目标、历史认识的基本特征、研究历史的主要方法、历史实际的本体论探究、历史研究成果的社会表现形态、历史学家的基本素养与时代使命。除保留了重视对东西方历史学的概括和总结、重视历史认识论和方法论的显著特点之外，新版《史学导论》有一个显著的特点，即重视对 20 世纪历史学新思潮、新方法和现代历史学发展的概括和总结，如在第一章第三节"历史学的学科体系与学科群"中，除了论述"古代中国历史学学科体系的形成"和"近代西方历史学学科体系的构成"之外，专设第三节"现代历史学学科群"。第四章"历史实际的本体论探究"是在原书第三章"历史本体与历史规律的探究"的基础上重新写成的，在第三节"史学理论多元化发展中历史全面本质认识的深化"中，姜义华教授概括论述了马克思·韦伯的宗教社会学研究、汤因比的文明史研究、年鉴学派的"三时段"理论与实践、西方马克思主义的历史理论、后现代主义思潮的当代挑战，这些内容反映了 20 世纪西方历史学的主要思潮和流派的学术成就和贡献。第六章第三节增写了"全球化现代化进程中史学发展的新趋向"，这些都涉及了历史学的发展前沿问题。庞卓恒等著的《史学概论》，全书包括叙论及三编十一章内容，共 37 万字。本书充分吸收了庞卓恒撰著的《唯物史观与历史科学》（高等教育出版社，1999 年）以及他参与及主编的《历史学概论》、《史学概论》的学术成就，以本体论、方法论和认识论，构建了史学理论的基本框架和体系。该书的显著特点，是在庞卓恒的前两本《史学概论》教材的基础上，突出了历史本体论的分量，对方法论和认识论的相关内容也充分地予以展开论述。第一编"历史学的本体论"，包括五章内容：历史学从潜在科学发展成为科学的历程，唯物史观是关于现实的人及其历史发展的科学，什么是历史发展规律，历史发展规律中的客观限定性和主体能动性，什么是历史发展的动力。结合西方历史学发展中出现的问题，作者明确地提出"克服科学主义和人本主义的偏颇，应对后现代主义的挑战，坚持历史学的科学方向"这一重大问题。作者注重阐发唯物史观的科学内涵，注意引导学生对历史发展规律的理解和探寻，并结合中外历史发展的实际，论述了西欧资本主义代替封建主义和中国封建社会由先进到落后的原因。第二编"历史学方法论"，作者贯彻了庞卓恒一贯主张的历史研究方法包括"技术性的方法"和"导向性的方法"的基本主张，较为充分地论述了这两种方法的内涵及其相互关系，对史料的搜集、考证与整理的传统方法以及新史学方法，都予以展开介绍和论述。第三编"历史认识论"，在多年历史学理论研究的基础上，结合国内外历史认识论的新发展及其研究的新成果，这部分在历史认识论的论述上，也展现出了对相关问题新研究的成果，如关于历史认识的层次结构的表述，关于历史认识的检验的层次和检验的标准的论述等问题，都有不少新的提法。

在从事研究生"史学理论"课程教学工作中，一些学者也推出了自己的高水平的史学理论著作，这方面可以以漆侠、宁可和瞿林东的著作为代表予以论述。漆侠为著名宋史研究专家，2001 年底猝然离世，由他的学生整理出版了他生前从事"历史研究法"课程的讲稿《历史研究法》，全书共九讲，包括：绪论、论治学、论史学、论史料、论史观、论方法、论中国古代史学（上、下）；另外有 10 篇附录，包括：宋史学习漫谈、关于宋史研究方法，以及坚持以马列主义为指导治史、执教、育人等内容，全书共 22 万余字，由河北大学出版社2003 年出版。该书基本上反映出一位著名历史学家结合自己治学的经验，对于如何从事中国古代历史研究的基本认识，是一部不可多得的名家治史经验的总结，也是一部有特色的"史学理论"研究生教材。宁可在从事研究生"史学理论"课程教学过程中，形成了一部《史学理论研讨讲义》，该书 35 万字，由鹭江出版社 2005 年出版。该书包括历史本体论、历史认识论两大部分，另外有 15篇附录材料。第一讲"历史本体论"，包括：自然史和人类史、人类社会、历史是有意识有目的的人的活动、历史发展的动力、历史是一个发展过程，共五大部分内容。第二讲"历史认识论"，包括：历史和历史认识、史料和历史认识、历史认识的过程（规律），共三部分内容。附录包括：什么是历史科学、历史语言研究所工作之旨趣、校勘学释例（摘录）等内容，是作者教学时的参考资料。除了上述内容外，宁可拟讲授的还有历史价值论（怎样评价历史，是历史认识论的延续），史学方法论（从历史认识的层次、规律看认识历史的方法），历史学的任务和史学工作者的素养（为什么要探究历史和史学工作者应具备的条件）。关于这门课程，宁可说："北京师范学院的'历史科学概论'不仅成了历史系本科生的必修课也成了研究生的必修课，由我来上，改名为'史学理论研讨'，逐渐形成了六个专题，每年上一个学期，选择其中的一两个专题轮流来讲，讲得比较多的是导论、历史认识论和历史本体论。历史价值论讲过两次，不太成功，史学工作者的素养讲过一次，史学方法论另有课程，我这里没有讲过。"[①] 这两本著作基本上反映出了二十余年来，一些史学家给硕士和博士研究生讲授"史学理论"课程的基本内容和方法。瞿林东先生大半生从事"史学理论及史学史"的研究工作，他在给北京师范大学史学研究所"史学理论及史学史"专业博士生讲授"史学理论研究"课程时，主要围绕他的专著《中国史学史纲》和《史学志》，将这两本著作作为研究生的入门必读书籍。笔者有幸在 2001 年春季聆听了他的这门课程。《史学志》是作者为《中华文化通志》撰写的书稿，由上海人民

---

① 宁可：《史学理论研讨讲义》，《自序》第 5 页，第 13 页，鹭江出版社 2005 年版。

出版社在 1998 年出版，该书以《中国简明史学史》之名由上海人民出版社 2005 年出单行本。当时瞿先生重点讲授和让我们认真研读的是该书的下编 "史学的理论、规律和传统" 第八章和第九章，第八章 "史学理论"（上）共有六节内容，包括：历史意识和史学意识，古代史学理论的基本范畴，书法和信史，采撰与历史事实，史论艺术与历史见识，史文表述与审美要求。第九章 "史学理论"（下）共三节，包括：史学的社会功能，史学批评的标准和史学批评方法论，近代以来史学理论的发展。可以看出，这是一部从中国历史学发展史中概括出 "史学理论" 的高水平著作。

史学理论研究除了编著了一批高质量的教材之外，一些学者也重视基础性的工作，这方面的重要成果有蒋大椿、陈启能主编了《史学理论大辞典》，该书由安徽教育出版社 2000 年出版。这部 120 万字的工具书，由 40 多位学者历经四年完成，本书包括史学理论领域的基本概念和术语，对史学理论研究做出过贡献的史学家，反映史学理论成就的史学著作，以及史学理论流派、机构、刊物、会议等极其丰富的内容。

四、"史学理论" 研究及学科的新发展

新时期 "史学理论" 研究的主要成就，表现在史学理论和方法论研究取得了显著的进展。学者们除对历史主义的方法、阶级分析的方法进行探讨之外，历史比较研究、历史心理分析和计量史学的方法等受到了学者的高度重视。此外，历史认识论的研究也受到中国史学家的重视。对此，学者多有总结，笔者在《新中国史学五十年》第十章 "史学理论研究的发展"，以及陈其泰教授主编的《中国马克思主义史学的理论成就》第三章第二节 "关于历史认识论和方法论的探讨" 中也有论述，这里不再重复。

从 1984 年以来，在中国社会科学院世界历史研究所推动下，在众多著名史学家的呼吁和新老史学工作者共同参与下，史学理论研究逐渐受到学者的重视。从 1984 年到 1988 年先后召开了五届全国史学理论研讨会，学者们讨论的主要有以下几个方面的问题："历史发展的统一性与多样性问题"，"历史研究与现代自然科学方法论"，"史学方法论"，"历史认识论"，"社会形态问题"。1987 年，中国社科院世界史研究所史学理论研究室创办了《史学理论》杂志。1992 年中国史学会史学理论分会的成立、《史学理论研究》的创刊，使史学理论的研究逐渐渡过了 1990 年前后的低潮，从 1992 年到 1997 年，又先后举办了五届史学理论研讨会，先后讨论的问题有："新中国历史学发展的回顾"、"中外史学发展比

较研究"、"当代中外史学发展趋势研究"、"东方国家发展中的理论问题"、"东方国家现代化进程中的理论问题"。1998 年，国家学科调整，"史学理论"与"史学史"两个二级学科合为一个二级学科。进入新世纪，史学理论的研究与史学史的研究逐渐相结合，史学理论研究逐渐克服了 80 年代空谈理论的偏向，有了新的发展。2000 年底教育部在北京师范大学成立"史学理论暨史学史研究中心"，在教育部的大力支持下，北师大史学理论中心向全国同仁提出了十多个重大研究课题进行招标，包括：中西古代历史、史学及理论比较研究，中国马克思主义史学的理论成就研究，中国古代历史理论研究，中国近代史学思潮研究，中国古代史学思想研究，17 世纪至 19 世纪中叶中西史学比较研究，马克思主义历史观与历史学理论和方法研究，20 世纪西方史学主要思潮及相互关系研究，20 世纪后半期中国史学研究，中国少数民族史学研究，中国古代史官制度研究，环境史研究与 20 世纪中国史学等，目前这些项目正在陆续结项，可以预见，如果这些项目能保证高质量的完成，中国史学理论的研究面貌将会大大改观。同时，从 2002 年开始，北师大史学理论中心创办了《史学理论及史学史学刊》，目前该学刊已出至 2009 年卷。自 2001 年以来，北师大史学理论中心先后举办了多次国际和全国性的学术讨论会，包括：唯物史观与 21 世纪中国史学，新中国史学的成就与未来，20 世纪中国史学与中外史学交流，史学遗产与民族精神，历史比较和史学比较，走向世界的中国史学，中国少数民族史学研究、历史评论和史学评论等。以北师大史学理论中心专兼职人员的代表性论文汇集而成的"史学理论与史学史研究系列"，在 2006—2007 年，由北京师范大学出版社先后推出了《历史研究的理论抉择——历史学的理论、历史与比较研究》、《文明演进源流的思考——中国古代史学研究》、《历史时代嬗变的记录——中国近现代史学研究》、《史学理论的世界视野——外国史学研究》等论著，极大地推动了史学理论研究工作的开展。中国社会科学院在新世纪也进一步加大了史学理论研究的力度，2003 年依托世界史研究所外国史学理论研究室的"外国史学理论"学科被列为中国社会科学院"重点学科建设工程"，2005 年，中国社会科学院"史学理论中心"正式成立。2010 年 3 月，中国社科院历史研究所也成立了"马克思主义史学理论与史学史"研究室。中华社会科学基金也加大了对史学理论及史学史研究课题的支持力度，先后设立了"唯物史观与 20 世纪的中国史学"、"唯物史观与中国历史学"、"唯物史观与中国历史"、"20 世纪中国史学主潮研究"、"马克思主义世界历史理论研究"、"新中国历史学发展路径研究"、"中国历史编纂学的演进路径、优良传统和当代价值研究"等研究课题。进入新世纪，由中国社科院、北京师范大学、复旦大学、南开大学、华东师范大学、山东大学、天津师范大学等院校培养的一批"史学理论及史学史"专业的博士研究生，也逐渐成为史学理论研究的一批新生力军，这些对于该学科的持续发展也具有重大意义。

新时期以来，马克思主义史学理论的研究也有了新的进展。这方面的代表性成果有白寿彝主编的《中国通史》导论卷，庞卓恒完成的国家哲学社会科学规划"八五"重点项目《唯物史观与历史科学》，陈启能、于沛等完成的中国社会科学院重点项目《马克思主义史学新探》等。多卷本《中国通史》导论卷，自1989年出版以来，得到了众多学者的好评。本书有九章内容，包括：统一的多民族的历史，历史发展的地理条件，人的因素、科学技术和社会生产力，生产关系和阶级关系，国家和法，社会意识形态，历史理论和历史文献，史书体裁和历史文学，中国与世界。另有两个附录，共27万余字。关于本书在理论方面的成就，有学者评价道："作为一部多卷本《中国通史》所应当包括的内容的探讨，有关历史科学若干重大问题的研究，以及如何运用马克思主义历史唯物主义原理同中国历史的研究与撰述的实际相结合的方法与途径等方面。它集中地反映了作者长期以来深入研究中国历史所获得的整体认识、理论探讨、研究成果和实践经验的总结，也明确地阐述了白寿彝先生主编多卷本《中国通史》的目的、方法和步骤。""《导论》卷在阐发关于历史发展的地理条件问题、关于人的因素和科学技术与社会生产力的关系问题、关于生产关系和阶级关系的问题、关于国家和法的问题以及社会意识形态等等问题时，既有对历史唯物主义原理的深入阐述，又有中国历代史家对相应理论问题的认识，还有如何运用马克思主义历史唯物主义原理去探索中国历史的整体论断。从而既体现了同一理论问题在认识史上的发展过程，又显示了马克思主义历史唯物主义理论在认识史上的新阶段，还使马克思主义历史唯物主义原理同中国历史具体实际有机地结合起来。"[①] 庞卓恒的《唯物史观与历史科学》，共三编十章内容。甲编：唯物史观再认识，是本书的核心内容之一，主要是对唯物史观的理论探讨，包括唯物史观的核心、历史发展的规律、亚细亚生产方式、历史发展的多样性、历史发展的动力等重要理论问题。乙编：唯物史观与中国史研究，主要分析了唯物史观与中国古史分期问题、中国封建社会长期延续问题与资本主义萌芽迟缓原因的探讨，以及中西历史文化比较研究的历史观和理论及方法问题。丙编：唯物史观与西方史学的理论和实际，主要探讨了唯物史观与西方史学的变迁和危机，以及当代西方历史哲学发展

---

① 高敏：《读白寿彝先生主编之〈中国通史〉导论卷》，《史学史研究》1990年第1期。

面临的新问题。作者指出："唯物史观的基本原理已经被无数的历史和现实的事实证明是颠扑不破的真理，只是有些人由于种种阶级或社会的屏障遮住了视野，看不到或不愿看到它的真理本质罢了。因此，我们所说的再认识或再阐释，只是在唯物史观基本原理基础上的再认识或再阐释。"① 这部33万余字的著作，是在作者多年研习马克思主义理论及从事史学理论和世界历史研究的基础上，在唯物史观和马克思主义史学面临新的挑战面前，对唯物史观理论以及马克思主义历史学成就新的认识和总结，在某种程度上代表了中国学者唯物史观理论探讨的新水平，因而，具有重要的学术价值。由陈启能等著的《马克思主义史学新探》，共两编九章内容，第一编"若干理论问题的思考"，包括：历史规律问题的新思考，历史的必然性、偶然性和选择性，社会形态理论新思考、历史认识的主体与客体、从直觉到科学、辩证的历史思维。第二编"几个具体国家的考察"，包括：中国马克思主义史学的回顾和展望，关于英国马克思主义史学的新思考，苏联马克思主义史学的解体，苏联马克思主义史学的历史教训。这部30万余字的著作，由于其深入的理论分析和广阔的学术视野，得到了学者的高度赞誉。何兆武和刘家和在推荐书中指出："本书的作者群体均是在这一领域修养有素且成绩斐然的学者，都有长期的积累和丰硕的科研实践的成果。因此，他们对本课题的探讨既能总结我国史学界过去的经验和教训，同时又能着眼于运用国外的资料和研究成果；既能就历史演变的历程来观察马克思主义史学理论的演变，同时又能就马克思主义史学的理论本身进行深入地反思，每每能发前人之所未发。""《马克思主义史学新探》是一部有质量、有价值的精品著作"，"本课题的难度是相当大的，其中有一些难题是过去没有遇到过的新问题，如苏联及其马克思主义史学的解体。难能可贵的是，对于这些新问题作者能在掌握大量资料的基础上，本着实事求是的精神，大胆探索，做出有益的尝试。总之，本书是一部既有质量又具有新意的力作，它的特色是资料的翔实丰富和理论分析的深度以及视角的新颖。"②

第二节　中国古代史学史的研究和学科建设

新时期以来，"史学史"研究受到了学者的高度重视，取得了丰硕的成果。

---

① 庞卓恒：《唯物史观与历史科学》第3页，高等教育出版社1999年版。
② 陈启能等：《马克思主义史学新探》，社会科学文献出版社1999年版。

这主要表现在中国古代史学史研究进一步深入，研究领域进一步开拓；中国近现代史学史的研究受到了学术界的充分关注，对 20 世纪史学的反思和对马克思主义史学和新中国史学的研究，受到了学术界的高度重视，出版了一些很有分量的学术成果；此外，史学史与史学理论的研究相结合，也极大地提高了史学史研究的理论水平；西方史学史与史学理论的研究受到学术界的关注，也推动了史学史研究的发展。关于新时期中国史学界史学史研究的巨大进步，瞿林东教授在《中国史学史研究》的"导言"中，已有详细地总结。他指出："20 世纪八九十年代的中国史学史研究，以其多方面的进展和成就，表明这门学科已进入到它的发展时期。尽管现在我们还不可能对其作深入细致地总结，但以下几点足以证明这一判断是有充分根据的：第一，是研究队伍的扩大；第二，是研究领域的拓展；第三，是研究成果的学术水平的进一步提高，这一方面可以从学术论著的整体面貌来说明，另一方面则可以从该领域的理论创新和学科建设的进展来说明。"关于这三个方面的具体表现，作者已有详细论说①。谢保成指出：80 年代以来中国史学史发展成为历史学的二级学科，关于史学史的对象、中国史学传统等基本问题予以深入地探讨，中国史学史的编写以及著名史家和史学名著的研究成效显著，史学史研究范围逐渐扩大、空白点不断填补。②

一、中国史学史学科基础的奠定

在新时期中国史学史学科建设和发展过程中，尹达、白寿彝、吴泽、杨翼骧等学者作出了重要的开拓性贡献，这主要表现在他们的论著对该学科的发展起到了重要的奠基作用，他们组织和推动了全国史学史研究的发展，并培养了一批中国史学史研究的领军人才。尹达早在 20 世纪 60 年代就是"中国史学史"学科的重要领导者和组织者之一，新时期他对这一学科发展的重要贡献，在于领导和组织了《中国史学发展史》一书的编著工作。他确定了该书的主要任务是："以马克思主义、毛泽东思想为指导，对中国历史学的起源、发展，直至逐步成为一门科学的基本过程和规律予以探索和总结；确切地划分其发展阶段，阐明各阶段史学的特点及其内在联系；运用马克思主义对我国丰富的史学遗产进行批判、总结，重点放在史学理论和史学思想上。"尹达带领大家讨论和确定的《中国史学

---

① 参见瞿林东主编：《中国史学史研究》第 34—53 页，湖北教育出版社，2006 年版。

② 参见陈高华、张彤主编：《20 世纪中国社会科学·历史学卷》第 226—230 页，广东教育出版社 2006 年版。

发展史》这一编写原则，实际上展示了建立以马克思主义理论为指导的中国史学史的基本目标和主要任务，该书确立的以"史学理论和史学思想"为重点的史学史研究方向，为史学史研究的深入和新领域的开拓指明了方向，具有重要的理论价值和实践指导意义。尹达在审完该书初稿并留下了进一步修改意见后猝然离世，此后，在施丁和叶桂生负责下，经过各位作者的共同努力，这部40万字的《中国史学发展史》于1985年问世。"参加本书写作的，上卷是赖长杨、刘隆有、谢保成、杨正基、葛兆光、罗仲辉、施丁；下卷是张承宗、杜蒸民、叶桂生、刘茂林。施丁、叶桂生负责全书通稿，翟清福协助作资料工作。"① 该书按照社会形态划分中国史学的发展阶段，上卷包括奴隶社会的史学和封建社会的史学（上、中、下）两大编，下卷为"半封建半殖民地史学"（上、下），每一阶段之前有"概说"，总论这一时期史学发展的基本情况、成就和特点。该书是新时期较早问世的一部系统论述中国史学史的重要著作，对于"中国史学史"学科的发展具有重要的奠基作用。正如有的学者所言："《中国史学发展史》一书在时间上贯穿古今，在内容上包含了古代史学和近代史学（书中称奴隶社会史学、封建社会史学和半殖民地半封建史学），突破了中国史学史研究徘徊于古代史学研究而少有专门涉及近代史学研究的局面，真正做到了用'发展'的眼光通览中国史学的目的，在中国史学史研究的观念取向、分期阶段、研究内容诸方面与以往相比均有突破，将中国史学史的研究大大推进了一步，也显示了编著者的深远史识。……这在中国史学史研究领域是一个明显的突破，为中国史学通史的研究和撰述开辟了新的发展前景，也为当时的史学史教学提供了最新的参考材料，为广大师生所欢迎。"②

白寿彝先生对新时期中国史学史学科的发展做出了重大贡献。在他的推动之下，1979年《史学史资料》复刊，改为《史学史研究资料》，随后又改为《史学史研究》，该刊物在新时期坚持出刊30多年，发表了数千篇高质量的"史学史"研究论文，为推进中国史学史学科的发展做出了突出的贡献。在白寿彝先生推动下，20世纪80年代初，北京师范大学成立了史学研究所，新老几代学者数十年如一日，从事史学史学科的开拓和人才的培养工作，为中国史学史的研究和学科的发展做出了巨大的贡献。正如著名史学史研究专家杨翼骧所言："十年

---

① 尹达主编：《中国史学发展史·编者说明》第1页，中州古籍出版社1985年版。

② 张越：《从〈中国史学发展史〉看尹达对中国史学史研究的贡献》，载陈祖武主编：《从考古到史学研究之路》第152—153页，云南出版集团、云南人民出版社2007年版。

‘文革’结束后，白先生致力于史学史学科的建设工作。在白先生的主持下，北京师范大学建立了史学研究所，培养出一大批史学史专业的高级学术人才。在恢复原来《史学史资料》刊物的基础上，创办了《史学史研究》期刊，成为国内唯一的本专业学术刊物。现在，北师大史学研究所已成为史学史的学术重镇，白先生培养的人才多已成为本专业一流专家和学术骨干；《史学史研究》期刊在国内外的影响越来越大，这些都保证了史学史学科在全国的可持续发展。"[1] 具体而言，白寿彝教授对推动中国史学史学科发展的杰出贡献可以概括为以下几个方面：第一，注意团结全国史学史研究队伍，引领该学科的发展方向。1985 年 3 月，白寿彝教授组织在北京师范大学召开史学史研究座谈会，全国老中青 40 多位学者出席会议，会议就中国史学史、东方史学史、西方史学史的研究和教学等多方面的工作展开了广泛的讨论，这次会议是新时期中国史学史研究工作者的一次盛会，极大地推动了全国史学史研究和教学工作的开展以及学科建设工作[2]。1989 年 10 月，白寿彝又组织在京史学史研究专家，召开"史学史研究四十年"座谈会，会议对新中国成立以来中国史学史研究工作予以总结和检讨，并对如何进一步推进史学史研究工作做了进一步的讨论，与会许多专家和学者提出了宝贵的意见和建议[3]。第二，白寿彝教授以极大的热情，全身心投入到以中国通史、中国史学史和民族史研究为中心的学术研究工作之中，撰著了许多具有很高学术水准的史学史研究论文。由北京师范大学出版社 1994 年出版的《白寿彝史学论集》，以及由中华书局 1999 年出版的《中国史学史论集》，收录了他从事史学史研究的重要论文。他对司马迁与《史记》、刘知几、郑樵、马端临以及中国近现代史学、马克思主义史学、历史学遗产等方面的论述，许多具有重要的开创性贡献，这极大地推动了中国史学史研究向纵深方向的进一步发展。第三，他主编了多卷本《中国史学史》。这是白寿彝承担的国家哲学社会科学"七五"规划重点研究项目，第一卷《导论卷》，由白先生从 1983 年 7 月动笔，到 1984 年 12 月完稿，1986 年由上海人民出版社出版。由于多方面的原因，历经 20 多年，六卷本《中国史学史》终于在 2006 年问世。由白寿彝先生执笔的《中国史学史》第一卷，对中国史学史研究的若干重大问题以及中国史学发展的基本概貌、先秦时代的中国史学，作了宏观的论述。如关于史学史研究的任务和范围、中国史学史分

---

① 杨翼骧：《悼念杰出的历史学家白寿彝先生》，《史学史研究》2000 年第 3 期。
② 凌晨：《史学史座谈会纪事》，《史学史研究》1985 年第 2 期。
③ 《"史学史研究四十年"座谈会》，《史学史研究》1989 年第 4 期。

期、中国近代史学发展基本线索的论述，具有重大的学术价值，对于"中国史学史"学科的发展也具有重要的促进作用。其中关于"先秦史学"的论述，也别开生面。第一卷修订本附录的9篇白寿彝教授有关史学遗产等的重要论文，更突出了总论的性质。由瞿林东、吴怀祺、陈其泰、许殿才等学者撰著的其他各卷，也各具特色，在很大程度上展示了中国史学史发展的新水平。第四，白寿彝先生注意史学史研究人才的培养，注意增强历史学专业学生史学史知识的基本素养，这方面的重要贡献，在于他晚年最终完成了《中国史学史教本》的编写任务。关于该书的编撰及其特点，白寿彝先生说："参加《中国史学史教本》编写的同志，都是在史学研究领域内有很深厚功力的专业工作者，还是具有丰富的教学经验的教师。其中，第一章、第三章由瞿林东教授撰写，第二章、第六章由陈其泰教授撰写，第四章、第七章由吴怀祺教授撰写，第五章由施丁研究员、顾诚教授合写，第八章由我和瞿林东教授合写。这八章都是经过主编和作者认真讨论，反复修改，最后由我增删、定稿。在体例上，采用了目前流行的章节体。在内容上，同对多卷本《中国通史》的编写要求一样，在'通'字上下功夫，重视史学同各种社会现象的内在联系，重视贯通古今的史学发展规律。"① 1999年12月，1999年12月，白寿彝先生去世前三个月，为《中国史学史教本》撰写了"题记"，这标志着30多年来的一个心愿最终得以实现。2000年10月，由白寿彝教授主编的面向21世纪课程教材《中国史学史教本》最终出版，成为高等学校历史学专业中国史学史教学的重要教材。

　　南开大学杨翼骧教授对于中国史学史学科的发展也做出了突出贡献。杨氏1936年考入北京大学史学系，之后辗转到西南联大学习。受梁启超《中国历史研究法》等著作的启迪，在姚从吾指导下，杨翼骧进入"中国史学史"研究领域，对司马迁、班固、三国时代和晋代史学作了不少的研究工作。新中国成立后，在史学史研究渐受冷落的大环境下，他在南开大学等校仍坚持从事中国史学史的教学和科研工作。1961—1964年，是杨翼骧史学史研究的又一个黄金时期，这一时期，他除了讲授《中国史学史》、《中国史学名著选读》等课程之外，先后发表了《中国史学的起源与奴隶社会的史学》、《裴松之与范晔》、《裴松之与〈三国志〉注》、《南北朝史学编年》。新时期以来，杨翼骧对于南开大学史学史学科的发展做出了突出的贡献，培养了乔治忠、姜胜利、牛润珍等一批史学研究人才。除此而外，杨翼骧对中国史学史学科的建设和发展作了大量奠基性的工

---

　　① 白寿彝主编：《中国史学史教本·题记》第2—3页，北京师范大学出版社2000年版。

作。他与吴泽先生通力合作，完成了《中国历史大辞典·史学史卷》，该书于1983 年由上海辞书出版社出版，这是中国史学史学科发展的重大工程。杨翼骧利用熟悉中国古代典籍的优势，主编了多卷本《中国史学史资料编年》，这也是推动中国古代史学史研究的重大基础性工程。该书第一卷在 1987 年由南开大学出版社出版后不久，就有学者发表专评，指出本书具有以下优点：按年编录史学事迹，做到了巨细毕收；体例严整，恪守书前的八条"例言"；按语精炼，恰到好处；编排眉目清楚，便于阅读①。此后，该书的第二册、第三册，也先后于1994 年和 1996 年，由南开大学出版社出版。对于《中国史学史资料编年》，学者称赞说："此书内容丰富，自先秦至明代凡中国史学上有关的人物、事件、著作、制度变化等，均以年月为序，逐一编订，时作考证，疑者存疑，十分了然，是研究中国史学史者不可不读之书。"② 杨翼骧也十分重视对 20 世纪中国史学史研究的总结和梳理工作，他亲自审定了乔治忠、姜胜利编著的《中国史学史研究述要》，该书对 20 世纪 80 年代以前的中国史学史研究作了较为系统地梳理工作，是一部很实用的史学史研究工具书。由中华书局 2002 年出版的《学忍堂文集》，收录了杨翼骧的主要学术论文，2006 年天津古籍出版社推出的《杨翼骧中国史学史讲义》，也是他留给史学史学人的极其珍贵的学术论著。除上述著名学者对史学史研究做出了重大贡献之外，王树民、张舜徽、朱杰勤、张孟伦、高国抗、陈光崇、仓修良、陶懋炳、施丁、朱仲玉、牛致功、许凌云、安作璋等著名学者，在中国史学史研究方面也取得了显著的成绩，他们的中国古代史学史著作，为推动相关领域的研究做出了巨大的贡献。如仓修良教授，致力于中国史学史、历史文献学、方志学和谱牒学的研究，先后出版了《中国古代史学史简编》（与魏得良合著，黑龙江人民出版社 1983 年）、《章学诚和〈文史通义〉》（中华书局1984 年）、《方志学通论》（齐鲁书社 1990 年）、《章学诚评传》（与叶建华合著，南京大学出版社 1996 年）等著作，发表论文 200 余篇。他的 65 万字的《中国古代史学史》（人民出版社）在 2009 年的出版，为中国史学史学科的发展增添了一页壮丽的华章。

二、中国古代史学史研究的新发展

进入 20 世纪 90 年代之后，中国史学史研究进入稳步发展和开拓进取阶段，

① 蓝天海：《评〈中国史学史资料编年〉第一册》，《史学史研究》1987 年第 4 期。
② 瞿林东编：《中国史学史研究》第 44 页，湖北教育出版社 2006 年版。

这一时期，一批中青年学者对于中国史学史学科的发展做出了突出贡献。瞿林东先生60年代中期跟随白寿彝教授读"中国史学史"专业研究生，1978年调回北京师范大学史学研究所，三十多年来，潜心中国史学史的教学和科研工作，发表史学理论及史学史论文200余篇，出版了《唐代史学论稿》（北京师范大学出版社，1989年）、《中国史学散论》（湖南教育出版社，1992年）、《史学与史学评论》（安徽教育出版社，1998年）、《中国史学史纲》（北京出版社，1999年）等十余部史学理论及史学史专著。《中国史学史纲》是学术界以个人之力对中国史学史进行系统深入论述的史学史专著。该书以63万余字的篇幅，系统地阐述了自先秦至20世纪初年中国史学发展的历程及各阶段发展的面貌与特征，内容详实丰赡，尤其重视对中国史学理论成就的发掘与阐释，特色鲜明。此外，该书对民族史学、史官制度、历史教育等内容的阐发，也在同类著作的基础上更进一步，《中国史学史纲》是新时期出版的一部《中国史学史》力作。此外，由瞿林东教授主编的《中华大典·史学理论及史学史》卷，由北京师范大学史学研究所多位学者和研究生参与，历经十年的工作，也于2008年出版，全书共600余万字，收录了"史学理论及史学史"研究丰赡而珍贵的文献资料，也是新世纪"史学理论及史学史"学科重要的基础性工程。进入新世纪之后，瞿林东教授担任教育部人文社会科学重点研究基地北京师范大学史学理论及史学史研究中心主任，为推动中国的史学理论和史学史学科的发展作了卓有成效的组织工作，他组织了十余项中心重大课题的招标、《史学理论及史学史学刊》2002—2011年第10卷的编辑以及从2002年以来每年一次的史学理论研讨会等多方面的工作。谢保成在80年代初跟随尹达攻读史学史专业的研究生，三十年来致力于史学史的研究，出版了《隋唐五代史学》（厦门大学出版社，1995年）、《郭沫若评传》（百花洲出版社，1995年）、《郭沫若学术思想评传》（北京图书馆出版社，1999年）等著作。经过多年的潜心研究，2006年由他主编的约百万字的三卷本《中国史学史》由商务印书馆出版，这是与白寿彝教授主编的六卷本《中国史学史》同年问世的一部重要论著，全书资料丰富，考据扎实，除了重视历代重要史学论著之外，对历代修史制度，对与史学密切相连的校勘、金石和辨伪学的成就，也花了大量笔墨，在很大程度上补正了新时期在这些方面研究的不足，本书作为一部富有特色的《中国史学史》，也是新时期史学史研究的重要学术论著，标志着中国史学史研究的新水平。吴怀祺教授80年代初跟随白寿彝先生读史学史专业硕士研究生，新时期在史学史研究方面成绩卓著，出版了《宋代史学思想史》（黄山出版社，1992年）《中国史学思想史》（安徽人民出版社，1996年）等论著，

2005 年，由他主编的 10 卷本《中国史学思想通史》由安徽教育出版社出版，全书约 300 万字，是中国史学思想史研究的重要成果，为史学史研究新领域的开拓做出了重要贡献。吴怀祺教授主持的教育部交大项目《中国史学思想通论》六卷本，福建人民出版社 2011 年出版。陈其泰先生在 80 年代初跟随白寿彝先生读史学史专业硕士研究生，三十多年来潜心学术研究，先后发表史学史论文 200 余篇，主持了《中国马克思主义史学的理论成就》、《唯物史观与 20 世纪的中国史学》等多项国家和教育部重要课题的研究，出版了《史学与中国文化传统》（书目文献出版社，1992 年）、《清代公羊学》（东方出版社，1997 年）、《史学与民族精神》（学苑出版社，1999 年）、《范文澜学术思想评传》（北京图书馆出版社，2000 年）等重要论著，他将史学与文化相结合，注重历史编撰学的研究，对于中国史学史研究新领域的开拓做出了重要贡献。与他们年龄差不多的还有许多史学史研究专家，在各自的领域内，为推动史学史的研究，做出了自己的贡献。

20 世纪 90 年代之后，一批史学史博士研究生逐渐成为推动本学科发展的重要力量，他们纷纷推出自己的研究成果，这极大地推进了该学科的深入发展。如乔治忠的《清代官方史学研究》（台北文津出版社，1994 年）、《中国官方史学与私家史学》（国家图书馆出版社，2008 年），牛润珍的《汉至唐初史官制度的演变》（河北教育出版社，1999 年），张秋升的《天人纠葛与历史运演：西汉儒家历史观的现代诠释》（齐鲁书社，2003 年），李传印的《魏晋南北朝时期史学与政治的关系》（华中理工大学出版社，2004 年），王盛恩的《宋代官方史学研究》（人民出版社，2009 年），周少川的《元代史学思想研究》（社会科学文献出版社，2001 年），钱茂伟的《明代史学编年考》（中国文联出版社，2000 年）《明代史学的历程》（社会科学文献出版社，2003 年），罗炳良的《18 世纪中国史学的理论成就》（北京师范大学出版社，2000 年）、《清代乾嘉史学的理论与方法论》（兰州大学出版社，2004 年）、《清代乾嘉历史考证学研究》（北京图书馆出版社，2007 年）、《南宋史学史》（人民出版社，2008 年），白兴华的《赵翼史学新探》（中华书局，2005 年），施建雄的《王鸣盛学术研究》（中国社会科学出版社，2009 年），孙卫国的《王世贞史学研究》（人民文学出版社，2006 年），王记录的《钱大昕的史学思想》（社会科学文献出版社，2004 年）、《清代史馆与清代政治》（人民出版社，2009 年），等等。

第三节　中国近现代史学史研究及其学科建设

新时期以来，作为史学理论及史学史学科的重要领域，中国近现代史学史研究，取得了很大的成就。目前，中国近现代史学史研究的基础已经奠定，中国马克思主义史学研究取得了显著的成效，新中国史学研究受到学者的高度重视。

一、中国近现代史学史学科基础的初步奠定

开展中国近现代史学史的研究，是新中国成立以来几代史学家的愿望。早在20世纪60年代初，中共中央宣传部和高教部就将中国近代史学史的研究和教材的编写作为历史学科建设的重要问题，委托华东师范大学吴泽教授从事这项重要工作。新时期以来，中国近现代史学史研究受到史学界广泛重视，多部有影响的史学史著作，都将中国近现代史学史作为重要的内容，予以论述。如1985年出版的由尹达主编的《中国史学发展史》，以2编共8章的较大篇幅论述了1840—1949年中国史学的发展。包括：半殖民地半封建社会的史学（上）：鸦片战争后历史学的重大变化，资产阶级史学的萌芽，资产阶级史学的创立和成长，封建史学的回潮和没落。半殖民地半封建社会的史学（下）：唯物史观的传播与马克思主义史学的萌芽，资产阶级史学的进一步发展，郭沫若与马克思主义历史学的形成，战时的历史学及其发展趋势[①]。该书以社会形态作为历史学发展阶段划分的标志，称近代"新史学"为资产阶级史学，这些认识是否恰当学者可以进一步讨论，但无可否认，该书是20世纪80年代问世最早的关于中国近代史学系统论述的重要著作，对于中国近代史学在不少方面也具有重要的开拓性贡献。1999年出版的瞿林东的《中国史学史纲》，也专设一章"清代后期史学"，论述了从鸦片战争到梁启超、章太炎的中国近代历史学的发展。2000年出版的由白寿彝先生主编的《中国史学史教本》，作为面向21世纪的大学生教材，也用了三章的篇幅，阐述了1840年到新时期中国历史学发展的基本概况。这表明中国史学史研究已经走出了主要从事古代史学史研究的狭隘视野，将近现代史学史作为重要的研究对象，开始了中国近现代史学史研究的新时期。

新时期以来，一些史学家将中国近代史学史作为史学史学科的重要领域，专注于这一方面的研究，取得了显著的成就，奠定了本学科发展的基础。

---

① 尹达主编：《中国史学发展史》，中州古籍出版社1985年版。

　　1989 年，由吴泽主编、桂遵义、袁英光著《中国近代史学史》，作为高等学校文科教材，由江苏古籍出版社出版，这标志着中国近代史学史学科走上了新的发展阶段。该书的编著工作开始于 60 年代，历经"文革"时代的曲折，它的出版，实现了中国两代史家的愿望，有力地推动了中国近现代史学史的研究以及该学科的发展。关于中国近代史学史的研究对象和任务，作者指出："中国近代史学史是研究中国近代史学发展规律和特点的学科。""中国近代史学史研究的对象是中国近代史学，它所涉及的范围极为广泛，一般说来，主要包括历史实录和史学理论两大部分。""关于中国近代史学史研究的任务，我们认为主要是揭示史学发展的规律和做好史学遗产的批判继承工作。"① 该书作者将中国近代史学划分为旧民主主义革命史学和新民主主义革命史学两个时期，前者又划分为 1840 到 1864 年、1865 到 1901 年和 1902 到 1919 年三个阶段。该书的特点是重视史学家的阶级属性，以地主阶级改革派、资产阶级改良派、资产阶级革命派为主线阐述了旧民主主义革命时期近代史学发展的基本情况。

　　白寿彝教授对中国近现代史学史学科发展的贡献也不可忽视。在 1983 年出版的由他主编的《史学概论》中，专设"近代史学"和"马克思主义史学在中国的传播和发展"两章，简明扼要地阐述了中国近现代史学的主要线索和成就。在 1986 年出版的多卷本《中国史学史》（第一卷）第三章中，白寿彝先生宏观地论述了中国近代史学的发展。关于中国近代史学史研究的范围，白寿彝提出："中国史学史的第六、七个时期，相当于中国史上的近代，即半殖民地半封建时代。1840 年鸦片战争开始，到 1919 年'五四'运动的前夜，是这个时代的前期，即中国史学发展的第六个时期。自'五四'运动到 1949 年中华人民共和国的成立是这个时代的后期，即中国史学史的第七个时期。"② 白寿彝教授将中国近代史学史前期划分为以下几个阶段：鸦片战争到太平天国兴起前为第一阶段，太平天国到戊戌维新为第二阶段，辛亥革命到五四运动前为第三阶段。近代史学的后期划分为四个阶段：1919—1927 年、1927—1937 年、抗日战争时期和解放战争时期。

　　1994 年出版的由中国人民大学马金科、洪京陵撰著的《中国近代史学发展叙论》，在新时期中国近代史学史学科建设中也具有一定的地位。该书以 37 万字

---

　　① 吴泽主编，桂遵义、袁英光著：《中国近代史学史·前言》第 1—4 页，江苏古籍出版社 1989 年版。

　　② 白寿彝主编：《中国史学史》（第一卷）第 58 页，上海人民出版社 2006 年版。

的篇幅系统地论述了 1840—1949 年中国近代史学的基本面貌，是一部非常实用的大学本科生"中国近代史学史"教本。该书的出版，标志着历史学本科"中国近代史学史"课程的教学有了较为成熟的教材，这是史学史教学发展的新阶段。作者明确指出："《中国近代史学发展叙论》主要论述 1840 年至 1949 年前的史学发展情况。……我们在论述近代史学的发展变化时，还适当地叙述了两个方面的情况：一是叙述了一定时期的历史情况对史学的影响；二是叙述了社会思想变化对史学的影响。近代史学一个很重要的特点是史学与社会改革、反侵略、救亡图存联系在一起。"① 著者关于中国近代史学论述的范围，以及对近代史学考察的方法和对中国近代史学特点的论述，对于中国近代史学史的研究具有重要的理论价值。除了对中国传统史学、新史学在近代的发展予以系统的宏观论述外，该书对马克思主义史学在中国的产生和发展及其成果作了较为全面地论述，这在同类著作中具有鲜明的特色。该书对 1919 年之后中国史学发展的论述，用了四章篇幅，特别是对中央研究院历史语言研究所和抗战时期延安和国统区史学以及1930 年至 1949 年前夕史坛的论述，相比同类著作，内容更加丰富，视野更为开阔，从而勾画出了中国近代史学在 20 世纪前半期发展的多方面成就。1994 年出版的陈其泰教授的《中国近代史学的历程》，是较早对中国近代史学进行系统研究的一部著作。作者提出：中国近代史学先后出现过三次意义重大的飞跃，标志着演进过程的三大阶段：从魏源的《海国图志》到 19 世纪末，传统史学向近代史学不断的发展转变；从梁启超的《新史学》到陈寅恪、陈垣的新史学的发展；从郭沫若的《中国古代社会研究》到新中国成立前马克思主义史学主流地位的逐步确立②。该书主要论述了 1840—1949 年中国近代史学的发展趋势、基本特征、发展历程，以及近代一些著名史学家及其论著。2006 年出版的《中国史学史》（第六卷），陈其泰教授又以 13 章 47 万字的篇幅，对 1840—1919 年的中国近代史学做了进一步深入论述。由张岂之主编的《中国近代史学学术史》，是一部别具特色的近代史学史著作。该书主要论述了中国近代的史学哲学、史学方法，以及关于中外历史的研究和历史地理学及考古学的学术成就。关于史学学术史与史学史的区别以及史学学术史的研究对象，作者说："史学学术史也不同于史学史，后者主要研究史观、史书体例以及史学功能等属于史学本身的演变发展历史；史学学术史研究的方面并不限于史学本身，而且包含有各种史学成果的学

---

① 马金科、洪京陵：《中国近代史学发展叙论》第 1 页，中国人民大学出版社 1994 年版。
② 陈其泰：《中国近代史学的历程》第 3—4 页，河南人民出版社 1994 年版。

术价值和社会效益的估量，以及史学与其他学术成果的关系等。""我所设想的史学学术史大体上包含两个方面内容，其一是史学成果，其二则是历史哲学和史学方法论。这两个方面实际上不能分割，而融为一个整体。"① 该书由相关方面的专家撰著，因而对有关方面的总结评述得当，具有很高的学术价值，也提供了审视和总结中国近代史学的新角度，开拓了中国近代史学史研究的视野和新领域。

除上述重要论著外，也有不少学者对中国近代史学史进行专题研究，取得了显著的成绩。由吴泽主编的《中国近代史学史论集》（上），收录了 20 篇关于中国近代历史学专题研究的论文，既有对龚自珍、魏源、夏燮、梁廷枏、徐鼒、黄遵宪、郑观应、康有为、缪荃孙的史学的专题研究，也有对马克思主义史学的诞生、李大钊的史学贡献以及社会史论战与马克思主义史学形成的论述，在某种程度上反映出从新中国成立到 80 年代初中国近代史学史研究的基本面貌和水平②。1991 年出版的胡逢祥、张文建的《中国近代史学思潮与流派》，是一部从史学思潮和流派角度对中国近代史学进行审视的史学史著作。作者将鸦片战争到"五四"运动前后的中国史学划分为两个阶段：自鸦片战争到 19 世纪 90 年代是中国史学近代化的酝酿时期，19 世纪 90 年代到"五四"运动前后为中国近代史学的确立时期。每个阶段又各划分为两个时期。作者指出："从史学发展本身的特点看，中国近代真正形成史学思潮的主要有经世致用的史学思潮、新史学思潮、国粹主义史学思潮、疑古史学思潮以及屡屡泛起的封建复古主义史学思潮等。"③ 蒋俊对 20 世纪前半期的史学进行了深入研究，于 1995 年出版了《中国史学近代化进程》专著。他提出："中国资产阶级史学思想经历了三个发展阶段：新史学阶段、实验主义史学阶段和多元发展阶段。"关于 20 世纪 30—40 年代的多元史学阶段，他说："这一时期的资产阶级史学思想，呈现出多元发展的趋势，即一方面，史料派仍有较大的势力，另方面，史观派也已形成；一方面，'求真'派仍在固守阵地，另方面'致用'派再次崛起；一方面，客观主义、实证主义的研究方法仍为许多人所遵循，主观主义、相对主义的流派也日渐活跃。"④ 除了对大家关注较多的新史学、实证派史学、古史辨派史学以及何炳松等的史学予以

① 张岂之主编：《中国近代史学史》第 1—2 页，中国社会科学出版社 1996 年版。
② 参见吴泽主编：《中国近代史学史论集》（上），华东师范大学出版社 1984 年版。
③ 胡逢祥、张文建：《中国近代史学思潮与流派》第 16 页，华东师范大学出版社 1991 年版。
④ 蒋俊：《中国史学近代化进程》第 8 页，齐鲁书社 1995 年版。

论述外，本书对于少人问津的"民生史观"、"生机主义史观"、"社会有机体史观"以及"文化形态史观"等予以论述，在很大程度上展示出中国近代史学在20世纪前半期丰富多彩的内容。张书学的《中国现代史学思潮研究》，是一本从史学思潮角度对20世纪前半期史学进行反思的史学史著作，作者认为："左右中国现代史学发展方向的主要有三大史学思潮，即实证主义史学思潮、相对主义史学思潮、马克思主义史学思潮。这三大史学思潮在相互对垒、碰撞和融会的过程中，促进了现代史学的发展。"[1] 已故史学家俞旦初的《爱国主义与中国近代史学》，是他多年从事中国近代史学史研究的集大成力作。其中既有对19世纪和20世纪史学发展情况的宏观探讨，也有对20世纪的爱国主义史学思潮以及法国大革命、美国独立战争在中国的发展及其影响的微观论述，还有对中国近代史学界对历史和科学关系的理论探讨，由于许多问题的论述都建立在丰富的第一手资料的基础之上，因而该书的许多论题对于近代史学研究的深入具有极其重要的学术价值。由华东师范大学盛邦和等史学史专家集体撰著的《现代化进程中中国人文学科·史学卷》，是一部以中国历史学的现代化为主线对中国近现代史学进行审视的史学史著作，该书作者提出了中国历史学的现代化经历了"四段行程"、"三大流派"的观点。关于中国历史学的现代化，作者指出："19到20世纪中国史学的现代化的进路依次为：19世纪前半叶是史学现代化的萌发，表现为经学的边缘化、史学的自主化。19世纪后半叶为史学现代化的初始，表现为史学外层的现代化，如史学视野的现代化、史书体例的现代化。20世纪上半叶，进入史学内层的现代化，即历史哲学与历史思想的现代化，至此，史学现代化全面启动。20世纪下半叶，史学内核进一步现代化，马克思主义史学引领史学现代化进入高潮。"作者进一步提出："中国史学在此蜿蜒长期的现化过程中，形成了批判史学、民族史学与马克思主义史学三大流派。犹如三驾马车，尽管着力不一，时有碰撞冲突，但大体方向趋一，而马克思主义史学的突出主体地位也被历史肯定，引领着中国现代史学的前行。"[2]

　　对20世纪中国历史学的反思和总结，也极大地促进了中国近现代史学史研究的进一步开展和深入。早在1982年，林甘泉、田人隆、李祖德就编著了《中国古代史分期讨论五十年》，对1929—1979年的中国古代史分期问题给予系统梳理和总结。关于20世纪的中国历史学，90年代之后，除了《历史研究》等杂志

---

①　张书学：《中国现代史学思潮研究》第5—6页，湖南教育出版社1988年版。
②　盛邦和主编：《现代化进程中中国人文学科·史学卷》第3—28页，上海人民出版社2005年版。

发表了数十篇有分量的总结性论文外，这方面的代表性论著有刘新成主编的《历史学百年》和由陈高华、张彤主编的《20世纪中国社会科学·历史学卷》。前者对中国古代史、近代史、现代史、世界古代史、近代史、现代史以及史学理论及史学史七个门类二级学科的建立和发展及其主要成就予以较为全面的总结。后者除了对中国古代史、近代史按时代和专题研究状况予以总结之外，对史学史、史学理论、历史地理学和世界史的成就予以概括性总结。此外，还收录了各领域一些具有重大影响的论文。罗志田主编的《20世纪的中国学术与社会·史学卷》，对晚清和民国时期的史学、马克思主义史学作了较深入全面地论述，此外，该书作者对中国近代历史教育和历史科学的专业化和跨学科研究等问题作了系统地阐述，也有助于近代史学史研究的深化和新领域的开拓。河北教育出版社推出了"二十世纪中国史学名著"丛书，陆续选印了夏曾佑、孟森、梁启超、王国维、陈垣、岑仲勉、金毓黻、李大钊、陈寅恪、胡适、顾颉刚、范文澜、钱穆、傅斯年、李济、翦伯赞、周谷城、吕振羽、向达、侯外庐、韩儒林、尚钺、齐思和、邓广铭、吴晗、白寿彝、邵循正、夏鼐、谭其骧、唐长孺、陈梦家、胡厚宣等众多著名史学家的代表性论著，并请相关领域的专家撰写了高水平的前言对论著予以评介。由瞿林东教授主编的"20世纪中国史学研究系列丛书"，由北京师范大学出版社在2007年相继出版了陈其泰的《20世纪中国历史考证学》，肖黎主编的《20世纪中国史学重大问题论争》，马宝珠主编的《20世纪史学名著提要》，张广智、李勇主编的《20世纪中外史学交流》，侯云灏的《20世纪中国史学思潮与变革》，瞿林东、周文玖主编的《历史时代嬗变的记录——中国近现代史学研究》，瞿林东的《二十世纪中国史学散论》（安徽人民出版社，2009年）、《二十世纪中国史学发展分析》（北京师范出版社，2010年）等论著，都是近年来中国近现代史学研究的重要成果。由吴少珉、赵金昭主持的国家社科基金项目的成果《二十世纪疑古思潮》（学苑出版社，2003年），对顾颉刚为代表的"古史辨派"进行了较为深入系统的梳理和研究。张广志的《中国古史分期讨论的回顾与反思》（陕西师范大学出版社，2003年），对古史分期问题特别是新时期古史分期讨论的新进展，作了进一步的论述。已故青年学者沈颂金博士的《二十世纪的简帛学研究》、《考古学与二十世纪中国学术》（学苑出版社2003年），是从考古学角度对20世纪的中国史学进行专题研究的较高学术价值的论著。

　　除了上述对中国近代史学史的综合性研究之外，有关的专题研究也取得了丰硕的成果。学术史研究方面，出版了朱维铮的《晚清学术史论》（上海古籍出版社，1996年），陈其泰的《清代公羊学》（东方出版社，1997年）。中国近现代史学家传记是学者追踪的热点，陈清泉、苏双碧主编的《中国史学家评传》（中州古籍出版社，1985年），也对中国近现代著名史学家设立传记，由著名学者执笔，写出了不少高质量的史学家评传。对魏源、梁启超、王国维、胡适、陈垣、陈寅恪、顾颉刚、钱穆、吕思勉、吴晗、罗尔纲等著名史学家进行了较为深入的研究，出版了多部史学家的评传。如陈其泰的《梁启超论著选萃》（广东人民出版社，1996年）、《梁启超评传》（广西教育出版社，1996年），蒋广学的《梁启超和中国古代学术的终结》（江苏教育出版社，1998年），袁英光的《王国维评传》（上海人民出版社，1999年），周一平、沈茶英的《中西文化交汇与王国维学术成就》（学林出版社，1999年），白吉庵的《胡适传》（人民出版社，1993年），章清的《胡适评传》（百花洲文艺出版社，1992年），刘乃和的《陈垣年谱》（北京师范大学出版社，2002年版），牛润珍的《陈垣学术思想评传》（北京图书馆出版社，1999年），王永兴的《陈寅恪先生史学述略稿》（北京大学出版社，1998年），刘起釪的《顾颉刚先生学述》（中华书局，1986年），顾潮的《顾颉刚年谱》（中国社会科学出版社，1993年）、《历劫终教志不灰——我的父亲顾颉刚》（华东师范大学出版社，1997年），刘丽娜的《顾颉刚学术思想评传》（北京图书馆出版社，1999年），王学典的《顾颉刚与他的弟子们》（山东画报出版社，2000年），李泉的《傅斯年学术思想评传》（北京图书馆出版社，2000年），等等。

一批中国近代史和史学史专业的博士，大多深入中国近现代史学的某一时期或某一方面，在90年代后期纷纷推出了自己的相关著作，刘中国近现代史学史的研究也做出了新的贡献。如朱政惠的《吕振羽和他的历史学研究》（湖南教育出版社，1992年），郑师渠的《晚清国粹派研究》（台湾文津出版社1992，北京师范大学出版社，1997年），房德邻的《儒学的危机与嬗变——康有为与近代儒学》（台湾文津出版社，1992年），张越的《新旧中西之间——五四时期的中国史学》（北京图书馆出版社，2008年），刘丽娜的《由传统走向现代——论中国史学的转型》（社会科学文献出版社，2006年），江沛的《战国策派思潮研究》（天津人民出版社，2001年），田旭东的《二十世纪中国古史研究主要思潮概论》（中华书局，2003年），周文玖的《中国史学史学科的产生和发展》（北京师范大学出版社，2002年）、《史学史导论》（学苑出版社，2006年），刘筱红的《张舜徽与清代学术史研究》（华中师范大学出版社，2001年），田亮的《抗战时期史学研究》（人民出版社，2005年），洪认清的《抗战时期延安史学研究》（安徽大学出版社，2007年），郑先兴的《文化史研究的理论与实践》（中央编译出版社，2004 年），刘兰肖的《晚清报刊与近代史学》（中国人民大学出版社，2007 年），赵梅春的《二十世纪中国通史编纂研究》（中国社会科学出版社，2007 年），李孝迁的《西方史学在中国的传播》（华东师范大学出版社，2007 年），宋学勤的《嬗变中的近现代史学》（学苑出版社，2008 年），邓京力的《历史评价的理论与实践》（人民出版社，2009 年），等等。

二、新中国史学和马克思主义史学研究的主要成就

对新中国史学的总结和研究极大地推动了中国现当代史学史学科的建立和发展。1989 年几乎同时问世的《中国史学四十年》和《中国历史学四十年》，极大地推动了对新中国历史学的研究。周朝民、庄辉明、李向平编著的《中国史学四十年》，是一部以"史学史"的形式反映新中国 40 年历史学的开创性著述，全书共分四编，53 万余字。既注重从史学研究的具体领域和问题入手阐述新中国历史学的发展，又在新中国的政治背景之下，结合史学发展的重大历史事件说明史学与社会政治发展的密切关系，对重要领域的评述和重大事件的说明也较为客观。肖黎主编的《中国历史学四十年》，由近 40 位相关领域的专家集体编著而成，全书共 60 余万字，大体上以史学理论、断代史、专史、国别史和地区来分别概述相关领域的研究，着重介绍了 1978—1989 年中国历史学在各个领域的研究情况。此外，白钢、赵吉惠、于沛等著的《历史学的发展趋势》，对中国历史、世界历史及中国思想史和中国封建社会长期延续问题的研究作了回顾，作者站在新时期中国史学发展的高度，着重回顾了新中国史学的成就，展望了未来的发展前景。姜义华主编的《社会科学争鸣大系（1949—1989）·历史学》，以 55 万字的篇幅，按史学理论、中国古代史、中国近代史、中国现代史和中共党史、世界史五个部分，简要概括了新中国历史学着重讨论的 139 个方面的问题。由陈启能和于沛等学者合著的《马克思主义史学新探》，集中了新时期在史学理论和史学史研究方面卓有成就的几位学者的智慧，该书站在广阔的世界范围内，对马克思主义史学研究的理论和方法、经验和教训进行总结和反思，有助于我们开阔眼界，在世界领域内深入地认识中国马克思主义史学。由曾业英主编的《五十年来的中国近代史研究》，是我国第一部对新中国 50 年中国近代史研究进行总结的著述，该书由相关领域的 30 余位学者撰著而成，综述了"中国近代史"学科 24 个领域在新中国 50 年的成就，另有一章为"海外中国近代史研究著作译介"。张剑平的《新中国史学五十年》，以"十七年马克思主义史学的成就和曲折道路"、"文革时期史学发展的严重曲折"、"新时期中国历史学开拓进取态势"为题，对

新中国历史学特别是马克思主义史学的发展道路，首次给予系统梳理和总结。

新时期中国历史学的发展也成为史学家关注的一个热点，这方面除发表了不少的论文予以总结之外，也出版了几本专著。邹兆辰等合著的《新时期中国史学思潮》，是对改革开放以来中国史学思潮概括论述的第一部专著，第一部分《专论编》分别论述了：新时期史学界的拨乱反正，马克思主义史学的重建与唯物史观的再认识，史学危机、历史认识论及文化史和社会史的热潮，最后三章对现代化、实证观念和21世纪的中国史学予以展望；《访谈编》选录了何兹全、龚书铎等在各方面成就突出的32位史学家及史学工作者。2008年由中国社会科学出版社出版的由张海鹏主编的《中国历史学30年》（1978—2008）以及由于沛、周荣耀主编的《中国世界历史学30年》，是对新时期中国历史学进行系统总结和反思的重要著作，该书邀请了各方面的研究专家，对中国历史学在新时期的发展、成就以及研究存在的问题等进行深入全面的论述。《中国历史学30年》，分别对史学理论与史学史、中国古代史、中国近现代史、社会史、经济史、历史地理等领域的成就予以论述。《中国世界历史学研究30年》，共分六章分别总结了世界古代中世纪史研究、亚非拉美近现代史研究、俄罗斯东欧史研究、西欧北美史研究，以及外国史学理论和专门史的研究情况。

马克思主义史学的研究极大地推动了中国现代史学的发展。郭沫若史学的研究受到学者的高度重视，《郭沫若全集》史学卷、文学卷、考古卷的出版，极大地方便了对郭沫若学术的全面深入研究；80年代初围绕郭沫若的《甲申三百年祭》以及郭沫若的古史分期等问题的论争，使得人们对郭沫若史学论著的学术价值和他在中国马克思主义史学发展中的地位有了进一步的认识。二十余年来，中国郭沫若研究会主编的《郭沫若研究》出版了12期，四川"郭沫若学会"的机关刊物《郭沫若学刊》从80年代创刊一直坚持到现在，两个刊物发表了数千篇郭沫若研究论文，提供了郭沫若研究的大量珍贵资料。"中国郭沫若研究会"将数百位学者团结起来，为郭沫若研究做出了重大贡献。文史工作者出版了大量的研究论著。如龚济民、方仁念出版了《郭沫若年谱》（天津人民出版社，1982年），《郭沫若传》（文艺出版社，1988年），卜庆华出版了《郭沫若评传》（湖南人民出版社，1980年），王锦厚出版了《郭沫若学术论辩》（成都出版社，1990年），《郭沫若史学研究》（成都出版社，1990年），《郭沫若与中国史学》（中国社会科学出版社，1992年），汇集了多位史学家的研究成果，深入地论述了郭沫若对中国马克思主义史学的杰出贡献。叶桂生、刘茂林专注于中国现当代史学的研究，在1992年相继出版了《郭沫若的史学生涯》、《郭沫若新论》（社会科学文献出版社）两部专著，将郭沫若史学研究推向了新阶段。随后，谢保成也撰著了《郭沫若评传》（百花洲文艺出版社，1995 年）、《郭沫若学术思想评传》（北京图书馆出版社，1999 年）。翦伯赞史学研究也受到了学者的关注，除了多次再版翦伯赞的《先秦史》、《秦汉史》、《历史哲学教程》以及论文选集外，张传玺出版了《翦伯赞传》（北京大学出版社，1998 年）、《新史学家翦伯赞》（北京大学出版社，2006 年），王学典出版了《翦伯赞学术思想评传》（北京图书馆出版社，2000 年）。吕振羽史学研究很早受到学者的关注，除了出版吕振羽的一些论著之外，吴泽主编了《吕振羽史论选集》（上海人民出版社，1981 年），刘茂林、叶桂生出版了《吕振羽评传》（社会科学文献出版社，1990 年），朱政惠先后出版了《吕振羽和他的历史学研究》（湖南教育出版社，1992 年）、《吕振羽学术思想评传》（北京图书馆出版社，2000 年）。2000 年陈其泰的《范文澜学术思想评传》的问世，结束了长期以来范文澜研究没有专著的历史。著名党史专家刘炼教授三十年来致力于何干之著作的整理和研究工作，出版了《何干之文集》（三卷本）（北京出版社，1993 年）《风雨伴君行——我与何干之的二十年》（广西教育出版社，1998 年）《何干之纪念文集》（北京出版社，2006 年）等论著。此外，有关李大钊、吴玉章、李达、侯外庐、华岗、邓拓、邓初民、尹达等著名马克思主义史学家也有不少专著和专论发表。我们相信，随着范文澜、翦伯赞、华岗等著名史学家全集的相继出版，研究工作将会更深入地进行下去。

除了对马克思主义史学家的个案研究之外，中国马克思主义史学的宏观和专题研究也受到了学者的关注，出版了一批学术成果。1992 年，桂遵义的《马克思主义史学在中国》出版，在某种程度上可以看作是吴泽主编的《中国近代史学史》的后半部分。该书以中国马克思主义史学作为研究的对象，系统地论述了从 1919 年到 1956 年中国马克思主义史学由产生到发展直至最后主导地位的确立的历史进程和重要成就。该书的特点在于"依据中国革命的历史进程，结合中国现代史学自身发展的规律和特点，……以马克思主义为指导，对中国马克思主义史学的诞生和发展进行系统地论述，并侧重于介绍和总结我国老一辈马克思主义者开创中国马克思主义史学的贡献。"① 随后，中国社会科学院历史研究所史学史研究室组织专家编著了《新史学五大家》（社会科学文献出版社，1996 年）。马克思主义史学理论的研究，也取得了显著的成效。蒋大椿在《唯物史观与史学》（吉林教育出版社，1991 年）《20 世纪的中国：学术与社会·史学卷》（山

---

① 桂遵义：《马克思主义史学在中国·前言》第 1 页，山东人民出版社 1992 年版。

东人民出版社，2001年），对中国马克思主义史学作了理论探讨和宏观论述。蒋大椿编著的《历史主义与阶级观点研究》（巴蜀书社，1992年），较为系统地探讨了"历史主义与阶级观点"问题在新中国史坛产生、发展和学术讨论的情况，对进一步开展新中国马克思主义历史理论研究具有重要的参考价值。庞卓恒的《唯物史观与历史科学》（高等教育出版社，1999年），是一部对唯物史观的理论及其应用于中国和世界历史研究进行反思的力作。作者对马克思唯物史观的理论探讨，对我们进一步深化对马克思主义历史理论的认识具有重要的启发意义。他对古史分期问题、中国封建社会长期延续问题、资本主义萌芽问题的认识，对我们进一步反思有关问题具有重要参考价值。王学典的《历史主义思潮的历史命运》（天津人民出版社，1994年），对20世纪50—80年代历史主义在中国史坛的崛起、历史主义与阶级分析的激烈论战以及历史主义的命运作了专题研究。王学典撰著的《二十世纪后半期中国史学主潮》（山东大学出版社，1996年），是我国第一部研究新中国史学思潮的著述，该书"导论"之下，分别以"大势编"、"事件编"、"人物编"，从史学理论的角度，概括论述了新中国史学界的风风雨雨，作者对历史主义与阶级观点、翦伯赞和黎澍等史学家皆予以较为深入的研究。

　　进入新世纪，中国马克思主义史学和新中国史学的研究受到了充分的关注。国家社科基金重点项目有："唯物史观与20世纪的中国史学"、"唯物史观与中国历史学"、"新中国历史学研究"、"新时期中国历史学研究"等课题，我们相信，这些课题的结项和研究成果陆续问世，必将极大地深化马克思主义史学的研究。由陈其泰教授主持的教育部重大项目的代表性成果《中国马克思主义史学的理论成就》专著，由国家图书馆出版社于2008年出版，该书首次对中国马克思主义史学的理论成就作了系统地总结。该书主编提出："凡属'五四'时期以来，马克思主义史家所关注的中国古代社会性质、古史分期、中国历史规律探索、中国近代社会性质和历史进程基本线索、民族问题、历史评价问题，以及关于文化遗产和史学遗产的批判继承、历史认识论方法论问题、史学发展和史书编纂、史学社会功能、批判教条主义的恶劣影响、坚持唯物史观指导和大力吸收西方新学理、多学科研究、探索中国史学的民族特色等项，所有这些回应时代需要，对于推进中国史学发展大有意义，并且具有理论概括和抽象性质的学术成果，都属于马克思主义史学的理论成就之列。"① 对如此众多的重要理论成就予

① 陈其泰主编：《中国马克思主义史学的理论成就》第471页，国家图书馆出版社2008年版。

以总结，必将会对马克思主义史学理论建设和历史教学和研究的发展起到巨大的推进作用。张剑平的《中国马克思主义史学研究》于 2009 年由人民出版社出版，该书汇集了作者二十年来马克思主义史学研究的主要成果，对延安时期的马克思主义史学、新中国历史学做了较为全面深入的研究，对郭沫若、吴玉章、范文澜、翦伯赞、吕振羽、侯外庐、何干之等著名马克思主义史学家对中国历史学的巨大贡献进行了深入论述，对罗尔纲、白寿彝、童书业等在新中国接受马克思主义理论的著名史学家学术的新贡献进行了深入探讨，该书对于正确认识和评价马克思主义史学以及中国马克思主义史学的历史命运等重要问题，必将产生积极的影响。此外，《中国现代社会科学家传略》、《中国当代社会科学家》、《当代中国社会科学家》，以及张世林主编的《学林春秋》（朝华出版社，1999 年）、张艳国主编的《史学家自述》（武汉出版社，1994 年）等史学家的自述和传记，对研究中国现当代史学也具有重要的价值。1978 年以来由中国史学会编撰的《中国历史学年鉴》，每年一本，为进一步深入研究新时期的中国历史学的发展，提供了丰富的资料。

对中共党史学史和毛泽东史学贡献的研究，扩大和深化了中国现当代史学的研究领域。张静如对中共党史学史的研究具有开拓之功，1990 年，他和唐曼珍主编的《中共党史学史》由中国人民大学出版社出版。随后，周一平出版了《中共党史研究七十年》（湖南出版社，1991 年）、《中共党史史学史》（甘肃人民出版社，2001 年）等论著。关于毛泽东与中国历史学的研究，先后出版了张贻玖的《毛泽东读史》（中国友谊出版公司，1991 年）、唐曼珍的《毛泽东与中共党史学》（中国人民大学出版社，1993 年），王子今的《毛泽东与中国史学》（中共中央党校出版社，1993 年）、邹兆辰的《毛泽东对历史的考察》（首都师范大学出版社，1995 年）、赵晖的《毛泽东史学思想》（南京师范大学出版社，2002 年）等论著。

此外，一些学者关注国外中国近现代史学的研究，除了发表大量论文介绍之外，也出版了几部相关论著。由张注洪、王晓秋主编的《国外中国近现代史研究》，由中国文史出版社于 2000 年出版，该书是他们完成的国家社科基金项目的成果。该书先后对苏联及俄罗斯、美国、日本以及英、法、德、澳、加等国的中国近代史研究作了全面的述评，有助于学者对国外相关领域和问题研究的了解，开拓了中国近代史和史学史研究的新领域。由梁怡、李向前主编的《国外中共党史研究述评》，是他们完成的国家社科基金资助项目，由中共党史出版社于 2005 年出版。该书先后对原苏联及俄罗斯、美国、日本以及英、法、德、澳、加等国的中共党史研究作了述评，有助于史学家开阔视野，更深入从事中共党史的研究。华东师范大学朱政惠教授的《美国中国学史研究》（上海古籍出版社，2004年），是一部中国学人对美国的中国学进行深入研究和评价的论著，反映了新时期史学史研究视野的进一步扩展。

中国近现代史学史也是国外及港台学者研究的重要领域，国内陆续翻译和出版了一些他们的主要论著。如美国马紫梅的《吴晗传》（中国社会科学出版社，1996年），德国罗梅君的《政治与科学之间的历史编纂——30和40年代中国马克思主义历史学的形成》（山东教育出版社，1997年），美国阿里夫·德里克的《革命与历史：中国马克思主义历史学的起源，1919—1937》（江苏人民出版社，2005年），美国汪荣祖的《陈寅恪评传》（百花洲出版社，1997年），美国列文森的《儒教中国及其现代命运》（中国社会科学出版社，2001年），德国施奈德的《真理与历史：傅斯年、陈寅恪的史学思想与民族认同》（社会科学文献出版社，2008年）等论著。20世纪的中国史学，是港台学者感兴趣的课题。这方面的代表性论文有邓元忠的《近半世纪来中国大陆的史学》（"国立"台湾师范大学《历史学报》第25期）。代表性论著主要有许冠三的《新史学九十年》，逯耀东的《中共史学的发展与演变》、《史学危机的呼声》，吴安家的《中共史学批判论集》、《中共史学新探》等论著。

第四节　西方史学理论及史学史研究的成就及其学科建设

新时期以来，一些从事世界史研究的学者从事国外史学理论及史学史的研究，取得了显著的成果，这也极大地推动了中国史学理论与史学史学科的发展。在这方面，以中国社会科学院世界历史研究所为中心，创办了《史学理论》（1987年到1989年）和《史学理论研究》（1992年至今）杂志，成立了外国史学理论研究室，较早开展了西方史学和苏联史学的理论和方法论的研究，出版了一批高水平的研究成果。世界历史研究所联合史学界同仁，成立了中国史学会史学理论分会，已经组织了15次全国性的史学理论研讨会，2005年，中国社会科学院联合世界历史研究所、历史研究所、近代史研究所等单位，成立了"史学理论研究中心。"这方面的基本情况，于沛、周荣耀主编的《中国世界历史学30年》在第五章《外国史学理论研究》已有详细论述。新时期以来，中国社科院和复旦大学等单位也培养了一批专业硕士和博士研究生。在对西方史学理论及史学史研究方面，陈启能、何兆武、朱本源、张广智、于沛、庞卓恒等学者作出了突出贡献。

一、西方史学研究的全面开展

西方史学史的研究，在20世纪80年代开始起步。郭圣铭早年从事西方史学史研究，是60年代外国史学史研究的重要学者，历经曲折，1983年，他的《西方史学史研究概要》由上海人民出版社出版，这是新中国成立后的第一本"外国史学史"专著。1984年孙秉莹出版了《欧洲史学史》（湖南人民出版社）。1986年，由董进泉翻译的苏联学者编著的大学历史系教材《欧美近代现代史学史》（上、下卷），由安徽教育出版社出版。随后，出版了张广智、张广勇的《史学：文化中的文化》（上海社会科学院出版社，1988年）、《文化视野中的西方史学》（浙江人民出版社，1990年）等西方史学史的论著。到90年代初，全国不少高校开设了"西方史学史"课程，编写了一些教材，如杨豫的《西方史学史》（江西人民出版社，1990年），郭小凌的《西方史学史》（北京师范大学出版社，1995年）等。2000年，由张广智主著的《西方史学史》，作为面向21世纪课程教材，由复旦大学出版社出版，这标志着中国西方史学史教学和科研工作进入一个新的发展阶段，"西方史学史"作为大学历史学专业的必修课程，已普遍走进了中国的大学课堂。

新时期史学方法论研究成就的重要收获之一，是对国外史学理论著作的翻译和介绍掀起了热潮。80年代，田汝康、金重远主编了《现代西方史学流派文选》（上海人民出版社，1982年），何兆武、张文杰编译了《现代西方历史哲学译文集》（上海人民出版社，1984年），何兆武、张文杰合译了柯林武德的《历史的观念》（中国社会科学出版社，1986年），以及杨豫翻译的英国著名历史学家杰弗里·巴勒克拉夫的《当代史学主要趋势》（上海译文出版社，1987年），使得中国学人开始对国外史学理论家和国外史学的发展刮目相看，也极大地促进了对外国史学名著的介绍和翻译工作。之后，先后翻译了巴尔格的《历史学的范畴和方法》（华夏出版社，1989年），托波尔斯基的《历史学方法论》（华夏出版社，1990年），苏共中央社科院《科学与教学文献》编辑部编《历史科学·方法论问题》（中国社会科学出版社，1990年），法国保罗·科利的《法国史学对史学理论的贡献》（上海社会科学院出版社，1992年）等著作。此外，葛懋春、项观奇主编的《历史比较研究法》、《历史计量研究法》（山东教育出版社，1986、1987年相继出版），以及苏联学者科瓦利琴科的《计量历史学》和英国学者罗德里克

·弗拉德的《计量史学方法导论》等著作，这大大开阔了史学家的眼界。同时，对西方新史学流派的评介一类的著作也不断问世，如彭卫、孟庆顺的《历史学的视野——当代史学方法概述》（陕西人民出版社，1987 年），刘昶的《人心中的历史》（四川人民出版社，1987 年），董进泉等编著的《当代国外社会科学流派丛书·历史学》（四川人民出版社，1989 年），陆象淦的《现代历史科学》（重庆出版社，1991 年）等。

如果说 20 世纪 80 年代我国史学界仍着重于对西方史学的介绍工作，那么，进入 90 年代，中国史学家则开始对国外五花八门的史学流派及其方法，开始了认真分析和研究的工作，这方面代表性的著作主要有：庞卓恒主编的《西方新史学述评》（高等教育出版社，1992 年），罗凤礼主编的《现代西方史学思潮评析》（中央编译出版社，1996 年），何兆武、陈启能主编的《当代西方史学理论》（中国社会科学出版社，1996 年），陈启能、于沛、黄立茀合著的《苏联史学理论》（经济管理出版社，1996 年），陈启能、于沛等合著的《马克思主义史学新探》（社科文献出版社，1999 年），徐浩、侯建新著《当代西方史学流派》（中国人民大学出版社，1996 年），张广智、张广勇著《现代西方史学》（复旦大学出版社，1996 年）等。

庞卓恒主编的《西方新史学述评》，是他主持的国家"七五"重点研究课题的最终成果，由高等教育出版社于 1992 年出版，全书共计 41 万字。作者有感于 80 年代我国学术界的"食洋不化"和有人主张的"全盘西化"的偏向，明确提出："时至今日，应该是我们对十余年来的西方史学大量引进的热潮进行比较系统的消化和鉴别的时候了。消化鉴别功夫做的越认真，'食洋不化'现象就会越加减少，我们从西方史学中吸收的有益成分也就越多。"该书包括导论以及上、下两编共计十章内容，庞卓恒提出了本书的总体构架，并撰写了长篇《导论》：当代西方史学的进展和困惑——并论马克思主义指导历史学成为真正的科学，这部分作为全书的总纲，力求从本体论、认识论和方法论三个方面对当代西方史学的是非得失予以总体评价。上编《新学科述论》共五章，包括：人本观与结构观的对峙——当代西方社会史学，清晰的模式与模糊的内涵——当代西方人口史学，尚待解开的家庭演变之谜——当代西方家庭史学，难以解脱的主观因素——当代西方新经济史学，"冰山上的渺小人物"跌落之后——当代西方新政治史学，何处寻觅心智发展的动因和规律——当代西方心智史学。下编《新方法述论》共四章，包括：假设的验证与间接的实验——当代西方比较史学方法，有趣的"主"、"仆"之争——当代西方的计量史学方法，历史行为心理动因的窥探——当代西方心理史学方法,从人们记忆中追踪往昔的历程——当代西方口述史学方法。该书的显著特征是侧重于评析,这在《导论》中表现就十分突出,如在"本体论"一节中,首先分别阐述了当今西方人本主义和科学主义本体论的特点,然后分别阐述其优缺点,再阐述马克思主义唯物史观有关历史本体论的认识,并将这三种本体论的有关主张作一比较。第二节"认识论和方法论",也是分别阐述人本主义和科学主义有关历史认识及其研究方法的观点,合理性及其缺陷之所在,然后阐述了以唯物史观为指导的马克思主义史学研究方法对二者不足之处的克服。其他各章也列专节对所论述的对象进行了较为深入的分析,如当代西方社会史学本体论、方法论和认识论剖析,当代西方人口史学所取得的成就与存在的问题,家庭史学研究的待解之谜,新经济史学的得失分析,新政治史学的主要贡献及其面临的问题,从唯物史观看当代西方心智史学面临的基本理论问题。下编新方法述论,同样着重于分析,如专门论述了当代西方比较史学的局限性、计量史学研究中的凯歌行进与荆棘丛生,又论述了如何进一步发展心理史学与口述史学的设想。①

罗凤礼主编的《现代西方史学思潮评析》,是 1992 年中国社会科学院世界历史研究所史学理论研究室的集体项目。1994 年底完成,参加该项目研究的学者有罗凤礼、李春平、杨玉生、张志刚、于沛、刘军、杨豫七位学者,1996 年该书由中央编译局出版社出版,全书共计 21 万余字。共包括九章内容:绪论:西方史学巨变——从传统史学到西方史学,克罗奇的史学理论,柯林武德的史学理论,马克斯·韦伯史学思想述评,弗洛伊德的史学活动及其影响,汤因比和他的《历史研究》,爱德华·卡尔历史思想述论,E. P. 汤普森史学理论与方法研究,法国年鉴学派。关于该书的价值,何兆武评价说:"全书以实事求是的客观态度,比较全面而系统地评介了本世纪西方各家各派的重要史学理论,并能联系到其具体的历史背景来考察他们从传统史学向现代史学的转变过程在理论建设方面的得失。"陈启能研究员说:"作者皆为对研究对象下过多年功夫的学者,掌握了大量资料。更为可贵的是,他们都努力运用马克思主义的立场、观点、方法去加以评述。因而,本书既有助于读者从整体上去把握和了解当代西方史学发展的趋势、存在的问题和取得的进步,又能对其主要的代表人物有具体的了解。作者们在评述的过程中能提出自己的见解,帮助读者去进行分析,文字也流畅通顺。我们在引进、介绍西方史学思潮时,加强这种评析工作是十分必要和重要的。这正

---

① 以上参见庞卓恒、田晓文、侯建新主编:《西方新史学述评》,高等教育出版社 1992 年版。

是本书的意义所在。"① 何兆武和陈启能这两位熟知当代西方史学的专家的评价，有助于我们认识《当代西方史学思潮》一书的价值，这就是该书的贡献在于以马克思主义的观点对西方史学思潮的评析，这标志着中国史学家在引入西方史学理论和方法方面有了长足的进步。由于沛主编的《现代史学分支学科概论》，是中国社科院重点研究项目，该书于 1998 年由中国社会科学出版社出版，是世界史研究所外国史学理论研究室的集体研究成果。全书共九章，包括：社会史、文化史学、心理史学、城市史学、家庭史学、政治史学、口述史学、计量史学和比较史学，共计 26 万余字。关于该书的特色和学术价值，正如陈启能在推荐书中所言："本书一方面对战后得到迅速发展的历史学分支学科，诸如社会史学、……口述史学等分门别类地作了较为完整的评述。另一方面，又不是孤立地介绍这些分支学科，而是注意把它们同整个史学的发展结合起来，使读者了解现代史学的一般特点和发展趋势。本书的另一优点是作者都能坚持马克思主义的指导，注意运用马克思主义的立场、观点、方法，在掌握大量史料的基础上进行分析，提出自己的见解。这样一本专著对我国正在建设的具有中国特色的马克思主义现代史学无疑具有参考价值和借鉴意义。"②

张广智、张广勇合著的《现代西方史学》一书，以 33 万字的篇幅概括地论述了 20 世纪初以来西方史学的发展。全书共十二章，包括：西方史学的演化与转折，现代英国史学，现代法国史学，现代德国史学，现代意大利和其他国家的史学，现代美国史学，历史的文化说，历史的哲学观，历史的新领域，历史的世界性，现代西方史学在中国。本书是国家教委人文社会科学"八五"规划重点项目"20 世纪西方史学主要流派评析"的最终成果。本书的出版，既推动了对西方 20 世纪史学发展的进一步深入的研究，又促进了西方史学进入高等院校的课堂，对这一学科的建设和发展具有重要的意义。第一章，概括地论述了西方史学由古典历经中世纪的神学到近代和现代的发展，特别是着重论述了新史学在 20 世纪的发展，以及马克思主义史学对西方现代史学的影响。第二至第六章，基本按国别论述现代英国、法国、德国、意大利以及美国的史学，为现代欧美诸国新史学概览。第七至第十章，以专题立论，涉及现代西方史学在新潮流推动下的各个方面：新问题、新对象、新方法等等，包括斯宾格勒、汤因比为代表的"历史文化形态学派"，克罗奇、柯林武德、阿隆、马鲁为代表的批判的历史哲

---

① 罗凤礼主编：《现代西方史学思潮评析·著作出版推荐意见书》，中央编译出版社 1996 年版。

② 于沛主编：《现代史学分支学科概论》第 329—330 页，中国社会科学出版社 1998 年版。

学流派，波普尔、亨佩尔及其分析的历史哲学，亚斯贝斯、萨特的存在主义历史哲学，列维—斯特劳斯以及福柯的结构主义历史哲学派。"历史的新领域"一章，阐述了"心理历史学派"以及"法国和美国的计量历史学派"。第十章：历史的世界性，论述了西方中心论、人类文化多元论，巴勒克拉夫的"全球史观"，以及斯塔夫里阿诺斯的世界通史体系。该书内容丰富，有不少中国学人很少听到的新学说。最后，作者又以两章的篇幅，系统地阐述了 20 世纪中国学人对西方史学的介绍和研究情况，提出了如何进一步积极吸收世界史学的优秀成果，进一步促进中国史学面向世界和现代化的具体意见和建议。正如该书作者所言："本书著者在写作这本书时，期望以马克思主义的求真态度，对现代西方史学流派乃至整个西方史学做出正确的评述，力求做到客观而不失公允。"① 我们认为，通观全书，该书是达到了这一目的了，《现代西方史学》是当时学术界不可多得的一部全面评述 20 世纪西方史学的力作，反映了我国学者对西方史学的研究水平，较之 20 世纪 80 年代的饥不择食的状况已有了明显的进步。

　　由何兆武、陈启能主编的《当代西方史学理论》一书，1996 年由中国社会科学出版社出版，全书共计 63 万余字。分为十八章，包括：绪论：西方史学理论的发展，新康德主义的史学理论，文化形态史观，新黑格尔主义的史学理论，自由主义的史学理论，分析的历史哲学，生命派的史学理论，当代西方的比较史学，西方计量史学的发展，心理学理论在当代西方史学中的应用，法国年鉴学派，当代英国马克思主义史学，当代美国史学理论，当代自然科学与西方史学的科学化，苏联对当代西方史学思想的批判和研究，当代中国对西方史学理论的研究。该书由何兆武、陈启能、李春平、张志刚、庞卓恒、侯建新、马雪萍、罗凤礼、姚蒙、姜芃、张广勇、柳卸林、陈启能、张广智十四位作者，历时八年完成的专著，是国家"七五"重点项目。张椿年研究员在《推荐意见书》中指出：《当代西方史学理论》是国内第一部比较系统地评介西方史学理论一百年来发展史的专著，内容十分广泛和丰富，各章都由专门研究这些问题的专家执笔，各章作者都是根据原著和第一手资料写成；各章夹叙夹议、注意分析，是一部研究性的作品；注释详尽，资料翔实，文字深入浅出；作者注意用马克思主义历史主义的态度对西方各个流派和代表人物给予实事求是的分析。刘家和教授的《推荐意见书》说："以此书的内容来看，它包含了历史哲学和史学流派两个层次。……全书开始有一长篇绪论，综论西方史学理论的发展和状况。此书内容丰富，并有

---

① 张广智、张广勇：《现代西方史学》第 3 页，复旦大学出版社 1996 年版。

系统。""从此书的质量来看，是高水平的。文章的撰写者均为国内专门从事有关问题研究的专家，而且作者、编者都下了很大的力量。……此书质量从两个方面可见：一则，作者立论均以外文原著为据，而不以第二手资料为满足，因此可靠性高；二则，此书不是平铺直叙性的介绍，而是夹叙夹议，用了很大功夫在评析上。这样就可以使读者既看到西方史学的根本的原始面貌，又受到分析的启发。"① 仅从这两位专家的评论中，就可以看出《当代西方史学理论》，确为我国史学家对国外史学理论和研究方法评述的力作，标志着 20 世纪 90 年代我国史学家对当代西方史学的了解和认识进一步的深化。

对于曾对中国史学的发展产生过重要影响的苏联史学的变化，学者们也给予足够的重视，这方面的代表性成果，是陈启能、于沛、黄立茀合著的《苏联史学理论》。该书作者站在苏联史学研究的前沿，对 20 世纪 50 年代以来特别是 80 年代以来苏联在史学理论，特别是在历史认识论和方法论方面的巨大成就和重要变化，给予较为全面和客观的评价。该书分三个部分，第一部分："前苏联学者对苏联史学发展的理论反思"，包括"对苏联史学的反思"和"对苏联史学理论的反思"两章；第二部分：历史认识论研究，共六章：历史认识论——科学认识的理论，历史认识中的主体和客体，社会信息的体现者——史料，历史学中的历史事实问题，历史认识中的理论方法论问题，历史认识的原则。第三部分：计量史学与历史比较研究方法，共四章：苏联计量史学的兴起与初具规模（50—60 年代）；苏联计量史学：具体历史研究与理论建设齐飞跃（70 年代）；苏联计量史学：稳进、成熟、提高的发展阶段（80 年代）；苏联的历史比较研究方法。刘家和教授对本书给予了很高的评价，他指出："本书作者是长期从事苏联史学理论研究工作的学者，对所研究的对象十分熟悉。据悉，他们从事这项研究历时八载，收集了大量资料，花费了大量的时间和精力。因此，这是一部认真严肃的经过扎实研究的作品。作者坚持以马克思主义为指导，对材料的加工分析，提出自己的看法。这样的著作在我国还是第一部，同西方和前苏联学者比较也有自己的特色。""本书所用资料全部是第一手的外文资料，这就保证了本书的学术性。资料的翔实和丰富构成了本书的一大特色。理论的深度和分析的周到是另一特色。同时作者努力用深入浅出的语言解释理论问题使读者易于接受，这也是本书的又一特色。"何兆武评价说："本书是一部很有质量的学术研究专著，资料翔实可靠，内容系统充实，论述严谨精确。作者对于苏联史学理论发展的各个阶段

---

① 何兆武、陈启能主编：《当代西方史学理论》第 1—3 页，中国社会科学出版社 1996 年版。

的内容和特点，作了较全面的理论概括，对其中所涉及的其他各门学科的问题，能结合苏联史学理论研究中的实践进行深入的分析，实事求是，深入浅出，很好地突出了苏联史学理论中具有特色的理论化与跨学科整体化研究的方向。"①

二、新世纪西方史学研究的新发展

进入新世纪，西方史学的研究呈现出活跃的态势，又出现了一批新的成果。这主要反映在以下几个方面：第一，对港台和国外史学理论著作的翻译又形成了一个热潮，翻译出版了一批新的在国外产生了广泛影响的理论著作。如北京大学出版社先后推出了"历史的观念译丛"，先后出版了瑞士雅各布·坦纳的《历史人类学导论》、德国的罗伊森的《历史知识理论》、英国帕拉雷丝—伯克的《新史学：自白与对话》、法国费尔南·布罗代尔的《论历史》等 10 种史学理论著作；"历史学的实践丛书"先后出版了英国杰弗里·巴勒克拉夫的《当代史学主要趋势》、英国比得·伯克的《法国史学革命：年鉴学派，1929—1989》，以及台湾著名史学家杜维运的《史学方法论》及《变动世界中的史学》等论著。上海人民出版社推出了"社会与历史译丛"，先后出版了一些著名史学家的代表性论著，这其中也有一些史学理论类著作，如英国丹尼斯·史密斯的《历史社会学的兴起》、英国比德·伯克的《历史学与社会理论》、法国伊曼纽埃尔·勒鲁瓦·拉迪里的《历史学家的思想和方法》等著作。其他出版社也出版了一些国外的史学理论著作，世纪出版集团和上海人民出版社推出了德国学者于尔根·科卡的《社会史理论与实践》（2006 年），中国人民大学出版社出版了马克·布洛赫的代表作《为历史学辩护》，生活·读书·新知三联出版社出版了台湾著名学者黄进兴的《后现代主义与史学研究》。传统的考据方法仍然受到青睐，北京大学出版社出版了台湾学者郑梁生的《史学入门》（2008 年），中国人民大学出版了傅斯年的《史学方法导论》，广西师范大学出版了王尔敏的《史学方法》（2005年）等论著。第二，一些学有成就的著名史学家推出了自己的研究力作。这方面的代表性学者有朱本源、何兆武。朱本源先生是新中国为数不多的学贯中西的史学家，新时期着力史学理论研究，尤长于历史哲学和兰克史学的研究，发表了大量史学论文，晚年出版了《朱本源史学文集》（陕西师范大学出版社，2005 年），该书收录他发表的主要史学论文 21 篇，全书共计 46 万余字。由朱本源教授在 20世纪 80 年代承担的国家教委研究课题的最终成果，也在 2007 年以《历史学的理

---

① 陈启能、于沛、黄立弗：《苏联史学理论·专家推荐意见书》，经济管理出版社 1996 年版。

论与方法》为题，作为优秀研究生教材，由人民出版社出版。这本 50 余万字的论著，以西方的历史思维为主体，系统地阐述了西方史学理论和方法，是新时期西方史学研究的一部力作。何兆武评价说："老友朱本源教授以耄耋之年竟能穷十载之力完成自己晚年的此一压卷大作，而我则有幸成为本书的第一个读者。我于解读了全书之后不禁喟然叹道：这正是多年来我所期待于我国史学界的第一部完整的、全面的有关史学理论的著作。""至于本书的体大思精、旁征博引，于中国古代、西方现代以及苏联的有关著作均有精辟的论断，其体例与阐述之允当是值得每一个读者仔细咀嚼的。本书并不采取简单机械的非此即彼的两分法思路，而能实事求是的评论各家的得失，允宜成其为一种真正的学术规范。"张广智评论说："本源先生的传世之作《历史学理论与方法》，如同我们复旦大学老校长陈望道先生的《修辞学发凡》那样，一经行世，可望成为中国史学理论著述中的经典之作。在我看来，他的书的成功得益于'中西马'（国学、西学及马克思主义学说的素养，他三者兼备），他的书的出版泽惠于当代学人，他的书的影响将在后来者身上延续，成为他们不可绕开的史学理论的必读书。"[①] 何兆武教授长于西方历史哲学的研究，出版了《历史理性批判散论》（湖南教育出版社，1994 年），在新时期史学理论研究中贡献卓著，2007 年由湖北长江出版社和湖北人民出版社出版的《历史与历史学》一书，收录了他这方面的代表性论作21 篇，他关于克罗奇、柯林武德、罗素、沃尔什等西方近代史学理论家的研究，为 20 世纪 80 年代的青年学人打开了一扇了解西方近代历史哲学的一扇窗口。由何兆武主编的《历史理论与史学理论》一书，达 69 万余字，由商务印书馆 1999年出版。收录西方近现代著名学者关于历史理论和史学理论共计 51 家，其中一大半是参加编写的清华大学近十位作者自己翻译的，该书展示了自马基雅维里、培根到沃尔什、福格尔的历史哲学，篇目前面有作者的简单介绍和主要理论点评。第三，对西方史学研究的进一步深入。这方面的代表性成果有陈启能主编的《二战后欧美史学的新发展》，该书为"九五"国家社科基金重点研究项目的最终成果，全书 80 万字，由山东大学出版社 2005 年出版。"本书是一部对欧美国家近五十多年来，特别是最近二三十年来历史学的发展进行综合深入研究的集体著作。参加撰著的学者有 22 人之多。其中有 10 人是中国社会科学院世界历史研究所的研究人员，其余的有来自北京大学、南京大学、北京师范大学、厦门大学、四川大学、山东大学的教师，还有我国的留德博士生和美国、俄罗斯的学

---

① 朱本源：《历史学理论与方法·序》，第 9、第 17—18 页，人民出版社 2007 年版。

者。这些学者对他们撰述的内容都有多年的研究和积累，十分熟悉。"① 全书共
20 章，包括：战后西方史学理论的变化，20 世纪 70 年代末以后西方的历史哲
学，后现代主义与当代西方史学，福柯后现代主义历史观，德里达思想对历史学
的可能效应，新文化史学，吉尔兹的"深度描述理论"，历史人类学，城市史学
的新发展，儿童史研究四十年，沃勒斯坦的"现代世界体系"，当代美国的历史
研究，20 世纪 70 年代以来的美国政治史学研究，20 世纪 70 年代以来英国史学
研究中的新情况和新问题，20 世纪 70 年代末以来的年鉴派和法国史学，战后德
国史学的新发展，联邦德国 20 世纪八九十年代的史学流派争论，20 世纪四五十
年代的苏联史学，20 世纪 60 年代以后的苏联史学，苏联历史学中的"新流派"
及其遭遇。以如此强大的研究队伍，对国外当代史学进行全方位深入的评述，标
志着中国史学界对当代国外史学的认识达到一个新的阶段，这也是新时期中国历
史学进一步以开放的眼光对国外史学研究的重大学术成果。新时期西方史学研究
的进展，在徐浩、侯建新的《当代西方史学流派》一书的第 2 版中表现得也非常
明显。从分量上来看，由原来的近 34 万字增加至近 70 万字，比原书多一倍。从
内容上来看，除了前九章有了修订之外，增写了七章新的内容，包括：历史研究
的新方向：西方经济——社会史，医学社会史研究的兴起，方兴未艾的环境史研
究，后现代史学（上、中、下），开放包容的性别史②。该书作为普通高等教育
国家级规划教材、研究生教学用书，必将进一步促进史学理论及西方史学史教学
研究和学科建设工作，对于促进中国历史学的发展也有重要的借鉴意义。第四，
西方史学研究的多卷本著述问世，这方面代表性成果是由复旦大学张广智教授主
编的六卷本《西方史学通史》，于 2011 年底由复旦大学出版社隆重推出。张广智
先生的《导论》卷，包括"绪论"、"世界视域中的西方史学"、"西方史学史之
史"、"西方史学的'新同盟军'"、"西方史学与马克思主义史学"等九章内容。
由吴晓群著第二卷《古代时期》，赵立行著第三卷《中世纪时期》，李勇著第四
卷《近代时期》（上），易兰著第五卷《近代时期》（下），周兵、张广智、张广
勇著第六卷《现代农业时期》。本书开中国多卷本西方史学史编纂之先河，历时
八时完成。该书阐述了从"荷马时代"至现当代西方史学发展的历史进程，总
结出各阶段发展的突出特征。一方面从历时性上揭示历史演变过程中西方史学的
新陈代谢，同时从共时性上阐明时代和社会进步与西方史学发展演变的关系，尤

---

① 陈启能主编：《二战后欧美史学的新发展·绪论》第 1 页，山东大学出版社 2005 年版。
② 参见徐浩、侯建新：《当代西方史学流派》（第二版），中国人民大学出版社 2009 年版。

其关注西方著名史学家，颇具影响的史学流派，重大史学思潮与社会变革，尤其着力于西方史学思想的发展和变化的情况。这套二百余万字《西方史学通史》的问世，具有重大的学术价值，标志着中国西方史学理论与史学史的研究发展到一个新的阶段。

近年来，西方史学理论及史学史的研究，在历史学和哲学研究工作者的推动下，也逐渐活跃起来，出版了一些著作。章士嵘的《西方历史理论的进化》，2004年由山西教育出版社出版，该书以六章22万余字的篇幅，简明扼要地论述了西方历史理论的发展和演变的基本概貌。包括：西方历史理论的思想源头，基督教对西方历史观的影响，西方历史观念的成熟，西方历史科学的理论追求，现代西方历史理论的多样性，当代西方历史理论的新动向。该书以哲学、文化的视角，全面展示了西方历史理论从古希腊到后现代的绚丽多彩的发展历程，既有对思潮、学派的分析，也有对于重要思想家的介绍，特别是对理性主义和科学主义思潮作了重点论述。全书内容宏大，由哲学工作者完成，为我国史学研究提供了新的视角及方法论。多年留学海外的王晴佳，在2002年由华东师范大学出版社出版了《西方的历史观念——从古希腊到现代》，作者以24万余字的篇幅，为我们勾勒出了一幅西方历史观念演变的历史宏图。本书包括十章内容：神话？历史？——荷马时代；进化还是退化？——古代希腊，罗马的实用主义——古代罗马；天路的历程——中世纪；人的复苏——文艺复兴时代；历史、文化、哲学——17和18世纪；从浪漫主义到历史主义——19世纪；"西方的没落"——19、20世纪之交；历史认识面面观——20世纪；西方史学的现状和未来。青年学者陈新博士，2005年在中国社会科学出版社出版了《西方历史叙述学》。这也是一部24万字的著作，包括三编八章内容。第一编：西方历史叙述的历史，包括：传统历史叙述：叙事的历史学；现代历史叙述：从叙事到叙述。第二编：历史叙述与历史学实践，历史性与历史叙述者，历史叙述中的客观与主观。第三编：西方历史叙述实践的个案分析：希罗多德与修昔底德；实用、求真与西方史学的目的论起源；斯宾格勒：宿命、历史性与悲观主义；布罗代尔：理性、保守主义与历史学家的责任。这三部著作各有特点，对于我们认识和了解西方史学具有一定的参考价值。留美学者王晴佳和台湾学者古伟瀛合作，2003年由山东大学出版社出版了《后现代与历史学——中西比较》一书。除"导论"之外，该书包括三部分共九章内容。第一部分：后现代主义简介，包括：后现代主义的缘起，向"大写历史"挑战，语言、文本、历史；第二部分：二十世纪的西方史学，历史学的多样化，后现代史学；第三部分：后现代主义与中国史学，包括：传统史学受到的挑战，具后现代意识的重要中国史著作举隅，中国史研究的后现代倾向。该书对于中国学人系统了解后现代史学的基本观点和特征，具有一定的价值。韩震多年从事西方历史哲学研究工作，先后出版了《西方历史哲学导论》（山东人民出版社，1992年），2008年由北京师范大学出版社出版了他与董立河博士合作的后现代思潮研究的重要论著《历史学研究的语言学转向》。该书是作者承担的国家社科基金项目的最终成果，共九章34万字。包括：绪论：历史哲学的后现代主义趋势，分析的历史哲学的兴衰，从结构主义到解构主义的历史哲学，欧美后现代历史哲学的发展与现状、历史哲学的语言学转向，后现代历史叙事理论，历史叙述的诠释性，后现代历史隐喻理论，后现代语境中的历史客观性问题，作为本体、认识和语言的历史。该书对于我们深入了解后现代历史哲学具有重要的参考价值。此外，在20世纪90年代末，历史哲学研究还出版了其他一些著作，如三联书店出版社先后出版了张祥龙的《海德格尔思想与中国天道》（1996年），张西平的《历史哲学的重建——卢卡奇与当代西方社会思潮》（1997年），盛宁的《人文困惑与反思——西方后现代主义思潮批判》（1997年），等等论著。

朱政惠教授在美国哈佛大学和燕京学社潜心研究美国的当代历史学，2004年上海古籍出版社出版了他这方面的代表性著作《美国中国学史研究——海外中国学探索的理论与实践》。该书收录了他的美国中国学研究论文20篇，既有对史华慈、费正清、史景迁、裴宜理等有影响的汉学家的系统论评，也有对138篇海外博士论文的个案分析，还有对美国中国学的宏观论述和研究。该书为我们打开了一面了解美国中国历史研究的窗口，是新时期中国学者走向世界、深入认识世界的代表性著作。由张广智主编的《20世纪中外史学交流》，是一本系统论述外国史学在中国的影响的一部重要论著。全书共18章，42万余字。包括：上编：20世纪初年域外史学之东传，西方史学在五四时期的中国，20至40年代的中西史学交汇，五六十年代苏联史学的输入，当代学者对西方史学的研究，现代国外学者对中国史学的研究；下编：20世纪中外史学交流之例案：梁启超新史学思想探源，李大钊与近代西方史学，现代美国新史学派在中国，"中国社会史论战"与国外史学观念的传播，兰克史学和它的中国回响，陈寅恪与兰克史学，文化形态史观在中国的传播及其回应，年鉴学派在中国的传播和影响，英国马克思主义史学对中国史学的影响，苏联《世界通史》的特点及其在中国的反响，耿淡如与中国的西方史学史研究。

进入新世纪，一些从事西方史学理论及史学史研究的博士，也相继出版了他们的博士论文，这也推动了对西方史学的研究。如李勇的《鲁宾逊新史学派研

究》（安徽人民出版社，2004 年），易兰的《兰克史学研究》（复旦大学出版社，
2006 年），李孝迁的《西方史学在中国的传播》（华东师范大学出版社，2007
年），吴原元的《隔绝对立时期的美国中国学（1949—1972）》（上海辞书出版
社，2008 年），龚咏梅的《孔飞力中国学研究》（上海辞书出版社，2008 年），
王利红的《诗与真：近代欧洲浪漫主义史学思想研究》（三联书店，2009 年），
梁民愫的《马克思主义理论与实践：霍布斯鲍姆的史学研究》（社会科学文献出
版社，2009 年）、刘招成的《美国中国学研究：以施坚雅模式社会科学化取向的
考察》（上海人民出版社，2009 年），等等著作。

第九章　考古学与人类学对历史学发展的推动

考古学和人类学是新时期中国发展非常迅速的学科，其丰硕成果直接推动了历史学科的发展和进步。关于新中国考古学的发展与贡献，有学者总结为以下几个方面：发现了从旧石器时代到青铜器时代一系列重要遗址，建立了考古学分期标尺，理清了其发展谱系，证明从古至今中国文化的发展是一脉相承、不曾间断的；提出了中国文明本土起源说和中国文明起源、形成、发展的多元一体模式；经过 60 年研究，中国古代国家形态演进分为"古国—方国—帝国"三阶段说渐渐成为学术界的主流认识；以考古发现为基础，通过整合考古材料和文献材料，中国考古学界提出了有充分依据的更为可信的中国上古史基本框架；经济技术领域考古遗址在中国考古学界占有重要地位，展示出中国古代高超的文明成果；考古发现与研究证实，中国古代文化具有宽广胸怀，善于吸收消化外来文化的精华[①]。新时期以来，考古学、人类学的进展，推动了许多重要历史问题的探讨和研究，极大地促进了历史学的发展。由白寿彝总主编的《中国通史》，第二卷《远古时代》，由著名考古学家苏秉琦主编，张忠培、严文明等考古学家参与撰稿，使得我们对中国的远古时代即通常所说的原始时代的历史有了一个全新的认识。正如白寿彝先生所言："本卷的完成，在极大程度上概括了远古时代考古学研究尤其是他们本人的研究成果，他们坚持实事求是，认真地从考古学文化入手，理清了中国史前民族、文化及社会的发展脉络。这在以往的通史撰述中是没有前例的。这在考古学工作上，也是一项创举。"[②] 该书第三卷《上古时代》，邀约了邹衡、胡厚宣等著名考古学家加盟，他们笔下的夏商周时代与我们以前读到的同类《中国通史》相比，也发生了明显的变化。从这部《中国通史》的撰述，可以明显地看出考古学使得人们对中国古代历史的认识逐渐建立在科学的基础之上，在很大程度上弥补了文献资料的不足和缺失的局限性。

[①]　李伯谦：《追寻从未间断的中国文化——新中国考古学的发展与贡献》，《人民日报》2009 年 8 月 7 日。

[②]　白寿彝总主编，苏秉琦主编：《中国通史》（第二卷），《题记》第 2 页，上海人民出版社 2004 年版。

第一节　中华文明起源问题的探讨

中国考古遗址遗物的不断发现，促进了对中华文明起源的探索。中华文明是唯一一个一直延续到今的文明，其起源的研究始终是中国学术界的一个重要研究领域。由中国社科院考古研究所和古代文明研究中心部分学者共同完成的《中国文明起源研究要览》一书，于 2003 年由文物出版社出版。该书主要收录了八十年来特别是新时期二十余年来中国文明研究的重要成果，并将 800 篇论著分为 30 个专题，集中展示了中国文明起源研究的历史和现状，是一部具有重要学术价值的大型工具书。下面对学术界关于中华文明起源问题的探讨予以概括性论述。

一、1976 年之前的考古发现和文明起源的探索

中华文明起源的探索与中国考古学的发轫和发展几乎同步。1921 年安特生发现仰韶文化遗址，并提出中国文化西来说[1]，此种说法在当时学术界产生了很大影响。1928—1935 年安阳殷墟 15 次的发掘，获得了一批反映商代文明的遗迹遗物，尤其是甲骨文的发现，遂使得殷商的历史成为信史，吕振羽、翦伯赞、范文澜于 20 世纪三四十年代提出殷商时期已经形成国家，郭沫若则明确提出殷周是奴隶社会。李济则推测，在殷墟商文化以前仰韶文化以后的黄河流域，一定有一种相当于夏及商代前期的青铜文化[2]。30 年代，为探索殷墟商文化的源头，考古学者在山东、河南等地寻找龙山文化遗存。1939 年，梁思永认为龙山文化是中国文明的史前期之一[3]。1957 年，李济根据安阳 15 次的发掘收获，首次探讨了中国文明起源的开始和特征。他认为殷墟商文化是中国文明的开始阶段。[4]

新中国成立以后，二里岗文化和郑州商城的发现弥补了从龙山文化到殷墟的缺环，把对中国古代文明的认识向前推进到商代前期。夏朝是我国第一个奴隶制王朝的观点已逐渐深入；但夏朝仍没有从传说的迷茫中解脱出来。史学界虽有讨论氏族制度的瓦解、国家的产生等夏以前传说时期的问题，即探讨中华文明的起

---

① J. Gunner Andersson, *Children of the Yellow Earth*: *Studies in Prehistoric China*, The MIT Press, Cambridge, Massachusetts, U. S. A., 1973.

② 李济：《殷墟铜器五种及其相关之问题》，见《庆祝蔡元培先生六十五岁论文集》，历史语言研究所，1935 年。

③ 梁思永：《龙山文化——中国文明的史前期之一》，《考古学报》1954 年第 7 册。

④ 李济：《中国文明的开始》（*The Beginnings of Chinese Civilization*），西雅图华盛顿大学 1957 年版。

源问题；但在这个问题上重大突破则始于二里头遗址的发现和发掘。1973 年二里头一号宫殿基址以及铜器、玉器和大型石磬的发现，引发了学术界以二里头文化为依据，探讨中国古代国家起源的热潮。佟柱臣认为，龙山文化及其以后，才出现了夏代奴隶制国家①。李民、文兵则以二里头三四期资料讨论了商代国家的形成与发展问题，认为二里头宫殿遗址是奴隶制国家的政治、军事中心。②

新中国成立后，随着中原、海岱、长江中游、环太湖、辽西等地一批批新石器时代和商周文化遗存的发现，以及各地先秦考古学系列的建立，中国文明起源本土说已成为定论。在大量考古资料面前，安特生的六期说得到纠正，"西来说"失去理论根基，在探索中国文明的本土起源和形成过程等问题上取得了新的进展，具体表现为对龙山文化、齐家文化、大汶口文化诸文化的经济形态、私有制起源问题的讨论。石兴邦分析了各地龙山文化、齐家文化的社会经济形态，推测"也许龙山文化末期就是夏文化的开始"③，石氏从考古学角度探索了父权制的内涵，对后来的文明起源研究影响很大。大汶口文化的发掘报告出版后，很快就引起学界对大汶口文化所有制的讨论。大多数学者分析了大汶口文化的墓葬、随葬制度，认为大汶口文化正经历着原始社会的解体，私有制产生了。④

二、1977—1985 年的初步探索

1977 年，登封王城岗城址的发现及其发掘现场会的召开，掀起了夏文化讨论的热潮。在会议中，夏鼐首次对"夏文化"概念进行了界定，从理论上明确了夏文化探索的内涵⑤。学者一致认为王城岗城址的年代为河南龙山文化晚期，但对其性质则看法不一，有认为其出现是进入阶级社会的重要标志，很可能是禹

①　佟柱臣：《从二里头类型文化试谈中国的国家起源问题》，《文物》1975 年第 6 期。
②　李民、文兵：《从偃师二里头文化遗址看中国古代国家的形成和发展》，《郑州大学学报》（社会科学版）1975 年第 4 期。
③　石兴邦：《我国奴隶制国家形成前夕的社会经济形态》，《历史教学》1964 年第 5 期。
④　宋兆麟：《我国私有制出现的重要例证——对大汶口遗址随葬制度的剖析》，《光明日报》1975 年 5 月 6 日；魏勤：《从大汶口文化墓葬看私有制的起源》，《考古》1975 年第 5 期；单达、史兵：《从大汶口文化遗存看我国所有制的孕育和萌芽》，《文物》1976 年第 4 期；于中航：《大汶口文化和原始文化的解体》，《文物》1976 年第 5 期；鲁波：《从大汶口文化看我国所有制的起源》，《文物》1976 年第 7 期。
⑤　夏鼐：《谈谈探讨夏文化的几个问题》，《河南文博通讯》1978 年第 1 期。

都阳城①。也有学者认为王城岗城堡太小，时间应早于夏代，并非阳城。② 此次会议上，也对二里头文化是否为夏文化展开了讨论，邹衡认为二里头文化一至四期属夏文化③。赵芝荃、殷玮璋则认为二里头文化一二期为夏文化、三四期为商文化④。之后，孙华、田昌五又相继提出二里头文化三、四期分属夏、商文化的观点⑤。1983 年召开的以夏文化探索为中心议题的中国考古学会第四次年会，使得夏文化的探索范围更广；并以二里头文化为基点，讨论中国国家的起源和形成问题。⑥ 而 1983 年偃师商城的发现又促进了二里头文化是否夏文化的讨论，从考古学对夏文化的探索直接促进了中国文明起源的研究，并为后者准备了基本条件。

在探索夏文化的过程中，晋南襄汾陶寺遗址的发现和收获，极大地推进了中国文明起源的研究。陶寺遗址中发现 1300 多座大中小型墓葬，随葬有大批礼乐器，铜铃、朱书文字，以及有大型几何图案白灰墙皮的建筑遗存，这些引起了学界的普遍重视。高炜等认为陶寺文化早期年代略早于夏代，可能处于军事民主制阶段，也可能进入阶级社会，国家已经产生⑦。李民结合古代文献，提出陶寺遗址可能是尧舜时代的遗存⑧。苏秉琦则指出：陶寺遗址是一处古城，其所反映的社会发展水平是国内其他遗址难于比拟的，是北方、中原两大文化区相互碰撞的

---

① 安金槐：《近年来河南夏商文化考古的新收获》，《文物》1983 年第 3 期；《试论登封王城岗龙山文化城址与夏代阳城》，载《中国考古学会第四次年会论文集》，文物出版社 1985 年版；李先登：《登封告成王城岗遗址的初步分析》，载《中国考古学会第四次年会论文集》，文物出版社 1985 年版；京浦：《禹都阳城与王城岗遗址》，《文物》1984 年第 2 期。

② 杨宝成：《登封王城岗与"禹都阳城"》，《文物》1984 年第 2 期；马世之：《河南淮阳平粮台古城址试析——兼论登封王城岗非夏都阳城》，《史前研究》1984 年第 2 期；许顺湛：《登封王城岗小城堡质疑》，《中州学刊》1984 年第 4 期；董琦：《王城岗城堡遗址分析》，《文物》1984 年第 11 期。

③ 邹衡：《关于探索夏文化的途径》，《河南文博通讯》1978 年第 1 期；《郑州商城即汤都亳说》，《文物》1978 年第 2 期。

④ 赵芝荃：《二里头考古队探索夏文化的回顾与展望》，《河南文博通讯》1978 年第 3 期；殷玮璋：《二里头文化探讨》，《考古》1978 年第 1 期。

⑤ 孙华：《关于二里头文化》，《考古》1980 年第 6 期；田昌五：《夏文化探索》，《文物》1981 年第 5 期。

⑥ 李民：《简论夏代国家的形成——从二里头遗址看夏代国家的形成》，《历史教学》1979 年 11 期；赵世超：《夏代奴隶制国家形成标志复议》，《河南师范大学学报》1981 年第 4 期

⑦ 高炜、高天麟、张岱海：《关于陶寺墓地的几个问题》，《考古》1983 年第 6 期。

⑧ 李民：《尧舜时代与陶寺遗址》，《史前研究》1985 年第 4 期。

一颗新星①。苏氏的推测后来得到考古发掘的证实，陶寺文化的发现对中国文明起源的意义不言而喻。

1979 年，在辽宁喀左东山嘴发现了红山文化的祭祀遗存，出土了小型孕妇陶塑像、双龙首玉饰等。孙守道、郭大顺结合之前出土的玉器、玉龙，提出"以红山文化龙形象的出现为标志，我们在五千多年前辽河流域的历史源头上，看到了这一地区文明时代的曙光。"② 以龙作为诸文明因素一个结晶的认识，提供了中华文明起源问题认识的新视角。随后，对东山嘴祭祀遗址和牛河梁积石冢、祭祀遗址的发掘，丰富了红山文化的研究，启发了学界对中华文明起源、中华古国历史的思考。

1977 年在江苏吴县张陵山良渚文化中发现了精美的玉器，改变了学界对环太湖地区原始文化落后于中原地区的传统观点。同年，在南京召开了"长江下游新石器时代文化学术讨论会"。牟永抗、魏正瑾分析了良渚文化发达的农业、丝麻织品、大型玉璧、玉琮，认为"在良渚文化原始文明的发展高潮之中，我们似乎听见了私有制走近的脚步声。"③ 汪遵国也认为良渚文化正处于文明时代的前夜。④ 吴汝祚认为享有玉琮的人在社会有特殊地位，反映了阶级社会正在产生或处于前夕⑤。随后，在江苏武进寺墩发现了 3 座一排规模较大的墓葬，以随葬玉琮、璧为特点，学者根据《周礼》记载，认为这是史前的玉敛葬，进而以良渚文化发达的玉器制作为依据，提出当时的社会即将跃进文明时代的门槛，良渚文化是中华古代文明的渊源之一⑥。20 世纪 80 年代在上海青浦福泉山遗址发现了一批玉石器，武进寺墩和青浦福泉山等良渚文化墓地的发掘，促进了学者对太湖地区在中华文明起源中地位的认识，说明我国五千年历史文明古国的黎明期历史不再是传说神话⑦。夏鼐认为良渚文化是与中国文明起源问题关系密切的史前文

---

① 苏秉琦：《晋文化问题——在晋文化研究会上的发言（要点）》，载《华人·龙的传人·中国人——考古寻根记》，辽宁大学出版社 1994 年版；《谈"晋文化"考古》，载《文物与考古论集》，文物出版社 1987 年版。

② 孙守道、郭大顺：《论辽河流域的原始文明与龙的起源》，《文物》1984 年第 6 期。

③ 牟永抗、魏正瑾：《马家浜文化和良渚文化——太湖流域原始文化的分期问题》，《文物》1978 年第 4 期。

④ 南京博物院：《太湖地区的原始文化》，载《文物集刊》第 1 期，文物出版社 1980 年版。

⑤ 吴汝祚：《太湖地区的原始文化》，载《文物集刊》第 1 期，文物出版社 1980 年版。

⑥ 南京博物院：《1982 年江苏常州武进寺墩遗址的发掘》，《考古》1984 年第 2 期；汪遵国：《良渚文化"玉敛葬"述略》，《文物》1984 年第 2 期。

⑦ 苏秉琦：《太湖流域考古问题——1984 年 11 月 17 日在太湖流域古动物古人类古文化学术座谈会上的讲话》，《东南文化》1987 年第 1 期。

化之一，其所出土的璧、琮等玉器是探索中国文明起源的重要线索。[1]

这一时期，史前城址发现较多，在黄河流域除了王城岗外，还在淮阳平粮台、山东寿光边线王发现土筑城墙，在内蒙古中南部发现了 10 多座石墙聚落。这些距今 4000 多年前城址的发现，迫使学术界思考当时的社会形态。如安金槐认为王城岗"城堡的出现，是进入文明社会的重要标志"[2]。有学者根据大量龙山时代城址的发现，主张中国城市始于考古学上的龙山文化时代[3]。俞伟超则指出："只有到出现了城市和乡村的差别时，城市才算真正形成。在通常情况下，这个时期便是文明时代的初期。"[4] 傅筑夫认为城市的本质是统治阶级用以压迫被统治阶级的一种工具，主张中国城市始于夏代。[5]

与龙山文化时期考古资料不断充实相对应，学术界对其认识也日益深化。张光直提出至少在河南、山东、长江中游三个地区的龙山文化已经有相当程度的发展和社会分化水平，为过渡到文明时期做好了准备。其中，河南龙山文化居于领先地位，由其发展来的商是当时最强盛的国家[6]。安志敏则对龙山文化作了限定，认为这一时期全国范围内文化面貌有渐趋一致的倾向[7]。高广仁等提出山东龙山文化已进入文明时代[8]。严文明分析了全国范围内诸龙山文化时期的考古学文化，认为区分这些文化是完全必要的，提出龙山时代的概念，龙山时代相当于夏朝以前[9]。龙山时代的提出，说明学术界已经开始探讨距今四五千年的社会历史面貌，为中华古代文明起源的研究奠定了基础。

对文明要素之一青铜器的讨论也较多。根据当时发现的 20 多件早期铜制品，学术界展开了讨论。唐兰认为中国青铜器的起源应在 6000 多年前，我国先发明冶炼青铜，一直到很晚才出现红铜[10]。安志敏则根据 80 年代初的材料，否定了唐

---

[1]　夏鼐：《中国文明的起源》，《文物》1985 年第 8 期。

[2]　河南省文物研究所、中国历史博物馆考古部：《登封王城岗遗址的发掘》，《文物》1983 年第 3 期。

[3]　杜瑜：《中国古代城市的起源与发展》，《中国史研究》1983 年第 1 期。

[4]　俞伟超：《中国古代都城规划的发展阶段性——为中国考古学会第五次年会而作》，《文物》1985 年第 2 期。

[5]　傅筑夫：《中国古代城市在国民经济中的地位和作用》，载《中国经济史论丛》，三联书店 1980 年版。

[6]　张光直著，张长寿译：《关于中国文明起源的继续探索》，《考古学参考资料》1978 年第 1 期。

[7]　安志敏：《略论三十年来我国的新石器时代考古》，《考古》1979 年第 5 期。

[8]　黎家芳、高广仁：《典型龙山文化的来源、发展及社会性质初探》，《文物》1979 年第 11 期。

[9]　严文明：《龙山文化和龙山时代》，《文物》1981 年第 6 期。

[10]　唐兰：《中国青铜器的起源与发展》，《故宫博物院院刊》1979 年第 1 期。

兰的观点，认为铜器的起源应在龙山文化中探求①。孙淑芸、韩汝玢通过实验分析，提出我国铜器出现的年代要早于齐家文化时期②。严文明、李先登认为仰韶文化时期已经进入早期铜石并用时代③。而华泉则认为夏代才进入早期青铜时代④。在大汶口、莒县陵阳河、大朱村、杭头、诸城前寨等遗址发现了大汶口文化时期和龙山文化的图形符号，唐兰据此提出"中国有六千年左右的文明史。"⑤唐氏将原始文字起源的探索与中国文明起源联系起来。之后，邵望平从考古学角度推测大汶口文化陶尊陶文是远古文明的火花。⑥

　　一大批距今四五千年前的重要考古发现不断涌现，促使学者对中华文明起源问题作进一步的思索。根据新中国成立以来考古学研究对改写中国古代史方面的诸多成就，李学勤提出：现在对中国古代文明的估价显著偏低，应该把考古学的成果和文献的科学研究结合起来，重新对中国古代文明作出实事求是的估价。他论述了中国文明的形成、古代文明的发展、学术史与古代文明等三个方面的问题，提出了中国古代文明有别于西方文明⑦。田昌五提出，中国奴隶制从出现父权制大家族开始发展起来，父权家族正是文明社会出现的标志，夏朝是我国历史上第一个统一的奴隶制王朝。田氏对我国奴隶社会形成与特点的认识，既是当时史学界对中国古代史分期研究的重要内容，又对之后中国古代文明起源的特征和特点产生了相当大的影响⑧。对中华古代文明起源做系统研究的当推夏鼐先生。他最先对"文明"一词作出科学的阐释，认为"'文明'一词用来以指一个社会已由氏族制度解体而进入有了国家组织的阶级社会的阶段。"他最早明确提出中国文明起源研究方法和途径的探索，"以为中国文明的起源问题，像别的古老文明的起源问题一样，也应该由考古学研究来解决。"⑨ 1983 年，夏鼐首次系统地论述了中华文明起源的模式、特征与特点，认为殷商文明的都市、冶铸青铜技

　　①　安志敏：《中国早期铜器的几个问题》，《考古学报》1981 年第 3 期。

　　②　北京钢铁学院冶金史组：《中国早期铜器的初步研究》，《考古学报》1981 年第 3 期。

　　③　严文明：《论中国的铜石并用时代》，《史前研究》1984 年第 1 期；李先登：《试论中国古代青铜器的起源》，《史学月刊》1984 年第 1 期。

　　④　华泉：《中国早期铜器的发现和研究》，《史学集刊》1985 年第 3 期。

　　⑤　唐兰：《从大汶口文化的陶器文字看我国最早文化的年代》，《光明日报》1977 年 7 月 14 日。

　　⑥　邵望平：《远古文明的火花——陶尊上的文字》，《文物》1978 年第 9 期。

　　⑦　李学勤：《重新估价中国古代文明》，《人文杂志》1982 年增刊。

　　⑧　田昌五：《古代社会断代新论》，人民出版社 1982 年版；《仰韶文化社会性质与中国文明起源若干理论问题》，《论仰韶文化》，《中原文物》1986 年特刊；《马克思主义与华夏文明的起源》，载《华夏文明》（一），北京大学出版社 1987 年版。

　　⑨　夏鼐：《中国文明的起源》第 81 页，文物出版社 1985 年版。

术、文字制度、玉石雕刻、驾马的车子、刻纹白陶和原始瓷、甲骨占卜等特征在二里冈文化已经具备、在二里头文化已经出现。中华文明起源的模式是独自发展、土生土长的文明，是在中原地区河南龙山文化的基础上，吸收山东地区的大汶口文化、山东龙山文化、江浙地区的良渚文化、西北地区的马家窑文化（原文为甘肃仰韶文化）的因素而形成并连续发展的。中华文明起源形成的三个标志是都市、文字和青铜器[1]，这是中国学者最初对中华文明起源模式的系统认识。与此同时，张光直提出青铜冶金术、文字、城市、国家组织、宫殿、复杂礼仪中心六项标准[2]，被学术界广泛接受。苏秉琦在考古学资料比较丰富的基础上，提出"区系类型"[3]，1985 年苏氏又提出辽西古文化古城古国的观点。

三、1986—2000 年的考古新发现和研究现状

这一时期，中华文明起源的研究全面展开，学者积极参与，涉及的时空范围广泛，考古和研究工作相辅相成。1986 年，苏秉琦提出"中华文明的新曙光"、"要复原中华五千年文明古国历史的本来面貌。"[4] 苏氏的新观点引起学界的争论，同时促进了中华文明起源的研究。1989—1991 年，中国社会科学院考古研究所主持的"文明起源课题组"的工作，直接推进了对中华文明起源的研究。学术界还多次召开学术研讨会，讨论中华文明的起源问题。1991 年中国社科院考古所召开了"中国文明起源研讨会"，2000 年中国历史博物馆与《考古》、《历史研究》、《文物》三家杂志社联合召开了"中国文明起源和早期国家形态研讨会"[5]，2000 年以后中国社科院古代文明研究中心召开了"中国古代文明的起源及早期发展国际学术研讨会"[6]。

全国各地距今四五千年前的考古资料，改变了学术界对中华文明起源中心的讨论。大量的考古发现不断证实着中华文明的本土性。张光直认为中国文明是土著起源的，有自己特色的几个区域性文化相互连锁成一个相互作用圈[7]。徐苹芳

① 夏鼐：《中国文明的起源》第 79—106 页，文物出版社 1985 年版。
② 张光直：《中国青铜时代》，三联出版社 1982 年版。
③ 苏秉琦、殷玮璋：《关于考古学文化的区系类型问题》，《文物》1981 年第 5 期。
④ 苏秉琦：《中华文明的新曙光》，《东南文化》1988 年第 5 期。
⑤ 《中国文明起源和早期国家形态研讨会发言摘要》，《考古》2001 年第 2 期；王冠英：《中国文明起源与早期国家学术研讨会纪要》，《历史研究》2001 年第 1 期。
⑥ 《中国社会科学院古代文明研究中心通讯》第 3 期。
⑦ 张光直：《中国相互作用圈与文明的形成》，载《庆祝苏秉琦考古五十五年论文集》，文物出版社 1989 年版。

等认为中国文明是土生土长的原生文明，中国文明起源和文明社会诞生之间，经历了大约 2000 年。在黄河流域和长江流域同步发展。商周是中国早期文明社会的繁荣时期①。20 世纪 80 年代，舞阳贾湖发现了距今 8000 年前的聚落，出土的龟甲契刻符号和笛形乐器，引起了对原始文字和管乐器起源的讨论②。1987 年，在河南省濮阳县西水坡遗址发现了蚌塑的龙虎图案，引发了对其社会形态的讨论③。陶寺文化体现"王者"风范的各种文化遗存的发现引发了对城址性质的讨论。黄河下游地区在临朐西朱封发现了 3 座大墓，在新沂花厅发现了 8 座大汶口文化的殉人墓葬，这些墓葬距今 5000 年，引发了学者对该墓地是否有奴隶制的讨论④。1992 年，在整理丁公遗址的第四次发掘材料中，发现了 11 字的陶文，引起了一场学术大讨论，关于其是否文字学界有很大争议，但学者对这一发现对中华文明起源研究的重要意义是公认的。在湖北钟祥六合、石家河肖家屋脊、荆门马山镇枣林岗、湖南澧县孙家岗等石家河文化遗址中发现了人头像、动物形、璜、璧、琮类玉器。环太湖流域的遗存以浙江余杭反山、瑶山、汇观山祭坛、海宁大坟墩祭坛墓地、莫角山遗址、昆山赵陵山遗址等为显著，这些发现均是揭开良渚文化及其文明的关键所在。辽西地区敖汉旗兴隆洼、阜新查海、牛河梁积石冢的大规模发掘，展现了该地区古代文明及其复杂过程。苏秉琦在这些发现基础上提出了红山文化古国以及辽西地区是中国国家起源发展模式中的原生型。在苏秉琦开展环渤海考古研究和东夷文化与中国文明起源研究的建议下，海岱考古取得了惊人的成绩。宿白指出以海岱为重心的黄河下游地区也是中国古代文明起源的重要区域⑤；张学海详细论述了海岱地区大汶口文化中晚期可能向国家过渡、

　　① 徐苹芳、张光直：《中国文明的形成及其在文明史上的地位》，《燕京学报》1999 年 5 月。

　　② 河南省文物考古研究所编著：《舞阳贾湖》，科学出版社 1999 年版；黄翔鹏：《舞阳贾湖骨笛的测音研究》，《文物》1989 年第 1 期。

　　③ 丁清贤等：《从濮阳蚌壳龙虎墓的发现谈仰韶文化的社会性质》，《中原文物》1988 年第 1 期；李学勤：《西水坡"龙虎墓"与四象的起源》，《中国社会科学院研究生院学报》1988 年第 5 期；马世之：《龙与黄帝部族的图腾崇拜——兼析濮阳西水坡仰韶文化遗址出土的"中华第一龙"》，《中州学刊》1988 年第 2 期。

　　④ 发掘者钱锋认为这批墓葬表现了当时贫富分化，人殉现象对探讨奴隶制发轫是有意义的（南京博物院：《1987 年江苏新沂花厅遗址的发掘》，《文物》1990 年第 2 期）。而严文明则认为该墓地是良渚人远征并占领大汶口居民地后的墓葬，是军事民主制下的产物，不属于奴隶制（严文明：《碰撞与征服——花厅墓地埋葬情况的思考》，《文物天地》1990 年第 6 期）。

　　⑤ 《中国考古学会副理事长北京大学教授宿白代表中国考古学会在开幕式上致辞》，载《纪念城子崖遗址发掘 60 周年国际学术讨论会文集》，齐鲁书社 1993 年版。

龙山时代已是古国时代①；车广锦、吴汝祚也探讨了海岱地区的文明起源②。这些发现开阔了人们的眼界，使得学者们认为在黄河流域古代文化不断发展的同时，其他地区（尤其是长江中下游地区）的古文化以各自的特点和途径发展着，形成了高度发达、丰富多彩、相互影响又相对独立的不同的史前文化系统。李绍连、吴汝祚等主张伊洛河流域是中原文化的核心地带，中国最早文明的主流③；童恩正讨论了南方在中国文明形成过程中的作用④，学术界也认识到长江下游文明起源和形成进程与中原地区基本同步⑤。佟柱臣根据考古资料提出中国新石器文化多中心发展和发展不平衡规律⑥，随后田昌五、李绍连、方酉生、吴汝祚提出中国文明起源是多源的⑦。1991 年，苏秉琦提出中华文明发展的满天星斗说和多源一统的观点，认为多源一统的格局铸就了中华民族经久不衰的生命力⑧。严文明认为在一万多年以前，黄河流域和长江流域的文明起源和早期发展走过了一条由大体上是平等的多元一体到以中原为核心的多元一体，再发展到多元一统的道路，这在世界文明发展史上是独一无二的⑨。当然，也有部分学者坚持中原地区是中华文明起源的中心。安志敏坚持黄河流域是中国文明的发祥地，是形成中

①　张学海：《试论山东地区的龙山文化城》，《文物》1996 年第 12 期；《浅说早期城的发现》，载《长江中游史前文化暨第二届亚洲文明学术讨论会文集》，岳麓书社 1996 年版。

②　车广锦：《海岱地区文明起源初探》，《东南文化》1994 年第 4 期；吴汝祚：《初探海岱地区古代文明的起源》，《中原文物》1995 年第 2 期。

③　李绍连：《伊洛河系文化是中国早期文明的主流》，洛阳市文物工作队编：《洛阳考古四十年》，科学出版社 1996 年版；吴汝祚：《论中华文明形成的多元性——兼论河洛文明在中华文明发展史上的地位》，载《河南省博物院落成暨河南省博物馆建馆 70 周年纪念论文集》，中州古籍出版社 1998 年版。

④　童恩正：《南方——中华民族古文明的重要孕育之地》，《南方民族考古》第 1 辑，1987 年。

⑤　浙江省文物考古研究所编：《良渚文化研究——纪念良渚文化发现六十周年国际学术讨论会文集》，科学出版社 1999 年版。

⑥　佟柱臣：《中国新石器时代文化的多中心发展论和发展不平衡论——试论中国新石器时代文化发展的规律和中国文明的起源》，《文物》1986 年第 2 期。

⑦　田昌五：《对中国文明起源的探索》，《殷都学刊》1986 年第 4 期；李绍连：《中国文明起源的考古线索及其启示》，《中州学刊》1987 年第 1 期、《"文明"源于"野蛮"——论中国文明的起源》，《中州学刊》1988 年第 2 期；方酉生、赵连生：《试论中原地区文明的起源》，《史学月刊》1989 年第 2 期；吴汝祚：《初探良山文化的社会性质——论中国文明产生的多元性》，《文物研究》1989 年第 5 期。

⑧　苏秉琦：《中华文明发祥地有"四大区域"》，《光明日报》1986 年 9 月 23 日；《辽西古文化古城古国——兼谈当前考古工作的重点或大课题》，《文物》1986 年第 8 期；《关于重建中国史前史的思考》，《考古》1991 年第 12 期。

⑨　严文明：《中国史前文化的统一性和多样性》，《文物》1987 年第 3 期；《东方文明的摇篮》、《东亚文明的黎明——中国文明起源的探索》，载《农业发生与文明起源》，科学出版社 2000 年版。

国文明的中心①。蔡凤书认为黄河流域成为名副其实的中华文明起源点②，田昌五认为中国文明形成于公元前 3000 年左右的中原龙山文化③，邹衡强调中国文明的源头是二里头文化④。石兴邦认为中国文明首先出现在中原地区，它的发展中心以仰韶文化——龙山文化传统为主体，并以东西大部落文化（仰韶文化——大汶口文化）传统的联盟为基础而形成的。⑤

　　龙山文化城址的大量涌现，引发了学术界对史前城址与文明起源关系的热烈讨论。这一时期，发现了数十个 4000 年以前的城址，包括黄河中下游的郾城郝家台、辉县孟庄、郑州西山、新密古城寨、陶寺、城子崖、邹平丁公、寿光边线王、临淄田旺、阳谷景阳冈、聊城教场铺、连云港藤花落，以及长江中游的天门石家河、澧县城头山、鸡叫城、石首走马岭、荆州阴湘城、马家院、公安鸡鸣城、应城门板湾、陶家湖城等。学者更多重视城址的功能和作用，从城市起源的角度去分析。马世之认为这些城堡的出现可以视为原始文明的标志⑥；杨育彬认为城的出现与国家产生同步，河南龙山文化晚期即夏代初期，中国古代社会已经踏入文明时代的门槛⑦；严文明认为龙山时代大体相当于古史传说的五帝时代，当时有了城就有了国，有了早期文明⑧；许宏则指出："城市是国家出现、文明时代到来的唯一标志。"⑨ 多数学者认为，城市的出现是文明形成的重要标志之一⑩；而邹衡、何长风等则认为这些城址只能作为防御用⑪。在此基础上，学者讨论了城市和文明的形成时间。吴春明认为仰韶时代的城市代表了中国文明的萌

　　① 安志敏：《试论文明的起源》，《考古》1987 年第 5 期；《中国文明起源始于二里头文化——兼议多源说》，《寻根》1995 年第 6 期。

　　② 蔡凤书：《中华文明起源"新说"驳议》，《文史哲》1998 年第 4 期。

　　③ 田昌五：《对中国文明起源的探索》，《殷都学刊》1987 年第 5 期。

　　④ 邹衡：《中国文明的诞生》，《文物》1987 年第 12 期。

　　⑤ 石兴邦：《中国文化与文明发展和形成史的考古学探讨》，载《中国考古学与历史学之整合研究》，"中央研究院"历史语言研究所会议论文集之四（上），第 85—112 页，"中央研究院"历史语言研究所，1997 年版。

　　⑥ 马世之：《试论城的出现及其防御职能》，《中原文物》1988 年第 1 期。

　　⑦ 杨育彬：《龙山文化与中国文明——纪念城子崖龙山文化遗址发掘六十周年》，载《纪念城子崖遗址发掘 60 周年国际学术讨论会文集》，齐鲁书社 1993 年版。

　　⑧ 严文明：《龙山时代城址的初步研究》，《中国考古学与历史学之整合研究》，"中央研究院"历史语言研究所，1997 年版。

　　⑨ 许宏：《先秦城市考古学研究》第 51—52 页，北京燕山出版社 2000 年版。

　　⑩ 钱耀鹏：《中国史前城址与文明起源研究》第 47 页，西北大学出版社 2001 年版。

　　⑪ 邹衡：《中国古代的早期城市》，载《海岱考古》第一辑，山东大学出版社 1989 年版；何长风：《有关我国早期城市探索中的几个问题》，《考古与文物》1989 年第 4 期。

芽和奠基，龙山时代的城市的繁盛是文明即将诞生的标志，夏以前的中国不属于文明社会①。杜瑜主张中国城市的形成早于文明的产生②，邹衡认为中国城市的出现要晚于文明的形成③。淮阳平粮台城址的讨论则与古史研究紧密相关：曹桂岑认为平粮台城址的社会性质是奴隶制城邦国家，是太昊都城宛丘④；秦文生认为平粮台城址是舜都⑤；马世之则认为平粮台只是华夏集团某部落的军事城堡，不是真正的"城市"⑥；陈昌远认为先秦的"都"、"邑"有严格区别，平粮台只是城堡⑦。许多学者从内涵方面对城市形成的标准进行了有益的探索。谢仲礼归纳出城市的特征，提出城市产生的三个条件是定居生活的确定、劳动分工的出现、社会阶层的分化⑧。张光直提出，城市的最初出现是由一系列相互联系的变化标志出来的，有五项标准：夯土城墙、战车、兵器；宫殿、宗庙与陵寝；祭祀法器（包括青铜器）与祭祀遗迹；手工业作坊；聚落布局在定向与规划上的规整性⑨。李先登认为，城市内涵的物质表现主要是城墙与宫殿、宗庙等大型建筑。城墙是主要的防卫设施。宫殿、宗庙是进行政治活动的中心场所⑩。郭正忠认为城市必须具备两个基本标志之一：即具备城郭，或者具备一定规模而又大致稳定的市场⑪。高松凡、杨纯渊列举了判断城市起源的三条标准：多职能（至少两种）的复合体；人口、手工业、贸易、财富、建筑、公共设施集中的场所；人口密度高，主要从事非农业的职业⑫。许宏则指出：金属器、文字、礼仪性建筑等具体的现象，都应是作为论证城市产生的考古学依据，它们总体构成城市的内涵。⑬　与此同时，学术界还讨论了国外的相关理论。20 世纪 50 年代，柴尔德从考古材料概括出城市形成所具有的 10 个方面的特征⑭，柴尔德的观点，在我国学

①　吴春明：《史前城市的考古新发现与中国文明的起源》，《厦门大学学报》1999 年第 3 期。

②　杜瑜：《中国古代城市的起源与发展》，《中国史研究》1983 年第 1 期。

③　邹衡：《中国文明的诞生》，《文物》1987 年第 12 期。

④　曹桂岑：《淮阳平粮台城址社会性质探析》，《中原文物》1990 年第 2 期。

⑤　秦文生：《舜都于淮阳平粮台龙山文化古城考》，《中原文物》1991 年第 4 期。

⑥　马世之：《淮阳平粮台古城的族属问题》，《中州学刊》1990 年第 2 期。

⑦　陈昌远：《平粮台古城遗址与鲧国相关问题》，《河南大学学报》1990 年第 4 期。

⑧　谢仲礼：《中国古代城市的起源》，《社会科学战线》1990 年第 2 期。

⑨　张光直：《关于中国初期"城市"这个概念》，载《中国青铜时代》，三联书店 1999 年版。

⑩　李先登：《试论中国城市之起源》，《天津师范大学学报》1986 年第 5 期。

⑪　郭正忠：《城郭·市场·中小城镇》，《中国史研究》1989 年第 3 期。

⑫　高松凡、杨纯渊：《关于我国早期城市起源的初步探讨》，《文物季刊》1993 年第 3 期。

⑬　许宏：《先秦城市考古学研究》第 51—52 页，北京燕山出版社 2000 年版。

⑭　柴尔德著，周进楷译：《远古文化史》，群联出版社 1954 年版；陈星灿译：《城市革命》，载《当代国外考古学理论与方法》，三秦出版社 1991 年版。

术界引起了广泛的反响，并就这些标准是否适用于中国早期城市的历史实际进行了深入讨论。如徐良高将中国三代时期城市的特征同此十项标准相比较，发现其中第一、三、四、五、七项两者基本相同，反映出人类文化发展的共同特征，其余各项则相差甚大，表现出文化发展的个性特征。[1]

随着二里头文化、陶寺文化的深入研究，关于夏文化与国家起源的继续探索进一步深化。"夏商周断代工程"的实施则使得夏文化的探索有了实质性的进展，对夏代的基本框架学术界有了较一致的估定。邹衡、安金槐、高炜继续坚持自己的观点[2]，王克林、刘起釪、黄石林则认为陶寺类型为夏文化[3]，田昌五则认为陶寺类型与陶唐氏之地相合，陶寺大墓墓主与帝尧有关[4]。高炜、张岱海则详细分析了陶寺文化遗存，认为已经到达了文明的临界线[5]。高炜分析了陶寺遗址的新收获，结合文献，认为陶寺文化已经由雏形国家实体转变为具有成熟国家形态的方国，以陶寺文化为代表的中原龙山文化礼制与商周礼制接近成分不少[6]。

在中国文明起源研究中，对理论问题的探讨最多。首先，是对"文明"一词的概念及其标志进行的探讨。对于文明概念，基本在夏鼐的观点上有所发展，李绍连认为文明的实质是在原始公社的废墟上建立有国家政权的阶级社会的历史进程[7]；苏秉琦强调文明起源即国家起源[8]；安志敏认为文明是某个社会已由氏

---

①　徐良高：《中国民族文化源新探》第177—178页，社会科学文献出版社2002年版。

②　邹衡认为二里头文化即夏文化【《关于探讨夏文化的条件问题》，《华夏文明》（一），北京大学出版社1987年版；《中国古代文明的诞生》，《文物》1987年第12期】。安金槐认为王城岗为禹都阳城，河南龙山文化中晚期和二里头文化一二期是夏文化【《河南夏商考古综述》，《华夏考古》1987年第1期】。高炜认为陶寺文化为夏文化【《试论陶寺遗址和陶寺类型龙山文化》，《华夏文明》（一），北京大学出版社1987年版】。

③　王克林：《龙图腾与夏族的起源》，《文物》1986年第6期；刘起釪：《由夏族原居地纵论夏文化始于晋南》，黄石林：《再论夏文化问题——关于陶寺龙山文化的探讨》，二文均载于《华夏文明》（一），北京大学出版社1987年版。

④　田昌五：《先夏文化探索》，载《文物与考古论集》，文物出版社1986年版。

⑤　高炜：《陶寺考古发现对探讨中国古代文明意义》，载《中国原始文化论集》，文物出版社1989年版；高炜：《龙山时代的礼制》，张岱海：《陶寺文化与龙山时代》，二文均载于《庆祝苏秉琦考古五十五年论文集》，文物出版社1989年版。

⑥　高炜：《晋西南与中国古代文明的形成》，载《汾河湾——丁村文化与晋文化考古学术研讨会文集》，山西高校联合出版社1996年版；《中原龙山文化葬制研究》，载《中国考古学论丛》，科学出版社1993年版。

⑦　李绍连：《华夏文明之源》，河南人民出版社1992年版。

⑧　苏秉琦：《在中国文明起源研讨会上的讲话》，载《华人·龙的传人·中国人——考古寻根记》，辽宁大学出版社1994年版。

族制度解体而进入具有国家组织的阶级社会①；李伯谦认为文明、阶级社会、国家是从不同角度对同一特点社会发展状况所作的概括②。关于文明形成的标志，学者突破了"文明三要素"，田昌五认为父权家族的出现是文明社会起源的标志③，许顺湛认为文明起源的基本要素主要包括物质文明、精神文明、科技文明三方面，或科学技术成就、城市、礼仪中心形成和文化艺术四个方面④，许多学者认为礼乐制度的形成是中国文明时代标志之一⑤。其次，对中国文明起源模式及特征与统一多民族国家进程轨迹的探讨更加热烈。产生较大影响的有：李绍连提出中国文明起源有九个中心，中国文明的开端首先在黄河流域的中原地区诞生⑥。苏秉琦提出中国国家起源发展阶段的三部曲和发展模式的三个类型⑦。安志敏坚持黄河流域是中国文明的发祥地⑧。石兴邦认为中国文化和文明的形成是以黄河流域的中原地区为重心而发展起来的。中国文明形成的内在规律是在农业文化的基础上和氏族部落相互融合实现的，并受到周围民族文化的一定影响⑨。谢维扬和王震中等引入"酋邦"、"早期国家"的概念，主张中国是由酋邦社会进入早期国家的⑩。徐苹芳等认为中国文明起源和文明社会几乎同时诞生在黄河流域和长江流域并同步发展，中国从氏族社会进入文明社会时实行血缘政治统治，秦始皇统一改血缘政治为地缘政治，建立统一的中央集权帝国，对中国历史

①　安志敏：《中国文明起源始于二里头文化——兼议多源说》，《寻根》1995 年第 4 期。

②　李伯谦：《中国文明的起源与形成》，《华夏考古》1995 年第 4 期。

③　田昌五：《马克思主义与华夏文明的起源》，载《华夏文明》（一），北京大学出版社 1987 年版。

④　许顺湛：《关于文明起源的几个问题》，《中州学刊》1989 年第 3 期。

⑤　《中国文明起源座谈纪要》，《考古》1989 年第 12 期；徐苹芳、张光直：《中国文明的形成及其在文明史上的地位》，《燕京学报》1999 年 5 月。

⑥　李绍连：《华夏文明之源》，河南人民出版社 1992 年版。

⑦　苏秉琦：《辽西古文化古城古国——兼谈当前田野考古工作的重点或大课题》，《文物》1986 年第 8 期；《迎接中国考古学的新世纪》，《东南文化》1993 年第 1 期；《国家起源与民族传统（提纲）》，载《华人·龙的传人·中国人——考古寻根记》，辽宁大学出版社 1994 年版；《〈中国考古文物之美〉序》，《中国考古文物之美》（1），文物出版社 1994 年版；《中国文明起源新探》，三联书店 1999 年版。

⑧　安志敏：《中国文明起源始于二里头文化——兼议多源说》，《寻根》1995 年第 6 期。

⑨　石兴邦：《中国文化与文明发展和形成史的考古学探讨》，《中国考古学与历史学之整合研究》"中央研究院"历史语言研究所会议论文集之四（上），第 85—112 页，"中央研究院"历史语言研究所，1997 年。

⑩　"酋邦"的概念最早来源于张光直（《中国青铜时代》，三联出版社 1982 年版）。谢维扬：《中国国家形成过程中的酋邦》，《华东师范大学学报》1987 年第 5 期；《中国早期国家》，浙江人民出版社 1995 年版。王震中：《中国文明起源的比较研究》，陕西人民出版社 1994 年版。龚缨晏：《略论中国史前酋邦》，《杭州大学学报》1995 年第 2 期。陈淳：《酋邦的考古学观察》，《文物》1998 年第 7 期；《早期国家之黎明——兼谈良渚文化社会政治演化水平》，《东南文化》1999 年第 6 期。

文明的发展具有决定性影响和深远的历史意义①。严文明认为在一万多年以前，东亚两大河流域——黄河流域和长江流域的文明起源和早期发展走过了一条由大体上是平等的多元一体到以中原为核心的多元一体，再发展到多元一统的道路。整个人类文明发展史由西亚两河流域为根基发展起来的西方文明体系和以东亚大两河流域为根基发展起来的东方文明体系构成②。张忠培认为中国存在着农业文明和牧业文明，文明起源与形成是多元而无中心的③。陈连开认为中华文明起源有6个中心的发展，融汇为三代礼乐文明④。林甘泉指出，关于中国文明和国家起源的讨论，以下三个方面的问题很值得史学界重视和深入探讨：第一，关于"文明"、"文明要素"和"文明时代"的概念内涵，以及对文明要素的统一性和多样性的理解；第二，中国古代文明的发祥地不是一源而是多源；在考古学的龙山时代后期，一些地区已经显示了向初期文明社会过渡的迹象；第三，关于中国国家形成的具体途径。关于唯物史观在文明探讨中的重要性，林甘泉指出："自从唯物史观诞生以来，文化人类学和考古学不断有新的学术成果问世，但都没有动摇唯物史观关于文明社会产生的这个基本观点。我们今天探讨中国文明起源问题，唯物史观的这个基本观点仍然具有指导意义。原始社会生产力的发展，必然导致若干对文明社会形成有重要意义的文明要素产生。但这些文明要素不是突然之间同时出现的；由于地理环境和社会环境不同，各个国家和民族形成文明社会所具备的文明要素也不完全一样。因此，我们要从中国的历史实际出发，探讨标志文明社会形成的诸文明要素是在什么样的时空条件下产生的，它们的发展和积累又怎样导致文明社会的建立的。"⑤

四、新世纪中华文明起源研究的基本趋势

进入新世纪后，关于中华文明起源的研究更加热烈，古代文明研究中心纷纷成立，参与的学科越来越多。专题学术会议不断举行，如中国社会科学院举办了六届"中国社会科学院考古学论坛"，论坛主题是中华文明起源。2004 年、2005

① 徐苹芳、张光直：《中国文明的形成及其在文明史上的地位》，《燕京学报》1999 年 5 月。

② 严文明：《东方文明的摇篮》、《东亚文明的黎明——中国文明起源的探索》，载《农业发生与文明起源》，科学出版社 2000 年版。

③ 张忠培：《关于中国文明起源与形成研究的几个问题——在〈中原文物〉百期纪念暨中原文明学术探讨会上的讲话》，《中原文物》2002 年第 5 期。

④ 陈连开：《论中华文明起源及其早期发展的基本特点》，《中央民族大学学报》2000 年第 5 期。

⑤ 林甘泉：《林甘泉文集》第 406—415 页，上海辞书出版社 2005 年版。

年、2006 年分别在北京大学、郑州、郑州大学举办了"首届中华文明起源研究论坛"、"文明探源——考古与历史的整合学术研讨会"、"中原文化与中华民族的形成与发展国际学术研讨会"。2001 年，举行了"原始农业对中华文明形成的影响"研讨会。国家启动了"十五"重大科技攻关项目——中华文明探源工程预研究（2001—2003 年）和中华文明探源工程第一阶段（2004—2005 年）、第二阶段（2006—2008 年）。①

　　围绕中华文明起源问题，考古工作者对重要的考古遗址进行了系统的学术探索性发掘；在工作中自然科学技术手段被日益广泛应用，聚落形态研究越来越受到重视。② 这一时期重大的考古发现有：廓清了新砦遗址的分布范围，发现了龙山时期和新砦时期的城墙和护城壕、了解城的内部布局。在陶寺遗址发现早期小城和中期大城以及宫殿区、手工业作坊区、仓储区、公共墓地和贵族墓葬区以及观象台。二里头遗址发现了道路、宫城和宫殿建筑的规划、中型墓葬及绿松石镶嵌而成的龙以及绿松石作坊。这些新的发现和认识对于重新考虑中华文明的起源和形成均有积极意义和影响。黄河流域新的发现使学术界对中原地区在中华文明起源与形成进程中的地位和作用有了进一步认识，引发了对黄河流域文明发生、发展的探讨③。学者重新审视了中原地区的文明④，对中原地区文明化的进程及其特点、中原地区与周边地区文化交流及其对文明起源的作用、古代中原地区自然环境及其演变对文明起源的作用进行了讨论，并探索了古史传说中有关五帝时代史迹，提出了新认识⑤，使得中国古代文明研究朝着纵深方面前进。针对过分强调中华民族多元一体特征而淡化、消弱甚至否定中原文化在中华民族历史发展的"摇篮"地位与作用的现象，刘庆柱从中原考古学文化、多元考古学文化与主导考古学文化的相互关系入手，对中原文化在中华民族形成与发展中的历史作用与地位作了探讨。认为至少在中古时代以前，中原地区的各支考古学文化所属

---

　　① 本主题内容主要参考：王巍：《中华文明起源研究的新动向与新进展——以中华文明探源工程（第一阶段：2004—2005 年）为中心》，《社会科学管理与评论》2007 年第 2 期；《追寻中华文明的源头——就"中华文明探源工程"答〈河北学刊〉主编提问》，《河北学刊》2008 年第 5 期。
　　② 王巍在《聚落形态研究与中华文明探源》（《文物》2006 年第 5 期）详细论述了聚落形态研究是开展文明起源、形成与发展过程研究的关键环节之一。
　　③ 李玉洁：《黄河文明的形成与发展学术研讨会综述》，《中国史研究动态》2006 年第 1 期。
　　④ 范毓周：《中原文化在中国文明形成进程中的地位与作用》，《郑州大学学报》2006 年第 2 期。
　　⑤ 《文明探源——考古与历史的整合学术研讨会在郑州举行》；李京华：《中原地区文明化进程及文明化特点的探索》；石兴邦：《炎黄文化研究及有关问题》；李绍连：《黄帝部族活动的北线地域》，均载于《中国社会科学院古代文明研究中心通讯》第 11 期，2006 年 1 月。

社会"共同体"在社会历史发展中起着主导作用①。王城岗、禹州瓦店遗址、新砦、花地嘴遗址的发掘和重要发现,为夏文化的研究提供了极为重要的材料,弥补了龙山时代到二里头文化的过渡。在 2008 年的"早期夏文化学术研讨会"上,学者对夏文化的定义、探索理论和方法以及诸多新发现和各遗址的性质进行了讨论。②

长江流域的考古发现日益受到学术界的重视。2002 年、2006 年分别举办了"长江上游城市文明起源学术研讨会暨中国古都学 2002 年学术年会"和"巴蜀文化与中国文明起源研讨会"。学术界就"长江上游城市文明起源"和"史前城址与文明起源关系"、古蜀文明起源和巴蜀文化与中国文明起源的关系等问题展开了讨论③。长江下游的新考古发现亦是不断出现。在宜兴骆驼墩发现马家浜时期的一批瓮棺葬,桐乡新地里发现 140 多座良渚文化墓葬,松江广福林发现一批良渚文化中期的墓葬,这些发现丰富着长江下游文化谱系。结合这些新发现,学者讨论了长江下游地区文明的兴衰、良渚文化的文明化进程等问题。④

其他地区的考古发现也促进了对中国古代文明的讨论。辽河流域继续受到学者的关注,并对辽西地区的文明起源作了初步研究⑤。栾丰实分析了海岱地区古代社会的复杂化进程,认为其亦是循着"古国—方国—王国—帝国"的方向发展;张学海再次论述了东夷文明的诞生,认为海岱区的史前社会沿着氏族、部落、国家的道路发展⑥。安徽双墩文化、含山凌家滩、薛家岗文化以及含山大城墩、寿县斗鸡台等遗址的发现,揭示了江淮地区距今 7000 年以来至汉代的文化面貌。学者根据现有资料,归纳了江淮地区文明化进程的三个阶段及其特点、背

①　刘庆柱:《中原文化在中华民族形成与发展中的历史作用与地位》,《郑州大学学报》2006 年第 5 期。

②　常怀颖:《"早期夏文化学术研讨会"纪要》,《古代文明研究通讯》总第 38 期,2008 年 9 月。

③　蔡云辉:《"长江上游城市文明起源学术研讨会暨中国古都学会 2002 年学术年会"会议综述》,《文史杂志》2002 年第 5 期;姜世碧:《长江上游文明的起源、形成与发展——兼论成都平原先秦文化的发现及意义》,《农业考古》2003 年第 1 期;朱韬、陈颖:《"巴蜀文化与中国文明起源研讨会"综述》,《中华文化论坛》2006 年第 3 期。

④　《上海博物馆中国社会科学院古代文明研究中心联合举办长江下游地区文明化进程学术研讨会》;王巍:《关于长江下游地区文明化进程研究的几点意见》,均载于《中国社会科学院古代文明研究中心通讯》第 4 期,2002 年 8 月。

⑤　《辽河流域文明化进程学术研讨会纪要》;郭大顺:《辽河流域文明起源研究回顾与前瞻》;田广林:《关于辽西地区文明起源的初步认识》,均载于《中国社会科学院古代文明研究中心通讯》第 12 期,2006 年 8 月。

⑥　栾丰实:《海岱地区古代社会的复杂化进程》;张学海:《再论东夷文明的诞生》,均载于《中国社会科学院古代文明研究中心通讯》第 7 期,2004 年 1 月。

景、动力和发展模式；也有学者认为江淮地区并非中华早期文明的中心地区之一，虽有本地区的早期文明发展进程但没有形成本地特色的早期文明；江淮地区早期文明进程的断裂和边缘化是中国多元一体文明起源的特异模式；而淮河地区中介文化带在中华民族文化共同体的融铸过程中，所起的作用是重要的。①

　　原始农业的研究受到重视。俞伟超等人讨论了我国史前农业起源的原因和机制、农业起源在诞生中国史前文化与中国文明的基础中的历史作用和地位、中国农业起源在世界农业起源中的地位等等②。赵志军对农业经济发展与华夏文明形成的相互关系进行了初步的探讨③。朱乃诚分析了环太湖地区原始农业的发展，认为农业是文明形成与发展的重要基础④。张居中等认为黄淮地区是史前稻作农业和粟作农业的交错分布地带，对其的分析可以探讨文明起源与农业起源的关系和人与自然的关系。⑤

　　在坚实的考古信息基础上，学者展开了理论方面的探讨，这些探索对于打破固有的成说，启发人们从全新的角度认识理论问题无疑是有积极意义的。学者开始将注意力从对中华文明的要素及其起源的追溯，转移到对中华文明起源的发展过程、背景、动力、模式和机制及其特点等深层次问题。这些研究的新动向，在一定程度上代表了中华文明起源研究的方向，也与国际学术界对文明起源研究的发展趋势基本一致⑥。晁福林认为文明的起源与标志可分为物质生产与生活状态、社会结构与制度、精神文化及思维形态三个层次，并提出从精神层面的考古研究探讨文明起源的问题，能够指明精神意识的进步对于中华文明形成的意义⑦。毛东提出"文明起源过程三阶段"，即三大物质前提奠基期、三大文明要

　　① 《江淮地区文明化进程学术研讨会纪要》；杨立新：《江淮地区文明化进程的考古学观察》；宋建：《江淮地区早期文明进程的断裂和边缘化》；石兴邦：《淮海中介文化带的历史地位》，均载于《古代文明研究通讯》总第38期，2008年9月。
　　② 俞伟超、张居中、王昌燧：《以原始农业为基础的中华文明传统的出现》，《农业考古》2001年第3期。
　　③ 赵志军：《有关农业起源和文明起源的植物考古学研究》，《社会科学管理与评论》2005年第2期。
　　④ 朱乃诚：《环太湖地区原始农业的发展及其对文明起源的作用（简稿）》，《中国社会科学院古代文明研究中心通讯》第4期，2002年8月。
　　⑤ 张居中等：《淮海流域史前稻作农业与文明进程的关系》，《中国社会科学院古代文明研究中心通讯》第7期，2004年1月。
　　⑥ 王巍：《考古学研究的近期动态》，《社会科学管理与评论》2008年第1期。
　　⑦ 晁福林：《中国文明起源的若干理论问题新探》，《河南社会科学》2006年第6期；《从精神考古看文明起源研究问题》，《天津社会科学》2005年第3期。

素生成期、原始国家的起源成了文明形成的总体标志。中华文明起源不同于环地中海地带的西方文明起源的一个显著特色是农业、新石器、陶器三大技术创新源头，有可能进一步上溯到近一万五千年前①。任式楠把中华文明起源和发展的模式概括为多元起源、中原核心、一体结构，坚持"国家是文明的概括"②。王巍从宏观的角度提出汇聚和辐射是中国古代文明起源与形成的主要模式③。卜工认为文明起源的中国模式核心是古代礼制的发生与发展、完善与成熟的过程，古礼的时代就是文明的时代④。李伯谦从红山、良渚、仰韶大墓随葬的玉器入手，讨论了中国古代文明演进的模式及其兴衰：红山古国采取无限扩大神权的模式，良渚古国虽神权、军权、王权相结合但仍以神权为主的模式，仰韶古国军权、王权结合突出王权的模式⑤。李先登认为中国古代文明起源时期是五帝时代（龙山时代），夏王朝的建立标志着中国古代文明的形成。中国古代文明起源与形成的特点是多源一体和统一王朝式⑥。张忠培认为公元前3200年左右的黄河流域和长江中下游及西拉木伦河地区的诸考古学文化，已经进入了文明时代。中国古代文明发展的第二阶段是龙山时代。中国古代文明发展的第三、第四阶段是夏、商和西周，概称为王国时期。秦汉时中国古代文明进入了第五个阶段即帝国时期⑦。许宏从二里头遗址的发现入手，分析了华夏早期国家的三个特质⑧。王震中认为结合中国考古新发现，从中国的材料出发，创建出符合中国历史实际的理论，才是最上乘的文明和国家起源研究。他将中国古代的国家形态划分为"邦国—王国—帝国"⑨。江林昌认为中华上古文明是多源并起，中原地区、长江下游、燕辽地

---

① 王东：《文明起源的三大阶段新论》，《吉林大学社会科学学报》2003年第2期。

② 任式楠：《对中国文明起源和中国文明社会形成问题的思考》，《中国社会科学院古代文明研究中心通讯》第4期，2002年8月。

③ 中国文明起源和早期国家形态研讨会秘书组：《中国文明起源和早期国家形态研讨会发言摘要》，《考古》2001年第2期。

④ 卜工：《文明起源的中国模式》，科学出版社2007年版。

⑤ 李伯谦：《中国古代文明演进的两种模式——红山、良渚、仰韶大墓随葬玉器观察随想》，《古代文明研究通讯》总第38期，2008年9月。

⑥ 李先登：《论中国古代文明起源与形成的特点》，《天津师范大学学报》2006年第3期。

⑦ 张忠培：《关于中国文明起源与形成研究的几个问题》，《中原文物》2002年第5期。

⑧ 许宏：《从二里头遗址看华夏早期国家的特质》，《中国社会科学院古代文明研究中心通讯》第11期，2006年1月。

⑨ 王震中：《中国古代文明和国家起源研究中的几个问题》，《史学月刊》2005年第11期；《邦国、王国与帝国：先秦国家形态的演进》，《河南大学学报》2003年第4期；《从中原地区国家形态的演进看其文明化进程》，《东岳论丛》2005年第3期。

区的文明起源和演进过程的文明因素、文明起源时间和走向不同①。吴春明认为龙山时代是中国历史上传说中的"英雄时代"，世袭王权的确立、氏族部落"禅让制"的终结始于夏禹传启，这是文明时代社会结构开端的真正标志。②

此外，出版了不少有关中国文明起源的综述性论著，如朱乃诚的《中国文明起源研究》（福建人民出版社，2006 年）、李学勤主编的《中国古代文明与国家形成研究》（云南人民出版社，1997 年；中国社会科学出版社，2007 年），以及《中国文明起源研究要览》（文物出版社，2003 年版），后者汇编了 20 世纪关于中国文明起源研究的各种论著与观点。范毓周回顾了中国文明起源与形成问题研究的历程，并就今后研究的方向作了四点展望③。徐苹芳依据中国现代考古学的发展，将中国文明起源和形成的研究分成两个阶段，在肯定所取得成绩基础上，提出今后应注意的事项。④

对国外理论的介绍开阔了学术界的视野。在新资料面前、回顾国外早期的理论著作，对中华文明起源的研究是有益的。如发表了张光直 20 世纪 90 年代关于文明定义的辨认、从系统论看中国文明起源的一元和多元、文明动力是政治与财富的结合的观点⑤。对美国学者罗伯特·L·卡内罗 20 世纪 70 年代关于国家起源理论的翻译⑥。克赖森关于早期国家及其演化、早期国家的早期研究、早期国家起源的方式与原因等理论也被译载⑦。陈淳提出，要将中国文明和国家起源放到世界背景中，努力为目前国际上讨论热烈的动力问题提供独特的证据和启示，将中国的国家起源研究融入社会科学的世界体系。中国的国家探源的目标应当放在进一步丰富人们对早期国家形成过程的认识上，并努力为人类社会整体发展提供通则性的认识。⑧

---

①　江林昌：《中国早期文明的起源模式与演进轨迹》，《古代文明研究通讯》总第 17 期；2003 年 6 月。

②　吴春明：《再说龙山时代还不是真正的文明时代》，《古代文明研究通讯》总第 9 期；2001 年 6 月。

③　范毓周：《中国文明起源与形成问题研究的回顾与前瞻》，《史学月刊》2008 年第 10 期。

④　徐苹芳：《中国文明形成的考古学研究》，《吉林大学社会科学学报》2005 年第 1 期。

⑤　张光直：《论"中国文明的起源"》，《文物》2004 年第 1 期。

⑥　（美）罗伯特·L·卡内罗著，陈虹、陈洪波译，陈淳校：《国家起源的理论》，《南方文物》2007 年第 1 期。

⑦　克赖森著，胡磊译：《关于早期国家的早期研究》，《中国社会科学院古代文明研究中心通讯》第 12 期，2006 年 8 月。克赖森著，胡磊译：《国家起源的方式与原因》；克赖森著，谢振铃译：《早期国家及其演化》，后二文载于《中国社会科学院古代文明研究中心通讯》第 13 期，2007 年 1 月。

⑧　陈淳：《中国国家起源研究的思考》，《史学月刊》2002 年第 7 期。

第二节　秦汉简帛对社会经济及思想文化
史研究的重要价值

简帛未经后人整理、润色、增删、修改，真实地再现了诸多的历史信息。20世纪以来，在中华大地简帛不断发现，新鲜的材料及丰富的内容震惊中外，有力地推动了中国古代史的研究。20 世纪 20 年代王国维就预言"古来新学问起，大都由于新发见"①，并列举古史新资料的四大发现，其中简帛居于首位，可见其在中国古代史研究中的地位。

简帛最早的发现是汉武帝末年所得的战国竹简"孔壁中书"。西晋武帝太康二年，汲郡人不准盗掘魏墓所得的数十车竹书，经整理共 75 篇 10 余万言，这次重要的发现对中国思想史、学术史产生了很大影响。之后的偶然发现断断续续。

中国近代简帛的发现始于 1901 年英籍匈牙利人斯坦因和瑞典人斯文·赫定在尼雅、楼兰古遗址掘获魏晋时期木简。当时地下出土竹木简牍资料非常少，很快在国内外引起轰动。1949 年前发现的简牍，既有外国考察队掘取的，也有周炳南、向达、夏鼐、阎文儒等中国学者调查所获，简帛基本上出于尼雅、楼兰、敦煌、居延等西北边塞烽燧和古城遗址以及长沙楚墓，大约一万余枚汉晋简帛文书，内容主要属于屯戍行政文书档案，所以研究的广度和深度均有较大的局限性。1914 年，王国维、罗振玉在尚未见到实物的情况下，对敦煌汉简的文书重新分类、考订，结合传统文献，研究了汉代边郡的组织系统、屯戍状况、烽燧制度、历史地理等内容，著成《流沙坠简》。

1949 年以后，特别是 20 世纪 70 年代以后，简帛发现层出不穷，至今仍不断有大批量新的简帛材料出土。材料既有在古代烽燧遗址出土，也有在墓葬和古井中出土的，发现的地点包括新疆、内蒙古、甘肃、青海、陕西、河南、四川、山西、山东、河北、北京、江苏、安徽、湖北、湖南、广东、广西等省区。简帛的年代涵盖战国、秦、汉、三国及魏晋，内容涉及政治、经济、军事、宗教、法律、文化等诸多领域，为历史研究提供了丰富而又翔实的资料，对简帛的研究也发生了根本性的转变。特别值得一提的是，1996 年在长沙走马楼发现三国的吴简，数量估计在 12 万枚以上，超过了以往简牍发现的总和，在世界范围内亦属

---

① 王国维：《最近二十年中国新发见之学问》，载《王国维论学集》第 207 页，中国社会科学出版社 1997 年版。

罕见。其内容包括赋税、户籍、仓库管理、钱粮出入、军民屯田、往来书信
等①。三国时代的文献史料因战乱原因而传世极少，《三国志》也仅具纪传而无
志表，长沙走马楼三国吴简为研究三国时期的政治制度、经济制度、法律制度、
行政管理制度、历史地理等各个方面情况，提供了第一手崭新的资料。2002 年，
在湘西里耶战国古城一号井出土 36000 枚简牍（约 20 余万字），为历次秦简出土
之最，绝大部分为从秦王政二十五年（公元前 220 年）到秦二世二年（公元前
208 年）期间的官府留下的档案文书，内容主要是政令、各级政府之间的往来公
文、司法文书、吏员簿、物资登记和转运单、郡县设置、法律条文等②，其丰富
的法制内容推动了秦汉法制史的研究。里耶秦简的发现在社会上引起不小的轰
动，被誉为"继兵马俑之后又一惊世发现"，其价值"堪可与殷墟甲骨文和敦煌
文书相媲美"③。之后，关于里耶简牍学术研讨会不断召开，研究性文章也多达
百余篇问世。

　　简帛对于历史学的贡献，陈文豪总结了三点：一、在学术思想研究上的价
值：散佚古籍得以重见，有助于了解先秦秦汉学术演变与发展，有助于校读传世
先秦秦汉古籍。二、增进对历史事实的认识与研究：可补正史书记载阙失，解决
史实之矛盾与疑难。如陈梦家对汉代边境防御及烽燧制度、官吏俸禄等问题作了
疏证和考实，涉及汉代职官、吏俸、量制、烽燧、地理、年历、简册制度等许多
方面④。陈直利用居延、敦煌木简等资料以证史籍之讹，先后写出《史记新证》、
《汉书新证》、《两汉经济史料论丛》等书⑤。三、研究社会史的重要史料：表现
在社会经济、社会生活等方面⑥。如劳幹通过对居延汉简的考释，将研究视角扩
大到汉代的政治、经济、军事、宗教文化等领域，特别是在河西四郡的设置年

---

① 长沙市文物工作队、长沙市文物考古研究所：《长沙走马楼 J22 发掘简报》，《文物》1999 年第 5
期；长沙市文物考古研究所、中国文物研究所、北京大学历史系走马楼简牍整理组：《长沙走马楼三国吴
简·嘉禾吏民田家莂》（上、下），文物出版社 1999 年版；王素、宋少华、罗新：《长沙走马楼简牍整理
新收获》，《文物》1999 年第 5 期。

② 《湖南龙山里耶战国——秦汉古城一号井发掘简报》，《文物》2003 年第 1 期；《湘西里耶秦代简
牍选释》，《中国历史文物》2003 年第 1 期。

③ 李政、曹砚农：《关注里耶——"湘西里耶秦简学术研讨会"扫描》，《中国文物报》2002 年 8 月
9 日。

④ 陈梦家：《汉简缀述》，中华书局 1980 年版。

⑤ 陈直：《史记新证》，天津人民出版社 1979 年版；《汉书新证》，天津人民出版社 1959、1979 年
版；《两汉经济史料论丛》，陕西人民出版社 1958、1980 年版。

⑥ 陈文豪：《二十世纪出土秦汉简帛概述》，载《钱穆先生纪念馆馆刊》，台北市立图书馆，（6）：
26—56。

代、汉代的屯田与赋税问题以及烽火制度研究等方面成果卓著。[①]

一、简帛与古代思想文化的研究

在中国思想史上，由于文献的散佚，战国初期和秦汉之际的历史记载几乎为空白。这个时期，正是孔子之后七十子至孟子的时代，在思想史上从孔子从不"仁、义"并举到孟子从不只单独谈"仁"，这个巨大的转变过程是怎样发生的？过去学者们的研究只能根据史籍对比得出结论。当简帛材料不断出土和公布后，两千多年前的流光溢彩的思想得以再现，空白期思想史的面貌开始变得明晰，引发了传统思想文化研究的阵阵热潮。与中国古代思想史研究相关的出土资料中最引人注目的当属三大发现，即1973年末至1974年初出土的湖南长沙马王堆汉墓帛书、1993年出土的湖北荆门郭店楚简及1994年上海博物馆从香港古董市场购回的湖北楚简。这些重大发现引起了国内外学术界的高度关注，召开了近10次学术研讨会，发表的论文上千篇，出版专著几十部。这些简帛的学术史意义是不言而喻的。杜维明就高度评价郭店简的出土：通过这批材料，我们要对战国直至汉代的许多资料，重新进行定位，我们对孔孟之间先秦儒家资料的认识，会有质的飞跃，也会有许多新的发现。郭店楚墓竹简出土以后，整个中国哲学史、中国学术史都有需要重写。[②]

（一）简帛与儒家思想的研究

与儒家思想有关的简帛包括：竹帛两种《五行》，马王堆帛书《德圣》，郭店楚简及上博楚简两种《性自命出》、《缁衣》，郭店楚简《鲁穆公问子思》、《穷达以时》、《唐虞之道》、《忠信之道》、《成之闻之》、《尊德义》、《六德》、《语丛一》、《语丛二》、《语丛三》，上博楚简《子羔》、《鲁邦大旱》、《从政》、《相邦之道》、《仲弓》、《弟子问》、《君子为礼》、《季康子问于孔子》、《性情论》、《民之父母》、《昔者君老》，阜阳汉简、定县八角廊汉简《儒家者言》，银雀山汉简《晏子春秋》，慈利楚简《宁越子》。这些儒家经典是孔子及其后学的思想资料，但具体属于哪派？庞朴、李学勤等通过对简帛各篇内容与传世文献、思想史内容

---

　　① 劳榦：《居延汉简考释》，载《劳榦学术论文集》甲编上册，台北艺文印书馆1976年版。
　　② 杜维明：《郭店楚简与先秦儒道思想的重新定位》，《中国哲学》第20辑，辽宁教育出版社1999年版。

的比较，多认为是子思一系，认为存在思孟学派①。陈鼓应、李泽厚等则认为这些简帛没有"思孟学派"的特色，不属于该学派②。陈来、彭林认为郭店楚简十四篇虽属儒家经典，可能是《礼记》③。王博提出郭店儒家简的作者是南方儒家，具体说是子张氏之儒的观点④。李存山推测郭店儒家简可能属于"仲良氏之儒"一派⑤。廖明春认为郭店楚简十种儒家的著述可分为孔子之作、孔子弟子之作和子思及其弟子所作三类⑥。

学术界利用简帛中的文字对儒家学说进行了深入讨论。郭店竹简的"性自命出，命自天降"，是解读儒学理论先验性的中间环节，儒家的心性书轮廓由此隐约显现，这对于先秦心性论出现时间的上推极为重要，成为讨论的一个焦点。庞朴认为，郭店简在孔子的"性相近"和孟子的"性本善"之间，提出了性自命出、命自天降、道始于情、情生于性、性一心殊等说法，补足了孔孟之间所曾失落的理论之环⑦。郭齐勇认为，《性自命出》的心性论，可以视为是由《诗》、《书》、孔子走向孟子道德形而上学的桥梁，是孟子心性论的先导和基础⑧。欧阳祯人指出《性自命出》可弥补孔子"仁学"的缺陷，从而调节、补充和完善了上述孔子"仁学"思想⑨。丁为祥认为，"性自命出"在儒家人性论上占有重要地位，《中庸》、《孟子》的人性论正是在"性自命出"的基础上形成的⑩。李泽厚认为，"性自命出，命自天降"的"性"，是与物性相区别的自然人性。竹简

① 庞朴：《马王堆帛书解开了思孟五行说之谜》，《文物》1997年第10期；《孔孟之间——郭店楚简的思想史地位》，《中国社会科学》1998年第5期；《竹帛〈五行〉篇比较》，《中国哲学》第20辑，辽宁教育出版社1999年版。李学勤：《先秦儒家著作的重大发现》，《中国哲学》第20辑，辽宁教育出版社1999年版。姜广辉：《郭店楚简与〈子思子〉》，《中国哲学》第20辑，辽宁教育出版社1999年版。李景林：《从郭店简看思孟学派的性与天道论》，《郭店楚简国际学术研讨会论文集》，湖北人民出版社2000年版。
② 陈鼓应：《〈太一生水〉与〈性自命出〉发微》；李泽厚：《初读郭店竹简纪要》，二文均载于《道家文化研究》第17辑，三联书店1999年版。
③ 陈来：《荆门楚简〈性自命出〉篇初探》，《中国哲学》第20辑，辽宁教育出版社1999年版；彭林：《郭店楚简与〈礼记〉的年代》，《中国哲学》第21辑，辽宁教育出版社2000年版。
④ 参见胡治洪：《郭店楚简国际学术研讨会综述》，载《郭店楚简国际学术研讨会论文集》，湖北人民出版社2000年版。
⑤ 李存山：《读楚简〈忠信之道〉及其他》，《中国哲学》第20辑，辽宁教育出版社1999年版。
⑥ 廖明春：《荆门郭店楚简与先秦儒学》，《中国哲学》第20辑，辽宁教育出版社1999年版。
⑦ 庞朴：《孔孟之间》，《中国哲学》第21辑，辽宁教育出版社2000年版。
⑧ 郭齐勇：《郭店儒家简与孟子心性论》，《武汉大学学报》1999年第5期。
⑨ 欧阳祯人：《论〈性自命出〉对儒家仁学思想的转进》，《孔子研究》2000年第3期。
⑩ 转自韩旭辉：《〈郭店楚简〉与先秦儒家思想研究的新拓展》，《孔子研究》2000年第5期。

的"心"与宋明理学的高头讲章式的心性理论颇不相同。竹简也重"情",以情为本是原典儒学的一个重要特征,却一直为后世所忽视①。丁四新从心性论的角度及原始儒家学术思想的异同分析,认为"性自命出"与思孟学派和世硕诸儒的关系较大,子思与世子可能是作者②。对儒家伦理的讨论以 2002 年到 2004 年关于孔子的"父子互隐"和孟子的"舜窃负而逃"的讨论广泛而深刻,各种观点见 2004 年结集成《儒家伦理争鸣集——以"亲亲互隐"为中心》③。学者们对这种行为或褒或贬,庞朴在郭店竹简出土之后针对其中"六德"的排列顺序就曾感慨"好一个窃负而逃!好一个为父绝君!困扰着后儒两千年的忠孝如何两全的苦恼,原来曾是很容易便能解开的"④。这次思想大讨论是学者从传统文化的积极、消极方面以及传统文化对现代社会发展的影响等方面展开的,促进了对儒家伦理思想的研究。

　　姜广辉认为应以郭店楚简发表为契机,对儒学重新审视与评价。为此他提出一个儒学传统重新诠释论纲。他认为,早期儒学的核心思想是"大同"说的社会理想、"禅让"说的政治思想和贵"情"说的人生哲学。这些核心思想的传承者是孔子、子游、子思、孟子的系谱。"道统"说虽由朱熹完成其体系,但真正继承儒家"道统"的是黄宗羲、戴震、康有为等清儒⑤。李泽厚认为郭店楚墓竹简代表了原典儒学,荀子可能是以讲礼乐为特征的原典儒学的忠实传人。并进而探索了儒学的第二期、第三期,提出今日诵读竹简或可期望开出儒学第四期之新时代的观点⑥。罗新慧则认为,儒家学说的发展,从孔子以后到孟子,经历了一个"出于幽谷,迁于乔木"的阶段。到孟子之时,儒学思想的精华才正式形成博大体系而凝固下来。⑦

　　先秦和汉代的典籍多提到"禅让",但禅让制度是否真的存在过,各家历来就有争议。疑古学派的顾颉刚等更是认为禅让在战国之前的社会中不可能实现,尧舜禅让是后人编造出来的。郭店楚简中的《唐虞之道》和《子羔》涉及了禅让问题,引起了学者的注意;但这两篇文献并不能使前述问题明晰化。因为《唐

---

①　李泽厚:《初读郭店竹简纪要》,《道家文化研究》第 17 辑三联书店 1999 年版。

②　丁四新:《郭店楚墓竹简思想研究》,第 209、第 395 页,东方出版社 2000 年版。

③　郭齐勇:《儒家伦理争鸣集——以"亲亲互隐"为中心》,湖北教育出版社 2004 年版。

④　庞朴:《初读郭店楚简》,《历史研究》1998 年第 4 期。

⑤　姜广辉:《郭店楚简与道统攸系》,《中国哲学》第 21 辑,辽宁教育出版社 2000 年版。

⑥　李泽厚:《初读郭店竹简纪要》,《道家文化研究》第 17 辑,三联书店 1999 年版。

⑦　罗新慧:《从郭店楚简看孔、孟之间的儒学变迁》,《中国哲学史》2000 年第 2 期。

虞之道》归属何种学派本身就是一个问题，有主张墨家的，也有主张儒家的；《子羔》与《论语》等文献所反映的孔子思想存在着冲突，它并不能充分证明孔子主张禅让说。廖明春和冯国超认为，楚简本《唐虞之道》的出土，证实了禅让确实在尧舜时期存在过的事实[①]。王永平认为，《唐虞之道》的出土，只能说明先秦确实有人推崇"禅让"政治制度，证明疑古派关于禅让说晚出的说法是错误的，并不能证明尧舜的禅让确实是历史事实[②]。对于禅让说的归属，学者的意见亦不统一。李学勤认为，《唐虞之道》虽有近于儒家的语句，但过分强调禅让，疑与苏代、厝毛寿之流游说燕王哙禅位其相之事有关，或许应划归纵横家[③]。李存山不同意李学勤的观点，认为崇尚"禅让"是先秦儒、墨、道、法等家一致的思想[④]。廖明春则依据郭店简对顾颉刚认为禅让说起于墨家的观点进行反驳，认为以儒家主张"亲亲"就否定其主张禅让、主张"尊贤"是偏见。[⑤]

（二）简帛与道家、黄老思想的研究

道家简主要有《郭店楚墓竹简》的《老子》甲、乙、丙三篇，《太一生水》篇，《语丛》四。马王堆帛书《老子》甲、乙本，《九主》、《明君》、《德圣》、《经法》、《十大经》、《称》、《道原》，张家山汉简《庄子·盗跖》，阜阳汉简《庄子·杂篇》，上博简《恒先》、《三德》、《彭祖》，定县八角廊汉简《文子》。

自宋代以来，关于《老子》的成书年代一直存有争论，关于《老子》成书的说法广受怀疑，甚至认为没有老子其人，这种质疑在"古史辨"运动中达到高峰，《老子》晚出说几成定论，认为《老子》的成书年代在战国中期，甚至晚至西汉。梁启超、钱穆、冯友兰都是晚出说的代表人物。郭店楚简《老子》的出土，给这一问题的解决提供了新的证据公布后，学术界基本放弃了晚出说，郭店《老子》无疑是迄今所见最早的《老子》本。陈鼓应比较简本、帛书《老子》与今本《老子》，肯定《老子》成书于春秋末[⑥]。王中江也认为，老子所著的《老子》原本是在春秋后期，它应该比《论语》和《墨子》还要早[⑦]。李零认

---

① 廖明春：《荆门郭店楚简与先秦儒学》，《中国哲学》第 20 辑，辽宁教育出版社 2000 年版；冯国超：《郭店楚墓竹简研究述评》（下），《哲学研究》2001 年第 4 期。

② 王永平：《郭店楚简研究综述》，《社会科学战线》2005 年第 3 期。

③ 李学勤：《先秦儒家著作的重大发现》，《中国哲学》第 20 辑，辽宁教育出版社 1999 年版。

④ 李存山：《先秦儒家政治伦理教科书》，《中国哲学》第 20 辑，辽宁教育出版社 1999 年版。

⑤ 廖明春：《荆门郭店楚简与先秦儒学》，《中国哲学》第 20 辑，辽宁教育出版社 1999 年版。

⑥ 陈鼓应：《从郭店简看〈老子〉尚仁及守中思想》，《道家文化研究》第 17 辑，三联书店 1999 年版。

⑦ 王中江：《郭店竹简〈老子〉说略》，《中国哲学》第 20 辑，辽宁教育出版社 1999 年版。

为，郭店《老子》的发现，可以证明《老子》至少也是公元前 300 年左右的作品①。冯国超认为，由竹简《老子》直接证明《老子》成书于春秋末还是带有许多猜测成分。从郭店楚墓下葬于战国偏晚推导，《老子》成书肯定不会晚于战国中期。②

简帛为儒道关系的讨论提供了新资料。按照传统的观点，儒道两家思想是根本对立的。但简本《老子》有相当于今本《老子》的第十八、十九章的部分，并不像今本那样反对"仁义"，对"孝"既否定又肯定，反映出道家对包括儒家在内吸收兼融有一个发展的过程。在郭店楚简《语丛一》、《语丛三》，上博楚简《恒先》、《三德》中，可以看出，虽然不同文献或倾向儒，或倾向道，但存在儒道兼融的迹象。这证明原始儒道两家在思想上并不冲突。裘锡圭先生认为，这说明老子原来既不"绝圣"，也不"绝仁弃义"。老子并不反对仁义这一点是千真万确的③。陈鼓应认为郭店楚简《忠信之道》也是呈现出儒道交融而又接近老学一系的作品，儒道两家同中有异，异中有同④。侯才则明确指出，竹简《老子》的出土推翻了流传两千余年之久的"孔、老对立"的学案，证明了今本《老子》中"绝仁弃义"的观点是后人强加给老子的。孔子与老子两者的思想之间的统一是主要的和第一位的⑤。但也有不同意见，张岱年认为，竹简中"大道废，有仁义"说明老子对仁义还是反对的⑥。许抗生也认为，虽然简本《老子》没有明显的反儒思想词汇，但简本《老子》的整个思想体系与孔子代表的儒家思想体系是根本不同的两个思想路数。简本《老子》有贬抑仁义，甚至否定儒家思想的倾向，庄子学派的反儒思想是老子思想的进一步发挥而已⑦。吕绍纲认为，其实《老子》讲"绝伪弃诈"的伪诈，指的就是儒家鼓吹的仁义，仁义在道家眼里与伪诈同义⑧。

《太一生水》自面世以来就引起学界的广泛关注。李泽厚、邢文主张《太一

① 李零：《郭店老子校读记》第 31 页，北京大学出版社 2002 年版。
② 冯国超：《郭店楚墓竹简研究述评》（下），《哲学研究》2001 年第 4 期。
③ 裘锡圭：《郭店〈老子〉简初探》，《道家文化研究》第 17 辑，三联书店 1999 年版。
④ 陈鼓应：《郭店楚简所呈现的重要哲学问题》，《九州学林》，第 180—201 页，复旦大学出版社 2003 年版。
⑤ 侯才：《郭店楚墓竹简〈老子〉的特色》，《中共中央党校学报》2000 年第 1 期。
⑥ 王博：《张岱年先生谈荆门郭店竹简〈老子〉》，《道家文化研究》第 17 辑，三联书店 1999 年版。
⑦ 许抗生：《再读郭店竹简〈老子〉》，《中州学刊》2000 年第 5 期。
⑧ 吕绍纲：《郭店楚墓竹简辨疑两题》，《史学集刊》2000 年第 1 期。

生水》为宗教神话论①。萧兵亦认为是神话学的产物，太一就是太阳神或天帝②。颜世安则认为是迄今为止所见先秦文献中最长一篇描述宇宙生成的文字，它是近于"纯粹"的自然知识理论③。学术界对文本的学派属性也进行了讨论。李学勤、郭沂认为是道家后学为解释《老子》所增人的内容，当为关尹的学说④。黄钊认为是稷下道家的遗著⑤，韩东育认为是《老子》佚文⑥，谭宝刚亦认为是道家始祖老聃的遗著⑦，周凤五认为是儒家对《老子》宇宙论的改造与崭新的诠释⑧，萧汉明认为属阴阳家著作⑨。丁四新开始认为是楚国学人的道家作品⑩，后来他把《太一生水》分成不相关的两篇或两部分，第一部分《太一生水》为阴阳家的作品乃最为可能，第二部分《天地名字》篇属于道家著作⑪。赵建伟认为可能是齐湣王后期"诸儒各分散"的群体中稷下学者去齐之楚后所撰作的⑫，罗炽先生认为是战国中后期楚国黄老道家的作品⑬。陈恩林先生认为《太一生水》与《易传》接近，但非儒家易学流派，而属于先秦数术流派⑭。关于《太一生水》的宇宙生成图式的描绘、"太一生水"中"水"和"太一"之关系、《太一生水》与《老子》的关系等问题，学者们也有较多的探讨和分歧意见，发表了

---

① 李泽厚：《初读竹简印象纪要》，《道家文化研究》第 17 辑，第 418 页，三联书店 1999 年版；邢文：《〈太一生水〉与〈淮南子〉:〈乾凿度〉再认识》，《中国哲学》第 21 辑，第 212—226 页，辽宁教育出版社 2000 年版。

② 萧兵：《"太一生水"的神话学研究》，《华中师范大学学报》2003 年第 6 期。

③ 颜世安：《从〈太一生水〉看先秦自然道论的分流》，《江苏社会科学》2001 年第 6 期。

④ 李学勤：《荆门郭店楚简所见关尹遗说》，《中国文物报》1998 年 4 月 29 日；郭沂：《郭店竹简与先秦学术思想》，第 534 页，上海教育出版社 2002 年版。

⑤ 黄钊：《竹简〈老子〉应为稷下道家传本的摘抄本》，《中州学刊》2000 年第 1 期。

⑥ 韩东育：《郭店楚墓竹简〈太一生水〉与〈老子〉的几个问题》，《社会科学》1999 年第 2 期。

⑦ 谭宝刚：《〈太一生水〉乃老聃遗著》，荆门郭店楚简研究中心编：《古墓新知》，第 222—236 页，香港国际炎黄文化出版社 2003 年版；《再论〈太一生水〉乃老聃遗著》，《徐州师范大学学报》2004 年第 4 期。

⑧ 周凤五：《郭店竹简的形式特征及其分类意义》，见《郭店楚简国际学术研讨会论文汇编》第 2 册第 53 页，1999 年版。

⑨ 萧汉明：《〈大一生水〉的宇宙论与学派属性》，《学术月刊》2001 年第 12 期。

⑩ 丁四新：《郭店楚墓竹简思想研究》第 118、第 391 页，东方出版社 2000 年版。

⑪ 丁四新：《楚简〈太一生水〉研究——兼对当前〈太一生水〉研究的总体批评》，《楚地出土简帛文献思想研究》（一）第 234—246 页，湖北教育出版社 2002 年版。

⑫ 赵建伟：《郭店楚墓竹简〈太一生水〉疏证》，《道家文化研究》第 17 辑，第 380—392 页，三联书店 1999 年版。

⑬ 罗炽：《〈太一生水〉辨》，《湖北大学学报》2004 年第 6 期。

⑭ 陈恩林：《〈太一生水〉与〈老子〉及〈易传〉的关系——〈太一生水〉不属于道家学派》，《社会科学线》2004 年第 6 期。

不少的文章。①

　　战国中后期，出现了"黄老学派"，但该学派的著作多已亡佚，流传下来的著作基本没有受到重视，学术界长期以来对这一学派没有明确的认识。马王堆帛书的出土，大大推动了对黄老学派的研究，黄老思想成为一门有实质内容的学问。黄老思想的简帛有马王堆帛书《黄帝四经》，郭店楚简《太一生水》，上博楚简《恒先》、《三德》等。唐兰最早从内容、抄写时代和历史背景、传授源流和流传情况三个方面断定这四篇古佚书即是《黄帝四经》，揭示了久已失传的黄老之学的真相②。李学勤亦认为，《黄帝书》四篇很可能即《汉书·艺文志》的《黄帝四经》③。裘锡圭认为，四篇佚书非《黄帝四经》，而是西汉曾经最为流行的"因阴阳之大顺，采儒墨之善，撮名法之要"的道法家思想④。余明光以《黄帝四经》作为考察对象，探讨了黄老学派对汉初政治的影响、与老学的异同及其对后世学术思想的影响等问题。⑤

　　学术界基本认同《黄帝书》四篇的发现，证明了战国直到汉初流行的黄老之学，实应为道法家，它是当时道家的一个分支。然而，道法家在战国中晚期的思想界确已具有相当强大的势力，应是事实。当时的一些著名法家人物如申不

---

　　①　（美）艾兰：《太一·水·郭店〈老子〉》，载《郭店楚简国际学术研讨会论文集》，湖北人民出版社 2000 年版；陈鼓应：《〈太一生水〉与〈性自命出〉发微》，庞朴：《一种有机的宇宙生成图式》，李零：《读郭店楚简〈太一生水〉》，李学勤：《太一生水的数术解释》，均刊于《道家文化研究》第 17 辑，三联书店 1999 年版；李零：《再读郭店楚简〈太一生水〉》，《郭店老子校读记》，北京大学出版社 2002 年版；裘锡圭：《〈太一生水〉"名字"章解释——兼论〈太一生水〉的分章问题》，《古文字研究》第 22 辑，中华书局 2000 年版；李学勤：《荆门郭店楚简所见关尹遗说》，《中国文物报》1998 年 4 月 29 日；庞朴：《"太一生水"说》，《郭店简与儒学研究》，辽宁教育出版社 2000 年版；邢文：《论郭店〈老子〉与今本〈老子〉不属一系》，《中国哲学》第 20 辑，辽宁教育出版社 1999 年版；郭沂：《郭店竹简与先秦学术思想》，上海教育出版社 2002 年版；赵东栓：《〈太一生水〉篇的宇宙图式及其文化哲学阐释》，《齐鲁学刊》2001 年第 4 期；陈松长：《〈太一生水〉考论》，见《郭店楚简国际学术研讨会论文集》，湖北人民出版社 2000 年版；魏启鹏：《〈太一生水〉札记》，《中国哲学史》2000 年第 1 期；罗炽：《〈太一生水〉辨》，《湖北大学学报》2004 年第 6 期；陈伟：《〈太一生水〉考释》，《古文字与古文献》1999（试刊号），台北楚文化研究会；崔仁义：《荆门楚墓出土的竹简〈老子〉初探》，《荆门社会科学》1997 年第 5 期；李二民：《读〈太一生水〉札记》，《简帛研究》2001 年上册，广西师范大学出版社 2001 年版；谭宝刚：《〈太一生水〉乃老聃遗著》，《古墓新知》第 222—236 页，香港国际炎黄文化出版社 2003 年版；谭宝刚：《近十年来国内郭店楚简〈太一生水〉研究述评》，《史学月刊》2007 年第 7 期。
　　②　唐兰：《马王堆出土〈老子〉乙本卷前古佚书的研究》，《考古学报》1975 年第 1 期。
　　③　李学勤：《简帛佚籍与学术史》，江西教育出版社 2001 年版。
　　④　裘锡圭：《马王堆帛书〈老子〉乙本卷前古佚书并非〈黄帝四经〉》，《道家文化研究》第 3 辑，上海古籍出版社 1993 年版。
　　⑤　余明光：《黄帝四经与黄老思想》，黑龙江人民出版社 1989 年版。

害、韩非、慎到等，都以其学归本于黄老。汉初的统治者亦多好黄老，司马谈"论六家要指"，仍把黄老列于首位。马王堆帛书《黄帝书》和《老子》的诠释和研究，又带动了《管子》四篇、《韩非子》四篇、《吕氏春秋》、《淮南子》、《申子》、《慎子》、《鹖冠子》、《尹文子》、《文子》、《列子》、《尸子》等一大批相关文献的再研究。汉初黄老道家的渊源抑或出于楚，现在尚存争议。《史记》、《汉书》所述学术传统，多侧重北方，对南方楚地的学术史涉及较少。楚地黄老简帛的发现，正好可以弥补缺环。①

二、秦汉简帛对经济史研究的促进

土地制度问题是中国古代史研究的一个重要课题。它曾是1949年后出现在历史学研究中的所谓"五朵金花"之一，并成为"中国古代史分期问题"的组成部分。20世纪50—60年代，关于土地问题的争论焦点集中在中国封建社会土地所有制性质上②。史学界对于战国秦汉时期土地制度的认识和构架很大程度上建立在假设、演绎和推理之上，所以分歧不断。随着简牍材料的出土，关于土地国有制和私有制的讨论再次展开。黄烈据居延、敦煌、楼兰汉简分析了汉代边郡地区的土地占有形态，认为有屯垦组织、公田出租、私人占有等形式，并指出边郡存在奴婢、刑徒，属于封建社会③。云梦秦简的出土使得秦的土地所有制问题再次成为争论的焦点。黄展岳认为自商鞅变法至二世灭亡秦国实行土地国有制④，熊铁基、王瑞明认为秦代以封建地主土地所有制为主⑤。姚澄宇认为自商鞅变法承认土地私有，到秦始皇"使黔首自实田"，土地私有制在全国范围内确立⑥。张金光则认为秦存在着多种形式的土地所有制，秦统一后私有土地制才确立⑦。张金光还通过对银雀山汉简中的《田法》等篇与其他文献以及考古材料的综合对比研究，认为战国社会经济制度的支配形态是在土地国有制基础上，通过国家授田，建立起强制性的份地农分耕定产承包责任制。这是一种官社或官公社经济体制，传统的战国新兴封建地主阶级说有违于历史真实。⑧

---

① 曹峰：《出土文献可以改写思想史吗?》，《文史哲》2007年第5期。
② 闫桂梅：《近五十年来秦汉土地制度研究综述》，《中国史研究动态》2007年第7期。
③ 黄烈：《释汉简中有关汉代社会性质诸例》，《历史研究》1957年第6期。
④ 黄展岳：《云梦秦律简论》，《考古学报》1980年第1期。
⑤ 熊铁基、王瑞明：《秦代封建土地所有制》，《云梦秦简研究》，中华书局1981年版。
⑥ 姚澄宇：《论秦的土地所有制形式》，《南京师范学院学报》1980年第4期。
⑦ 张金光：《试论秦自商鞅变法后的土地制度》，《中国史研究》1983年第2期。
⑧ 张金光：《银雀山汉简中的官社经济体制》，《历史研究》2001年第5期。

　　汉简中大量的法律条文提供了不少名田制的材料，这方面的讨论对长期以来土地所有制的一些理论给予了很大冲击。杨振红以张家山汉简《二年律令》为中心考察战国秦汉时期的土地制度形态——爵位名田宅制。认为爵位名田宅制是西晋占田制和北魏隋唐均田制的历史渊源，弥补了井田制到均田制之间的断裂①。于振波则认为汉简中的名田制是对秦制的继承与损益，在汉代早期实行的同时逐渐面临问题，到元、成时期最终被破坏，名田制对魏晋以后的土地制度产生了深远影响②。王彦辉则认为《二年律令》的名田宅制和高祖五年诏书的"赐田宅令"一脉相承，本质上都是军功受益制度。文帝以后，基本放弃了汉初以来的名田宅制度③。贾丽英认为张家山汉简的出土证实了汉初的确存在过名田宅制，这套制度一开始就没有彻底施行，高祖后期即名存实亡④。高敏认为名田制确实存在，并探讨了授田制下的国有土地制渐渐被名田制下的私有土地制取代的实际过程⑤。朱绍侯探讨了汉初的名田制，汉武帝时期名田制遭到彻底破坏⑥。朱氏还分析《二年律令》中的赐田宅制度，认为是吕后当政时为适应其政治需要而制定的具体政策⑦。朱红林探讨汉初授田制的特点⑧。臧知非研究了西汉授田制度与田税征收方式，认为西汉继承了秦朝的军功赐田和授田制度及其田税征收方式，以授田为基础，西汉继续实行定额田税制度⑨。李恒全分析了张家山汉简《二年律令》之受田宅律文，认为汉代土地制度是土地私有制基础上的限田制。⑩

　　对汉代的屯田制度，学界多有研究。但由于文献记载甚少，"孙吴屯田制度如此不明确"⑪，而走马楼补充了这方面的不足，不仅印证东吴屯田制的实行，

---

　　① 杨振红：《秦汉"名田宅制"说——从张家山汉简看战国秦汉的土地制度》，《中国史研究》2003年第3期。

　　② 于振波：《张家山汉简中的名田制及其在汉代的实施情况》，《中国史研究》2004年第1期。

　　③ 王彦辉：《论张家山汉简中的军功名田宅制度》，《东北师大学报》2004年第4期。

　　④ 贾丽英：《汉代"名田宅制"与"田宅逾制"论说》，《史学月刊》2007年第1期。

　　⑤ 高敏：《从张家山汉简〈二年律令〉看西汉前期的土地制度》，《中国经济史研究》2003年第3期。

　　⑥ 朱绍侯：《论汉初的名田（受田）制及其破坏》，《河南大学学报》2004年第1期。

　　⑦ 朱绍侯：《吕后二年赐田宅制度试探》，《史学月刊》2002年第12期。

　　⑧ 朱红林：《从张家山汉律看汉初国家授田制度的几个特点》，《江汉考古》2004年第3期。

　　⑨ 臧知非：《汉代田税"以顷计征"新证——兼答李恒全同志》，《江西师范大学学报》2003年第3期；《西汉授田制度与田税征收方式新论——对张家山汉简的初步研究》，《江海学刊》2003年第3期。

　　⑩ 李恒全：《汉初限田制和田税征收方式——对张家山汉简再研究》，《中国经济史研究》2007年第1期。

　　⑪ 唐长孺：《三至六世纪江南大土地所有制的发展》第28页，上海人民出版社1957年版。

而且补充了东吴屯田制的组织机构、系统以及屯田收入的分配方式等。①

居延汉简中三七·三五的简文中是研究汉代社会经济史的常引资料。在 20
世纪五六十年代的古史分期讨论中，围绕简中礼忠田五顷是否由二小奴、一大婢
耕种，各方发生了激烈的争论。日知、金兆梓等学者持肯定意见，认为礼忠用奴
婢耕种五顷田比租佃制更有利可图②。郭沫若、黄烈、戚其章、张恒寿等人则持
否定意见，认为礼忠的田五顷是出租或雇佣耕种的，不是奴隶耕种③。20 世纪
末，陈涌清对此简作出新解，认为礼忠的奴婢是完全能承担五顷田的耕种，这条
材料极有可能是居延私田推行代田法的典型。④

中国封建地主制前期的粮食亩产量和农业劳动生产率，是中国封建社会经济
史中的重要问题。但现存资料稀少零散，研究工作相对薄弱。随着银雀山竹书
《田法》篇的公布，这个问题有所推进。李学勤对之进行全面分析⑤，吴慧分析
了其所反映的粮食亩产⑥，杨兆荣认为其与李悝田法接近⑦，李根蟠则进一步推
论出中国历史上农业生产的发展和农业生产力的提高主要表现在粮食亩产量的增
加，这是一条与西欧不同的内涵式发展道路⑧。孙继民分析了走马楼竹简中所见
孙吴的亩制是 240 步为亩。⑨

汉代的算赋是学者们研究的一个核心问题。20 世纪 50 年代，中外学者就曾
根据历史文献对其进行讨论⑩。湖北江陵凤凰山十号汉墓简牍的出土，又引起学
者的关注，裘锡圭对之进行了考释⑪，高敏则以之为据，分析了秦汉的刍、藁税

---

① 高敏：《长沙走马楼三国吴简中所见孙吴的屯田制度》，《中国史研究》2007 年第 2 期。

② 日知：《从重农抑商的传统谈到汉政权的本质》，《人民日报》1957 年 2 月 25 日；《汉代奴隶制如
何理解》，《光明日报》1957 年 5 月 23 日。金兆梓：《汉代政权果曾严重打击奴隶主吗?》，《学术月刊》
1957 年第 5 期。

③ 郭沫若：《略论汉代政权的本质》，《人民日报》1957 年 3 月 5 日。黄烈：《释汉简中有关汉代社
会性质诸例》，《历史研究》1957 年第 6 期；戚其章：《汉代租佃制是个别的例外吗?》，《学术月刊》1957
年第 10 期；《替汉代的奴隶所有者算一算账》，《光明日报》1957 年 4 月 11 日。

④ 陈涌清：《居延汉简新解一则》，《中国史研究》1999 年第 2 期。

⑤ 李学勤：《〈田法〉讲疏》，见《简帛轶籍与学术史》，台北时报文化 1994 年版。

⑥ 吴慧：《银雀山竹书中的粮食亩产》，《平准学刊》第 5 辑，光明日报出版社 1989 年版。

⑦ 杨兆荣：《银雀山竹书田法同于李悝田法》，《思想战线》1996 年第 3 期。

⑧ 李根蟠：《从银雀山竹书〈田法〉看战国亩产和生产率》，《中国史研究》1999 年第 4 期。

⑨ 孙继民：《走马楼〈嘉禾吏民田家莂〉所见孙吴的亩制》，《中国农史》2002 年第 2 期。

⑩ 韩连琪：《汉代的田租、口赋和徭役》，《文史哲》1956 年第 7 期；（日）加藤繁：《关于算赋的小
研究》，载其《中国经济史考证》第 1 卷，商务印书馆 1959 年版。

⑪ 裘锡圭：《湖北江陵凤凰山十号汉墓出土简牍考释》，《文物》1974 年第 7 期。

制度以及西汉前期刍、藁税制度的巨大变化①。近年来出土的户籍简牍引起学界对算赋和徭役的讨论。安徽省天长市安乐镇纪家庄村 19 号汉墓木牍《算簿》是目前所见第一份汉代县级算赋文书②，袁延胜认为其中的"事算"体现了徭役承担者和算赋承担者的一致性，汉代算赋承担者基本占总人数的一半③。于振波讨论了走马楼户籍简所反映的算赋和徭役④，王素介绍了东牌楼的户籍简，进而讨论了汉代的"筭卒"制度，且指出孙吴户籍制度对东汉的承袭⑤；而张荣强则认为东牌楼简与里耶秦简、走马楼孙吴户籍简形制、格式均不同，其应是临湘县案比民户的专门簿籍⑥。张荣强还以张家山汉简《二年律令》为中心，结合文献讨论了"傅"、"晥老"、"免老"等课役名目及汉代妇女的服役问题、汉代的课役制度以及丁中制的发展演变轨迹。⑦

关于汉代"户赋"、西汉初期的赋税制度，过去有不少疑点。黄今言从张家山汉简分析：当时的田税主要是田租和刍。汉初的赋目基本上沿袭了秦制。敛赋方式有按"口"、按"户"两种，"户赋"与"赀赋"不同⑧。高敏对比归纳了云梦秦简、张家山汉简与江陵凤凰山十号墓简牍中关于秦、汉初、文景时期刍、藁税制度的变化发展，论证了汉代"户赋"、"质钱"及各种矿产税⑨。李恒全认为刍、藁税与田税是不同的税种⑩。张荣强重新梳理了汉代课役制度及丁役制的发展演变轨迹，探讨了"傅"、"免老"等课役名目及汉代妇女的服役问题⑪。关于"月为更卒"，学术界普遍认为是农民每年在郡县轮流服劳役一个月，臧知非认为其应是每个月服役一次，每月服役天数相等，最终演变为更赋。⑫

---

① 高敏：《略论西汉前期刍、藁税制度的变化及其意义》，《文史哲》1988 年第 3 期。

② 天长市文物管理所、天长市博物馆：《安徽天长西汉墓发掘简报》，《文物》2006 年第 11 期。

③ 袁延胜：《天长纪庄木牍〈算簿〉与汉代算赋问题》，《中国史研究》2008 年第 2 期。

④ 于振波：《"筭"与"事"——走马楼户籍简所反映的算赋和徭役》，《汉学研究》第 22 卷第 2 期，第 189—200 页，2004 年版。

⑤ 王素：《长沙东牌楼东汉简牍选释》，《文物》2005 年第 12 期。

⑥ 张荣强：《长沙东牌楼东汉"户籍简"补说》，《中国史研究》2008 年第 4 期。

⑦ 张荣强：《〈二年律令〉与汉代课役身分》，《中国史研究》2005 年第 2 期。

⑧ 黄今言：《从张家山竹简看汉初的赋税征课制度》，《史学集刊》2007 年 2 期。

⑨ 高敏：《论两汉前期刍、藁税制度的变化发展——读〈张家山汉墓竹简〉札记之二》，《郑州大学学报》2002 年第 4 期；《关于汉代有"户赋"、"质钱"及各种矿产税的新证——读〈张家山汉墓竹简〉》，《史学月刊》2003 年第 4 期。

⑩ 李恒全：《汉初限田制和田税征收方式——对张家山汉简再研究》，《中国经济史研究》2007 年第 1 期。

⑪ 张荣强：《〈二年律令〉与汉代课役身份》，《中国史研究》2005 年第 2 期。

⑫ 臧知非：《从张家山汉简看"月为更卒"的理解问题》，《苏州大学学报》2004 年第 6 期。

在吴国是否实行过户调制问题上，唐长孺认为东汉末年的江南发生了改口钱、算赋制为户调制的变化①，高敏则认为"吴国无'户调'之制，实仍行汉代的口钱、算赋之制。"② 走马楼简的发现使得学界公认，吴国有户调制。杨际平认为吴简所见的"调布"属正常财政调度范畴，与户品也无关，不属于赋税范畴③。王素认为吴简所见"调"应是"户调"④。于振波则认为吴调是汉调的延续，走马楼吴简中的"调"应该属于苛捐杂税性质，与曹魏实行的制度化之户调不同。⑤

第三节　敦煌吐鲁番文书的发现对社会经济史研究的推动

敦煌吐鲁番文书的发现，是 20 世纪中国考古的重大发现，文书的刊布和研究，极大地推动了魏晋南北朝至宋代历史的研究，特别是推动了以均田制度和赋役制度为中心的社会经济史的研究。

一、敦煌吐鲁番文书的发现及其学术价值

敦煌吐鲁番文书的发现是 20 世纪初中国四大考古发现之一，其被发现与被盗掘是我国学术史上的伤心史。1898 年，俄国人克列门兹到吐鲁番考察高昌故城，盗获了不少汉文、梵文及其它少数民族文字书写的古代文书及石刻。1906—1907、1909—1910 年，俄国人又两次盗掘文物和更多的文书。德国考察队也先后在吐鲁番进行了三次盗掘，掠走大量经卷、文书、文物，其中仅文书就多达一万多件。日本大谷探险队也先后三次盗掘阿斯塔那和哈拉和卓墓葬，获取了 7000 余件文书。此外，英国的斯坦因也在阿斯塔那进行盗掘，获得了不少文献。1907 年，英国斯坦因第一个进入敦煌莫高窟的藏经洞，掠走 7500 余卷写经及其它文物。1908 年，法国人劫走 6000 余件各类文献及佛画。1910 年，清政府下令将藏

---

① 唐长孺：《魏晋户调制及其演变》，见《魏晋南北朝史论丛》第 59—84 页，三联书店 1955 年版。
② 高敏主编：《魏晋南北朝经济史》第 464 页，上海人民出版社 1996 年版；高敏：《读长沙走马楼简牍札记之一》，《郑州大学学报》2000 年第 3 期。
③ 杨际平：《析长沙走马楼三国吴简中的"调"——兼谈户调制的起源》，《历史研究》2006 年 第 3 期。
④ 王素：《吴简所见"调"应是"户调"》，《历史研究》2001 年第 4 期。
⑤ 于振波：《走马楼吴简中的"调"》，《中国经济史研究》2004 年 第 1 期；《从走马楼吴简看两汉与孙吴的"调"》，《湖南大学学报》2005 年 第 1 期。

经洞的文献运往北京，其间因王道士的私藏和参与官员们的盗窃，敦煌文献仍有外流。进行盗掠的外国人先后有日本僧侣橘瑞超、吉川小一郎，俄国佛学家奥登堡。1928 年、1930 年，中瑞西北科学考察团两次到吐鲁番，发掘了许多墓葬，获得一些文书。1942 年，"西北史地考察团"奔赴敦煌，考察莫高窟、榆林窟等古代遗址的调查。1944 年，"西北科学考察团"考察敦煌莫高窟，并在敦煌南沙山佛爷庙、敦煌西北长城烽燧下进行发掘，获得数十枚汉简和若干晋、唐文物。20 世纪 50 年代中期以后，考古工作者对吐鲁番古代墓葬和遗址进行了多次清理和发掘，其中重要的收获有：1959—1975 年对阿斯塔那、哈拉和卓及乌尔塘、交河故城等古代遗址和墓葬进行了 13 次发掘，其中 205 座墓出土文书 2000 余件，1 座墓出土木简①；1979 年、1986 年对阿斯塔那墓葬的发掘，获得了较多的文书、帛书等②；1980—1981 年对伯孜克里克千佛洞发掘时获得 800 多件古籍、佛经和少数民族文字写本。③

进入新时期，外流的各种藏卷和国内的发掘所获的文书基本公布。敦煌文献和吐鲁番文献，被盗掘的过程相似，反映的文化和历史相近，关系极为密切，故二者地位并重，被称为敦煌吐鲁番文献。敦煌吐鲁番文献，大多属于魏晋隋唐时期，数量丰富，内容广泛，保存了一批反映这一时期民族情况的汉文、藏文、回鹘文、于阗文、粟特文公私文书。9 世纪中叶至 11 世纪，是我国西北地区民族发生大变动的时期。但传世史籍有关这方面的记载较少，很难据之进行深入系统的考察。敦煌吐鲁番文献对中古时期的历史研究产生了较为深远的影响，帮助解决了魏晋隋唐之际的一些重大问题，也为我们探讨西北地区民族变迁、各民族的政治经济文化状况与相互间的交往提供了可能。有学者将利用敦煌吐鲁番文书研究唐史分为三个阶段。第一阶段从 20 世纪初到 1949 年，以介绍、整理、刊布和

---

① 新疆维吾尔自治区博物馆：《（1959）新疆吐鲁番阿斯塔那北区墓葬发掘简报》，《文物》1960 年第 6 期；《（1963—1965 年）吐鲁番阿斯塔那—哈拉和卓古墓葬发掘简报》，《文物》1973 年第 10 期；《（1966—1969 年）吐鲁番阿斯塔那—哈拉和卓古墓葬清理简报》，《文物》1972 年 1 期；《（1967 年）吐鲁番阿斯塔那 363 号墓发掘简报》，《文物》1972 年第 2 期；新疆社会科学院考古研究所：《吐鲁番阿斯塔那古墓区 65TAM39 墓》，《考古与文物》1983 年第 4 期；吐鲁番地区文管所：《（1966 年）吐鲁番阿斯塔那古墓群 360 号墓出土文书》，《考古》1991 年第 1 期。新疆维吾尔自治区博物馆、西北大学历史系考古专业：《1973 年吐鲁番阿斯塔那古墓群发掘简报》，《文物》1975 年第 7 期；新疆博物馆考古队：《（1975 年）吐鲁番哈拉和卓古墓群发掘简报》，《文物》1978 年第 6 期。

② 新疆吐鲁番地区文管所：《（1979 年）吐鲁番出土十六国时期的文书——吐鲁番阿斯塔那 382 号墓清理简报》，《文物》1983 年第 1 期；吐鲁番地区文管所：《（1979 年）吐鲁番北凉武宣王沮渠蒙逊夫人彭氏墓》，《文物》1994 年第 9 期；《1986 年新疆吐鲁番阿斯塔那古墓群发掘简报》，《考古》1992 年第 2 期。

③ 吐鲁番地区文物管理所：《（1980 年）伯孜克里克千佛洞遗址清理简记》，《文物》1985 年第 8 期。

初步研究为特点，研究重点是社会经济文书。第二阶段是从 20 世纪 50 年代至 70 年代末，出现一些重要论证，内容涉及敦煌资料的辑录，考古资料的公布以及均田制、租庸调法的研究。第三阶段从 1977 年至 20 世纪末。研究学会和专业杂志不断涌现，国内外的各种文献材料刊布，研究性论文迭出，完成了从以敦煌吐鲁番文书为中心到以唐史研究为中心的过渡，文书整理服务于历史研究。这一时期刊布的敦煌吐鲁番文书重要典籍有：唐长孺教授从 1975 年以来接受国家文物局的委托，成立了"吐鲁番文书整理组"，从 80 年代以来，整理出版了十卷录文本的《吐鲁番出土文书》，1992 年又出版图版四卷本《吐鲁番文书》，这极大地推动了新时期吐鲁番文书的研究和利用，推动了中国历史学的发展和进步。荣新江等编著了《新获吐鲁番文书资料》（中华书局，2008 年）。1981—1986 年，黄永武主编《敦煌宝藏》由台湾新丰文公司出版，共 140 巨册，影印英国、法国、中国大陆及已经刊布的敦煌汉文文书。1990 年台湾和大陆合作出版了 63 册的《敦煌大藏片经》，以北京图书馆所藏为主，兼及英法所藏的部分敦煌写经。1990 年起，四川人民出版社陆续出版了由中国敦煌吐鲁番学会、中国社会科学院历史研究所、伦敦大学亚非学院、英国图书馆合作编辑的《英藏敦煌文献（汉文非佛经部分)》大型图册 15 卷。上海古籍出版社与俄罗斯及国内有关部门合作，从 1992 年起陆续出版《敦煌吐鲁番文献集成》，已刊出《俄藏敦煌文献》和《上海博物馆藏敦煌吐鲁番文献》等图录。新时期敦煌吐鲁番文书的整理和研究工作取得了显著的成效，中国社会科学院、敦煌研究院、武汉大学、北京大学、兰州大学、首都师范大学等单位，成立了相应的研究机构，积聚了一批学者，出版了大量论著，郝春文、陈国灿、荣新江等一批中年学者在敦煌、吐鲁番文书资料整理和研究方面取得了突出的成就。从某种程度上说，新时期唐代历史研究，正是敦煌吐鲁番文书整理、刊布、释录、利用的直接结果①。这种划分基本符合敦煌吐鲁番文书的发现和研究历程，其中社会经济史成绩斐然。如由宁可主编的《中国经济通史》（隋唐五代经济卷）第二章"土地关系"，就大量运用了唐长孺等整理的《吐鲁番出土文书》的资料，相关的注引多达 28 条。② 关于敦煌吐鲁番文书的重大学术价值，学者指出："对隋唐五代历史研究而言，敦煌吐鲁番文书的发现有着划时代的意义，敦煌吐鲁番文书不但为魏晋南北朝、隋唐五代和宋初历史的研究提供了宝贵的资料，丰富了这一阶段的历史，使唐史研究向更广阔更

---

① 李锦绣：《敦煌吐鲁番文书与唐史研究》第 1—9 页，福建人民出版社 2006 年版。
② 宁可主编：《中国经济通史》（隋唐五代经济卷）第 115—225 页，经济日报出版社 2000 年版。

纵深的方向发展，而且，由于深藏于地下千余年的官府档案及民间文献的发现，为中国中古史学提供了全新的内容，更新了史学界对隋唐五代历史面貌的认识，开创了中国中古史学研究的新局面。"①

　　黑水城文献的整理和研究工作在 20 世纪 90 年代以后也取得显著的成效。20 世纪初，俄国人科兹洛夫两次进入位于今内蒙古自治区额济纳旗的黑水城遗址，攫取了大批历史文物和文献运往俄罗斯。20 世纪 90 年代中期以来，随着中俄协作《俄藏黑水城文献》的出版，黑水城文献的研究渐成学术新潮。黑水城文献所对应的朝代是唐五代宋辽夏金元（包括北元）时期。如《俄藏黑水城文献》中所载的《毛克文书》是当今极为罕见的金代文书，尽管文书著录形式比较简单且基本相同，但蕴含的深层信息非常丰富，对于研究金代猛安谋克制度、文书制度以及汉族兵役制度等都具有较高的资料价值和文献意义②。孙继民考释了黑水城文献中的宋代小胡族文书，指出其资料价值③。金滢坤则对黑城文书进行了考证，并分析了诸如元代的养济院制度等问题④。杨富学以黑水城出土文献为中心考察了西夏与丝绸之路的关系⑤。余欣则考证了俄藏黑水城方术文献⑥。近年来国家高度重视黑水城文献的研究工作，在 2006 年和 2009 年先后设立国家社科基金资助课题，由河北省社科院孙继民研究员承担了"俄藏黑水城宋代军政文书研究"和"俄藏黑水城汉文非佛经文献整理与研究"，前者已经结项，后一重点项目也开始了研究工作。

二、敦煌吐鲁番文书促进了均田制度的研究

　　土地制度是中国古代史研究中的一个重点。作为中国古代土地制度的重要组成部分，北魏隋唐的均田制实行近三百年之久，对其研究一直是中国中古社会性质和土地制度的重大课题。伴随敦煌、吐鲁番文书的相继面世，对均田制的认识

---

　　① 李锦绣：《敦煌吐鲁番学与内陆欧亚学》，《新疆师范大学学报》2009 年第 2 期。

　　② 孙继民、杜立晖：《俄藏黑水城金代毛克文书初探》，《历史研究》2007 年第 4 期；孙继民、刘广瑞：《黑水城文献发现的始年及在近代新材料发现史上的地位》，《中国史研究》2008 年第 4 期。

　　③ 孙继民：《俄藏黑水城文献宋代小胡族文书试释》，《中华文史论丛》总第 86 辑。

　　④ 金滢坤：《从黑城文书看元代的养济院制度——兼论元代的亦集乃路》，《中央民族大学学报》2003 年第 2 期；《〈俄藏敦煌文献〉中的黑城文书考证及相关问题的讨论》，《敦煌学》2003 年 24 期。

　　⑤ 杨富学：《西夏与丝绸之路的关系——以黑水城出土文献为中心》，载《黑水城人文与环境研究》，中国人民大学出版社 2007 年版。

　　⑥ 余欣：《俄藏黑水城方术文献研究：以 TK190〈推择日法〉为中心》，载《黑水城人文与环境研究》，中国人民大学出版社 2007 年版。

日渐明晰。早在 20 世纪 20 年代，王国维就利用敦煌籍帐所记载的应受和已受田数，与史籍文献相比较，讨论了唐代均田制的授田特点、授还田地情况以及均田制的消亡[①]，开启了运用户籍文书研究唐代均田制的先河。与此同时，日本学者玉井是博也据敦煌户籍文书研究唐代均田制及其实施情况，首次提出唐代并未按均田制度规定授田而实施便宜授田[②]。30 年代，关于均田制实施的问题学界展开了讨论。陈登原认为"魏齐周隋，兵革不息，农民少而旷土多，故均田之制存；至唐，承平日久，丁口滋众，官无闲田，不复给授，故田制为空文。"[③] 曾了若亦提出"足证均田制度之在唐，从未如法实行"[④]。武仙卿则认为均田制度"实行在一部分官有土地上"，私人土地或许也包含在均田法令之下。[⑤]

　　新中国成立后，在马克思主义理论指导下，利用敦煌文献研究封建社会的土地制度（均田制）、租佃关系、徭役制度与农民的生活状况等问题蔚然成风。与探索封建社会土地所有制形式问题相关，唐代均田制的施行问题再度成为讨论的热点。邓广铭首先彻底否定了唐代的均田制，"唐初所宣布的均田令，自始就不曾认真推行过。"[⑥] 邓说一出，引起激烈争论。杨志玖、陈登原、林天蔚等人支持邓说[⑦]。但是，更多的学者认为唐代施行过均田制。李必忠认为，唐代确是在武德七年就沿袭了隋的制度而开始实行了均田制以及与均田制相适应的租庸调法[⑧]。岑仲勉、韩国磐、胡如雷根据敦煌籍帐同时发表他们的观点：受田不足自北魏开始推行均田制以来一直存在，不能据此否定均田制[⑨]。韩国磐又分析了敦煌吐鲁番文献中的授田、还田记载，论证唐代存在均田制，并讨论了敦煌吐鲁番

　　① 王国维：《观堂集林》卷 21，《王国维遗书》（三）第 11—14 页，上海古籍书店 1983 年版。
　　② 玉井是博：《唐代土地问题的管见》，《史学杂志》33 卷第 8、9、10 期，1922 年；《关于敦煌户籍残简》，《东洋学报》16 卷 2 期，1927 年。
　　③ 陈登原：《中国土地制度史》，商务印书馆 1932 年版。
　　④ 曾了若：《隋唐之均田》，《食货》4 卷 2 期，1936 年。
　　⑤ 武仙卿：《唐代土地问题概况》，《食货》5 卷 4 期，1937 年。
　　⑥ 邓广铭：《唐代租庸调法的研究》，《历史研究》1954 年第 4 期。
　　⑦ 杨志玖：《论均田制的实施及相关问题》，《历史教学》1962 年第 4 期；陈登原：《唐均田制度为闲手耕弃地说》，《历史研究》1958 年第 3 期；林天蔚：《敦煌户籍卷中所见唐代田制之新探》，《珠海学报》1980 年第 11 期。
　　⑧ 李必忠：《唐代均田制的一些基本问题的商榷》，《四川大学学报》1955 年第 2 期。
　　⑨ 岑仲勉：《租庸调与均田有无关系》，韩国磐：《唐代的均田制与租庸调》，胡如雷：《唐代均田制研究》，三文均刊载于《历史研究》1955 年第 5 期。韩国磐：《北朝隋唐的均田制度》，上海人民出版社 1984 年版。

文献所载的永业田、口分田、园宅田和自田的性质、租佃问题和庄园问题①。沙知则不同意韩国磐关于唐代租佃的看法,认为吐鲁番文书反映的租佃关系为性质不同的两种:小土地占有者之间的交错租佃和官田的出租,以前者为多。②

1959 年,日本学者西嶋定生、西村元佑等整理公布了大谷给田、退田、欠田的文书,认为唐代西州高昌县存在按均田制规定授予并收还田土的现象③。大谷田制文书的内容对均田制性质的讨论提供了重要的资料,其中的"欠田簿"、"退田簿"、"抬田簿"等对唐代均田制提供了不可多得的资料,其价值"对于中国古代土地制度,特别(是)均田制之研究投予一大光明,一方面使人确认唐代西州实行收授田地而打破旧日之均田制度构说,另一方面明示其给田额之少(一丁大约十亩),以及租佃制之流行及官田比重之大,使人认识西州田制之特异性。"④ 王永兴以大谷文书、敦煌文书和典籍为据,提出唐代每年冬季授田主要授给欠地丁,欠地丁绝大多数是八、九等户。⑤

随着吐鲁番新出土文献的不断刊布,对均田制的研究越来越深入。杨际平在分析了敦煌吐鲁番文献和圣彼得堡所藏的 CP - 366 文书后,认为邓广铭的观点虽不妥当,但也有合理成分,认为"初授田后的土地还授未曾实行"⑥;北朝隋唐均田制的规定只是允许占田与限田,未实授其土地,农民授田普遍不足⑦;针对日本学者西州实行均田制的观点,提出西州欠田、退田、给田文书反映的是另外一种官田授田制,而非均田制⑧。吐鲁番地区出土的请田、给田、欠田等文书反映的是国家官田的给授,与均田制无关。王永兴、宋家钰、陈国灿、邓文宽等则认为文书反映的是实施均田制的土地的请授情况,西州土地采用了机动灵活的变

① 韩国磐:《根据敦煌、吐鲁番发现的文件略谈有关唐代田制的问题》,《历史研究》1962 年第 4 期。

② 沙知:《吐鲁番佃人文书里的唐代租佃关系》,《历史研究》1963 年第 1 期。

③ 西嶋定生:《从吐鲁番出土文书看均田制的实施状况》,西村元佑:《唐代吐鲁番实行均田制的意义——以大谷探险队带来欠田文书为中心》,二文均载于《西域文化研究》之二,1959 年。

④ 池田温:《唐代西州给田制之特征》,载《敦煌吐鲁番学研究论文集》,汉语大词典出版社 1990 年版。

⑤ 王永兴:《关于唐代均田制中给田问题的探讨——读大谷欠田、退田、给田文书札记》,《中国史研究》1986 年第 1 期。

⑥ 杨际平:《从敦煌户籍看唐代均田制下土地还授的实施问题》,《中国社会经济史研究》1983 年第 3 期。

⑦ 杨际平:《北朝隋唐均田制下奴婢、官吏的"授田"与限田》,《厦门大学学报》1983 年第 4 期。

⑧ 杨际平:《唐代西州欠田、退田、给田诸文书非均田说》,《唐史论丛》第 1 辑;《唐代西州欠田、退田、给田文书非均田说补证》,《敦煌吐鲁番出土经济文书研究》,厦门大学出版社 1986 年版。

通方法①。卢开万不赞同西州存在两种田制的观点，认为"唐代西州地区所推行的均田制度，在授田数额上，在编制户籍时均系按唐朝中央政府颁布的均田令各项规定制作的。"② 卢向前也论证了唐代前期西州田制是全国田制的一个缩影，西州田制可视为狭乡田制的代表③。荣新江根据敦煌吐鲁番户籍文书许多细节的不同，认为唐朝各地的均田制不是全国都一样的制度，也有因不同土地而有不同授田额的情况④。陈国灿根据吐鲁番文书、大谷文书等，分析了武周时期进行过全国性的勘田和全国性的检籍活动，认为是唐代实行均田制、长期勘检总结的一套办法。⑤

　　关于均田制的性质讨论也比较热烈。武建国认为均田制是一种全国土地最高所有权属于国家，官僚、地主、百姓等依照一定的标准和条件"均平"占有土地（通过国家授受的方式占有）的土地制度，均田制下的口分田、永业田具有国有和私有双重性质⑥。杨际平在肯定均田制的国有土地性质基础上，认为永业、口分田之外仍然存在私田⑦。王永兴认为均田制不是土地分配制度，而是中央集权国家对私田的管理制度⑧。宋家钰认为均田令或田令是封建国家颁行的有关各级官府和官民私人土地占有的法规。户籍上的永业田、口分田均为私田，二者只在户籍上严格区分⑨。荣新江认为均田制看似国家土地所有制，实际上仍然是土地私有制⑩。朱雷利用文书证明，在均田制实施过程中，民户的私田均被作为"已受"纳入均田制轨道⑪。吐鲁番文献所反映的高昌国土地性质，学术界争

---

　　① 《中国敦煌吐鲁番学会一九八五年学术讨论会纪要》，《中国史研究》1986 年第 1 期。

　　② 卢开万：《对唐代西州均田制若干问题的管见》，《敦煌吐鲁番文书初探二编》，第 143—168 页，武汉大学出版社 1990 年版。

　　③ 卢向前：《唐代西州田制的普遍意义》，《文史》第 44 辑，1998 年。

　　④ 荣新江：《敦煌学十八讲》，第 203 页，北京大学出版社 2001 年版。

　　⑤ 陈国灿：《武周时期的勘田检籍活动》、《吐鲁番旧出武周勘检田籍考释》，二文均载于《敦煌吐鲁番文书初探二编》，武汉大学出版社 1990 年版。

　　⑥ 武建国：《均田制研究》，云南人民出版社 1992 年版。

　　⑦ 杨际平：《北朝隋唐均田制新探》，岳麓书社 2003 年版。

　　⑧ 王永兴：《论唐代均田制》，《北京大学学报》1987 年第 2 期。

　　⑨ 宋家钰：《唐代户籍上的田籍与均田制》，《中国史研究》1983 年第 4 期；《从敦煌吐鲁番文书看唐代永业、口分田的区别及其性质》，《中国史研究》1986 年第 1 期；《唐代户籍法与均田制研究》，中州古籍出版社 1988 年版。

　　⑩ 荣新江：《敦煌学十八讲》，第 203 页，北京大学出版社 2001 年版。

　　⑪ 朱雷：《唐代"均田制"实施过程中"受田"与"私田"的关系及其他》，载《魏晋南北朝隋唐史资料》14 辑，1996 年。

论较多，主要有三种说法：均田制、给授田制和占田制。①

均田制中田畴品类问题的讨论使得均田制研究更深入一步。对于史传记载的大面积土地类别学界无异议，争论的焦点在吐鲁番文书中的部田、常田等方面。日本的西村元佑解释部田、常田分别是劣等的、良质的土地②；马雍认为部田是需要轮休的土地、而常田不需轮休③；杨际平认为部田为某州、某县的屯田土地、常田是民田④；赵吕甫则认为部田是乡一级官吏所经管而又分布于各里的农田、常田为各里里正所掌管的当里的正田⑤。齐陈骏对文书中的唐代职田进行了讨论，认为唐在敦煌、吐鲁番虽实行了官吏的职田制度，但没有按规定授足，所授土地十分零碎。⑥

学者们还根据敦煌文书对吐蕃占领时期和归义军时期的土地制度进行了讨论。杨际平对吐蕃时期的计口授田制、突税差科和农业、商业发展情况进行了研究，认为吐蕃占领时期实行带有国有土地性质的计口授田制，计口授田不久就变成了私田。杨氏还探索了归义军时期请射土地的范围和原则，讨论了归义军时期的土地所有制性质⑦。归义军时期的土地，由于敦煌所出的该时段的一批"请地状"和"都受田簿"，学界多认为是请田制。请田最终都成为永业，具有私田性质。请田制度到唐德宗建中元年实行两税法全面认可，取代了均田制。⑧

三、利用敦煌吐鲁番文书对赋役制度的研究

赋役制度与土地制度紧密相关，北朝隋唐赋役制度的性质、作用如何，是否按照唐朝法令实施，学术界一直争论不休，而敦煌吐鲁番文献中有不少记载，包括官府收租、纳资代役、庸调布、春秋两税征收、差科簿、杂徭、色役等内容。敦煌文书主要反映了吐蕃占领时期及归义军时期的赋税制度，而吐鲁番文书反映了高昌及唐代前期的赋税制度。敦煌吐鲁番文书的发现，促进了唐代赋税制度的

① 王素：《敦煌吐鲁番文献》第 225 页，文物出版社 2002 年版。
② 转引自杨际平：《试考唐代吐鲁番地区"部田"的历史渊源》，《中国社会经济史研究》1982 年第 1 期。
③ 马雍：《麹斌造寺碑所反映的高昌土地问题》，《文物》1972 年第 12 期。
④ 杨际平：《试考唐代吐鲁番地区"部田"的历史渊源》，《中国社会经济史研究》1982 年第 1 期。
⑤ 赵吕甫：《唐代吐鲁番文书"部田"、"常田"名义释疑》，《中国史研究》1984 年第 4 期。
⑥ 齐陈骏：《简述敦煌、吐鲁番文书中有关职田的资料》，《中国史研究》1986 年第 1 期。
⑦ 杨际平：《吐蕃时期沙洲社会经济研究》，《敦煌吐鲁番出土经济文书研究》1986 年；《唐末宋初敦煌土地制度初探》，《敦煌学辑刊》1988 年第 1、2 期。
⑧ 陈国灿：《唐代后期的请田制度》，载《唐代的经济社会》，文津出版社 1999 年版。

研究，加深了对赋税体制的了解。敦煌吐鲁番文献的刊布，使得赋税研究形成了新的争论热点，包括对租庸调、户税、地税、资课、附加税、杂税及吐蕃、归义军、高昌时期的赋税。

　　唐代正式的赋税是租庸调，研究者亦众多，相关的讨论旷日持久。学者纷纷利用敦煌吐鲁番文书对租庸调①及以租庸调为主的赋税制度做了综合分析②。王炳华分析了 1972—1973 年阿斯塔那墓葬出土布绢上的墨书题记，以此为基础讨论唐代租庸调征收实况。③

　　20 世纪初，大谷探险队在吐鲁番获得一批唐西州高昌县周氏家族纳税的"抄"条，随着该文书的整理，周藤吉之以之为中心，考察了唐代的户税④。1961 年，唐长孺参据史籍记载及吐鲁番文书残简与敦煌所出长安三年典阴永牒，论证了武则天统治末年的逃户问题及官府对逃户处置政策的变化，指出唐玄宗开元九年的"括户"之举乃是武则天长安三年括浮逃户的继续和发展⑤。之后，利用敦煌吐鲁番文书研究户税的讨论多起来，陈国灿提出除户税刺柴是征收实物外，其余是以户为单位收的钱⑥；冻国栋以阿斯塔那 187 号墓出土的《唐勒依限征纳税钱文书》为据，讨论了户税的征纳程序、征纳对象、标准和时限⑦；卢开万利用文书对唐代前期户税的渊源、特色提出新的看法⑧；唐耕耦利用敦煌户籍、手实等资料对史籍有关课户、课口记载存在的问题做了解说⑨；冷鹏飞对张氏归义军时期的户口、土地制度和赋税做了探索。⑩

　　敦煌吐鲁番文书促进了对地税的研究。刘进宝认为吐蕃时期敦煌的"突税"或称为"突课"，是地税中交纳粮食的部分。归义军时期的"地税"范围广，

---

　　① 日野开三郎：《唐代租庸调の研究Ⅰ 色额篇》，《唐代租庸调の研究Ⅱ 课输篇》，久留米大学商学部东洋经济史研究室，1974、1975 年。

　　② 李锦绣：《唐代财政史稿》（上下卷），北京大学出版社 1995、2001 年版。

　　③ 王炳华：《吐鲁番出土唐代租庸调布研究》，《文物》1981 年第 1 期。

　　④ 周藤吉之：《唐中期户税の研究》，《西域文化研究》（3），1960 年。

　　⑤ 唐长孺：《关于武则天统治末年的浮逃户》，《历史研究》1961 年第 6 期。

　　⑥ 陈国灿：《从吐鲁番出土文书看唐代前期户税》，《敦煌吐鲁番研究》第 4 卷，1999 年。

　　⑦ 冻国栋：《吐鲁番出土〈唐勒依限征纳税钱文书〉跋》，《魏晋南北朝隋唐史资料》第 8 辑，1986 年。

　　⑧ 卢开万：《关于唐代户税若干具体问题探讨》，《魏晋南北朝隋唐史资料》第 11 辑，1991 年。

　　⑨ 唐耕耦：《唐代课户、课口诸比例释疑》，《历史研究》1983 年第 3 期。

　　⑩ 冷鹏飞：《唐末沙州归义军张氏时期有关百姓受田和赋税的几个问题》，《敦煌学辑刊》1984 年第 1 期。

"地子"范围小①。刘氏还讨论了归义军时期"布"、"地子"等赋税的有关情况，并利用敦煌文献中的材料结合史籍观察同期中原地区的情况②。雷绍锋认为归义军时期的"地税"为"户税"之变称，"地子"则是田地税的一种③。陈国灿、陆离也认为归义军政权赋税制度中的"地子"和"地税"是两种不同的税目④。

吐鲁番文献为唐代徭役制度提供了史籍少见的材料，使得徭役制度的研究进入一个新阶段。学者们通过对吐鲁番文书的整理和考察，发现高昌国时期的徭役非常复杂，有田租、酒租、调麦、臧田、丁正钱、称价钱、远行马价钱、丁输、作人役、商人役、羁人役、计田承役等目；而唐代西州赋役主要有户税、地税、仗身、杂徭等。王永兴通过对5件登载男子姓名的敦煌残卷研究，认为它们是唐天宝十载敦煌县为征发徭役而编造的"差科簿"⑤。西村元佑也根据大谷文书分析了该差科簿所反映的徭役制度⑥。也有一些学者对唐代的杂徭和色役进行了研究⑦。雷绍锋认为归义军时期的赋役可以分为赋税、劳役、兵役、寺院僧人义务四大类⑧。陈仲安考证了高昌文书中屡见的"剂"字，阐述了麴氏王朝的赋税制度⑨。程喜霖考察了吐鲁番所出的四角萄役夫文书，认为是西州地方官府掌握的杂徭⑩。日本的山本达郎对S.613西魏大统十三年记账的复原和分析，填补了北朝均田赋税制的某些空白。

---

① 刘进宝：《从敦煌文书谈晚唐五代的"地子"》，《历史研究》1996年第3期。

② 刘进宝：《P.3236号〈壬申年官布籍〉研究》，见《庆祝潘石禅先生九秩华诞敦煌学特刊》，文津出版社1996年版。

③ 雷绍锋：《唐末宋初归义军时期之"地子"、"地税"浅论》，见《归义军赋役制度初探》第39—65、第103—109页，台北"中华"发展基金会管理委员会，洪业文化事业有限公司2000年版。

④ 陈国灿：《略论唐五代的各类"地子"及其演变》，载《中国古代社会研究——庆祝韩国磐先生八十华诞纪念论文集》第163—155页，厦门大学出版社1998年版；陆离：《也谈敦煌文书中的唐五代"地子"、"地税"》，《历史研究》2006年第4期。

⑤ 王永兴：《敦煌唐代差科簿考释》，《历史研究》1957年第4期；《唐天宝敦煌差科簿研究——兼论唐代色役制和其他问题》，见《敦煌吐鲁番文献研究论集》（第1辑），1982年版。

⑥ 西村元佑：《通过唐代敦煌差科簿看唐代均田制时代的徭役制度——以大谷探险队携来的敦煌、吐鲁番古文书为参考史料》，载《敦煌学译文集——敦煌吐鲁番出土社会经济文书研究》，1985年。

⑦ 杨际平：《唐代前期的杂徭与色役》；陈明光：《试论唐后期的两税法改革与"随户杂徭"》，《中国社会经济史研究》1985年第4期。

⑧ 雷绍锋：《归义军赋役制度初探》，洪业文化事业有限公司2000年版。

⑨ 陈仲安：《试释高昌王国文书中之"剂"字》，载唐长孺主编：《敦煌吐鲁番文书初探二编》，武汉大学出版社1990年版。

⑩ 程喜霖：《对吐鲁番所出四角萄役夫文书的考察》，《中国史研究》1986年第1期。

敦煌、吐鲁番出土的"点籍样"文书亦引起学者的浓厚兴趣，这种制度不见于史籍。朱雷认为"点籍样"是对"户籍"进行'简点'之后所作出的定簿，是在逃户问题日趋严重下从而出现的一种带有临时性的检括户口的措施，以保证封建国家掌握纳税服役的丁中人口"。①

敦煌文书中保存了一些关于渠人的记录。那波先生认为渠人是承担防水、修堰、护渠职役的人，佐藤武敏更明确指出这种职役相当于同期中原地区的杂徭②，郝春文则认为渠人是承担"渠河口作"力役的百姓，具有双重性质。③

第四节　民族学、人类学与历史研究的新进展

在学科定位和研究方法上，民族学、人类学与历史学有密切的关系，一部分学者甚至认为民族学、人类学应该属于历史学。在新中国建立之初，受苏联的影响，民族学被纳入历史学科，作为历史学的一个分支，民族学向少数民族历史研究的方向靠近，马克思主义历史学家参与到民族史编撰和研究的队伍中来。从研究资料来看，除了运用实地调查所取得的资料外，中国还有丰富的记载国内各民族和许多国外民族的历史文献资料，除了正史之外，各种地方志、族谱、家传等资料也成为人类学和民族学研究的重要资料。

改革开放新时期以来，中国的民族学和人类学得以重新恢复建立，取得了丰硕的研究成果。民族学和人类学的发展也从多方面推动了历史学的发展。

一、对少数民族社会历史研究的深入

从 20 世纪 80 年代初期开始总结整理过去因故中断的少数民族社会历史调查成果，出版了"中国少数民族问题丛书"五种共三百多册。从 1958 年开始编撰的"民族问题三种丛书"后来增加到五种，编纂工作历经 30 年，到 20 世纪 90 年代陆续出齐。丛书包括《中国少数民族》（1 本）、《中国少数民族简史丛书》（55 本）、《中国少数民族简志丛书》（57 本）、《中国少数民族自治地方概况丛

---

① 朱雷：《唐代"点籍样"制度初探》，载唐长孺主编：《敦煌吐鲁番文书初探二编》，武汉大学出版社 1990 年版。

② 那波利贞：《关于唐代农田水利的规定》（三），载《史学杂志》，1943 年第 54 编第 3 号；佐藤武敏：《讲座敦煌》三《敦煌的社会》中《敦煌的水利》一节有关渠人的叙述。

③ 郝春文：《敦煌的渠人与渠社》，《北京师范学院学报》1990 年第 1 期。

书》（140 本）、《中国少数民族社会历史调查资料丛刊》（148 本），总计 400 多本，约 8 000 万字（其中包括辑录的文献史料以及"文化大革命"以后的一些补充调查报告）①。基于少数民族历史调查资料，开展了对各民族的综合性和专门性研究。

新时期以来，学者继续 50—60 年代对原始社会形态的研究。在已经系统整理的少数民族历史调查资料的基础上，结合考古学、历史学和人类学的理论、方法和研究成果、借鉴国内外民族志的大量资料，对原始社会史的研究不断深入，进入到综合研究和总结规律的阶段。这一时期的主要成就，是运用马克思主义民族学理论，对原始社会的分期、母系氏族公社向父系氏族公社的过渡、家庭公社、家长奴隶制、农村公社、原始宗教、私有制的起源等重大课题的研究都有了新的进展。其中原始社会研究的代表作有林耀华的《原始社会史》和杨堃的《原始社会发展史》。著名民族学、人类学家林耀华（1910—2000 年），1935 年在燕京大学获硕士学位，1940 年在美国哈佛大学获哲学博士学位。他以文学体裁撰写的《金翼》一书（伦敦，1948 年英文版）成功地表现了中国南方汉族农村宗族与家族生活的传统及其变迁。1941 年回国后，林耀华深入凉山地区，对凉山彝族社会结构与其文化现象作了缜密的考察，撰写了《凉山彝家》、《三上凉山》等著作。新中国成立后，根据中央指示精神，林耀华先后深入藏区、东蒙草原及鄂伦春族和达斡尔族居住地进行民族工作和学术考察，参加并领导对云南省诸少数民族的识别与社会历史调查工作，新时期他担任《辞海》编委会委员兼分科主编及民族问题五种丛书编委会副主任委员。其著作《从猿到人的研究》使中国的人类学研究转到马克思主义民族学的新方向。他主编的《原始社会史》是中国阐述原始社会史最为详尽的一部学术著作。他的代表性民族学论文辑成《民族学研究》（中国社会科学出版社，1985 年）一书，对原始社会史分期、少数民族社会形态、民族学研究方向提出了诸多具有很高学术价值的见解。杨堃（1901—1998 年）是中国著名的民族学、民俗学专家。1930 年，杨堃的博士论文《中国家庭中的祖先崇拜》在巴黎民族学研究所顺利通过答辩，获博士学位。1931 年回国后，杨堃先后在河北大学、中法大学、清华大学、燕京大学、北京大学、华北大学和云南大学等地任教，讲授社会学、社会进化史、人类学、民族学等课程。1934 年与吴文藻、费孝通、孙本文等学者共同成立了中国第一个民族学会，并任《民族学研究集刊》特约撰稿人，1941 年任北平中法汉学研究所

---

① 马玉华：《20 世纪人类学研究述评》，《江苏大学学报》2007 年第 6 期。

民俗学研究员。1948 年至 1979 年，杨堃在云南大学任教，主要从事有关少数民族的调查研究和讲授民族学方面的课程。50—60 年代上半期，杨堃教授先后赴西盟、德宏、楚雄、大凉山、大理、剑川等地进行民族学实地调查，在掌握丰富第一手资料的基础上，撰写了《凉山彝族的手工业》、《试论云南白族的形成和发展过程》、《关于摩尔根的原始社会分期法的重新估价问题》、《关于民族和民族共同体的几个问题》、《哈尼族的宗教生活》等几十篇论文，对于构建我国民族识别理论起到了重要的奠基作用。1979 年，他调任中国社会科学院民族学研究所任研究员，担任硕士生、博士生导师，培养了一大批成绩优异的青年学者，为新时期我国民族学事业的发展做出了重要贡献。到 1996 年，他先后整理出版了《民族与民族学》、《民族学概论》、《原始社会发展史》、《杨堃民族研究文集》、《民族学调查方法》等专著，以及大量的田野调查报告及研究论文，并有译著《法国现代社会学》、《汪继乃波民俗学》、《中国古代的节气与歌谣》等论著。"林耀华主编的《原始社会史》（中华书局，1984 年版）取材丰富，收集运用了我国民族学、考古学和古代典籍中的史料，涉及到了我国十几个少数民族的材料，颇具特色。作者在书中提出并解答了一系列原始社会史研究的重大课题，如原始社会史如何形成为一门学科，恩格斯的两种生产说应如何理解以及原始社会史的分期等。""杨堃的《原始社会史》（北京师范大学出版社，1986 年版）以历史唯物观为理论前提，力图设计一个完善的原始社会发展体系。作者把整个原始社会看作是一个变量，设计出细密的发展阶段系统，论述了适用于不同阶段的具体规律。"①

新时期以来，还出现了一批社会形态研究的专题研究成果。如关于凉山彝族奴隶制的研究，出版了胡庆钧的《凉山彝族奴隶制社会形态研究》和周自强的《凉山奴隶制研究》。胡庆钧从 20 世纪 50 年代以来就专注于凉山彝族社会的研究工作，几十年来多次赴凉山彝族地区进行社会调查，他的著作共 40 余万字，由中国社会科学出版社出版。本书共十一章：包括：地理条件与人口发展情况，彝族奴隶制产生与发展的历史，解放前凉山地区的社会生产力，生产者奴隶主所有制下的等级和等级关系，生产资料奴隶主所有制下的土地关系，作为政权机构的氏族机关，婚姻与家庭，社会政治思想、道德和哲学，以及艺术、宗教信仰，关于凉山彝族社会性质讨论的几个问题。后面还有两篇附录：凉山彝族社会习惯

---

① 侯建新等：《改革开放 30 年来的中国世界古代中世纪史研究》，载于沛、周荣耀主编：《中国世界历史学 30 年》第 26—27 页，中国社会科学出版社 2008 年版。

法，从我国民族学资料看父权奴隶制到奴隶占有制的演变。该书并附有各种插图65幅。关于凉山彝族社会调查的理论价值和实践意义，胡庆钧说："在世界上绝大多数的国家和地区，随着社会生产力的发展推动生产关系的变革，奴隶占有制早已灭亡和解体。遗留下来的不完整记载，以及在没有实践经验基础上形成的某些论断，使有关奴隶制度发展中的一些关键问题历来混淆不清，争论不休，以致国内外都有人因此得出奴隶制度并非社会发展的普遍规律，除极个别地区外，历史上从来没有占据统治地位等论点。西方资产阶级学者不承认社会发展规律，更力图否认马克思列宁主义有关五种社会形态合乎规律的发展的学说。这样，凉山彝族的奴隶制度以比较完整的形态延续到解放以前，就以活生生的事实论证了马克思列宁主义社会形态学说的科学性和巨大的生命力。正确地实事求是地对这一社会形态进行认真的研究和表述，就必然具有重大的理论意义和实践意义。"[1]周自强也从20世纪50年代中期参与民族地区的调查研究工作，多次赴凉山地区调查，他的著作着重于对彝族的社会等级以及租佃关系的研究，共4章25万余字，包括：等级结构和阶级关系，呷西奴隶和阿加奴隶，曲诺的等级地位和阶级地位，租佃关系。关于凉山彝族社会性质，周自强指出："到民主改革为止，凉山彝族社会中的租佃关系仍然受奴隶制的等级关系和阶级关系的支配与制约，除部分边缘区的部分租佃关系具有封建制性质以外，大部分租佃关系仍然属于奴隶制租佃关系的范畴。"关于凉山彝族社会性质研究的价值，周自强说："凉山奴隶制是奴隶制的活标本。关于凉山彝族奴隶制的极其丰富而生动的调查材料，证明了马克思主义经典作家关于奴隶制本质特征的科学论断，也丰富和提高了我们对奴隶制的现象形态的复杂性的认识。同时，凉山彝族奴隶社会史还证明，有些学者关于奴隶制社会形态的论点是不正确的。"[2]仅从彝族社会调查对于学术研究的重大意义，我们就可以感受到少数民族调查工作对于推动中国历史研究的重大意义。80年代之后学者对当年调查资料的整理和深入的研究，其实是对新中国成立以来少数民族历史调查的一次全面研究和系统总结，对重建我国原始社会的历史和探索社会发展规律具有极其重要的意义。这不仅仅是民族学和人类学在中国本土的成功运用，还丰富了马克思主义民族学关于原始社会的论述，因此具有民族学上普遍的学术价值。

　　20世纪80年代后期以来，民族调查工作进一步深入开展起来。对少数民族

---

① 胡庆钧：《凉山彝族奴隶制社会形态》第468页，中国社会科学出版社1985年版。
② 周自强：《凉山彝族奴隶制研究》第4—8页，人民出版社1983年版。

调查的重大综合性课题，有国家民委民族问题研究中心组织实施的"中国少数民族和民族地区 90 年代发展战略研究"和"中国边疆民族地区稳定与发展"的专题调查研究；中国社会科学院民族研究所进行的"中国少数民族现状与发展调查"等。重点的地区调查是对西藏地区的少数民族的调查，主要有：1980 年，中国社会科学院民族研究所对西藏东南部地区的门巴族、珞巴族和僜人的综合调查；中国藏学研究中心和中国社会科学院民族研究所对西藏牧区的综合调查和工商业专题调查。贵州省民族研究所和省民族学会对该省"六山六水"（注：贵州省的"六山六水"是指乌蒙山、云雾山、霄公山、武陵山、大小麻山、月亮山和乌江、都柳江、清水江、南盘江、北盘江、舞阳河流域地区，是苗、布依、侗、水、彝等族的聚居区）地区的综合调查；云南省社会科学院等单位对怒江地区的调查；四川省民族研究所组织的雅砻江下游及川西北地区有关民族的调查；中国社会科学院民族研究所与吉林省民族研究所开展的对萨满教等原始宗教的专题调查。云南大学对云南少数民族村寨的两次调查，等等。

二、重大理论问题认识的突破

历史学家、民族学家、人类学家从事民族史学的研究，推动了若干重大历史问题的研究，其中，关于民族形成的理论和酋邦理论的提出与借鉴，具有重大的理论意义和实践意义，极大地推动了相关领域的研究。

（一）关于中华民族形成的理论创新

著名回族历史学家白寿彝教授十分重视民族史的研究，重视少数民族在中国历史发展进程中的地位和作用。结合学术界多年的探讨和自己的学术研究体会，在 1989 年出版的《中国通史》导论卷中，他明确地提出了中国多民族统一的四种形式和民族历史发展的主流的理论。白寿彝指出："我们的祖国，曾经出现过多种形式的多民族的统一。我们经历过的统一，有单一民族内部的统一和多民族的统一，后者又包含区域性的多民族的统一、全国性的多民族的统一和社会主义的全国性的多民族的统一。""从历史的发展上看，这四种民族统一的形式，是按着程序前进，一步高于一步。先是有若干单一的民族内部统一的出现，如夏、商、周等族的最初形成。然后有地区性的多民族的统一，如战国七雄。然后有全国性的民族统一，如秦、汉、隋、唐、元、明、清。然后有社会主义的全国性多民族统一，有中华人民共和国的诞生。""从历史的某一片断来看，确实不止一次地有分裂状态的存在，但从历史发展的全貌来看，全国性的多民族统一才是主流。"①白寿彝教授结合中国历史的发展，对历史上民族统一形式、民族历史发展的主流的理论总结，具有重要的理论价值，反映了新时期我国民族理论发展的新水平。正如学者所言："还应当提到另一个重要的认识，是关于多民族国家的形式的论述，这就成功地解决了通史撰写中一个重大的历史问题。1977 年，他在《关于中国封建社会的几个问题中》，认为从历史上看，统一有三个类型：一个是汉族地区的统一，一个是兄弟民族地区的统一。……在这个统一问题上，明清两代是做出贡献的，那是全国的统一。至于我们今天的统一是空前的。到了80 年代后期，多卷本《中国通史·导论》卷则明确地概括为四种形式。……这就把民族统一作为一个不断发展变化的事物来把握，从而丰富了对中国通史的认识。"②关于白寿彝教授在民族理论方面的重大贡献，陈其泰先生指出："民族统一发展进程经历了不同形式的理论，有以下四项意义。一是正确阐明了中国这个具有久远历史传统、幅员辽阔、人口居世界首位的国家在多民族统一进程中的层次性，统一发展总趋势中所包含的地域性和阶段性特点。二是辩证分析了中国由于地理、政治、文化特点形成的统一总趋势与暂时出现的曲折之间的关系，指出分裂局面虽然是历史的曲折，但割据性的地方政权有其历史意义，不应一笔抹杀。三是指出单一民族的统一和地区性的多民族统一是发展的两个阶段，它为以后出现的全国性多民族统一奠定基础，这就为评价历史上少数民族的杰出人物的贡献，进而提供了理论依据。……四是恰当说明了社会主义制度下实现了真正的各民族平等，中国久远的统一传统至此达到了升华。"③

　　1988 年，著名人类学家、社会学家费孝通在香港中文大学发表题为"中华民族多元一体格局"的演讲，系统阐述了中华民族整体形成和发展的历史，并总结其规律，首次提出了"多元一体"的理论。费孝通认为，"中华民族"这个词是指在中国疆域里具有民族认同的 11 亿人民。它所包括的 50 多个民族单位是多元，中华民族是一体，他们虽则都称"民族"，但层次不同。中华民族作为一个自觉的民族实体，是近百年来中国和西方列强对抗中出现的，但作为一个自在的民族实体则是几千年的历史过程中形成的。中华民族的主流是许许多多分散独立

① 白寿彝主编：《中国通史·导论卷》第 90—92 页，上海人民出版社 2004 年版。
② 吴怀祺：《马克思主义通史学理论的建设》，载北京师范大学史学研究所编：《历史科学与理论建设》第 532 页，北京师范大学出版社 1999 年版。
③ 陈其泰主编：《中国马克思主义史学的理论成就》第 212—213 页，国家图书馆出版社 2008 年版。

的民族单位，经过接触，混杂，联接和融合，同时也有分裂和消亡，形成一个你来我去，我来你去，我中有你，你中有我，而又各具个性的多元统一体。简言之，"多元"指中华民族是 56 个民族组成的复合民族；"一体"是指组成中华民族的 56 个民族不是简单的相加，而是逐步成为一个有机的整体。这个理论有三个值得注意的重要内容：一是中华民族这个实体里所有的归属成分都已具有高一层次的民族认同感，即组成中华民族的 56 个民族都有中华民族认同感。二是在多元一体格局的形成过程中，中华民族作为核心起了凝聚的作用。三是高层次的认同并不意味着取代或排斥低层次的认同，不同层次可以共存，在不同层次的认同基础上可以各自发展原有的特点，形成多语言、多文化的整体。①

　　著名人类学家吴文藻，在 1926 年 4 月发表的《民族与国家》一文中，针对当时"一民族一国家"的概念，区分了种族、民族、政邦、国家四个概念，提供了一个民族区分于国家的方案，主张将文化的民族与政治的国家相区别，以多元的民族来创建一个强大的现代国家的方案。伴随着中华人民共和国的成立，根据中共中央的指示精神，广大人类学和民族学工作者通过全国范围的调查识别中国各少数民族、研究各少数民族和社会形态，以翔实的资料为基础研究清楚了中国各民族的历史和现状。同时，中央人民政府通过一系列的民族政策实现了民族区域自治政策：即各民族在接受中国共产党的领导和共同建设社会主义的基础上，中央人民政府通过设立少数民族自治区及州县的方式，使广大的少数民族享有自己管理自己民族内部事务的权力，同时保留各自习俗、宗教信仰和文化传统。这一中华各民族共同繁荣的过程，是费孝通提出多元一体理论的现实依据。概括而言，费孝通的"多元一体"理论，广泛吸收了我国民族学和考古学的研究成果，具有如下三个方面的重要意义：其一，多元一体理论是费孝通一生学术成果的结晶，是他对中国社会研究的集大成的认识。其二，多元一体理论是对中国人类学和民族学界关于民族、国家、国家民族等重大学术问题的研究成果的重要总结，是中国民族学和人类学理论和实践的升华。其三，多元一体理论不仅是一个状态的描述，还是一个动态的过程的规律的总结。关于这一理论的重大贡献，正如林耀华所言：在费孝通这篇讲演中，他运用了考古学、语言学、人类学、民族学和历史学等方面的丰富资料，深刻地追溯了中华民族格局的成因并指出了这一格局的最大特点，即一体中包含着多元，多元中拥戴着一体。他通过论

---

　　① 费孝通等：《中华民族的多元一体格局》第 1—2 页，中央民族学院出版社 1989 年版；费孝通：《从实求知录》第 131 页，中国社会科学出版社 1998 年版。

证"确立了'多元一体'这个核心概念在中华民族构成格局中的重要地位,从而为我们认识中国民族和文化的总特点提供了一件有力的认识工具和理解全局的钥匙。"①

费孝通提出的多元一体理论得到了中国人类学和民族学界其他学者的响应和补充。1990年国家民族问题研究中心举办学术研讨会讨论该理论②。与会专家补充了两个观点:"多元"指各兄弟民族各有其起源、形成和发展的历史,文化社会也各有其特点,因而区别于其他民族。"一体"是指各民族的发展相互联系,互相补充和依存,与整体有不可分割的内在联系和共同的民族利益。③ 基于这种动态的规律,在现在和未来的中华民族多元一体格局将继续存在,格局内的联系将日益紧密,在发展中共同追求更大的利益。

(二) 酋邦理论与中国古代国家形成的新认识

二十世纪中叶,伴随着世界各地考古新发现和研究成果的涌现,出现了民族学和人类学的新进化论学派,对进化论学派进行了修订和更新。其代表人物,美国人类学家E.塞维斯针对其导师怀特的"普遍进化论"和斯图尔德的"多线进化论"的分歧,将庞杂的民族志资料进行了细致的分类整理,重视社会组织中的联合手段,认为在"社会文化上联合在一起的水准"是分类进化阶段的基准。在《原始社会组织:一种进化论的透视法》(1962年)、《国家与文明的起源:文化进化的过程》(1975)中根据新进化论学派的一般进化的理论,将原始社会分成三个演化阶段:队群(Band)→部落(Tribe)→酋邦(Chiefdom),再向前发展为文明社会的国家。"酋邦"是指继部落之后的社会整合阶段。与进化论学者摩尔根理论不同的是,塞维斯的理论在平等的原始社会与国家社会之间加进了一个酋邦阶段,是指以不平等的氏族构成的社会。张光直认为酋邦的主要特征是其政治分级与亲属制度相结合④,沈长云具体归纳出酋邦的三个特点:1.它是一个彼此间具有血缘亲属关系的人们组成的社会组织;这个组织有以酋长为中心的常设的领导。这种领导表现为一种神权政治,主要依靠传统习惯与宗教制裁对共同体进行控制与管理,而不是依靠暴力。2.它在政治上已具有贵族统治的性质:酋长的职位与权力世袭,其下有由贵族组成的行政管理机构,贵族的身份则取决于

① 林耀华:《认识中华民族全局结构的钥匙》,载费孝通主编:《中华民族研究新探索》第9—10页,中国社会科学出版社1991年版。

② 费孝通主编:《中华民族研究新探索》,中国社会科学出版社1990年版。

③ 宋蜀华、满都尔图:《中国民族学五十年》第310页,人民出版社2004年版。

④ 张光直:《古代世界的商文明》,《中原文物》1994年第4期。

其与酋长间较密切的亲属关系，并且其他社会成员的地位也取决于他们与酋长血缘亲属关系的远近。这使酋邦形成了一个尖锥形的等级社会结构。3. 酋邦内部已是一个"再分配"的社会，邦主以收取贡品的形式从共同体成员那里将部分产品收集起来，然后按社会等级对产品实行重新分配。这实际上造成了邦内各阶等之间在物质财富占有上的不平等和原始剥削的出现。沈长云强调说："综合以上各点，我认为，实际就是前面所提到的不平等氏族结构的具体特征，'酋邦'不过是这种不平等的或有阶等的氏族的另一种称呼。"① 20 世纪 80 年代末，考古学家童恩正对传统的部落联盟说提出质疑而肯定欧美流行的酋邦理论，随之"酋邦理论"开始受到中国历史学家、考古学家、民族学家的重视。

谢维扬认为"酋邦"概念对于说明中国早期历史具有重要意义。主要在于三个方面：首先，它很适合地概括了中国早期在形成国家制度以前已经出现具有较高物质文化发展程度和社会分化程度以及较复杂政治组织形式的政治实体的事实；这一点正不断被新发现的中国新石器时代的众多资料所一再证实。其次，它也很适合地说明了中国前国家时期复杂政治组织所表现出的以个人性质的权力为其正式架构要素的特点，因而也很好地说明了早期国家制度所具有的早期专制主义政治特征的来源。第三，它对于说明中国古代不同地区早期政治制度演进的不平衡问题，以及以中原早期国家进程为核心的中国早期国家总进程的整个框架及其特征也有很好的作用。② 谢维扬在其著作《中国早期国家》（浙江人民出版社，1995 年）中运用"酋邦"理论探讨了"酋邦与人类专制主义政治的发生"等问题，并指出酋邦理论的局限性和中国个案的特殊性，提出目前在中国国家制度形成的问题上有待进一步研究的主要问题是：究竟应该如何在理论上和与古史研究实践要求的结合上，更完整和具体地廓清作为前国家政治和社会形式的酋邦与国家社会之间的区别。③

基于考古学发现和人类学新进化论关于古代社会发展的基本模式，一些史学家认为中国早期社会进程的阶段划分符合世界的一般规律，因此，可以运用酋邦理论来研究中国早期社会进化的过程，指导文明起源和国家探源研究。沈长云认为中国酋邦社会结构开始于龙山时代以前，根据考古资料，远在五六千年前，酋邦作为一种社会组织即已在黄河、长江流域乃至长城内外广泛地出现了。设若我

---

① 沈长云：《酋邦理论与中国古代国家起源及形成问题研究》，《天津社会科学》2006 年第 3 期。
② 谢维扬：《二十一世纪中国古史研究面对的主要问题》，《历史研究》2003 年第 1 期。
③ 谢维扬：《二十一世纪中国古史研究面对的主要问题》，《历史研究》2003 年第 1 期。

们把夏代作为我国进入国家的开始，那么，酋邦社会阶段在我国几乎占到了两千年的时间。传说中的"五帝"时期即为酋邦社会。一般认为，国家是在众酋邦联合的基础上产生的，或由一个最强大的酋邦对其他酋邦统一的结果。其机制是马克思理论所主张的统治和奴役，即在处于领导地位的酋邦首领在处理大型公共事务，如大禹在治水中统一协调和领导众酋邦，同时在维护公共利益的战争中集中控制财力、物力，从而形成了处于领导和向心地位的领袖酋邦，在此基础上产生国家①。由沈长云主持的国家社科基金重点课题的最终成果《中国古代国家起源与形成研究》，将考古学、民族学和历史学结合起来，从理论与历史实际两个方面，深入地阐发了中国古代国家的特点以及它的形成和发展的基本路径。从理论方面，作者专门用了三章的篇幅，论述了马克思主义关于国家起源与形成的理论、酋邦理论、早期国家理论，结合夏商周的国家特点并参考三星堆古蜀国文明的特色，明确提出中国国家属于不同于古希腊、罗马的早期国家类型。沈长云提出如下重要观点：一是中国前国家社会经历了由平等的氏族社会向不平等的（或曰有阶等的）氏族社会的发展历程；二是我国古代最早产生的国家应属于现代人类学者所称的早期国家；三是我国早期国家产生的途径，也与古希腊、罗马奴隶制国家的产生有所不同；四是我国上古中原地区最早出现的夏、商、周三个王朝，即是由以夏后氏、有商和有周三个酋邦为首的势力集团分别建立的国家。沈长云指出："我国古代最早产生的国家应属于现代人类学者所称的早期国家。之所以称其为早期国家，主要是因为这种性质的国家仍普遍存在着各种由血缘亲属关系结成的社会组织，酋邦这种不平等的氏族组织作为基本政治单位也仍然存在于这些国家之中。"②

　　关于"酋邦理论"的运用，有些学者也提出了一些很好的意见和建议。李学勤说："'酋邦理论'等都是从古代的西方和所谓'古典东方'的史实研究中提炼出来的，限于种种条件，提出者对中国古代的了解有限。中国古史的研究，应能成为这些理论的检验，这就需要进一步把理论与史实结合起来。""沈长云等先生的研究正确地从理论方面入手，在叙述了马克思主义有关理论后，又专门讨论了在外国近期流行的'酋邦理论'和'早期国家理论'，以及这些理论在中国的影响。书中谈到'酋邦理论'时指出：必须正确把握这一理论的真实意蕴，只有这样，'才有可能在此基础上理解它对于中国古代国家起源与形成研究的重

---

① 沈长云：《酋邦理论与中国古代国家起源及形成问题研究》，《天津社会科学》2006 年第 3 期。

② 沈长云、张渭莲：《中国古代国家起源与形成研究》第 5 页，人民出版社 2009 年版。

要意义，才能运用它更好地解决这项研究所遇到的一些关键问题'。对于'早期国家理论'以及其他类似的现代理论，这段话自然都是适用的。"① 林甘泉指出："我个人认为，探讨中国国家的起源，既要重视考古发掘所提供的文化信息和参考国外现代文化人类学的最新成果，也不能忽视文献记载中有关原始社会向早期国家过渡的古史传说所隐含的历史素材。部落联盟说、酋邦说和城邑聚落说都只是国家起源的几种理论模式。问题的关键在于要准确地揭示中国从原始社会向文明社会过渡的政治组织的基本特征及其形成的具体途径。我们不排斥把外国学者所提出的几种模式作为参照，但从中国的历史实际出发，无须在这些理论模式中决定取舍，也可以作出既符合人类历史共同规律又显示中国历史特点的自己的理论概括。"② 李学勤、林甘泉上述关于如何对待"酋邦理论"的态度，很值得我国从事这方面研究学者思考。

三、关于汉族乡村与社区的研究

新时期民族学调查研究对象上除了继续开展对少数民族的调查研究外，还相继开展了对汉族社会和乡村（土）的调查。在调查方法上除了继续开展大面积的广泛调查之外，还开展对有代表性的典型村落和地域、社区进行深入的个案调查。对前期引起学术界关注的名村进行了追踪调查，试图反映该研究对象在较长时段内的社会文化和经济变迁的情况。此外，在调查研究中突出了学术性、现实性和综合性，具体表现为为了解决某些重大民族学和人类学课题而开展的有目的有针对性的调查，为配合新时期党和政府制定适合少数民族客观实际情况的民族政策和发展规划而开展的调查。调查研究中的综合性，既表现为调查人员团队的全国性联合和整合，也表现为研究方法上综合不同角度的整体研究。以下列举其中有代表性的调查研究活动及成果。

20世纪80年代中期开始，在费孝通、宋蜀国等著名学者的倡导下，学术界对汉民族的研究取得了一定的进展，举办了几次汉民族学术研讨会。研究的主要内容为汉民族的起源、形成和发展，代表性成果有王雷的《民族定义与汉民族的形成》、陈连开的《汉民族的形成与发展》、贾敬颜的《"汉人"考》等论文，此外编写了汉族民间风俗丛书。关于汉民族的社区社会和文化的研究是另外一个重要课题，中央民族大学庄孔韶将1986年至1989年间5次调查福建省古田县岭尾

---

① 沈长云、张渭莲：《中国古代国家起源与形成研究·序》第1—2页，人民出版社2009年版。
② 《林甘泉文集》第413页，世纪出版集团、上海辞书出版社2005年版。

村的成果，撰写了《银翅——中国的地方社会与文化变迁：1920—1990》（三联书店，2000 年），作为林耀华《金翼——中国家族制度的社会学研究》的续编，也是半个世纪来对某个特定汉族地方社区的跟踪调查的成功范例。王铭铭对汉民族的社会和文化的调查和研究也十分关注，著有综合性论著《社会人类学与中国研究》（广西师范大学出版社，2005 年）和个案研究《社区的历程——溪村汉人家族的个案研究》（天津人民出版社，1997 年）等著作。麻国庆则从基本组织"家"入手研究了社会结构，著有《家和中国社会结构》（文物出版社，1999年）。

对汉族的调查，有对汉族社会和乡土人类学的研究、对乡村社会变迁和现代化的研究、族群和区域文化的研究等内容。汉族社区的调查研究目前主要集中在华南、华北、华东地区，而东北、西北、西南的汉人社区则缺乏广泛的调查研究。从 20 世纪 80 年代中后期开始的以福建和广东为代表的华南研究，取得了显著成果。蒋炳钊等学者对福建的调查主要集中在惠东地区，完成了《崇武大岞村调查》（福建教育出版社，1990 年）这部新中国成立以来中国内地第一部有关汉人社区的民族志著作。此外，对福建客家人的调查研究也在深入开展中。对乡村社会变迁和现代化的研究主要是通过追踪调查实现的。20 世纪 80 年代后，对学术名村的重访和再研究形成热点。有代表性的追踪调查有费孝通连续六十年之久对江村社会文化变迁轨迹的调查；1986—1989 年，庄孔韶 5 次访问林耀华教授《金翼》中的原型福建黄村并对其进行追踪调查；从 2000 年起，北京大学与云南民族大学联合对费孝通主持"魁阁"时期云南的 3 个人类学田野工作地进行重访和再研究。此外，对华北村落台头村的再研究也持续开展。以中山大学的周大鸣为首的学者对广东潮州凤凰村进行了追踪调查，在调查的基础上将新时期研究的重点转到农民工、乡村都市化等问题上，《中国乡村都市化》（广东人民出版社，1996 年）和《当代华南的宗族与社会》（黑龙江人民出版社，2003 年）等论著，展现了华南特别是珠江三角洲地区乡村社会的文化变迁。此外，继杨庆堃任教于岭南大学时对广州近郊的南景村的调查，孙庆忠的追踪调查描述了南景镇半个世纪以来从深受广州影响的近郊村落到都市村庄的演进过程。周大鸣和孙庆忠是研究珠江三角洲地区乡村都市化的代表。族群和区域文化研究的代表性成果有中山大学黄淑娉主持的课题"广东族群与区域文化研究"，结合文献资料对广东地区的 17 个市县进行调查，1999 年写出了近百万字的研究成果《广东族群与区域文化研究》和《广东族群与区域文化研究报告集》（广东高等教育出版社，1999年）。汉族族群的研究主要是对汉族某些族群——各分支或具有特殊文化的群体，族群研究的焦点是客家研究和福建惠东人研究。通过 1991 年起对客家的调查，厦门大学人类学研究所学者出版了调查成果《长汀涂坊客家》、《宁化石壁客家祖地》、《客家方言》等著作。对客家族群的研究主要集中在源流、文化、社会、风俗等方面。研究成果集中刊布于广东嘉应大学客家研究所编辑的《客家研究辑刊》，90 年代以来出版了房学嘉的《客家源流初探》等论著，以及"客家学丛书"，如周建新的《民间文化与乡土社会——粤东梅县五大墟镇考察研究》。专题研究的代表作是李泳集对客家妇女的研究《性别与文化：客家妇女研究的新视野》。对福建惠东人的调查研究主要聚焦于"闽台惠东人研究"，主要成果有陈国强主编的《崇武研究》、陈国强和石奕龙主编的《崇武大村调查》、乔健、陈国强、周立方主编的《惠东人研究》。此外，其他大型的汉族族群研究有陈国强主持的"闽台民俗研究"，中、美、台人类学家合作的"闽台社会文化比较研究"，黄淑娉主持的"广东族群与区域文化研究"等等。

近年来，中国乡村、农人、乡民问题越来越引起各学科专家的广泛关注，对汉族农村社会的研究不仅是人类学家的专利，一些历史学家、社会学家、社会史专家也开始重视对这方面的研究。他们注重档案资料的利用，同时又注意田野调查，重视口述史料，以实证的方法研究中国社会的变迁。

四、人类学对历史学发展的促进

人类学以人类为研究对象，探索全人类起源、发展和生活过程的普遍规律。人类学探究通过对族群与区域文化的研究，立足田野调查，寻找研究对象和被研究文化之间的规则和逻辑；该研究超越个案和调查点的局限，结合文献资料和社会历史宏观分析，总结出一般的理论与方法。而历史学则偏重关于某个民族较为特殊的过程的研究。新中国史学受马克思主义思想的影响，注重在人类社会发展的一般规律的探索中研究中国历史的特殊规律。因此，人类学和民族学善于从民众的特殊资料中提炼和总结出普遍的结构和规律的研究方法对历史学有很大影响。人类学对历史学的促进作用，主要表现在促使历史学家历史认识观念的更新和历史学研究方法的丰富两个大的方面。新时期区域社会史研究取得的显著成就，与人类学理论和方法的影响，也有着直接的联系。

（一）历史认识观念的更新

法国年鉴学派史学家勒高夫认为史学应"优先与人类学对话"，并认为应使历史学、人类学和社会学相互结合，并用"历史人类学"这个名称来概括它①。而比尔吉埃尔则认为"历史人类学并不是特殊的领域，它相当于一种研究方式，这就是始终将作为考察对象的演进和对这种演进的反应联系起来，和由这种演进产生或改变的人类行为联系起来"。他认为法国史学家在这方面的研究成果体现在研究饮食史、体质体格史、性行为史、家庭史等领域，本质上是要通过研究各种习惯来了解各种权力关系②。可见，历史学家倡导的历史人类学，主要是借用人类学的关注视角和方法，来改造历史学，来发现史学的一些新问题。③历史研究中开始融入人类学的思想和方法，首先表现为对社会生活史和文化史的关注，其次表现为注重微观研究。

从研究方法来看，中国的人类学和民族学十分注重历时性研究，在相对长的时段内考察民族的文化变迁。新中国史学以马克思主义唯物史观为指导，强调经济基础决定上层建筑，强调劳动人民是创造历史的主体。新中国史学和人类学、民族学有着探讨中国社会发展规律、中华民族历史、文化的共同使命，因此，马克思主义史学借鉴了人类学在研究社会结构、文化形态、民族文化等方面的优势。受人类学的影响，历史研究关注社会结构、物质、精神、文化形态的研究、对历史的创造者——民众的研究也更加广泛深入。

首先，通过民族学和人类学研究重建了中华民族上古史，丰富了对中国古代社会的认识。民族学、文化人类学丰富了历史学的研究范围，尤其是对史前社会和处于原始状态的民族的研究。在对中国境内各少数民族的调查和研究的基础上，中国的人类学家和民族学家论证了原始社会的形态，家庭、私有制、国家的起源，原始社会向奴隶社会的过渡等重要的历史发展规律及其具体发展过程。其次，为历史学提供了调查资料，关于少数民族历史形态的调查成为原始社会和早期阶级社会研究的重要参考资料，也被称为"活化石"。新中国成立后，20世纪50年代全国范围内的少数民族识别工作和少数民族历史形态的调查所取得的大量的民族志和实物资料，成为研究全国少数民族的历史、文化的基础资料。关于这些少数民族在新中国社会主义建立过程中的变革历史，成为探索历史发展的一般规律的重要依据。再次，促进了对中华民族形成的理论思考。费孝通提出的中

---

① 勒高夫等主编，姚蒙编译：《新史学》，第36、第40页，上海译文出版社1989年版；比尔吉埃尔：《历史人类学》，载勒高夫等主编：《新史学》2005年，第229—260页。

② 比尔吉埃尔：《历史人类学》，载勒高夫等主编：《新史学》2005年，第229—260页。

③ 赵世瑜：《历史人类学：在学科与非学科之间》，《历史研究》2004年第4期。

华民族"多元一体"理论不仅是人类学研究总结的规律,也是历史学的规律。中华民族在长期的发展中形成了以汉族为核心,各民族共同存在,共同发展的规律,将来的中华民族也将继续遵循这个规律,保持这种"多元一体"的格局。在这种"多元一体"理论的影响下,历史学家关注了中华民族的起源和形成过程,如国家"七五"规划的重点项目《中国民族史》,主编王钟翰在先秦民族史部分论证了中华民族起源的多元特点和华夷对立格局的形成。

政治史即叙述政治事件的历史是传统历史研究的中心。但是,历史实质是宏大的,是由多重复杂社会和文化组成。20世纪80年代以来历史学界重新兴起了社会史和文化史的研究的热潮,社会史更注重社会结构和运动的客观性,文化史主要研究历史上人们的社会生活方式与思想观念之间的相互关系,关注的是隐蔽在人们社会行为后面的精神因素。有学者认为社会文化史相当程度上就是历史人类学。中国社会科学出版社2001年出版了刘志琴主编的《近代中国社会生活与观念变迁》就是其代表作。文化人类学带来的历史研究观念的更新,主要体现为以下几个方面:

其一,运用整体论的方法来研究某个时代社会的各组成部分之间的关系。在分析具体历史事件和历史人物时,除了历时性地分析时代因果关系之外,还注重将其置身于共时的社会环境中,从其政治、经济、文化背景中考察。即从历史的一般规律中考察特殊事件,避免了偏颇性。注重探讨揭示文化发展主要动力的事件的各个方面。近年历史学家结合田野调查的社区研究这种"微观研究",从文化的层面解释历史,通过对小社区的典型研究来分析一个社会内部多种因素的相互关系,从小社区的整体历史来折射大的时代变迁。2001年程美宝、蔡志祥在《华南研究:历史学与人类学的实践》一文中认为,华南学者结合历史学和人类学的方法,从具体而微的地域研究入手,探讨宏观的文化中国的创造过程。①

其二,从最基本的社会结构入手对历史和时代的本质内容进行发掘研究。马克思主义史学关于经济基础决定上层建筑,生产关系决定生产力的基本论断,在历史发展中动力来自基础结构。而人类学的长处则在于通过详细地调查,研究和分析这些基础结构。芮逸夫对中国古代社会组织和亲属制度的研究,他将中国汉人家族三千年来的演化分为宗族优势时代和家族优势时代;他提出中国亲属制度从行辈婚演变到和大家族组织有关的二分旁系型,再演变到和小家族组织有关的

---

① 刊《华南研究资料中心通讯》第22期,2001年。

直系型。①

　　其三，从民族学、人类学的角度来解释历史问题。民族学家凌纯声强调用民族学的知识可以解答先儒的问题：如祖庙和社的起源。在努力构建环太平洋文化区的同时，凌纯声试图重建古代中国汉人宗教信仰。他在继承"科学史学"的考证传统的同时援引民族志文献，以类似文化圈或传播论的观点，探讨中国上古、边疆民族、台湾南岛民族、东南亚与环太平洋地区之间的文化类缘关系，提出"太平洋文化乃源自中国"的理论。历史学者彭卫运用了现代心理学等理论方法研究心态史，著有《历史的心境：心态史学》（河南人民出版社，1992 年）、《另一个世界：中国历史上变态行为考察》（陕西人民教育出版社，1992 年）、《汉代社会风尚研究》（三秦出版社，1998 年）等著作。

　　（二）历史研究方法的丰富

　　历史科学的研究工作主要依据文献资料和实物材料。在资料的搜集和运用中往往因为研究者的兴趣、爱好的偏向有所偏颇。因此，考察原始材料对研究工作具有极其重要的意义，在这个方面，学者们借鉴了人类学运用划分材料的方法，对不同类型的材料进行重新探索、处理，力求全面把握；衡量重大问题时创立了不同的标准和新的结论。这种考察证据的方法不仅可用于历史问题的纠偏，还可以应用于新的主题的研究。其次，在选择史料时某些历史学家往往因视野有限而将偶然事件史实当做普遍的存在，同时以某些值得怀疑的常识作为论据，导致结论中以偶然代替必然，以个别代替普遍的失误，一些学者通过借鉴人类学仔细验证每一个根本命题，从微观的个例到宏观的总体把握纠正了谬误，并对那些正确的结论进行了重新评估和"研造"②。通过引入考察证据、验证根本命题的人类学方法使得历史学的论据更加客观、精确、翔实、全面，同时破除了那些习以为常的谬误，使得历史学研究中因主观原因造成的偏颇得以纠正，研究更加客观、科学。

　　在传统历史学研究中往往因为缺乏定量分析，使得结论不够准确，具有模糊性和不确定性。历史学引入人类学定量分析的方法表现在两个方面：一是对一切既定的概念进行重新分析和评估；二是对历史资料和史实进行数量统计和定量分析，在历史陈述中运用相对精确的语言和数据。除了数量分析之外，人类学家运

　　① 芮逸夫：《中国亲属称谓制的演变及其与家族组织的相关性》，刊芮逸夫：《中国民族及其文化论稿》中册，第 935 页，台北艺文印书馆 1972 年版。

　　② 王海龙、何勇主编：《文化人类学历史导论》第 269—270 页，学林出版社 1992 年版。

用"编组概念"（Organizing Concepts）和"概念形象"（Conceptual Images）的理论系统所建立的社会变化模式论的理论，将这些理论运用于历史学也富有意义，将会促进历史研究的进一步科学化。

为了有效地对形成具体历史事件的各部分要素进行全方位的考察分析，透过具体历史事件寻找历史发展的规律，历史学引入了人类学类型学的概念。类型学的目标在于从复杂的历史事件中抽象出相对稳定的结构所具有的基本特征，突破特殊性的限制，寻找普遍规律。类型学的实质在于，研究的对象虽然产生于经验性的（也往往是历史性）资料，但它却力图超越这些资料并建立起抽象概念和相互关系，力图排除偶然性和特殊性，使得这样的模型可以普遍应用。类型学的基本模式是从最广泛的背景上研究文化、文明及创造文化的人、对社会的最基本结构一直到上层建筑和意识形态的各个方面进行考察，力图在这种背景中揭示出历史发展的实质。[①]

刘志伟认为，虽然早期的人类学研究所建立的一套比较规范、普遍的研究话语，曾经为历史学提供了审视社会现象的框架和结构，近年的人类学家注意到社会和文化结构的形成本身是一个历史过程，为历史学和人类学之间展开对话开辟了更广阔的舞台。如果人类学家已经把社会文化结构理解为一个历史过程的话，那么，历史学家应该清楚，一旦用一些固定化的概念去表述变动中的结构的时候，就会影响人们对历史事实的了解和历史的陈述。今天的历史学家与人类学家对话时提供的历史解释，就不会仅仅是一种"历史背景"，而应该是一种理解"结构"的历史方法。如果说，在对话中，人类学已经在结构（structure）这个字后面加了过程（ing），我们历史学家就不得不重新反省对"过程"的结构做历史阐释的角度和方法。[②]

在历史学家具体的历史学研究中往往灵活运用和综合采用以上多种新方法，从而得出更加接近历史真相的结论。如美国学者施坚雅以区域系统分析理论在中国乡村的基础上创立三级市场理论，并将清代以来中国区域社会划分为九大巨区，为中国区域社会研究提供了理论模式。受此理论模式影响，赵世瑜尝试以中地说概括庙会发展规律[③]；受此理论模式影响的还有王笛的《跨出封闭的世界

---

①　王海龙、何勇主编：《文化人类学历史导论》第271—273页，学林出版社1992年版。

②　刘志伟：《地域社会与文化的结构过程——珠江三角洲研究的历史学与人类学对话》，《历史研究》2003年第1期。

③　赵世瑜：《明清时期华北庙会研究》，《历史研究》1992年第5期。

——长江上游区域社会研究（1644—1911）》（中华书局，1993 年）。张国刚在论文《唐代家庭形态的复合型特征》中，从唐代 5000 多方墓志中找到 661 户家庭情况比较完整的资料进行统计，在数据分析的基础上提出唐代复合家庭主要有"同居生活"和"同籍别居"两种模式，进一步澄清了"家户"与"家庭"的差异及家庭形态与功能的悖离，从而揭示出这种情况的出现与中古转型时期家族制度和法律制度变化的密切关系，从一个侧面表现出唐宋社会变革的时代特征。①

（三）历史学与人类学结合之下的区域社会史研究

从 20 世纪 80 年代初开始，有不少海外学者到闽粤地区研究区域社会史，华南的中山大学、厦门大学的一些青年历史学者与他们合作，从事田野调查。这些学者受到海外学者的学术影响，出现了历史学向人类学的转向的趋势。中山大学是我国人类学发源地之一，新时期随着人类学教学科研工作的复兴，中山大学和厦门大学的人类学研究取得了显著的成绩。1981 年中山大学获得首批人类学博士学位授予权，梁钊韬、冯家骏、黄淑娉、周大鸣等著名学者为中山大学人类学的发展做出了突出贡献。2002 年中山大学人类学成为国家重点建设学科。2001 年 2 月，"中山大学历史人类学研究中心"正式成立，该中心提倡历史学、人类学等人文社会科学多学科综合研究的方法取向，将重点发展目标集中于族群与区域文化、民间信仰与宗教文化、传统乡村社会等方向的研究。在具体的研究过程中，提倡田野调查与文献分析、历时性研究与结构性分析、上层精英研究与基层社会研究的有机结合。该中心强调从中国社会历史的实际和中国人自己的意识出发，理解传统中国社会发展的各种现象，在理论分析中注意建立中国人文社会科学自己的方法体系和学术范畴。同时，重视民间文献和口述资料的收集和整理，努力使研究中心成为中国历史人类学研究主要的资讯资料中心之一。作为教育部人文社会科学重点研究基地的中山大学"历史人类学研究中心"，积聚着以陈春声、刘志伟为带头人的学术团队，中心聘请了著名学者黄淑娉教授、庄孔韶教授、钱杭研究员、李伯重教授、何星亮研究员、常建华教授担任学术顾问，该团队的学术骨干有：程宝美、马国庆、丘捷、何国强、黄国信、林悟殊等专职骨干学者。另有郑振满等兼职研究人员。陈春声 1982 年毕业于中山大学历史系，1989 年在厦门大学获历史学博士学位。主要从事中国社会经济史、历史人类学和史学理论的教学与研究，被评为教育部"跨世纪优秀人才"，入选人事部新世

---

① 张国刚：《唐代家庭形态的复合型特征》，《历史研究》2005 年第 4 期。

纪百千万人才工程"国家级人选"。先后在美国、英国、瑞典、日本、新加坡、俄罗斯等国家和香港、台湾等地区的多所大学长期讲学和从事合作研究，曾在加拿大麦吉尔大学进行博士后研究，兼任国内、国际 10 余所大学的客座教授或学术顾问。主持了教育部"跨世纪优秀人才培养计划（人文社会科学）"基金项目"明清时期东南沿海社会及其海外联系"，教育部十五期间人文社会科学重大委托项目"历史人类学及其在中国的实践"。出版了《民间信仰与社会空间》（与郑振满合著，福建人民出版社，2003 年）、《经营文化：中国传统社会单元的运营与管理》（与刘志伟合著，香港教育图书公司，1999 年）等著作。中心现任主任刘志伟教授，致力于明清社会经济史的多个领域研究，已发表论著包括明清时期的财政赋税、乡村社会结构、社会动乱、商业与市场、对外贸易、手工业、宗族与家庭、妇女、族群与民俗等课题，特别在探讨明清户籍赋税制度和传统乡村社会经济结构的变迁方面用力尤多。从 80 年代中期以后，他长期与海内外的人类学家与历史学家合作，深入到乡村社会中，把田野调查和文献研究结合起来，探索社会经济史研究与人类学研究对话的新方向，拓宽和深化了研究的领域。厦门大学人类学系，也形成了一支具有人类学和历史学素养的学术团队，陈国强、蒋炳钊、郭志超、石奕龙、彭兆荣等著名学者为厦门大学人类学的发展做出了突出贡献，学术成就卓著。当前，厦门大学团队拥有郑振满、曾少聪、余光弘等一批有海内外学术背景的学者，他们专注于"文化人类学"的建设。郑振满 1989 年获博士学位，师从傅衣凌教授。研究方向为历史人类学、民间历史文献学、社会文化史和明清社会经济史。曾在美国密苏里州立大学、加拿大麦吉尔大学、英国牛津大学、日本东京大学、美国哈佛大学燕京学社、台湾暨南大学进行学术访问和科研合作。承担"明清时代的乡族、乡绅与官僚政治"、"民间历史文献与文化传承研究"、"仪式、地方文化与中国近代史"（加拿大魁北克省科学研究基金项目）、"闽台社会文化比较研究"（美国鲁斯基金项目）等多项国内外重要课题的研究工作。出版了《明清福建家族组织与社会变迁》（湖南教育出版社，1992 年）、《乡族与国家：多元视野中的闽台传统社会》（三联书店，2009 年）等著作。曾少聪曾主持国家社会科学基金项目"东南亚华人族群的形成与发展研究"、"中国博士后科学基金会"课题"东南亚华人：作为社会共同体存在形式的现状及发展趋势"、中央统战部重点课题"海外华人社会组织的建构和功能"等课题，出版了《明清海洋移民台湾与菲律宾的比较研究》（江西高校出版社，1998 年）、《漂泊与植根：当代东南亚华人族群关系研究》（中国社会科学出版社，2004 年）等重要论著。

　　除了华南地域社会史的研究之外，其他各地地方历史文化研究也在考古学和文化人类学的推动下不断进步。如对楚文化的研究综合了历史学、考古学、古文字学和人类学等多方面的成就，出版了张正明的《楚文化史》（上海人民出版社，1987 年）和《楚文化志》（湖北人民出版社，1988 年）等研究成果。同时，齐鲁文化、秦文化、晋文化、燕赵文化、吴越文化、巴蜀文化等地方文化史的研究也不断开展，先后出版了《东夷文化史》（逢振镐著，中国社会科学出版社，1995 年），林剑鸣的《秦史稿》（上海人民出版社，1981 年），李孟存、常金仓著《晋国史稿》（山西人民出版社，1988 年），河北邯郸历史学会的《赵国历史文化论丛》（河北人民出版社，1989 年）以及沈长云等著的《赵国史稿》（中华书局，2000 年）等地方历史文化史研究著作。

第十章　新时期的经济史和社会史研究

　　经济史和社会史是新时期中国历史学发展取得突出成就的专业，在某种程度上展示了新时期中国历史学的辉煌成就。它们之所以能够取得突出成就，是与其对各自研究路径的不断探索息息相关的。经济史和社会史在发展过程中，各有其独特的路径，和国外学术的发展趋势一样，进入 1990 年代，中国经济史和社会史的发展也出现了相互融合的趋势。经济史和社会史研究在取得巨大成就的同时，也存在一些值得深入探讨的问题，这种探索，不仅使两个专业在新时期成就骄人，也为今后的更加繁荣奠定了基础。

第一节　新时期经济史再度繁荣道路的探索

　　新时期经济史研究再度繁荣，有重要影响的学术团队逐渐形成，出版了大批论著，经济史的研究路径也在不断的变化。在新时期经济史不断探索和开拓学科研究的新路径中，形成了不同研究范式多元争鸣的繁荣局面，取得了空前未有的成就，不但创造了前十年"一花独秀"新局面，而且在此后二十年里也得到了持续发展。

一、新时期经济史研究的再度繁荣

　　随着改革开放新时期到来，中国经济史研究重新受到重视，焕发了青春，出现了再度繁荣景象，20 世纪 80—90 年代成为中国历史学界中令人瞩目的学科，取得了空前未有的成就。1990 年代后，过去十年的"一花独秀"局面虽已不再，但并非"面临日益严重的危机"，而是进入了经济史研究发展的正常时期，取得了极其丰硕的成果。

　　第一，研究队伍扩大、阵地增加。改革开放后，党和国家的工作重点从阶级斗争转移到了经济建设，经济史研究被视为新时期繁荣历史学研究的突破口，受到国家和广大学者的高度重视。"六五"、"七五"全国哲学社会科学规划，都把有关经济史的课题放在重要的位置上。老一辈专家学者焕发了学术青春，随着研究生培养制度的恢复与发展，新培养的学者迅速成长，逐步成为研究骨干，一批原来从事一般历史学、经济学、农林学、社会学研究的学者，也涉足经济史学研究，形成了数量可观、学术水平较高的研究队伍。90 年代后，一些经济史学者转向社会史研究，同时，大批硕士、博士毕业生补充到经济史研究队伍，一些著名经济学家也加入了经济史研究，如厉以宁出版了《资本主义的起源——比较经济史研究》（商务印书馆，2003 年），站在整个资本主义发展的宏观视野之下，从比较经济史的角度，对资本主义萌芽问题予以审视和论说；工业经济研究专家汪海波再版了《新中国工业经济史》（经济管理出版社，1986 年、2000 年），发表了重要的经济史研究论文《中国国有资产监管的实践进程（1979—2003）》（《中国经济史研究》2004 年第 4 期）和《中国国有企业改革的实践进程（1979—2003 年）》（《中国经济史研究》2005 年第 3 期）等，对新中国经济发展的历史进行全面深入地总结，从总体情况来看，新时期经济史研究队伍总的说来呈现不断扩大的趋势。各地各单位新的经济史研究团体纷纷建立，在此基础上，于 1986 年正式成立了全国性中国经济史学会，并于 2002 年加入了国际经济史学会，大大加强了研究的组织化程度和国内外学术交流。专业期刊不断问世，厦门大学主办的《中国社会经济史研究》，中国社会科学院经济研究所主办的《中国经济史研究》先后在 1982 年、1986 年创刊，著名经济史研究专家李根蟠先生开办的"中国经济史论坛"网站在 2000 年亮相，为经济史研究搭建了全国性学术平台。

　　第二，学术思想空前活跃，研究领域不断扩展。改革开放带来了经济史学界思想的大解放，人们在"解放思想，实事求是"的思想路线指引下，摆脱了教条主义的束缚，学术思想空前活跃。大量的国外经济史成果被介绍到国内，研究视野空前扩大，研究方法不断创新，新的成果纷纷涌现，呈现出总体研究思路开阔，专题研究日益多元的生动活泼的新局面。不仅那些因"文革"而被迫中断的研究，如中国资本主义萌芽、中外经济关系、外国资本、官僚资本、买办资本、资产阶级、太平天国经济、洋务企业、地主经济等专题研究重新启动，研究日益深入，而且，从根本上改变了原来基本局限于生产关系研究的狭窄范围，开辟了广阔的新的研究领域，如关于工业化、现代化、企业制度、企业集团、生产技术、房地产业、价格结构、消费结构、产业结构、市镇经济、农村经济、城市经济、区域经济、国际收支、华侨投资、人口经济、经济社团、经济政策、民国经济、战时经济、革命根据地经济、海关制度和比较经济等等以前几近空白的领域。20 世纪 80 年代中期后，"中华人民共和国经济史"的系统研究全面展开，并成为持续研究的热点。农村经济史研究重新受到重视，特别是新世纪前后，随着"三农"问题的突出，围绕"三农"问题的经济史研究持续成为学术界关注的一个焦点。少数民族和边疆经济史等方面研究也不断深入。

第三，研究成果丰硕，涌现了不少高质量的成果。据《中国经济史研究》编辑部编的"1986—1995 年中国经济史专著和论文索引"（刊于《中国经济史研究》1996—1997 年联合增刊）仅大陆的论著就近达 2 万种。据笔者在中国知网的搜索，从 1980 年—2008 年，仅期刊上发表的经济史论文达 18673 篇。其中，1980 年—1990 年为 2467 篇；1991—2000 年为 5249 篇；2001—2008 年为 10957 篇。可见，并非像有的学者所说的那样 20 世纪 90 年代后经济史研究成果减少，而是以倍数增长。在这些成果中，涌现了大批开创性的、高水平的优秀著作。如严中平主编的《中国近代经济史（1840 — 1894)》，汪敬虞主编的《中国近代经济史（1895—1927)》，傅筑夫的《中国封建社会经济史》，林甘泉等的《中国经济通史》（秦汉经济卷），方行、经君健、魏金玉的《中国经济通史》（清代经济卷），胡如雷的《中国封建社会形态研究》，李文治、江太新的《中国地主制经济论——封建土地关系发展与变化》，许涤新和吴承明主编的《中国资本主义发展史》3 卷本，漆侠的《宋代经济史》，罗荣渠的《现代化新论——世界与中国的现代化进程》与《现代化新论续编——东亚与中国的现代化进程》，吴承明的《中国的现代化——市场与社会》，陈诗启的《中国近代海关史》（晚清、民国部分），苏星的《新中国经济史》，赵德馨的《中华人民共和国经济史》，武力、郑有贵主编的《解决"三农"问题之路——中国共产党"三农"思想政策史》均为上乘之作。因而，在郭沫若中国历史学奖获奖著作中，经济史著作占有相当大的比重。首届郭沫若中国历史学奖中，5 部二等奖中占了 2 部，12 部三等奖中占 3 部。第二届郭沫若中国历史学奖有一等奖 1 项中的全部，二等奖 6 项中占 3 项，三等奖 14 项中占 5 项。第三届郭沫若中国历史学奖中，二等奖 3 项中占 1 项、14 个三等奖中占 4 项。值得注意的是，这些获奖作品都是 90 年代以后出版的。

第四，又一大批经济史文献档案资料得到收集、发掘、整理和刊布。在新时期，学术界十分重视史料工作，如由中国社会科学院经济研究所与中央档案馆合编的《中华人民共和国经济档案资料选编》和中国第二历史档案馆《中华民国档案资料汇编》规模巨大，资料宏富。中国社会科学院经济研究所等单位开展了中华人民共和国经济档案的大规模整理出版工程。"满铁资料"得到整理，东方出版中心 2006 年出版了 30 卷本《中国馆藏满铁资料联合目录》。全国人大常委会和国务院民族事务委员会 20 世纪 50—60 年代组织的大规模少数民族社会历史调查资料，其中涉及大量社会经济史的内容，经过全面整理修订再版。各经济部门和地方机构也广泛开展专业史志和方志的编纂与出版工作。另外，一批中青年学者深入农村基层进行历史考察，收集了大量经济数据、宗族谱牒、民间文书、碑刻资料等，扩展了资料范围。这些成果均为经济史研究提供了丰富的材料。如中国社科院经济研究所在继20世纪30年代陈翰笙组织的第一次无锡、保定调查、1958年组织的第二次调查后，在新时期组织了第三次和第四次调查，出版了《中国村庄经济——无锡、保定22村调查报告（1987—1998）》、《无锡保定农村调查统计分析报告（1997）》等成果。

由此可见，新时期社会经济史研究出现了继20世纪二三十年代、五十年代之后的第三个"黄金时代"的繁荣局面。其中90年代后，虽然随着历史领域各学科百花齐放局面的形成，过去那种经济史"一家独大"已风光不再，但依然是中国经济社会史发展的最好的时期，是新时期百花丛中绚丽的一朵。这不应被看作是经济史的失落或"危机"，而应把前两次"黄金时代"看作特殊条件下的产物，而20世纪90年代后才是它发展的正常状态。这种状态才是经济史持续发展，走向成熟的必备条件。

新时期经济史研究出现再度繁荣和持续发展有多方面的原因。一是新时期党和国家工作重点转移到经济建设上来，不仅提出了加强经济史研究的客观要求，而且为繁荣和发展经济史研究创造了良好的国内外环境和研究条件。二是经济史研究是史学研究中的基础学科，在中国历史研究中占有特殊的地位，受到众多学者和国家的高度重视。三是广大社会经济史学者的辛勤努力。

二、经济史学家及其团队的研究风格与范式

新时期中国经济史研究繁荣的表现是研究机构的增多，初步形成了三大学派。有影响的研究机构，主要有中国社会科学院经济研究所经济史研究室、厦门大学社会经济史研究所、清华大学中国经济史研究中心、南开大学中国经济史研究所、中南财经政法大学中国经济史研究所等。由于研究的理念与视角、方法不同，不同的学术团队和专家学者沿袭并逐渐形成了不同的研究风格或流派。按吴承明在20世纪末的看法，它们大体有三大学派：一派偏重从历史本身来研究经济发展，包括历史学原有的研究内容和典章制度研究；一派偏重从经济理论上来解释经济的发展，有的重视计量分析；一派兼重社会变迁，可称为社会经济史学派[1]。到2000年后，随着经济史与社会史融合趋势的发展，初步形成了中国

---

[1]　吴承明：《经济史学的理论与方法》，《中国经济史研究》1999年第1期。

"经济—社会史"学派。另外，清华大学经济史团队，承继和弘扬"中西交融、古今贯通"历史传统的特色也引人注目。这些不同学派和风格，使新时期经济史研究呈现多元发展、精彩纷呈的局面。

偏重从经济理论和方法上来解释经济发展的学派，主要以中国社会科学院经济研究所经济史研究室、南开大学经济学院为重镇。中国社会科学院经济研究所经济史研究室研究团队，发扬我国史学"论从史出"的优良传统，形成了以不尚空谈、重视实证、提倡扎实基础、严谨求真学风的特色，取得了令人瞩目的学术成就，也形成了他们鲜明的研究风格，即主要采用经济学方法从事研究，同时强调对自然条件、政治制度、社会结构、思想文化等方面的整体观照。由许涤新、吴承明主编的三卷本《中国资本主义发展史》、严中平主编的《中国近代经济史》（1840—1894）（人民出版社，1989 年），汪敬虞主编的《中国近代经济史》（1895—1927）（人民出版社，2000 年），方行、魏金玉、经君健主编的《中国古代经济通史》（清代经济卷），是这派学者在新时期的重要代表性著作。另外，还出版了为数众多的个人论著。严中平（1909—1991），中国著名经济史专家，新中国经济史学科重要的奠基人和带头人。1936 年毕业于清华大学经济系，在中央研究院社会科学所从事经济及经济史研究工作，1947 年赴英国进修学习，1950 年回国。之后成为中国科学院经济史研究的领军人物。早在 20 世纪40—50 年代，严中平就先后出版《清代云南铜政考》（1948 年）、《中国棉纺织史稿》（1955 年）等重要著作。改革开放后出版《科学研究方法十讲》（1986年）、主编多卷本《中国近代经济史》等具有深刻影响的著作。其中《科学研究方法十讲》系统地总结了他和老一辈专家们的经验，系统地阐述了学科性质、治学作风、研究选题、积累资料、分析方法、理论联系实际等方面的问题。他认为历史唯物主义是最好的史学方法，是"唯一能正确解释中国历史和现实理论"①，因此，他始终坚持以马克思主义为指导。同时，他又反对教条式的对待马克思主义，坚持"论从史出"，强调穷究史料本源，针对新情况，研究新问题，根据新材料，总结出新的结论。他主张研究成果要破四"旧"、立四"新"。所谓破四"旧"，即必须对外国经济史有一定了解，不能就中国论中国；必须对古代史有一定了解，不能就近代论近代；必须对政治史有一定了解，不能就经济论经济；必须重视理论上的提高，不能就事论事。所谓立四"新"，即提出新的问题、新的观点、新的资料或者新的研究方法。该著作为"经济史学科研究确立了严谨的

---

① 严中平著、经君健编：《严中平文集·序言》，中国社会科学出版社 1996 版。

学术规范"①，其"参考价值"还"大大超出了中国近代经济史研究的范围"②。
吴承明的学术风格，在很大程度上体现了中国经济史学派在新时期的发展情况。
他 1940 年毕业于北京大学历史系，1946 年获美国哥伦比亚大学经济学硕士学位。
回国后先后担任资源委员会经济研究所专门委员、上海交通大学教授、上海东吴
大学教授。1949 年后任中央外资企业局、中央工商行政管理局调查研究处处长，
1958 年起兼任中国科学院经济研究所研究员。80 年代，吴承明与其他许多学者
一样，继续了关于资本主义萌芽问题的讨论。但其研究已不同于"十七年"时
期，不再纠缠于概念的争论和对经典的论证，而是主要进行实证研究，并在
1985 年写出《中国的资本主义萌芽》一书，集中反映了我国学者多年来关于此
问题研究的学术成果。此后，他"转而从事市场和商业史的研究"，也就是以
"现代化即市场经济"的假说，取代"现代化即资本主义化"的假说③，初步形
成了以市场经济学说为基础的"现代化"范式，甚至有学者把这种模式称作
"吴承明范式"④，并在 90 年代以后逐渐成为中国社会经济史研究，尤其是明清
经济史研究主导性的理论范式。除了主编《中国资本主义发展史》之外，吴承
明出版了《中国资本主义与国内市场》（中国社会科学出版社，1985 年）、《市
场·近代化·经济史论》（云南大学出版社，1996 年）、《中国的现代化：市场
与社会》（三联书店，2001 年版）、《经济史：历史观与方法论》（上海财经大学
出版社，2007 年）等论著。与此同时，面对西方种种经济学、经济史理论与方
法传入中国并被中国学术界吸收和借鉴的状况，吴承明多次在学术讨论会上谈经
济史研究如何借鉴和使用这些方法，发表了一系列讨论经济史研究方法的学术论
文，进一步深化和阐述了他的学术思想。他认为，无论是中国传统史学方法，还
是国外新兴的各种学派的方法，均可采用。但必须应当根据研究对象和具体问题
选择适用的方法。⑤ 即"史无定法"的思想。同时，他指出"历史唯物主义是我
们研究经济史的基本方法，其他方法之得失都要用它来衡量"⑥，并特别强调在

---

① 董志凯：《立学术规范　奠学科业基——学习严中平、李文治等老一辈经济史大师的严谨治学精
神》，《中国经济史研究》2009 年第 4 期。
② 经君健：《鲜明的立场　严谨的学风——严中平、李文治先生百年诞辰纪念会上的发言》，《中国
经济史研究》2009 年第 4 期
③ 吴承明：《中国的现代化：市场与社会》第 8—9 页，三联书店 2001 年版；《要重视商品流通在传
统经济向市场转换中的作用》，《中国经济史研究》1995 年第 2 期。
④ 夏明方：《老问题与新方法：与时俱进的明清江南经济研究》，《天津社会科学》2005 年第 5 期。
⑤ 吴承明：《中国经济史研究的方法论问题》，《中国经济史研究》1992 年第 1 期。
⑥ 吴承明：《中国经济史研究方法杂谈》，《轻工业经济研究》1987 年第 2 - 3 期。

重视历史唯物主义的同时要运用辩证法。吴承明教授具有马克思主义经济理论和西方经济学理论的深厚功底，注重西方经济学理论与方法的研究和运用，如使用系统论与计量分析结合的方法写出了《中国资本主义发展述略》（原载《中华学术论文集》，中华书局，1981 年）这篇重要的经济史研究论文，但他对各种方法的"结合与运用是能动而理性的，突出于选择与修正"[①]。指出了各种方法的适用性和局限性。他认为实证分析和规范分析是两种经济史研究的主要方法，并主张以实证分析为主，但同时指出实证主义不作价值评判的局限，因此提倡把二者结合起来；对计量方法，他认为明中叶以前不太适用，此后可以用，但资料必须可靠。对新制度学派中的产权理论、交易成本、制度变迁等概念，吴承明教授认为可用于中国经济史研究，但应注意具体的研究对象与资料[②]。《经济史：历史观与方法论》一书凝聚了吴承明毕生研究经济史理论的精华。全书分上下两篇，上篇阐述历史观，以史观演进为经，以人与自然、人与人、思维与存在的三层关系为纬，经纬交织，而归旨于司马迁"究天人之际，通古今之变"思想，将中西史观合璧，且凸现中国特色。下篇论述"方法论"，系统阐述了他的"史无定法"思想，并对如何在经济史研究中运用实证主义、经济学、社会学、结构主义与制度、计量学、区域研究、比较研究的理论方法作了清晰、具体的阐释，还对经济史研究的理论方法作了综合论述。该书成为代表中国经济史学理论研究最高成就的著作。

赵德馨及其领导的中南财经政法大学经济史研究群体也侧重于运用经济学理论与方法来研究经济史，"基本上是属于'经济学的经济史'阵营[③]。新时期以来，他们研究的主要特点，一是运用新制度经济学的理论框架，开展对国外新经济史学以及中国转轨经济等重大现实问题的研究；二是坚持"跟随论"与"沉淀论"相统一的研究方法。认为经济史学研究"要跟随经济发展的历史步伐前进"，不但研究对象的时间下限要随着历史的前进而不断延伸，而且研究者的眼界、立足点、学识、方法、范畴等等，也要随着经济发展而不断变化、丰富、更新。同时，因为经济史学的对象必须是有始有终、有运行全过程的事物。已经发生但未完成全过程的经济史实，不应作为经济史学的研究对象，因而需要研究者

---

①　叶坦：《吴承明教授的经济史研究》，《近代中国史研究通讯》（台北）第 26 期，1998 年。
②　叶坦：《吴承明教授的经济史研究》，《近代中国史研究通讯》（台北）第 26 期，1998 年。
③　李根蟠：《赵德馨教授经济史研究的特点》，《中南财经政法大学学报》2004 年第 4 期。

与其研究对象之间，要不要有一个历史的沉淀时间和历史学家的沉思时间。① 三是以经济学方法顺时地分析社会经济生活整体的发展过程。认为不但要写生产，而且要写生活，写人的自觉活动。分析生产时，既要注意生产关系，又要注意生产力，并以后者为主线；分析生产力发展时，既要考察社会环境，还要顾及自然环境，在分析影响生产发展的社会环境诸因素时，要特别注重国家行为；既要叙述产业结构变化，还要描述经济的地区结构变化；既要看到经济发展中的事物，更要写出人的自觉活动，使读者了解经济发展有其客观规律，又是人们选择的结果。这种视野正是"究天人之际"精神的延伸和发展②。四是重视发挥学校各学科和国内同类学科"集团作战"与横向合作等优势。五是作"通"史研究。这不仅表现在他对经济史的整体性研究提出了独到见解，组织编写了十二卷本《中国经济通史》（湖南人民出版社，2002 年）、《中华人民共和国经济史》（河南人民出版社，1988、1989 年）等通史著作，而且表现在在断代和专题的研究中把历史看作各个环节和各个方面相互联系的整体，表现在主张在马克思主义的指导下把各种理论和方法融会贯通，并运用到经济史研究之中③。这种研究理路使赵德馨及其领导的中南财经政法大学经济史研究群体，不断拓展研究领域，探索研究深度，出版或发表了一批见解独到、影响深远的论著，也为国家培养了大量经济史人才。

　　20 世纪 80 年代中期以来，以刘佛丁教授为代表的南开经济学院经济史学术团队致力于中国近代经济发展、中国城市史、中国近代盐业史、中国近代农业经济史、中外近代经济发展史比较的研究，构建了运用经济学理论研究近代中国经济发展的新框架，特别是通过运用经济计量学等经济学理论和方法，扩展和深化了经济史的研究领域，取得了一系列研究成果，引起国内外学术界的广泛关注，被誉为中国经济史研究的"南开学派"。此外，广东外语外贸大学中国计量经济史研究中心运用计量推断方法，即根据现代经济理论，抽象出的前提假设，根据近代中国宏观经济运行条件，建立后修正理论模型，运用计量方法进行实证，得到估计的结果。该团队运用这种方法，获得了许多成果，引起了学术界关注。

　　偏重从历史本身来研究经济史的学派，主要以中国社会科学院历史研究所、首都师范大学历史学院、云南大学中国经济史研究中心和河北大学宋史研究中心

---

①　赵德馨：《跟随历史前进——再论经济史学的研究对象》，《中南财经大学学报》1995 年第 6 期。
②　李根蟠：《赵德馨教授经济史研究的特点》，《中南财经政法大学学报》2004 年第 4 期。
③　李根蟠：《赵德馨教授经济史研究的特点》，《中南财经政法大学学报》2004 年第 4 期。

等机构为重镇。该学派多数是以历史学为主要专业背景的学者。他们"多从历史的角度研究经济发展，喜欢从引起社会（结构、事件）变化的原因角度选题，善于用顺时序、考证、联系社会各个方面进行分析等方法，侧重说明某个历史时期经济发展的状况，经济变迁的社会原因的社会后果。"① 著名历史学家李埏，"笃信辩证唯物主义和历史唯物主义是颠扑不破的真理，力图正确地运用它去解决我所接触的问题"，从而形成了他的"历史哲学"和治史理论与方法。他"是一位'两头熟'的专家"，既熟悉马克思主义，又熟悉史料。主张详细占有史料，精心求证分析，特别强调在史料的运用上要从平凡中见神奇，并将具体问题放在宏阔的历史背景中加以分析研究②。这种研究特点，使他的见解深刻、严谨而新颖，对中国经济史的诸多领域作了开创性的研究："在中国土地国有形态、古史分期、农村公社以及地主阶级等重大问题上的自成一家之言，是中国土地所有制研究的重要代表。他创造性地将土地制度史与商品经济史有机地结合起来，从理论上对商品经济史的体系作了深刻阐释，独树一帜，被公认为中国古代商品经济史研究的开拓者之一。他还在货币经济史、唐宋经济史、云南地区经济史的研究中取得了令人瞩目的成就。"③ 林甘泉是从历史的角度研究经济发展的主要代表之一，他在经济史研究中，既坚持以马克思主义基本理论为指导，又反对教条式地理解马克思主义。他主张占有尽可能多的史料，运用马克思主义基本理论对史料进行深入分析，从中引出带有理论性和规律性的结论④。这种研究路径使他对中国古代社会经济史研究取得了突出成就，出版和发表了《中国封建土地制度史》第一卷和《中国经济通史·秦汉经济卷》等具有重大影响的成果。宁可曾发表多篇经济史方面的极富创见的论文，还主编了五卷本的《中国经济发展史》和《中国经济通史·隋唐五代卷》。他的学术视野开阔，所论问题往往纵横数千年，从长时段的具体的历史进程（包括不同阶段、不同时期）中，善于从各种因素的相互联系和互动中辩证地分析和思考问题，从而揭示其发展变化的特点和规律⑤。著名宋史专家漆侠是运用历史研究方法从事经济史研究的大师。他认为"马克思主义方法是历史科学研究的最高层次研究方法，考据方法则是历史

---

① 赵德馨：《经济史学科的分类与研究方法》，《中国经济史研究》1999 年第 1 期。
② 林文勋：《李埏教授的历史哲学和治史特点》，《云南高教研究》1999 年第 1 期。
③ 参见《著名经济史学家李埏教授逝世》，《中国经济史研究》2008 年第 2 期。
④ 参见陆荣、卜宪群：《林甘泉先生的学术经历与治学特点》，《高校理论战线》2008 年第 6 期。
⑤ 参见阎守诚：《宁可先生的中国古代经济史研究》，《中国经济史》2009 年第 2 期。

科学研究的基本方法。"① 他写的煌煌 93 万余言的鸿篇巨著——《宋代经济史》
（上海人民出版社 1987 年、1988 年初版，经济日报出版社 1999 年以《中国经济
通史 · 宋代经济卷》再版），就是在马克思主义理论指导下，运用了历史考据
学方法、统计计量方法、历史比较方法等，分析和论述了两宋社会经济发展变化
的方方面面，不但展现出赵宋王朝 320 年间的经济发展状况，并且在农业单位面
积产量统计、棉花和其他经济作物生产、地租形态中的各种表现形式、地租与地
价的关系以及货币地租的出现与发展状况等作了开拓性的系统研究，被学界誉为
一部里程碑式的巨著。在漆侠先生的影响下，河北大学一批青年学者致力于社会
经济史的研究，姜锡东出版了《宋代商业信用研究》（河北教育出版社，1993
年）、《宋代商人和商业资本》（中华书局，2002 年）；刘秋根出版了《中国典当
制度史》（上海古籍出版社，1995 年）、《明清高利贷资本》（社科文献出版社，
2000 年）、《中国古代合伙制初探》（人民出版社，2007 年）；王凌凌出版了《宋
代矿冶业研究》（河北大学出版社，2005 年），等等经济史研究论著，这些著作
进一步开拓了经济史研究的新领域，深化了相关领域的研究。

　　兼重社会变迁，被称为社会经济史学派，主要以厦门大学历史系和中山大学
历史系为主要阵地，故也被称为"闽粤学派"。在新时期，该学派以 1982 年《中
国社会经济史研究》在厦门大学创刊为标志，在中国历史学界和经济史学界逐渐
成为与中国社会科学院经济研究所并称的两大中心之一。该学派主要由梁方仲、
傅衣凌分别在两地培养的一批学有所成的弟子为主体，传承和弘扬了前辈把经济
史和社会史等跨学科进行整合研究的学术特色和学术风范，"学术风格独特，有
成果，有传人。"梁方仲逝世后，该学派是在傅衣凌的旗帜下集结的，因此林甘
泉把它称为傅衣凌学派②。在新时期，傅衣凌依然是以明清社会经济史为主要研
究园地，出版了《明清社会经济史论文集》（人民出版社，1982 年）、《明清封
建土地所有制论纲》（上海人民出版社，1992 年）、《傅衣凌治史五十年文编》
（厦门大学出版社，1989 年）等论著。他提出的"中国传统社会多元论"和
"明清社会变迁论"，被吴承明评价为"是自梁启超先生提出'近世'概念以后，
对中国近代史最精辟的看法"③。李伯重把傅衣凌的研究路径概括为："注重从社

---

　　① 漆侠：《历史研究法》第 243 页，河北大学出版社，2003 年版。
　　② 参见刘秀生：《深切缅怀傅衣凌先生》，《中国社会经济史研究》1998 年第 4 期。
　　③ 吴承明：《要从社会整体性发展来考察中国社会近代化——在"纪念傅衣凌逝世十周年学术座谈
会"上的讲话》，《北京商学院学报》1998 年第 2 期。

会史的角度研究经济史，在复杂的历史网络中研究二者的互动关系；注重地域性的细部研究、特定农村经济社区的研究；把个案追索与对宏观社会结构和历史变迁大势的把握有机地结合起来；强调注意发掘传统史学中所轻视的民间文献如契约文书、谱牒、志书、文集、账籍、碑刻等史料，倡导田野调查，以今证古，等等。"① 傅衣凌去世后，杨国桢、陈支平、王日根等成为这个学派的重要领军人物。杨国桢出版了《明清土地契约文书研究》（人民出版社，1988 年；中国人民大学，2009 年修订版），陈支平出版了《清代赋役制度演变新探》（厦门大学出版社，1988 年）、《透视东南：文化与经济的整合研究》（与詹石窗主编，厦门大学出版社，2003 年）、《民间文书与明清赋役制度研究》（黄山书社，2004 年）、《民间文书与台湾社会经济史》（岳麓书社，2004 年），王日根出版了《乡土之链：明清会馆与社会变迁》（天津人民出版社，1996 年）、《明清民间社会的秩序》（岳麓书社，2003 年），钞晓鸿著有《生态环境与明清社会经济》（黄山书社，2004 年），等等论著。

应当着重指出的是，新时期以来以上不同学派及其学术风格，并非那么截然划一，泾渭分明，他们之间越来越表现出在理论方法和学术传统上相互渗透、相互吸收的趋势，但这种趋势，不会也不应当削弱它们各自的特点。

三、新时期经济史研究的基本路径

新时期经济史的再度繁荣和持续发展，是与史学工作者对研究路径的不断探索密切相关的。这些新路径，既是经济史摆脱困境、走向繁荣和发展的桥梁和动力，也是其繁荣和发展的重要标志。

第一，研究重心的转移与研究领域的开拓。随着改革开放新时期的到来，经济史在研究重心上发生了重大转移。首先，研究内容从主要研究生产关系，转移到主要研究经济建设和现代化。改革开放初期，经济史学界在反思中围绕前一阶段的问题展开热烈讨论，90 年代后，适应我国正在全面展开的现代化建设事业的呼唤，学者更关注现实经济和现代化建设中提出的新问题，"现代化"研究成为经济史、特别是近代经济史研究的主题。围绕这些问题，开拓新领域，形成新热点，如围绕小农经济与市场、商品经济和传统市场、市场与政府作用等问题先后展开了热烈的讨论，研究范围涵盖了社会再生产中的生产、流通、分配、消费诸环节。现代化研究拓宽了史学家的视野与史学研究的领域，而且把社会学、经

---

① 李伯重：《回顾与展望：中国社会经济史学百年沧桑》，《文史哲》2008 年第 1 期。

济学等学科的研究方法与成果融入经济史学研究中，进一步实现了历史学的社会科学化和跨学科研究。出版了罗荣渠的《现代化新论——世界与中国的现代化进程》及其续编《现代化新论续编——东亚与中国的现代化进程》、吴承明的《中国的现代化——市场与社会》、虞和平主编的《中国现代化历程》（上、中、下卷）等重要著作。其次，研究的时间段从古代和近代发展到当代。许多学者打破了"当代人不修当代史"的传统观念，树立了"历史越修越近是一种世界趋势"①的新观念，致力于当代经济史研究，并持续成为史学研究的热点。1990 年经中共中央批准成立了专事编纂、研究和出版"中华人民共和国史"的机构——当代中国研究所（后由中国社会科学院行政代管），创办了《当代中国史研究》杂志。1991 年在原"新中国经济史组"基础上成立了中国社科院经济研究所中国现代经济史研究室，各省市和许多高等院校也先后成立相应的研究团体，形成了数量可观、水平较高的研究队伍，取得了蔚为壮观的研究成果。经济史研究重心的转移，开辟了"中国经济史"研究的新领域，适应了国家工作重心转移的新形势，有利于发挥经济史的资政功能。在研究重点转移的同时，新的研究领域不断得到开拓。原来长期存在重汉族经济、轻少数民族经济，重农业经济、轻游牧经济，重大陆史、轻海洋史，重视宏观的全国性重大问题研究，轻视微观和专题史研究的状况，得到了明显改变，呈现了以汉民族和陆地经济、农业经济为主，同时关照少数民族经济、游牧经济、海洋经济和专题研究、部门研究的多方位研究的新格局，其中部门经济史、专题经济史、区域经济史格外引人注目，"中国经济史学进入了一个全方位发展的新阶段"。②

　　　第二，按学科自身规律发展与为现实经济建设服务相统一的学科建设思想日渐成熟。这不但表现在学科更受重视、学术队伍快速壮大、资料建设扎实、学科理论成果显著等基础建设方面，更表现在经济史学界既摆脱了意识形态斗争的影响，能够独立地开展学科建设和学术研究，又能够较为充分地发挥经济史资政育人、服务于社会主义经济建设的实际功能。改革开放初期开展的"关于资本主义萌芽"和"关于中国封建社会长期延续"、"小农经济"、"商品经济和传统市场"等历史问题的讨论，虽是新中国成立初"十七年"历史讨论的继续，但已表现出与过去明显不同的特点：较少夹杂非学术的因素，不再纠缠于对于概念的争论和局限于对经典论述的论证，而是在纯学术的轨道上，进行客观深入的分析，并

---

　　①　之恺：《2003 年中国现代经济史研究综述》，《中国经济史研究》2004 年第 2 期。
　　②　李根蟠：《二十世纪的中国古代经济史研究》，《历史研究》1999 年第 3 期。

更多地开始进行实证研究。讨论的规模和热烈程度也逐步弱化，实际上只是过去那种"问题"依赖路径的余波了。到 90 年代后，这类全国性大讨论已风光不再，以致"有论者认为，回避重大历史问题、重大历史现象和大规模社会变动的研究与讨论是 20 世纪 90 年代以来史学的基本特点。"① 取而代之的，则是各种更加专业化的小型讨论会。如对"传统农业与小农经济研究"、"传统市场与市场经济研究"、"中国少数民族经济史"、"中国经济史学理论与方法"、"中国经济史上的'天人关系'"、"中国历史上的商品经济"、"经济史理论与方法"、"环境史视野与经济史研究"等问题的专门讨论。这表现了中国经济史研究逐步摆脱了对现实政治"问题"依赖的路径，走向了独立发展的道路。但是，这不意味着经济史研究回到了个别学者提出的回到"脱离现实，为研究而研究"的"乾嘉学派"，从总体而言，这些讨论的主题，是从现实中提出，或与现实社会和经济发展存在着紧密的联系；讨论的目的，也是总结历史经验教训，为现实的改革与建设提供借鉴。这些小型、专业和独立性的学术研讨，有利于达到促进学术研究和为经济建设服务的双重目的，促进了学科发展和经济史学社会功能的全面发挥。

　　第三，打破教条主义束缚，学术理论和方法多元化发展。1978 年的思想解放运动，使广大史学工作者摆脱了过去教条主义的束缚，在科学理解马克思主义、反思以往存在问题的基础上，同时积极探索新理论、新方法。改革开放的不断扩大为引进和吸收国外新的学术思想和方法提供了良好的条件与氛围，大量"二战"之后出现的经济史研究理论与方法被介绍到国内，使中国经济史研究的理论和方法突破了单一的模式，呈现在马克思主义理论指导下，合理借鉴西方经济学、社会学、人类学、法学、考古学、民族学、民俗学、人口学、生态学、经济地理学等学科的理论和方法从事研究。例如在借鉴西方经济学方面，新制度经济学成为许多学者较为普遍借用的分析工具。如谢元鲁《对唐宋社会经济制度变迁的再思考》（《中国经济史研究》2005 年第 2 期），宁立波、靳孟贵撰写的《我国古代水权制度变迁分析》（《水利经济》2004 年第 6 期）等，运用新制度经济学分析工具，分别考证分析了我国唐宋和古代社会与水利制度变迁的原因。章有义、徐秀丽、刘巍、王玉茹等则运用经济计量方法对中国人口、粮食亩产、

---

① 刘兰兮：《中国经济史研究前沿扫描》，《中国社会科学院院报》2007 年 5 月 24 日。

货币需求和价格问题作了别开生面的分析①。不少学者把"博弈论"方法引进经济史研究。多种学术理论和方法的运用，推动经济史研究理论与方法的"多元化"发展的局面，促进了中国经济史学的繁荣。

第四，深入的理论研究与推进实证研究互相呼应。进入新时期后，经济史学界对本学科理论和方法进行了深入探讨，取得了许多共识。首先，正确地解决了历史唯物主义与史学理论的关系。多数学者认为史学研究必须以历史唯物主义为指导理论，但是，历史唯物主义不等同于史学理论，正如马克思主义政治经济学不等同于经济史学理论一样②；史学理论即史学研究的方法论，历史唯物主义被包括在史学理论之内，但它并不能涵盖史学理论。③ 因此，应当在马克思主义指导下，运用多学科理论与方法从事经济史研究。这些认识，既坚持了马克思主义指导思想的地位，又和教条主义彻底划清了界线。其次，对研究方法进行了可贵探索。中国社会科学院经济研究所和当代中国研究所十分重视这方面研究，召开了多次专门研讨会。1993 年夏，《中国经济史研究》编辑部举行了"黄宗智的有关学术理论"研讨会。2005 年 11 月，世界经济与政治研究所世界经济史研究中心与外国经济史专业委员会共同举办"经济史理论与方法学术研讨会"。中国社科院经济所中国现代经济史研究室和中国社科院中国现代经济史研究中心于 2007 年 7 月举办了"当代中国经济史研究方法创新研讨会"。不少经济史学家发表和出版了多部专著与论文，提出了多种颇有价值的思想和论断。吴承明出版了《经济史：历史观与方法论》一书，系统总结了他对经济史方法研究成果。他主张"史无定法"，主张实证研究与规范分析并重，而首推实证主义，特别是前者被学术界称为"普遍遵循的一个原则"④。李伯重出版的《理论、方法、发展趋势研究新探》，对经济史研究方法进行了比较系统的论证。认为其基本方法是历史学和经济学方法，同时还要从其他学科（包括社会科学和自然科学）借用方法⑤。再次，对国内外新理论和方法采取了独立思考的态度。在对吴承明提出的

---

① 主要论文和论著有：章有义：《近代中国人口和耕地的再估计》，《中国经济史研究》1991 年第 1 期；徐秀丽：《中国近代粮食亩产的估计——以华北平原为例》，《近代史研究》1996 年第 1 期；刘巍、刘丽伟：《对 1930—1936 年中国货币需求的简单数量描述与分析》，《南开经济研究》1998 年第 1 期；《近代中国货币需求理论函数与计量模型初探（1927—1936）》，《中国经济史研究》1999 年第 3 期；王玉茹：《近代中国价格结构研究》，陕西人民出版社 1997 年版。

② 郑起东：《20 世纪 90 年代以来中国近代经济史研究述评》，《教学与研究》2006 年第 2 期。

③ 吴承明：《市场·近代化·经济史论》，云南大学出版社 1995 年版。

④ 参见隋福民：《中国经济史方法创新研讨会综述》，《中国经济史研究》2007 年第 3 期。

⑤ 参见李伯重：《理论、方法、发展趋势研究新探》142—153 页，清华大学出版社 2008 年版。

"史无定法"高度评价的同时，有学者指出：应进一步将其"再推进一步"，弄清"究竟哪些方法对哪些问题的研究更具有效率、更能说明问题"。① 认为"史无定法"和"史有定法"是辩证的。因此，在强调"史无定法"的同时也应该强调"史有定法"，即方法上有底线"。"要把握基本的经济规律，要研究历史发展的趋势。在理论方法的应用上，要注意理论和方法所适用的背景和条件，要注意建立能够对话和交流的平台和概念。"②。从 20 世纪 80 年代中期至 90 年代中期，一些经济史学者曾经一度把西方某些理论模式奉为圭臬，出现了对西方理论与方法的"跟风热"。而到 90 年代后期，大多数经济史学者对西方理论采取了分析批判吸收的态度。认为"应更多地应用新理论和新方法，使研究成果更具创新性和科学性"，哪些新方法、新理论适合哪些问题的分析，如西方汉学家关于近代中国的一切变化都是对西方文明冲击的反应的"冲击与反应"范式，曾被不少学者所追捧。经过几年的思考和研究，看到它是一种完全忽视内因的殖民思想和理论而被放弃。

与此同时，实证研究蓬勃发展。史学工作者挖掘、整理了大量历史经济资料，资料种类颇为广泛，除过去惯常使用的官书、方志、文集外，考古发现、文献档案、契约文书、族谱、碑刻等被广泛运用于经济史研究。特别是田野调查的引入，为史学研究积累了新资料，大批实证研究成果问世。如定光平等《清以降乡村绅商的形成及其社会经济功能——以湖北羊楼洞雷氏等家族为例》、易惠莉《从沙船业主到官绅和文化人——近代上海本邑绅商家族史衍变的个案研究》等都通过对个案的实证研究对所研究的问题做出了结论。再如陈东林《20 世纪50—70 年代中国的对外经济引进》，通过实证考察，提出改革开放前我国有对外经济引进的有三次高潮——50 年代第一个五年计划时期引入苏联援助的"156项"重点工程、70 年代初引进西方国家成套技术设备的"43 方案"、1978 年签订对外引进 22 项重点工程的"78 计划"，厘清了一些旧说。这种实证研究从经验入手，采用程序化、操作化和定量分析的手段，使社会现象的研究达到精细化和准确化的水平，对经济史研究的客观性大有裨益。

第五，新时期以来，随着研究的深入和水平的提升，中国经济史学出现了区域、部门研究与综合研究并行发展的态势。一些学者不再笼统地把整个中国或整个经济作为研究对象，而是广泛展开区域史、部门史、城市史、乡村史、行会

---

① 参见隋福民：《中国经济史方法创新研讨会综述》，《中国经济史研究》2007 年第 3 期。
② 参见隋福民：《中国经济史方法创新研讨会综述》，《中国经济史研究》2007 年第 3 期。

史、海关史、生态环境史和专题史的研究。如从翰香、苑书义、孔经纬、段本洛等编撰的华北、东北、江南等地的区域（农村）经济史；张仲礼、隗瀛涛、罗澍伟、皮明庥等主编的上海、重庆、天津、武汉等地的城市史；陈诗启、戴一峰等撰写的海关史；彭泽益、徐鼎新、马敏、朱英、虞和平等撰写的北京、上海、苏州等地的商会史；史念海、萧正洪、王守春、蓝勇等关于黄河流域、黄土高原和三峡地区的生态环境研究。其中区域经济史和专题研究成为新时期长开不败的奇葩，论著林林总总，不胜枚举，格外抢眼。这种细化研究颠覆了以往那种由天下一统观念所造成的居高临下的"只见国家，不见地方"，只见整体、不见部分的思维定势和研究模式，展现了我国区域和行业及问题发展的多样性、不平衡性，不仅极大地促进了局部研究，也为中国经济史的整体性、综合性和贯通性研究奠定了坚实基础。

同时，综合性研究趋势日益加强。这首先表现在把经济置于社会、文化、环境、资源、人口的横向关联中研究，特别是新世纪我国提出科学发展观之后，这种研究更成为许多学者的共识。其次表现在长时段研究成果层出不穷。在新时期不仅出版了如漆侠的《宋代经济史》（上下册）《辽夏金经济史》（1994）和高敏的《魏晋南北朝经济史》（上下册）等颇具影响的断代经济史著作，还出现了大批跨代的长时段研究新成果。如傅筑夫的《中国经济史论丛》《中国封建社会经济史》（1—5 卷），胡如雷的《中国封建社会形态研究》等重要著作。林甘泉、宁可、方行等撰著的《中国经济通史》九卷本包括从先秦至清代中国封建经济发展的历史。"《中国经济通史》集中国经济史研究之大成，是一部马克思主义唯物史观理论为指导，系统地论述中国古代经济的一部高水平的著作，它的出版极大地推动了中国经济史的研究，显示了中国历史学家和经济学家以马克思主义理论为指导，从事中国经济史研究的新水平。该书的学术价值和水平受到了学界的广泛赞誉，其秦汉经济卷、清代经济卷，同时在 2002 年赢得第二届'中国历史学'二等奖确属实至名归。"[①] 而赵德馨主编的《中国经济通史》十二卷本更是上起远古，下至 1991 年，展示了中国几千年的经济变迁。

第二节　新时期社会史的复兴道路

进入新时期后，社会史研究重新崛起，并艰辛地探索复兴之路，取得了引人

---

① 参见张剑平：《中国马克思主义史学研究》第 424 页，人民出版社 2009 年版。

注目的成果。社会史研究无论在理论方法还是区域研究、专题研究方面，都取得了骄人的成绩，成为新时期中国历史学发展的突出亮点之一。面对社会史研究出现的"碎化"现象，一些学者也提出了一些值得注意的克服偏向的建议和意见，这有利于社会史研究健康持续的发展。

一、社会史的复兴道路

"中国社会史"是在20世纪二三十年代的社会史大论战中形成的。但那时，社会史与"经济史"、"社会经济史"等专业术语和范畴的含义，被看作是相同的或相近的，以至在许多情况下是相互替换使用的。直到在1984年侯外庐发表的著名文章《我对中国社会史的研究》中，社会史依然被看作是关于"主要对社会性质问题的看法"的学科[1]。这时的"社会史与后来大家所认同的社会史是两个基本不同的概念。"[2] 但作为广义的社会史，或者作为一种范式的社会史研究，在20世纪前半个世纪已经开始。据冯尔康等编著的《中国社会史研究概述》的统计，1911年至1949年，国内学者共出版《中国社会史》书籍114种。1949年至1956年共出版58种。20世纪50年代以后，由于受当时苏联取消社会学的影响和对社会学的误解，我国也取消了社会学，社会史受此株连，逐渐淡出人们的视野。80年代后，随着对历史研究的反思、国外社会学的引进，特别是改革开放后我国社会转型期社会问题的复杂性、尖锐性对社会史学科的呼唤，沉寂几十年的社会史研究重新受到学者的重视。1986年首届中国社会史研讨会召开，社会史研究从此异军突起，成为中国历史研究中最令人瞩目和最富于活力的领域，成为历史研究中的一门"显学"和中国"史学主流"[3]，以至有学者认为"可以毫不夸张地说，如果没有社会史研究的兴起和繁荣，就不可能有今天丰富多彩的史学研究新局面的出现"[4]。经过20多年的发展，中国社会史研究取得了可喜的学术成就。

新时期社会史研究的崛起和发展，表现在形成了阵容可观的研究队伍，设立了一些专门研究机构，初步构建了较为完整的学科体系。据对1996年至2006年十年论文与参加学术活动情况统计，"经常参与社会史研究的人数至少超过百

---

[1] 侯外庐：《我对中国社会史的研究》，《历史研究》1984年第3期。

[2] 仲伟民：《社会史取向：新时期历史学研究的一把金钥匙》，《光明日报》2004年4月22日。

[3] 周祥森：《二十一世纪中国史学发展的三大趋势》，《史学理论研究》2001年第3期。

[4] 仲伟民：《社会史取向：新时期历史学研究的一把金钥匙》，《光明日报》2004年4月22日。

人。"① 1992 年 9 月，成立了中国社会史学会。中国社会科学院历史所、南开大学、南京大学、山西大学、中国人民大学、上海社会科学院历史所等研究单位和大学设立了研究所或研究室，规划了一批中长期研究课题。当前，"社会史"作为历史学的专门史、或中国古代史、近代史的一个重要分支，已经取得了自己的学科地位，不少高校和科研单位开设了"社会史"课程，设立了"社会史"硕士、博士研究生招生方向。90 年代以来，"社会史"研究受到国家高度的重视。如在国家"八五"社科规划重点课题中，中国历史 22 个课题中有 3 项社会史研究课题，包括：中国古代社会生活史研究，中国近代农民与农村社会研究，家族、宗法制度与近代中国社会。高等学校"十五"规划中国历史课题，将中国古代区域史研究，中国中小城市史研究，中国乡村史研究，人口、流民与社会发展研究，历代灾荒与荒政研究，瘟疫与人的自身再生产及社会发展研究等作为研究的重点课题。②

新中国成立之初"十七年"长期被忽视的社会史研究，在改革开放新时期，以一种浴火重生的姿态亮相于世，走出了具有自己鲜明特色的复兴之路。

第一，遵循学科内在逻辑起步。"社会史"研究早在 20 世纪二三十年代已经取得了显著成就，但始终被包括在"社会经济史"学科大的框架之中，没有被看作一个独立的学科。改革开放后，面对建立自己独立学科的任务，当务之急当然是要划清与其他相近学科，特别是社会经济史的界限，弄清本学科本身的特殊规定性，从而割断传统史学的脐带。正如有的学者所说："新的理论范式是中国近代社会史研究课题那串'多米诺骨牌'的首张"，"如果没有一定的理论规范，即不甚完善的理论体系，具体的社会史研究就根本无从入手"③。因而，首先确立自己的研究对象、理论基础、研究范式和学科体系等学科基本规范，就成为社会史形成阶段探讨的热点。这种路径选择，促进了独立的中国社会史的产生，同时也形成了社会史研究初期受社会学理论影响较大的特点。"从社会学中寻求基本的理论范畴、概念，以便从传统史学僵滞的模式中破壳而出，别成天地，是社会史创建过程中的一个主要特征。"④ 与社会史产生时所走的"问题"依赖路径

① 郭松义：《中国社会史研究五十年》，《中国史研究》1999 年第 4 期。

② 《高等学校历史学科"十五"研究规划及课题指南（草案）》，http：//www.ahtvu.ah.cn/jyky/redian/10 - 5 - subject/www.sinoss.net/commfiles/subject/770.htm。

③ 王先明：《中国近代社会史研究的理论思考——兼论历史学的社会化》，《近代史研究》1993 年第 4 期。

④ 王先明：《社会史：走入新世纪的新取向》，《南开大学学报》2002 年第 6 期。

不同，新时期社会史的复兴遵循了学科内在的逻辑要求。主要表现在"三步走"的构建过程：第一步：引进国外相关理论。随着 20 世纪 80 年代中期对社会史研究的大力倡导，国外有关社会史理论与方法的论著纷纷出版。如彭卫、孟庆顺《历史学的视野——当代史学方法概述》（陕西人民出版社，1987 年）、蔡少卿主编《再现过去：社会史的理论视野》（浙江人民出版社，1988 年）、庄锡昌、孙志民编著的《文化人类学的理论构架》（浙江人民出版社，1988 年）、姚蒙《法国当代史学主流》（香港三联书店，1988 年）、"史学理论丛书"编辑部《八十年代西方史学》（中国社会科学，1990 年）、中国留美历史学会《当代欧美史学评析》（人民出版社，1990 年）等。这些著作大量引进了以法国年鉴学派为代表的社会史研究理念和西方各种新兴的社会科学，如社会学、人类学理论及其研究方法。第二步：通过探讨，努力实现学科理论"本土化"。面对国外传入的社会史研究的理论方法，多数学者不是机械搬用，而是作为"它山之石"，结合中国实际对问题进行独立思考，使之"本土化"[1]。围绕社会史的定义、研究对象、范畴等进行探讨，形成了"专史说"、"通史说"、"视角说"等不同观点。第三步：形成初步成果，构建基本学科框架。到 90 年代上半期，一些学者由学科架构的理论探讨，走向实际操作阶段，"把所设计的理论架构与史实相结合，将其容纳到通史和断代史著作中"[2]。乔志强主编的《中国近代社会史》（人民出版社，1992 年）、陈旭麓的《近代中国社会的新陈代谢》（上海人民出版社，1992年；上海社会科学院出版社，2006 年）、龚书铎主编的 8 卷本《中国社会通史》（山西教育出版社，1996 年）先后问世。在这些著作里，比较集中地反映了作者对社会史学科的比较系统的思考。如乔志强主编的《中国近代社会史》，从社会构成，包括人口、婚姻、家庭、家族、社区、民族、阶级和阶层；社会生活，包括物质生活、精神生活和人际关系；社会功能，包括教养功能、控制功能和变革功能三个方面建立了中国近代社会史研究的构架。尽管这几部著作，理论观点各有不同，学界对其褒贬不一，也有各自的局限性，但它们的共同点都是以"社会"作为研究对象，在社会史理论的思考和建构中，更多地借鉴和运用了社会学的理论和方法，从而给当时社会史研究勾划出了大体明晰的研究范围，反映了中国近代社会史研究起步之初广大学者的共识[3]。90 年代中期以来的有关讨论，

---

① 行龙：《二十年中国近代社会史研究之反思》，《近代史研究》2006 年第 1 期。
② 郭松义：《中国社会史研究五十年》，《中国史研究》1999 年第 4 期。
③ 郭松义：《中国社会史研究五十年》，《中国史研究》1999 年第 4 期。

"除少数学者提出新的观点和解释系统外，如赵世瑜提出的研究范式说，大多仍继承了 1980 年代以来的观点。"① 因此，这些著作标志着具有中国特色的社会史学科的基本框架大体建立。

第二，汲取新的学科理念和方法，实行跨学科的交叉融汇。在 20 世纪 80 年代复兴的最初阶段，社会史研究主要是运用社会学理论与方法，习惯地使用历史学手段，即以文献材料为主，注重时代性探索来从事研究。虽然这种研究成就斐然，但随着研究的深入，单一的社会学理论方法和陈旧的历史学手段，在内容日益丰厚、领域极为宽广的社会史面前，显露出疲惫之态。于是，学术界提倡进行跨学科研究，汲取其他学科的理念和方法，实行跨学科的交叉渗透逐渐成为一种趋势。社会史学与人类学的对话，不但实现了人类学注重结构和共时性探讨与历史学注重过程和时代性研究的融通，使社会史获得研究的新理念，打开了更为广阔的研究空间，而且对人类学田野调查方法的借鉴，又"把大量相关的地方文献引入研究过程，从而在原来较为平面化的共时考察中加入了历史的纬度。"② 90年代初，介于社会史和文化史之间的社会文化史的出现，使社会史研究触角伸入到社会主体的精神领域。此外，社会史研究与环境史的逐渐对接和互相渗透，又形成了社会生态史（或称环境社会史），使社会史研究不仅关注各种社会因素的相互作用，而且考虑生态环境因素在社会发展变迁中的"角色"和"地位"，将生态因素纳入社会运动的重要参与变量加以考察。李文海为代表的中国人民大学的近代史研究团队，重视对近代自然灾害的系统研究。他们先后出版了《近代中国灾荒纪年》（湖南教育出版社，1990 年）、《灾荒与饥馑：1840—1991》（高等教育出版社，1991 年）、《近代中国灾荒纪年续编》（湖南教育出版社，1993年），《中国近代十大灾荒》（上海人民出版社，1994 年）、《天有凶年——清代灾荒与中国社会》（与夏明方共同主编，三联书店，2007 年）等著作，可以说为中国近代灾荒史的研究奠定了坚实的基础。除了参与李文海主编的上述多部著作之外，夏明方主编出版了《近代百年史话·灾荒史话》（与刘仰东合著，社会科学文献出版社）、《民国时期自然灾害与乡村社会》（中华书局，2000 年）、《二十世纪中国灾变图史》（与唐沛竹合著，福建教育出版社，2001 年），以及《中国荒政全书》（共 10 卷，天津古籍出版社出版）。把医学理论与社会史理论嫁接而产生的医学社会史，也有不少成果问世。如余新忠的专著《清代江南瘟疫与社

---

① 池子华、王银：《近年来社会史理论研究述评》，《江海学刊》2004 年第 3 期。
② 参见杨念群：《空间·记忆·社会转型》第 1—75 页，上海人民出版社 2001 年版。

会》（中国人民大学出版社，2003 年）和论文《清代江南疫病救疗事业探析——论清代国家与社会对瘟疫的反应》（《历史研究》2001 年第 6 期）、杨念群的《民国初年北京的生死控制与空间转换》（载杨念群主编：《空间·记忆·社会转型—新社会史研究论文精选集》）等。还有一些研究者借鉴了自然科学研究成果和方法。如蝗灾史的研究中借鉴了蝗虫生物学、生态学及气候学、灾害学等的研究方法。有的学者把蝗灾分为"飞蝗蔽天"、"大蝗"、"蝗"三个类型并分别给以 4 分、2 分、1 分的权数，对清代历年的蝗灾数据做出加权处理，将最终的数据以及经过同样处理的洪涝、地震等灾害的数据融合到灾害无量纲序列的计算公式中，对清代灾民的痛苦指数做出量化描述[①]. 对其他学科理念和方法的摄取并交叉融会，为社会史的创新和发展提供了深广的学理基础，给社会史研究开辟了极其广泛的空间，也大大加强了研究的深度，形成了它高度开放的姿态和独有的学科特色。

第三，从区域、专题研究，到整体性和跨区域研究的不断深化、拓展与提升。20 世纪 90 年代中期后，随着中国社会史体系的初步构建，如何从理论、概念的争论中寻找突破口，实现社会史研究的深化和拓展，成为突出课题。于是，社会史研究的重点转向了区域史和专题研究，尔后开始了向"整体性"、跨区域研究的提升，不断深化和扩展了社会史研究的深度和广度。区域社会史，或称"地域社会史"，是以社会及其发展的相近性为依据而划定的一定区域的社会及其发展的历史，它是社会史研究的重要组成部分[②]。中国对"区域社会史"的研究，早在 20 世纪 30 年代就已发轫。到 90 年代后，随着改革开放后区域社会发展的现实需要，特别是"中国社会史"研究要求在空间上从整体的社会史向区域社会史转向的要求，"区域社会史"逐渐成为我国社会史研究的主流。1992 年到 2004 年每两年一次的中国社会史年会的主题都是关于区域社会史或者与此有关的主题。有关的中小型和地方会议也不断召开，如中山大学历史系等单位组成"华南地域研究会"，以研究华南地区为主，举办了多次学术讨论会。山西大学中国社会史研究中心围绕山西区域社会研究召开了"山西区域社会史学术讨论会"，并与中国人民大学清史研究所联合举办了"区域社会比较研究中青年学者学术讨论会"等。同时，一系列社会史研究机构成立，除各高等院校自己的相关

---

① 高建国、贾燕：《中国清代灾民痛苦指数研究》，见李文海、夏明方主编：《天有凶年：清代灾荒与中国社会》，三联书店 2007 年版。

② 乔志强、行龙：《从社会史到区域社会史》，《山西大学学报》1998 年第 3 期。

机构之外，教育部在南开大学设立了"中国社会史研究中心"重点研究基地。关于区域社会史研究的兴盛局面，正如学者所言："区域经济史、区域社会史、区域文化史之间形成了相互渗透、相互促进的密切关系，它们成为'区域史研究'的三大支柱。尤其是中国南方的一批学者，把人类学、民族学、宗教学的多学科的研究方法运用于区域研究，成立了诸如'华南研究中心'、'闽台研究中心'等区域研究组织，在推动中国区域研究上作出了有益的尝试。"① 这一时期发表的社会史方面论文似汗牛充栋，著作如雨后春笋般问世。如王笛的《跨出封闭的世界——长江上游区域社会研究（1644—1911）》、乔志强、行龙主编的《近代华北农村社会变迁》、魏宏运主编的《二十世纪三四十年代冀东农村社会调查与研究》等，使地域社会史研究呈现出一派繁荣景象，以至有学者指出"中国社会史研究逐步变成'区域社会史'研究"②。区域社会史的研究，置社会史于特定的地理空间，不仅有助于整体社会史研究的深入，而且"可以验证整体社会史的某些论断"③，极大地拓展了历史研究的视野和范围，丰富了历史研究的内容，形成了中国社会史研究路径选取的区域化特征。

　　第四，从"自上而下"到"自下而上"，再到"整合"的历史观。改革开放后，社会史研究继承了近代以来"向下看"，关注社会下层民众的传统，取得了令人称道的成就，对改变传统史学"政治史"的"宏大叙事"范式的悬空状态，开阔研究领域，将历史扎根于日常生活和社会主体坚实的基础上，做出了巨大贡献。到 20 世纪 90 年代后，随着国外社会史著作的传入，人们发现在国外社会史研究中，不只是"眼光向下"，而是在"自上而下"基础上实行"自上而下"。因为，"自上而下"依然没有改变研究者的立场，他们"有可能依然是高高在上的，可能会不自觉地带着某种优越感，'自下而上'地审视芸芸众生及其命运。"不能从作为历史主体的角度去看待和说明历史。而"自下而上"则提供了一个从普通人的角度观察重大事件和制度的新视角，有可能使对问题的看法得到深化，或者发生很大不同。20 世纪 90 年代后区域社会史研究和对国家与社会关系问题的探讨，集中反映了这种"自下而上"的研究视野。但是，随着研究的深入，有学者认识到"'自上而下'或者'自下而上'看历史，实际上都暗含了一

---

① 陈支平：《历史学的困惑》第 58 页，中华书局 2004 年版。
② 杨念群：《"地方性知识"、"地方感"与"跨区域研究"的前景》，《天津社会科学》2004 年第 6 期。
③ 乔志强、行龙：《从社会史到区域社会史》，《山西大学学报》1998 年第 3 期。

个'上'与'下'的二元对立关系"，而"几乎完全忽视各种各样的统一性"，因而不能全面把握历史的全貌。鉴于"自上而下"与"自下而上"视角存在的缺陷，赵世瑜借鉴年鉴学派的"总体历史"主张，提出了"整合"的历史观。这种新的历史观是"自上而下"和"自下而上"两种观察历史视角的有机综合。它要求我们把一个社会看作一个整体，我们所做的一切就是要了解历史上的社会是如何结成一个整体的，这个整体的各个部分之间究竟是什么样的关系，它们是怎样进行着相互间的调适、从而使社会能够正常地运行，这个整体的背后究竟有哪些力量或因素在起作用，即或凝聚、或分离、或改造这个整体及其部分等等。"① 这种"双向"视线的结合与互补的新视角，对全方位地叙述和揭示历史发展的全貌及其动因，不仅具有十分重要的学术意义，而且在实践上推动了社会史研究的深入和水平的提升。

第五，"问题意识"的放弃与重提。在社会史崛起初期，"十七年"及其以前史学研究中"问题依赖"路径，被认为是学术"意识形态化"，抹煞学术研究的独立性而受到批判和抛弃。所以，从改革开放到本世纪初以前，社会史研究中"问题意识"淡薄。进入21世纪后，一些学者为克服把西方理论与中国社会史研究的简单嫁接倾向和区域社会史研究中呈现的"碎化"现象，重新提出"问题意识"，旨在以问题为导向，把社会史研究逐步引向深入，并作为建构本土化的学术理论和"整体史"的重要途径。围绕在学科建设和研究中提出的一些重要问题，如"国家与社会"、"化内与化外"、"礼仪教化"、"国家认同"、"文化创造"、"女性声音"等问题召开专题研讨会开展讨论。应当指出的是，新时期的"问题意识"与以前的"问题依赖"相比，至少有两点不同。其一，它是针对学科和研究本身提出的"问题"，基本不存在社会意识形态的外力影响。其二，讨论的多数"问题"本身，不仅仅是"问题"，而且具有范式意义。如国家与社会的关系问题中"国家——社会"分析框架，直接以市民社会理论为解释工具，探讨中国近代历史上的国家与市民社会、国家与社会的关系问题，并在历史话语中趋向把"社会"理解为民间社会、基层社会的概念，使用普适性的"国家与社会"分析框架作为具体历史现象的整合和系统化的工具②。这在一定程度上对社会史中的"碎化"倾向起到了矫正作用，推动了所研究问题的深入和社会史研究的健康发展。

① 赵世瑜：《"自上而下"、"自下而上"与整合的历史观》，《光明日报》2001年7月31日。
② 邓京力：《"国家与社会"分析框架在中国史领域的应用》，《史学月刊》2004年第12期。

二、社会史研究的主要成就

1986 年在天津举行了首届中国社会史研讨会，就中国社会史的研究对象、范畴、社会史与其他学科的关系、开展社会史研究的意义进行了热烈讨论，取得了把社会史作为史学专门史或流派对待的共识，强调借鉴社会学、民俗学、民族学、人类学的理论与方法对开展社会史研究的重要性，把研究的视角指向人民大众的生活。关于社会史的研究内容及其学科特征，冯尔康较早提出了自己的看法。他指出："中国社会史以人们的群体生活与生活方式为研究对象，以社会结构、社会组织、人口、社区、物质与精神生活习俗为研究范畴，揭示它本身在历史上的发展变化及其在历史进程中的作用和地位；它是历史学的一个专门史，以其开拓历史研究领域，促进历史学全面系统地说明历史进程和发展规律；它与社会学、民俗学、民族学、人口学等学科有交叉的内容，具有边缘学科的性质。"[1]蔡少卿主编《再现过去：社会史的理论视野》（浙江人民出版社，1988 年）翻译了一些国外社会史研究的重要论文，将社会史研究的最新成果介绍到中国。1997年，常建华对新时期社会史学的研究进行了回顾和总结，将社会史的研究内容总结为社会生活研究、揭示社会精神面貌的社会文化研究和置社会史于地理空间的区域社会研究三个方面，并探讨了社会史理论的三个问题和中国社会史理论，重提中国社会史的研究对象与方法[2]。沈长云认为社会史具体的研究范围包括家族、宗族、阶级、阶层等有关社会结构的内容，所谓礼制的研究也可以包括其中[3]。中国社会史关注中长时段的文化、心态、习俗、信仰、仪式、组织、结构、区域、普通人的生活，地方制度对国家的制衡等。新时期的社会史研究，不仅摆脱了过去主要以政治、经济、文化领域的狭隘局限，而且远远超出 20 世纪二三十年代的婚姻、家庭、宗族、社会习俗等范围，考察社会生活的方方面面，社会史的一些主要范畴，如阶级、阶层、宗族、家庭、民族、宗教、人口、娱乐、社交、社会群体、社会心理、时令风俗、社会生活等方面无不涉及。研究的成果十分可观。据统计，1987—2000 年仅有关近代社会史论文就达 1274 篇，专著 300 部[4]。主要著作有乔志强主编的《中国近代社会史》，陈旭麓的《近代中

① 冯尔康等：《中国社会史研究概述》第 2—3 页，天津教育出版社 1988 年版。
② 常建华：《中国社会史研究十年》，《历史研究》1997 年第 1 期。
③ 沈长云：《先秦史研究的百年回顾与前瞻》，《历史研究》2000 年第 4 期。
④ 闵杰：《20 世纪 80 年代以来的中国近代社会史研究》，《近代史研究》2004 年第 2 期。

国社会的新陈代谢》，张静如的《北洋军阀统治时期中国社会之变迁》，龚书铎
主编的《中国社会通史》，陈春声的《市场机制与社会变迁》、赵世瑜的《狂欢
与日常——明清时期的庙会与民间文化》、《小历史与大历史：区域社会史的理
念、方法与实践》，行龙的《走向田野与社会》、《从社会史到区域社会史》，常
建华的《社会生活的历史学：中国社会史研究新探》，杨念群的《中层理论——
东西方思想会通下的中国史研究》等。新时期的社会史研究，包括方方面面的内
容：主要有断代史通史研究、社会群体及其结构研究、社会组织研究、地域社会
研究、人口社会史的研究、社会习尚研究，以及以社会为视角的其它方面的
研究。①

　　由周积明、宋德金主编、郭莹副主编的 120 余万字的《中国社会史论》，在
某种程度上反映了新时期社会史研究的主要内容和基本面貌。本书由 46 位社会
史研究专家撰稿，共分四编。第一编：社会史的理论与方法，包括：社会史的概
念、研究对象、知识体系及其学科地位，社会史研究的探索精神与开放的研究领
域，社会文化史的视野，马克思主义与社会史理论，20 世纪中国社会史研究。
第二编：中国社会史的基本问题，包括：周秦至明中国社会结构的演变，人口与
中国社会，宗族制度的历史轨迹，中国传统家庭及其演变，中国传统生活方式，
中国传统处世之道，中国乡村社会控制的演变，中国传统社会群体研究：中国古
代的"士"，"农民"的概念与传统农民，中国传统社会的商人，历史上的女性
群体，中国古代妇女社会地位的两重性，"吏"——一个独特的社会群体，"流
民"：从传统到近代，中国历史上的流氓，中国传统社会的贱民，乞丐群体的历
史考察，中国传统社会的现代转型。第三编：中国社会史的阶段性问题研究，包
括：周代血缘关系规范与家庭形态，战国时期商品经济的发展与社会变迁，两汉
复仇之风，汉代婚姻关系，魏晋南北朝的世家大族，魏晋士风，唐代婚姻与唐代
社会，宋代社会结构，辽代的婚姻与家庭形态，明清时期的市镇，明清时期
"行"的衰微与会馆的勃兴，明清时期的民间宗教，晚清"绅商"阶层的形成，
商会的崛起及其社会功能，科举制度的废除与近代中国读书人的边缘化，晚清民
国时期社会风俗的变迁，民国时期乡村权力结构的演变，人口因素与中国的近代
化，近代中国的灾害、环境与乡村社会，中国近代社会中的帮会，毒品与近代中
国。第四编：区域社会史的个案研究，包括：明清时期区域经济的发展——江

---

　　① 参见常建华：《20 世纪中国社会史研究》，载周积明、宋德金主编：《中国社会史论》（上卷）第
190—216 页，湖北教育出版社 2005 年版。

南、珠江三角洲、华北平原及长江中上游四区之比较，乡村神庙系统与社区历史的演变——以樟树为例，近代华北农村社会的演变，晚清至民国的乡镇商人——以莆田涵江"黄家门"集团为例，20世纪20—30年代的上海方言与社会生活。①

在社会生活研究方面最具有代表性的成果是1987年中国社会科学院历史所承担的国家社科基金项目"中国古代社会生活史"，该项目的研究成果以十卷本断代丛书的形式出版（中国社会科学出版社，1994年），系统研究了各个历史时期人们的生活环境、居宅、聚邑、人口、婚姻、交通、饮食、服饰、医疗、保健和宗教信仰等各个方面，其中有的内容是以往的历史研究从未涉及的，因而具有较高的学术价值。关于中国近代秘密社会史研究的《中国近代会党史研究》（蔡少卿著，中华书局，1987年；中国人民大学出版社，2009年增订本）、《清前期天地会研究》（秦宝琦著，中国人民大学出版社，1988年）、《中国帮会史》（周育民、邵雍著，上海人民出版社，1993年）、《现代华北秘密宗教》（李世瑜著，上海文艺出版社，1990年）等；关于近代社会生活和社团研究的《中国近代社会风俗史》（严昌洪著，浙江人民出版社，1992年）、《清末新知识界的社团与活动》（桑兵著，三联书店，1995年）、《动荡时代的知识分子》（李良玉著，浙江人民出版社，1990年）等。关于近代社会结构史方面有姜涛的《中国近代人口史》（浙江人民出版社，1993年）、王先明的《近代绅士：一个封建阶层的历史命运》（天津人民出版社，1997年）、马敏的《官商之间——社会剧变中的近代绅商》（天津人民出版社，1995年）、贺跃夫的《晚清士绅与近代社会变迁：兼与日本士族比较》（广东人民出版社，1994年）等著作。王玉波所著《生活方式》（人民出版社，1986年），葛剑雄等对中国人口史及移民史的研究，冯尔康、常建华等对宗族社会和清代社会生活的研究，刘泽华对传统社会"士"的研究。彭卫所著《汉代婚姻形态》（三秦出版社，1988年），运用社会学和人类学跨学科的综合性研究，作了有益的尝试。宋德金等对婚姻史的研究，朱凤瀚、谢维扬对商周家族形态的研究，马新、齐涛对汉唐乡村社会的研究，唐力行等对徽商的研究，马敏对晚清"绅商"和"商会"的研究，陈支平、郑振满等对福建家族势力的研究，陈春声、刘志伟等对华南民间信仰的研究，蔡少卿等对近代帮会和秘密社会的研究，李文海对近代灾害的研究，乔志强、赵世瑜等对近代华北乡村社会的研究，胡新生对前秦巫术的研究，高世瑜对唐代妇女的研究等，都是引人

---

① 周积明、宋德金主编：《中国社会史论》，湖北教育出版社2005年版。

注目的成果。① 这些成果中，朱凤翰的《商周家族形态研究》（天津古籍出版社，1990 年）具有代表性，该书结合古文献与古文字资料、田野考古资料，运用历史学和人类学的方法，对商至春秋社会各种类型的家族组织作了深入细致的研究，并对其演化规律与趋势进行了有益的探讨。除了家族组织的研究外，对婚姻制度的研究也引起社会史学家的关注，李衡眉的论著《中国古代婚姻史论集》（吉林文史出版社，1992 年）系统全面地研究了中国古代的婚姻制度，探讨其发展演变的过程；郭松义在《伦理与生活——清代的婚姻关系》（商务印书馆，2000 年）中，从妇女史与性别史的角度分析了清代的婚姻关系。

专题性研究蓬勃开展，华南区域研究也取得了显著成绩。郑振满出版了《明清福建家族组织与社会变迁》（湖南教育出版社，1992 年）、《福建宗教碑铭汇编》（与丁荷生合编，福建人民出版社，2003 年）、《乡族与国家：多元视野中的闽台传统社会》（三联书店，2009 年），刘志伟出版了《在国家与社会之间：明清广东里甲赋役制度研究》（中山大学出版社，1997 年），陈春声出版了《乡村的故事与国家的历史——以樟林为例兼论传统乡村社会研究的方法问题》（商务印书馆，2003 年），梁洪生出版了《江西公藏谱牒目录提要》（江西教育出版社，2002 年）等著作。在区域社会史研究发展的同时，许多学者的“问题意识”日渐突出，力图以“问题”为导向，把社会史研究逐步引向深入。从 20 世纪末期到现在，社会史研究围绕人口、婚姻家庭、习俗、宗教、会党与秘密社会、灾荒、病态社会、社会现代化等问题持续展开了深入探讨。1998 年苏州第七届研讨会将“家庭、社区、大众心态变迁”确定为会议主题；2002 年上海会议主题是“国家、地方民众互动与社会变迁”；2004 年厦门会议主题为“仪式、习俗与社会变迁”。2006 年黄山会议以“地域中国：民间文献的社会史解读”为主题。学者发表有关论文多不胜数。据不完全统计，仅 2005 年前十余年间，发表有关家族问题的研究论文就达近百篇。

社会史中的一个重要领域，是揭示社会精神面貌的社会文化。文化史的研究从 1984 年起进入高潮，文化史研究的理论基础是文化学的理论，而文化学是在文化人类学的基础上，理论性总结文化发生发展的一般规律的学科。文化史将文化人类学的研究内容纳入学术视野，探讨作为大众文化的生活方式。文化人类学的一般分类中的制度文化，亦即社会文化，是生活方式的重要部分，正是新时期

---

① 王学典：《近五十年的中国历史学》，《历史研究》2004 年第 1 期。

社会史主要探讨的领域①。基于社会史与文化史的交叉关系，产生了社会文化史。剑桥大学教授彼得·伯克在其著作《历史学与社会学理论》（杨豫译，上海人民出版社，2001年）中，概括了社会文化史研究的五个主要方面：物质文化、身体性别、记忆语言的社会历史、形象历史和政治文化史。在20世纪80年代文化热的时代背景下，民族学和人类学的研究也出现了对文化的关注。主要是对少数民族的物质文化、制度文化和精神文化的研究，同时对少数民族历史上的社会组织和政治制度的研究也有很大进展。全国性的对少数民族文化活动综合性的文化志的编撰工作，有大型丛书"民族知识丛书"、"民俗文库"、"中华文化通志"之《民族文化典》、"中国民族文化大观"等的编写。除了这些全国性的大型"民族文化丛书"的编写之外，各地也编写了多种民族史志或民族文化志，如云南民族出版社和云南省民族研究所共同组织编写的"云南少数民族文化史丛书。"对文化中重要的部分宗教的代表性研究成果有杨学政主编的"云南宗教文化研究丛书"，这部丛书为云南的主要民族各编写了一部关于宗教或某一种典型宗教信仰的著作，如杨政业主编的《白族本主文化》（云南人民出版社，1994年）。此外，关祥祖主编了"中国少数民族医药丛书"。文化史研究方面的代表性成果，有杨希枚的《先秦文化史论集》（中国社会科学出版社，1995年）。杨向奎的著作《宗周社会与礼乐文明》采用文献、考古和民族学材料相结合的"三重证据"法研究西周的历史文化，是文化史研究的创新之作。此外，张岱年、方克立主编的《中国文化概论》、周一良的《中外文化交流史》、罗宏曾的《魏晋南北朝文化史》（四川人民出版社，1989年）、熊铁基的《汉唐文化史》（湖南人民出版社，1992年）、赵文润主编的《隋唐文化史》（陕西师范大学出版社，1992年）等著作都是文化史的重要著作。社会史与文化史的另一个交叉部分，属于社会文化范畴的还有风俗史。风俗史主要研究社会风尚和生活习惯，近似的说法是风俗史或礼俗史。代表性研究成果有严昌洪主编的《西俗东渐记——中国近代社会风俗的演变》（湖南人民出版社，1991年）和《中国近代社会风俗》（浙江人民出版社，1992年），林牧、韩养民主编的《中国风俗丛书》（陕西人民出版社，1986年），《中国社会民俗丛书》十种（上海文艺出版社，1995年）等等。

新时期区域文化向着整体化的方向发展，区域文化中，很重要的组成部分是社会文化，区域文化与区域经济的探讨，为特定区域整体研究奠定了基础，也为

_____

① 常建华：《中国社会史研究十年》，《历史研究》1997年第1期。

区域社会研究提供了相关成果。①

三、社会史的研究范式

改革开放后，中国社会史发展的重要表现是建立了一些有影响的专门学术机构。中国社会科学院近代史研究所近代社会史研究中心、南开大学中国社会史研究中心、北京师范大学乡土中国研究中心、中山大学历史人类学研究中心、华中师范大学近代史研究所、山西大学中国社会史研究中心，都成为社会史研究的重镇。这些研究机构汇集了一大批学有成就的社会史研究专家，其中有冯尔康等史学家，更多的是改革开放后成长起来的中年史学工作者。20 世纪 80—90 年代从事社会史研究的学者，绝大多数是原来从事中国古代史断代研究或从事中国近现代史研究的学者，在探索开辟相关领域研究工作的同时，逐步转入社会史的研究。如冯尔康由明清史研究成为南开社会史的领军人物，北京师范大学的社会史研究，也是从事古代史和近代史研究的学者，如赵世瑜、朱汉国等；中国人民大学的李文海等的自然灾害史研究团队，多数是研究清史、近代史出身等。这些研究机构和专家学者由于学术背景和旨趣不同及研究阶段的变化，具有不同的学术风格和特点。

第一，带有宏观社会史和通史特点的研究范式。龚书铎、张静如、陈旭麓更多地借鉴和运用了社会学的理论和方法。思考社会史问题，建构社会史研究框架，出版了《中国社会通史》（龚书铎）、《北洋军阀统治时期中国社会之变迁》（张静如）、《中国近代社会的新陈代谢》（陈旭麓），这些著作反映了社会史研究复兴之初的路径选择"带有宏观社会史和通史的特点。"② 这些学者多从事中国近代史或中共党史的教学和科研工作，为了开辟相关的新领域，倡导和从事社会史的研究。

第二，以多学科研究社会生活史和文化史为特征的研究范式。主要以冯尔康为代表的南开大学和中国社会科学院社会史研究团队为代表。冯尔康在 1986 年初发表的《开展社会史的研究》一文中，提出"应给予历史研究以有血有肉的阐述，真正建立立体的史学，形象化的史学，科学的史学。"③这种"有血有肉"

---

① 张俊峰、殷俊玲：《首届区域社会史比较研究中青年学术讨论会综述》，《历史研究》2005 年第 1 期。

② 常建华：《中国社会史研究的回顾与展望》，《光明日报》2001 年 3 月 20 日。

③ 冯尔康：《开展社会史的研究》，《百科知识》1986 年第 1 期。

的社会史，实际上不仅提出了要把社会生活史作为社会史的重要内容，而且意味着社会史研究内容与研究方法的转换。中国社科院历史研究所和近代史研究所社会史学术团队的社会生活史研究，主要遵循会通多学科研究的有效手段，从总体上考察中国社会生活和社会文化及其嬗变的轨迹与规律。多卷本《中国古代社会生活史》集中显示了对生活史的研究路径。其社会文化史主要"从大小传统的关系角度展开"。即"视线是向下看，着眼于小传统"，弄清作为精英文化的大传统（礼的意识形态和社会制度）是怎样影响和制约小传统（世俗文化）的发展，从而"理解上层文化和下层文化互动关系"，"揭示精英文化社会化的过程和特点"①。刘志琴主编的《近代中国社会生活与观念变迁》（中国社会科学出版社，2001 年）和《中国近代文化变迁录》（1840—1921 年）（浙江人民出版社，1998 年）等代表性著作正是这种研究的成果。南开大学社会史领军人物冯尔康、常建华主要运用人类学和民俗学理论与方法，把宗族史、风俗史研究作为了解社会生活的学术特色。冯尔康主编了《中国宗族社会》（浙江人民出版社，1994 年；上海人民出版社以《中国宗族史》2009 年再版）、《中国社会结构的演变》（河南人民出版社，1994 年），冯尔康著有《中国古代的宗族与祠堂》（商务印书馆，1996 年）、《清人社会生活》（与常建华合著，沈阳出版社，2003 年）、《清人生活漫步》（中国社会出版社，2004 年）、《顾真斋文集》（中华书局，2003 年）等著作；常建华除参与冯尔康主编的多部著作外，还出版了《社会生活的历史学》（北京师范大学出版社，2005 年）、《明代宗族研究》（上海人民出版社，2005 年）等著作。他的论文《习俗与教化：徽州宗族组织的形成——以休宁范氏为中心》于 2006 年在法国《年鉴：历史学，社会科学》发表，产生了较大的影响。

　　第三，区域社会史研究范式。傅衣凌代表的华南一批史学工作者比较关注对区域社会经济史范式的运用。到 20 世纪 90 年代，随着区域经济史研究的勃兴，这一范式成为社会史研究的一个主要路径。其中，华南、华北等地区的研究比较突出，但由于不同区域的条件和研究背景各异，不同团队和专家学者的具体研究路径，也各有选择，特色鲜明。

　　以陈春声、刘志伟、郑振满、梁洪生、邵鸿、蔡志祥为代表的华南区域研究的特点，是结合历史人类学的方法，以华南地区为考察地域，结合文献资料和田

---

① 刘志琴：《社会文化史的视野》，载周积明、宋德金主编：《中国社会史论》（上）第 102 页，湖北教育出版社 2000 年版。

野调查，力图在研究兴趣和方法上超越学科界限，以新的研究范畴和视角，探讨宏观的文化中国的创造过程。① 在具体的研究过程中，提倡田野调查与文献分析、历时性研究与结构性分析、上层精英研究与基层社会研究的有机结合。强调从中国社会历史的实际和中国人自己的意识出发理解传统中国社会发展的各种现象，在理论分析中注意建立中国人文社会科学研究自己的方法体系和学术范畴。同时，重视民间文献和口述资料的收集和整理②。"在把握历史内在脉络的基础上，从过去如何造成现在、过去的建构如何诠释现在的问题意识出发，从宗族、绅士、族群等入手，研究地方如何纳入国家的过程及其复杂的关系。"③ 这种以历史人类学为特色的研究路径，使华南地域社会史研究在史学界独树一帜。关于华南研究的学术渊源，郑振满明确地说："严格地说，现在我们的华南研究不能说是完全全新的研究，我们都是在继续我们老师的工作。像中山大学的梁方仲、汤明燧先生、厦门大学的傅衣凌先生、杨国桢先生，他们的研究传统就是社会经济史方向。他们的特点是比较具有社会科学的信念，本身的学术背景中又包含经济学、社会学的内容。我们这些学生都是跟他们学、跟着他们做的。"④

华北区域社会史研究主要是以北京师范大学的赵世瑜和山西大学乔志强、行龙为代表的学者。赵世瑜把区域社会史解释为历史研究的一种新方法、"一个取代传统史学的政治史范式的新范式"⑤，形成了他不同于传统史学的研究路径。

首先，"重写历史"的三种方式。即包含了科泽勒克（Reinhart Koselleck）所区分的三种"重写历史的方式"——新材料、对材料的新的解读模式、新的阐释视角。新材料，是指从区域社会史的本位出发，借鉴人类学、民俗学等学科的方法和理论，通过田野调查"走向历史现场"，发掘被传统史学忽略的族谱、碑刻、口头传说等非经典性材料作为新材料；对材料的新解读方式，是指将这些新材料与传统史料特别是"正史"结合起来，"纳入社会史的视野和范畴之中"，并赋予它们以解释"过去的他者"的社会实践活动和物质生活、精神生活条件

---

① 参见程美宝、蔡志祥：《华南研究：历史学与人类学的实践》，《华南研究资料中心通讯》第22期，2001年1月。

② 参见《华南研究资料中心通讯》第23期，"封二"，2001年4月。

③ 户华为等：《走向多元开放的社会史》，《光明日报》，2009年3月24日。

④ 郑振满：《我们的华南区域社会史研究》，载邹兆辰等编：《新时期中国史学思潮》第280页，当代中国出版社2001年版。

⑤ 赵世瑜：《小历史与大历史——区域社会史的理念、方法与实践》，第26、第3—4页，三联书店2006年版。

的功能，从而"发现历史的另一副面孔和另一片崭新的天地"①；新的阐释视角，是指在技术上把区域作为"一种便于操作的分析单位"。对这种"单位"研究的目标"并不在于区域或者地方，而在于通史——它体现了一种重写通史的努力"，从局部的"小历史"透视和阐释全局性的"大历史"②。这三种方式的确给"重写历史"带来了社会史研究的新视野和新方法，使人们可以置身于"历史现场"，通过对现场资料的解读、透视来阐释历史。

其次，"整体史"的理念。在赵世瑜区域社会史新范式视野里，"整体史"不是把被只研究政治、经济等"骨架"的传统史学所忽视的社会群体及其日常的生活世界纳入研究领域，而使历史研究变得有血有肉，也非从研究对象中抽象概括出来的"整体性模式"，而是指对历史的"立体全景"式的理解与建构。这种"整体史"是一个相对的不确定的概念，不仅可以指全国的历史，而且也可以指各级地区的历史，只有"你有材料，一个村子也可以写一个整体史。当一个问题切入以后，可以探讨了很多方面的问题，如制度、经济等。当然不是说你每篇文章都要写成整体史，但你要有整体史的观照、有整体史的追求。"③ 这整体观，已超出了社会史研究的范围，对于克服社会史在内的中国史研究的"碎化"现象和以偏概全的偏颇，加强历史研究的整体性，具有重要意义。

再次，"结构过程史"的价值取向。在中国传统史学中，历史事件是研究和阐述的重点，以事件统领甚至代替过程，解释历史。而赵世瑜区域社会史新范式，把二者颠倒过来了，"事件只不过是用来展开区域社会史解释的一件"道具"、"一个切入口"，而"过程的真实"成为解释历史的重点所在。他描述的事件，旨在说明"在该历史事件的身上囊缩着一个什么样的真实历史过程"。④

赵世瑜关于区域社会史新范式的这种"走向历史现场"的材料发掘模式、对材料新的解读模式、新的阐释视角和倡导"整体史"、"结构过程史"的史学理念和路径，被称作当代中国历史学界的一场"区域社会史的革命"⑤。赵世瑜

---

① 周祥森、张香凤：《区域社会史的革命——评赵世瑜著〈小历史与大历史〉》，《史学月刊》2007年第12期。

② 赵世瑜：《小历史与大历史——区域社会史的理念、方法与实践》第10页，三联书店2006年版。

③ 赵世瑜：《小历史与大历史——区域社会史的理念、方法与实践》第363页，三联书店2006年版。

④ 周祥森、张香凤：《区域社会史的革命——评赵世瑜著〈小历史与大历史〉》，《史学月刊》2007年第12期。

⑤ 周祥森、张香凤：《区域社会史的革命——评赵世瑜著〈小历史与大历史〉》，《史学月刊》2007年第12期。

的代表作《狂欢与日常——明清以来的庙会与民间社会》（三联书店，2002 年）和《小历史与大历史：区域社会史的理念、方法与实践》（三联书店，2006 年），正是这种学术观念和研究路径的集中反映。

以乔志强及其弟子行龙为主要代表的山西大学社会史研究中心团队，在 20世纪 90 年代前期注重运用比较方法、计量方法和多学科渗透的方法从事华北区域社会史的研究①。此后，则集中于山西区域社会史研究。其研究路径的特点是："以田野调查为起点，将第一手的地方民间文献与田野感悟相结合，将历史研究方法与人类学田野调查的方法相互结合，并从社会学、民俗学等学科中汲取研究方法和有用的问题，从具有时空特征的具体情境出发，从水利社会、晋商和集体化时代的村庄把握山西的历史发展脉络，在讨论中兼顾环境、经济、政治、文化、人口等的横向因素以及国家、绅商、普通民众等的纵向因素在地域社会的交错互动，以此来把握区域社会的运行脉络与机制"②。这种"走向田野与社会"的路数，首先使该团队在"以水为中心"的山西区域社会史研究取得了丰硕成果，而后又在田野调查中发现了 1949 年以后丰富的村级档案资料，催生了他们以人民公社为中心，上溯革命根据地时期的互助组，下延到 1978 年联产承包责任制，被称之为"集体化时代"新的研究方向。《中国近代社会史》（乔志强主编，人民出版社，1992 年）、《近代华北农村社会变迁》（乔志强主编、行龙副主编，人民出版社，1998 年）、《近代山西社会研究》（行龙主编，中国社会科学出版社，2002 年）、《走向田野与社会》（行龙著，三联书店，2008 年）和《从社会史到区域社会史》（行龙著，人民出版社，2008 年），既反映了该团队在个同研究阶段的标志性成果，也反映了他们二十多年来中国社会史研究路径的演变轨迹。

除上述几种范式之外，还有其他一些新的范式和方法，这里只是择要述及。即使如此，也充分反映出新时期社会史学家和学术团队的基本研究路径呈现多元化的选择和走向。总的看来，这些走向的基本取向凸现着"向下看"社会生活研究、揭示社会精神面貌的历史人类学研究、把社会史置于地理空间的区域社会研究这样三大特征。

---

① 乔志强、行龙：《近代华北农村社会变迁刍论——兼论地域社会史研究的理论与方法》，《史学理论研究》1995 年第 2 期。

② 邓宏琴：《社会史研究的本土化取向》，《读书》2008 年第 12 期。

第三节　对经济史和社会史研究路径的反思

新时期经济史、社会史研究在取得显著成效的同时，也出现了一些值得反思的问题。对这些问题，一些学者做了一些有益的纠正偏差的工作，其中要者之一就是经济史与社会史的结合。

一、对经济史研究路径的反思

新时期经济史研究的不断探索，推动经济史研究出现了再度繁荣和持续发展的良好局面，但是，这些探索是在特定条件下进行的，仍然存在着难以避免的历史局限性和一些不容忽视的问题。

第一，浮躁学风和学术行为不端的侵袭。受市场经济的负面效应影响和现实一些不合理政策的影响，一些学者有急功近利的心理，不去做扎实、细致和深入的实际考察和研究，而是追求早日成名、早出成果，追求数量，粗制滥造，甚至剽窃他人学术成果的道德失范现象也时有发生，导致一些成果水平低下，在某种程度上损坏了经济史研究的声誉。

第二，存在着忽视理论的作用，特别是否定或贬低历史唯物主义指导作用倾向。进入新时期后，经济史学界对以往把历史唯物主义严重教条化问题进行了深刻反思，这是完全必要的。经过反思，绝大多数学者树立了对历史唯物主义的科学态度，既反对教条化，又坚持其指导地位。同时，也出现了至今仍存在着一股否定历史唯物主义的指导作用的倾向。一些人认为历史科学只凭史料，不需要任何理论，甚至认为，理论的指导意义必然会带来主观武断的弊病，反而会损害科学性。因此排斥理论的作用，特别是反对历史唯物主义的指导作用。一些人错误地把过去人们对历史唯物主义的教条化理解和运用中出现的问题归之于理论本身并对其进行责难；另一些人把历史唯物主义打入"西方中心主义"，借之加以反对；也有人虽不反对该理论的指导作用，但将其等同于一般的具体研究方法，从而否定了历史唯物主义作为世界观和根本方法论意义上的指导地位。由于轻视和反对理论的指导作用，使一些研究离开了科学揭示历史的本质及其发展规律的要求，不能形成新的研究体系和特色，只是停留在某种经济现象的陈述上，甚至成为数字和材料的堆积，难以达到应有的深度和高度。

第三，存在生搬硬套某一理论模式或框架的现象。改革开放后，经济史学界打破了过去封闭的闸门，引进了许多西方经济史理论和方法，这对开阔学术视野，开辟新的研究领域，提升经济史工作者的研究水平，从整体上推动我国经济史学的发展起了重要作用。但在 20 世纪 80 年代中期至 90 年代中期，曾出现对西方理论的"跟风热"。一些经济史学者把某些理论模式奉为圭臬，对新理论和新方法囫囵吞枣式全盘接受，未能消化就匆匆使用，出现严重地生搬硬套某些理论模式或框架，简单搬用某些新词汇和术语的风气。在这种风气下形成的一些成果，虽使用了新框架和新概念，有的也确实进入了新研究领域，但未能与相应的史实有机结合，不顾中国和西方不同历史和文化背景，导致理论方法与研究内容相脱离、理论分析与实证研究相脱节，以偏概全现象屡见不鲜。一些成果表现形式和表述用语时髦新奇，而缺乏实质性新意，成了半生不熟的夹生饭，即使有些成果提出些许新意，但也多牵强附会，难以服人，使新理论新方法不能发挥应有的效用。90 年代中期以后，"跟风热"逐渐消退。大多数经济史学者对西方理论采取了独立思考、批判吸收的态度，"跟风"明显减少，但"食洋不化"现象仍然在一定程度上存在。

第四，时代性与科学性关系的处理上存在偏颇。经济史是理论经济学的基础性学科，为现实经济体制改革和经济建设提供服务，是经济史的应有功能和应尽的责任与使命。但是，这种服务必须是科学的，即把时代性与科学性统一起来，通过实事求是的科学研究得出对现实具有借鉴意义的结论。新时期出现了不少这样的研究成果，较好地发挥了为当前的现代化建设服务的功能。但是，也存在缺乏深入、全面研究，只从现实经济变革的某种需要出发进行简单比附或类推的现象。如从现在肯定引进外资的必要性出发，而全面肯定近代在华外资对中国经济的促进作用；从现在需要发展对外贸易出发，而过分强调近代中外贸易的平等性；从现在外资企业中有中方职员和工人出发，而完全否定近代买办对外资的依附性和外资企业对中国工人的剥削性，等等。[①]

第五，国际化程度较低。新时期以来，虽然打破了过去的封闭状况，中外经济史比较也取得了不少成果，但我国经济史研究的国际化程度仍就处在较低水平上。主要是与其他国家和国际经济史研究组织的交流不多；绝大部分成果是站在中国的角度出发来研究我国及其与其他国家或地区之间关系，真正能从世界角度分析问题的论著很少；对具有"国际性"的研究论题发掘和国际学界公认范式的消化与运用不够，使我国经济史界研究的问题很少为国际学术界关注，难以摆脱"自说自话"的状态，真正产生国际性影响的论题十分鲜见。

① 虞和平：《50 年来的中国近代经济史研究》，《近代史研究》1999 年第 5 期。

　　虽然存在上述问题和不足，但进步和成就，是新时期经济史发展的主流，改革开放以来是中国经济史学科诞生后最好的发展时期，为我国经济史建立既具有鲜明中国特色，又有鲜明时代特征；既承担了国内资政育人使命，又立足于世界经济史之林的经济史奠定了坚实基础，也昭示出了未来阶段发展路径的大体走向。这主要反映在以下几个方面。

　　第一，"细密化"与"整体性"相携并进的研究路径。20世纪90年代以来出现的中国经济史研究"细密化"趋势，改变了过去经济史研究只重视生产方式的宏观经济研究的偏颇，促进了研究的深入，是学术深入与学科成熟的体现，但也出现了研究"细碎化"问题。进入新世纪以后对"整体性"综合研究的大力推进，在一定程度上校正着"细密化"路径的不足，无论对宏观研究，还是微观研究都具有重要意义。这两种路径的并存和互补，将促进经济史研究既有坚实深厚的基础，又有宏大的视野和全面的把握，从而大大提升了研究水平。

　　第二，"科学化"与人文关怀相得益彰的方法抉择。随着社会和学科发展及对外开放的深入，研究方法和规范向科学化发展的趋势与要求越来越明显。一是研究理论与方法的泛社会科学化。由于"整体性"研究涉及社会生活的方方面面，使经济史研究不但要运用经济学和历史学的理论与方法，还要运用政治学、社会学、文化学、人类学等等社会科学的理论与方法，导致经济史研究所涉及的理论与方法越来越超出原来历史学和经济学范围而涉及几乎所有社会科学的各个学科。经济史研究将因对象、条件不同而可能采用社会科学中最适宜的方法。二是历史资料的数字化。新中国成立以来，特别是新时期以来，我国经济与社会发展统计资料越来越丰富、完整；即使新中国以前许多因数据贫乏而只能作定性分析的历史资料，也由于计量经济史的发展①，而提供了越来越多的定量分析的可能性。三是历史描述方式的规范化。随着我国学术规范与国际接轨，历史描述方式将更加规范。那些粗制滥造和抄袭现象，也将因为学术规范的要求和相关技术手段的使用而受到抑制。但这种"科学化"并不意味着在我国重复西方经济史学界在20世纪60年代以后出现的脱离社会研究经济史、追求纯粹的经济分析的倾向，而是发扬我国社会经济史把经济与社会的历史紧密联系加以研究的传统，注重人在经济活动中的主体作用，使我国经济史研究讲求科学，又凸现人文关怀。

---

　　① 如彭泽益、吴慧、王玉茹、刘巍等学者运用计量方法对我国古代、近代的粮食亩产、劳动生产率、商品流通量、物价和国民生产总值等数据做了多方面研究，取得了一系列成果。其中刘巍将中国近代的GDP回推至1888年。

第三，"国际化"与"本土化"紧密结合的价值取向。20世纪"90年代后期'融入世界'变成一股澎湃于国际经济史坛上的重要潮流"①，也是我国经济史发展的必然要求和趋势。因为随着我国改革开放的深入和经济全球化迅猛发展，中国已成为世界经济越来越重要的一部分。在这种背景下，要弄清中国经济的基本状况和发展规律，就必须具有广阔的国际眼光，把中国经济发展放在世界范围内考察，并加强国际交流，不断吸收国外新理论、新方法；要使中国经济史在国际经济史坛占有一席之地，就必须发掘具有"国际性"的研究论题，采取国际通用的规范，才能使我国经济史研究不断创新，树立自己在国际经济史学界的话语权，扩大我国经济史研究在国际经济史坛中的影响。这种"国际化"必须建立在"本土化"的基础上。就是从我国的实际出发，大胆引进国外相关理论和方法，结合我国的文化传统，加以借鉴、吸收和消化，实现理论和方法的创新，构建既有中国特色又适应国际潮流的经济史学体系。

第四，在指导思想上，坚持唯物史观主导，多元并存的学术格局。新时期以来，尽管唯物史观受到一些人的质疑和挑战，但以唯物史观为指导的马克思主义经济史学始终占居主导地位，马克思主义的经济史研究范式仍然是最主流的经济史范式②。但历史唯物主义是作为"研究中国经济史的世界观层次的指导方法"③，并不排斥其他具体理论与方法，而是强调在它的指导下运用其他理论与方法；马克思主义的经济史范式也不是僵化不变，而是不断发展的。因此，新时期以来形成的以唯物史观为主导，不同研究范式和方法多元并存，相互争鸣的学术格局，将得到持续发展，唯物史观的指导地位将随着研究的深入逐渐加强，马克思主义的经济史范式将得到丰富和发展，已有的其他不同学派将得到新的发展和成熟，还会产生新的学术流派，使中国经济史坛更加繁荣。

二、对社会史研究路径的反思

"区域社会史"和专题研究对拓展和深化社会史研究的贡献是巨大的，但同任何方法一样，这两条路径也有其局限性，加之部分学者本身一些主观因素的制约，导致在区域社会史和专题研究中出现了"碎化"倾向。所谓"碎化"，大致可分为两种情况：其一是研究主题的"碎化"，即许多研究仅满足于题目的新鲜

---

① 李伯重：《中国经济史研究的新趋势》，《光明日报》2000年9月1日。

② 梁捷：《中国经济史研究现状与出路》，《河北学刊》2001年第1期。

③ 吴承明：《中国经济史研究的方法论问题》，《中国经济史研究》1992年第1期。

而忽视对社会史理论的体会与领悟，以致陷于具体问题的琐碎考证和欣赏性描述；其二是研究区域的"碎化"，即将区域史研究完全等同于地方史或地方志的研究，淡化了整体史研究这一区域社会史研究应该坚持的主旨①，成为制约社会史学深入发展的一大瓶颈，引起学科内外学者的关注和反省。李长莉把"细碎化"和"描述性"概括为目前社会史研究中的两大缺陷。②

"细碎化"的主要表现，一是片面强调微观或"中层研究"，忽视宏观和整体史研究，有学者甚至提出要"放弃结构的整体史的叙事"③；二是认为研究题目细小越琐碎越好，却形不成"整体性"研究；三是热衷于对一些很细碎的、稀奇古怪的材料的考证和罗列。四是"自说自话"，难以提出可以共同讨论的话题。④ 这种"细碎化"倾向，使整体史的追求受到忽视和冷落，不利于探寻社会发展的面貌和规律，也使研究者画地为牢，自我封闭，甚至还使一些学者走入歧途，不自觉地离开了社会史学科的要求，写的文章不伦不类，致使"有人讥讽我们的社会史是一个大杂物筐"。⑤。"描述性"的主要表现，一是轻视，甚至否定理论的指导，特别是马克思主义的指导，主张"理论虚无主义"和"工具主义"，过分强调史料和史学范式、方法的作用。二是注重描述而轻视分析。主张"叙事大于逻辑"，对所研究问题的过程和细节重笔细致描述，如论及赌博，则大谈赌博的方式技巧，论及娼妓则对妓女卖淫的细节津津乐道，而对问题的历史性分析或轻描淡写，或不着边际，造成对某些社会生活面或社会问题的描述性研究多，而通过社会经济、政治、文化等等方面的综合分析，来立体观照社会演进过程的范式性研究少的状况。这些缺陷，是新时期社会史复兴过程中出现的问题。在对过去中国史学研究的反思中，一些学者过分强调社会史对传统史学的"反叛性"，把其中的优良传统也一概否定，走向了另一个极端。如反思过去公式化、教条化的诠释经典理论，却走上了"理论虚无主义"；反思过去对上层人物的过分关注，提倡"眼光向下"的视角，却抛弃了"整体史"理念等等。当然，这些问题也与时下浮躁和急功近利的社会风气及一些学者专业素质低下有关。

---

① 吴宏岐：《历史地理学视野下的中国近代社会史研究》，《学术研究》2006 年第 5 期。

② 陈香：《学者呼吁读史治史当观大治得失》，《中华读书报》2008 年 11 月 28 日。

③ 孙江主编：《事件、记忆、叙述》第 21—23 页，浙江人民出版社 2004 年版。

④ 郝平、韩晓莉：《中国社会史研究：下一步怎么走，如何突破？》，《中国社会科学院报》2009 年 2 月。

⑤ 行龙：《中国社会史研究中的几个问题》，载行龙主编：《近代山西社会研究——走向田野与社会》第 1—9 页，中国社会科学出版社 2002 年版

要克服这些缺陷，使社会史研究健康发展，不少学者提出了许多中肯的建议。第一，强化对理论的重视，提高理论素养，特别要强调马克思主义的指导作用。马克思主义不仅因其社会理论宏观特点而有利于克服目前"碎化"倾向，其历史唯物论和辩证唯物论也为微观社会史研究提供理论指导，有助于克服"描述性"缺陷。第二，强化"整体史"理念。在价值取向上，不但要研究地方史、区域史，而且要关注"通史"；在地方史和区域史研究中，关照整个国家乃至世界的历史条件，把对"小事情、小传统"的研究放在大环境之下，强调"以小见大"，提高"问题意识"。在视角上不但要"自上而下"，而且注重"自下而上"①，不但注重感性材料，同时注重理论分析。第三，强化本土意识和学科本位观念。西方的有关学科应当借鉴，但不能简单嫁接，更不可奉为圭臬，要从中国实际出发，合理吸收西方有关学科中适用于中国的成分，构建自己的阐释模式，形成具有中国特色的本土化的学术理论和学科体系。同时，要在保持历史学学科本位的基础上进行创新，要关照历史学规范的基本要求，把研究纳入社会史的学科体系。这些都有助于矫正目前存在的"碎化"和"描述性"缺陷，促进社会史研究路径探索的健康发展和开拓。

如何突破瓶颈，一些学者提出运用区域史的"整体史"研究、跨区域研究、区域比较研究和区域互动研究的方法，并出版了一系列理论和实证研究成果。如赵世瑜所著《小历史与大历史》，比较完整地阐述了"整体史"的意义，指出它在方法论意义上，指对历史的"立体全景"式的理解与建构；在研究的地域范围意义上，不仅可以指全国的历史，而且也可以指各级地区的历史，"人到包括若干省市的区域、省市，小到一个镇、一个县、一个乡、一个村落"。在实际操作过程中，要求全方位地立体地考察地域社会，从特定地域的生态环境、文化资源、权力网络、社会生活等等方面，力图展现出这一地区的立体全景；在理论和方法的运用上要求在对区域社会的"整体的历史"的"历时性地研究中，加入其他社会科学，如社会学、人类学、地理学等学科的理论与方法，注重结构与功能的共时性的分析"②。行龙的《走向田野与社会》则被视为进行"整体史"研究的实证性成果。该书对晋中商人崛起的研究，不但肯定明朝国家"开中制"契机和山西晋中特殊的地理位置的作用，还另辟蹊径，从人口、资源、环境长期互

---

① 赵世瑜：《小历史与大历史——区域社会史的理念、方法与实践》第 10 页，三联书店 2006 年版。

② 周祥森：《区域社会史的革命——评赵世瑜著〈小历史与大历史〉》，《史学月刊》2007 年第 12 期。

动的自然与社会生态失衡造成了生存压力做了多方面分析。对晋中商帮的形成，也从地方政治、经济组织与经济活动、社会生活、秧歌文化、婚姻家庭等各个方面的互动关系进行了深入探讨，把一个颇为丰满的晋商和晋中地方社会面貌，展现在读者面前，也使一些问题得到更为深入的解释。行龙、杨念群的《区域社会史比较研究》（社会科学文献出版社，2006年），则是局部的地方史研究模式与跨区域研究取向结合的成果汇编。这部文集不但展示了区域社会史研究崭新的跨学科视野，也展示了各个区域史模式之间不断通过对话，日益逼近对中国社会进行整体解释的可能前景，是局部的"地方史"研究模式与跨区域研究取向结合成果的一次总体检阅。唐力行主编的《苏州与徽州——16—20世纪两地互动与社会变迁的比较研究》（商务印书馆，2007年），不但体现了对"被解剖'麻雀'的天然整体性"①，而且对两地的家庭—宗族结构、市镇结构、社会管理与社会保障系统、社会阶层状态、社会文化与社会信仰、社会风尚等要素进行了多方位的比较，更重要的是从区域互动的方式出发，展现出两地在经济、文化和人的多方面互动。有学者称之为"中国社会史域际研究之典范"②。这些在研究视角、理论和方法方面的创新，加强了区域社会史具体研究中的整体史观念，使中国社会史免于陷入"碎化"陷阱；使区域社会史研究既守住了边界，又免于画地为牢，开阔了研究视野，推进了区域社会史研究的深入，提升了研究水平。

三、关于经济史与社会史关系的探讨

由于经济史和社会史这两个学科呈现的"整体性"发展趋势，更由于经济史和社会史本身的内在联系的紧密性，使如何认识和处理经济史与社会史的关系，成为新时期史学界令人瞩目的一个问题。

在严格意义上说，经济史与社会史是两个不同的概念和学科。按照吴承明的解释，经济史是"过去的、我们还不认识或认识不清楚的经济实践"③，而社会史则被多数学者看作社会生活史、生活方式史、社会行为史④。然而，由于这两个学科最初都是从西方引进，而西方长期没有形成两个学科众所公认的定义。受此影响，从20世纪二三十年代，直到80年代中期，中国史学界对二者始终没有

① 小田：《区域研究的社会史视野》，《中华读书报》2007年11月14日。

② 池子华、徐国普：《中国社会史域际研究之典范》，《社会科学》2007年第8期。

③ 吴承明：《经济学理论与经济史研究》，《经济研究》1995年第4期。

④ 赵世瑜：《社会史：历史学与社会科学的对话》，《社会学研究》1998年第5期；常建华：《社会史研究的立场与特征》，《天津社会科学》2001年第1期。

严格的界定，而是认为"经济史"、"社会史"含义是相同的或相近的，以至可以相互替换使用"。"在当时人们的心目中，'社会史'则是以经济为主体的，'经济史'是与社会有机体的发展联系在一起的。两者是一致或相通的。"因此，"现代中国经济史学一开始就与社会史相结合，是社会史的核心部分，也就是说，它是以'社会经济史'的面貌出现的。"①

20世纪80年代后，社会史从原先的经济社会史中分离出来而成为一个独立的学科；经济史也随着国外有关概念的传入和国内研究的深入，提出了作为独立学科的经济史概念和学科体系。二者在学理意义的这种划分，对学科建设的意义是不言而喻的，但也容易导致在研究内容上割裂经济与社会的内在的必然的联系，产生了不良的后果。20世纪90年代后，为纠正已经出现或可能出现的偏向，借鉴西方经济史研究过分依赖计量和技术层面，脱离历史与人文思考而出现的"经济史危机"的教训，一些学者便积极倡导经济史与社会史的结合。但是，如何理解这种"结合"，如何处理二者之间的关系，存在两种不同认识和研究模式。一种是把"结合"诠释为经济史与社会史在理论和方法上相互借鉴，但分别恪守各自的学科性质和研究对象。

1992年，著名经济史学家吴承明发表《中国经济史研究的方法论问题》，文章指出，经济史是研究社会经济的，自应使用社会学方法②。2001年，他又发表《经济史·历史观与方法论》一文，提出，经济史研究要注意非经济因素，"我赞成'社会经济史'的提法"③。李根蟠认为，中国经济史学在其发展中形成了具有不同风格的流派，就其运用的方法而言，有偏重于历史学的，有偏重于社会学的，也有偏重于经济学的。但不管哪一个流派，都是一种社会经济史取向，即把经济作为整个社会的基础来研究，同时十分注意经济与社会形态、社会结构和社会生活的有机联系④。2003年，社会史学者行龙发表《经济史与社会史》一文，指出，经济史与社会史的结合，是20世纪以来西方经济史研究的大趋势，也是传统史学走向新史学过程中的突出特征。强调经济与社会本不可分离，只有将经济因素置放于社会整体历史的变迁中进行考察，才能使经济史的研究走向全

①　李根蟠：《中国经济史学形成和发展三题》，见侯建新主编：《经济—社会史：历史研究的新方向》，商务印书馆2002年版。

②　吴承明：《中国经济史研究的方法论问题》，《中国经济史研究》1992年第1期。

③　吴承明：《经济史·历史观与方法论》，《中国经济史研究》2001年第1期。

④　李根蟠：《中国经济史学形成和发展三题》，见侯建新主编：《经济——社会史——历史研究的新方向》，商务印书馆，2002年版。

面深入。①

中国经济史与社会史的结合，走着如下两条路径。第一条路径是经济史与社会史相互靠拢。主要表现为把经济史置于一定的社会环境中加以研究和结合经济因素研究社会史两个方向。就前一方向而言，中国经济史自其诞生后就有优良的传统，特别是以傅衣凌为代表的厦门大学社会经济史学派，在明清社会经济史研究中早已成就斐然。进入新时期后，以傅衣凌、杨国桢、陈诗启为代表的团队在继续明清经济史研究的同时，致力于"海洋社会经济史"研究，取得了大批成果，使该学派的特色更加鲜明。傅衣凌先生的高足陈支平就走着经济史与社会史相结合的学术道路，在从事社会经济史研究过程中，他先后出版了一些更倾向于社会史的著作，如《近五百年来福建的家族社会与文化》（三联书店上海分店，1991 年）、《福建族谱》（福建人民出版社，1996 年）、《客家源流新论》（广西教育出版社，1997 年）、《福建六大民系》（福建人民出版社，2000 年）、《民间文书与明清赋役史研究》（黄山书社，2004 年）等论著。陈春声著有《市场机制与社会变迁：18 世纪广东米价分析》（中山大学出版社，1992 年）、《民间信仰与社会空间》，（与郑振满合编，福建人民出版社，2003 年）等著作。南开大学魏宏运是较早倡导社会史研究的学者，这个团队的现代史研究注重社会经济史研究的有机结合。魏宏运出版了《晋察冀抗日根据地财政经济史稿》（档案出版社，1990 年）、《二十世纪三四十年代冀东农村调查与研究》（天津人民出版社，1996 年）等论著，目前他的学生大多数已成为社会经济史研究的学术骨干和领军人物，在现代经济史特别是农村经济社会史方面取得了显著的成绩，如傅建成出版了《社会的缩影——民国时期华北农村家庭研究》（西北大学出版社，1994年）、《百年瘟疫——烟毒问题与中国社会》（陕西人民教育出版社，2000 年）；李金铮出版了《借贷关系与乡村变动——民国时期华北乡村借贷之研究》（河北大学出版社，2000 年）、《民国乡村借贷关系研究：以长江中下游地区为中心》（人民出版社，2002 年）等论著。以乔志强与其弟子行龙为主要代表的山西大学社会史研究中心学术团队关于水利社会、晋商和集体化的研究中兼顾经济等横向因素，来把握区域社会的运行脉络与机制则为突出代表。这两个方向虽然在各自的学科的框架内展开，但二者的靠拢和融合开阔了研究者的眼界和思路，拉近了经济史和现实社会的距离，促进了经济史和社会史两个学科研究的深化和发展。

第二条路径是把经济史与社会史整合为一个学科。主要表现是对"经济—社

---

① 行龙：《经济史与社会史》，《山西大学学报》2003 年第 4 期。

会史”的倡导。主要以清华大学历史系的李伯重、天津师范大学历史文化学院的侯建新为代表。李伯重 1985 年博士毕业于厦门大学，之后，又求学于美国加州大学、密歇根大学，受美国社会经济史学派影响较大，主要致力于明清江南区域社会经济史研究，先后出版了《江南农业的发展》（1620—1850）（上海古籍出版社，2007 年）、《发展与制约：明清江南生产力研究》、《江南的早期工业化，1550—1850》（社科文献出版社，2000 年）、《多视角看历史：南宋后期至清代中期的江南经济》（三联书店，2003 年）、《理论、方法与发展趋势：中国经济史研究新探》（清华大学出版社，2002）等重要著作。他认为："在日益'国际化'的今天，每个国家的学者都必须与其他国家学者一道，才能对付大家共同面临的挑战。同时，也只有各国学者一同努力，相互借鉴，取长补短，才能各自发挥自己的优势，作出真正有价值的成就。"他既反对全然不理会国外学术的发展，抱住我国史学旧传统我行我素闭门造车的倾向，也反对食洋不化，盲目照搬国外研究方法。主张坚持我国优良的史学传统，同时积极汲取国外学者的先进方法和优秀成果[1]，形成了他"力求追寻的是一种开放的风格"，被有的学者看作"一个把自己的研究'融入世界'的学者"[2]。侯建新 80 年代求学于天津师范大学和南开大学，获博士学位，之后，又求学于英国的牛津、剑桥大学，深受英国社会经济史学派的影响。他主要致力于中西社会转型问题研究，先后出版了《现代化第一基石：农民个人力量与中世纪晚期社会变迁》（天津社会科学院出版社，1991年）、《农民、市场与社会变迁：冀中 11 村透视并与英国乡村比较》（社科文献出版社，2002 年）、主编《经济—社会史：历史研究的新方向》（商务印书馆，2002 年）等著作。与社会经济史学派注重从社会史的角度研究经济史不同，借鉴英国社会—经济史学派多年研究实践，侯建新逐步形成了自己"一个中心、两个交叉"的学术风格，即以西欧向现代社会转型问题研究为中心，实现经济史与社会史的交叉、世界史与中国史的交叉。在研究视角方面，既重视经济因素，也重视非经济因素，坚持大众的、人文的、整体的历史观[3]。2001 年和 2002 年，侯建新连续出版了《社会转型时期的西欧与中国》（济南出版社，2001 年）及《农民、市场与社会变迁》两部专著，鲜明地体现了经济—社会史的研究路数。

---

① 张小也：《更深、更广、更开放——中国经济史研究前景展望》，《光明日报》2000 年 5 月 19 日。
② 李伯重、梁晨：《一个把自己的研究"融入世界"的学者——李伯重教授访谈录》，《历史教学》2005 年第 11 期。
③ 龙秀清：《经济—社会史学科的兴起》，《史学集刊》2006 年第 2 期。

如在《社会转型时期的西欧与中国》一书中，他提出了"三重机制说"（即生产的积累机制、产品要素流通机制和法律保障机制，三个机制相互依赖，密不可分），构成了对经济、社会、政治等方面的因素进行综合考察来解读中西社会发展速缓问题的完整框架，被有的学者评价为"经济—社会史学科本土化的一次成功尝试。"①

2000 年和 2001 年天津师范大学和中国社科院世界历史研究所等单位连续主办两次以"经济—社会史"为主题的全国学术研讨会"。《光明日报》对这次研讨会作了题为"众名家关注'经济社会史'"的专访，引起了社会史学者的重视。这时倡导的社会经济史，不再是原先以"社会经济史"的面貌出现经济史或社会史，而是在新时期对独立的经济史与社会史的重新整合而产生的新学科、新方法和新理念。正如侯建新指出的：它是"经济史与社会史相结合而产生的一门交叉学科，同时也是一种史观，一个流派"。其"研究对象不同于单纯的经济史和社会史，也不是二者的简单叠加，而是两者在新基础上有选择和有侧重的结合，也就是说，它是经济与社会互动的历史；""它并不意味着更多地研究历史中某些特定的领域，而是一种将过去作为整体来进行研究的方法，提倡经济史与社会史的整合，强调的是整体的历史。"② 在 20 世纪，中国社会经济史研究取得了极为丰硕的成果，经济史与社会史的结合已经成为中国现代史学的优良传统，在这种情况下强调二者的进一步融合，希望产生中国的"经济—社会史"，具有重要的理论价值和实践意义。经济—社会史以其整合和综合功能以及它所强调的长时段和渐变性等特点，对深化和升华长时段、综合性的历史研究，如社会转型问题、现代化问题提供了一个很好的专业手段和观察视角，对克服新时期初期的经济史和社会史存在的孤立化研究，促进历史研究的发展具有积极意义。

对经济史和社会史关系的上述两种理解和研究路径，虽使不同团队和学者在研究对象、理念和方法上有明显分野，但"其本质特征都是社会史和经济史的结合"，显示了经济史和社会史结合中的"分化与重组的新格局"③。显然，这种趋势还将继续下去，表面看这似乎是对经济史和社会史的背离，实则有利于两个学科发展。

---

① 龙秀清：《经济—社会史学科的兴起》，《史学集刊》2006 年第 2 期。

② 侯建新：《经济—社会史——整体的和民众的历史》，侯建新主编：《经济—社会史：历史研究的新方向》，商务印书馆 2002 年版。

③ 杨国桢：《吸收与互动：西方经济社会史学与中国社会经济史学派》，载侯建新主编：《经济—社会史：历史研究的新方向》，商务印书馆 2002 年版。

第十一章　新时期西方史学与中国历史学的发展

改革开放以来，中国历史学家彻底摆脱了过去封闭、保守的思想，积极吸收国外历史学研究的新理论和新方法，努力与国际历史学发展的新趋势接轨。通过对西方史学著作的翻译和评介，中国历史学家努力借鉴西方史学的优长，不断借鉴国外历史学研究的新方法，积极开拓历史学研究的新领域，极大地推动了中国历史学的新发展。

第一节　对西方史学的特殊关注

1949 年以来的中国学人，对于西方史学，仅仅知道一些西方古典史学的知识，而对于近代史学特别是 20 世纪以来的现代西方新史学所知甚少。20 世纪五六十年代，只有少数几个学校开设西方史学史的课程，几乎没有出版过一本西方史学史的教材，只有很少的西方史学著作被翻译介绍进来，有的是节译的个别章节，有的则是作为批判材料内部发行。50 年代，几乎只有苏联史学被引入到中国，苏联的世界史教材，占据着整个世界史论著的空间。虽然中国学者的学术视野在 20 世纪 50 年代主要局限于苏联以及东欧和朝鲜、越南等社会主义国家，在 1955 年 8—9 月份，翦伯赞、周一良曾应邀出席了在荷兰莱登举行的国际汉学会议，并就中国历史分期问题与西方学者有过交锋；1955 年 10 月，吕振羽出席了在德国莱比锡召开的国际学术会议；1963 年，何干之也赴阿尔巴尼亚讲学。中国与蒙古、埃及、日本等国之间，也有学术交流和学者之间的往来，但是总体上看来，中国学者与西方世界的交往非常有限，60 年代至 70 年代，中国与西方世界几乎处于隔绝的状态，那时候把西方史学称为"腐朽没落的西方资产阶级史学"。广大史学工作者、历史系的学生，对于西方史学基本上是从不问津的。

改革开放以来，西方史学的禁区被打开，人们以开放的心态看待西方史学，由此部分西方史学成果开始传入中国。1982 年，上海人民出版社出版了田汝康、金重远选编的《现代西方史学流派文选》，人们感到非常新鲜，但也非常陌生，那么多的西方史学家、西方史学流派对许多中国学者来说，几乎根本就没听说过。其实这本书"文革"前就着手进行编译了。那是 1961 年，为贯彻文科教材会议的精神，高教部组织部分学者编写《外国史学史》和西方史学流派的资料，1964 年已经完成，正要准备送出版社出版时，"文革"开始，书稿被搁置，一拖十几年。从这部书的命运可见当时了解西方史学是多么困难！

近三十年来，西方史学大规模地被引进到中国学术界。各种版本的《西方史学史》教材不断问世，为历史系的学生和读者提供了良好的学习条件。这方面，复旦大学历史系发挥了重要作用。"文革"前，就准备由复旦大学的耿淡如先生主持编写《外国史学史》教材，由于各种原因没有出成；"文革"后，当年耿先生的研究生张广智继续了这项工作，他推出了几本新的教材。另外，西方史学著作，现在更是不断地被翻译、引进，各个时期、各种流派的史学名著，我们都能够看到。商务印书馆出版的"汉译学术名著"中，就有大量的西方史学著作，特别是名著。中外史学的交流，更是促进了中国人对西方史学的了解。欧美各个著名的大学，都有中国学者在那里进修、交流，西方国家的一流学者，也经常光顾中国社会科学院以及国内一些著名的大学，我们可以直接地从西方学者那里了解到西方史学的最新进展。所以人们常说：现在中国学者对西方史学的了解，远远超过了西方学者对中国史学的了解。

一、重新认识西方史学

中国是一个有着悠久的史学传统的国家，中国史籍的丰富与完整令世界刮目相看。长期以来，这种史学大国的自我感觉往往影响了中国学人对国外史学的认识。新中国成立以后，由于政治和意识形态方面的影响，使国人带上一副有色眼镜，难以完全认识西方史学的本相。即使排除意识形态的偏见，由于文化和学术交流的局限，一般中国学人了解西方史学也要有很大的时间差。西方 19 世纪以前的理论观念可能被当成是 20 世纪的新东西；而西方 20 世纪上半叶的东西，往往被当成新的、时髦的东西。只有到 20 世纪末、21 世纪初，由于实行多年的开放政策，文化和学术交流的日益频繁，这种时间差才逐步缩小。而新时期以来中国学者对西方文化成果的开放的、理性的心态和科学的批判精神，则使中国学者对西方史学的认识发生了深刻的变化。

（一）对德国兰克学派的重新认识

我们以中国学人对西方史学最有代表性的史学流派认识的转变为例来说明这种变化：19 世纪最有影响的西方史学流派应属德国兰克学派，尽管到 20 世纪下半叶它的影响已经逐渐被西方的新史学所取代。兰克学派的理论和方法在 20 世纪三四十年代曾经被傅斯年等著名学者所倡导，在中国产生过一些影响。但"兰克史学"对中国的真正影响，是在新中国成立以后长期被当作资产阶级"客观主义"的典型，并对其"反动思想"加以批判造成的。即使到 80 年代，史学史中提到兰克也还是把他的"客观主义"当作他的主要方面，而他的史学成就反而是不重要的。有一部很有影响的史学史教材在介绍了兰克的大量学术著作之后说："然而，最值得注意的倒不是朗克的这些著作，而是他所标榜的治学态度和治学方法。"作者认为兰克宣传写历史必须"如其实在所发生的情形一样"，是"宣传其虚伪的'客观主义'，否认理论在历史研究中的指导作用，反对科学的概括和推论，反对总结历史经验，反对用历史研究的成果来指导当前的社会实践。'客观主义'是为资产阶级政治服务的"①。其实，这种对兰克的评价在当时是很有普遍性的，许多"史学史"或"史学概论"教材，在提到兰克这位德国著名史学家时都是把他当作"客观主义"史学的代表，而他的史学成就反倒是不重要的。

而在世纪之交，兰克在中国学者眼中的地位却发生了很大变化。例如，张广智主著、复旦大学出版社出版的《西方史学史》教材中，认为兰克的那句话被后人千百次地引用，似乎就是这句话首次揭示了客观主义史学的宗旨，即"如实直书"。他说："如果认为客观主义史学是由此产生的话，那么我们只能说对兰克的误解造成了客观主义史学。事实上，虽然兰克与客观主义史学有着密不可分的关系，我们却既不能将兰克史学当作客观主义史学的代名词，也不能将对客观主义史学起源的认识仅仅停留在兰克的史学成就内。"对兰克那句名言的评价，张著的观点也有根本的不同。他说："从兰克的那句名言中，我们便能确信他认为历史学崇埋想的目的在于评判过去，教导现在，以利于未来。兰克说自己的写作只不过是说明事情的真实情况，这在表面上是一种谦虚之辞，其实对兰克来说，它同样是一项真正艰巨而伟大的任务。"② 毫无疑问，随着时间的推移，我们对西方史学的认识也在不断的深化，即使那些看来似乎已成定论的事情，由于研究的深入，也会发生相应的认识改变。

长期以来，对于这样一位在西方史学界极具影响力、在中国史学界也广为人知的重量级人物，虽然在各种《西方史学史》的著作中都要进行专门的介绍、论述，但真正进行深入研究的学术著作却还是空白。2006 年，张广智先生的博士生易兰出版了《兰克史学研究》一书，把中国学者对兰克的研究推向了新的

---

① 郭圣铭：《西方史学史概要》第 156—157 页，上海人民出版社 1983 年版。
② 张广智：《西方史学史》第 212 页，复旦大学出版社 2000 年版。

高度。对于兰克那句人所共知的名言，易兰评价道："如实直书"对历史学是一门科学的论证，使得兰克史学在德国史学界成为最正统的史学流派。"可以这样说，兰克史学最主要的贡献在于，通过一系列的研究方法使历史学独立化、科学化，使人们相信历史学可以成为一门科学，可以与自然科学并驾齐驱。兰克'如实直书'带来的是整个历史学界对历史学的信心与日俱增，于是，历史学在19世纪成为一门显学，历史研究也因此得到了长足进步与发展。这样一来，与其说后人加封兰克为'科学历史学之父'是溢美之举，不如说兰克把'科学历史学'铭刻人心是一项盖世奇功。"①

（二）对汤因比史学理论的重新认识

英国著名历史学家汤因比和他的12卷巨著《历史研究》无疑是20世纪中期最有影响的史学著作之一，这部著作所体现的"文化形态史观"也得到西方学术界的极大关注。尽管人们对这部书的观点评价不一，但当时它是西方最具有代表性、最具影响力的史学著作是没有争议的。

汤因比的观点在20世纪40年代曾被介绍到中国，那是同雷海宗、林同济等学者的努力提倡分不开的。由于50年代后期的政治环境，汤因比和他在中国的推崇者一起，成为当时被批判的角色。1959年7月，汤因比《历史研究》的节选本（美国索麦维尔节选）被上海人民出版社翻译出版。当时，翻译出版这部书完全是为了学术批判用的，从该书译者曹未风所写的文章《对汤因比著〈历史研究〉1—3卷的批判》（出版时作为中译本《代序》），可以看出当时学术界对汤因比这部著作的看法。文章认为，汤因比提出这种解释人类全部历史过程的"新学说"的目的，"显然是为了与马克思主义相对抗"，"他的真正目的，就是要用历史来证明，欧美资产阶级，也就是他所说的'西方基督教文明'，乃是全世界从古到今的唯一具有发展生命力的'文明'"。在译者看来，这部著作真是没有什么学术价值可言。"译者不无讥讽地说：汤因比"自以为'总结了全人类的历史经验，并从中找出历史的科学规律的人'自许的，但不管他的野心多么大，花了多少劳动力，他的企图却是惨败了，因为他从根本上就走错了路。他的历史形态学只能使他看到浮浅的表面，看不到事物的本质，他的唯心论也必然要使他走向神学，最后一切还是推到上帝身上了事。"而这部书的唯一可取之处，就是反映了资产阶级在帝国主义时期的"那么一种日薄西山的悲观情绪"。②

---

① 易兰：《兰克史学研究》第284—285页，复旦大学出版社2006年版。

② 汤因比著，曹未风译：《历史研究·代序》第27页，上海人民出版社1959年版。

时过境迁。到了世纪之交，这位 20 世纪英国史坛上出现的"世界级的史学大家"和他从 1934 年开始出版到 1961 年才得以出齐的历史巨著，已经在西方失去威势，逐渐被人冷落的时候，中国学者却越来越深刻地认识到这位大学者思想的深邃和他的著作的学术价值。80—90 年代以来，中国学者评述汤因比和他的著作的文章很多。尽管有的人在运用他的理论说明中国历史与国情时出现过问题，遭到过批评，但这并不影响人们对汤因比理论本身的客观评价。在罗凤礼主编的《现代西方史学思潮评析》一书中，有专章评述"汤因比和他的《历史研究》"（作者张志刚）。文章的第一节就是"历史概念再认识"。作者专就汤因比批评以往西方历史学家专以民族国家作为历史研究的一般范围或主要对象，主张以"文明"作为历史研究的"单位"的观点，指出："从汤因比所作的学术批判来看，他是过于贬低或简单否定了近代学者的历史观念及其认识成果，但他借这种偏激的批判所推出的基本结论却异常鲜明地突出了人类历史的一个主要特征。这无疑有助于启发后人去进一步反省近代历史哲学与史学研究在方法论观念上留下的历史局限性，以使当代历史认识的视野放得更宽阔一些，更深刻一些。"他还认为，汤因比所主张的那种多元文化观，表明他在当时西方文化氛围与学术趋向的影响下，"较早地意识到欧洲文化中心论的弊端，不无积极意义地在历史哲学与史学研究领域充分肯定了'文明形态的独立自在'和'诸种文明的同等地位'，并由此转向了文明形态比较研究。"

对于汤因比所主张的文化动因的观点，张志刚也进行了批判性的分析，在指出他在历史观和方法论方面存在的问题的同时，也肯定了这种观点在历史哲学上的积极意义。他说："应当承认，汤因比所主张的文化动因观点是对历史哲学研究的一种有力推动。他突破了以往历史认识的逻辑框架，明确提出了文化动力的概念，并由文明社会的基本结构入手，深入文化的潜意识层次来加以阐释，这种理论尝试的确发人深思。"[1]

张广智在他的《西方史学史》中也对汤因比的历史观点作了整体性的评价。他指出：汤因比"对史学的一个卓越贡献就是对人类历史发展的客观进程作出了整体性与综合性的考察。"针对 1961 年《历史研究》第 12 卷问世，汤因比把它定名为《重新考虑》这一点，他指出："汤因比不愧是一位竭诚探索与知错即改的严肃学者。""汤因比在检点自己过去思想时所表现出来的豁达和大度，表现

---

① 罗凤礼主编：《现代西方史学思潮评析》第 149 页，中央编译出版社 1996 年版。

了常人所不及的理智上的真诚与坦率。"① 对于汤因比晚年，他对西方社会的现状愈益感到忧虑、不安与失望，展望未来他把希望寄托在东方的思想，更是受到许多中国学者的关注和赞许。对此，张广智在《西方史学史》中也有很多论述。

汤因比在去世前，根据当代历史的最新进展和史学研究的最新成果，改写了他的这部卷帙浩繁的巨著，而且还精选了 500 多幅插图和 23 张地图。2000 年 9 月，上海人民出版社出版了汤因比 1972 年完成的《历史研究》修订插图本（刘北成、郭小凌译）。这足以说明，到世纪之交中国学人对汤因比的兴趣仍然没有减退，相信此书的出版对于中国读者全面了解这位杰出的史学大家的学术思想一定会有积极的帮助。

二、西方历史哲学的转向与历史认识论研究的兴起

20 世纪西方历史哲学的发展，呈现出从思辨的历史哲学日益转向分析的历史哲学的趋势。这种思潮反映了现代西方史学理论上的一场大换位，即把史学的立足点从客位上转移到主位上来。在他们看来，历史作为事件历程的本身是根本不存在的，他们从根本上否认有所谓兰克意义上的客观如实的历史的理论。这一史学理论中带根本性的问题，即历史认识论的问题，从 19 世纪末至 20 世纪初的狄尔泰、李凯尔特首开其端，经过 20 世纪上半叶克罗齐、柯林武德等的发扬，到波普尔手中，已经成为西方历史哲学的主要潮流。

20 世纪 80 年代以来，反映西方历史哲学这种变化趋势的史学理论著述不断被介绍进来。德国哲学家狄尔泰反对实证主义社会学的"自然主义"，反对德国古典哲学的形而上学的观念，认为整个一部人类的历史就是一部精神史。精神是不断变动的，任何历史整体都只有个性，因此也就没有什么历史规律可言。

80 年代初，真正引起中国学术界强烈关注的事件是意大利哲学家克罗齐的史学理论代表作《历史学的理论和实际》的出版。克罗齐提出"一切真历史都是当代史"的著名命题，认为历史决不是用叙述写成的，只有现在生活中的兴趣方能使人去研究过去的事实。因此，这种过去的事实只要和现在生活的一种兴趣打成一片，它就不是针对一种过去的兴趣而是针对一种现在的兴趣。克罗齐的观点无疑会给那些希望认真了解西方史学理论的学者一种新鲜感。

1986 年，由何兆武、张文杰翻译的英国哲学家柯林武德的代表作《历史的观念》出版，使得西方分析的历史哲学的思想在中国又一次产生新的冲击。柯林

---

① 张广智：《西方史学史》第 279 页，复旦大学出版社 2000 年版。

武德认为，历史的过程不是单纯事件的过程而是行动的过程，它有一个由思想的过程所构成的内在方面；而历史学家所要寻求的正是这些思想的过程。"一切历史都是思想史。""思想史，并且因此一切历史，都是在历史学家自己的心灵中重演过去的思想。"① 尽管在基本的历史观上，柯林武德的观点与我们不同，但他所提出的问题，却引起了更多的中国学者的思考。可以说，克罗齐和柯林武德的这两部书从 1980 年代到世纪之交，在中国史学理论界产生了持续不断的影响，研究他们思想的论著很多。

西方分析的历史哲学的另一位代表人物英国的波普尔的著作也于 80 年代与中国读者见面。1987 年有两种译本，一本名为《历史决定论的贫困》，一本译为《历史主义的贫困》。波普尔把历史主义和历史决定论看成是同义语，而他本人是反对历史主义的。他认为历史是没有规律可循的，因而也是无法预言的。他认为，不可能有一部"真正如实表现过去"的历史，只能有对历史的解释，而且没有一种解释是最后的解释，因此，每一代都有权利来作出自己的解释。

此外，对我国学者了解分析的历史哲学产生过较大影响的著作还有英国卡尔的《历史是什么?》，英国沃尔什的《历史哲学导论》等。

20 世纪西方历史哲学从思辨日益走向分析的趋向表明，历史哲学正从探讨历史过程本身的问题转向历史知识性质的思考，其思考的方向是对客观主义、实证主义史学传统的反动，思考的起点是自然科学方法在历史领域中的可适用性，思考的中心就是历史认识的主体性问题。这一趋势唤起了中国史学家自身主体意识的觉醒，具体表现就是 20 世纪 80 年代后期形成的历史认识论讨论的热潮。李振宏在总结改革开放以来的历史认识论研究时，概述了它们之间的关系。他说："改革开放的春风，无可避免地也吹拂到古老而沉闷的史学领域；早在百年之前就已经开始发生了历史哲学转向的西方史学，也无例外地传导到神圣而略带陈腐的中国史学殿堂。于是人们惊讶地看到，从 19 世纪下半叶开始到 20 世纪，西方历史哲学发展到分析的、批判的历史哲学。历史思想家们越来越多地把智慧和精力，从对历史本身的思考转移到历史知识性质的分析，一系列与史学研究实践中主体认识能力相关的问题，都严肃地提到了历史思想家的面前。西方历史哲学话语的这一根本性的转向，对历史学家的判断力、进而历史知识的可靠性，不啻是一场颠覆性的批判。西方历史哲学的转向，理所当然地引起了中国学人的深思，一个被称为'历史认识论'的研究领域，也就在上世纪的 80 年代中期，随着西方史学的引入和传播而蓬

---

① 柯林武德著，何兆武、张文杰译：《历史的观念》第 244 页，中国社会科学出版社 1986 年版。

勃兴起。"① 1987 年在成都召开了以历史认识论为中心议题的第四届全国史学理论讨论会，其后历史认识论的讨论不断深入开展，讨论涉及历史认识的主体性、认识主客体之间的关系、历史认识的一般过程、历史认识的特点、历史事实与历史解释、历史认识的层次与种类、历史认识的真理性及其检验等。当时的主要史学刊物如《历史研究》、《史学理论》、《世界历史》、《史学月刊》等都发表了有关历史认识研究的文章。当时的学者们认为：西方学者在强调作为认识主体的历史学家在历史认识过程中的主观能动作用方面确有其合理之处。历史认识论问题的提出本身应看作是同整个史学的变革紧紧联系在一起的，是史学为了适应新时期现实生活发展的需要而要实行自身改革的一种反映。

李振宏认为：最近几年，我国史学终于发展到再也不能无视西方史学，而要求与当代世界科学并驾齐驱的地步。当代西方批判的历史哲学发展的势头，理所当然的引起了人们的深思。……多少年来，这种潜在的认识偏见，使我们忽视主体认识能力方面的研究，不敢承认在历史研究中加强主体意识、发挥史家主观能动性的正当性、合理性。这不能不说是一定时期内我国史学沉闷、迟滞、缺乏活力的重要原因之一。②

庞卓恒指出：柯林武德也和克罗齐等人类似，在强调作为认识主体的历史学家在历史认识过程中的主观能动作用方面，确有其合理处；较之那种强调只需"排除"主观因素而以"纯客观"态度去吃透史料就能恢复历史真面目的机械反映论，并不更差到哪里。问题在于，历史学家在认识历史时发挥作用的那种"自我—意识"究竟是一种什么性质的意识呢？它是从哪里来的呢？怎样才能使那种意识比较符合客观实际呢？如果不能对这些问题作出正确回答，就说不上科学的史学认识论。③

在关于历史认识论讨论的基础上，有的学者进一步提出建立科学的历史认识论。姜义华提出：需要对历史认识、历史思维的特殊规律进行系统的专门研究，需要自觉地将历史认识同现代科学的发展特别是现代思维科学的发展联系起来，需要对传统的及当代世界各国的历史研究实践及各种史学理论做认真的清理与总结，建立马克思主义的科学的历史认识论④。庞卓恒也在前述文章中提出，历史

①　李振宏：《改革开放以来的历史认识论研究》，《史学月刊》2008 年第 7 期。
②　李振宏：《论史家主体意识》，《历史研究》1988 年第 3 期。
③　庞卓恒：《历史学的本体论、认识论、方法论》，《历史研究》1988 年第 1 期。
④　姜义华：《建立科学的历史认识论》，《广州日报》1987 年 10 月 9 日。

学的理论体系主要由本体论、认识论、方法论三个部分组成，这样便明确地把历史认识论的问题列入"史学理论"的总体框架之中。历史认识论问题越来越受到史学理论工作者的关注，在整个"史学理论"中的地位也越来越重要。

第二节 西方新史学模式与新时期中国史学

年鉴学派的史学范式，西方社会史的理论，在中国引起了巨大的反响，深深地影响到新时期中国历史学的发展走向。

一、法国年鉴派的史学范式及其在中国的反响

20世纪80年代以来的近三十多年中，通过对西方史学的大量介绍和评述，通过对有影响的西方史学理论的重新认识，特别是通过对当代西方最有影响的新流派、新理论与新方法的引进，我国学者通过分析、研究和思考，找到了一些可资借鉴的东西，对新时期中国史学的发展产生了重要的启示作用。

（一）法国年鉴派的史学范式

法国年鉴学派或者叫"年鉴派—新史学"是当代西方史学中具有代表性的一个学派，这个学派到现在已经不是一个狭隘的史学派别，而是形成了一个与19世纪以兰克为代表的传统史学相对的一个新的史学"范式"。

年鉴学派产生于20世纪20年代的末期，在整个20世纪它的传统代代相传，同时也不断随着形势的发展而变化、更新。它的产生正是法国的传统史学遭到挑战，新史学开始出现的时候。

西方的传统史学有很长的历史渊源，19世纪中叶的兰克史学，成为传统史学的集大成者，达到了顶峰时期。兰克对传统史学的主要贡献是建立了一整套考订与辨析史料的方法，进行所谓"外考证"和"内考证"。由于有了这样一套方法，所以为历史学成为科学的研究奠定了基础。兰克深信，只要搜集到大量的史料，并经过严格的考订，辨别真伪，就可以恢复历史事实的真相，能做到"如实直书"。西方传统史学所形成的这套史料考订方法，对历史学成为一门科学的研究，它的影响主要是在研究技术方面。随着时间的推移和学科本身的发展，传统史学的局限性也就越来越突出。因为传统史学非常重视史料，可以说过分强调史料，而且又限于文字史料，主要是官方文献。这样就势必会把研究对象局限在政治事件和精英人物的活动上，这样就忽视了历史发展中有关经济、社会、文化等诸多方面的内容。同时

它忽视人民群众的历史活动，认为历史只是伟人的传记而已。

19 世纪末 20 世纪初，传统史学受到了来自两个方面的挑战，一个是哲学家方面，一个是历史学家方面。哲学家主要是批判的历史哲学或分析的历史哲学的代表人物，他们认为历史学家对历史进行研究，不可能是纯客观的，历史是历史学家对历史认识的结果，只有史料没有历史学家的解释是不行的。因为历史是活的，是由人创造出来的。另一些历史学家则要求扩大历史研究的范围，不能仅仅限于研究政治史和精英人物，对更广泛的历史研究对象如经济、社会、文化等领域也要进行研究，而且要求对历史进行解释，要广泛吸收社会科学的其它学科的方法来对历史进行解释。

法国的年鉴学派就是在这样的条件下诞生的。1929 年《经济社会史年鉴》在法国斯特拉斯堡大学的创刊，是年鉴派成立的标志。年鉴派的名字便是从这个杂志来的，杂志的创刊标志着新史学有了自己的学术阵地。它的创始人是马克·布洛克和吕西安·费弗尔。

费弗尔的治学路径与传统史学有很大的不同，虽然他在大学时也受的是传统史学的教育。他的博士论文是从多角度包括政治、宗教、社会等方面去研究法国的一个省份，也就是他的家乡。他还特别注意从自然—地理环境与人的关系的角度去研究历史，他也注意文化史的研究，着重研究过去时代的精神生活。

另一位代表人物布洛克在理论与方法方面也有许多突破。他的博士论文主要考察英法两国民众对国王有创造奇迹的能力的迷信以及这种迷信产生和存在的历史。布洛克的名著《封建社会》（1939—1940 年），是采用比较研究的方法，对欧洲不同地区包括西欧、中欧、东欧的封建制度的特点进行比较分析的著作。

从"二战"后到 20 世纪 70 年代初，是年鉴派发展的第二阶段，也是年鉴派发展的鼎盛时期。布罗代尔是这一阶段的核心人物，他对年鉴派的史学理论和实践做出了突出的贡献。他的成名之作是《地中海和菲力浦二世时期的地中海世界》。这部著作与传统史学的模式大不相同，书中西班牙国王菲力浦二世并不是主角，中心内容也不是写政治。全书的着眼点是地中海沿岸的国家和人民，他们的生活，首先是物质文明和经济联系，从综合的总体的角度考察了 16 世纪地中海地区的兴衰。全书共有三个层次，第一部分阐述"环境的作用"，详细叙述了地中海十个国家的地理和气候状况。第二部分主要研究"社会结构"，主要是 16 世纪地中海地区的社会和经济。第三部分称"事件、政治和人民"，类似传统史学的政治史。主要叙述西班牙和土耳其两大帝国在地中海的争霸过程。《地中海》一书表明了三种历史时间：长时段、中时段、短时段。长时段反映的是各种结构的稳定的和很少变动的历史，往往要以五十年、一百年、二百年来衡量。这些结构虽然长期不变或很少变化，但对历史却起着经常和深刻的作用。

大约从 20 世纪 70 年代中期以后，年鉴派—新史学发生了很大的变化。这时，年鉴派的学派性已经不很明显，勒高夫甚至还提出用"新史学"的名称来取代"年鉴派"的提法。第三代年鉴派的代表人物已经不同于第一代、第二代那样突出的领袖性的人物，他们是一批人，群雄纷起，使得西方史坛出现一片纷繁复杂的局面。第三代年鉴派的代表人物之一勒高夫强调，新的方法论还是离不开总体史，不是简单地回到叙事史、事件史，而是必须建立在跨学科研究的基础上，在跨学科研究的基础上寻求新的历史综合。这种方法，不能孤立地从事"结构史"、"事件史"的研究，而是要通过对人的总体研究来实现。必须对"社会人"的活动、行为、思想、心态进行总体的各个层面的研究。从 1994 年第 1 期起，年鉴杂志又更名为《历史·社会科学年鉴》。年鉴派学者感到必须建立新的分析范畴和采用新的研究方法，必须十分积极地与其他社会科学对话，所以才作了这样更改。

（二）法国年鉴派史学在中国引起的反响

年鉴派史学从 20 世纪 20 年代末开始诞生，但中国学者真正开始介绍和研究年鉴派史学是在"文化大革命"之后。首先向广大读者介绍法国年鉴派的学者是北京大学的张芝联教授，他在 1978 年发表《法国年鉴派史学》一文，是中国最早的介绍年鉴派的论文。1986 年，张芝联在《历史研究》上发表《费尔南·布罗代尔的史学方法》一文，对布罗代尔的主要著作和史学方法做了评介。在 80—90 年代对年鉴派评介最多的学者是姚蒙，他曾在法国巴黎第一大学做博士，不仅写过许多介绍年鉴派的文章，他还写过介绍年鉴派的专著，访问过不少年鉴派学者，是与年鉴派有直接接触的中国学者。中国社科院世界史所陈启能研究员也写了一系列介绍法国年鉴学派的文章。

近年来，年鉴派学者的著作也开始被介绍到国内，布洛克的著作翻译过来的有《历史学家的技艺》、《封建社会》，布罗代尔的《地中海和菲力浦二世时期的地中海世界》、《十五至十八世纪的物质文明、经济和资本主义》、《历史和社会科学：长时段》，勒华·拉杜里的《蒙塔尤：1294—1324 年奥克西坦尼的一个山村》，此外，还有勒高夫主编的介绍年鉴派的著作等。改革开放以来新出版的《史学概论》和《西方史学史》著作都把年鉴派作为一家重要的西方史学流派加以介绍。如何兆武、陈启能主编的《当代西方史学理论》，鲍绍霖等编《西方史学的东方回响》，张广智的《西方史学史》，徐浩、侯建新的《当代西方史学流派》，罗凤礼主编的《现代西方史学思潮评析》，张广智、张广勇著《史学，文化中的文化——文化视野中的西方史学》以及郭小凌著的《西方史学史》中，都有专章介绍年鉴学派。

陈启能研究员在《八十年代的西方史学》一书中指出，从西方年鉴派—新史学的发展中，至少有三点值得我们注意：第一，与西方传统史学只注重研究政治史和精英人物不同，西方新史学大大地拓宽了研究领域，与此相适应的，又大大地扩大了史料范围；第二，与西方传统史学只注重考证不同，新史学采用跨学科的方法，注重同其他社会科学和自然科学结合，借用一切有用的理论和方法，并由此产生出一系列新的分支学科；第三，与西方传统史学只注重叙述、不注重理论概括不同，新史学强调理论的重要性，主要是史学自身的理论、方法论的重要性。陈启能认为，西方新史学的发展对我们的启迪，远不只以上三点，更重要的还在于帮助我们全面地了解国际史学的发展趋势，启发我们更深入地研究历史学根本的认识论、方法论问题，深化我们对史学的认识，推动史学的革新。①

学者们认为，对年鉴派的研究更重要的在于帮助我们全面地了解国际史学的发展趋势，启发我们更深入地理解历史学的根本的认识论、方法论问题，深化我

① 陈启能主编：《八十年代的西方史学》77—78 页，中国社会科学出版社 1990 年版。评述年鉴派史学的其他文章还有：张芝联：《费尔南·布罗代尔的史学方法》，《历史研究》1986 年第 2 期；王晴佳：《年鉴派对我们研究历史的启示》，《社会科学》1986 年第 5 期；彭卫：《法国"年鉴学派"评述》，《社会科学评论》1986 年第 7 期；杨豫：《法国年鉴学派范式的演变》，《史学理论研究》1992 年第 2 期；徐浩：《探索"深层"结构的历史——年鉴学派对心态史和历史人类学研究评述》，《学习与探索》1992 年第 2 期；吕一民：《法国"新史学"述评》，《浙江社会科学》1992 年第 5 期；顾良：《布罗代尔与年鉴派》，《史学理论研究》1994 年第 1 期；刘爽：《科技革命与法国年鉴派的历史演进》，《求实学刊》1994 年第 6 期；李铁、张绪山：《法国年鉴学派产生的历史条件及其评价》，《东北师大学报》1995 年第 1 期；赵建群：《论问题史学》，《史学理论研究》1995 年第 1 期；陈新：《法国年鉴学派：过去与现在》，《九江师专学报》1995 年第 2 期；汪从飞：《布罗代尔与工业化的历史学阐释》，《开放时代》1996 年第 5 期；曹景文：《年鉴学派产生背景略议》，《历史教学问题》1996 年第 4 期；赵建群：《"唯有总体的历史才是真历史"透析》，《史学月刊》1996 年第 5 期；李伯重：《"年鉴学派"：一个重要的历史学派》，《百科知识》1996 年第 6 期；王宇博、唐炎宝：《法国年鉴学派评述》，《江苏教育学院学报》1997 年第 4 期；张广智：《释"年鉴现象"》，《世纪评论》1998 年第 2 期；魏良：《假说、史实、启示——读布罗代尔〈资本主义的动力〉》，《浙江师大学报》1998 年第 5 期；宋发清：《布罗代尔的中国观》，《陕西师范大学学报》1999 年第 1 期；陈启能：《〈年鉴〉杂志的更名和史研究的新趋势》，《史学理论研究》2002 年第 2 期；郭华榕：《吕西安·费弗尔的〈莱茵河〉一书的价值》，《史学理论研究》2000 年第 3 期；井建斌《布罗代尔史学思想新论》，《殷都学刊》2001 年第 2 期；侯德彤：《试论布罗代尔时段理论的特点和渊源》，《青岛大学师范学院学报》2001 年第 2 期；陈新：《理性、保守主义与历史学家的责任——初论布罗代尔史学思想及其实践效应》，《世界历史》2001 年第 1 期。

们对史学的认识，推动史学的革新。以年鉴派的"范型"问题为例，西方史学的演变有其自身的特殊性，不能简单照搬，但是西方史学范型的转变在一定程度上反映出史学发展的一般规律，因而有一定的普遍性，这对于我们思考中国史学的"范型"是有所启发的。

例如，布罗代尔的"长时段"理论可以启发我们重新认识中国古史的一些重要问题。晁福林的文章《论中国古史的氏族时代》副标题即明确表明是"应用长时段理论的一个考察"。作者认为，"长时段"理论对于先秦社会形态乃至整个中国古史的研究具有重要参考价值。他所论证的中国古史的"氏族时代"，就是一个"长时段"的问题。他认为，从社会结构的角度进行分析，中国古史的氏族时代应当是与编户齐民时代相对应的一个漫长的时代。它滥觞于旧石器时代晚期，经过新石器时代到夏商周时期有了充分的发展，至西周春秋时期社会上大量涌现宗族，氏族时代进入了新阶段，氏族时代在战国时期临近尾声，秦王政统一六国标志着氏族时代的终结。作者把"氏族时代"作为一个"长时段"的问题来研究，这样就抓住了中国古代社会发展的一个"显著特色"。[①]

法国年鉴派史学所以会得到中国史学家的关注有很大的因素在于它在某种程度上认同马克思主义，年鉴派史学的一些代表人物都表示过他们服膺马克思和马克思的方法。所以，法国年鉴派史学受到中国学者的特别关注不是偶然的。

二、西方社会史理论和新时期中国社会史研究的复兴

（一）英国马克思主义史学派

西方学者中关于社会史的定义五花八门，给社会史下一个定义不是一件容易的事情。第一种定义可以说是关于生活、闲暇的历史。英国著名社会史学家屈维廉在《英国社会史》一书中提出一个观点："撇开政治的人民史就是社会史"，也就是说，社会史是关于生活方式、闲暇状况和一系列社会活动的历史。它不研究国家政治制度、军事制度、经济制度、文化制度，这样就把社会史与政治史、军事史、经济史、文化史等区别开来，而社区史、人口史、家庭史、婚姻史、犯罪史、教堂史，以及各种职业集团如农民、手工业者、知识阶层的社会活动与生活状况就成为主要的研究对象。

另一种观点认为社会史是关于全社会的历史，又称社会整体的历史。这是一

---

① 晁福林：《论中国古史的氏族时代——应用长时段理论的一个考察》，《历史研究》2001 年第 1 期。

种广义的社会史概念。按照这种观点，诸如国家政治制度、经济制度、军事活动、阶级状况、文化领域都在研究范围之中。各种专门史只是研究社会的某一方面，而社会史就必须把各个专门史都包含进来。英国著名历史学家霍布斯鲍姆提出了他这种整体的社会史观点。他认为，社会史是对社会整体的探讨，因此不能像一般的专门史那样界定它的特定领域。因为社会史的课题不是孤立的，研究者要把事件放在整个社会变迁的背景中去加以考察。

第三种观点认为，社会史是关于普通人日常生活的历史。查尔斯·蒂利认为，社会史的核心内容是"重建宏观结构变迁中普通人民的历史"，即主张将宏观结构的变迁同人民的日常生活联系起来考察。塞缪尔等学者对在社会史中描述、分析普通人民有很大热情，认为普通民众及其日常生活是社会史考察的主要课题。他说，社会史的活力在于它关心的是真实的生活，而不是抽象的概念，着眼于普通老百姓，而不是权贵名流，侧重于日常事物，而不是耸人听闻的重大事件。塞缪尔这些主张与英国马克思主义史学家所倡导的"从底层往上看"的史学观点是很一样的。在这种史学观点的影响下，英国马克思主义史学取得了很丰富的成果，在西方史学中影响很大。

英国马克思主义史学派也叫英国新社会史学派，他们的贡献是用马克思主义的方法来研究英国历史，从而创立了新社会史学派。这个学派的出现是在第二次世界大战以后，特别是1956年匈牙利事件以后，国际共产主义运动发生急剧变化，他们抛弃了苏联的教条主义的马克思主义研究方法，吸收法国年鉴学派的新史学的长处，对马克思主义有了新的认识，也写出了一批优秀的新社会史的著作。最著名的代表人物有爱德华·P·汤普森和霍布斯鲍姆。

汤普森很重视人对历史的创造作用，注意研究文化方面的因素，力图寻找一种新的历史解释模式。1963年，他出版《英国工人阶级的形成》一书，该书为他奠定了在史学界的地位。他的书，叙述了工业革命时期英国工人阶级的情况（1780—1832年）。他很重视对文化的研究，主张考察那些日常生活和社会生活赖以构成、社会意识形态得以实现的东西，包括家族关系、习俗、各种社会准则、宗教信仰、行为举止、法律、意识等。汤普森还主张突出人在历史发展中的作用，反对只研究生产方式、历史的发展规律而不研究人的见物不见人的历史。他认为，在历史的发展中有人的意志的介入，由于人的意志不同，所以表现为历史发展的多样性。总之，对文化和人的关注，形成汤普森史学的主要特点，也体现了近二三十年来西方史学的主要倾向。

霍布斯鲍姆对史学的贡献在于他提倡建立一种总体的社会史。这种社会史既区别于传统的社会史，也不同于所谓社会结构史。1971 年，他在《从社会史到社会的历史》的著名论文中提出，从根本上说"社会的历史是历史"，必须把历史研究整个领域作为社会史的研究领域。这就是说，新社会史的研究领域应是历史研究的整个领域。把总体的历史作为研究的目标，即从经济、政治、文化、社会、人口等各个层面全面研究整个社会的历史。另一种情况是力图把历史学中所有有关的社会科学形成一个整体，社会史不能与经济史、政治史、文化史、思想史等并列，只做为一个分支学科，它应该是上述各个学科的综合。是要强调研究社会整体的历史。他的《工业和帝国》、《革命的年代》、《资本的年代》、《帝国的年代》都是以社会总体为研究目标的著作。实际上对整个社会的历史做客观的总体的研究是比较困难的，人们更多地是从一个专题、一个层面、一个方面的历史出发进行研究。但无论研究的问题多么专门，多么细小，都必须考虑这个问题与整个社会历史的关系，并努力作出整体性的解释。他还提倡一系列与之配套的方法，他研究的结构模式是：从物质环境和历史环境着手，进而研究生产力和生产技术，随后产生的经济结构和由此产生的社会关系，再研究制度、社会和活动。这样就可以从社会总体上把握一个事物。另一种方法就是跨学科的研究方法，他自己是经济史学家，他从经济学中借鉴了许多概念和方法。他还认为社会学、人类学、民俗学、人口学、心理学、文学等学科的方法，都可以给历史学提供借鉴。

（二）　西方新社会史学派的理论和方法在中国的影响

如果说 20 世纪 80 年代中期以前，英国新社会史对中国史学的影响还是间接的无意识的，那么在 80 年代中期以后，新社会史已经成为中国史学界较为熟悉的一个学派，他们的一些研究理论和方法已经深入人心，并且开始直接地有意识地被中国一批史学家所学习和效法。[①]

南京大学学者蔡少卿在 1988 年把西方新社会史的重要文章选编成集，介绍给中国史学界。他说，在中国二三十年代就有了社会史的研究，那只是对一些社会史课题的了了陈述，还谈不上具有方法论意义上的突破。其后，中国社会史研

---

① 参见鲍绍霖编：《西方史学的东方回响》，社会科学文献出版社 2001 年版；姜芃：《E. P. 汤普森的史学思想研究》，《史学理论研究》1992 年第 2 期；沈汉：《评爱德华·汤普森的新作〈民众的习惯〉》，《史学理论研究》1992 年第 2 期；刘为：《为了理性——纪念 E. P. 汤普逊》，《史学理论研究》1994 年第 1 期；姜芃：《中国社会史的发展与英国新社会史：若干比较与思考》，《史学理论研究》1994 年第 1 期；王觉非、沈汉：《史学巨擘，杰出一生——悼念爱德华·汤普逊》，《世界历史》1994 年第 1 期；姜芃：《试析英国马克思主义史学的现状与历史命运》，《史学理论研究》1998 年第 4 期。

究始终处于不被重视和不自觉的状态。现在，在"史学危机"之际重提社会史研究，带给对中国史学发展有所期待的人们的，犹如一门陌生的新学科，对它既感兴奋又感犹疑，既是新奇又是迷惘。对诸如为何研究社会史？何谓社会史？提出种种疑问势属必然；由这些问题触发的思考，乃至争论亦非怪事。无疑，中国社会史研究的展开，需要首先对这些问题作出回答。"他山之石，可以攻玉"。中国社会史研究的展开，不能漠视国外同行的研究，恰当地借鉴其成功经验，汲取其有用成果，对我们会有很大的裨益。蔡少卿、孙江通过对西方社会史学发展的分析，认为"历史学的内在危机和外在危机造成了历史学的困境，在此前提下，社会史课题的提出，不失为摆脱困境的良好途径之一"，而且"西方社会史学的发展，为我们作了比较好的示范，它向我国史学昭示出历史学发展的广阔前景。"[1] 这方面工作在学者、学术刊物、科研机构和出版机构的共同努力下，达到了比较好的效果。

从这些年我国学者对于社会史研究的理论的探讨和实践方面的努力中，可以看出西方社会史对中国学者的影响。比如，对总体史观的看法：赵世瑜等认为，必须明确社会史的研究范围应该是像霍布斯鲍姆主张的那种总体史，即研究整个社会的历史。这样就可以从不同的角度和侧面透视同一个问题，使史学著作深刻[2]。社会史研究现状的改变首先在于社会史观念的改变，只有观念变了，才会有开阔的眼界和深刻的洞察力，才有助于选择和分析历史事实。同时，社会史应有自己独特的结构和模式、概念和方法。这些要向其他社会科学学科去借鉴，这也就是跨学科的研究。陈旭麓于1992年出版《近代中国社会的新陈代谢》一书。此书将他独创地提出的中国近代社会史的理论模式进行了具体实践，即整体地、动态地反映出近代中国社会的变迁，并浓缩地把这种认识概括成"新陈代谢观"。

关于中国近代社会史的内涵和研究方法，陈旭麓提出以下看法：（一）社会结构：政治结构、经济结构以及农村社会组织、城镇行会组织、会党组织；（二）社会生活：物质生活、人口问题、社会习尚；（三）社会意识：社会心态、大众意识；研究方法：注意辩证法的运用、兼采结构分析法、心态分析法、语言学的方法。[3]《中国近代社会的新陈代谢》一书，包含了不少的社会史的内容。研究对象是近代社会历史的变迁，是不同于经济史、文化史那样以专史为归属，

[1]　蔡少卿：《扩大视野，注重理论方法》，《历史研究》1993年第2期。
[2]　赵世瑜：《社会史研究呼唤理论》，《历史研究》1993年第2期。
[3]　参见陈旭麓：《略论中国近代社会史研究》，《华东师范大学学报》1985年第5期。

陈旭麓认为社会史就是通史。该书第一章第四节的"宗族与社会"，第三章第二节的"人口、移民、会党"，第四章第三节的"条约制度下的社会变化"，第八章"城乡社会在演变"，第十二章第三节"复杂的社会心态"，第十四章"中等社会"，第十六章第一节"乱世众生相"，第十七章第三节"社会习尚的改革"，第十八章第五节"民国初年的社会危机"，都是具有明显社会史的内容。[①]

　　另一方面，中国学者的社会史研究中，开始注意突出人的地位。比如社会史学者陆震认为，社会史研究应该以"人"为轴心，具体方法是：自觉地造就人（指提高史学家的认识能力）、准确地把握人（对人性的认识）、真实地再现人（突出人的作用，有血有肉地再现历史）、合理地批评人（正当开展史学批评）和强烈地感染人（历史著作要文图并茂，有可读性）[②]。这些观点是与汤普森的人本主义史学观念是一致的。能够得出这样系统的以"人"为轴心的史学解释的观念，显然是与新社会史学派以及国际上其他学派的影响分不开的。

　　从近年中国社会史的发展来看，在许多方面都可以找到西方社会史影响的踪迹。例如西方社会史学界对社会史的研究对象问题有如下几种观点：（1）社会生活说；（2）社会的历史说；（3）经验说；（4）社会关系说；（5）普通人的经历说；（6）全面的历史说等，这些观点在中国社会史学界都有其支持者。再如，有的学者在总结社会史给中国史学带来的转变时，认为社会史促使历史学在研究内容上发生了令人瞩目的三大转折，即"由精英的历史转向普通民众的历史"，"由政治的历史转向日常社会生活的历史"，"由一般历史事件转向重大的社会问题"。从这一总结中我们可以发现，它与当代西方史学出现的"从传统的描述性历史转向分析性的历史"；"从注意研究个别的杰出人物转向研究普通人、社会底层、默默无闻的劳动群众"；"从政治史和经济制度史转向新社会史、新经济史、城市、地方史以及一些被传统史学忽视的领域"等趋势相一致，可以看作是对世界史学发展的一种回应。因此，我们应当认识到中国社会史的复兴在很大程度上是建立在西方社会史研究的雄厚基础上的。

　　从整体上来看，我们可以把20世纪80年代社会史的发展状况概括为新时期社会史的"初始发动期"。这首先是一个从学者到有关机构、从理论探讨到具体研究的初步发动过程。在这个发动过程中，社会史已从长期衰落的阴影中走了出来，并且试图凭借自己还并不强壮的身躯去扫除那些条条框框，但这毕竟只是一

---

　　① 参见陈旭麓：《中国近代社会的新陈代谢》，上海社会科学院出版社2006年版。
　　② 陆震：《中国传统社会心态·序》，浙江人民出版社1996年版。

个开始。有关社会史问题的研究还没能全面展开，在许多方面还只是提出了问题或是个别、细节的研究，缺乏系统的社会史著作。90 年代以后，中国社会史研究进入了一个新的发展时期。1992 年举办了全国首届西方社会史学术讨论会，会议的召开无疑推动了中国社会史研究向纵深的拓展，表明中国社会史研究的复兴在很大程度上要吸收西方社会史研究的经验，同时也表明中国社会史要面向世界、走向世界、与世界社会史研究进行对话的强烈愿望。

第三节　向跨学科研究迈进

新时期的中国史学在多学科研究或称跨学科研究的探索上已经迈出了一大步，取得了初步的成绩，形成了一股新的史学潮流。著名史学家戴逸在上世纪末回顾百年来中国历史学发展历程时说道：世纪之交的中国历史学"同社会科学的其他学科以及自然科学，相互交叉、渗透、融合，科学研究呈现整体结合的趋势，一些边缘学科、交叉学科方兴未艾，诸如社会史学、人口史学、生态史学、心理史学、城市史学、计量史学正在崛起。由于跨学科的研究，历史学从其他学科中借用了新概念、新模式、新方法，扩大了自己的研究范围，真正将全人类生活发展的整个过程纳入了历史学研究的视野，致力于通史研究与专史研究的结合，致力于宏观研究和微观研究结合，不再局限于条块分割，不再满足于政治、经济、文化鼎足三分的格局，这将使整个世纪的历史学克服内容狭隘、选题单一、方法陈旧的缺陷，有利于历史学改变面貌，焕发出青春。"①

究竟哪些学科可以成为与历史学产生交互影响的学科呢？英国著名史学家杰弗里·巴勒克拉夫在《当代史学主要趋势》一书中总结当代世界史学发展的主要趋势时，专门论述了社会学、人类学、心理学、经济学、人口学和数学等诸多学科对历史学的影响。他还通过事实说明："历史学家首先应当面向人类学和社会学去寻找新方向是毫不足怪的。在所有的社会科学中，社会学和人类学在观点上与历史学最为接近。"他指出："以历史学为一方和以人类学和社会学为另一方之间的差别不在于目标和对象，而在于研究方法。"② 因为历史学与社会学、人类学在研究的对象上是有关联的，社会学、人类学所使用的"证据"，无疑也

---

① 戴逸：《世纪之交中国历史学的回顾与展望》，载《世纪之交的中国史学》第 15 页、第 16 页，中国社会科学出版社 1999 年版。

② 巴勒克拉夫：《当代史学主要趋势》第 76 页，上海译文出版社 1987 年版。

是历史学的证据。但是，社会学与人类学不能再运用按照时间顺序排列资料从而叙述事件过程的方法，必须寻求一个新的研究方法。社会学要搞民意测验、抽样分析、统计分析等方法，而人类学也要创造自己的方法，如搜集埋藏在地下的资料和探询活着的见证人。社会学和人类学不能像历史学那样可以较容易地得到过去遗留下来的现成资料，他们必须带着问题去寻找自己所用的资料。他们必须把自己对于社会提出的问题所作出的解答，纳入一种理论体系之中，要形成一种社会结构的模式，并把这种"模式"与社会学、人类学的其他模式进行比较，从而判定出这些不同的"类型"之间存在哪些异同。与历史学特别重视"事实"不同，这些社会科学更重视概念与理论。这也就意味着历史学与社会学、人类学之间，有一种相互需要的关系，从而也为它们的合作创造了条件。

下面我们首先就来回顾一下跨学科史学研究在改革开放这三十年来的发展过程。

一、历史研究与自然科学方法论

最初的跨学科研究是一些学者致力于在史学研究中借鉴自然科学方法来改变传统的史学研究模式，因为自然科学是最远离阶级斗争，远离意识形态的。

1980 年第 1、2 期的《贵阳师院学报》发表了金观涛、刘青峰的文章《中国历史上封建社会的结构：一个超稳定系统》，最先把系统论、控制论、信息论引入史学研究领域。他们抓住中国封建社会停滞性和周期性这两个基本历史事实，从分析中国封建社会中经济结构、政治结构、文化结构三个子系统之间相互作用方式和运动机制着手，提出了中国封建社会的结构是一个超稳定系统的模型，从而回答中国封建社会长期延续的问题，试图超越以往流行的单从某个局部、某个方面探寻历史演变终极原因的研究思路。后来，他们又将自己的观点写成了专著和其它文章，强调"系统论控制论可以成为历史研究者的工具"。

系统论的引进，引起了学术领域里人们的热烈思考。有人认为："引入系统方法可以大大加强历史研究中处理大数量史料能力，并有助于克服简单重复辩证唯物主义与历史唯物主义的倾向。"[①] 有人主张，"在历史唯物论指导下，把系统论的观点方法具体运用到历史研究"，用系统论揭示的科学原理，澄清和恢复马克思主义历史唯物论的本来面目，并使它在新的历史条件下得到丰富和发展，从

---

① 高增德：《系统方法与历史科学》，载《历史研究方法论文集》第 233 页，河南人民出版社 1987 年版。

而为改造旧有的史学结构做出贡献，在探寻中国历史特有客观发展规律基础上，建筑中国马克思主义史学的理论框架。"① 但系统论的借鉴意义"主要是在科学方法论和哲学思维上"。也有学者认为：以系统论等为代表的自然科学方法，"只是一种关系横断科学的理论，不是一种历史观——关于历史进程的理论，因此，它不能指导人们观察和分析以往的历史，至多只能提供部分研究方法上的帮助，只能开拓人们的思维空间，无法从根本上改造既有的史学形态。"② 总之，无论从哪个意义上说，系统论以至自然科学方法都是可以借鉴和采用的，但它们都不能代替唯物史观作为史学指导思想的地位。

金观涛的观点得到了一些学者赞同的同时，也遭到了质疑和批评。质疑者认为这种研究方式显然是以某种简单的模式套解复杂的历史，是把历史研究简单化了。金观涛文章也很快受到一些学者的批评，认为是"历史研究中的非马克思主义倾向"。而大多数以传统的史学研究方法以及马克思主义史学方法治学的学者们对于这场争论还没有思想准备，因为他们对所谓的"新三论"、"老三论"感到很陌生。

运用自然科学等方法来深化历史研究，不是每个历史学工作者都可以做的，人们也很难理解这种结合的必要性，甚至怀疑这种方法是否背离唯物史观，运用这些方法所进行的研究成果，也很难为多数史学工作者所接受。20世纪80年代的跨学科研究热，在热闹一时之后，逐渐消沉下去。

计量史学是运用数学统计方法对历史特别是经济史研究中一些可以量化的现象加以量化研究，力求科学和准确。也在这个时期受到关注，也有的学者尝试着进行这方面的研究。在这个时期流行一句话，说历史学家如果不懂数学的话，就不能成为历史学家。但是，能够懂数学的历史学家毕竟太少，所以，计量史学难以兴盛起来。

二、心理史与社会史的兴盛

心理史学是西方史学的一个值得注意的学派。美国心理史学是一个独立的史学分支学科，属于历史学与心理学的跨学科专业。在美国，对于心理史学研究方法的成效也存在着争议，但是它毕竟有相当的研究规模，在从事心理史学研究的学者中，有些人是具有历史学与心理学双方面的训练，并且有相当的研究成果

---

① 吴廷嘉：《系统论在史学选题、结构及方法上的运用》，《社会科学》1985年第6期。
② 王学典：《新时期史学思潮的演变》，《中国社会科学》1994年第2期。

的。在法国,不存在这种跨学科的心理史学,但是在年鉴派第三代的学者中研究心态史已经成为一个热点,并成为 20 世纪七八十年代法国新史学的特点。

中国学者最早了解心理史学是在 20 世纪 80 年代初。在 1982 年出版的《现代西方史学流派文选》中,选入了法国年鉴派创始人吕西安·费弗尔的文章《历史与心理学———一个总的看法》,他提出了历史学家应该与心理学家、社会学家合作,建立一个"联合之网",建立历史心理学。该文选还选入美国学者奥托·弗兰兹的文章《俾斯麦心理分析初探》,这是一篇运用精神分析学说创始人弗洛伊德的理论研究历史人物心理特征的有代表性的文章。随后,罗凤礼、朱孝远等对西方心理史学作了大量的介绍。《史学理论研究》还发表了美国心理史学的新成果,如科胡特的《心理史学与一般史学》、洛温伯格的《纳粹青年人群的心理历史渊源》等文章。《人格与心理潜影》一书的翻译出版,能使中国读者更多地了解到心理史学在美国的运用情况以及对于这种方法的不同意见。

对于法国心态史的介绍主要是通过勒高夫等人编写的论文集《新史学》、《史学研究的新问题新方法新对象》。法国年鉴派的代表人物勒华拉杜里的著作《蒙塔尤,1294—1324 年奥克西坦尼的一个山村》是法国心态史的名著,它的出版对于中国读者了解法国的心态史很有帮助,同时,他的文集《历史学家的思想和方法》一书中也有关于心态史的论述。

西方心理史学的传入在中国史学界产生了相当的影响,虽然这些影响不一定都是直接的影响。从 80 年代以来,史学刊物上发表了很多有关心理史学的文章,还出版了一些专著。这些论著的内容涉及以下一些方面:第一,许多史学工作者认识到史学研究需要借助心理学,需要研究人的心理状况,呼吁历史研究应重视社会心理;第二,研究探索建立心理历史学的理论框架,彭卫和胡波在这方面作出了自己的努力;第三,在对某些历史问题的研究上,试图从社会心理分析的角度作出新的解释,如莫世雄、马敏写过近代商人心理分析的文章,王玉波写过传统家庭认同心理探析的文章,彭卫写过中国历史上心理异常研究的专著,王跃写过五四时期社会心理变迁的专著;第四,探讨个别历史人物的心理特征,如樊树志分析过万历皇帝的心理状态,赵良写过七位中国帝王的心理传记,胡波从岭南文化影响的角度研究过孙中山的个性心理,而对司马迁人格特点的研究则成为不少学者关注的热点,郑先兴著有《史家心理研究》一书;第五,探讨特定时期、不同范围的群体社会心理,如程歗著有《晚清乡土意识》一书,周晓虹有《传统与变迁——江浙农民的社会心理及其近代以来的嬗变》一书。周晓虹认为:社会史就是心态史,而心态史与心理史的区别也是很难说清楚的问题。从年鉴派的特点来看，社会史和心态史在发生上具有同源的关系，也可以说心态史就是社会史，或者说就是社会史中侧重作为社会主观层面的群体精神状态的那一部分。可见这部书的问世是受了法国心态史的影响的。

在跨学科研究方面做得最普遍的应该是研究社会史的学者。这是一个非常广阔的研究领域，吸引着众多的史学工作者参与这项新兴的史学研究。许多史学工作者向社会学借助力量，把社会学的理论和方法运用到历史研究之中，这就促使社会史研究的兴起。仅仅十几年的时间，中国的社会史研究便取得了令人瞩目的成绩，历史研究的内容逐渐丰富起来。诚然，对于社会史工作者来说，大家对于社会史的概念、理论、方法的认识有很大差别，研究的领域也很不相同，但是在社会史研究中运用跨学科方法却是非常普遍的，成为历史学者有意识的追求。

三、历史人类学的兴起

随着国外历史人类学著作的译介，中国的历史人类学研究逐渐兴起，成为社会史之后对历史学研究触动最大的领域。1999 年中山大学成立了历史人类学研究中心，这是中国第一个历史人类学研究实体；2003 年《历史人类学学刊》出版，这又是中国第一份历史人类学的学术杂志。有学者撰文提出，历史人类学研究是跨学科研究的典范，这很值得大家思考。文章认为：人类学引进到历史研究中去后，才使历史学研究产生了较大的变化，因为人类学除了强调在内容上注重下层平民的日常生活世界、批评国家和政治精英建构的历史外，在研究手段上更多地注重田野、口述，注重共时性研究。总之，人类学的方法要求史学家走出书斋，走向田野，这与传统史学是一个根本的不同。因此，作者相信人类学有可能帮助历史学家发现一个新的天地。①

中国的历史人类学研究已经有了一个很好的开端，以中山大学、厦门大学为中心的一批学者开展的华南社会研究，已经显现出历史人类学的与众不同。这批学者特别重视小社区的研究，他们认为小社区的典型研究对于理解一个社会内部多种因素的相互关系，从总体上把握社会发展的趋向，具有其它研究不能取代的意义。在小社区研究中，田野调查的方法成为他们最基本的工作方式，通过实地深入观察（即人类学家所强调的"参与体验"）而获得对社区内部各种社会关系和各种外部联系的了解。在田野调查中，他们搜集到极为丰富的民间文献，包括家谱、族谱、碑刻等资料，还有婚帖、讣告、账簿、人缘簿、分单、乡村告示、

---

① 仲伟民：《历史人类学：跨学科研究的典范》，《光明日报》2005 年 10 月 6 日。

符纸等以前几乎从未被史学家注意和使用过的材料。比如刘志伟重点研究珠江三角洲的宗族问题，鉴于宗族的祖先以及早期历史往往增饰虚构，因此他采取人类学的方法，将故事文本放在当地社会历史的背景与发展中加以解读，从而使谱牒祖先世系的资料记载重获生机，揭示出宗族的社会文化意义。陈春声的研究集中在广东潮州特别是一个叫樟林的乡村，主要研究民间信仰与社区历史发展。他注意挖掘民间文献的史料价值，探讨了地域神三山国王的崇拜问题，对樟林神庙系统表达的信仰空间和潮州民间神信仰的象征意义都作了深刻的分析。对华北社会的研究也是近年的一个学术热点，赵世瑜运用社会学、民俗学、神话学和人类学的研究方法，将文献研究与田野调查结合起来，于细微处发现真实的历史。比如他对明清时期华北庙会的解读，从记载民间信仰和祭祀组织的北京碑刻入手研究地域的历史等，皆发前人之所未发。这批学者充分认识到了人类学研究方法的重要意义，我们可以将这一取向称为史学的人类学转向。

四、环境史的兴起

（一）环境史研究在西方发达国家方兴未艾

人与自然的关系向来不是历史研究的内容。近代自培根以来，强调主客体的对立，强调征服自然。这样的观念长期影响着西方的思想文化界，并产生世界性的影响。人们在这种氛围中研究历史，往往是自觉不自觉地把人类社会从自然中抽出来，不论是政治史、经济史或社会史，往往都是脱离自然的因素来讲述人事。近代以来，以工业化为核心的现代化进程，在导致人类社会经济突飞猛进的同时，也出现了日益严重的环境问题和社会问题。到了 20 世纪中叶，人们已经深切地感受到生态环境的恶化对人类的生存和发展的威胁，环境保护运动因而风起云涌，对环境史的研究开始受到关注。到 20 世纪末，西方环境史的研究已经成了气候，成为继政治史、经济史、社会文化史之后西方历史学的一个新类型。

今天在国际史坛上，研究生态环境的生态环境史有走向主流的趋势。2000 年在奥斯陆召开的第 19 届国际历史科学大会，已经将“环境史的新进展”列为讨论专题之一；2005 年在悉尼召开的第 20 届国际历史科学大会，更将“历史上的人与自然”列为会议的第一主题。

美国堪萨斯大学历史系教授唐纳德·沃斯特在《为什么我们需要环境史？》一文中写到：现代环境危机要求一种新的史学和历史意识。我们要以全新的眼光审视历史，将其视为人与自然之间长期交互作用、彼此挑战、彼此改变的历史。

环境史已经在世界上许多国家出现，它对于那些试图应对危机的科学家和政策制定者实际上有很大的帮助。环境史可以对资源保护以及环境保护主义——现代社会中两种强大的政治力量——的兴起提供更深刻的理解。环境史有助于生态学以及其他环境科学提出更富有创见、更加成熟的解决问题的方法。环境史有助于我们更深刻、更富批判性地了解我们的经济文化和制度，特别是占有统治地位的资本主义的经济文化及其对地球所造成的后果。环境史可以让我们对我们所栖居的每一个特定的地方——我们必须在那里发现更好的生活方式——有更深邃的了解。他说：我们需要面对横亘在我们面前的一种厚重的传统。历史学家从未将思考自然或者人在自然中的位置视为己任。甚至那些书写被压迫族群的史学家也倾向于仅仅关注人类，进而将人类中心变为刻板的思维公式。在我所论及的世界危机的推动下，有些历史学家终于开始接受生态学以及其他的自然科学，同时开始从根本上重新定义我们所构想的人类事务。我们将这种重新定义称为"环境史"，或者可以简称为 21 世纪的"新史学"。①

什么是环境史？目前不同的环境史学家对它有不同的理解和界定。1967 年 R. 纳什的《荒野和美国思想》的出版，被认为是环境史出现的标志。R. 纳什第一次使用了环境史这个术语。他认为，环境史是"人类与其居住环境的历史联系，是包括过去与现在的连续统一体"，因而，环境史"不是人类历史事件的总和，而是一个综合的整体。环境史研究需要诸多学科的合作"。T. 泰特认为，环境史研究应该包括四个方面：首先是人类对自然界的感知和态度；其次是对环境有影响的 、从石斧到核反应堆的技术创新；第三是对生态过程的理解；第四是公众对有关环境问题的辩论、立法、政治规定及对"旧保护史"中大量文献资料的思考。只有把这些主题有序连接起来，才能全面均衡地理解文化与环境的关系。

D. 沃斯特则认为，环境史应包括三项内容：一是自然在历史上是如何组织和发挥作用的？二是社会经济领域是如何与自然相互作用的？即生产工具、劳动、社会关系、生产方式等与环境的关系。三是人类是如何通过感知、神话、法律、伦理以及其它意义上的结构形态与自然界对话的？

大多数学者把环境史看成是研究自然在人类生活中的作用和地位的学科，这个观点是可以为众多学者所认可的。环境史的中心目的是要说明人和自然的关系，而不是人事关系，从而使环境史与其他历史学科，如政治史、经济史、包括

---

① 唐纳德·沃斯特：《为什么我们需要环境史》，《世界历史》2004 年第 3 期。

上个世纪中期活跃起来的社会史有了差别。这样一来，环境史的领域无疑要比先前的各种历史学科宽多了，它的范围扩展到了整个自然，从而打开了历史研究的一个新视角。它不得不向自然科学靠拢，并且必须进行跨学科研究。这就是环境史不同于其他历史学科的地方。

如果说环境史是从 20 世纪六七十年代在西方发达国家开始兴起的一门新学科，那么在此同时我国学者也开始注意到对人类的生存环境的研究。当时的学者可能并没有提出环境史这样一个概念，但是他们所从事的确实是人类生存环境的研究。例如，竺可桢早在 1972 年就发表《中国近五千年气候变迁的初步研究》。接着有学者指出：仰韶时期普遍较现今温暖，相应的气候带较现在偏北。80 年代，有学者认为，历史时期气候变迁造成了我国北方湿润区和半湿润区由北向南的退缩，是我国经济重心由北向南转移的重要原因。有学者研究唐代的气候分期和气候状况；有学者研究明清时期北方气候状况。有的学者研究某一个地区历史上气候的变化，如黄淮海平原的气候状况，上海西部太湖地区的气候状况，华南地区、西南地区的气候变化等。新中国成立后，历史地理学者也非常重视对历史时期自然环境变化的研究，如谭其骧对黄河下游河道变迁与中游农牧业更替关系的研究，侯仁之对毛乌素沙地与乌兰布和沙漠变迁的研究，史念海对黄土高原植被的研究，陈桥驿对绍兴天然植被的考察和研究等。

近年来，学者们通过介绍、引进国外环境史研究的最新成果，提高了我国环境史研究的水平。青岛大学侯文蕙在 1995 年出版了我国第一本研究外国环境史的专著《征服的挽歌：美国环境意识的变迁》。美国学者唐纳德·沃斯特 1979 年推出的《尘暴》一书，被介绍到中国[①]。此书在美国出版后，在史坛引起巨大反响，被认为是环境历史领域里的一部开山之作。至今，它也是美国大学环境史教学与研究的必读书，是被环境史学家们经常引用的一部书。我国环境史家认为，《尘暴》虽然是一部美国环境史专著，但是它所呈现的环境史特质和它特有的研究方法，以及它的思考方式和写作风格都使我们得到启发。它的最大特点是把自然、文化、技术几种不同的，但又是共同构成社会进化和发展的因素结合在一起进行研究的环境史成果，是一部集生态学、经济学、社会学以及地质、气象，以至农学等多种学科于历史学之中的一部佳作。

---

① 唐纳德·沃斯特著，侯文蕙译：《尘暴——1930 年代美国南部大平原》，生活·读书·新知三联书店 2003 年版。

德国学者约阿希姆·拉德卡的新著《自然与权力——世界环境史》①认为，世界史总是潜在地由人与环境的相互作用决定的，环境史的研究很快在世界范围内成为一个迅速发展起来的学科。环境史绝不仅仅是危机和灾难的历史，同样也是人和自然的联系以及自然环境的默然再生的历史。该书叙述了纷繁交织的人与自然关系所带来的极其广泛的文明、文化和生物的后果以及在世界历史上的烙印。

美国丹佛大学历史学杰出教授、美国和欧洲环境史协会创建者之一的丁·唐纳德·休斯，从事环境史研究三十余年，出版了多部有影响的环境史著作。2008年，休斯的《什么是环境史》一书由北京师范大学梅雪芹教授翻译、北京大学出版社出版。本书对环境史的产生和发展，欧美、东南亚、东亚等地环境史的研究现状，以及环境史当前研究中存在的问题和未来的发展方向等做了深入浅出的论述。它由一位古典学者撰写，以全球的视野，从容地对古代、中世纪以及当代的环境史进行了考察，既是一份出色的学术发展水平报告，又是一本无可替代的了解环境史的绝佳的入门指南书。

（二）中国环境史研究的起步

我国学者在介绍、引进西方环境史产生、发展概况的同时，也对环境史的基本范畴和方法提出了自己的看法。包茂宏认为，环境史就是以建立在环境科学和生态学基础上的、以当代环境主义为指导，利用跨学科的方法，研究历史上人类及其社会与环境之相互作用的关系；通过反对环境决定论、反思人类中心主义文明观来为濒临失衡的地球和人类文明寻找一条新路即生态中心主义文明观。这种种因素一起促成人类文明正在走向生态中心主义，即从整体论、有机论出发，承认环境中每个因素的平等内在价值。但它并不是要把关注点从人类转向非人类，而是要扩大和深化对所有环境因素的关注②。景爱认为：既然人类与自然之间有种种的复杂的关系，这种关系随着历史发展而不断演变，我们就应当对人类与自然的关系史进行全面系统的研究。按照我的认识，环境史就是人类与自然的关系史，通过历史的研究，寻找人类开发利用自然的得与失，从中总结历史的经验教训，作为今日的借鉴。因此，环境史研究不仅有严肃的科学性，又要有明确的现

---

① 约阿希姆·拉德卡著，王国豫、付天海译：《自然与权力——世界环境史》，河北大学出版社2004年版。

② 包茂宏：《环境史：历史、理论和方法》，《史学理论研究》2000年第4期。

实性，做到古为今用①。梅雪芹认为：环境史所构建的是人与自然和自然史与社会的历史相关联的历史叙述的新模式。环境史的叙述因对人类如何创造历史的考量以及对人类行为的重新评价，而具有了正当性和意义。②

总之，环境史这样一种史学现象至少从一个方面告诉我们，史学发展到今天，研究和讲述历史决不仅仅是史学家的事情。因为环境与每一个人都息息相关，它将伴随着每一个人、每一个群体的物质与精神的生活。环境史，将对世界各国人民对于生态文明的创造产生积极的影响。无论怎样，自然再也不能被排斥在历史之外了，这是历史赋予环境史家的使命。

中国的生态环境史的研究，是一门非常年轻的学科，它的历史比较短，从事研究的学者也多是年轻的学者。但正因为年轻，所以它的发展显得朝气蓬勃，势头强劲。1993 年，在香港召开了一次"中国生态环境历史学术讨论会"，这是中国学者第一次聚会一起讨论生态环境史的问题。

自从环境史研究在国内外的兴起，一些学者开始从环境史的视角来研究传统的历史问题，包括政治史、经济史、城市史等领域。如青年学者张敏的《生态史学视野下的十六国北魏兴衰》一书③就明确表明受了生态环境史兴起的影响，通过对十六国北魏时期历史进程的考察，来揭示生态环境变迁与政权兴衰、社会经济发展之间的复杂的互动关系。2004 年黄山书社出版了钞晓鸿先生的新著《生态环境与明清社会经济》一书，其中有些文章如《世纪之交的中国生态环境史》、《生态环境与社会变迁——以清代汉中府为例》、《清代至民国时期陕西南部的环境保护》等文章，都具有明显的环境史的特色④。人民出版社出版的毛曦的博士后出站报告《先秦巴蜀城市史研究》，也注意到环境对城市的产生和发展的影响，专章论述了"古代巴蜀城市的历史地理环境"，以及"环境、文化与巴国城市"。⑤

北京师范大学史学研究所王志刚博士与周魁一教授合作。在 2004 年底完成了《清代长江流域农田水利研究》博士后出站报告。作者在广阔的学术视野之下，将历史学与水利水资源的研究相结合，系统地论述了长江流域水利的类型和分区、农田水利制度，农田水利建设和社会经济发展的关系等重要问题。也可视

① 景爱：《环境史：定义、内容与方法》，《史学月刊》2004 年第 3 期。
② 梅雪芹：《环境史：一种新的历史叙述》，《历史教学问题》2007 年第 3 期。
③ 张敏：《生态史学视野下的十六国北魏兴衰》，湖北人民出版社 2004 年版。
④ 钞晓鸿：《生态环境与明清社会经济》，黄山书社 2004 年版。
⑤ 毛曦：《先秦巴蜀城市史研究》，人民出版社 2008 年版。

为环境史研究的著作。

2005 年 8 月在南开大学举行的"中国历史上的环境与社会国际学术讨论会",可以反映当代中国学者研究生态环境史的最高水平。与会者所提交的文章和会上所讨论的议题不仅范围广,而且从理论视角和技术方法上看也趋于多元化。除了生态学、农学、历史地理学、考古学外,还涉及到民族学、人类学、社会学、经济学、民俗学、地质学、森林学、地貌学、水文学、气象学、灾害学、生物学、医药和公共卫生学等领域的专门知识和方法。例如,有的学者研究汉代黄河流域麦作发展的环境因素和技术影响;一位台湾学者以清代嘉庆朝的秧参案为例,来探讨生态环境、人参采集与国家权力的关系;李伯重探讨 19 世纪江南的经济萧条与气候变化;一位学者探讨了云南哈尼梯田形成的历史;有学者研究贵州"石漠化"的人为因素;有学者探讨清代内蒙古的河流与民族发展的关系;有学者研究新中国成立后西安水问题的形成和初步解决;有学者研究 1894 年鼠疫大流行中的广州、香港和上海;有人研究清代中后期江南地区的传染病;有学者对端午节的风俗进行重新考察,思考环境威胁与民俗应对的问题。[1]

近年来,谈论历史上的环境问题,在史学界已成为一种"时尚"。《历史研究》在 2010 年第 1 期组织了"中国环境史研究"笔谈,发表了朱士光、王利华、邹逸麟、蓝勇、王先明、钞晓鸿 6 位学者的相关文章。《编者按》指出:"20 世纪后期至 21 世纪初,随着全球生态环境问题的凸显,生态环境史研究日渐成为国际史坛之大宗。在我国,由于人与自然和谐的理念不断推展,环境史研究已颇呈显学之势,成果颇丰,允为新的学术增长点。"朱士光教授说:"正确认识并解决世界自有人类历史以来积渐形成的生态环境中的种种问题与危机,已是关乎保障经济社会持续健康发展与促成建设和谐社会的关键所在,因而对环境史,特别是对其中生态环境史的普遍关注与深入研究也就成为时代的需求与史家的责任。"[2] 但目前国内的生态环境史的研究仍然相当的分散、零碎,不成系统,与西方相比整体的水平还存在一定的差距。究其原因,主要有以下几个方面:一是学理的探讨还不够;二是学术框架还没有建立起来,学科的定位不明确;三是跨学科的合作研究还没有真正展开,学者是各自为战,彼此之间缺少沟通。因此,中国的生态环境史作为一门历史学的分支学科还是很不成熟的。尽管如此,我们对中国环境史的发展充满信心,我们相信,在现实的迫切需要面前,在中国具有

① 参见王利华主编:《中国历史上的环境与社会》,生活·读书·新知三联书店 2007 年版。
② 朱士光等:《中国环境史研究》,《历史研究》2010 年第 1 期。

历史地理学科发展的深厚基础，在经济史学者、社会史学者、世界史学者等多学科学者共同推动下，具有丰富历史文献材料作为基础，环境史学会在新中国有一个较大的发展。

第四节　"全球史观"与新的世界史体系

新中国成立以前中国没有世界史学科，有的只是西洋史、欧洲史，就是以欧洲为中心的世界历史。50 年代以后，受到苏联的史学体系的影响，有了世界史这门学科，但是这种世界史是世界各个地区、各个国家或民族的历史汇集在一起的世界史，而在 20 世纪下半叶的美国，出现了新世界史，称为"全球史"，有关这种全球史的理论和方法，就称为"全球史观"。这是西方史学的新潮流，近年来影响到我国的史学界并引起一定的反应。

一、"全球史"的产生

（一）什么是全球史？

全球史（global history）也叫"新世界史"（new world history），20 世纪下半叶兴起于美国。一般认为，1963 年麦克尼尔出版《西方的兴起》一书是全球史诞生的标志。40 多年来，全球史在西方史学界蓬勃发展，在 20 世纪 80 年代走向成熟，1995 年第 19 届国际历史科学大会将"'全球史'是否可能"列为讨论主题之一。

一般人都以为全球史就是全球的历史总和，就是全球每个国家或主要国家历史的累加。其实，全球史是一种新的史学研究方法，一种以全球为视角来研究具体历史的方法。它把全球视为一个整体，研究这个整体如何运行，而不是单纯的罗列组成这个整体的每一具体国家的发展过程。

我们现在说的"全球史"、"世界史"，国内学者有时也称之为"全球史观"，听上去很容易给人一种错觉，似乎是一门无所不包的学科或是系统的理论体系。据说"全球史观"一词最初译自英文哪个词汇（组），现已无从查考。在汉语里，"某某观"通常含有理论体系的意思，而全球史并"不是一种博大周密的理论体系"。在美国，它仅仅是个与国别史、专门史等等并列的二级学科（世界历史）下的一个研究方向。它的发展经历了由一门从新角度讲述世界史的课程，到一种编纂世界通史的方法论，最后演变为一个史学流派的过程。

在美国许多大学的课程表中，全球史大致相当于我们高校课程中的"世界通史"。在英文中，Global History、World History 和 Universal History 在全球史的特定意义上通用，这也说明了全球史与世界通史的对应关系。

全球史当然有自己的理论，但这种理论属于历史编纂的方法论，准确地说是编纂世界通史的方法论。世界通史作为独特的学科领域，当然需要独特的研究、表述和编纂方法。美国学者本特利教授在说到全球史时，也常指出"它是一种方法"。①。为什么说全球史是一种方法呢？本特利解释说：全球史的基本出发点认为，在世界历史发展中，跨国家、跨民族的联系、交流与互动起着非常重要的作用。比如跨国贸易不仅促进各参与国的经济发展，而且通过贸易往来传播了文化，促进了不同民族之间的了解，有时甚至导致新文化类型生成。比如现代美洲文化就是欧洲、非洲和印第安文化的综合体。更重要的是，这种联系还会导致植物、动物、微生物、疾病的传播，这对于各地区的发展也会产生非常重要的影响。但是这些"跨国"现象在以往的史学中往往被忽略，因为当现代史学在欧洲诞生的时候，正值欧洲民族国家建设时期，于是人们便理所当然地把国家作为史学研究的基本单位，而跨国家现象从一开始就不在史学家的视野之内，这些现象推动世界发展的作用也被忽略了。

再有，由于地理、气候、交通、文化、种族等方面的原因，在世界历史发展的某个特定时期，可能某个区域、某海洋周围、某一大洲、某个半球乃至全球的发展表现出某种共性或可比性；分析这些共性和可比性会使我们更加清楚地认识人类历史进程，也会赋予我们更多的解决人类问题的智慧；然而在以国家为单位的世界史学方法论之下，我们认识不到这些共性和可比性。受当代全球化现实的启发，史学家们意识到"以国为本"的世界史认识误区，于是开始关注"跨国"现象。这就是全球史的贡献，所以全球史只能说是一种方法，一个认识的角度。

（二）全球史在各国发展的情况

全球史起源和兴盛于美国，但它在其他国家也有所发展。刘新成介绍说：例如在加拿大，至 2000 年，全国 26 所研究型大学中，已有 14 所开设了名为"全球史导论"的研究生课程，2005 年，一些大学又把全球史列入本科生教学计划；在不列颠哥伦比亚和魁北克两省中小学中，开设全球史课程的学校超过总数的 75%。

---

① 本特利：《跨文化互动和世界史分期》，《美国历史评论》第 101 卷，1996 年。转引自刘新成：《什么是全球史》，《历史教学问题》2007 年第 2 期

德国的世界史教育虽然已有 100 多年的历史，但近来仍然就如何讲授世界史问题展开热烈讨论，不少教师和学者主张用"全球史观"改造乃至取代传统的世界史教育体系。2005 年在德国召开的"欧洲全球史学大会"上，把这一讨论推向高潮，年轻一代的德国史学家几乎都是全球史的积极鼓吹者。

2001 年全球史课程进入意大利中学，在 2002 年意大利历史学家大会上，虽然许多史学家坚持认为，世界历史只能是国别史和地区史的总和，不可能存在以全球为独立单位的历史，但连他们也承认，进行国别史和地区史研究也应该具有全球视野。

全球史的影响甚至波及远离西方世界的拉丁美洲。在哥伦比亚，全球史虽然还没有被列为正式课程，但全球史理念和方法已被史学家们广泛接受。许多史学家主张，由于拉丁美洲的历史同美洲印第安人的历史、欧洲史、非洲史以及其他许多民族与地区的历史具有天然的联系，所以应该在全球史的宏观背景下描述拉美地区各国、各地的历史。①

（三）全球史产生的意义

全球史观的产生，是同当今全球经济一体化的趋势有关的。"把全球化历史化、把历史学全球化"正是全球史的学术取向。

所谓"把全球化历史化"，就是追溯全球化的历史过程。当今全球经济一体化趋势激发了人们，首先是西方人了解世界一体化过程的热情，正是这种热情促使史学家从一体化的角度对世界历史进行新的思考。全球史在一向重视课程设置与社会需求衔接的西方国家都首先呈现为"教学内容"，然后才发展为学术研究领域，这本身就表明，全球史是时代需求的产物。

而"把历史学全球化"，体现了全球史的学术立场。如果说史家追溯全球化过程的使命是时代赋予的，那么史家怎样追溯这一过程则是当代学术思潮所决定的。从学术背景来看，人类学的进展、后现代主义对"宏大叙事"的否定以及非西方世界的史学研究与西方的"对接"，都是影响全球史出现的因素。

20 世纪下半叶，东西方学术交流日趋活跃，越来越多的亚洲、非洲和拉丁美洲国家学生前往美国等西方国家留学，其中许多人学成后留在当地从事研究工作；与此同时，也有越来越多的西方国家学者到其他国家和地区从事研究。大量非西方国家历史研究成果因此而得以用西文形式呈现，使西方学者眼界大开，认

---

① 参见刘新成：《什么是全球史》，《历史教学问题》2007 年第 2 期。

识到一些所谓"欧洲优势特点"在其他地区不仅也曾经存在，而且比欧洲更为突出。于是他们开始从全球发展的角度对世界历史进行重新审视。

全球史学者借鉴了"社会空间"的概念，但把它从微观放大到宏观。全球史学者认为，世界历史的基本叙述单位应该是相互具有依存关系的"社会空间"，这个空间可能只覆盖局部地区，也可能覆盖整块大陆、整个大洋、半球乃至全球。

全球史学者往往关注的是四个问题：疾病的蔓延，物种的交换传播，人口的迁移和文化的交流。通过这四个问题把世界各个地区联系为一个整体，跳出民族国家的界限来研究整体的历史。他们更多地关注的是"互动"的问题。

全球史的研究范围也随着新的知识的出现和旧知识的更新而不断扩大。比如，最近十几年科学家对环境、疾病、语言、生态、天文和人类进化的研究有了新的突破，很快这些知识开始与历史研究结合起来，成为全球史学家研究的对象；同时，全球史学者在探讨"互动时"着重探寻推动人类社会进步的动力。他们认为，生活在地球上的人类文明由孤立、分散走向相互遭遇，进而相互交流（包括竞争与合作）是人类社会不断向前发展的动力。因此全球史家在空间上、时间上、学科上将研究范围不断扩大。在空间上，其视野是全球性的；在时间上，包括人类所知的一切时间，比如克里斯丁的新著《时间地图：一部大历史》就把目光回溯到地球形成之前的"宇宙大爆炸"时期。而在学科上，世界历史学家开始与环境学、人类学、语言学、天文物理学、化学、地理学、生态学等其他学科的学者合作交流，并将各个领域的成果和研究方法融入全球史的研究之中。

鉴于上述这些学术背景，全球史学者将自己的使命定位为：在阐述全球史的同时，建立"全球普适性历史话语系统"，"使历史学本身全球化"。经过近半个世纪的努力，全球史学者取得了令人瞩目的学术突破。

最近《白银资本》、《大分流》等几部具有代表性的全球史学者的学术著作被翻译介绍到我国，在我国史学界引起了很大的反响。全球史学者往往从交流与联系的新视角考察旧的史料。比如过去国内外学者也对全球性的白银流通有过考察，但全球史学者是将白银在秘鲁、墨西哥等地的生产与它在欧洲、南亚，特别是在中国市场上的流通联系起来。这种视角对我们重新看待整个世界的历史的确很有帮助。

跳出国家为单元的思维模式使全球史学者认识到：在世界历史发展的任何一个阶段都不能以某个国家的发展代表全球发展的整体趋势，全球发展的整体性只体现在真正普适于所有社会的三大过程当中，即人口增长、技术的进步与传播、不同社会之间日益增长的交流。伴随这三大过程，人类进入了地球上几乎所有可以居住的地区，组成了成千上万个具有独立文化系统的社会，彼此之间形成大小不一的经济或文化交流网络；在网络中各地的自然物种互相传播，各种新技术、新观念和新信仰互相交流；与此同时，每个社会也都在不断地摸索和创造与其他社会相处的新手段、新模式，或是征服、利用及制约与之相关的其他社会，或是与之和平共处；物种交换、移民、文化交流等等以前常被忽略的新内容，与社会发展、商品流通、帝国主义等传统命题一道，共同成为描述全球三大过程的主题。全球史学者通过描述这三大过程，为正在全球化时代重新认识本土文化价值的各民族提供了新的审视角度，具有鲜明的时代感。

全球史学者的另一学术突破在于彻底颠覆"欧洲中心论"。对"欧洲中心论"的批评，在东西方学界都由来已久，但以往的批评大都停留在意识形态层面，全球史学者却从学理上分析了"欧洲中心论"产生的原因及其谬误的根源。他们指出，在世界历史领域造成"欧洲中心论"的原因有两个，一是前面所说的以国家为单元的思维模式，二是"依据结果反推原因"的分析方法。这两个认识论的错误导致欧洲中心论者从欧美国家处于强势地位的现状出发，苦心孤诣地在欧洲国家内部寻找其兴起的原因，在"西方有什么而东方没有什么"的论辩逻辑里纠缠不休，不遗余力地挖掘"欧洲优秀传统"，为其贴上理性、科学、民主、进取精神、宗教伦理等等光彩的标签，直至将欧洲树为全球各国的榜样。

全球史非常关注于对整个世界的历史发展趋向的分析，着重地区间、洲际间交流互动的研究。但全球史的方法也同样适用于对于具体地区、事件这样"微观"的历史现象的研究。怀特教授对非洲史的研究就是很好的例子。与麦克尼尔或斯塔夫里阿诺斯不同，他无意于撰写通史，而是在全球视野下进行具体问题的研究，在深化对全球史理解的同时，丰富了全球史的描述。

当然全球史作为一种建构世界历史的新方法和新理论，目前还不能说十分成熟，在理论上还存在明显的缺陷，举其要者至少有两点。其一，忽视社会内部发展的作用。其二，作为深受后现代主义思潮影响的史学流派，全球史学者从解构现代主义出发，否认"最终真理"的存在，但是他们孜孜以求的又是探讨自然与社会相结合的整体结构影响人类历史的规律，这两者之间又正是矛盾的。

二、全球史观对中国史学的影响

中国历史学者对于研究或撰写世界历史，也有与国外倡导全球史的学者共同的观点。著名历史学家吴于廑在《中国大百科全书·外国史卷》上发表的"世界历史"一文给世界历史下定义时写道:"世界历史是历史学的一门重要分支学科,内容为对人类历史自原始、孤立、分散的人群发展为全世界成一密切联系整体的过程进行系统探讨和阐述。世界历史学科的主要任务是以世界为全局的观点,综合考察各地区、各国、各民族的历史,运用相关学科如文化人类学、考古学的成果,研究和阐明人类历史的演变,揭示演变的规律和趋向。"[1]在吴于廑看来,既然历史在不断的纵向和横向发展中已经越来越大的程度上成为世界历史,那么,研究世界历史就必须以世界为一全局,考察它怎样由相互闭塞发展为密切联系,由分散演变为整体的全部历程,这个历程就是世界历史。把分国、分区的历史集成汇编,或者只进行分国、分区的研究,而忽视综合的全局研究,都将不能适应世界历史这门学科发展的需要。齐世荣也赞同这种新的世界史体系的观点,他说:"人类历史是从原始、孤立、分散的人群最终走向全球一体化的过程。与此相适应,历史学也是先有国别史、地区史,然后才有世界史。""人类进入20世纪,特别是第二次世界大战以后,世界在政治、经济、文化各个方面日益密切联系成为一个整体,世界史的撰写到这时才成为时代的迫切需要。而且由于欧洲政治、经济地位的降低,'欧洲中心论'的世界史体系也开始面临严重的挑战。"[2]

　　20世纪80年代末斯塔夫里阿诺斯所著的《全球通史》被译为中文,从那时起,国内史学界开始关注并讨论"全球史观"问题。进入2005年,《史学理论研究》和《学术研究》均在其第1期编发了有关"全球史观"的笔谈。2005年10月份,由首都师范大学全球史研究中心和美国世界历史协会联合举办的"世界通史教育"国际学术研讨会在北京举行,与会中外学者近两百人。这些表明全球史已经成为国内外史学界关注的热点。

　　首先,学者们注重探讨全球历史观出现的背景。中国社会科学院世界历史研究所所长于沛认为,"全球化在20世纪中期以后才成为一个重要的概念。""世界历史真正全球化的时间起自于20世纪80年代。正是世界历史发展的全球化导致一批历史学家认真地思索历史问题,所以'全球历史观'的出现是历史科学自身发展过程中的产物,即是15世纪'地理大发现'所开始的全球化进程延续至

---

① 吴于廑:《世界历史》,见《吴于廑学术论著自选集》第52页,首都师范大学出版社1995年版。
② 齐世荣:《漫谈世界史和世界现代史》,见《齐世荣史学文集》第327、第329页,人民出版社2002年版。

今，在20世纪下半期这一特定的历史时代的产物。"① 史学界普遍认可"全球历史观"是反对形形色色的"中心论"的产物。例如，王林聪在《略论全球史观》一文中认为，"全球化不仅改变着现时代的世界面貌，也为人们提供了认识人类历史进程的全球视野和宏观历史思维的基础。全球化表示客观事物及其运行变化的一种具有全球性的现象、过程、规模和趋势；全球历史观则表示主体关于客观事物及其运动变化的一种观念、思维和方法，它涉及世界观和方法论范畴。前者属于客观层面，后者属于主观层面。"②

其次，部分学者具体分析了"全球历史观"出现的原因。如王林聪认为"全球历史观"的产生有五个方面的原因：第一，生产力的发展是全球历史观得以产生的物质基础；第二，世界格局的变化为全球历史观的产生创造了条件；第三，全球性问题直接影响着整个人类的生存和发展；第四，历史上的整体观思想，为全球历史观的形成提供了丰富的思想素材；第五，国际范围内的史学反省活动推动着新的历史观念的形成。

第三，总结全球历史观的特征。王林聪认为，从史学思维的角度看，全球历史观属于宏观历史思维范畴，具有全球性和整体性、系统性和联系性、客观性和公正性，是一个全方位、开放性的体系。林中泽认为，"全球史观的第一个特征是力图摒弃西方中心论的传统，把每个地区或民族的历史以及这些历史的每一方面都纳入到相互联系的世界历史的整体的进程当中；第二个重大特征是十分重视整体与局部、中心与边缘的关系。"③

刘新成认为，"全球历史观"的贡献具体说来表现在以下几个方面：其一，摒弃以国家为单元的思维模式；其二，在超越了以国家为单元的思维模式之后，在世界历史发展的任何一个阶段都不以某个国家的发展代表全球发展的整体趋势；其三，全球史学者着力最多的，就是不同社会、不同地区、不同民族、不同国家之间的跨文化互动；其四，从学术发生学的角度彻底颠覆"欧洲中心论"；其五，全球史学者在以全球背景为分析历史事件新参数的基础上，对许多重大历史事件发生的必然性重新进行分析，得出了新的结论。④

最后，也有一些学者注意到了社会反全球化的趋势并对"全球历史观"提

①　于沛：《全球化与全球历史观》，《史学集刊》2001年第2期。
②　王林聪：《略论全球史观》，《史学理论研究》2002年第3期。
③　林中泽：《历史中心与历史联系——对全球史观的冷思考》，《学术研究》2005年第1期。
④　刘新成：《"全球历史观"与近代早期世界史编纂》，《世界历史》2006年第1期。

出质疑。郭小凌认为："当我们把全球史观看作是在西方有较大影响的一种新史观或新方法，并热情地将它引入中国史学领地的时候，我们并没有对它的'较大'做过任何定量的分析。……全球史观是一种借用历史哲学和历史学已有成果的新提法，而不是解释世界历史的新方法，更不是一种博大周密的理论体系。"①一些学者甚至认为我们不需要"全球历史观"。华东师范大学吴晓群在《我们真的需要"全球史观"吗》一文中谈到，"全球历史观"之所以要强调"全球"，就是试图以西方文化的基本价值观为中心，以经济为手段，通过消除不同文化的差异性来实现全球文化的一致性。而一旦当这种视角取得支配性的地位时，则意味着其他不同于欧洲和西方的文化和历史视角基本上被排除在其理论的建构之外，从而产生的结果便是，作为一门学科，世界历史是通过一面扭曲了的透镜来检视世界。"② 于沛研究员认为，研究全球史观要注意全球化和本土化的关系。他在《全球史观与中国史学断想》一文中提出，"对包括对'全球史观'在内的任何一种外国史学的理论和方法，都不能简单地照抄照搬，而是要从中国史学传统和现实出发，有选择地、批判地借鉴和吸收……如果认为'全球史观'是全球化时代'最先进'的历史观，可以代替唯物史观，或可以和唯物史观'相提并论'，那这种认识完全脱离事实，是不可取的。"他还强调，"要从中华民族的记忆的视角出发，去认识日益引起人们越来越多关注的全球史问题。"③ 有学者肯定"全球历史观"的同时，也认为在新时代的背景下"全球历史观"面临困境和挑战。刘德斌在《全球史观问题：困局与机遇》中指出，"首先，我们必须看到，'全球历史观'影响力似乎仍然有限。第二，我们必须承认时代背景的转换已经对'全球历史观'提出了新的要求。第三，我们必须面对全球化的理论探讨对'全球历史观'构成的理论挑战。"④

在学术界对全球史观发表各种见解的同时，一些以全球视野思考世界历史的著作被介绍到国内。

美国乔治·梅森大学皮特·N. 斯特恩斯（Peter N. Stearns）教授等主编了《世界文明：全球经历》（*World Civilizations：The Global Experience*）。此书为北美使用最为普遍的大学世界历史教材，中译书名《全球文明史》⑤。该书展现了最

①　郭小凌：《从全球史观及其影响所想到的》，《学术研究》2005年第1期。
②　吴晓群：《我们真的需要"全球史观"吗》，《学术研究》2005年第1期。
③　于沛：《全球史：民族历史记忆中的全球史》，《史学理论研究》2006年第1期。
④　刘德斌：《"全球史观"的困局与机遇》，《史学理论研究》2005年第1期。
⑤　皮特·斯特恩斯著，赵轶峰译：《全球文明史》（第三版上、下），中华书局2006年版。

近西方学术界关于世界历史的一套系统观念，"体现出更为清晰的全球历史观念和更具有实践参考价值的世界史编纂学思想"，是一个相对较为成功的用全球史观来纂写的世界历史著作。

彭慕兰的《大分流》①也是一部有关全球历史观的力作。作者在书中表明：18世纪以前，东西方处在基本同样的发展水平上，西方并没有任何明显的和独有的内生优势；18世纪末19世纪初，东西方之间开始逐渐背离，分道扬镳，此后距离越来越大。彭慕兰把这个东西方分道扬镳的过程称之为"大分流"。《大分流》不仅强调全球性的关联而且重视各国家间的大跨度比较，被称为一本以破为主的重估历史之作。

此外，国内出现了一大批以全球视野来思考世界历史发展进程的著作。代表著作有：吴于廑、齐世荣教授主编的六卷本《世界史》、齐涛主编的《世界通史教程》上中下三卷、李植枬主编的《宏观世界史》、罗荣渠著的《现代化新论——世界与中国的现代化进程》、马克垚主编的《世界文明史》等。吴于廑先生曾在我们现在使用的六卷本《世界史》教材的总序中，将世界通史规定为"对人类历史自原始、孤立、分散的人群发展为全世界成一密切联系整体的过程进行系统阐述"，也是一种具有世界通史编纂方法论性质的陈述，而全球史理论与吴先生的这一陈述正好属于同一理论层次。

从上面的综述中我们可以看到，"全球历史观"作为一种新史观推动了历史学科的发展。在这种史观的影响下，一些世界历史著作的编纂以及对具体问题的研究和分析都展现了新特点。但我们也应看到，全球历史观随着时代的发展也面临着诸多困境与挑战：全球化与本土化、世界的趋同化与多元化、宏观研究与微观研究的关系等等，这将是今后各国学者长期面对又必须予以解决的重要问题。总之，在人们认识世界历史的漫长道路上，"全球历史观"还是刚刚出现的新现象，正处于发展之中，它正在越来越多地引起我国学者的关注，并将会对中国的世界史研究产生新的影响。

第五节　后现代主义史学的兴起及对中国史学的影响

后现代主义史学的兴起，是20世纪70年代以来西方史学的一种新思潮。它

---

① 彭慕兰著，史建云译：《大分流：欧洲、中国及现代世界经济的发展》，江苏人民出版社2003年版。

的兴起势头很强劲，对西方占主导地位的史学趋势产生了很大的冲击，从而也影响到西方史学总体的发展趋势。因此，这个思潮是如何兴起的？它的主要观念是什么？主要代表人物与代表性著作有哪些？它的兴起对于中国史学产生了怎样的影响？这些问题都是值得我们关注的问题。

一、后现代主义史学在西方的兴起

"后现代主义"这一词语的出现，可以追溯到 20 世纪上半叶，主要在建筑、文学、哲学等许多领域被应用。20 世纪 50 年代以来，后现代主义以激烈的反传统的姿态出现在西方思想文化领域，引起了人们的广泛关注。其代表人物有福柯、德里达、利奥塔、哈贝马斯等。到 70 年代以后，后现代主义思潮在欧美迅猛发展，从最初的文艺思潮，扩展到哲学、社会学、美学、语言学、历史学、宗教学、心理学等诸多领域。

"后现代主义"是"一个复杂和范围广泛的术语，它已经被用来涵盖从某些建筑风格到某些哲学观点的一切事物。它同时是一种文化，一种理论。后现代主义的概念具有含糊性和不确定性。正因为如此，有的西方学者把后现代主义解释为一种广泛的情绪而不是任何共同的教条——即一种认为人类可以而且必须超越现代的情绪。"①

自从 20 世纪 70 年代中期以来，尤其是西方主要发达国家完成工业化，进入信息化以来，社会经济发展迅猛，社会变化明显加速。而随着西方经济的发展，生产尤其是制造业的主体地位日益动摇，消费的作用日渐增大，消费不但对人们的思想观念产生了很大的影响，而且在某种程度上还制约了人们的思维、观念和行为。更为重要的是，信息工业的蓬勃发展，使社会秩序、结构以及人与人之间的关系发生了显著的改变，电脑技术信息网络已很发达，数字符号已经走进人们的日常生活，成为许多现实和客观事物的代名字，人们似乎生活在一个由文本、符号、声音等组成的与客观世界完全不同的另一自然里。认识主体和客体之间的关系越来越复杂。面对快速变迁的现代社会，越来越多的学者开始在自己的作品中使用了"后现代"这一概念，并以此作为新时代分期的基本术语。大约与此同时，又有一些学者开始用一种批判现代理性的方法来研究社会，研究现实，研究现代文化，其中著名的有福柯、德里达等人。到了 70 年代末，这一以批判现代文化为主的社会思潮在西方已相当流行，人们开始将其统称为"后现代主义"。

---

① 参见大卫·格里芬：《后现代科学——科学魅力的再现》，中央编译出版社 1995 版。

我国学者陈启能在《"后现代状态"与历史学》一文中将对后现代主义的各种定义归纳为"阶段说"与"反省说"两类。"阶段说"强调"后现代"是"现代"之后一个新时代，诸如后工业时代、信息社会等；"反省说"强调后现代主义是为了批判反省西方发达社会，特别是其文化状态及启蒙以来形成的认知范式与理念。陈启能认为："后现代主义主要意味着一种认知范式上、文化和意识上的转变，这一趋势反映出当代学术思想对传统学术思想的扬弃。"① 有的学者则认为，并不存在严格的时间序列，即不能把"后现代"完全视作现代之后的一个特定的历史阶段。多数学者认为，后现代首先体现出的是其时间维度，如果没有现代，后现代的批判也就没有了对象；但批判反思是后现代思想的内核，是这一思潮体现出的精神实质。

不论有多少说法，我们可以把后现代主义看作是对现代主义的全面挑战和反叛，自启蒙运动以来确立的一系列基本假定和核心理念都受到后现代主义的质疑和抨击。它是思想文化领域中的激进主义的一种思维方式，因为它反对任何假定的"前提"、"基础"、"中心"、"视角"，代之以持续不断的否定、摧毁。它反对权威，提倡多元，是在对现代主义的否定和批判中确定自身地位的。

大约到20世纪70年代，后现代主义由于"语言学转向"（Linguistic Turn）而进入历史学。美国学者海登·怀特可以说是这方面的始作俑者。1973年，他发表了著名的《元史学：19世纪欧洲的历史想象》一书。在书中，他以19世纪的四位史学家（米什莱、托克维尔、兰克和布克哈特）和四位哲学家（黑格尔、马克思、尼采和克罗齐）为例，指出历史学家和哲学家所写的著作没什么不同，历史学家虽然用的是史料，但目的是为了表述一种哲学理念，所以，人们无法从历史著作中获取真实的历史。人们在写作历史的时候，与其说是追求真相，不如说是追求语言的修辞效果。历史语言与文学语言没有什么区别，历史和文学一样都是人们想象的产物。自从海登·怀特向历史学首先发难以后，西方传统的历史基本理念如历史的客观性、历史的真实性、历史的因果关系等都受到了后现代主义者的批判和责难。

后现代主义对历史学的影响可以从对传统的西方历史哲学的挑战和对历史编纂学的冲击两个方面来分析。

近代西方历史哲学将人类的历史看成是一个整体，注重历史的连续性、整体性，强调时间、空间的统一性。自启蒙运动以来，这种进步的历史观占据了主导

① 陈启能：《"后现代状态"与历史学》，《东岳论丛》2004年第2期。

地位。连续性与进步性结合在一起，成为历史哲学的核心内容。而后现代主义者怀疑进步，否认历史的连续性。如福柯特别强调历史的"断裂"，认为作为研究对象的过去与现在断裂开来，不同于现在。在《历史考古学》中，他将断裂或不连续性作为历史分析的基本成分之一。

后现代主义还突出历史的破碎。历史连续性的断裂与整体性的破碎是互相联系的两个方面，连续性被拆解，整体的历史也就变成一堆碎片。历史研究的目标，不再是一体化的、综合的、完整的，一些零碎的东西被作为研究的中心。因而他们将宏观史学在很大程度上看成是现代主义的东西，而微观史学则是后现代主义的重要特征。后现代主义理论坚持多元主义的基本立场，因此反映在历史观上就是对"欧洲中心论"或"西方中心论"的废弃。他们认为，历史以间断和社会文化的多元化为特征，因而西方的社会和文化并没有特殊的地位。在后现代主义视野中的历史是多元的、具有多个中心，或者根本没有中心。由于后现代主义瓦解了连续的、整体的、一元的历史，只承认断裂的、局部的、多元的历史，因而从根本上放弃了对宏观历史的追求和探究。

后现代主义思潮对历史学的根本性冲击在于对历史知识客观性的否定。

首先，后现代主义者强调历史学知识背后的权力支配，这就使历史学不再成为一种具有客观性的科学，而且具有意识形态的特征。后现代主义者对历史学的观点，体现一种权力本位的知识观。认为历史学本质上是一种话语，是创造出来的，是与权力相对应的，因而历史研究不过是权力的渗透或实施。

其次，后现代主义者强调历史学的文学性质，特别是强调语言的作用。因为历史学家与诗人、小说家一样，必须依赖语言传播其作品。历史学家书写历史，但必然受到语言模式的限制，这就使历史学与文学之间的区别取消了。这样，历史就是一种叙事。海登·怀特就认为，叙事始终是历史书写的主导模式，在历史叙述中的言语虚构十分丰富，因此历史学与其说是科学的，不如说与文学有更多的共同之处。由于以叙述化形式对事实的表述必定会虚构其主要内容，这样历史学就不可能是一门科学。

再次，在后现代主义者那里，"文本"（text）取代了历史学的真实。他们把历史当作与现实世界无关的文本。这是一种泛文化的文本观，认为它是最本质的东西，泛指一切事物和经历，一切人类的作品，都可以当作文本来解读。它具有自主性和交叉性。同时，他们又视文本为具有开放性和随意性的独立单位，源自于"语言学转向"。由于历史被文本化，历史的客观性就无法存在，对真实和事实的追求也就自然被取消了。

面对后现代主义的挑战，有不少西方历史学者持抵触态度，因为后现代主义对历史的观念与他们自己对历史研究的理解和体验相去甚远。有的历史学家认为，对过去实在之再现的精确和适当，对所撰写的事实的逼真和接近，这些仍然是衡量优秀历史著作的标准；有的则认为，历史学家的目的无疑是发现"事物实际发生的情况"，尽管他们也意识到，他们不可能获得完全的成功；更有的学者坚决捍卫历史的客观性，反对从历史学中剔除"合理性"、"逻辑性"、"真实性"等字眼。即使是对后现代主义表示同情的历史学家中，大部分人也没有放弃实在论的观点，他们仍然相信，历史学的任务是认识那消逝的过去，并尽力去重建过去。有些西方史学家认为，后现代主义在专业历史学家中并未占据显要位置。大部分历史学家对后现代主义无动于衷，仍然遵循着某种传统的史学研究原则去从事自己的工作，同时希望这种后现代主义思潮不久将会烟消云散。

学者们指出，后现代历史哲学带来的一个比较明显的变化是，在我们看来是社会和文化的决定因素的社会结构和历程，现在正在日益被看作是文化和语言的产物。这种对语言的强调已经渗入到当今西方很大一部分政治史、社会史、文化史和思想史的研究中。后现代历史哲学通常把历史看作是一种文学形式，这一做法使得叙事性较强的历史著作重新获得了自己的合法地位。20世纪80年代以后，在后现代史学观的影响下，一些历史学家开始采用文学策略来撰写历史作品，并取得了巨大的成功。后现代历史哲学通常把历史看做是一种文学形式，这一种做法使得叙事性较强的历史著作重新获得了自己的合法地位。①

二、西方后现代主义史学对中国史学的影响

20世纪90年代末，后现代主义史学思潮开始影响到中国大陆的学术界，一些学者开始介绍西方的后现代主义史学。1996年总第2期的《世界史年刊》发表了郑群《后现代主义与当代西方史学》，1998年第2期的《史学理论研究》发表了张永华的文章《后现代观念与历史学》，2001年第4期的《史学理论研究》发表了余章宝《散乱的历史——福柯后现代主义历史观》。世纪之交的几年，后现代主义者的代表性作品和被认为具有后现代倾向的史学著作，陆续被翻译介绍到国内。如福柯的《知识考古学》、《词与物——人文科学考古学》，利奥塔等《后现代主义》，海登·怀特的《元史学：十九世纪欧洲的历史想象》、《后现代历史叙事学》等。此外，全面介绍后现代主义与历史学关系的著作，如王晴佳、

---

① 参见董立河：《西方后现代历史哲学对历史编纂的影响及其局限》，《国外社会科学》2008年第1期。

古伟瀛合著的《后现代与历史学：中西比较》、黄进兴的《后现代主义与史学研究》也都由大陆的出版社出版。

此外，有些被认为具有后现代倾向的学术著作也被翻译、介绍进来，特别是海外中国学者的著作引进较多。例如，柯文的《在中国发现历史——中国中心观在美国的兴起》、艾尔曼的《经学、政治和宗教——中华帝国晚期常州今文学派研究》、何伟亚的《怀柔远人：马嘎尔尼使华的中英礼仪冲突》、柯文的《历史三调：作为事件、经历和神话的义和团》、史景迁的《王氏之死：大历史背景下的小人物命运》等。

除了介绍、评论西方后现代史学以外，有些学者从后现代的角度思考和探讨中国史学的一些问题，专著如杨念群的《中层理论——东西方思想会通下的中国史研究》，文章如罗志田的《后现代主义与中国研究：〈怀柔远人〉的史学启示》、赵世瑜的《传说·历史·历史记忆——从 20 世纪的新史学到后现代史学》、孙江的《后现代主义、新史学与中国语境》、彭刚的《后现代主义与史学》、陈新的《实验史学：后现代主义在史学领域的诉求》、王晴佳的《后现代主义与中国史学的前景》等。

西方后现代主义史学在世纪之交的中国史学界确实形成了一种新的冲击和挑战。21 世纪以来，介绍、评论后现代主义史学观点的论文在各种学术期刊上层出不穷。台湾学者黄进兴指出了后现代史学对当代史学的影响时说：后现代的用辞充斥了坊间的史学论文可见一斑，举其例："文本"（text，巴特）取代了"作品"（work），"论述"（话语）（discourse，福柯）取代了"解释"（explanation），"解构"（deconstruction，德里达）取代了"结构"（structure），"修辞"（rhetoric，怀特）取代了"论证"（argument），"书写"（writing，德里达）取代了"阐释"（interpretation），诸如此类，不胜枚举。[①]

面对后现代史学的挑战，中国史学界总的来说是比较冷静的。

一些学者对后现代主义理论对中国史学的影响进行了系统的分析，认为后现代主义的影响不容忽视。有学者指出：在历史学作为一门学科诞生以来，历史学的研究范型就经历了许多方向性的转变，后现代史学理论在近 30 年的兴起给传统历史学的思想和观念、特别是其所主张的客观性和真实性造成了前所未有的冲击，已经对历史学的思想与实践提出了重要的修正，其比较激烈的主张甚至威胁到了历史学作为一门学科存在的基础，这就引起一些史学家的批评和反弹。不

---

① 黄进兴：《后现代主义与史学研究》第 5 页，生活·读书·新知三联书店 2008 年版。

过，不管是赞成或是反对，后现代主义思潮对历史学的影响还是在日益扩大，不容我们视而不见。我们应该既接受它的挑战和批判，为我所用，同时也要对其偏激之处提出质疑，抵制其负面影响。①

有学者认为，后现代的史学理论给中国的史学理论注入了新的活力。有的学者通过对怀特《元史学》的分析，说明后现代主义对史学理论发展的启示。彭刚认为："海登·怀特出版于1973年的《元史学》独辟蹊径，创造性地援引了文学批评和文学理论的成果，给史学理论注入了新的活力，对当代史学理论的发展产生了巨大的影响。不少人将《元史学》在20世纪后半叶的重要地位，比之于20世纪前半叶的《历史的观念》或亨佩尔的那篇名文。后现代主义史学理论的领军人物安克斯密特（Frank Ankersmit）甚至说，没有海登·怀特在《元史学》中所作出的重大努力，史学理论很可能已经成为当代知识领域中被人淡忘的一个领域了。"②

也有的学者认为，后现代主义史学可以提供一个新视角，换一种眼光来看中国传统史学。江湄认为，中国史学史研究常常自觉不自觉地把科学史学的理论方法论体系当作真理标准，以之重塑中国史学传统，给它化上时妆。而后现代主义把"现代"的价值观和知识体系加以相对化，让我们多少能换一种眼光来看中国传统史学，把它从科学史学的"镜象"中移出，让它在科学史学的对照下显出"新意"与"个性"，给现代史学的发展提供一些另类启发。③

有学者认为，后现代主义的挑战有助于历史问题研究的深化。赵世瑜在阐述传说和历史的关系时指出：科学实证的历史研究通常把传说与历史二元对立起来，而后现代史学的挑战却对此进行了质疑，因为他们试图解构历史撰写的客观性。事实上，无论口头传说还是历史文献，都是历史记忆的不同表述方式，我们可以通过这一共同的特征，将两者对接起来，以期深化和丰富历史研究。从乾嘉时期的历史考据，到现代实证史学，再到后现代史学，人们始终关注史料，因为史料是史家了解过去的唯一桥梁，只不过他们在如何了解真实的过去方面有着不同的看法。这并不仅仅表明学术史的断裂，同时也显示了一条连续的、一以贯之的思想链。④

　　① 张仲民：《后现代主义理论与历史学述评》，《东岳论丛》2004年第4期。
　　② 彭刚：《后现代主义与史学》，《史学理论研究》2004年第1期。
　　③ 江湄：《在后现代视野下重新审视中国传统史学的思想价值》，《学术研究》2008年第3期。
　　④ 赵世瑜：《传说·历史·历史记忆——从20世纪的新史学到后现代史学》，《中国社会科学》2003年第2期。

　　杨共乐对后现代主义史学的负面影响提出自己的见解。他说：后现代史学不但有其不合理的地方，而且在许多方面还具有一定的负面影响。首先，从政治上讲，这种理论由于否定历史真相的存在，否定人们能够具有认识历史真相的能力，所以，它在客观上为世界上形形色色的政治野心家或军国主义者否认甚至篡改自己的历史提供了极大的方便。其次，对于史学界而言，由于后现代主义者强调一切都是相对的，史学根本不可能达到求真的目的。所以历史学家为求真而付出的所有劳动都是徒劳的，没有任何价值。既然历史学不能揭示真相，历史作品的评判标准也就失去了作用，历史著作与著作之间的好坏高低自然也不复存在，所有的历史学训练也就成了多余的事。其结果必然是走向历史相对主义，从而造成史学界的思想混乱①。徐浩在一篇论述西方后现代主义历史哲学中的诠释学视角的文章中指出：自海德格尔以来，诠释学摆脱了认识论，转向本体论，将历史认识的主体与客体、文本与历史合一，开辟了后现代主义历史哲学的先河，并发展成为后现代历史哲学的组成部分。对待哲学的或反思的诠释学应采取辩证态度。一方面借鉴其对文本和诠释的研究成果，重视历史研究不同于自然科学乃至社会科学的特殊性；另一方面也要头脑清醒，旗帜鲜明地反对它以文本取代历史实在，以理解取代反映，以历史相对主义取代客观性的种种极端认识，使现代历史学既开放又健康地发展。②

　　美国华裔学者王晴佳认为：我们也应看到，在欧美史学界，对于后现代主义对史学的冲击，真正加以全面讨论的学者，也并不太多。而自称为后现代主义的历史学家，更不多见。因此我们也不必说后现代主义史学在西方已经蔚为风潮，更不必认为因为西方已经刮起了这一思潮，所以我们就必须效仿，生怕落后。

　　王晴佳指出：我们不必认为如果中国的现代化往前走得更远一点，这些场景和条件就也会在中国出现。其实，这不是完全符合实际的想法。因为即使在现代西方，现代化的道路和特征，也多种多样，并非划一不变，而是有一种"多元现代性"（multiple—modernity）的现象。将来中国经过现代化的努力，也跻身世界先进国家的行列，但事实上也不会重复现代西方所走过的道路。那种认为后现代主义源自现代西方，因此我们必须加以重视和模仿，以求赶上先进的西方文化的想法。显然仍然无法摆脱现代主义的思想束缚。同样，认为后现代主义是西方现

---

　　① 杨共乐：《后现代主义与后现代史学》，《史学史研究》2003 年第 3 期。
　　② 徐浩：《历史是文本——论西方后现代主义历史哲学中的诠释学视角》，《学习与探索》2008 年第4 期。

代化成功以后的产物，而中国尚未完全实现现代化，因此不必研究和讨论后现代主义，其实也陷入了同样的观念藩篱。如果我们能真正从这些观念的藩篱中解放出来，也许就能对中国现代史学的演变轨迹、观念模式及其发展前景，有一种深入的体认与合理的预测。同时，我们也会对后现代主义的实质及其对现代史学的冲击，有一种更为真切的了解①。我国台湾学者黄进兴说："激情的呐喊，并无法取代理性的思维。史家若不想随波逐流，亦不想坐困愁城，犹得冷静面对后现代主义严峻的挑战，方不致进退失据，筹措无方。"②

　　总之，后现代主义史学确实已经成为对西方史学的主要理念、范型都提出了挑战的新思潮，引起了学术界的广泛关注。由于我国学术发展与国际潮流的接触日益密切，这种思潮必然也会影响到我国史学界。我国学术界对这种潮流既是积极关注的，又是冷静思考的。新中国史学经过六十余年的发展，中国学者形成了自己的学术理念，掌握了基本的治史原则，不会盲目的跟风套用；然而，后现代主义史学对我们的某些启示，也会促使史学工作者去积极思考和应对这种新潮流的挑战，从而化作学术发展的动力，促进中国史学的新发展。

① 王晴佳：《后现代主义与中国史学的前景》，《东岳论丛》2004 年第 1 期。
② 黄进兴：《后现代主义与史学研究》第 5 页，生活·读书·新知三联书店 2008 年版。

第十二章   新时期中国历史学发展路径的探讨

改革开放三十余年来，中国历史学有了突飞猛进的发展，取得了举世瞩目的成就。对此，学者作了不少的总结工作，出版了《中国历史学四十年》、《中国史学四十年》、《历史学百年》、《20世纪的中国社会科学》（历史学卷）等一批论著。由张海鹏主编的《中国历史学三十年》（1978—2008），于沛、周荣耀主编的《中国世界历史学30年》（1978—2008）对新时期中国历史学的发展也作了全面总结。

改革开放以来，理论界思想的解放，史学危机的呼声，商品经济大潮的冲击，以及马克思主义受到的新挑战，促进了史学工作者对中国历史学发展道路的新探讨。新时期中国历史学在取得巨大成就的同时，淡化和否定马克思主义理论的指导，成为干扰中国历史学健康发展的突出问题，引起了学者的高度关注。

第一节   新时期中国历史学发展路径的探讨

新时期以来，在改革开放的新形势下，面对西方历史学的新理论和新方法，在商品经济大潮的冲击下，在国际共产主义运动走向低潮的新形势下，许多史学工作者对如何推动中国历史学的新发展，作了许多探讨，提出了很多极为宝贵的意见和建议，这有力地推动了中国史学界思想的进一步解放，推动了中国历史学的新发展。

一、"史学危机"话题讨论中历史学发展路径的探索

1978年底召开的中国共产党十一届三中全会，果断地停止了长期以来的"以阶级斗争为纲"的政治思想路线，将经济建设放在首位，随之，中国开始了改革开放的新时代，新中国历史学也迎来了蓬勃发展的新时代。20世纪80年代中期，在社会经济大潮中，有人惊呼哲学贫困、史学危机、文学堕落，理工科等实用型学科一天天走上了社会经济发展的主战场，经济学、法学、外语成为社会科学的"显学"，古老的历史学逐渐失去了昔日的"显学"的地位，处于被冷落和举步维艰的境地，于是，一些青年学者发出了"史学危机"的呼声。对此，

有学者指出："史学危机"表现为三个方面：一是史学与社会科学其他学科如与经济学、法学相比，发展缓慢，1981—1983年，史学文献平均增长率为6.8%，经济学为30.7%，法学为32.1%。二是史学受到社会的冷落，集中反映在"三难"（论文发表难、专著出版难、论著销售难）。三是史学界自我厌倦情绪浓厚，缺少勃勃生气，各自为战，老死不相往来①。《历史研究》1986年第1期"编者的话"指出："近年来，一些青年史学工作者不断发出'史学危机'的呼声。史学是否发生了'危机'？人们所见不同，我们认为，所谓'史学危机'，实际上是史学正在发生转机，正在酝酿如何革新内容与形式，向着更广阔的研究领域和更高的科学水平发展。关于'史学危机'议论的内容，主要是史学理论与方法问题，其中有对我国史学现状与传统的批评，也有对今后史学发展的主张与建议。""围绕'史学危机'的种种议论，正是要求我们的史学从主要研究革命、研究政治转向研究整个社会，以便充分有效地为'四化'服务。"②

"史学危机"问题，是20世纪80年代中后期中国史学界广泛讨论的一个热门话题。1986年，历史学界就"史学危机"问题开展了广泛的讨论。《历史研究》、《光明日报》设专栏予以讨论，各地学术刊物也发表了大量的有关"史学危机"问题探讨的文章。当年，在天津、武汉、山东等地召开的学术会议，也将"史学危机"问题的讨论作为重要的议题。1988年，《史学理论》杂志，也就"史学危机"问题展开了较为深入的讨论。"史学危机"的表现、根源和如何走出"危机"，是这场讨论的主要话题，讨论中涉及的问题，有对中国传统史学、新中国史学以及马克思主义史学的反思和对西方史学理论和方法的引进等多方面的议题。

"史学危机"的表现及其产生的原因，是学者们探讨的热门话题。一些学者认为实质是历史研究的理论和方法的问题。吴廷嘉竭力倡导加强史学方法论建设。她指出："目前，我国史学界在方法论研究方面，不仅没有把唯物史观的基本方法系统化，而且大大落后于当代自然科学和社会科学发展的总体水平。"关于史学家在运用唯物史观过程中出现的问题，她总结为历史研究中出现了严重的机械论倾向，主要表现在以下几个方面：一是把辩证的经济决定论变成了机械的经济决定论和政治决定论；二是把阶级分析方法绝对化；三是对历史作用力的单一分析法；四是线性因果分析法，机械论者只见一因一果，而否定事物之间存在

①　黄留珠：《史学危机刍议》，《社会科学评论》1986年第9期。
②　《编者的话》，《历史研究》1986年第1期。

着一因多果、一果多因与互为因果的辩证联系；五是理论范畴的凝固化。① 著名
史学家赵光贤指出："如果说我国史学界存在着危机，我以为在于对马克思主义
没有理解透，用教条主义代替了马克思主义，用形而上学代替了辩证法。这样就
僵化了马克思主义，使它不能与时俱进，使它不能成为真正的历史科学。其次在
于读书不多，掌握史料太少，对史书史料史事不搞考证，不能去伪存真，以致真
伪杂糅，无法解决历史问题。如果我们能认清危机的真正所在，迷途知返，走上
真正马克思主义道路，危机就可以转化为生机。"他认为教条主义和形而上学最
明显的例子，是把五种社会结构或生产方式当作每一个民族必须经过的道路，把
亚细亚生产方式当作认识中国历史的特殊门径②。也有学者对史学研究政治化进
行了声讨，有学者提出："中国传统史学，特别是近现代史学的政治化特点，严
重阻碍了我们历史学的发展，使我们历史学的研究对象越来越狭窄，终于从中国
历史的分期问题、中国历代的土地制度问题、中国封建社会的农民战争问题、中
国资本主义萌芽问题、汉民族的形成问题等所谓的'五朵金花'走向了'儒法
斗争'一花独放。"③

　　在论述"史学危机"的同时，不少学者提出了解救"危机"的方法。如李
侃指出："要打破历史学的相对沉闷和不很景气的局面，固然需要史学工作者在
史学理论和史学方法上努力提高，努力创造；在研究领域和研究课题上勇于开
拓，勇于创新；在史料整理上勤于发掘，勤于积累，等等。除此而外，我想还有
一个条件，就是历史学要走出'史学界'。所谓走出'史学界'，绝不是说要历
史学家改变本行，另谋出路。而是要立足历史学本身，以历史学本身所具有的科
学特点，更好地发挥它的社会功能，取得社会的更多关注和更多一些的社会效
益。"他也提出了一些"走出史学界"的具体办法，包括：第一，把研究的重点
从人们比较熟悉的、反复讲过多次而又难以深入和突破的老课题，转入人们想要
了解而又应该了解的新课题上来。如近年兴起的社会史、文化史、民族史、地方
史、军事史、民国史、科技史、中外关系史等等方面。第二，在历史学写作的体
例和表现形式上，不应该也没有必要拘泥于一种现成的和固定的框架和公式。在
贯彻"双百"方针的科学实践中，历史学家们将会创造出科学内容与完美形式、
新颖体裁和谐统一的、丰富多彩的史学著作，并赢得更多读者的兴趣和喜爱。第

---

① 吴廷嘉：《要重视和加强史学方法论研究》，《历史研究》1986 年第 1 期。
② 赵光贤：《史学危机究竟何在》，《光明日报》1986 年 8 月 27 日。
③ 李开元：《史学理论的层次模式和史学多元化》，《历史研究》1986 年第 1 期。

三，随着现代化媒介传播工具的日益发展，特别是电视、电影和广播事业的日益普及，历史学在传播普及方面，也有了新的载体。关于中国近代史研究重点的转移，李侃也提出了自己的建议，包括：第一，从纵向的研究向横向的研究转移。把长期以来按照历史事件发生的先后次序，以阶级斗争、政治斗争为重点，转移到研究整个中国近代社会更广阔的历史领域。特别是向经济基础、向社会生产力的状况，向各阶层、各地区的社会生产、文化思想、生活方面转移，要从整体上更全面更具体的研究中国近代的国情。第二，把研究重点从鸦片战争到"五四"运动的前八十年，向"五四"运动到中华人民共和国成立的后三十年转移①。李侃的上述认识，实际上表现出中国历史学的新发展态势，促进了历史学研究领域的扩大、新研究领域的开辟以及历史学内容的进一步丰富。

　　1987年到1989年出版的《史学理论》杂志，成为20世纪80年代后期推动中国历史学新发展的重要刊物。关于中国历史学的改革问题，《史学理论》发刊词指出："现在许多人在谈论'史学危机'，也有人说不是'危机'，而是'转机'。究竟是'危机'还是'转机'？尽管众说纷纭，但大家的愿望却是一致的，就是希望我们的史学有个大的发展。""我们的社会要改革，我们的史学也要改革。改革，就不是修修补补，更不是旧瓶装新酒。史学改革也是如此。它应该是全面的。从史学思想、史学方法、史学手段、史学人才培养到史学研究体制、文风，都有一个改革的问题。这其中，理论的发展具有举足轻重的重要地位。""历史学不能停留在对文献资料的考据和训诂，不能满足于对事件人物的单纯描述，不能把自己的研究对象囿于政治史和阶级斗争，也不能把自己封闭起来不和外界接触，而必须不断更新自己的研究手段和扩大自己的史料范围，必须同其他社会科学和自然科学发生横向联系，以求回答现实生活中的问题和时代的需求。而要这样做，理论上的突破便是主要的关键。"② 1986年12月，《史学理论》编辑部邀请罗荣渠、庞朴、王戎生、瞿林东、蒋大椿、于沛、王也杨7位学者，就"史学改革与史学理论"召开圆桌会议，与会不少学者就"史学危机"话题发表意见。1988年的《史学理论》杂志，更是加大了对"历史学创新问题"的讨论力度。第1期邀请学者就"历史学的发展与跨学科研究"展开讨论，第2期邀请新时期第一批留美博士谈"史学改革问题"，第3期邀请部分青年学者谈"历史学的观念更新问题"，第4期邀请上海的老中青史学工作者谈"史学如何走出低

　　① 《李侃史论选集》第637—650页，中华书局2002年版。
　　② 《时代·历史·理论（代发刊词）》，《史学理论》1987年第1期。

谷"的问题。关于跨学科研究的重要性和必要性,《史学理论》编辑说:"从国际史学发展的状况看,史学的变革必须走跨学科的道路。只有跨学科的研究,才能使史学摆脱题材狭窄,方法陈旧、门类单一的缺陷。史学通过与其他学科的相互渗透,吸取一切有用的理论和方法,就能大大扩大自身的认识能力和认识手段。"① 当时在美国洛杉矶加利福尼亚大学读博士的程洪说:"近年来,'史学危机'的提法不仅见诸于国内史学界,也困扰着国外的同行。'史学危机',说到底,是个理论危机。在当代美国史学界,一个特殊现象就是各个社会科学理论瓜分史学地盘,各自建立势力范围,昔日的纯史学几乎无存身之地。""在中国国内,其他学科向史学的挑战,正是史学发展的大好时机。在这个意义上,危机就等于契机。中国史学有着自己的优秀传统,加之改革开放带来的宽松气候,如能吸收其他学科的成功的理论和方法,结合历史学科自身的特点,新的理论突破完全是有希望的。整个史学,也必将随着理论的发展,而展现出新的蓬勃发展的局面,并为其他学科输送我们的理论方法。"正在美国俄亥俄大学读博士的翟强说:"关于'史学危机'经常议论的内容,我认为主要集中于史学研究的对象和方法两个方面,包括对我国史学现状与传统的批评,以及对今后史学发展的建议。从研究对象上来看,我们以往的史学范围过于狭窄,课题陈旧。""从研究手法上讲,我们过去多采用阶级分析法,强调形式逻辑推理,重视社会发展规律,忽视个体行为规律;强调社会意识形态,忽视社会心理和个体心理;强调一因一果的简单决定论,忽视历史进程中的一因多果、一果多因和互为因果的辩证关系。结果,我们笔下的历史,过于理性化和带有机械决定论色彩,似乎历史过程总是冷冰冰地按部就班地进行。"关于改变目前现状的办法,他指出:"从研究课题上讲,我们应该在强调政治、经济的同时,注意社会、文化、宗教和民俗。""就研究手段而言,我认为,马克思主义唯物史观仍是具有世界观意义的指导理论,但它并不具有囊括一切具体的科学方法论。正如马克思主义是个发展和开放的体系一样,马克思主义史学也应是发展和开放的,它和新的史学方法并不相悖。西方流行的数量方法、心理分析方法、比较研究方法、结构分析方法以及控制论、系统论和信息论方法,和我们过去采用的逻辑推理法一样,都属于低层次的具体研究方法,我们完全可以利用和借鉴。"②

20 世纪 80 年代后期中国史学界关于"史学危机"问题的讨论,史学界参与

① 《新春寄语》,《史学理论》1988 年第 1 期。
② 《来自大洋彼岸的声音——我国留美博士生谈史学改革》,《史学理论》1988 年第 2 期。

的老中青史学家不少，关于历史研究是否存在"危机"，认识也有明显的分歧。有人认为改革开放之后，中国历史学出现了前所未有的繁荣局面，也有学者主张史学出现的不是"危机"而是"转机"，否认"史学危机"这一提法。不管是否赞同"史学危机"提法，在参与这一问题的讨论过程中，学者们大都对如何进一步推进中国历史学发展提出了自己的看法和建议，这有助于中国历史学的新发展。这场热烈的讨论，实际上是对中国历史学的深入反思，讨论中尽管有不少不恰当的议论和提法，但从总体来看，这场围绕"史学危机"话题的讨论，促进了中国史学理论及方法论研究的发展，推进了社会史、思想文化史等新领域的出现，促进了对中国传统史学和近现代史学的反思和研究。正如有的学者所言："有关'史学危机'的讨论成为史学的自我反省和重新定位，成为对史学发展道路的探讨和预见。与'史学危机'讨论同时兴起的，是'三论热'、历史发展'合力论'和'历史创造者'的争鸣，还有'年鉴学派'的引介，跨学科方法的讨论，'文化热'以及'文化史'与'社会史'的倡导。十余年后，当我们为行程中的当代史学回首来路时，不难发现：响彻当时史学界的'危机'之声正是一个新的史学发展时期的开端，而有关'危机'讨论所揭示的当代中国史学面临的种种两难之境，仍然是当今史学必须从中得以解脱的困局。"① 从这个意义上说，这场讨论具有重大的学术价值和实践意义，当然，这场讨论有的提法今天看来显得非常肤浅和幼稚，也有人借此对马克思主义唯物史观对历史学的指导作用持公开否定的态度，反对探讨历史发展的规律，反对探讨历史发展的终极原因，反对用社会经济形态理论认识中国历史和社会的发展，反对用阶级分析的方法揭示历史事件的本质和历史人物的阶级局限性等等。也有人对新中国历史学的发展持简单的全盘否定的态度，不能将受社会政治影响出现的"史学革命"的"左倾"思潮以及"文革"时期的极左思潮与马克思主义历史学发展的正确方向和马克思主义历史学的精髓认真地予以区别，结果对新时期之前的新中国史学持简单的片面的否定的态度。对此，我们应该抱着理性的态度，坚持实事求是的原则，予以正确地认识和评价。

进入 90 年代之后，许多史学工作者失去了 80 年代空谈理论和方法的兴趣，不少学者致力于"社会史"和"思想文化史"等新领域的开拓性研究工作，有的注重实证的研究，很少有人再提"史学危机"这一话题。这一时期，关于商品经济下历史学的发展问题引起了学者的关注。

---

① 邹兆辰、江湄、邓京力：《新时期中国史学思潮》第 35—36 页，当代中国出版社 2001 年版。

二、商品经济大潮下中国历史学如何发展问题的探讨

改革开放之后，商品经济大潮席卷中华大地，面对这种新的社会形势，不少历史学从业者开始思考"商品经济大潮之下的中国历史学的前途和命运"这一重大问题。

早在20世纪80年代后期，一些学者在论述"史学危机"问题时，已经注意到商品经济大潮冲击之下的中国历史学如何发展的问题。如刘修明指出："在商品经济弥漫社会生活每个角落的情况下，本质上不是商品的历史学既然不能转化为商品，又失却十年'文革'时期那种成为政治附属品的畸形地位，加上由于种种原因人们不愿借助历史以实现'借古知今'、'察微知著'的史鉴功能，历史学被冷落就是必然的。"[1] 也有学者说："应当承认，史学确实存在不景气的情况，具体表现为史学研究方法陈旧、手段落后，历史学科门庭冷落（考生来源差、学生分配难、书籍出版难、史学工作者生活寒苦），等等。""近几年的史学不景气，与整个国家的大环境有关。在街谈巷议的'体脑倒挂'现象中，非直接应用型的理论学科受灾最重，于是在哲学、史学以及进行基础研究的自然科学中，普遍发出了'贫困'、'危机'的呼救声。这方面问题的解决，主要靠大环境的改善，寄希望于整个政策的调整。"[2]

1992年邓小平"南巡讲话"和"十四大报告"提出"建立社会主义市场经济"的目标之后，在中国出现了新一轮"下海"热潮，商品经济犹如波涛汹涌，冲击着中华大地。在这种情况下，"商品经济大潮下的历史学的发展"逐渐成为学术界关注的一个热门话题，《史学理论研究》、《中国史研究动态》、《史学集刊》、《光明日报》等杂志和报纸都就此问题展开讨论，不少学者围绕这一热门话题发表意见和建议。正如《史学理论研究》编者按指出："在商品大潮的冲击下，史学工作者中间产生出种种想法、疑虑，表现出不同的心态，都是可以理解的。例如，在商品经济、市场竞争中，历史学如何实现自己的价值？在'脑体倒挂'的情况下，收入低下的史学工作者，尤其是青年史学工作者怎么办？还有人提出'史学是不是商品'这样的疑问的……这类实际中存在的问题已成为当前史学界的'热点'。对这样的'热点'，应该进行讨论。"[3] 1992年创刊不久的

---

① 刘修明：《走出低谷，重攀高峰》，《史学理论》1988年第4期。

② 熊月之：《分析"危机"，走出"危机"》，《史学理论》1988年第4期。

③ 《面临改革大潮历史学怎么办》，《史学理论研究》1993年第1期。

《史学理论研究》杂志，从 1993 年到 1994 年围绕这一问题展开了较为广泛深入的讨论。1992 年 12 月 15 日，《史学理论研究》杂志组织中国社会科学院历史研究所的中青年史学工作者，就"商品经济下史学研究如何发展和深入"的问题进行讨论，童超、彭卫、孙晓、姜小涛、赖长扬、郑剑英参加了座谈，1993 年第 1 期的《史学理论研究》记述了他们的看法。在随后出版的第 2 期《史学理论研究》上，又发表了强盛、张艳国、侯云灏、尘凤的笔谈文章。第 3 期发表了蔡美彪、舒嘉、郭世佑、雷天恩的文章，第 4 期刊发了刘家和、陈启能"关于商品经济下历史学怎么办"问题的对话。此外，还发表了延艺云的《杂议史学的尴尬》（第 1 期）、李帆的《及时调适自我，创出一条新路》（第 4 期）的专论。这些文章的基本观点和讨论的问题，可以概括为以下几个方面：第一，历史学是否商品的问题。童超认为，凡是进入市场的产品，都是商品，史学成果也不例外。史学是一种特殊商品，一方面是物质的，另一方面也是精神的。张艳国也主张，史学研究成果无疑也是一种知识形态的商品。持这类观点的学者，大都主张历史学要适应商品经济发展的大趋势，进一步的调整自己。舒嘉认为，史学不应为市场经济所左右，历史研究的价值不能用市场效益的高低来衡量，不应该也不可能把史学和史学家推向市场，史学是一门科学，不是商品。郭世佑也主张，历史科学既不是商品，也不是应用科学，很难直接产生经济效益。陈启能也指出，"史学作为一门基础科学就不可能是商品。如果将史学作为一种商品待价而沽，这就从根本上歪曲了史学性质，其自身也就不是史学了。史学的作品——例如史学著作以书籍的形式出现在市场上被出售，书籍是有商品性质的，但这种商品与一般的商品不完全相同，在其使用价值、交换价值方面都有着不同于一般商品的内容，史学著作是一种特殊的精神产品。""我们不能为了商业利益而将历史的内容进行任意的加工，史学的商品化会导致史学自身的消亡。"[1] 第二，关于新形势下历史学的出路问题。不管是否承认历史学是不是商品，在对新形势下历史学的变革这一问题上学者们的意见是一致的，提出了许多有益的意见和建议。如孙晓提出，把历史学分为基础史学和应用史学，历史学中基础史学部分，其产权应属公有产权，其生产物品属共有物品，对其仍应采取国家投资和计划形式，对生产者及研究者的利益予以保证。应用史学部分属私有产权，其生产物品属私有物品，其生产成败与商品市场密切相关，这类项目可以个体投资，由消费者决定其命运。彭卫以黄仁宇的《赫逊河畔谈历史》的产销为例，认为这是一种可行的

① 刘家和、陈启能：《面临改革大潮，历史学怎么办》，《史学理论研究》1993 年第 4 期。

方法。江小涛提出，努力实现历史学的多层次、多元化发展，在目前势在必行。赖长扬指出，史学将面临着在商品经济社会中重新摆正自己位置的问题，史学界自视清高，把自己凌驾于社会之上，不少史学工作者也好像"口不言利"，没有把自己放到社会中去，对商品经济仍然是羞羞答答的"应承"①。张艳国主张，要探索在社会主义市场经济条件下的史学发展道路这一重要问题，在国家采取措施保证完成基础性研究和重点系科的教学任务的同时，历史学科主要的是同市场经济接轨：1. 从事有应用意义的课题研究和急需人才的培养工作。如厂矿企业、党政社团的志书、史书的编写，如大型建设项目涉及历史内容的调研、咨询；由纯历史学科（基础理论性）的人才培养转向经济建设急需的人才培养，如设置历史旅游、历史档案、文物保护与鉴定，等等专业。2. 由单一的纯学术性的史学研究转向适应改革发展的多层次模式。其中既有国家指定、委托从事基础性纯学术研究的人员和课题，又有更多人力和物力上面向广大读者，从事适应其喜闻乐见的工作，如编写历史读物，人物传记、历史小说、历史故事，等等，其主要方向是做好史学通俗化和社会化工作，将史学的科学性、严肃性与生动性、趣味性完整的统一起来。3. 史学工作者应该适时的更新观念，譬如，学术性不应该局限于象牙塔式的营垒，应该包含成果性的应用研究；史学工作者也不应该惧怕史学成果的商品化，相反，要积极促进这项有意义的工作②。郭世佑提出如下建议：第一，国家和政府通过战略决策，从改善研究者的生活条件入手，逐步解决基础科学的人才危机。第二，史学工作者需要重新学习马克思主义，重新检查以往一些约定俗成又并不科学的概念、判断、公式、推理、归纳和研究方法，不当贴政治标签、打"语录仗"的科学懒汉。第三，中国近代史研究者应当尽快打破革命史或战争史的研究格局，变狭隘民族主义为科学爱国主义，尽快写出一部或多部以近代开放、改革与革命为基本内容的近代史专著，以为现代化建设的史鉴。第四，史学工作者应当为指导民众的文化消费做出贡献。史学工作者可以有计划地编写历史知识、历史故事丛书或适当尝试历史文学创作，参与历史文学批评。③

关于新形势下历史学功能和史学工作者的心态调整，也是学者探讨的重要问题。刘家和与陈启能深入论述了"历史学的功能的发挥问题"，他们认为首先要

① 《商品大潮与史学发展六人谈》，《史学理论研究》1993 年第 1 期。
② 张艳国：《历史学科也要适应市场经济的发展》，《史学理论研究》1993 年第 2 期。
③ 郭世佑：《唯有源头活水来》，《史学理论研究》1993 年第 3 期。

搞清楚史学自身有什么功能，以及怎样才能发挥其功能。在商品经济大潮中，刘家和保持了一位史学家的镇静自若的态度。他一方面强调要维护历史学的科学的尊严，同时，强调要合理地开发史学的潜在功能。刘家和指出："史学工作者要守着史学工作的道德，要维护史学工作的尊严，要维持史学作为一门科学正常的发挥其功能。""在中国历史发展中，史学功能长期在政治和伦理领域得到发挥，发挥在政治经验的吸取上，在道德教训的传承上，并且发挥得相当充分。那么，史学的其他功能就处于一种潜在的状态，没有充分展开的状态，这部分功能作为资源是存在的，只是没有得到开发或没有条件得到开发。所以，我们今天可以努力开发尚未开发的史学功能，但不可能开发史学不具有的功能。还有一些史学资源，过去曾被错误地开发并被滥用过，在新的条件下也可以重新加以科学地开发和利用。……史学界一些学者从历代'五行志'中收集整理地震史的资料，以为地震研究参考之用。这就是一种既纠正过去对史学资源的滥用，又科学地开发潜在的史学固有功能的好办法。所以，合理地开发史学潜在的功能，这是史学的致用和发展的一条康庄之路。""在市场经济的热潮中，如果由于利欲熏心而强使史学发挥它所不能也不应发挥的功能，那恐怕也不能说是严肃地对待历史，难免有受历史嘲弄之虞。史学功能有远远大于并超于眼前具体实际利益之上的成分。"① 关于新形势下历史工作者心态的调整，有不少学者发表了意见。如赖长扬指出，首先需要史学工作者对自己的学科在社会当中应当占有什么地位有一个正确认识，不能像阿Q一样总以为先前"阔气过"。抱着"显要"的想法，将成为史学工作者不能适应商品社会的一个障碍。其次，也要对自己学科的特点有一个正确的认识。以前的历代学者都试图建立一个完整的史学，对传统史学的继承应是全面的，应该注重"形而上"和"形而下"两方面的功用。这样就不会走极端，只觉得考证是搞学问，把写历史故事看得很低②。也有学者指出，"从事历史的教学和研究，是一种高尚而神圣的职业，然而它一开始就不是而且永远不会是一个富裕显赫的职业。这就需要史学工作者有一种默默无闻的献身精神，要安贫乐道，坐冷板凳。""历史学要发展繁荣，一是需要人类思维自身的推动，这就要史学工作者安贫乐道，以常新的观念和方法来潜心研究；二是社会需要的推动，这就要历史学适应形势，反映时代的变化。"③ 还有学者说："当前重要的

---

① 刘家和、陈启能：《面临改革大潮，历史学怎么办》，《史学理论研究》1993 年第 4 期。

② 《商品大潮与史学发展六人谈》，《史学理论研究》1993 年第 1 期。

③ 尘风：《安贫乐道与开放搞活》，《史学理论研究》1993 年第 2 期。

是清醒地把握住自己，拿出自己的尊严和自信，要甘于寂寞，甘于清贫，不能以商业的价值观念作为历史学科学价值的取向。因此，当大款一掷千金时，我们不必为自己所从事的科学研究的价值感到迷惘，科学研究，特别是历史研究所作出的巨大的付出和所能得到的回报，永远不可能用金钱来衡量。"① 陈启能也指出，"即使在市场经济已很发达的国家里，搞历史学的人也是发不了财的。而且一般说来，立志于搞科学研究的人应该有点牺牲精神，应该有不怕艰辛攀登高峰的志向，有闯'地狱之门'的准备。""一个人（尤其是一个研究人员）应该有两种心：第一是事业心。对事业要努力做到全身心投入，要立大志，建大业。既然投身这一事业，就要下决心干出一番业绩来。第二是平常心。就是要对各种矛盾、各种身外之物，包括荣辱升迁、职称地位、胜败得失、流短飞长，都不要看得太重，都要以一颗平常心对待。"②

1993—1994 年前后，历史学界关于"商品经济与历史学的发展"问题的探讨，一方面是 80 年代"史学危机"问题探讨的继续，另一方面，也从社会大环境这个新的角度，对于"历史学如何进一步发展"这一问题，进行了较为深入的探讨，这一探讨既具有重要的学术价值，也有直接地推动历史学发展的实践意义。在讨论中，尽管学者的意见仍有不少的分歧，但都是从"进一步推动中国历史学的发展和繁荣"这一重要目的发表论说的，他们提出的许多中肯的意见和建议，对于以后中国历史学的进一步发展，发挥了重要的启迪作用。今天，虽然很少有人再就"史学危机"和"市场经济对历史学的冲击"展开论说，中国历史学在此后近二十年的显著成就面前，当年的话题已成为一个历史性的话题。但是，目前中国历史学发展的窘境并没有完全消除。在商品经济大潮的冲击下，师范院校的历史学系纷纷改为历史文化或历史旅游等名称的学院，综合大学的历史系纷纷并入"人文学院"，与考古、文博、哲学、文学等学科相依为命，北京大学历史学系每年第一志愿报考历史学专业的学生仅有五人左右，每年仅有一个本科生班级，地方院校的历史学专业的招生指标也一再压缩，在历史专业就业越来越困难的情况下，各学校只好鼓励学生选择第二专业，或者在历史学专业课程之外，加大应用性课程的教学分量，目的在于使学生具有"一专多能"的本领，结果培养出来的学生历史学专业既不专，与热门专业学生的"能"相比，也没有"能"的就业优势。历史专业学生的就业问题直到现在并没有很好地解决，

---

① 舒嘉：《历史学的沉思：挑战和机遇》，《史学理论研究》1993 年第 3 期。
② 刘家和、陈启能：《面临改革大潮，历史学怎么办》，《史学理论研究》1993 年第 4 期。

本科生不好就业，许多学生只好读研究生，研究生包括博士研究生的从业情况也不容乐观，不少博士研究生进入政府和新闻出版等行业，在高校从事教学工作的研究生，不少进入"马克思主义理论与思想政治教育"课程的教学之中，目前，这种情况已屡见不鲜。作为"史学理论与史学史"研究重镇的北京师范大学史学研究所，从1997年之后，加大了博士研究生培养的力度，但是，老师们辛辛苦苦培养出来的博士研究生，在高校和社科院系统从事教学科研工作者，不足一半人。是我们的历史学界史学理论与史学史学科专业人才已经达到饱和状态了吗？据我们了解，情况并不是这样，许多高校包括教育部直属的不少著名高等院校，具有该专业博士学位的教师和研究人员屈指可数，不少具有历史学一级学科博士学位授予权学校根本就没有"史学理论与史学史"专业的博士学位的教师，但这方面的博士研究生难以补充到学科队伍之中。结果，不少"史学理论及史学史"专业的博士研究生或博士后出站人员，包括一些曾多年从事教学和科研工作的优秀人才，有的为了留在北京，只好进入了出版社或政府机关，有的甚至到中学去教书；在地方院校工作的，真正能从事本专业教学科研工作，发挥其专业的特长和优势的，也屈指可数。不可否认，历史学是一种基础性的人文素质教育学科，多方面的从业现象反映出时代的特征，但是，在历史学高级专业人才大量浪费这些现象的背后，确实也存在着许多值得深入探讨的深层次问题。在商品经济大潮面前，急功近利思想占据社会的主导地位，理工科、外语、计算机成为社会的热门专业，传统的文史哲学科被社会大大冷落，历史学学生就业难，一方面是20世纪80年代历史学专业的"暴胀"造成的恶果，同时，也在于社会缺乏历史意识、缺少历史对社会发展的重要意义的认识。就"史学理论与史学史"专业来说，缺少"史学理论及史学史"学科意识，是我们不少历史学从业者的通病，结果，不少从事历史学其他领域的"史学理论及史学史"爱好者，能应付着给本科生和研究生开出"史学概论"、"历史研究法"等课程也就满足了，无需这方面的硕士和博士来抢饭碗；一些名牌院校，眼睛里只瞅着"海归"人才，高薪等候中西兼通的学术大师，结果，一方面出现国内高级史学专业人才浪费，另一方面，本校学科发展和建设长期处于落后和迟滞状态。

　　商品经济的大潮，也在某种程度上影响了我们的学风。有学者指出：20世纪中国历史学有三大情结，即政治情结、道德情结、洋人情结，在不同历史时期这三大情结的表现方式不同，但新时期中国历史学在发展过程中，这三大情结仍然存在，影响了中国历史学的健康发展。"不可否认的是，也有一部分史学家，仍然热衷于为现实政治作简单而缺乏说服力的注释。如经济建设需要建造大楼，马上就有所谓'最早发明摩天大楼的是商代的纣王';中国政府要发展文化教育，有关'中国早在二千年前就创办大学'的论著随之出现。更有甚者，有些所谓的历史学家，不顾本来的历史面目，盲目吹捧拔高，胡乱论证，甚至假造文物，混淆学术与宣传的界限。""近年来，学术界所深恶痛绝的学术不规范以及相互抄袭等问题，固然有贪图不义名利的驱动，然而，20世纪以来学术界对空话、套话以及相互重复模仿等等习以为常，不能不说是导致现在这种恶劣学风日渐弥散的重要原因之一。""西方学术的大量引进，对于20世纪后期中国历史科学的进步，确实具有积极的借鉴和促进作用。但是我们应当看到的是，也有一部分热衷于引进、做作，甚至炒作西方洋人理论的学者，其心理上是否仍然有着浓厚的崇洋尊外与借洋吓人的意识在里面？"①

　　新时期电视和网络成为重要的传媒工具，不少学术含量很高的历史学专业网站和学者的博客应运而生，中央文献研究室与影视界合作，推出了"三大战役"、"邓小平"等多部高质量的革命历史题材片和历史文献纪实片，《中华文明之光》、《大国的崛起》、《复兴之路》、《风雨同舟》等专题片，既传播了历史知识，又丰富了人们的精神生活，给人以启迪和教育。中央电视台开办的"探索与发现"推出的多部与历史有关的专题片和"百家讲坛"等栏目，也在传播历史文化知识方面发挥了重要作用。但与此同时，在商品经济冲击之下，某些人单纯追求娱乐、吸引观众眼球，一味"媚俗"的结果，在我们的荧屏上，"戏说"连连，帝王将相和才子佳人宫廷风流韵事，成为我们一些文化人和专家学者热衷谈论的热门"话题"，我们的电视台推出的专家和"学术大腕"，成为"故事大王"，向广大观众津津乐道着帝王将相和才子佳人的宫廷生活和文治武功，其严重恶果，是科学的历史学被严重践踏，历史学的思想教育功能被严重扭曲和淡化，这些也很值得历史学界认真关注。在商品经济大潮中，不少地方出现了"文化搭台，经济唱戏"新现象，历史学界也是其中的受益者之一，不少史学会议、历史著作的出版，地方历史文化和区域史的研究也红红火火，这些由于得到了地方政府和成功人士的资助而开展起来。但也带来一些负面的影响，如有的学者所指出的："地方政府和地方成功人士组织本区域的文史研究，当然是希望把本区域文史最美好的一面展现给世人，才能吸引外商前来投资、吸引国内外游客前来观光旅游，才能把当地的产品推向广阔的市场。这样一来，所谓的区域史学术研究，实际上只能宣扬美好的一面，而不能或者尽可能少的描述比较落后的一面。

---

① 参见陈支平：《历史学的困惑》第1—16页，中华书局2004年版。

这种做法是与学术研究的基本原则不相吻合的。学者们或者是随波逐流，人云亦云，唯主人的马首是瞻；或者是坚持学术原则，实事求是。然而不幸的是，坚持原则的学者们往往处于一种极为尴尬的两难境地。……讨论会尚未开张之时，主人对与会者奉若上宾，会议结束之后，诸位被弃如敝屣。""总还是有些成功人士的祖先是举世公认的'坏人'，如秦桧、严嵩、石敬瑭、阮大铖之流。这些历史上公认的'坏人'、'恶人'，在进入新时期之后的际遇，就完全要看他们子孙的造化了。"① 海外人士、地方政府和成功人士的支持，是在商品经济社会中推动文化发展的一个重要方面，但一些学者揭示的上述矛盾现象，确实是一个很值得警惕和研究的重要问题，在利益和真理面前，史学家坚持真理的科学精神，应该是第一位的，这是历史学家的基本从业素质和要求，也是保证历史学健康发展、充分发挥历史学的资政育人的社会功能的重要条件。

改革开放以来，随着国家经济建设的飞速发展，党和政府也逐步加大了对人文社会科学的研究投入力度，在商品经济大潮的冲击面前，这也是推动科学特别是基础性学科发展的重要因素。目前，中华社会科学研究项目受到了广大社会科学从业人员的高度重视，立项数目和资助金额逐年增加；从20世纪90年以来，国家启动的夏商周三代工程、大型清史编撰工程、中华文明起源研究等工程，国家投资数亿元资金，研究取得了举世瞩目的成果。教育部和各省、市也对包括历史学在内的社会科学研究予以支持，教育部启动了投资20万的重大课题研究、投资50万的重大攻关课题研究，设立了北京大学中国古代史研究中心、北京师范大学史学理论及史学史研究中心、中国人民大学清史研究中心、复旦大学中国近代思想文化研究中心、南开大学中国社会史研究中心、世界近代史研究中心、东北师范大学世界文明研究中心等二十余个历史学重点研究中心，启动了国家重点课程和教材的建设，所有这些，都极大地推动了历史学的进一步发展和研究工作的开展。另外，我们也欣喜地看到，中国社会科学院推出的"东方历史学术文库"、"中国社会科学院学者文选"，北京师范大学、南开大学、陕西师范大学、河北大学等许多高等院校，设立了包括历史学在内的学术论著出版资助基金和奖励制度，不少学校设立了引进人才科研启动费制度，正是在这些资助下，一些学校推出了教授文库、博士文库、当代史学家文库、史学家丛书、史学研究书系等等出版项目，历史学论著出版难的问题，得到了一定程度的缓解。所有这些举措，对于商品经济下历史学等基础性学科的发展，也发挥了极为明显的推动

①　陈支平：《历史学的困惑》第60—61页，中华书局2004年版。

作用。

第二节　马克思主义史学的价值论说

在中华民族丰厚的历史学宝库中，中国马克思主义史学已经成为一笔极其珍贵的遗产。如何正确认识和评价中国马克思主义史学，如何对待这笔史学遗产，这是一个原则性的问题。本着百家争鸣的学术态度，学术界应该展开广泛深入的讨论，以明辨是非，使中国历史学在新世纪得到健康的发展。这里，我们仅对当前中国历史学界存在的比较明显的倾向，从如何认识和对待马克思主义的社会形态理论、阶级分析的方法，以及历史学与社会现实的关系三个方面，谈谈应怎样正确对待马克思主义史学遗产的问题。

一、马克思主义社会经济形态理论的价值

在中国马克思主义历史理论遗产中，最核心的是对中国几千年来历史的发展进程的看法。受马克思主义社会经济形态依次演进思想的影响，在对中国历史文献、考古资料和近代社会研究的基础之上，中国马克思主义学者普遍认为中国历史的发展符合马克思所说的人类社会发展的基本趋势，也有无阶级的原始社会，奴隶社会和封建社会。1939 年，毛泽东在他的著名论著《中国革命和中国共产党》中，总结了学术界 30 年代社会大论战的成果，明确地提出了中国共产党人关于中国古代、近代社会发展的马克思主义的理论性认识，概括地论述了周秦以来中国封建经济制度和政治制度的特点、农民战争对历史的巨大推动作用，以及中国近代的半殖民地、半封建社会的基本矛盾和特点等重要理论问题。在《新民主主义论》中，毛泽东对中国新民主主义革命作了进一步的理论总结，包括新民主主义革命的对象、任务、动力、性质和前途，运用马克思主义的阶级分析的科学方法，分析了近代中国的地主阶级、资产阶级、小资产阶级、农民阶级与中国革命的关系，以及这些阶级在革命中的地位和作用等重大问题，阐发了中国新民主主义革命的政治、经济和文化的特点。毛泽东有关中国历史的系统看法，很快被马克思主义史学家所接受，范文澜将之贯彻到自己的《中国通史简编》、《中国近代史》等历史学著作之中，范文澜等马克思主义史学家的著作得到了广大群众以及进步学者的喜爱。新中国成立后不久，由于毛泽东的崇高政治地位，他有关中国历史的论点，很快成为学术界的共识，成为指导中国历史研究的指导性方针。

新时期以来，中国史学界进一步解放思想，清算了教条主义对中国历史学发展的危害，对中国社会的认识进一步深化。有些学者指出：五种社会形态并非每个民族发展的必经阶段，五种社会形态是欧洲中心论的产物；中国历史上不存在奴隶制社会，过去称鸦片战争以前的社会是封建社会，也是"泛封建化"理论的误导；也有学者对毛泽东所提出的中国近代社会为半殖民地、半封建社会的看法提出了异议。这些新看法的出现，是学术发展的必然产物，但许多学者的论点和论据，仍值得做更为深入地探讨，方能在学术界达成共识。马克思和恩格斯认为人类社会的发展，经历五种社会形态，主要立足于欧洲历史发展的实际，但他们并非欧洲中心论者，他们对亚洲的历史也并非一点不了解，而且，他们也明确地指出"大体上"人类社会经历五种发展阶段。认为人类社会的发展，无论哪个民族都必须经历五种社会形态，这是斯大林及苏联式的教条主义的观点，也不符合人类历史发展的实际情况，各个民族的历史的发展都具有自己的独特性，这已成为新时期史学界的共识。我们在纠正斯大林及苏联学者的偏颇的同时，是否能抛弃马克思主义关于人类社会发展的规律性的基本看法？中国第一代马克思主义史学家认为中国历史的发展经历了马克思所说的五种社会形态，但范文澜、侯外庐等杰出的马克思主义史学家，包括郭沫若在内，都未曾否认中国社会的特殊性，而且十分重视探寻中国历史的特殊性[①]。我们怎么能将新中国的马克思主义史学一言以蔽之曰"教条史学"呢？从社会经济形态的发展来看，目前要彻底否认中国历史经历了五种基本形态，仍然是一道难题，中国历史上是否有奴隶制社会，仍值得学者从理论和实证的方面做大量的研究工作，才能得出最终的结论，退一步讲，即使我们证明了中国历史上确实不存在奴隶制社会，是否就能确认马克思主义社会经济形态学说就是一种错误的认识呢？关于中国近代的社会性质，经过20世纪90年代以来不少学者的重新深入论证，否认中国近代社会的半殖民地、半封建性质的说法，是很难站得住脚的，这也成为学术界新的共识。由此可见，对中国马克思主义史学家和政治家有关社会发展阶段这一重要的历史理论，仍值得我们珍惜，不可简单地否定和抛弃。

在马克思主义初创阶段，中国马克思主义第一代历史学家，在马克思主义社会经济形态理论的启迪下，对中国几千年的历史和社会开始了系统深入的研究，今天，中国古代历史在断代史以及经济史、思想史等专史领域的基本格局，就是在对中国古代社会及其历史的发展阶段的探讨过程中建立起来的新的学科体系，

---

① 参见张剑平：《新中国史学五十年》第102—109页，学苑出版社2003年版。

由此，中国历史学才走上了科学化和现代化的道路。毛泽东有关中国近代社会性质的正确分析，成为我们中国共产党人制定新民主主义革命路线的基本依据，中国新民主主义革命的彻底胜利，已经证明了毛泽东为首的中国共产党人有关中国近代社会性质认识的正确性。今天，对这一重大学术成就，我们无论做怎样高的估价都不过分，在我们还没有得到更加正确的认识之前，他们的论断仍应成为我们认识中国古代和近代社会的理论指南，对这些论断报以嘲讽的态度是不应该的。诚然，早期马克思主义史学家有关中国古代和近代社会的具体认识是否正确，这仍然要不断地接受学术界的检验，但我们不能对前辈学者和政治家采取简单的全盘否定的态度，马克思主义社会经济形态的理论，过去指导了中国马克思主义史学家对中国古代社会予以深入探讨，在今天仍有其重要的学术指导意义。

二、马克思主义阶级分析方法的理论魅力

阶级分析方法是马克思主义史学研究的基本方法。毛泽东在新民主革命阶段，正确运用马克思主义的阶级分析方法，明确了中国新民主主义革命的对象、任务、动力等革命的重大问题，建立了科学的新民主主义革命理论，为中华民族的独立和全中国广大人民的解放做出了杰出的贡献。中国马克思主义史学家运用马克思主义的阶级分析方法，站在人民的立场上，充分肯定了劳动人民在推动历史发展过程中的杰出贡献，这在很大程度上纠正了传统史学以帝王将相为中心的历史认识的偏颇，做到了"从下向上看历史"，开辟了中国历史学研究的诸多新的领域。1958年掀起的所谓的"史学革命"，以及后来开展的所谓"文化大革命"，打着马克思主义的招牌，行极左政治之实，如果说"史学革命"还是因为对如何发展马克思主义史学经验不足所导致的失误，"文化大革命"则是对马克思主义史学极大的摧残和颠覆，"评法批儒"的影射史学，是打着史学幌子的极左政治，这些文章和论著，将马克思主义阶级分析方法极端化和庸俗化，丰富多彩的中国历史被歪曲成为阶级斗争史、儒法斗争史和路线斗争史。新时期的拨乱反正，恢复了马克思主义历史学的本来面目，纠正了对马克思主义阶级分析方法运用中的错误的做法。但有些史学工作者却错误地认为马克思主义史学就是阶级斗争史学，忽视甚至公开拒绝用马克思主义的阶级分析方法去分析和评价历史及历史人物，由此在认识方面发生了较大的偏差，造成了不少的混乱。

从新时期中国近代史研究中出现的明显倾向，可以感受到有些史学家对马克思主义阶级观点和阶级分析的拒斥发展到何种程度。著名哲学史研究家涉足太平天国史的论述，认为太平天国的胜利将会使中国倒退到黑暗的基督教统治的中世

纪；在我们有些史学家的笔下，曾国藩、袁世凯、慈禧太后成为大肆歌颂和吹捧的对象；有学者指出，第二次鸦片战争的爆发和火烧圆明园，是中国政府没有遵守国际公约的结果；过去的义和团爱国运动，在一些学者的笔下，现在摇身一变，成为落后、愚昧和盲目排外的农民运动。诚然，过去片面地拔高农民的革命战争，对统治阶级的杰出人物采取全盘否定的态度，是片面的做法。但是，我们现在有些学者提出的这些所谓的"新认识"和新观点，难道不是从一个极端走向另一个极端？这些所谓的新认识，有多少能真正站得住脚？又有几家能经得住学者的认真讨论和辩驳？关于新时期在阶级分析方法方面出现的逆反现象，刘大年以著名哲学家冯友兰在《中国哲学史新编》第六册中对太平天国运动和曾国藩镇压太平天国的评述，以及英国出版的《中国季刊》反对说蒋介石是大地主大资产阶级的代表为例，对史学研究运用阶级分析的重要性作了较为深入的论述，他强调指出："阶级分析方法，是历史分析的基本方法。讲近代史研究方法论，不可丢掉，或者所谓'淡化'这个基本方法。"① 针对"马克思主义过时了"的说法，龚书铎说："说马克思主义已经过时，显然是出于偏见，只要客观地正视现实，就可以看出这种说法是没有根据的。""在声称马克思主义过时的说法中，最受贬损、否定的是阶级划分和阶级斗争的学说。不可否认，对于阶级划分和阶级斗争学说的运用，曾经有过简单化、教条化的偏颇，但这是运用者所出现的问题，而不是这个学说本身。认为阶级斗争学说过时了，是不正确的。只要世界范围资本主义制度还存在，只要统治与被统治、剥削与被剥削的关系还存在，阶级斗争就客观存在，这个学说就不会过时，至于用来指导历史研究，更是不能回避的。"②

随着毛泽东的阶级斗争时代的结束，中国历史学发生了明显的变化。在中国史坛曾经显赫一时的"中国农民战争史"已经少人问津，过去对历史上的农民起义和农民战争过分地拔高，本身就违反了马克思主义的实事求是的原则，但现在出现的对历史上劳苦大众为了生存而奋起的抗争，由此而形成的轰轰烈烈的革命运动大肆诬蔑，是否就是科学的做法？诚然，在新的历史条件下，我们无需再花大力气从事农民战争的研究，但与之密切联系的中国的农民、中国的农村和中

---

① 刘大年：《当前近代史研究的几个问题》，见《刘大年集》第3—29页，中国社会科学出版社2001年版。

② 龚书铎等：《历史的回答——中国近代史研究的几个原则问题》第279—288页，北京师范大学出版社2001年版。

国的农业为中心的"三农问题"的研究，在我们这个长期以农立国的国家中，难道没有研究的价值，难道不值得学者去着力研究？为了强调劳动人民推动历史的伟大作用，将一部丰富多彩的历史变为农民战争史，进而忽视和否认杰出人物的作用的做法，在20世纪60年代就遭到范文澜、翦伯赞等杰出的马克思主义史学家的严正批评。"范文澜说，马克思主义认为'历史是劳动群众的历史'，这本是真理，但是把它绝对化、片面化，只承认历史上的劳动群众，不承认历史上的帝王将相，这就成了谬论。这种谬论应当受到大家的反对。"① 新时期我们纠正了过去的失误，对马克思主义的阶级分析的理解更加全面和深刻，懂得阶级分析必须建立在历史主义的基础之上，为了更好地进行阶级分析，必须全面深入地研究社会经济史，阶级分析应与阶层分析相结合，阶级分析不是历史研究的唯一的方法，应将这一分析与其他的方法相结合②。这些新的认识的出现，标志着中国马克思主义史学家对马克思主义这一重要的历史研究方法认识的进一步深入，这有助于广大史学工作者正确地运用这一方法，在这种情况下抛弃马克思主义的阶级分析这一重要方法，是否是明智之举呢？过去我们过分突出劳动人民对历史发展的推动作用，是否今天就应该代之以大肆渲染帝王将相和才子佳人的所谓"功绩"，这是否是由一个极端走向另一个极端？中国近代史研究在新时期一度出现的混乱的局面，与我们没有很好地坚持马克思主义阶级分析的方法有很大的关系，这已被不少的学者所指出，在新世纪这样的曲折不应该再出现了。

三、正确处理历史学和社会现实的关系

历史学与社会政治的关系问题，是历史学理论研究的一个重要问题。中国马克思主义史学在这方面，既有成功的经验，也走过了曲折的道路。郭沫若、范文澜、翦伯赞等第一代杰出的马克思主义史学家，以其脍炙人口的历史学著作，极大地推动了历史学相关领域的研究，又为中国新民主主义革命的胜利发挥了巨大的现实作用。郭沫若的《甲申三百年祭》和范文澜的《中国近代史》等不朽的马克思主义史学名著，已成为这方面的具有代表性的扛鼎之作，马克思主义理论的革命性和科学性在他们的著作中得以充分的体现，他们的著作也成为将学术与服务于现实密切结合的典范。新中国成立后，中国马克思主义历史学在科学化和服务于现实两个方面都有了长足的进展，但由于我们的政治家和历史学家没有充

---

① 新华社：《纪念太平天国110周年》，《人民日报》1961年5月31日。
② 姜义华、瞿林东、赵吉惠：《史学导论》第135—140页，复旦大学出版社2003年版。

分注意到历史学首先是一门科学，结果将历史与社会现实之间的关系简单化，片面地强调"古为今用"，于是，在社会政治出现了问题时，历史学最终成为现实阶级斗争的喉舌，在已全面开始了社会主义建设的新形势下，竟然出现了荒谬的"为革命而研究历史"的主张，并被我们的政治家所接受。十年"文革"的极左政治，几乎葬送了中国的马克思主义历史学。进入新时期，广大史学工作者痛定思痛，深刻反思了"史学与政治"的关系，许多史学家在深入反思之后，明确提出：必须尊重历史学的科学性，历史学本身并不是社会意识形态，应以科学的历史研究结论去服务于现实，正确处理历史学的科学性和它的现实功用问题。在这种思想的指导下，不少学者致力于历史学的科学研究，为推动中国历史学的科学化做出了突出的贡献。也有不少学者紧密结合中国现实社会提出的新问题，从历史的角度予以研究，为我们的现代化建设出谋献策。但不可忽视的是，在反思历史研究与社会现实的关系时，也有学者提出了历史学不能再和现实搅混在一起，历史研究与社会现实愈远愈好等等极为偏颇的观点。

诚然，历史学在现代已经发展成为一门科学，历史本身并不是现实的社会，将历史与现实简单地混同在一起，不仅无助于历史的研究，而且也会混淆现实和历史的差别。"文化大革命"以著名历史学家吴晗的历史剧《海瑞罢官》作为导火索，"文革"后期出现了"影射史学"这一极左政治的怪胎，这些血的历史教训值得中国的历史学家和政治家永远引以为戒。但历史学是否就应该与社会现实绝对无缘，为了追求历史研究的"科学性"，我们的历史学家就应该隔绝与现实的一切联系，排除现实社会政治和意识形态的一切影响？中国古代的经世致用的传统在现代是不是就应该抛弃？实际上，上述看法既不可能实现，也没有科学的根据。首先，历史学家本身就生活在现实社会之中，他们在思考问题、选择研究课题时不能不受到现实社会因素的影响，要历史学家关起门来去追求所谓的历史学的科学性本身就是不可能做到的。其次，现实社会因素的影响，实际上是一把双刃剑，一方面将历史与现实简单的等同起来，会将历史现实化，与历史实际愈来愈远，另一方面，现实因素的刺激，也有助于史学家选择研究课题，开阔思路去思考历史上的类似现象。历史学本身不是社会意识形态，但是，作为人文和社会科学的历史学的研究，不可能彻底摆脱社会意识形态的影响，历史学家也不可能不受社会意识形态的影响。准确地说，社会意识形态对史学家的影响也有两个方面：一是简单地从社会意识形态出发，将历史意识形态化，歪曲了历史的实际，对历史事件和历史人物作出了歪曲性的评判。二是在社会意识形态的指导之下，找出了具有较强现实意义的课题，对历史问题的分析更为深入。现在受到不少学者青睐的环境史的研究，难道不是当代社会环境问题日益突出引发出来的新的课题？马克思主义理论作为社会主义国家的意识形态，正确地运用，将会有助于历史学家更加全面深入地分析历史事件和历史人物。当然，简单地从社会意识形态或现实需要出发去评判历史，也会出现不少的弊端，新中国马克思主义史学发展出现的曲折，就是这方面深刻的教训。至于选择与社会联系紧密的课题，我们不仅不反对，而且应该大力提倡和支持。当然，从事那些与社会现实关系不太密切，但具有较大学术价值的课题的研究，也是十分重要和必要的，我们不能再犯 20 世纪 50 年代末的简单的"厚今薄古"，将古代和今天对立起来的错误。不可否认过去"左倾"政治对中国马克思主义史学的发展带来了诸多消极和恶劣的影响，但我们不能由此断定史学与政治必须无缘，摆脱政治对史学的干预。瞿林东教授发表的《论史家的角色与责任和史学的求真与致用》，以及《论史学在社会中的位置》等文章，对史学与政治的关系做出了深入而精当的论述。他说："把史学等同于政治是完全错误的。但是，如果我们从以往的教训中得到这样的认识，即史学应同社会保持一定的距离，或者'超越'社会，才能保证史学的纯洁和发展。这样的认识恐怕还是值得进一步推敲的。"[1] "史家的社会责任意识必须倾注于史学之中，而史学亦必成为史家藉以经世致用的智慧和手段。……信史原则和功能信念的统一，从根本上反映了中国史学传统的精神本质。"[2] 我们认为，瞿林东先生的上述认识，正确地揭示了有关史学与社会的关系，有助于我们从理论的高度深入地认识这一重要问题。

郭沫若、范文澜等中国杰出的马克思主义史学家，将学术研究的科学性和服务于社会的现实性的有机结合，既推动了中国历史学的发展，又为新民主主义革命的胜利做出了突出的贡献，这是对中国传统的经世致用思想的继承和发展，很值得我们珍惜，把他们的史学论著一概称之为"战时史学"，宣称"告别战时时代"，是非历史主义的，也是与这些马克思主义史学论著不相称的，这种偏颇的认识也难以真正将中国历史学推向新的发展阶段。中国马克思主义史学在处理科学性与现实性方面的经验和教训，很值得我们认真地研究。不可否认，中国第一代马克思主义史学家的著作在今天看来有其历史的局限性和不足之处，但我们却不能因此否认他们将学术与社会紧密结合这一做法，我们仍应进一步继承和发展他们所形成的这一优良传统，并进一步研究在新的历史条件下，如何更好地发挥

---

[1] 瞿林东：《论史学在社会中的地位》，《史学月刊》2001 年第 1 期。

[2] 瞿林东：《史学与史学评论》第 34 页，安徽教育出版社 1998 年版。

历史学的社会功能问题。新中国 60 年来中国马克思主义史学的发展证明：只要政治路线正确，中国马克思主义史学就会健康的发展。目前我国政治生活中和史学研究中"左"的流毒已经清除，过去对西方史学和中国传统史学一味排斥的错误做法已被纠正。在这种情况下，我们可以对马克思主义史学与政治的关系做出正确的评价。我们主张史学家在充分尊重历史学科学品性的同时，应更注重于研究与社会以及与大众生活密切相关的研究课题，这样的历史学才会更具有鲜活的生命力。在新世纪，只要我们能正确处理史学的求真和致用的关系，在尊重历史学的科学品性的基础上，大胆地研究和开拓与社会生活和人民大众密切相关的新课题和新领域，中国马克思主义史学必将有一个新的发展，这是我们总结新中国马克思主义史学六十年来的经验和教训得出的基本结论。

马克思主义理论是在总结人类思想文化遗产的基础上形成的，代表着人类思想文化发展的一个新阶段。马克思和恩格斯对人类学术文化发展所作出的巨大贡献，与他们作为无产阶级革命的导师，对人类革命和现代社会的发展所作出的巨大贡献一样，永远值得人们尊敬。英国著名史学家巴勒克拉夫在《当代史学主要趋势》中曾明确地说："要否认马克思主义是有关人类社会进化的能够自圆其说的唯一理论，是很难办到的。也就是说，马克思主义是唯一的历史哲学，它对历史家的思想产生了明显的影响。这并不是说马克思主义是教条，更不应当将马克思主义当作教条来使用。从某些方面来看，马克思是最不教条、最灵活的作者。"[①] 一个西方学者对马克思主义理论及其影响能做出这样高的评价，很值得我们进一步反思。中国的马克思主义史学家结合中国的历史实际，在马克思主义理论的指导下，经过艰苦的探索，同样给我们留下了一笔丰厚的史学遗产，我们要抱着历史主义的科学态度，进一步研究和继承这笔丰厚的史学遗产，以推动中国历史学在新世纪有一个更大的飞跃，毛泽东提出的批判的继承的原则，仍是我们对待一切文化和遗产的基本的态度和原则，只有认真领会和坚持这一重要原则，我们才能少走弯路，从而取得更大的成就。

第三节　以马克思主义指导中国历史学的新发展

新时期中国历史学有了长足的进步和全面的发展，进入新世纪，马克思主义唯物史观理论研究进一步深入。坚持和发展马克思主义理论，用发展着的马克思

---

① 杰弗里·巴勒克拉夫著，杨豫译：《当代史学主要趋势》第 261 页，上海译文出版社 1987 年版。

主义指导中国历史学的新发展，是创建具有中国特色的马克思主义历史学的一个光荣而艰巨的重要任务。

一、中国马克思主义史学面临的新挑战

新时期历史学发展和研究在取得重大成就的同时，也出现了一些不容忽视的问题，这主要是在改革创新的同时，有人对唯物史观指导之下的马克思主义史学采取了简单化的全面的否定，历史研究中的非社会形态化思潮和对唯物史观的否定思潮一直在学术界蔓延。正如瞿林东教授所言："以马克思主义唯物史观指导历史研究，是当今中国史学的主流，这方面的许多重大成果表明，中国马克思主义史学是有生命力和广阔前景的。但是，必须承认，近年来淡化马克思主义理论的指导，不讲甚至取消马克思主义理论的指导的倾向是存在的，这表现在关于阶级斗争学说、社会形态学说、历史发展的客观性等问题上，都有不同程度、不同形式的反映。与此相联系的，是关于 20 世纪史学批评问题，有些论者用抬高个别史家历史地位的方法，达到否定其他史家尤其是马克思主义史家的历史地位的目的（如中国马克思主义史学的奠基人之一郭沫若成为有些人可以随意贬低甚至诬蔑、谩骂的对象，似已成为'时尚'），在社会上和史学界产生了恶劣的影响，特别是在青年学人中危害极大。有的论者对新中国成立后到文革开始前十七年间的史学全盘否定，并目为'金花史学'以嘲笑，无视唯物史观在中国大地上广泛传播的巨大成就。有的论者以解放后'中国史学无大师'作反衬，证明新中国史学的不足取，等等。诸如此类的错误倾向，本质在于对马克思主义史学缺乏基本的认识和正确的评价。这些倾向目前虽然不占主流，但影响不小，如不予以纠正，则对 21 世纪中国史学的健康发展极为不利，应引起人们的高度重视。"[①]

对新中国成立后的前三十年历史研究中出现的教条化和"左倾"错误进行深入反思，极大地推动了中国历史学在新时期的开拓和进取，极大地促进了新中国历史学在科学化轨道上迈向了一个新的阶段。但是，毋庸讳言，在纠正过去失误的同时，一些学者将马克思主义历史学与教条化、"极左"、"阶级斗争史学"等等混为一谈，在纠正过去历史研究失误的同时，对马克思主义的理论和方法，特别是阶级分析的方法以及关于社会经济形态的理论，采取了简单否定的态度。如学者所言："在一段时间，在社会上忽视马克思主义思潮的影响下，史学界也

出现一些对历史发展规律、阶级斗争理论、历史唯物主义的指导等等问题，产生一些错误认识。有些人在文化热的掩盖下，竞相鼓吹全盘西化，否定祖国的文化遗产，甚至鼓吹资产阶级自由化。力图把历史科学研究拉到背离马克思主义的轨道上。"① 进入 90 年代，随着苏联解体和东欧发生的巨变，国际共产主义运动进入低潮，国内外一些反对马克思主义、反对社会主义新中国的人，开始活跃起来，他们再次叫嚣"共产主义的失败"和"马克思主义的终结"，马克思主义学说和它指导下的中国社会科学，包括历史科学，都遇到了新的挑战。正如学者所言："当前，国际共产主义运动处于低潮，马克思主义面临着新的挑战，西方资产阶级的代言人兴高采烈地宣称共产主义运动的历史已经'终结'，唯物史观已经破产。"② "在当前国际共产主义处于低潮，东欧社会主义制度的瓦解和苏联解体的严峻时刻，马克思主义受到前所未有的挑战，随之而来的是历史唯物主义也必然受到严重的挑战。这种挑战并不限于对马克思主义历史科学在理论上的攻击和否定，更表现在对世界无产阶级革命的历史，对俄国十月革命以后七十年的历史和社会主义制度的攻击和否定。而这种攻击和否定，并不是只来自西方资产阶级的'理论家'和历史学家，而且还来自那些自称服膺过马克思主义的某些历史学家。"③

新时期中国历史学研究也出现了一定程度的逆反现象，如由于过去极左思想的影响，对农民起义和农民战争过分美化和抬高，现在就有人对农民起义大肆贬低和污蔑；过去把历史变成为一部阶级斗争史，现在就完全否认阶级分析在历史研究中的重要性，否认农民起义和农民战争对中国历史的推动作用；过去强调革命，忽视了改革和改良对历史发展的积极作用，现在就把"洋务运动"和晚清的改革捧上了天，对太平天国和义和团起义乃至辛亥革命等革命运动大肆污蔑和攻击。对新中国成立之初开展的关于中国重大历史问题的研究，即"五朵金花"，有人采取了嘲弄的态度，认为是"昔日黄花"，是意识形态的产物，是"假问题"。将马克思主义史学主导地位的确立，认为是"教条史学"形成的标志，有人将"文革"其间的"影射史学"等同于马克思主义史学。毛泽东关于中国近代社会性质和革命的论断，也成为被嘲笑和讽刺的对象。这些现象的出现，都反映出有人对新中国历史学的反思缺乏实事求是的科学精神，对马克思主

---

① 苏双碧：《接受马克思主义指导，首先是要学好马克思主义》，《史学理论研究》1992 年第 1 期。
② 林甘泉：《唯物史观生命长青》，《史学理论研究》1992 年第 1 期。
③ 李侃：《对"世纪之交中国史学"的一点认识》，《史学理论研究》1992 年第 1 期。

义史学缺乏正确的理解和分析。新时期中国历史学研究中出现的严重背离马克思主义史学发展轨道的偏向，突出地反映在以所谓的自然科学的"三论"否定唯物史观的理论和方法，以《河殇》为代表的对中国历史文化传统的全盘否定的态度，以"告别革命"为代表的否定中国近现代人民革命斗争的非历史主义态度。在传统思想文化的反思方面，历史虚无主义思潮在 20 世纪 80 年代甚为流行，有人在资产阶级自由化思想引导下，提出中华文明天生就是发展迟滞、思想保守的"黄土文明"，百川归大海，必然融入西方蓝色的"海洋文明"中去。在中国近现代史研究方面，有人将"革命"与"现代化"对立起来，否定近代以来中国人民开展的轰轰烈烈的反帝反封建运动，有些人在竭力抬高曾国藩、李鸿章、慈禧太后、袁世凯等历史人物的同时，对以孙中山为首的革命派、轰轰烈烈的太平天国运动、义和团运动，以及"五四运动"以来包括中国共产党人进行的新民主主义革命，统统称为"激进主义"，大肆贬低，极尽污蔑之能事。90 年代出现的"告别革命"，就是这种思潮的突出表现。中国近代史研究中出现的这些严重问题，经过史学界的深刻反思，最后得以纠正①。新中国成立后，郭沫若、范文澜、翦伯赞、吴晗等著名史学家对推动新中国历史学的健康发展做出了重大贡献，他们代表了中国马克思主义史学发展的正确方向，将他们当年讨论的重大问题，一概称为"意识形态话语体系的产物"，称为"假问题"，在学理上也是讲不通的。这些偏激看法的出现，反映出有的学者对西方现当代史学理论和方法的过分推崇，反映出他们力图推进中国历史学早日与国际史学接轨的急切心理。提出这些偏激观点的学者，有的固然出于好意，但由于缺乏对第一代马克思主义史学家学术成果的深入研究，缺乏对"文革"时期的极左思潮与真正的马克思主义史学的严格区分，结果导致对早期马克思主义史学的简单全盘否定。这样做的结果，不仅难以促进中国历史学走向世界，也难以推动中国历史学的新发展。因为，它是在全盘否定中国几十年马克思主义史学研究成就的基础上，力图按照西方当代历史学发展的模式来改造中国历史学。这样做的结果，中国历史学多年出现的马克思主义指导之下的特色将被消解殆尽，这样与西方如出一辙的历史学成果将如何与西方史学交流和对话？因而，我们认为，上述观点是新时期历史学界出现的一种新的非历史主义思潮，对其不应该盲从，而应该采取认真分析和研究的态度，这是我们从事史学理论及史学史研究，特别是新中国史学史研究工作者义不容辞的责任，只有明辨是非，才能真正推动中国历史学的健康发展。

---

① 参见张剑平：《新中国史学五十年》第 372—408 页，学苑出版社 2003 年版。

20 世纪 90 年代，中国历史学进一步重视实证研究，"国学热"逐渐在社会上蔓延起来，由此，民国年间重视历史考据的学术大师王国维、胡适、陈寅恪、陈垣、傅斯年等学者，逐渐受到一些学人的推崇，有人甚至发出了"回到傅斯年"的呼声，这股学术思潮与纠正 80 年代空谈理论的不良倾向相结合，促进了历史研究重视实证的良好学风的形成。清代乾嘉学者对于中国历史文化典籍的整理和考辨做出了巨大的学术贡献，他们的考据方法也有一定的科学性，继承和发扬中国传统史学研究方法的优长，有助于现代学者对历史事实真相的研究。傅斯年等学者对于推动中国近代历史学的科学化作出了巨大的贡献，他们重视历史资料、重视考古学，极大地推动了中国历史学的科学化进程；20 世纪 50 年代，中国历史学界对胡适、傅斯年等学者的批判，在今天看来确实具有很大的历史局限性和片面性，新时期学术界重视这些学者的成就，吸收他们的学术成果和学术思想的积极成分，这是十分重要和必要的，反映了新中国历史学纠正以前的"左倾"错误，反映了中国历史学发展的进步。诚然，历史考辨功夫是历史学家不可缺少的基本功力，但是，乾嘉学风的历史局限性也非常明显，这主要表现在缺少宏观的理论思维和宏观的学术视野，研究所涉及的大都局限于具体历史事实和资料的考据和考证，缺少对历史的宏观考察和对规律及本质性问题的研究，对此，新中国成立后，罗尔纲等从事实证研究的学者，都曾作过自觉深入的反思①。在 80 年代以来的中国学界有些学者呼吁"回到乾嘉去"，有助于纠正新中国成立初对考据学的简单的否定，也有助于纠正不重视历史资料的不良学风，但是，这一口号并不能将中国历史学的发展推向一个新的高度。试想，在 20 世纪末期和 21 世纪的学术要恢复到 18 世纪的时代，这能是学术发展的进步吗？从可能性上说，在当今普遍缺少中国传统历史文化系统学习的历史学界，在专业硕士、博士研究生才开始系统研读"四书"、"五经"的时代，这些青年学子何时才能赶上乾嘉时代和民国时期学术大师们的"国学"素养。民国时代的学术大师值得我们永远尊重，但是，他们的学术成就，就是一个陈寅恪，我们当代学者也只能望其项背，对他的语言学素养和考据的功夫叹为观止，我们这代人不可能达到他们当年的学术素养，况且，在当今学科知识日益发展的新时代，也没有必要和可能回到民国学术发展的时代。因而，无论是"回到乾嘉去"还是"回到傅斯年"，都既无理论根据，也缺乏现实的可行性。因为，一个时代有一个时代的学术特点，在一个已经有了几十年马克思主义理论熏陶的历史学大国，丢掉马克思主义理论这

---

① 参见张剑平：《马克思主义理论对罗尔纲史学研究的影响》，《学海》2002 年第 4 期。

一重要法宝，回到马克思主义之前时代的学术，这样做的结果，只能导致中国历史学发展的倒退。作为一个引领中国历史学发展的潮流，"回到傅斯年"这一口号，和80年代的"回到乾嘉去"，实际上并没有什么两样。不可否认，有的学者提出这一口号的目的学界在于纠正"左倾"思想路线和空谈理论的不良学风对历史学的危害，在于呼吁形成扎实的实证学风，但也不可忽视，也有人借此否定马克思主义理论对中国历史学的指导。

　　面对新的挑战，有学者提出了我们的对策。如苏双碧所言："当前，摆在史学工作者面前的任务：一是要完整准确地学习马克思主义有关历史科学的理论，并真正学懂，只有这样，才能确立马克思主义对历史科学的指导；二是进一步澄清理论是非，对否定历史唯物主义的自由化思想和资产阶级历史观进行摆事实、讲道理，有说服力的批判；三是在马克思主义指导下认真开展百家争鸣，把历史科学推向新的阶段。"① 白寿彝、罗尔纲、漆侠等著名史学家，强调史学研究坚持马克思主义的立场、观点和方法的重要性，在新时期，他们在中国通史、中国史学史、太平天国史、中国经济史研究等方面，取得了巨大的学术成就，这有力地证明了马克思主义并不妨碍学术研究，而是极大地促进了历史研究的发展。何兹全、林甘泉等在史学研究方面做出了巨大贡献的学者，在唯物史观不断遭受责难的情况下，明确表示自己仍然坚信唯物史观。如何兹全先生说："20世纪80年代后，西方新的史学思想理论进入中国，很受欢迎。辩证唯物史观有些不迎时。当然，这些思想、理论都是先进的，有它产生的社会基础和时代意义。但我仍然深信辩证唯物史观，仍是现在最先进的史学理论，是有生命力的，是不会被挤出历史舞台的。"② 林甘泉也明确地说："作为一个史学工作者，我愿意多学点西方资产阶级的史学理论，弥补自己这方面知识的不足。但我也要说，我仍然信仰唯物史观。因为和其他史学理论比较，我认为还是它最正确。"③

　　中国马克思主义史学的发展，推进了历史学与哲学和其他人文社会科学的交融，促进了对下层人民大众历史的研究，促进了历史学研究方法的进步，促进了宏观的考察历史以及对历史本质和规律的探讨。新时期中国历史学的巨大成就，离不开众多马克思主义史学家的反思、开拓和进取，一大批马克思主义史学家为

---

① 苏双碧：《接受马克思主义指导，首先是要学好马克思主义》，《史学理论研究》1992年第1期。

② 何兹全：《在融会贯通东西方历史研究的基础上探索史学理论的创新》，载《史学理论及史学史学刊》2002年卷，社会科学文献出版社2003年版。

③ 林甘泉：《我仍然信仰唯物史观》，《林甘泉文集》第469页，上海辞书出版社2005年版。

新中国历史学的发展做出了重大贡献。冯尔康在谈到自己的社会经济史研究时，也谈到了马克思主义宏观理论的影响、20 世纪 50—60 年代史学界对封建社会许多重大问题争论的影响。关于历史学研究方法，他说："关于史学理论，我还是强调实证与理论的结合，实证史学一定要上升到理论，不能满足于一般性的陈述。"① 回顾新中国史学的发展道路，有学者明确指出："50 年来，新中国历史学之所以取得一系列的重要成就，归根到底，是因为坚持了历史学发展的正确方向，确立和加强了马克思主义历史学的主导地位；相反地，一旦背离了历史学发展的正确方向，削弱和动摇了马克思主义历史学的主导地位，历史学的发展必然遭受严重的挫折，蒙受严重的损失。"因而，在新世纪，要使中国历史学在健康的轨道上更快的发展，首先必须坚持正确的理论方向，克服理论僵化的思想，克服理论淡化的倾向，克服理论的非马克思主义倾向；其次，要坚持正确的学术方向，即历史研究必须面向现实，关注现实和为现实服务，同时坚持历史研究的科学性；第三，坚持实事求是的科学态度，理论的创新必须建立在历史研究的科学实践的基础之上，采取实事求是的科学态度；第四，坚持正确的政策导向，全面、正确地贯彻"双百"方针，克服简单化和自由化两种倾向②。我们认为，这既是对新中国几十年历史学发展经验和教训的深刻认识，也指出了新世纪中国历史学发展的正确道路。

二、新世纪关于唯物史观的理论探讨

进入新世纪，唯物史观理论以及中国马克思主义史学的历史命运等重大问题，再次受到学者的高度重视。进入新世纪，关于唯物史观理论和价值的讨论进一步展开。

多年从事马克思主义史学理论研究的中国社科院近代史研究所研究员蒋大椿，在 2001 年《历史研究》第 4 期发表了《当代中国史学思潮与马克思主义历史观的发展》，提出超越唯物史观、重新理解马克思主义历史观这一重大问题，由此引发了一场关于唯物史观理论及其价值的争鸣。蒋大椿指出："从当代社会和科学发展水平来看，唯物史观确实是存在着相当多而且是严重的理论缺陷。"他将唯物史观的理论核心和最基本原理主要概括为六个方面：人类社会及其历史

---

① 刁培俊、张德安：《历史学的传承与启新——冯尔康先生访谈录》，《史学月刊》2005 年第 1 期。

② 卢钟锋：《回顾与总结：新中国历史学五十年》，载中国社会科学院科研局编：《新中国社会科学五十年》第 297—306 页，中国社会科学出版社 2000 年版。

是客观存在的；人类社会的历史按照不以人们的意志为转移的客观必然规律向前发展；社会存在和社会意识的关系被视为社会历史观的根本问题；由社会基本矛盾规律决定，主要以生产关系作为标准，人类社会历史由原始社会、奴隶社会、封建社会、资本主义社会向社会主义社会、共产主义社会依次演进；生产斗争、阶级斗争（社会革命）、科学实验（指自然科学技术）是推动历史发展的动力；人民群众是历史的创造者。在此概括的基础上，他逐项分析了各种理论学说。蒋大椿说："我经过反复的理论思考及结合基本历史实际的考察，发现正是唯物史观的这些基本原理存在着严重的理论缺陷。"最后，蒋大椿明确指出："传统唯物史观的理论缺陷确实是相当严重的，……我们在实际工作中和历史研究中反复出现的那种根深蒂固的教条主义顽症，原因当然有多种。其最深刻的认识根源恰恰在于存在着严重理论缺陷的传统唯物史观自身。……今后如果还以这种唯物史观做指导，可以断定这种马克思主义史学便决难继续保持我国史学的主流地位，而只能沦为一个不大的史学流派。"蒋大椿提出：马克思的历史视域及其历史洞察力，在我们时代是无法超越的，但唯物史观确是应当超越，必须超越而且可以超越的。"经过重新理解的马克思主义历史观，蒋大椿将其定名为"唯物辩证的以实践为基础的系统史观"。①

　　蒋大椿的文章在《历史研究》刊出后，引起了史学界、哲学界的高度关注，不少学者发表了与之讨论或商榷的文章。吴英、庞卓恒撰文指出：蒋大椿先生所指的唯物史观"最基本原理存在着严重的理论缺陷"，实际上并不是马克思、恩格斯创立的唯物史观基本原理的缺陷，而是后人对唯物史观的误释或曲解所造成的问题；而蒋文对那些理论缺陷的纠正，不但未能更接近于真理，反而给人们增加了更多的困惑。关于社会存在决定社会意识，吴英和庞卓恒指出："马克思、恩格斯所说的'存在决定意识'实际上指的是'生活决定意识'或'实践决定观念'，而不是旧唯物论强调的人之外的'客观存在决定人的意识'或'人们所处的社会环境决定人们的意识'。"同时，他们强调指出："唯物史观丝毫不否认意识对生活或观念对实践有着巨大的反作用，即前者有可能反过来对后者产生促进或促退的作用。但是，这反作用是以后者对前者的决定作用为前提的：人们的观念或意识如果比较全面而深刻地反映着生活或实践，就必然反过来对生活和实践起促进作用；如果片面而肤浅地反映，就必然起促退作用。"关于生产力的含义，他们指出："生产力不是包括劳动者在内的'两要素'或'三要素'的'合

---

　　① 蒋大椿：《当代中国史学思潮与马克思主义历史观的发展》，《历史研究》2001 年第 4 期。

成'的化合物，而是劳动者个人或群体在生产过程中运用多种要素制造产品的能力或力量。""当我们按照马克思的本意把生产力定义为人们的物质生产的实践能力，而且用劳动生产率、产量和产值的'尺度'来加以衡量，'生产力'就再也不会是'涵义不一的混乱概念'了，生产力决定生产关系的规律也不再是'找不出任何一条历史事实来支持'的无稽之谈了。"关于社会发展规律，吴英和庞卓恒说："教条式的唯物史观阐释的经济基础决定上层建筑的规律，正像它阐释的生产力决定生产关系的规律一样，确实有严重缺陷。主要是它把生产关系单纯归结为生产资料所有制关系，而且把生产资料所有制关系等同于经济基础，再把生产资料所有制关系归纳为原始公社所有制、奴隶制、封建制、资本主义制、社会主义——共产主义这样'五种基本生产关系'，进而把社会历史发展规律归结为'五种生产方式依次更迭的规律'"。同时，作者强调指出："蒋文在这里提出的'人们的实践活动的规律'，也不能说是一种'新马克思主义历史观'。因为它在一些基本点上与马克思主义不协调。"关于社会发展规律，他们说："实际上，马克思虽然对社会演进序列作过多次论述，但从未把任何一种演进序列作为人类历史发展的普遍规律。他所作的演进序列的阐述，都有特定的历史背景和针对性。""我们认为，唯物史观所揭示的人类历史发展规律就是人们的物质生产实践活动和能力的发展推动社会基本矛盾从低级向高级发展的规律。"①

王锐生发表了《唯物史观：发展还是超越》的争辩文章，对蒋大椿的文章提出了批评。王锐生说：长达20多年的讨论不但使"传统唯物史观"的缺陷得到清理，同时也使它得到发展。过去20年唯物史观所取得的进展，大体可以用三个关键词来概括：实践、人与价值。这正是蒋文认为"传统唯物史观"所缺乏的那些东西。在马克思的文本中，这些在"传统唯物史观"中失去的内容人们都可以找到。所以，过去20年对唯物史观来说，首先是回到马克思，同时也有很多发展。蒋文评述唯物史观的出发点却是停留在20多年前的那种严重背离了马克思文本的所谓"传统唯物史观"，并把它当作真正的唯物史观来批判。他说："蒋文要求超越唯物史观，也并非完全由于对近期哲学界情况的生疏。从他对下面三个唯物史观的基本问题的批评来看，他确实与唯物史观的立场存在着相当大的距离。……不管蒋文怎样宣布他的目的是发展马克思主义的历史观，只要他否定了社会存在决定社会意识，那就是从根本上拒绝马克思在历史观上的贡献。"作者最后指出："蒋文的动机和出发点是想摆脱那种被教条主义和极左思

---

① 吴英、庞卓恒：《弘扬唯物史观的科学理性》，《历史研究》2002年第1期。

潮歪曲的唯物史观，扭转唯物史观在史学研究中日益下降的局面。这是应当肯定的。但是他在泼'洗澡水'的同时把'婴儿'（真正的唯物史观）也泼掉，这就不对了。新的马克思主义历史观仍然只能是唯物史观——与当代实践紧密结合，根据当代的情况加以发展了的唯物史观。"①

　　陈先达也在《高校理论战线》2002 年第 5 期发表了《唯物主义历史观的本质与当代价值》。针对蒋大椿的文章，陈先达说："我们的一些理论家对苏联哲学教科书中的教条主义表示不满，要求全面准确地阐述马克思主义的历史观是完全正当的；而且，他们提出的一些疑难问题和热点问题，有利于进一步深化对唯物主义历史观的研究。但我们应该防止在反对传统历史唯物主义、回归马克思历史观的口号下，全面否定历史唯物主义的最基本原理。如果这样，必然在理论上引起混乱，陷于自相矛盾的困境。"陈先达指出："如果问题只是涉及哲学教科书的缺点，那么它本来无需争论。可如果在批评所谓传统唯物主义历史观的同时，完全否定哲学教科书中阐述的社会规律，认为生产力与生产关系、经济基础与上层建筑、社会存在与社会意识都是纯思辨范畴，根本不存在，这就不是如何看待教科书的问题，在这个意义上，是关系到如何理解甚至捍卫马克思主义哲学的原则问题。在这个意义上，所谓对传统历史唯物主义理论缺点的批判，实际上也就成为对马克思主义历史观的批判。因为否定上述规律，就是对历史唯物主义的全面颠覆。……如果否定上述规律，所谓回归马克思的唯物辩证的以实践为基础的新历史观，也只能被视为虚晃一枪的空话。"关于唯物史观的科学性和价值，陈先达明确地指出："马克思和恩格斯创立唯物主义历史观的一个半世纪以来，历史唯物主义正是由于它严格的科学性和代表全世界劳动者的利益，从而在理论和实践两个方面显示了不可抗拒的说服力。这一点任何有良知的学者都不能否认。""历史唯物主义为观察当代世界、当代社会主义和当代资本主义提供了科学的理论和方法，这就是它具有当代价值的最主要的表现。如果否定历史唯物主义，特别是否定它关于社会基本矛盾的理论，必然使我们党失去正确制定路线、方针、政策的理论依据；使全部改革开放政策，使从'三个有利于'到'三个代表'的思想都失去理论支点。使我们社会科学工作者失去卓有成效的理论研究工具。这个问题远远超出了历史学的范围，因而必然受到包括哲学界在内的整个

---

　　① 王锐生：《唯物史观：发展还是超越》，《哲学研究》2002 年第 1 期。

理论界的关注。"①

汪征鲁也在《历史研究》发表了《唯物史观的历史命运》一文。关于唯物史观的理论特征，汪征鲁指出："唯物史观的基本精神和一般原则高度抽象，具有最大时空范围内的涵盖性及适应性。这种本质精神与基本原则从理论上可以将之归纳为若干相对独立的内容。据我个人理解有三：物质的统一性；发展演化的辩证性；人的主体性。但在实践中这三者又是相互联系、相互渗透、相互制约、相互统一的一个结构或系统。"关于唯物史观的社会发展理论，汪征鲁说："唯物史观的中层为人类社会发展的理论模式。应当说，这是迄今为止最有效地阐释人类社会的结构和机制的理论模式。它无疑具有大限度的真理性和广泛的合理性。但也应当看到，作为人类社会宏观理论模式，不是简单地用考证的方法或科学实验的方法能够证实和证伪的。它只有在长期的社会实践中、尤其在科学研究活动中加以验证。"最后，汪征鲁指出："马克思主义唯物史观的基本概念和逻辑出发点生产力、生产关系、经济基础、上层建筑既从正面的角度、最主要的层面反映了人的本性、本质，人类社会的本质，又具有某种抽象性；而其关于人类社会机构机制的理论模式，亦更具有立体型、兼容性和张力。这些都为后人提供了解读的空间和发展的空间。""由于唯物史观最高原则的大范围的真理性、合理性，由于其理论构架的立体型、兼容性，由于其动态运作的开放性与社会实践性，使这一理论在其发展演化过程中能在批判社会历史的同时批判自我、在超越社会现实的同时超越自我，从而永葆其存在的理由与旺盛的生命力。可以毫不夸张地说，如果唯物史观在 20 世纪蔚为人类思想文化思潮的主流之一，那么在 21世纪它将与时更新，与时俱进，继续保持这一主流和导向的地位。"②

新世纪关于唯物史观理论的再次争论，对于正确理解唯物史观的内涵以及价值，具有重要的学术意义。这场争论，促进了马克思主义理论的再研究，促进了中国马克思主义历史学的新发展。

三、坚持马克思主义的理论指导，推进中国历史学的新发展

对唯物史观受到的责难，刘大年、龚书铎等史学家已从理论上给予正面的回答。刘大年对马克思主义理论坚信不疑，在新时期代表了马克思主义史学的方

---

① 陈先达：《处在夹缝中的哲学——走向 21 世纪的马克思主义哲学》第 80—100 页，北京师范大学出版社 2004 年版。

② 汪征鲁：《唯物史观的历史命运——关于马克思文本解读的思考》，《历史研究》2003 年第 2 期。

向，可称之为新时期中国马克思主义史学家的杰出代表之一。他对马克思主义既坚持又主张进一步发展，针对学术界淡化马克思主义的错误思潮，他敢于提出批评，并自觉运用马克思主义理论从事中国近代史重大问题的探索，在中国近代史、马克思主义史学理论和史学史研究方面，都做出了突出的贡献。苏联和东欧社会主义政权解体之后，一些人叫嚣马克思主义已经死了，对此，刘大年也做出了回应，他说："马克思主义存在、发展的历史，明显地表现为两种状况：一种是世界科学历史发展上的马克思主义，另一种是社会主义国家与政权相结合，成了官方哲学的马克思主义。""今天，反对马克思主义的人们津津乐道的所谓苏联、东欧社会主义政权的瓦解，也就是马克思主义的完结这个论点，其前提，是不承认马克思主义存在、发展过程中有两种不同状况，不承认马克思主义在世界科学发展史上的独立地位，而把它同政权视为一体，一而二，二而一。他们的目的是要人们相信，政权的生存能力，等于马克思主义的生存能力，某个政权的命运就是马克思主义科学的命运。"他最后坚定地说："马克思主义是世界资本主义社会制度的产物。世界资本主义一天存在，马克思解剖资本主义的那个部分的生命力就会一天继续下去。"① 我们认为，刘大年对马克思主义的命运的论述，是对反对者论点的有力驳斥，直到今天仍是有力的、可以站得住脚的。

　　如果说刘大年着重理论方面的论述，那么，龚书铎则结合中国近代史研究中出现的奇谈怪论，在多年研究的基础上，重新提出马克思主义史学家对中国近现代史上若干重大问题的系统看法。对中国近代史研究中出现的非马克思主义倾向，龚书铎教授针锋相对地予以争辩。除了主编《走什么路》一书之外，在2001年，他又出版了《历史的回答——中国近代史研究中的几个原则问题的争论》专著。龚书铎明确地说："马克思主义是科学的理论，是迄今为止关于人类历史发展规律最严整、最有生命力的思想理论体系，在它的指导下，史学才真正成为科学。但是，我们也应该看到，在近些年的中国近现代史研究中，马克思主义却受到了一些人有意无意的冷遇或排斥，有的公开声称马克思主义过时了，要'回到陈寅恪'、'回到乾嘉'。这种倾向已对中国近代史的研究产生了不良影响。"针对"马克思主义过时了"的说法，龚书铎教授说："说马克思主义已经过时，显然是出于偏见，只要客观地正视现实，就可以看出这种说法是没有根据的。""在声称马克思主义过时的说法中，最受贬损、否定的是阶级划分和阶级斗争的学说。不可否认，对于阶级划分和阶级斗争学说的运用，曾经有过简单

① 刘大年：《历史要分析》，《刘大年集》第313—315页，中国社会科学出版社2001年版。

化、教条化的偏颇，但这是运用者所出现的问题，而不是这个学说本身。认为阶级斗争学说过时了，是不正确的。只要世界范围资本主义制度还存在，只要统治与被统治、剥削与被剥削的关系还存在，阶级斗争就客观存在，这个学说就不会过时，至于用来指导历史研究，更是不能回避的。"关于史学研究方法中出现的问题，龚书铎也明确地指出："由于对马克思主义历史唯物主义的轻视、否定，在史学研究中，就出现了对正确理论思维的忽视，或者是热衷于琐细的研究，或者是生吞活剥地搬用西方的史学理论模式。……正是由于理论思维的错误，就不可避免地出现了论断的错误。用文化史观的分析代替阶级的分析，就是一个明显的事例。"① 在这里，龚书铎教授对一些人抓住统治阶级代表人物的片言只语，以及以个人的主观臆断和假设，去论证和评判历史的不严肃的做法，提出了尖锐的批评。《历史的回答——中国近代史研究中的几个原则的争论》一书，是龚书铎先生结合 20 世纪八九十年代中国近代史研究中出现的问题，在自己多年近代史研究的基础上，对中国近现代史研究中的一些重大的核心问题提出的系统看法。该书的出版，在很大程度上扭转和澄清了中国近代史研究的混乱局面，体现了马克思主义的实事求是的学风，使得中国近代史的研究重新走上了健康的发展轨道。对马克思主义唯物史观的责难，刘大年等史学家已从理论上给予了正面的回答，我们认为他们的回答是有理有据的。

　　1992 年《史学理论研究》对"世纪之交的中国史学"的广泛探讨，1996 年以《历史研究》为龙头对 20 世纪历史学的全方位总结，1997 年 5 月在北京师范大学召开的"中国马克思主义史学历史地位"理论研讨，2002 年 10 月由北京师范大学史学理论与史学史研究中心组织的"新中国史学的成就与未来"学术研讨会，随之产生的有关成果以及学者提出的诸多深刻的认识，对于我们正确认识和评价中国马克思主义史学的发展，都具有重要的启发意义。关于唯物史观和中国历史学的关系，陈其泰先生说："马克思主义关于史学理论和方法提出的重要原理，以往史学家只能是片断地提出，朴素地认识到，而马克思主义却明确地、系统地提出一整套科学的历史观和方法论，这当然把中国史学推向到崭新的发展阶段，高出于以往史学一个时代。"关于几十年来马克思主义史学发展出现的曲折，他说："在'左'的观点影响下，马克思主义史学发展过程中出现曲折，对此应区分两种情况。一种是史学工作者不熟练，运用失当，这是可以通过学术实

---

　　① 龚书铎等：《历史的回答——中国近代史研究中的几个原则问题》第 279—283 页，北京师范大学出版社 2001 年版。

践，通过讨论逐步提高的。另一种是别有用心的分子恶意的歪曲、破坏，这种人本身即是马克思主义的对立物，不能把他们造成的混乱和谬误算到马克思主义理论的帐上。"① 我们认为，这正确地阐发了马克思主义唯物史观的理论价值，分析了中国马克思主义史学在新中国发生曲折的原因。历史研究中淡化马克思主义理论的指导的非社会形态化和对唯物史观的无端指责倾向，也引起不少学者的关注。如中国社科院历史研究所卢钟锋研究员，先后发表了《马克思的社会形态学说与中国历史研究》（《马克思主义研究》2008 年第 8 期）、《历史研究中的非社会形态化思潮评析》（《中国社会科学内刊》2007 年第 3 期）、《从历史研究现状看加强马克思主义指导的必要性和紧迫性》（《光明日报》2005 年 7 月 26 日）等文章。卢钟锋指出："如果说中国历史的发展道路是专门研究中国历史上社会形态变迁过程的阶段性特点及其实现形式，那么历史研究的非社会形态化思潮则反其道而行之，它不再把中国历史进程看作是社会形态变迁的过程，不再把社会形态变迁的过程看作是有规律可循的过程，因而，也不再把中国历史发展的道路看作是社会形态变迁的符合历史发展规律的实现形式或表现形式。显然，这是同马克思的社会形态学说背道而驰的。"关于对唯物史观的全面否定的思潮，卢钟锋说："进入 21 世纪以来，事态的发展已经由单纯的'证伪'转向直接攻击五种社会形态的理论基础——唯物史观。最典型的莫过于假'实事求是'之名，行否定唯物史观之实的唯物史观否定论。此论的要点有三：一曰'因生产力不断发展而导致五种社会形态依次演变更替的例子，在整个人类历史上几乎一个也不存在'；二曰'一味强调由原始社会经奴隶社会、封建社会到资本主义社会、共产主义社会的人类社会普遍发展规律''不是客观事实'，而是'人的主观想象'；三曰造成上述问题'纠缠不休'的'根本原因'在于'缺乏实事求是的态度'，而是否'实事求是'则是唯物史观与唯心史观在'方法论'上的'根本分歧'所在。"卢钟锋进一步指出，上述唯物史观的否定论犯了三个错误：一是，犯了否定唯物史观基本原理即生产关系一定要适合生产力性质的理论错误；二是，犯了曲解欧洲封建制代替奴隶制历史事实的错误；三是，犯了历史观的错误。② 关于唯物史观的科学性和生命力之所在，庞卓恒强调指出："马克思主义史学工作者面对如此严酷的现实，绝不会灰心丧气，而是坚信马克思主义、唯物史观的真

---

①　陈其泰：《二十世纪中国马克思主义史学的历史地位》，《史学与民族精神》第 116—117 页，学苑出版社 1999 年版。

②　卢钟锋：《新时期中国历史学的回顾与思考》，《历史研究》2009 年第 4 期。

理是颠扑不破的。最具权威的证据就是，中国的社会主义伟业已经从严重的挫折的教训中找到了适应新形势的中国特色的社会主义道路，并已通过 30 年历史进程中取得的举世公认的辉煌成就，证明了与时俱进的马克思主义永葆青春的生命活力。"①

进入新世纪，国家加大了马克思主义理论研究的力度，创立了"马克思主义"一级学科，启动了"马克思主义理论研究和建设"重大工程，编著和出版了具有很高思想理论和学术水平的高等院校思想政治理论课重点教材，马克思历史学教材也将陆续问世。进入新世纪，马克思主义史学的研究受到国家高度的重视，中华社科基金设立了重点研究课题，"唯物史观与 20 世纪的中国史学"、"唯物史观与中国历史学"、"唯物史观与中国历史"、"中国古代国家起源与形成研究"、"马克思主义世界历史理论研究"、"西方马克思主义史学研究"等课题相继立项，教育部重点研究中心也设立了"中国马克思主义史学的理论成就"、"二十世纪后半期中国历史学研究"等重大课题，目前这些课题已陆续结项。我们相信，随着这批新的研究成果的不断问世，必将进一步推动中国马克思主义史学的理论研究，促进中国马克思主义历史学的新发展。2005 年 7 月，中国社会科学院成立了史学理论研究中心，该中心将马克思主义史学理论的研究放在重要的地位。史学理论中心负责人朱佳木副院长强调指出："党中央一再要求理论工作者要理论联系实际，围绕党和国家工作大局，从理论和实践的结合上，回答经济建设与社会生活中提出的重大问题；要深入研究和准确阐述马克思主义经典著作中的基本观点，帮助人们分清哪些是必须长期坚持的马克思主义基本原理，哪些是需要结合新的实际加以丰富发展的理论判断，哪些是必须破除的对马克思主义的教条式理解，哪些是必须澄清的附加在马克思主义名义下的错误观点，以便用科学的态度对待马克思主义，用发展着的马克思主义指导新的实践。"② 这给我们哲学社会科学工作者，特别是从事历史学理论研究的史学工作者，明确了努力的方向和目标，认真领会和遵循这一精神并付诸于我们历史学研究的实践，必将进一步推动新中国历史学在马克思主义理论指导下的新发展。关于唯物史观对中国历史学发展的作用，瞿林东指出：20 世纪中国史学最显著的进步是历史观的进步。唯物史观要求研究全部历史，也可以说是要研究整体的历史；唯物史观告诉人们，人类社会的历史是一个自然发展过程，因而是有规律可循的；唯物史观

---

①　庞卓恒：《中国马克思主义史学理论的推进历程和前景展望》，《史学理论研究》2009 年第 4 期。
②　朱佳木：《关于加强马克思主义史学理论建设的几个问题》，《史学理论研究》2009 年第 4 期。

要求人们用辩证的观点、方法看待人类社会历史的发展，这是因为唯物史观同马克思主义的唯物辩证法是密切联系、不可分割的；唯物史观最鲜明地提出了人民群众对于推动历史发展的巨大作用。关于在 21 世纪怎样运用唯物史观，瞿林东先生提出要从思想上和实践上关注四个方面的问题：一是从严重教训的阴影中走出来；二是进一步认识唯物史观基本原理的科学价值；三是在唯物史观与具体研究对象相结合的过程中，推动理论的创新；四是运用唯物史观，要有气度，要有吸收其他有益的理论和方法的雅量和勇气[①]。这些认识，也有助于我们正确地认识唯物史观的理论价值，有助于我们运用唯物史观推进中国历史学的进一步发展。

　　坚持和发展马克思主义理论，用发展着的马克思主义指导中国历史学的新发展，是创建具有中国特色的马克思主义历史学的一个光荣而艰巨的重要任务。当前，中国特色的社会主义理论体系已经形成，这是在新的历史条件下，对马克思主义和毛泽东思想的进一步继承和发展，与这一伟大理论成就相比，历史学界创建具有中国特色的马克思主义新史学的历史重任仍然任重而道远。这就需要广大史学工作者齐心协力，发奋努力，不断用发展着的马克思主义史学理论推进中国历史学的发展和进步，推进中国历史学在各方面研究的深入。在新世纪，只要我们能正确处理历史学的求真和致用的关系，在尊重历史学的科学品性的基础上，大胆地研究和开拓与社会生活和人民密切相关的新课题和新领域，中国历史学必将有一个新的发展。在 21 世纪，只要广大史学工作者自觉地坚持以马克思主义理论为指导，积极吸收和借鉴世界先进文化、中国和世界历史和历史学的优秀传统，实事求是，与时共进，脚踏实地，不断地开拓和进取，中国马克思主义史学会坦然地面对各种挑战，新中国历史科学将会在过去研究的基础上有一个更大的发展，必将迎来一个辉煌灿烂的明天，这是我们总结新中国马克思主义史学六十年来的经验和教训得出的必然结论。

---

① 瞿林东：《中国史学的理论遗产》第 173—179 页，北京师范大学出版社 2005 年版。

附录："新中国史学发展路径研究"学术研讨会纪要

2006年10月7—9日，"新中国史学发展路径研究"学术研讨会在历史文化名城河北保定召开。出席会议的特邀著名学者有：北京师范大学陈其泰教授，天津师范大学庞卓恒教授，中国社会科学院李根蟠研究员，河北师范大学沈长云教授。参加会议的课题组成员有：首都师范大学邹兆辰教授，南开大学李金铮教授，河北农业大学人文学院贾俊民教授、张剑平教授和王荣花教授。河北省社科规划办和河北农大科技处的领导出席了会议并讲话。

"新中国史学发展路径研究"是由张剑平教授主持的国家社科基金课题，会议围绕课题的内涵展开了广泛深入的讨论。与会专家对从"路径"方面审视新中国历史学的创新点给予了很高的评价，并认为这一课题的研究对中国历史学发展具有重要意义。专家们希望课题组能拿出代表国家水平的学术精品。针对目前史学界出现的淡化马克思主义理论指导的倾向及各种错误的学术观点，专家们希望课题的研究要有针对性，要敢于"亮剑"，要进行有理有据的深入研究和学术论辩。

与会专家结合各自的专业特长和研究成果，围绕研讨会的主题，对以下几个方面的问题展开了较为深入的讨论。

第一，关于"路径"涵义的认识。有学者说："路径"即发展道路、途径、路向，包括研究方向、研究策略，"路"是根本道路，"径"是"小路"，这其中有几个层次。新中国史学发展路径，一方面是总方向也即总趋势，新中国史学发展的途径经过许多探索，甚至有曲折，在总的道路之下，也会有偏离的现象。其中走什么路的问题是一个核心的问题。有学者指出："发展路径"，一是要对已走过的路有一个实事求是的认识、评价；二是对以后要走的路有一个实事求是的认识、展望。特邀专家希望课题组对此应作准确的概括和界定。

第二，关于新中国史学发展路径的讨论。有学者指出：新中国史学发展路径离不开对新中国成立50余年来中国历史学发展道路的总体认识，包括历史学研究成就的评价，存在的问题主要是什么？所存在的问题是怎么产生的？史学研究工作者应如何对待这些问题等。应通过对历史学家以及史学成果的分析和评价，总结出各个阶段的特点，考察中国史学传统和唯物史观是怎样得到体现的，彰显唯物史观的指导作用，揭示教条主义是如何产生和得到清算和克服的。对所取得的成绩要做出恰当的、实事求是的评价，对出现的曲折也要予以深入的分析。有学者提出可以围绕中国历史学家怎样将马克思主义与中国历史的实际相结合，怎样"从一般到特殊"，即围绕"马克思主义中国化"这条主线展开论述。有学者将新中国史学的发展概括为"继承、吸收和借鉴"，继承的一面包括新考证学派接受马克思主义之后学术研究的新发展，又包括马克思主义史学家在新的条件下的继续发展；"吸收"指吸纳别的学科的学术成果，促进历史学的发展；"借鉴"指借鉴西方史学的理论和方法，发展中国的历史学。有学者论述了推动新中国史学发展的内外因素，关于新中国史学发展的内部因素，一是唯物史观对新中国50余年来历史学发展的推动；二是史料的发现和整理对历史学的推动；三是考古学、民族学、文化人类学等学科对历史学的促进。历史学发展的外部因素主要指政治、社会思潮等方面。专家希望对这些因素作进一步的研究和论述。有学者强调指出：对新中国成立后十七年和新时期应作为重点，将"文革"时期的相关内容渗透到相关的章节之中。把发展道路上确实存在的、对现实有意义的问题提炼出来，对认识已有分歧特别是影响史学发展的敏感问题，要勇于做出回答，要站在今天的高度，要有层次、有体系的摆出来，重点分析，这样才能体现出课题的理论价值、思想价值，体现出课题的创新性和前沿性。

第三，关于新中国成立之初"十七年"史学的评价问题。不少学者指出，鉴于史学界对新中国成立后十七年史学认识方面出现的分歧，以及这一阶段在新中国史学发展中的地位，课题组应对这一时期下大的力气。把"十七年"的成绩摆足，问题也要指出来。有学者指出："十七年"史学的发展有三个方面：一是马克思主义史学家取得了新的学术成就；二是过去的新考证学派学者接受马克思主义之后，学术研究达到了新境界；三是成长起来了一批史学家，如林甘泉、宁可、漆侠等，将马克思主义理论的指导与扎实的考证材料相结合，从事学术研究。将新中国史学家的学术风格简单地划分为史观派、史料派和会通派，是完全不了解当时的情况，实际上无论是郭沫若、范文澜，还是翦伯赞，都非常重视史料，对此应有理有据地予以论辩。关于重大问题讨论的意义，也有学者指出：五六十年代的讨论，为今天史学的发展打了一个基础，没有那时的讨论，就发现不了问题，不能把"十七年"与今天完全隔开。也有学者说：经济史学科如农业经济史，在新中国成立之前处于萌芽状态，新中国成立之后，在党中央的支持指导之下取得了很大的成就，如万国鼎先生，按照毛泽东和周恩来的亲自批示，在农业部成立了农业遗产研究室，万国鼎担任研究室主任，从事中国农业遗产的系统研究，取得了更大的学术成就，几十年来这个研究室成为农业史的"镇师之室"。对"十七年"史学的论述，要针对目前的一些错误的认识，如"完全政治化"、假问题，只剩下一部农民战争史，等等，予以有理有据的论辩。有学者说：马克思主义在史学中主导地位的确立，应看成是历史发展的必然结果，不光是共产党的提倡，是思想争锋的结果。多数人接受马克思主义是真心诚意的，并不是违心的。也有学者指出：20 世纪 50—60 年代的新中国并不是没有文化史的研究，当时的历史教科书的确仅仅是政治、经济、军事等内容，但不等于没有文化史的研究，范文澜关于唐五代文化的论述，不亚于文化史的著作。另外，思想史、文学史的研究也有一定成就，游国恩的文学史水平之高，直到现在仍很难超越。

第四，关于新时期中国历史学发展的讨论。有学者从人类历史观发展的宏观角度审视了新时期中国历史学的发展，指出：马克思主义的产生是人类思想领域一场深刻的革命，用历史发展规律给人以启示，其大概念本身没有错，后来的解释偏离得太多，主要是阶级斗争学说。马克思受时代的影响，提出资本主义的丧钟已经敲响了，强调了阶级斗争史，但马克思根本的历史观并不止于此，他讲人和社会的发展史等等，内容非常丰富。第二次世界大战以后，和平与发展才成为历史的主题，"阶级斗争史"框架遇到了危机和困惑，但其根本理论并没有错，在西方思潮涌入的过程中，出现了现在的多元化的局面。20 世纪 80 年代，新的史学研究方法在中国兴起，金观涛等的新老"三论"，兴起不久就消散下去，比较的方法、心理分析的方法，时间比较久远。文化人类学学术含量高一些，但是否能长久，尚无法判断。90 年代后期以后，后现代主义否认人们能认识真理，否认认识的真理性，提出了历史能不能找到真理，历史算不算科学的问题。后现代主义思潮在中国受到的尊重和批评是不成比例的，在西方已遭到广泛批评的思潮，我们的信仰却在升温。年鉴学派大社会历史的研究打开了一扇很大的门，是对兰克学派的超越，他们研究人们的衣食住行、婚丧嫁娶等生活方式，20 世纪 50—60 年代达到顶峰，法国巴黎高等实验研究院第六部在这其中起了挂帅的作用，到 70 年代这一学派的影响已日渐衰微，因为他们所展现的是碎化的、静止不动的历史，展现不出历史为什么变化，反映不出人类的祖先怎样生活，为什么那样生活，未来将会怎样生活，因而只能新鲜一段，我们现在还是处于年鉴派时代。有学者谈到了新时期先秦史研究的进展，一是关于中国古代的社会形态问题，目前主流学者对中国没有奴隶制的意见基本是一致的，朱凤瀚、晁福林、赵世超、张广智、沈长云等学者都持这种意见，何兹全先生的文章也公开提到，称为"古代社会"。二是关于早期国家形态理论已被学术界基本上接受，这一认识是我国学者自发的提出来的，并不是受到国外的影响，中国国家的产生与古希腊、罗马不是一回事，中国自进入文明社会以来与古希腊、罗马的发展就不是一条路，李学勤、林甘泉等学者都承认这一点，国外的张光直也明确地谈到这一点。三是关于新时期先秦史研究取得的进展，社会史研究成效突出，朱凤瀚对家庭结构的研究，他的《商周家族研究》，写得很好，文字学、考古资料皆有。另外，地方史的研究，特别是地方文化的研究，也取得了显著的成果。也有学者指出：目前对西方中心论的批判有些泛化，将马克思主义的历史观作为西方中心论，对此应进行分析，西方中心论与欧洲文化优越论相联系，马克思主义历史观不能与其划等号。有的学者谈到了文化研究如何坚持以唯物史观为指导的问题，提出：一是文化要对社会经济基础起好的作用，有利于文化发展；二是中国文化的发展必须坚持自己的特点，要有自己的文化气魄；三是要有一种开放的心态，积极吸收各种有益的文化来丰富和发展我国的文化；四是要坚持先进文化的发展方向。面对强势国家的文化渗透，我们必须拿出自己的一套价值观。

第四，讨论中提出的一些值得课题组思考的相关问题。有学者提出世界史和专题史的研究成果如何反映的问题，关于苏联史学对中国史学的影响，有学者强调指出苏联史学也是不断发展的。关于新中国史学发展路径的研究，有学者提出围绕走过了什么路，有什么得失和是非。也有学者提出课题的研究应着重考虑两个方面的问题，一是要把学科本身发展的特点总结出来，二是要搞清史学发展与其他学科之间的互动关系，一定要搞清新中国史学与中国传统史学的差异和共同之处，马克思主义史学与中国传统史学、与外国史学流派之间的互动关系。也有学者提出，研究一是要注重史观问题，唯物史观的学理层次，产生了怎样的研究方法？有什么成就和缺陷？二是以唯物史观为主线，以什么路径去分析历史，产生了怎样的结果，对此应如何评价等，唯物史观现在面临的挑战，如何适应时代新的需要去发展唯物史观。有专家建议，目前有好多问题可作为研究的开始，如：社会史研究与新时期历史学发展的关系，史料、考古学与新中国历史学发展的关系，先秦史研究的理论进展等问题。也有学者建议：课题组以后再适当开一些小型研讨会，把进行课题的过程作为一个研究的过程，请几位学者谈谈，在研讨中不断亮出自己的旗帜，不断讨论史学中的热点问题，这本身也是对这支队伍的一个锻炼。

本次学术会议的集中研讨虽然仅仅进行了一个整天，但取得的成效是十分显著的。正如有的专家所言：特邀专家对课题组爱之深、望之切，尽其所能贡献出自己的一切，这是一次难得的高质量、高水平的学术研讨会。

后 记

对新中国历史学进行反思和总结，是改革开放三十余年来中国历史学界的热门话题。新中国成立四十周年时，历史学界几乎同时推出了周朝民等著《中国史学四十年》和肖黎主编的《中国历史学四十年》；1991 年，由陈启能主编的《建国以来世界史研究概述》和由姜义华、武克全主编的《社会科学争鸣大系》（历史学卷）也先后出版。在对 20 世纪历史学开始系统总结的同时，对新中国历史学的总结也成为一个重要的方面。曾业英主编的《五十年来的中国近代史研究》、罗志田主编的《20 世纪中国：学术与社会》（史学卷）、刘新成主编的《历史学百年》、黄敏兰的《二十世纪百年学案》（历史学卷）以及由陈高华、张彤主编的《20 世纪中国社会科学》（历史学卷）纷纷出版。进入新世纪，新中国历史学仍然是历史学界的热门话题之一，2008 年，在纪念改革开放三十年的重要历史时刻，由中国社会科学院近代史研究所张海鹏研究员和世界历史研究所于沛研究员主持编写的《中国历史学三十年》、《中国世界历史学三十年》由中国社会科学出版社隆重推出；2009 年，在庆祝中华人民共和国六十周年的大喜日子里，《历史研究》、《史学理论研究》等重要刊物，纷纷组织笔谈，对新中国历史学进行反思和总结。在新中国历史学进入史学史研究专家学术视野的过程中，著名历史学家白寿彝教授做出了突出贡献。1981 年他发表了《回顾与前瞻》，1982 年发表了《六十年来中国史学的发展》，1983 年他主编的《史学概论》，都对马克思主义史学和新中国历史学作了初步的总结。2000 年，由白寿彝教授主编的《中国史学史教本》，作为面向 21 世纪课程教材，将新中国历史学作为中国史学史的重要内容，纳入大学历史学本科教学的内容之中。

作为一名后学者，我从事新中国历史学的研究，始于 2000 年在北京师范大学史学研究所攻读史学理论与史学史专业博士学位期间。在导师陈其泰教授的指引下，在瞿林东教授的鼓励下，我开始了较为系统的新中国历史学的研究工作，2003 年 6 月完成了博士学位论文《新中国马克思主义史学的发展道路》的答辩工作，同年 8 月出版了《新中国史学五十年》论著。承蒙陈先生的厚爱，我又参加了由他主持的教育部重大项目《中国马克思主义史学的理论成就》、国家社科基金重点课题《唯物史观与 20 世纪的中国历史学》的研究工作。2005 年初，又得到瞿林东教授的提携，参加了由他主持的国家社科基金重点课题《唯物史观与中国历史学》的研究工作。这些工作，都使我继续得以开展马克思主义史学和新中国历史学的研究。两位恩师的深情厚谊、多年学业的指导，使我受益终身。2006年国家社科基金招标课题"新中国成立以来历史学研究"，引起了我的关注。抱着试一试的心态，我申报了这一课题。承蒙国家社科规划办匿名通讯专家和会议专家的厚爱，在激烈的国家社科基金课题竞标中，我们的课题得以批准立项。

　　课题能较为顺利完成，得益于众多专家学者的大力支持，得益于课题组全体同仁的共同努力。陈其泰、瞿林东两位老师，在我博士毕业后，时刻关注着我的学业，他们的督促，使我不敢懈怠；他们的言传身教，他们对我的课题的高度关注，也使我在从事教学和教学行政管理工作的同时，尽力摆脱各种俗务的干扰，投身于课题的研究工作。邹兆辰教授多年从事史学理论的研究，尤其在西方史学研究方面成绩卓著，近二十年来，他采访和撰写的著名学者访谈，多达五十余人。在人生将要进入古稀之年，他表现出蓬勃的学术生命力，课题的顺利运作，与他的指导密不可分。2006年8月，我们一同参加了瞿林东和周一平教授在扬州大学主持召开的"走向世界的中国历史学"国际研讨会，会后，邹老师专程陪同我参观了"中山陵"，在由南京返回北京的火车上，他建议我在保定召开一次课题学术研讨会，邀请几位著名专家学者谈谈。这一提议得到了我的导师的赞同和大力支持，于是，在2006年10月8日，课题组邀请了庞卓恒教授、陈其泰教授、李根蟠研究员、沈长云教授，各位专家学者就"新中国历史学发展路径"课题，展开了深入地研讨，课题组成员进一步明确了课题的宗旨和任务。2008年8月，在炎热的酷暑，邹老师在首都北京，放弃了亲临现场感受"奥运"的难得机遇，给我发来了关于"苏联史学"一章的书稿，这种高度敬业的精神确实令我感动。贾俊民教授多年致力于马克思主义理论和中共党史的教学和科研工作，对科学社会主义、"农民学"及社会经济史有深入的研究，他是我的良师益友，也是与我同甘苦共患难的朋友。他在教学任务繁重的情况下，仍克服困难，全力以赴，为课题的研究做出了重要贡献。我的老师陕西师范大学历史文化学院臧振教授，虽然未能接受加盟课题的邀请，但他给我推荐了郭妍利副教授，以及由她随后引荐的杨效俊副研究员，使我们力图找一个具有考古学和民族学背景学者的愿望得以实现，这使我们的课题有了新的亮点。本课题的完成，使我进一步推进新中国史学研究的愿望得以实现，也得以弥补拙著《新中国史学五十年》的不足和缺陷。

　　课题的申报成功，得力于南开大学的李金铮教授、扬州大学的周一平教授的大力支持。李金铮教授是中国近现代社会经济史研究的知名青年学者，周一平教授是中共党史学史研究的著名专家。我曾打算借助他们的力量，使得我们的新中国历史学研究展现出新的亮点。然而，他们忙于自己承担的国家和教育的重要课题，分身无术，只好调整队伍。原课题组成员王荣华教授承担了繁重的教学任务，曾为课题的进行做了大量工作，但当时她处在做博士论文的关键时刻，最后也只好为她的博士学业让路。李金铮教授和王荣华教授，在我人生遭受无名挫折时，给我以安慰和帮助，对他们为课题的无私奉献和关键时刻表现出的朋友之情深表感谢。我的同门师兄、北京师范大学历史学院王志刚副教授，多次为我在北京购置复印课题的资料，对推进课题的研究，做了许多重要的工作。在此，我对于曾对课题予以大力支持的上述学者表示衷心的感谢！

　　2010 年 5 月底，我们的课题正式结项，研究工作暂告一个段落。国家社科规划办、新闻出版署委托的 6 位课题成果评审专家在百忙之中，以严肃认真的态度审读课题成果及书稿，提出了诸多宝贵的建议和意见，在此，我代表课题组全体成员对各位专家表示衷心的感谢。根据评审专家的意见，我们尽可能的补正了一些疏漏，纠正了一些不恰当的提法，并对书稿做了进一步的审正工作。中国史学会副会长、中国社会科学院于沛研究员，多年关注我的学业，给予我多方帮助，他在百忙之中为本书赐序，向他表示衷心的感谢。国家社科规划办和河北大学对课题的研究和专著的出版给予了大力的支持。河北省社科规划办尚向东先生，给我们以大力的支持和帮助。河北大学社科处、河北农业大学科技处及两校财务处，在课题管理方面做了大量工作；河北大学图书馆和历史学院资料室的老师，为我查阅报刊资料提供了诸多方便和帮助，在此，我一并表示谢意！历史学院姜锡东院长、人民出版社编辑邵永忠等先生，一如既往，为专著的出版予以大力支持并付出了大量心血，在此，我也表示感谢！

　　如何正确认识和评价新中国历史学，既是一个学术史的总结问题，更是关乎中国历史学健康发展的重要现实问题。新时期以来，有人借口新中国无学术大师，对以郭沫若为代表的早期马克思主义史学家肆意贬低和恶意诋毁，大肆抬高民国时代的学术大师；有人认为长期以来历史学家关于中国历史若干重大问题的讨论浪费了学者的精力，讨论的问题多为"假问题"；有人将新时期之前马克思主义史学称之为"战时史学"或"教条史学"，提出"告别战时时代"、"走出教条"等口号。关于未来中国历史学的发展方向，有人提出"回到乾嘉去"，有人主张走"年鉴派"的史学道路，在这种情况下，及时总结新中国历史学，分清马克思主义与教条主义的区别，探索中国历史学的发展道路问题，就显得尤为必要和重要。在课题相关内容中，我们对上述重大问题也做了一些探讨，提出了我们的看法，这有利于学术的争鸣和进一步开展新中国历史学的研究。本课题由主持人发凡起例，明确基本的框架结构，各位作者根据自己的理解，充分发挥各自的学科优势，围绕论题撰著有关内容。最后，由主持人对全部书稿做了进一步的加工，根据课题需要，对各位作者执笔的有些章节做了较大的增删，最后定稿。主持人统一文字及格式，并对全部书稿作了进一步的审校工作。新中国史学研究，目前仍然处于开创阶段，内容极为繁杂，研究基础较为薄弱，不少问题意见分歧较大，加之新时期不少研究领域尚在发展之中，要对其作出客观公正的评价，决非一个课题能够完成。尽管课题组各位成员付出了大量心血，由于我们学识有限，本书肯定尚有许多不足之处，敬请各位专家学者不吝指教。

张剑平

2010 年 7 月 5 日改定于河北大学

2012 年 4 月 14 日再修改审正

责任编辑:邵永忠

封面设计:徐　晖

图书在版编目(CIP)数据

新中国历史学发展路径研究/张剑平等 著. －北京:人民出版社,2012.6

ISBN 978－7－01－010818－6

Ⅰ.①新… 　Ⅱ.①张… 　Ⅲ.①史学-研究-中国-现代　Ⅳ.①K092.7

中国版本图书馆 CIP 数据核字(2012)第 062580 号

新中国历史学发展路径研究

XINZHONGGUO LISHIXUE FAZHAN LUJING YANJIU

张剑平等　著

人 民 出 版 社 出版发行

(100706　北京朝阳门内大街 166 号)

环球印刷（北京）有限公司印刷　新华书店经销

2012 年 6 月第 1 版　2012 年 6 月北京第 1 次印刷

开本:710 毫米×1000 毫米 1/16　印张:39.5

字数:688 千字　印数:0,001－2,000 册

ISBN 978－7－01－010818－6　定价:99.00 元

邮购地址 100706　北京朝阳门内大街 166 号

人民东方图书销售中心　电话 (010)65250042　65289539